Multikulturelles Management

von
Univ.-Prof. Dr. Ursula Schneider
und
Dr. Christian Hirt

Oldenbourg Verlag München Wien

Bibliografische Information der Deutschen Nationalbibliothek

Die Deutsche Nationalbibliothek verzeichnet diese Publikation in der Deutschen
Nationalbibliografie; detaillierte bibliografische Daten sind im Internet über
<http://dnb.d-nb.de> abrufbar.

© 2007 Oldenbourg Wissenschaftsverlag GmbH
Rosenheimer Straße 145, D-81671 München
Telefon: (089) 45051-0
oldenbourg.de

Lektorat: Wirtschafts- und Sozialwissenschaften, wiso@oldenbourg.de
Herstellung: Anna Grosser
Coverentwurf: Kochan & Partner, München
Cover-Illustration: Hyde & Hyde, München
Gedruckt auf säure- und chlorfreiem Papier
Druck: Grafik + Druck, München
Bindung: Thomas Buchbinderei GmbH, Augsburg

ISBN 978-3-486-58227-7

Danksagung

Wissen ist generell ein emergenter Prozess, was für Wissen über Kulturen in ganz besonderer Weise gilt. An diesem Buch waren daher nicht nur seine Autoren beteiligt. Wir sind für alle Irrtümer und zweifelhaften Aussagen verantwortlich, möchten uns an dieser Stelle allerdings bei vielen Menschen sehr herzlich bedanken: Bei unseren StudentInnen aus Österreich und aus vielen anderen Ländern im Rahmen der fruchtbaren Austauschprogramme an der Universität Graz, die uns im Hörsaal an ihren Erfahrungen teilhaben ließen; bei den KollegInnen der ausländischen Universitäten, an denen wir die Ehre und Freude hatten, Masterkurse anzubieten, bei allen Angehörigen anderer Kulturen, denen wir begegnen durften.

Unser besonderer Dank gilt *Michaela Binder*, die an einer früheren Fassung dieses Buches als Skriptum beteiligt war und durch ihre ausgeprägte interkulturelle Kompetenz Generationen von Studierenden für das Thema begeistern konnte; den Kollegen am Institut für Internationales Management, *Bernhard Mark-Ungericht* und *Manfred Fuchs*, die Texte und Beispiele mit uns diskutierten und sehr nützliche Hinweise auf weitere Quellen beisteuerten; *Margit Schweighofer*, die als guter Geist am Institut nicht nur die Sicht der Studierenden einbrachte, sondern auch alle unsere Graphiken verschönte und *Elke Efferl* und *Eva Jeggle* für ihre Unterstützung bei der Texterfassung. Wir freuen uns, dass wir in einer so inspirierenden Umgebung an diesem Buch arbeiten durften.

Graz im März 2007

Ursula Schneider

Christian Hirt

Vorwort

Der Prozess der Globalisierung hat die öffentliche Aufmerksamkeit für Fragen des Wesens, der Entstehung und vor allem der Wirkung unterschiedlicher Kulturen auf die Begegnung und Zusammenarbeit von Menschen mit unterschiedlicher kultureller Prägung geschärft.

Zwar verändert dieser Prozess das Phänomen seines Interesses, nämlich Kulturräume, Kulturen und interkulturellen Austausch. Allerdings kann von seinem Verschwinden, also der Ausprägung eines einzigen homogenen Kulturraums und der Konvergenz einzelner Landeskulturen nicht die Rede sein. Aus der zunehmenden Vermischung von Kulturen, die z.B. bei ImmigrantInnen der zweiten Generation deutlich wird, aber auch aus der wachsenden Kenntnis anderer Kulturen durch moderne (Geschäfts)Reisende und beruflich mobile Menschen entstehen vielmehr neue Phänomene, die zu untersuchen sind. Zumindest an der Oberfläche verbreiten sich Symbole und Verhaltensweisen über Kulturgrenzen hinweg.

Dieses Buch ist aus einem Skriptum entstanden, mit dem wir zehn Jahre gute Erfahrung gemacht haben. Es hat nicht den Anspruch, die Vielfalt einer interdisziplinären, heterogenen und nicht integrierbaren Auseinandersetzung mit Kultur aufzuarbeiten, da ein solches Vorhaben immer selektiv, vermutlich ethnozentrisch und daher zum Scheitern verurteilt bleiben wird.

Andererseits teilen wir die von vielen AutorInnen vorgetragene Beobachtung, dass es an wissenschaftlicher Klärung des Kulturphänomens mangle (vgl. Müller & Gelbrich 2004). Wir sehen das Feld daher einer Beraterliteratur überlassen, die nicht nur mit Vorurteilen behaftet ist, sondern – und hier liegt der Unterschied zur wissenschaftlichen Herangehensweise – sich ihrer Vorurteile nicht bewusst ist und ihre Interpretationen gerne in Faktenaussagen kleidet.

Dennoch wollen wir uns nicht zu lange mit verschiedenen Versuchen der Definition, Typen- und Schwerpunktbildung aufhalten, da wir der Meinung sind, dass diese Vielfalt mit ihren inhärenten – und in aller Regel nicht bearbeiteten Widersprüchen – Verständnis eher behindert als befördert. Wesentlicher erscheint es uns, Grundmuster von Perspektiven und Herangehensweisen an das Phänomen „Kultur" herauszuarbeiten, die einen Überblick über die Vielfalt erlauben. Bezüglich eines – stark auf deutschsprachige und von den Autoren zusätzlich vermutlich „lesegeschichtlich" selektierten Detailüberblicks – verweisen wir auf das umfangreiche Werk von Müller und Gelbrich (vgl. 2004).

Dabei geht es uns, wie der Titel andeutet, nicht nur um Interkulturalität, also die Interaktion zwischen Personen mit distinkter kultureller Herkunft, sondern zusätzlich um ein neues Phänomen, das aus der multikulturellen Mischung verschiedener Kulturen emergiert, nämlich

Transkulturalität. Der mittlerweile wertgeladene Begriff der Globalisierung bezeichnet jedenfalls eine Situation, in der es einerseits verstärkt zu interkulturellen Begegnungen und Warenaustausch kommt und andererseits zunehmend „Orte" der Multikulturalität entstehen, an denen VertreterInnen unterschiedlicher Nationen für metanationale Anliegen zusammenwirken und eine eigene Kultur im Sinne der Transkulturalität entwickeln. Dies gilt für traditionelle Standorte internationaler bzw. supranationaler Organisationen, wie New York, Genf, Brüssel oder Wien, möglicherweise aber auch zunehmend für transnationale Konzerne, die interkulturelle Zwischenräume nutzen wie Flughäfen, Hotelketten oder das Internet. Zunehmend gilt es aber auch für Schulen in Ländern mit starken Migrationsbewegungen. Dieses Buch untersucht insbesondere Anwendungssituationen der Inter-, Multi- und Transkulturalität. Es verfolgt das Ziel, für die mit solchen Anwendungssituationen verbundenen Anforderungen zu sensibilisieren, zu einer friedlichen Diversität beizutragen und auf dem Weg zur interkulturellen Kompetenz zu unterstützen. Als Teil dieser Unterstützung erfolgt eine Auseinandersetzung mit Kultur- und Lerntheorien.

Aufbau des Buches

Im ersten Abschnitt gehen wir auf den wirtschaftlichen Prozess der Globalisierung und seine Auswirkungen auf kulturelle Prägungen ein. Wir behandeln den Wandel der Konzernführung von vereinzelten Auslandsaktivitäten, über relativ unabhängige Landesgesellschaften hin zu transnationalen Wertschöpfungsverbünden mit eigener Kultur. Wenn sich auch Grenzen und Gewichte verschieben, besteht die zentrale Herausforderung solch transnationaler Verbünde nach wir vor darin, globale Vereinheitlichung und lokale Differenzierung in einem Fließgleichgewicht zu halten.

Im zweiten Abschnitt setzen wir uns mit unterschiedlichen disziplinären Zugängen und Kulturbegriffen auseinander. Dabei differenzieren wir zwischen nationalen, ethnischen und Diaspora-Kulturen, zwischen Unternehmens- und Landeskulturen und gehen auf zentrale Konzepte sein, welche den Kulturbegriff bestimmen: Es sind dies Weltbilder (Grundannahmen), Werte und Normen als nicht direkt sichtbar werdende Konstrukte sowie Verhaltensweisen und Artefakte als Ausprägungen der jeweiligen Hintergrundkonstrukte. Je nach erkenntnistheoretischer Position und Herkunftsdisziplin erklären ForscherInnen die Entstehung und Wirkung von Kultur unterschiedlich, wobei sich allerdings ein gemeinsamer Kern bestimmen lässt. Dabei gehen wir auch auf Probleme der Erkenntnistheorie und Forschungsmethodik ein, die am Beispiel der Erforschung und versuchten Messung von Kultur besonders deutlich werden.

Der dritte Abschnitt gibt einen Überblick über Kulturtheorien bzw. pragmatische Modelle der Erfassung kultureller Besonderheiten. Im Anschluss daran wird versucht, den Wandel der Kulturdimensionen in ausgewählten Nachbarländern nachzuverfogen.

Im vierten Abschnitt nähern wir uns dem Konstrukt der interkulturellen Kompetenz an. Hier geht es darum, wie man interkulturelle Handlungskompetenz erwirbt und was man darunter verstehen kann, ohne einem letztlich monokulturellen Imperialismus bzw. den Irrungen des Zeitgeistes in die Falle zu gehen.

Wir vertiefen diesen Aspekt im fünften Kapitel, in dem wir uns mit intra- und interorganisationalem Lernen beschäftigen. Für Lerntheorien gilt eine ähnliche Vielfalt wir für Annäherungen an das Kulturphänomen. Vieles ist aktuell durch erste Ergebnisse der Hirnforschung in Frage gestellt. Wir schlagen ein Modell auf Basis eines systemtheoretischen Verständnisses vor und beschäftigen uns dann hauptsächlich mit dem Einfluss von Kultur auf organisationales Lernen. Von besonderem Interesse sind in diesem Zusammenhang das Lernen in Joint Ventures bzw. das Wissensmanagement transnationaler Konzerne.

Im sechsten Kapitel geben wir einen Überblick über den in den 80er Jahren des 20. Jahrhunderts ausführlichen Diskurs über Organisations- bzw. Unternehmenskultur. Im Kontext unserer Überlegungen interessieren besonders das Verhältnis von Unternehmens- und Konzernkulturen zu Landeskulturen, die Ausprägung von professionellen Kulturen als Ergebnis der Änderung von Beschäftigungsverhältnissen und Fragen des Wandels von Kultur und seiner Beeinflussbarkeit.

Das siebte Kapitel geht auf Situationen bzw. Funktionen ein, in denen kulturelle Prägungen und Unterschiede besonders deutlich zu Tage treten. Während interkulturelle Kommunikation als jener Bereich, in dem sich Unterschiede manifestieren, in allen Abschnitten zum Thema wird, geht es hier um Auslandseinsätze von MitarbeiterInnen, um interkulturelles Verhandeln und die Zusammenarbeit in multikulturellen Teams, insbesondere im Vorstands- und F&E Bereich. Da jede dieser Anwendungssituationen ein eigenes Werk rechtfertigen würde, können jeweils nur Grundsätze und illustrative Beispiele vermittelt werden, um den Rahmen dieses Buches nicht zu sprengen.

Zum Abschluss werfen wir offene Fragen und künftige Entwicklungen im Bereich der Kulturentwicklung auf: Wir diskutieren Fragen der Diversität, Konvergenz (und neuer Divergenzen) sowie Fragen der Zukunft der Business Kultur.

Dieses Buch richtet sich an LeserInnen aus dem akademischen Bereich, insbesondere an Studierende, an LehrerInnen in multikulturellen Schulen und an interessierte PraktikerInnen. Erstere mögen mehr an den theoretischen Bezügen und methodologischen Überlegungen interessiert sein. Letzteren – und auch uns – geht es darüber hinaus um praktische Handlungskonsequenzen verschiedener Erklärungsmodelle.

Wir wünschen unseren LeserInnen vertiefte Einsichten in einen Wissensbestand, der bei Ihnen latent vorhanden ist und vergnügliche Stunden mit der oft unfreiwilligen Komik interkultureller Missverständnisse. Vor allem aber hoffen wir, mit diesem Buch einen kleinen Beitrag zu einem besseren Miteinander der Kulturen zu leisten und Ihnen, liebe LeserInnen, dabei zu helfen, ein tieferes Verständnis für eigene und fremde kulturelle Prägungen zu entwickeln und sich dabei die eine oder andere Fußangel zu ersparen. Über Ihr Feedback freuen wir uns unter iim@uni-graz.at.

Graz im März 2007   Ursula Schneider

                                                                                            Christian Hirt

Inhalt

Danksagung		**V**
Vorwort		**VII**
Abbildungsverzeichnis		**XVII**
Tabellenverzeichnis		**XXI**

1	**Einleitung**	**1**
1.1	Multikulturalität: Phänomen einer global(isierend)en Wirtschaft 1
1.2	Der Prozess der Globalisierung 2
1.2.1	Begriff und Evidenz 2
1.2.2	Zwischenfazit 5
1.3	Ein Modell des Prozesses der Globalisierung 7
1.3.1	Triebkräfte (Drivers) der Globalisierung..7
1.3.2	Erste Triebkraft: Globales Angebot (globale Strategien der AnbieterInnen von Gütern und Dienstleistungen)................8
1.3.3	Zweite Triebkraft: Konvergenz der Nachfrage..9
1.3.4	Dritte Triebkraft: Technischer Fortschritt 10
1.3.5	Vierte Triebkraft: Neoliberale Politik...14
1.3.6	Zusammenfassung: Triebkräfte der Globalisierung 16
1.4	Folgewirkungen im Globalisierungsprozess 16
1.4.1	Veränderte Formen des Wettbewerbs..16
1.4.2	Wettbewerb der Nationen?..20
1.4.3	Verlust der wirtschafts- und sozialpolitischen Steuerungskapazität seitens der Nationalstaaten und Standortwettbewerb 21
1.4.4	Standortwettbewerb..23
1.5	Postfordismus 24
1.5.1	Shareholder Value Orientierung..26
1.5.2	Konvergenz der Lebensstile 29
1.5.3	Zusammenprall der Kulturen (Clash of Cultures)? 30
1.5.4	Zusammenfassung...34

1.6   Multi-, Meta- und Transnationale Unternehmen...35

1.7   Does Culture Matter? 40

2   Phänomen Kultur   43

2.1   Der Kulturbegriff – Vielfalt der Begriffe und Disziplinen.......................................43
2.1.1   Inter-, Multi- und Transkulturell? 43
2.1.2   Kultureller Relativismus 45

2.2   Ein Versuch, das Phänomen abzugrenzen 45

2.3   Substanz 47

2.4   Entstehung..49
2.4.1   Das Kulturmodell von Schein 51
2.4.2   Kultur als mentale Programmierung 52
2.4.3   Systematisierungsversuche 56

2.5   Wirkung 58
2.5.1   Hauptbestandteile von Kultur 58
2.5.2   Kulturelle Referenzebenen 62
2.5.3   Zum Ausprobieren … 68

2.6   Fragen der Forschungsmethodik: Wie kann man Kultur erfassen?...........................73

2.7   Kulturforschung und (Internationale) Betriebswirtschaftslehre 79

2.8   Lösungsteil Kapitel 2 82

3   Kulturtheoretische Ansätze   85

3.1   Ansatz nach Kluckhohn & Strodtbeck 85

3.2   Dimensionen nach Hall & Hall 88
3.2.1   Kontext (Context): Wenig und viel Kontext 89
3.2.2   Tempo (Speed): Schnelle und Langsame Botschaften 91
3.2.3   Raum (Space): Territorialität und Persönlicher Raum 92
3.2.4   Zeit (Time): Monochrone und Polychrone Zeit 93

3.3   Dimensionen nach Hofstede 95
3.3.1   Machtdistanz (Power Distance) – PDI 95
3.3.2   Individualismus vs. Kollektivismus (Individualism vs. Collectivism) – IDV..........95
3.3.3   Maskulinität vs. Femininität (Masculinity vs. Femininity) – MAS..........................96
3.3.4   Unsicherheitsvermeidung (Uncertainty Avoidance) – UAI 97
3.3.5   Zeitorientierung (Confucian Dynamism) – LTO 97
3.3.6   Kritik an der Studie 98

3.4   Dimensionen von Trompenaars & Hampden-Turner..99
3.4.1   Universalismus oder Partikularismus (Universalism vs. Particularism) 100
3.4.2   Individualismus oder Gruppenzugehörigkeit
         (Individualism vs. Communitarianism)..101
3.4.3   Affektive oder Neutrale Kulturen (Affective vs. Neutral Cultures) 102

3.4.4   Spezifische oder Diffuse Kulturen (Specific vs. Diffuse Cultures)......................103
3.4.5   Leistungs- oder Zuschreibungsorientierte Kulturen
         (Achievement vs. Ascription Oriented Cultures) 103
3.4.6   Zeitverständnis (Concept of Time)..105
3.4.7   Umweltverständnis (Orientation to Environment) 106

3.5   Der anthropologische Ansatz von Mary Douglas: Die Group-Grid Typologie......108
3.5.1   Die hierarchische Kultur: Group und Grid sind stark ausgeprägt...........................110
3.5.2   Die individualistische Kultur: Group und Grid sind schwach ausgeprägt.............111
3.5.3   Die egalitäre Kultur mit hoher Group- und niedriger Grid-Ausprägung...............111
3.5.4   Die fatalistische Kultur mit niedriger Ausprägung von Group und
         hoher Ausprägung von Grid 112

3.6   Kommunikationtheoretische bzw. Diskursanalytische Modelle............................112
3.6.1   Genres oder Scripts 114
3.6.2   Gesicht..115
3.6.3   Höflichkeits-Strategien 116
3.6.4   Ansatz von Deborah Tannen 118

3.7   Synopse bzw. Ähnlichkeiten 120

3.8   Wandel der Kulturdimensionen in ausgewählten Nachbarländern........................123
3.8.1   Ungarn..124
3.8.2   Slowenien 126
3.8.3   Slowakei 127
3.8.4   Tschechische Republik 128
3.8.5   Polen...130

3.9   Lösungsteil Kapitel 3..133

4   Interkulturelle Kompetenz   135
4.1   Grundlagen..135
4.1.1   Interkulturelles Bewusstsein...138
4.1.2   Monokultur – eine unzulässige Abstraktion 140
4.1.3   Interkulturelle Begegnung als verzerrte Wirklichkeit 141
4.1.4   Werte..143
4.1.5   Kulturen im Licht von Unternehmensethik und globaler Verantwortung.............145
4.1.6   Zwischen Werte-Relativismus und Werte-Imperialismus.....................................146
4.1.7   Interkulturelle Handlungskompetenz 148

4.2   Profil interkultureller Kompetenz...150

4.3   Kenntnisse über fremde Kulturen...154
4.3.1   Entstehung von Stereotypen 163
4.3.2   Aktivierung, Umgang und Änderung von Stereotypen 164

4.4   Stufen des Kompetenzerwerbs 166

4.5   Methoden des Kompetenzerwerbs 171
4.5.1   Interkulturelles Lernen 172
4.5.2   Interkulturelles Training.. 174

4.6   Ausgewählte Beispiele für Methoden des interkulturellen Kompetenzerwerbs..... 181
4.6.1   Filmeinsatz im interkulturellen Management... 181
4.6.2   Kulturassimilatoren 185
4.6.3   Fragebögen zur Interkulturellen Kompetenz... 191

4.7   Lösungsteil Kapitel 4 192

5   Intra- und interorganisationales Lernen in multikulturellen Settings   195

5.1   Ein Modell des Lernens 197

5.2   Interorganisationales Lernen 201

5.3   Anhang Kapitel 5 207

6   Unternehmenskultur   209

6.1   Was ist Unternehmenskultur? Wie entsteht sie? 209

6.2   Definitionen von Unternehmenskultur (UK) 211
6.2.1   Grundsätzliche Modalitäten der Koordination menschlicher Handlungen............. 215

6.3   Kulturtypologien verschiedener Autoren 217
6.3.1   Theorie der Unternehmenskultur 219

6.4   Verwandte Konzepte 221

6.5   Veränderung/Gestaltung von Unternehmenskultur.................................. 225

6.6   Unternehmenskultur, Nationale Kulturen
        sowie Internationalisierungsstrategien 231
6.6.1   Unternehmenskultur und Nationale Kulturen 232
6.6.2   Unternehmenskultur und Internationalisierungsstrategien...................... 233

6.7   Kulturelles Kapital 234

6.8   Organisationskultur und Unternehmenserfolg 236

6.9   Exkurs: Chinese Family Businesses 237

6.10   Zusammenfassung... 239

7   Typische Anwendungssituationen   241

7.1   Expatriierung.. 241
7.1.1   Definition Expatriierung 241
7.1.2   Phasen der Expatriierung 242
7.1.3   Rahmenbedingungen eines Expatriate-Einsatzes.................................... 255
7.1.4   Expatriate Erfolg.. 256

7.2   Interkulturelles Verhandeln 259
7.2.1   Das Harvard Verhandlungskonzept 259
7.2.2   Verhandlungsprozesse 261
7.2.3   Vorbereitungen auf Verhandlungen 263

7.3   Interkulturelle Kommunikation 265
7.3.1   Modelle der Kommunikation 270
7.3.2   Kulturelle Prägungen non-verbaler Kommunikationselemente..........272
7.3.3   Kulturelle Prägungen verbaler Kommunikationselemente..................274

7.4   Multikulturelle Teams 276
7.4.1   Begriffsabgrenzung 276
7.4.2   Entwicklungsstadien von Teams 277
7.4.3   Leistungsstärke unterschiedlich zusammengesetzter Teams...............280

7.5   Zusammenfassung..282

**8   Ausblick: Die Zukunft der Kulturforschung und der Entwicklung von
         Kulturen   287**

8.1   Diversitätsmanagement 288
8.1.1   Arten von Diversität..288
8.1.2   Ziele von Diversitätsmanagement 289
8.1.3   Wirkung von Diversität..289

8.2   Konvergenz und Divergenz..290

Literaturverzeichnis   295

Stichwortverzeichnis   313

Abbildungsverzeichnis

Abb. 1.1   Triebkräfte der Globalisierung (vgl. Schneider 1997) 7

Abb. 1.2   Handelnde als „Täter" und „Opfer" im Prozess der Globalisierung 9

Abb. 1.3   Entwicklung der Finanzmärkte im ausgehenden 20. Jahrhundert....................15

Abb. 1.4   Zulieferkette in der Automobilindustrie als Beispiel für Systemwettbewerb ..19

Abb. 1.5   Fordismus/Postfordismus..26

Abb. 1.6   Primäre und sekundäre Triebkräfte im Prozess der Globalisierung.................34

Abb. 1.7   Palmers Werbeplakat 37

Abb. 1.8   Globalisierungs- und Lokalisierungserfordernisse, -vorteile 38

Abb. 2.1   Drei Ebenen der Verhaltensprägung (vgl. Hofstede 2001, 5) 53

Abb. 2.2   Das „Zwiebeldiagramm": Manifestationen von Kultur
auf verschiedenen Ebenen (vgl. Hofstede 2001, 9)..54

Abb. 2.3   Einflussfaktoren auf und Wirkung von Kultur
(modifiziert nach Schneider & Walczuch 1996, 6)..62

Abb. 2.4   Frau 1 69

Abb. 2.5   Frau 2 70

Abb. 2.6   Kernfragen des Internationalen Managements (eigenerstellt)..........................80

Abb. 2.7   Allgemeine Struktur von Kulturforschungsdesigns 81

Abb. 2.8   Kulturforschungsdesigns: Direkter Zusammenhang.......................................81

Abb. 2.9   Kulturforschungsdesigns: Indirekter Zusammenhang......................................82

Abb. 2.10   Frau 3 83

Abb. 3.1   Grid-Group Modell (vgl. Douglas 1992, 178) 110

Abb. 3.2   Independence (vgl. Scollon & Wong-Scollon 1994, 44) 116

Abb. 3.3   Involvement (vgl. Scollon & Wong-Scollon 1994, 45) 117

Abb. 4.1   Internationale Handlungskompetenz (verkürzt nach Bolten 2000, 70)..........136

Abb. 4.2   Interkulturelles Handeln (vgl. Thomas & Hagemann & Stumpf 2003, 240). 149

Abb. 4.3   Profil interkultureller Kompetenz (eigenerstellt)... 150

Abb. 4.4   Kenntnisse über die SlowenInnen (Pammesberger 2004) 154

Abb. 4.5   Kenntnisse über die UngarInnen (Pammesberger 2004) 155

Abb. 4.6   Kenntnisse über die TschechInnen (Pammesberger 2004) 155

Abb. 4.7   Johari Fenster.. 159

Abb. 4.8   Methoden des Kompetenzerwerbs (eigenerstellt).. 172

Abb. 4.9   Lernzielpyramide interkulturellen Trainings
            (leicht modifiziert nach Konradt 2000, 82)... 174

Abb. 4.10   Klassifikation von Trainingsinhalten und -methoden
            (modifiziert nach Gudykunst & Guzley & Hammer 1996, 61ff).................. 177

Abb. 4.11   Akkulturationsstrategien (vgl. Berry 1994 in Podsiadlowski 2004, 68)........ 184

Abb. 5.1   Informationsflüsse und Lernrichtungen in transnationalen Unternehmen
            (modifiziert nach Doz et al. 2001, Bartlett & Goshal 1998)........................ 196

Abb. 5.2   Single Loop and Double Loop Learning
            (leicht modifiziert nach Argyris 1997, 59) 197

Abb. 5.3   Vollständiger Lernzyklus (Synopse nach Kolb 1976) 198

Abb. 5.4   SECI-Modell (modifiziert nach Nonaka & Konno 1998, 43 und 46)............ 199

Abb. 5.5   Barrieren im Wissenstransfer
            (eigenerstellt, ähnlich auch bei Bendt 2000, 59).. 203

Abb. 5.6   Wissensorientierte Gestaltung von Grenzen
            (vgl. Schneider 2003, 60; in Erweiterung von Carlile 1997 und 2002) 204

Abb. 5.7   Der lange Weg vom individuellen Gedanken zur kollektiven Routine 206

Abb. 5.8   Fragebogen und Auswertungsschema
            (Quelle: Theo Wehner, IFAP Institut für Arbeitspsychologie 2000)............. 208

Abb. 6.1   Unterschiedliche Kulturen im internationalen Konzern (eigenerstellt) 211

Abb. 6.2   Funktion von Kultur für das Management (eigenerstellt)............................... 212

Abb. 6.3   Drei Ebenen der Kulturbetrachtung (in Anlehnung an Schein 1995, 30) 215

Abb. 6.4   Organisationstypen in Abhängigkeit von nationalen Kulturen
            (leicht modifiziert nach Hofstede 1991, 152)... 218

Abb. 6.5   Branchenkulturen (eigenerstellt in Anlehnung an Wever 1992, 74ff)........... 219

Abb. 6.6   Organisationskultur und verwandte Konzepte (eigenerstellt) 221

Abb. 6.7   Der Doppelcharakter von Strategie zwischen Planung und Emergenz 224

Abb. 6.8   Vergangenheitsanalyse und Zukunftsentwurf (eigenerstellt) 226

Abb. 6.9   Verhältnis von Theorie und Praxis (eigenerstellt) 228

Abb. 7.1   Expatriierung – Dauer und Zweck 241

Abb. 7.2   Expatriate International Career Cycle (Adler 2002, 262) 242

Abb. 7.3   Phasenmodell der Kulturbewältigung nach Hofstede (Hofstede 2001, 295) . 250

Abb. 7.4   Gründe für Reverse Culture Shock (eigenerstellt) 255

Abb. 7.5   Kommunikationsebenen (leicht modifiziert nach Schugk 2004, 86) 266

Abb. 7.6   Die vier Seiten einer Nachricht (vgl. Schulz von Thun 1996) 267

Abb. 7.7   Landkarte aus europäischer Sicht (vgl. Internet, Pupilvision) 269

Abb. 7.8   Landkarte aus australischer Sicht (vgl. Internet, Paradoxing) 269

Abb. 7.9   Laswell Formel, leicht verändert (vgl. Noelle-Neumann et al. 1989, 99) 270

Abb. 7.10   Systemtheoretisch. fundiertes, integriertes Modell der Kommunikation 271

Abb. 7.11   Zusammensetzung von Teams und Gruppen 276

Abb. 7.12   Arbeitsgruppen und Teams (in Anlehnung an Katzenbach & Smith 1997) ... 279

Abb. 7.13   Einflussfaktoren auf die Teamleistung
            (modifiziert nach Zeutschel & Thomas, Internet 1998) 281

Abb. 7.14   Wirkungen von Kulturunterschieden 283

Abb. 8.1   Diversitätsmanagement 290

Tabellenverzeichnis

Tab. 1.1   Globalisierungsdebatte: Die wesentlichen Argumentationsmuster 6

Tab. 1.2   Standortfaktoren Österreich (zusammengestellt aus Aiginger 2006/07) 24

Tab. 2.1   Hauptkategorien nach Schein (1995, 21) 51

Tab. 2.2   Kultur als mentale Software (vgl. Hofstede 2001, 4) 53

Tab. 2.3   Explikatives versus deskriptives Konzept
             (in Anlehnung an Keller 1982, 123 und Küsters 1998, 93) 57

Tab. 2.4   Kultur- und sprachspezifische Sprichwörter 60

Tab. 3.1   Grundorientierungen nach Kluckhohn & Strodtbeck
             (reorganisiert nach Adler 2002, 20f) 86

Tab. 3.2   High-Context versus Low-Context (eigenerstellt) 90

Tab. 3.3   Some useful expressions in Japanese (vgl. Internet, Japanese) 91

Tab. 3.4   Monochronic vs. polychronic people (Hall & Hall 1990, 15) 93

Tab. 3.5   Kulturdimensionen nach Trompenaars
             (vgl. Trompenaars & Hampden-Turner 1997, 8ff) 99

Tab. 3.6   Leistung versus Zuschreibung
             (in Anlehnung an Trompenaars & Hampden-Turner 1997, 118) 105

Tab. 3.7   Zeitkonzept
             (in Anlehnung an Trompenaars & Hampden-Turner 1997, 138) 106

Tab. 3.8   Redewendungen mit Kulturbezug
             (eigenerstellt in Anlehnung an Adler 2002, 25 und Gannon 2001, 27) 108

Tab. 3.9   Gender-spezifische Gesprächsstile 120

Tab. 3.10   Kulturdimensionen im Wandel 132

Tab. 4.1   Dimensionen der Interkulturellen Kompetenz (Bolten 2000, 68) 137

Tab. 4.2   Fremd- und Autostereotype in Europa (verkürzt nach Jessen 2003) 161

Tab. 4.3   Developmental Model of Intercultural Sensitivity (Bennett 1993, 29) 166

Tab. 4.4   Sequencing Order of Training Activities (Paige & Martin 1996, 55)............ 180

Tab. 6.1   Grundformen der Koordination menschlichen Handelns
                (eigenerstellt in Anlehnung an Etzioni 1964, 58–67) 216

Tab. 6.2   Theorien der Unternehmenskultur (eigenerstellt) 220

Tab. 6.3   Unternehmenskultur & Internationalisierungsstrategien
                (eigenerstellt in Anlehnung an Meffert 1989, 456) 233

Tab. 7.1   Prozessmodell der Reintegration (Hirsch 2003, 423) 254

Tab. 7.2   Bedeutung von non-verbaler Kommunikationsmuster im interkulturellem
                Vergleich (Rentzsch 1999, 47 zit. in Schugk 2004, 89) 274

Tab. 7.3   Sprachstilunterschiede zw. Deutsch und Englisch nach House
                (vgl. House 1996 und Schugk 2004, 75).. 275

Tab. 8.1   Kulturkonvergenz und Kulturdivergenz im Management
                (Barmeyer 2003, 38)... 292

1 Einleitung

„Globalisierung ist sicher das am meisten gebrauchte – missbrauchte – und am seltensten definierte, wahrscheinlich missverständlichste, nebulöseste und politisch wirkungsvollste (Schlag- und Streit-)Wort der letzten, aber auch der kommenden Jahre."

(Ulrich Beck 1997, 42)

1.1 Multikulturalität: Phänomen einer global(isierend)en Wirtschaft

Ehe wir auf Aspekte der Interkulturalität eingehen, werden wir kurz das Umfeld analysieren, in dem diese Aspekte an praktischer Relevanz und akademischer Aufmerksamkeit gewinnen. Die geopolitischen, weltwirtschaftlichen und sozio-kulturellen Bedingungen der Staaten an der Wende vom zweiten zum dritten Jahrtausend nach Christus werden allgemein als Folge eines Prozesses diskutiert, der mit dem Überbegriff Globalisierung (globalisation, mondialisation) bezeichnet wird.

Zu diesem Zwecke werden wir zunächst den Begriff und empirische Evidenz für das Vorliegen von Globalisierung erläutern (Abschnitt 1.2) und jene Aspekte zusammenfassen, welche die Literatur konsensuell wahrnimmt, unabhängig davon, wie die Wertung der Folgen dieser Aspekte ausfällt. Dann stellen wir ein Modell der Triebkräfte vor, aus denen Globalisierung sich herausbildet (Abschnitt 1.3) und analysieren die Folgewirkungen des Globalisierungsprozesses auf Kapital-, Produkt- und Arbeitsmärkten sowie die Frage einer veränderten Rolle der Nationalstaaten (Abschnitt 1.4). Um dies in den größeren Kontext von Umbrüchen zu stellen, die ein neues Zeitalter einzuläuten scheinen, befassen wir uns danach mit Veränderungen, die vom Fordismus des Industriezeitalters zum Postfordismus einer noch nicht eindeutig positiv benennbaren Nachfolgeära führen. In diesem Kontext betrachten wir auch die von Samuel Huntington in dem Diskurs eingebrachte Metapher eines „Kampfs der Kulturen" (Abschnitt 1.5). Nach dieser Auseinandersetzung mit der Makroebene, skizzieren wir jene großen Spieler näher, die wir als eine primäre Triebkraft identifiziert haben: Multi- bzw. transnationale Unternehmen und ihr zunehmend globales Angebot (Abschnitt 1.6). Zuletzt wollen wir noch in aller Kürze auf die Frage eingehen, ob Kulturen ein berechtigtes Anliegen der Managementforschung sind (Abschnitt 1.7).

1.2   Der Prozess der Globalisierung

Inter- und multikulturelle Herausforderungen stellen sich Unternehmen an der Wende vom
zweiten zum dritten Jahrtausend der christlichen (!) Zeitrechnung vermehrt, weil vermehrt
wirtschaftliche, politische und kulturelle Interaktionen stattfinden, die zunehmend in Interde-
pendenzen münden. Für den entsprechenden Prozess wurde der Begriff der Globalisierung
geschmiedet, der in der öffentlichen Debatte seit einigen Jahr(zehnt)en sehr präsent und mit
unterschiedlichen Inhalten und Urteilen belegt ist.

1.2.1   Begriff und Evidenz

Definitionsangebote für das Phänomen „Globalisierung" verweisen in der Regel auf Vernetzung, Interdependenz und Spill-Over Effekte über bisher dichte Grenzen. Lester Thurow
versteht unter Globalisierung die Möglichkeit, alles jederzeit überall auf der Welt produzie-
ren zu können. Firmen können also ihre Güterströme so lenken, dass sie dort herstellen, wo
dies am kostengünstigsten möglich ist und dort verkaufen, wo sie dies zu den höchsten Preisen tun können (vgl. Thurow 1996, 32).

Lowell Bryan und Diana Farrell vom McKinsey Global Institute verstehen unter einem globalen Markt einen Markt, der grenzüberschreitend so funktioniert als wäre er ein Binnen-
markt (vgl. Bryan & Farrell 1997, 26).

Zygmunt Bauman und Immanuel Wallerstein interpretieren die quantitative wie intensitäts-
mäßige Zunahme grenzüberschreitender Geschäftstätigkeit als globale Ausbreitung einer
kapitalistischen Wirtschaftsweise (vgl. Bauman 1998 und Wallerstein 1983). In den Bereich
des Politischen hineinreichende Definitionen verstehen unter Globalisierung eine neue Auffassung der Rolle von Nationalstaaten und den zunehmenden Einfluss transnationaler Institutionen und transnationaler politischer Strategien (vgl. etwa Beck 1997, 70 ff). Auf kultureller
Ebene meint Globalisierung „[...] die transkulturelle Produktion von Sinnwelten und kulturellen Symbolen [...]" (Beck 1997, 88), die durch globale Konsumgüter – insbesondere Me-
dienindustrien – erfolgt. Andere Autoren – und wohl auch der so genannte Volksmund –
definieren Globalisierung über erkennbare Folgen. Dabei ist es schwierig, solche Folgen
neutral, d.h. ohne Wertung hinsichtlich ihrer Wünschbarkeit darzustellen. Globalisierung ist
dann jener Prozess der das Traditionelle, die alten Spielregeln in Bewegung bringt und neue
Antworten auf die Fragen: „Wie sollen wir Gemeinschaft organisieren" erfordert. Ohne bewusste Anstrengung, diese Frage zu beantworten, entwickeln sich aus der Eigendynamik des
Prozesses selbst Antworten, die Problempotential in sich bergen. So beleuchtet Zygmunt
Bauman das Phänomen globalisierten Reichtums und globalisierter Armut und stellt ebenso
wie Manuel Castells (2001) fest, dass die Armen erstmals von den neuen Reichen nicht mehr
gebraucht werden, weder als Ziel karitativer Milde, noch als Reservearmee, noch als Konsumenten: „[...] Globalisierung ist zunächst und vor allem eine Neuverteilung von Privilegien und Entrechtungen, von Reichtum und Armut, von Möglichkeiten und Aussichtslosigkeit,
von Macht und Ohnmacht, von Freiheit und Unfreiheit." (Bauman 1998, 326). David Korten
sieht „A postcorporate World" (1999), die – je nach unserer Anstrengung auf demokratie-
zerstörendem ungehemmten Kapitalismus oder gesunden Märkten beruhen wird (vgl. Korten

1999, 41). Edward Luttwak beobachtet Phänomene, die er als Turbokapitalismus beschreibt: *„What they celebrate, preach and demand is private enterprise liberated from government regulation, unchecked by effective trade unions, unfettered by sentimental concerns over the fate of employees or communities, unrestrained by customs barriers or investment restrictions, and molested as little as possible by taxation."* (Luttwak 1999, 27). Positive Wertungen betonen die Chancen der Globalisierung: Wenn der Personenverkehr auch noch am wenigsten liberalisiert ist, steht Individuen mit Unternehmergeist und Kompetenz doch mehr oder minder die Welt offen. Interkulturelle Begegnungen bergen ein reiches Potenzial an Innovation, in Schwellenländern bildet sich ein selbstbewusster Mittelstand heraus, auf allen Ebenen haben Menschen (zumindest solche mit Zugangschancen) die Wahl: Zwischen politischen Systemen, Steuerlasten, Produkten, Dienstleistungen, klimatischen Bedingungen. Ob der Prozess der Globalisierung ein neues Phänomen oder seit der europäischen Renaissance im Gange ist, ist aus Sicht der Wirkungen von Globalisierung eine sekundäre Frage.

Einige AutorInnen, unter ihnen wohl am prominentesten Immanuel Wallerstein, datieren den Beginn des Prozesses der Globalisierung ins 16. Jahrhundert und setzen ihn mit der Entstehung von Kapitalismus gleich. Sie definieren das Geschehen monokausal, nämlich unter der Prämisse einer Dominanz der Wirtschaft über die Gesellschaft: Eine Prämisse, der auch Neoliberale folgen, was zur Randbemerkung Anlass gibt, *„[...] dass sich in ihren Grundannahmen ironischerweise neoliberale und marxistische Positionen gleichen."* (Beck 1997, 49).

Auf allgemeiner Ebene betrachtet, bedeutet eine kapitalistische Moderne die Doppelbewegung von Marktintegration und Verbreitung der universalistisch-wissenschaftlichen Methode. Das bedeutet zum einen, dass mehr und mehr Tätigkeiten aus dem Subsistenz- oder Selbstversorgungsbereich familiärer und dörflicher Gemeinschaften in Richtung Markt wandern und dort auf dem Wege des geldunterstützten Tausches zwischen im sozialen Sinn anonym bleibenden Produzenten, Mediatoren und Konsumenten erledigt werden. Gleichzeitig zur Marktintegration (Kapitalismus) vollzieht sich ein Siegeszug der als universell betrachteten westlichen szientistischen Methode (Aufklärung, Moderne). Am Markt dominiert dem Prinzip nach das Interesse der Kapitalgeber, möglichst hohen Nutzen zu erzielen, sei es in Form von Gewinnen oder in Form von Wertsteigerungen, die wegen des positiven Feedbacks der Zinsdynamik zur Kapitalakkumulation führen. Dieses Motiv treibt eine Expansionsbewegung im räumlichen, sachlichen und technischen Sinne, wobei das Gefälle von Regionen in Bezug auf ihre wirtschaftliche Entwicklung Voraussetzung und Ergebnis der Expansion ist. Aus dicht vernetzten, voll in die expansive Logik integrierten Zentren erfolgt die Steuerung der Prozesse. Dort finden BewohnerInnen die besten Angebote im Sinne des Marktintegrations- und Modernisierungsprozesses, also Waren, Bildung oder Kultur vor. Hingegen konzentriert sich die Peripherie auf die Produktion von Primärgütern mit niedrigem technischem Standard, die in weltumspannend organisierte Wertschöpfungsketten einfließen. Dort wird auch der wissenschaftliche Standard der Zentren übernommen, ohne dazu beitragen zu können. **Semiperipherien** sind für die Peripherie selbst (regionale) Zentren, aus Sicht der zentralen Knoten im Netzwerk der Weltwirtschaft liefern sie allerdings zu, wobei sie mit ihrer Diversität ein Reservoir für Inventionen darstellen, die in den Zentren zu Innovationen weiter entwickelt werden. Dieses auf Immanuel Wallerstein zurückgehende Modell, das nicht ohne Kritik geblieben ist, sieht eine Veränderung der Räume mit **zentralen** und **peri-**

pheren Funktionen im Laufe großer Zyklen und politisch hegemonialer Wellen vor, ohne die Trias Zentrum, Semiperipherie und Peripherie selbst in Frage zu stellen, aus der Antrieb für weitere Expansionsbewegungen gewonnen werden kann. Ein Zusammenbruch des Systems muss somit dann erfolgen, wenn diese Bewegungen an nicht mehr erweiterbare Grenzen stoßen.

Wenn das Weltwirtschaftssystem in Verwertungskrisen gerät, wenn Märkte gesättigt, Technologien ausgereizt und die Löhne angestiegen sind, reagiert das System in der Regel mit Expansion auf Basis einer neuen Technologie bzw. durch Anschluss neuer Regionen an die Weltwirtschaft. Wenn Immanuel Wallersteins Analyse zutreffend ist, bedeutet dies, dass die Bevölkerungen in den entwickelten Ländern ihren Standard u.a. auch auf Kosten der Missstände in den Semiperipherien und Peripherien des Weltsystems halten, als da sind: Kinder- und Sträflingsarbeit, de facto Sklaven, Ausbeutung der natürlichen Umwelt, diktatorische Regime, mangelnder Arbeitsschutz, mangelnde Sicherheitsvorkehrungen (zur Sklaverei im Europa des 20. Jahrhunderts vgl. Arlacchi 2000). Solche Missstände sind dann nicht rückständige, durch Verwestlichung überwindbare Formen gesellschaftlicher Produktion, sondern notwendiger Bestandteil des kapitalistischen Weltsystems in der gegenwärtigen Epoche. Sie gehen zurück auf die Doppelbewegung von Marktintegration und szientistischer Methode, die im 16. Jahrhundert ihren Ausgang von Europa nahm (vgl. Wallerstein 1983).

Ulrich Beck setzt demgegenüber den Beginn der Globalisierung gleich mit dem Beginn der Globalisierungsdebatte. Neu ist für ihn *„[...] die Selbstwahrnehmung dieser Transnationalität."* (Beck 1997, 31). Nach diesem Verständnis könnte man einerseits mit einem geänderten gesellschaftlichen Bewusstsein argumentieren, das in etwa nach den Ölschocks der 1970er Jahre einsetzt, andererseits mit den Fortschritten von Verkehrs- und Kommunikationstechnik, die zu einem Verschwinden von Distanz beitragen.

Anregung: Einige Daten zur Greifbarmachung des Phänomens Globalisierung

Der Jahresumsatz von Walmart übertraf in den 1990ern das Bruttosozialprodukt von 161 Ländern, darunter Israel, Polen und Griechenland (Luttwak 1999, 42). Das Fusionswachstum in den USA betrug 1992 – 1998 jährlich (mit einer Ausnahme) über 50 % (ebd.). Die kumulierten Privatschulden der AmerikanerInnen betrugen 1998 5 Trillionen Dollar, fast Neun Zehntel ihrer jährlichen Einkommen (Korten 1999, 3).

Anregung: Globalisierung als „Lebensgeschichten"

Eva-Maria, 72, eine wohlsituierte deutsche Pensionistin verbringt Weihnachten in Kenia, den Frühling auf Gran Canaria, den Sommer am Tegernsee. Sie genießt den Wechsel unterschiedlicher „Heimaten" als besondere Qualität.

Juan, ein Arbeiter in einer Weltmarktfabrik in Guatemala wird eines Abends von Schlägertrupps überfallen und krankenhausreif geschlagen. Er hat vor kurzem Schritte gesetzt, um eine Gewerkschaft zu gründen.

Tasmin näht Krägen an Rückenteile, 60 pro Stunde, 700 am Tag. Eine halbe Stunde braucht ein Hemd in der Firma „Rhine Garments" von der ersten Naht bis zum letzten Knopf. Zwischen den engstehenden Nähmaschinen fungieren zwölf- und vierzehnjährige Mädchen als menschliches Fließband. Dann wird die Qualität kontrolliert, das Hemd wird gebügelt, mit Nädelchen zusammengesteckt, in Klarsichtfolien verpackt, und zum krönenden Abschluss wird der Grüne Punkt aufgepappt. Die Arbeitsteilung springt ins Auge: Männer schneiden zu, bügeln und verpacken, Frauen nähen. 3500 knallbunte Hemden stellen die 450 Beschäftigten täglich für das Versandhaus Baur in Bayern her. Kein anderes Land produziert so viele T-Shirts und Hemden für den europäischen Markt wie das Land am Golf von Bengalen. (Wichterich 1998, 23)

Illustration: Wie kann man sich „die neue internationale Arbeitsteilung" vorstellen?

Der neue Beatle von VW

Das Design stammt aus Kalifornien, die Ingenieurstechnik aus Deutschland, gebaut wird das Auto in Mexiko, die Motoren werden in Ungarn gefertigt. Damit werden, je Funktion, Standortvorteile genützt, die sich dank der fortgeschrittenen Informations- und Kommunikationstechnik sowie Managementsysteme in einem erfolgreichen Gesamtprodukt vereinigen: Kalifornischer Way of Life, deutsche Technik, die Lohnvorteile Mexikos und die Kombination aus niedrigen Löhnen und gut ausgebildeten Kfz-TechnikerInnen in Ungarn.

1.2.2 Zwischenfazit

Nach den vorstehenden Überlegungen lassen sich folgende Schlussfolgerungen für den Prozess der Globalisierung ableiten:

1. Globalisierung ist kein Zustand, sondern ein **Prozess**, dessen Wurzeln historisch bis in die frühe Renaissance zurückverfolgt werden können.

2. Globalisierung ist auf den Güter- und Dienstleistungsmärkten noch mehr Programm denn empirisches Faktum. Obwohl immer mehr Räume in die Weltwirtschaft einbezogen werden, spielt sich ein Großteil des **Handels noch innerhalb der großen entwickelten Wirtschaftsräume** Nordamerika – Europa – Japan und Südostasien ab. Wegen der Geschwindigkeit der Änderungen verschieben sich allerdings das Gewicht von Wirtschaftsräumen und ihre Verflechtung rasch.

3. Globalisierung läuft mit unterschiedlicher Geschwindigkeit auf der Ebene von Wirtschaft, Politik und Kultur, wie wir noch sehen werden als dialektischer Prozess, der seine eigenen Gegentendenzen und neue Differenzierungen hervorbringt. Um die empirisch fassbare Realität des ausgehenden 20. Jahrhunderts zu beschreiben, wäre **Glokalisierung** daher ein angemessener Begriff.

4. **Wirtschaftlich** bedeutet Globalisierung die ganze Welt als Bezugsraum für Ressourcen und als Markt zu betrachten (vgl. den Slogan: „Think global"). Produktionsseitig werden mehrstufige Produktionsprozesse auf verschiedene Standorte aufgesplittert. Viele Gebrauchsprodukte haben daher auf ihrem Weg zu den KundInnen transnationale Wertschöpfungsketten durchlaufen.

5. Als zusätzliche Wirtschaftsräume werden seit etwa 20 Jahren die so genannten **Schwellenländer** immer bedeutsamer: Brasilien, Indien und China. Zusätzlich ist Russland ein großer Wirtschaftsraum mit einer gut ausgebildeten Bevölkerung. Zum Zeitpunkt des Erscheinens dieses Buches ist China bereits die viertgrößte Volkswirtschaft der Erde, wobei die offiziell verlautbarten Statistiken die tatsächliche Leistung eher unter- als überschätzten (vgl. Goldman Sachs 2003).

6. **Distanz** im räumlichen Sinn verliert an Bedeutung, weil sie technologisch überwindbar geworden ist. Kulturelle Distanz allerdings bleibt bestehen: *„Time zones and language groups, rather than mileage, will come to define distance."* (Cairncross 2001, 5)

7. **Globalisierungsfolgen** werden im öffentlichen Diskurs sehr unterschiedlich bewertet. Die folgende Tabelle fasst die wesentlichen Argumentationsmuster dieses Diskurses zusammen:

Tab. 1.1   Globalisierungsdebatte: Die wesentlichen Argumentationsmuster

Aspekt	Wertung +	Wertung –
Politische Globalisierung	Aufbrechen verkrusteter, „ständischer" Strukturen, Kooperation über nationalstaatliche Grenzen	Wegfall der Möglichkeit, territorial über Bedingungen guten Lebens zu bestimmen; Begrenzung selbstbestimmter Innenpolitik
Globalisierung der Lebensstile	Weltbühne für lokale/regionale Kulturen, neue Differenzierungen Zugang und Inklusion, Chancen auf Teilhabe	McDonaldisierung der Gesellschaft, Reduktion von Kultur auf Konsum
Information, Medien, Globale Kulturindustrien		Verlust an Vielfalt, weltweite Prägung auf Massenniveau
Wirtschaftliche Globalisierung		
– **Finanzströme**	Ermöglichung von Handelsgeschäften und Unternehmensgründungen durch maßgeschneiderte Risikoabsicherung, Grundlage von Wirtschaftswachstum	Hohe Volatilität, Spekulationsblasen, ungesunde Umverteilungswirkung, Selbstverstärkung im Wachstum, aber auch im Niedergang
– **Arbeit**	Chancen für Entwicklungs- und Schwellenländer, Chancen für Gründer und Innovatoren, Entfesselung von institutioneller Bindung	Dequalifizierung, globale Konkurrenz, Verlust von Sozialstandards, Entfall sozialer Inklusion
– **Güter, Dienstleistungen**	mehr Märkte, mehr Möglichkeiten, komparative Kostenvorteile zu nutzen	Konzentration, Abhängigkeit, Zerstörung des Mittelstands
– **Einkommensverteilung**	Hohe Durchlässigkeit, wirksame Anreize, rasch reich zu werden, Renten auf seltene Fähigkeiten, Aufbrechen der gegebenen Chancenverteilung	Verteilung von unten nach oben, staatlich (rechtlich) abgesicherte feudalistische und unverhältnismäßige Bereicherung, sozialer Sprengstoff, Wegfall der Massennachfrage

1.3 Ein Modell des Prozesses der Globalisierung

Der Prozess der Globalisierung kann als durch vier Triebkräfte bedingt beschrieben werden, die zu vier Wirkungen führen, die ihrerseits verstärkend auf den Prozess zurückwirken. Wir haben es also mit einer auf sich selbst bezogenen (selbstreferentiellen) Dynamik zu tun. Systemtheoretisch gesprochen stellt sich Globalisierung als Ergebnis des Handelns vieler einzelner Akteure ein, ist jedoch nicht von diesen Akteuren intendiert.

Wenn einzelne Unternehmen Teile ihrer Produktion nach Osteuropa verlagern und die internationale Verteilung ihrer Aktivitäten möglichst steuerschonend gestalten, wollen sie damit primär ihre Wettbewerbsfähigkeit steigern. Es liegt jedoch nicht direkt in ihrer Absicht, in der EU für Arbeitslosigkeit und leere Staatskassen zu sorgen. Beide Wirkungen führen aber dazu, dass die EU-Staaten entweder Steuern erhöhen oder ihre Infrastruktur und Transferleistungen einschränken müssen, was EU-Standorte für Unternehmen zunehmend unattraktiv gestaltet. Sie haben nun umso mehr Grund, ihre Produktion anderswohin zu verlagern, ihre Aktivitäten steuerschonend zu gestalten … usw.

1.3.1 Triebkräfte (Drivers) der Globalisierung

Im Folgenden wollen wir uns zunächst die vier Triebkräfte des Prozesses ansehen.

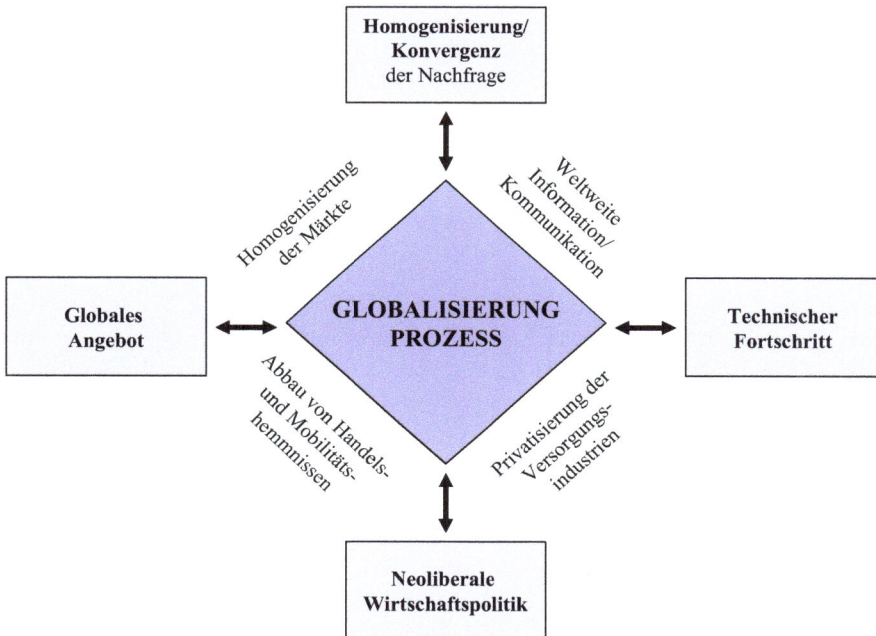

Abb. 1.1   Triebkräfte der Globalisierung (vgl. Schneider 1997)

Es ist müßig danach zu fragen, welche der Kräfte als Urkraft oder Hauptfaktor anzusehen ist. Für viele sticht der technische Fortschritt als wesentliche Triebkraft ins Auge. Er ist jedoch nicht unabhängig von Finanzierung und wirtschaftlicher Verwertbarkeit, muss auf entsprechende Nachfrage treffen, um Massenwirkung zu erzielen und ist über Regulierungen und Standardsetzungen an die Politik gebunden. Wir müssen also von einer Interdependenz der Triebkräfte ausgehen und uns vorläufig mit einer verbalen, nicht formalisierten Beschreibung ihrer (Wechsel-)Wirkungen begnügen.

1.3.2 Erste Triebkraft: Globales Angebot (globale Strategien der AnbieterInnen von Gütern und Dienstleistungen)

Rein theoretisch können Unternehmen ihren Wertschöpfungsprozess so zerlegen und weltweit verteilen, dass sie die intendierte Wertschöpfung kostenminimal erzielen. Wenn es gelingt, Produkte und Dienstleistungen weltweit zu standardisieren, kann in großem Umfang für den Weltmarkt produziert werden, was entsprechende Einspareffekte mit sich bringt (Economies of Scale, Lernkurveneffekte). Die Wahl von Standorten für die Erstellung eines Teils der Wertschöpfungskette hängt dabei einerseits von der vorhandenen Faktorausstattung, andererseits vom vorhandenen Absatzmarkt und der Marktnähe der jeweiligen Wertschöpfungsstufe ab. Faktoren oder Ressourcen sind klassisch Rohstoffe bzw. Energiequellen. Bei wenig automatisierter Industriearbeit fallen die Löhne ins Gewicht bzw., genauer gesagt, das Verhältnis Lohn zu Produktivität. In der sogenannten „neuen Ökonomie" spielen allerdings andere Faktoren eine Rolle: Qualifizierte Wissensarbeit, die am besten im förderlichen Umfeld anderer Wissensarbeit gedeiht. Dazu gehören gute Bildungsinstitutionen, starke KonkurrentInnen, kooperationsfreudige Zulieferer und eine verlässliche moderne Infrastruktur. Letzteres schränkt die Vorstellung von der ganzen Welt als Produktionsstätte erheblich ein: Es geht eben nicht nur um komparative Kostenvorteile im Sinne des klassischen Handels, sondern um komparative Vorteile in der Wertschöpfung(skette). Solche Vorteile sind z.B. in Silicon Valley gegeben, einer Agglomeration neuer Industrien und der sie unterstützenden Bereiche, die von vielen Weltregionen nachzuahmen versucht wird.

An dieser Stelle wollen wir zunächst der Frage nachgehen, warum Unternehmen im ausgehenden 20. Jahrhundert globale Angebotsstrategien entwickeln und ihre Wertschöpfung optimieren konnten: Dies liegt zum einen an der Entwicklung von Verkehrs- und Informationstechnik und den ständig fallenden Preisen für den Transport von Gütern und Informationen. In den vergangenen sechs Jahrzehnten fielen die Transportkosten für Luftfracht um den Faktor sechs und für transkontinentale Telefongespräche um den Faktor acht. In nur drei Jahrzehnten reduzierten sich die Kosten für Computerleistungen um den Faktor hundert. *„[...] allein durch diesen verstärkten Wettbewerb fielen die Kosten für Seefracht in den vergangenen zwei Jahrzehnten um rund 80 Prozent"* (Schleicher 1999, 65f). Es besteht die Möglichkeit, Teile über weite Strecken zu transportieren und Produktionsprozesse „virtuell", d.h. technikvermittelt über Distanzen abzustimmen. Ein zweiter Grund findet sich in der zweiten Triebkraft, der Konvergenz der Nachfrage, nach (einigen) Gütern und Leistungen. Unternehmen nehmen über ihre Marketingstrategien auch Einfluss auf diese Konvergenz.

Als dritter Grund sind grenzüberschreitende Bemühungen anzuführen, technische Standards zu vereinheitlichen, um die Austauschbarkeit von Produkten und Komponenten bzw. die Anschlussfähigkeit an unterschiedliche Nutzungskontexte zu gewährleisten. Das fängt bei den verwendeten Längen- und Gewichtsmaßen an und reicht über die Stromspannung bis zu Industriestandards, z.B. das GMS System für Mobiltelephonie, auf das sich wesentliche Hersteller im ausgehenden 20. Jahrhundert geeinigt haben. Aber, so ist zu fragen, gibt es nicht individuell besondere Ansprüche an Güter? Entstehen nicht aus geographischen Besonderheiten wie Klima und Topographie Anpassungserfordernisse an Produkte, sind die Geschmäcker nicht verschieden? Anbieter können diesen Fragen auf zweierlei Weise begegnen: Sie können Einfluss auf Geschmäcker (und sie reflektierende Rechtssysteme) nehmen und versuchen, sie zu vereinheitlichen. Sie können zweitens modular arbeiten, d.h. Bestandteile ihrer Produkte, wie etwa Fahrgestelle für Pkws, vereinheitlichen und diese dann individuell zusammenstellen. Für letztere Strategie wurde in den USA der zunächst paradox anmutende Begriff: Mass-Customization geprägt.

Wir können insgesamt einen kräftigen Push seitens der großen transnationalen Unternehmen in Richtung Globalisierung feststellen, die ihre Zulieferer zum Teil mitreißen und über Marketingaktivitäten Einfluss auf die Nachfrage nehmen, im Wesentlichen um diese weltweit zu vereinheitlichen. Einzelne Unternehmen mögen sich dabei mehr als Getriebene denn Betreiber des Prozesses vorkommen, alle zusammen jedoch tragen und verstärken ihn.

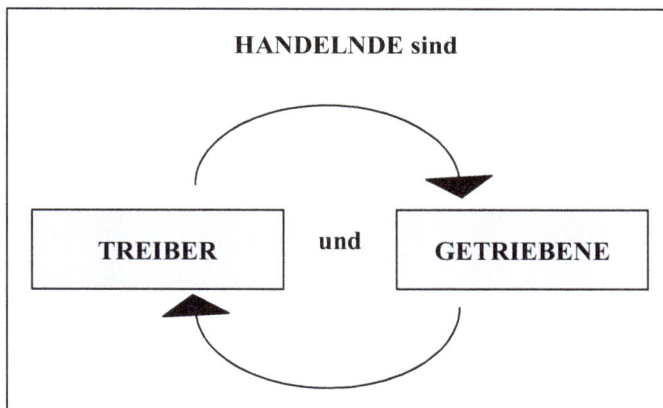

Abb. 1.2   Handelnde als „Täter" und „Opfer" im Prozess der Globalisierung

1.3.3   Zweite Triebkraft: Konvergenz der Nachfrage

In einem berühmt gewordenen Artikel in der Harvard Business Review vertrat Theodore Levitt schon 1983 die These, dass die Nachfrage nach Gütern sich weltweit angleiche. Seine Argumentation war in etwa die folgende (vgl. Levitt 1983): Die neuen Technologien, als „machtvolle Kraft", treiben den Prozess an. Unternehmen können durch die Standardisierung von Weltmassenprodukten Kostenvorteile erzielen und in den Preisen weitergeben. Dadurch wird lokale Konkurrenz ausgeschaltet. Levitt ging also von einer *„ubiquity of the desire for the most advanced goods"* aus, welche die Lebenszyklustheorie und Theorie der technologischen Lücke in Frage zu stellen scheint.

Dem entspricht ein Beispiel von Rosabeth Moss Kanter. Gillette hatte die Idee, mit seinen im Westen auslaufenden Produkten auf den chinesischen Markt zu gehen. Der Verkaufserfolg war mäßig. Schließlich entdeckte man, was ankam: Die jeweils allerneuesten, technisch „fortgeschrittenen", in den USA gerade erst lancierten Produkte. (R.M. Kanter, AOM Meeting 08/96, Vancouver)

Levitts These ist vielfach kritisiert worden. Klima, Gelände, Religion und Essgewohnheiten, aber auch die Kaufkraft auf einem Markt werden bei vielen Produkten immer ein bestimmtes Maß an lokaler Anpassung erfordern. Sogar McDonald's macht Konzessionen an lokale Gegebenheiten. Gillette of Indonesia macht das Hauptgeschäft mit einfachen, kostengünstigen Produkten. Darüber hinaus entstehen Differenzierungserfordernisse auch aus bewusster Abhebung vom universalistischen Geschmack. Wir gehen davon aus, dass jede Konvergenzbewegung wieder eine Divergenzbewegung auslöst. Allerdings dürfte die Divergenzbewegung entlang anderer als der traditionellen Trennlinien verlaufen. Es wird künftig neben der lokalen Anpassung (z.B. Klimaanlagen in Fahrzeugen in südlichen Ländern, Winterreifen in den Alpen) eine Anpassung an grenzüberschreitende Lebensstile geben (z.B. Jugendkulturen, ExpertInnennachfrage nach Laborprodukten und Software). Andererseits ist unleugbar, dass die Allgegenwärtigkeit bestimmter Informationsmedien, die Reisetätigkeit und die Anstrengungen vieler Länder, ihre Bevölkerungen breit und hoch zu bilden, zu einer Angleichung von Lebensstilen geführt haben, die jedenfalls auf der „Artefakt-Ebene" der verwendeten Produkte greift. Die KundInnen sind kundig. Sie kundschaften im Internet das weltweit beste Angebot aus, sie geben einander in verschiedenen Vereinigungen und Netzwerken davon Kunde. Sie gehen ins Ausland (als MigrationsarbeiterInnen, als SchülerInnen und StudentInnen, im Rahmen ihrer Jobs), sie verfügen über tagesaktuelle Information über wichtige Vorgänge auf der ganzen Welt. Damit treiben auch die Nachfrager den Prozess der Globalisierung an, in dem sie sich andererseits ebenfalls als Getriebene erleben. Den KonsumentInnen bleibt teilweise nichts anderes übrig, als sich dem weltweiten Angebot zu fügen. Es ist in der Regel der bequemere und nach einiger Zeit der einzig noch vorhandene Weg. Sie wissen oft gar nicht, wo ein Produkt (bzw. dessen Komponenten) herkommen, wie es hergestellt wurde, welche Alternativen dadurch vernichtet werden.

1.3.4   Dritte Triebkraft: Technischer Fortschritt

Als dritte Triebkraft des Globalisierungsprozesses ist der technische Fortschritt zu nennen. Ohne weltumspannende Netze und Hochleistungscomputer könnten TeilnehmerInnen am Finanzmarkt nicht Millionen aus 100-stel Punkten in den Margen verdienen, könnten Entwicklungsingenieure nicht orts- und zeitungebunden miteinander arbeiten, könnten an einem Ort X gefertigte Teile nicht zeit- und losgenau an einem Ort Y angeliefert werden. Technik erfüllt im Prozess der Globalisierung die Funktion der Ermöglichung. Sie ist eine notwendige, aber keine hinreichende Bedienung: Als Technologien, welche das 21. Jahrhundert bestimmen werden, bezeichnet etwa Bill Joy, der Forschungsleiter von Sun Microsystems, die Informationstechnik, die Gentechnik und die Nanotechnologie. Im Folgenden gehen wir kurz darauf ein, welche Technologien schon im ausgehenden 20. Jahrhundert den Prozess der Globalisierung angetrieben haben.

Hauptbereiche des technischen Fortschritts, welche Globalisierung fördern und vorantreiben:

1. **Verkehrstechnik**: Sie liefert uns Hochgeschwindigkeitsbahnen und -flugzeuge sowie kombinierte Systeme, die in Verbindung mit Software zu ausgeklügelt optimierten Logistiksystemen werden. Wir sehen hier die Entwicklung von der Industriegesellschaft, die Hardware herstellt, zur Dienstleistungs- und Wissensgesellschaft, die hauptsächlich an der die Hardware begleitenden „Mindware" verdient. Wie schon erwähnt, erlaubt die Verkehrstechnik eine physische Überwindung des Raums in kurzer Zeit und zu Preisen, die den Naturverbrauch nur unzureichend spiegeln.

2. **Informations- und Kommunikationstechnik**: Ein einzelner Chip leistet heute wesentlich mehr als der ENIAC, der erste (kommerzielle) Computer. Die rasante Entwicklung in der Informations- und Kommunikationstechnik spiegelt sich in Beobachtungen von Beteiligten, die sie zu „Gesetzen" verdichteten.

   Das **Moore'sche Gesetz** bezieht sich auf die Kapazität von Chips: Moores Beobachtung nach verdoppelt sich deren Verarbeitungsgeschwindigkeit alle 18 Monate (vgl. Schmidt 2001, 46). Vom Produktionschef von Intel hörte man bereits Anfang 2000, dass der Halbleiterhersteller die Zeit für die Verdoppelung der Verarbeitungsgeschwindigkeit auf 12 Monate gedrückt hätte.

   Der Durchbruch in Bezug auf Produktivitätsfortschritte in der Wissensarbeit ist allerdings nicht allein auf Computer zurückzuführen, sondern auf deren Verbindung durch Kommunikationstechnik. Das **Gilder'sche Gesetz** beschreibt eine Verdreifachung der Netzbandbreite alle 12 Monate (vgl. Schmidt 2001, 46). Je größer die Bandbreite, umso mehr Datenmengen können schneller übertragen werden, von dicht „gepackten" Zahlenkolonnen am Beginn der Entwicklung bis zu Bewegtbildern heute, die Dinge wie Video on demand am Computer ermöglichen.

   Metcalfes Gesetz schließlich bezieht sich auf das Phänomen des World Wide Web sowie anderer Netze. Er beschreibt, dass der Wert eines Netzwerkes eine Funktion der Zahl seiner Knoten sei – er steigt im Quadrat (!) der Zahl der Netzteilnehmer (vgl. Schmidt 2001, 47). Metcalfes Gesetz lässt sich empirisch am Wachstum der Internet Hosts nachvollziehen. Von nur wenigen im Jahr 1991 stieg ihre Zahl bis ins Jahr 2000 auf knapp 80 Millionen (vgl. Internet, Metcalfes Gesetz und Schmidt 2001, 46). Das Netz überwindet Distanz durch ein von der geographischen Lage unabhängiges Adresssystem und eine distanzunabhängige Preisstruktur. Es bietet damit eine wichtige Grundlage weltweiten Handels und weltweiter Unternehmenskooperation. Im Netz konvergieren mehrere bisher getrennte Funktionen: Jeder kann potenziell als Nachfrager und Anbieter auftreten. Computer-, TV-, Telekommunikationsindustrie und alle Arten von Content Anbietern, allen voran die Unterhaltungsindustrie, sehen sich plötzlich im Wettbewerb um dieselben

KundInnen. Ferner steigen mehr und mehr andere klassische Netzanbieter, wie etwa Stromerzeuger in den neuen e-Markt oder in das Internetgeschäft ein, zu denen noch eine große Zahl von Start-ups hinzukommt die ebenfalls ihr Glück in der so genannten „New Economy" suchen.

Bezogen auf das hier hauptsächlich behandelte System der (Welt-)Wirtschaft ermöglichen die Entwicklungen der Informationstechnik Phänomene wie die „neue internationale Arbeitsteilung", unternehmensübergreifende und grenzüberschreitende Kooperation, weitgehende Rationalisierung der Arbeit, Telearbeit und eine sich abzeichnende Neuformierung von Aufgaben im Wertschöpfungszyklus, die unter der Bezeichnung E-Business diskutiert wird.

3. Drittes Feld technischer Entwicklung ist die **Materialtechnik**. Sie zielt im Wesentlichen darauf ab, die Menschheit von natürlichen Rohstoffen unabhängig zu machen und Materialien mit beliebig kombinierbaren Eigenschaften zu synthetisieren. Historische Beispiele für diese Vision finden Sie in den Geschichtsbüchern der chemischen Industrie: Vom Naturkautschuk zum synthetischen Gummi, von der Purpurschnecke zu den Anilinfarben, von der Kräutermischung zur synthetischen Pille.

4. **Gen- und Biotechnologie**: Letzteres Feld geht von einer ähnlichen Vision aus wie die Materialtechnik, greift jedoch viel tiefer in die Schöpfung ein, indem sie sich der belebten Materie zuwendet, bzw. an den Schnittstellen z.B. zur Materialtechnik die bisherige Grenzziehung zwischen belebter und unbelebter Materie verwischt. Haupteinsatzfelder sind derzeit Landwirtschaft und Medizin. Hauptvorbehalte beziehen sich auf Möglichkeiten der Produktion und Zucht von Menschen.

5. **Nano- oder Molekulartechnologie** beschreibt Eingriffe in belebte und unbelebte Materie auf der Ebene von Molekülen und Atomen. Sie geht auf Arbeiten von Feynman zurück, der die Möglichkeit vorausgesagt hatte, trotz Unschärferelation, einzelne Atome zu beeinflussen. Der Name geht auf das griechische „Nanos" = Zwerg zurück. 1 Nanometer = 10^{-9}m (1000 Millionstel eines Meters), ein Haar hat etwa 10.000 Nanometer Dicke. Nanoroboter oder Nanomaschinen werden nach einem lebenden Vorbild gebaut, nämlich jenem von Viren und Bakterien. Sie reparieren und reproduzieren sich selbst und greifen auf Atom-, resp. Molekülebene in Zielmaterie ein. Anwendungsgebiete sind z.B. Medizin: Nanoroboter können die im Altern nachlassende Zellregeneration ausgleichen, damit können eine ganze Reihe von Krankheiten präventiv vermieden werden; oder Materialtechnik z.B. können nach Buckminster Fuller benannte Fullerene, sogenannte Buckyballs (chemisch C-60 Moleküle, eine dritte Ausprägung von Kohlenstoff neben Diamant und Graphit) Fremdatome aufnehmen und dadurch in Isolatoren, elektrische Leiter, Halbleiter oder sogar Supraleiter verwandelt werden.

Molekulardynamische Simulation: Die „reale Welt" ist auf Basis der Kombination von etwa sechs Dutzend unterschiedlichen Atomen entstanden: Molekulardynamische Simulation erlaubt Eingriffe und Rekombinationen auf der Mikroebene, die einerseits zu besserem Verständnis, u.a. auch zur Simulation menschlicher Gehirne führen, andererseits aber auch eine Alternative zur Gentechnik und damit ebenfalls zur Schöpfung darstellen.

Molekularcomputer können Gehirne nicht nur simulieren, sondern etwaig ein eigenes Bewusstsein entwickeln. Wie die Computertechnik ist auch die Nanotechnologie eine echte anwendungsfeldübergreifende Kerntechnologie: Sie erlaubt über die genannten Zwecke hinaus Entwicklungen in der Sensorik, Robotik, Optik, Solar- und Umwelttechnik sowie Biochemie und Raumfahrt (z.B. Raketen zum Preis von Mittelklasseautos).

Wesentliche technische Neuerungen lösen häufig sowohl euphorische als auch gegenläufige Erwartungen aus. Was, so müssen wir uns fragen, treibt die technische Entwicklung an: Zwei Theorien liefern Antworten auf diese Frage. Die ökonomische Theorie würde sagen, es sind die Gewinn- und Wertsteigerungsaussichten, ganz nach dem alten Sprichwort: Wer das Geld hat (oder als Kunde geben wird), bestimmt die Musik. Demgemäß würde die Allokationsfunktion des Marktes darin bestehen, Forschungs- und Entwicklungsintelligenz in jene Anwendungsbereiche zu kanalisieren, in denen sie am meisten Ertrag abwerfen. Entgegen der landläufigen Meinung über die Wirkung der „unsichtbaren Hand" des Marktes muss „bestmögliche" Ressourcenallokation jedoch nicht notwendigigerweise „best" im ethischen Sinn bedeuten. Dazu ein drastisches, jedoch keineswegs abwegiges Beispiel:

Fiktive Zeitungsmeldung vom 19.7.2005

Während ca. 4 Mio. Menschen unter Wasserknappheit leiden und nicht mehr versorgt werden können, haben Ingenieure des US-chinesischen Joint Ventures „Lächelnder Pool" eine verbesserte Technik entwickelt, Swimming Pools für die Zielgruppe in Kalifornien ansässiger Höchstverdiener effizienter zu beheizen. Der Wert der „Lächelnder Pool"-Aktie erreichte am Freitag einen Höchststand, bei einem erwarteten Kurs-Gewinn-Verhältnis von 40:1 (vgl. auch The Group of Lisbon, 1996)

Niklas Luhmann und individual-psychologische Theorien würden eine ganz andere Erklärung anbieten: Als Triebkräfte würden sie die menschliche Neugier, den Tätigkeits- und Problemlösungsdrang anführen und daraus ein Bemühen, Dinge herzustellen, die Grenzen überwinden (Forschung) und/oder Dinge, die einfach funktionieren (Entwicklung). Luhmann begründet seine These vom Subsystem Technik/Wissenschaft als System mit eigener Logik (Eigen-Sinn) mit empirischen Beobachtungen bei der NASA. Immer wieder seien dort an der Nase der Geldgeber vorbei Projekte verfolgt worden, die den Entwicklungsvisionen der Ingenieure mehr entsprachen als Kalkülen ihrer möglichen Verwertbarkeit. Wir wollen die Diskussion als Denkanstoß an dieser Stelle abbrechen. Sie mündet letztlich in die Grundsatzfragen, was ein gutes Leben sei, welche Steuerungs- und Koordinationsmuster eine Gesellschaft entwickelt und wie frei die Wissenschaft sein soll/darf.

Für den Bereich unternehmensfinanzierter F&E können wir jedoch recht gut mit der ökonomischen Theorie arbeiten. Von Pioniergründungen schöpferischer Zerstörung etwaig abgesehen, bestimmt der erwartete Return on Investment, was erforscht und entwickelt wird.

1.3.5   Vierte Triebkraft: Neoliberale Politik

Unter dem Einfluss einer Veränderung des ökonomischen Diskurses[1] und nach dem Wegfall der Bedrohung des Kalten Krieges hat die Politik zunächst in Großbritannien und den USA und dann übergreifend auf andere Regierungen ihre Rolle geändert. Sie definierte ihr Ziel als Unterstützung angebotsorientierter Wirtschaftspolitik und als Förderung der Entgrenzung alltäglichen Handelns durch Ökonomie und Technik. Entsprechend gewannen weltmarktoffene Politikbereiche (und Ministerien) an Einfluss, während Ministerien mit innergesellschaftlicher Perspektive, wie jene für Arbeit, Bildung, Soziales und Kultur an Autonomie und Gestaltungskraft verloren (vgl. Michalitsch 2006, 53).

Dieses geänderte Programm wurde konkret durch die „Trias" von Liberalisierung, Privatisierung und Deregulierung" vorangetrieben:

Liberalisierung des Handels mit Gütern, Dienstleistungen, Finanztiteln und intellektuellem Eigentum beschreibt die Öffnung der Grenzen, den Abbau tarifärer und nicht tarifärer Handelshemmnisse sowie von Kapitalverkehrsbeschränkungen. Dieser Prozess wird im Rahmen der WTO (World Trade Organisation) vorangetrieben und hat dazu beigetragen, dass die Zölle durchschnittlich von 40 % nach 1945 auf 4 % 1999 gefallen sind.

Privatisierung staatlicher Unternehmen folgt der These, dass private Eigner aus ihrem Gewinninteresse heraus, Unternehmen effektiver und effizienter führen können als die öffentliche Hand, von der als Eigentümer vermutet wird, dass auch andere als wirtschaftliche Interessen in Entscheidungen einfließen. In Frankreich und Österreich betrifft Privatisierung den Bankensektor und Industriebetriebe, europaweit standen jedoch zum ausgehenden 20. Jahrhundert die Telekommunikations-, Energieversorgungs- und zuletzt die Wasserversorgungsunternehmen im Mittelpunkt des Interesses.

Deregulierung im Sinne der Rücknahme bzw. Entschärfung von Normen, welche die Entfaltung von Geschäftstätigkeiten behindern. Zum Beispiel werden Ladenschlussregelung, Arbeitszeitgesetze, Gewerbeberechtigungen, Umweltauflagen tendenziell flexibler gestaltet. Wenn wir von Deregulierung, Reregulierung und Regulierung sprechen, geht es generell um die Frage, wie viel Rahmensteuerung für eine Marktwirtschaft verträglich ist bzw. wie viel sie erfordert. Betroffen sind etwa auch Bereiche wie Flugsicherung oder Bankenaufsicht, ohne die Schadensfälle etwaig unakzeptablen Ausmaßes wahrscheinlicher werden. Die Diskussion um das Thema „Freie Entfaltung versus Regeln" läuft letztlich auf die Frage nach den besten Steuerungsmodalitäten in einer Gesellschaft hinaus. Abzuwägen sind die Freiheit der Entfaltung des Einzelnen gegen das Bedürfnis aller, vor Schaden an Leib und Leben bzw. den Lebensgrundlagen geschützt zu werden.

Am ausgeprägtesten schlägt sich der Rückzug der Politik in den Finanzmärkten nieder. Nach dem 2. Weltkrieg war mit dem Abkommen von Bretton Woods (1944) zunächst ein System fixierter Wechselkurse in Kraft. Alle nationalen Regierungen regulierten ihr Bankwesen,

---

[1]   Dazu ist es interessant das Wirken der Mont-Pellerin-Gesellschaft zu verfolgen. Ferner erging der seit 1969 von der schwedischen Reichsbank vergebene Nobelpreis für Wirtschaftswissenschaften ab den 1980er Jahren bevorzugt an neoliberale Ökonomen.

überwachten Finanzströme in das und aus dem Land und intervenierten mit entsprechenden Maßnahmen, wenn ihre Währung unter Druck geriet. Im Wesentlichen waren Finanzströme an Güterströme gebunden, es gab nur einen anteilsmäßig kleinen internationalen Finanzmarkt, der im Wesentlichen ein Interbankenmarkt war.

Das Bretton Woods-System ging 1973 zu Ende als Richard Nixon die Golddeckung des Dollars aufkündigte, wofür neben wachsenden Budgetdefiziten (u.a. Finanzierung des Vietnamkrieges) permanente Handelsbilanzdefizite der USA eine der Hauptursachen darstellten. Nun kam es zu einer rapiden Entwicklung zunächst der Devisen- (70iger Jahre), dann der Anleihen- (80iger Jahre) und zuletzt der Aktienmärkte (90iger Jahre). Mit der Entwicklung von abgeleiteten Rechten auf Grundtitel, so genannten Derivaten, wurden Instrumente geschaffen, Risiko zu portionieren, zu kalkulieren und auf die Bedürfnisse bestimmter InvestorInnen (RisikonehmerInnen) maßzuschneidern.

Zusammengefasst ergibt sich folgendes Bild:

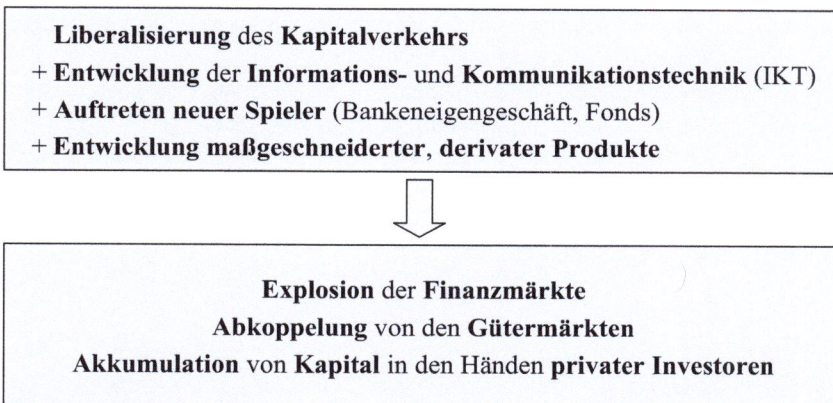

Liberalisierung des **Kapitalverkehrs**

+ **Entwicklung** der **Informations-** und **Kommunikationstechnik** (IKT)

+ **Auftreten neuer Spieler** (Bankeneigengeschäft, Fonds)

+ **Entwicklung maßgeschneiderter, derivater Produkte**

⇩

Explosion der **Finanzmärkte**

Abkoppelung von den **Gütermärkten**

Akkumulation von **Kapital** in den Händen **privater Investoren**

Abb. 1.3   Entwicklung der Finanzmärkte im ausgehenden 20. Jahrhundert

Für die Triebkraft „Neoliberale Politik" bedeutet die Entwicklung auf den Finanzmärkten einen Verlust an Bewegungsspielraum, der in diesem Ausmaß möglicherweise nicht intendiert war, wenn er auch durch Liberalisierung, Deregulierung und Privatisierung angestoßen und mit herbeigeführt wurde. Staaten müssen, wenn sie von den internationalen Rating-Agenturen gut eingestuft werden und sich auf den internationalen Finanzmärkten günstig finanzieren wollen, eben jene Disziplin unter Beweis stellen, welche die angebotsorientierte neoliberale wirtschaftspolitische Doktrin fordert: Ausgeglichene Budgets, wirtschaftsfreundliche Gesetze. Insofern, als sie bei Verletzung dieser Disziplin einer Sanktionierung unterliegen, kann von einer abnehmenden Macht der Nationalstaaten gesprochen werden.

Die Machtverschiebung lässt sich auch an Hand einiger Indikatoren belegen: Die F&E Ausgaben des US Verteidigungsministeriums betrugen 1997 rd. 2 Mrd. US $. Die F&E Ausgaben der Firma Microsoft betrugen 1997 1,8 Mrd. US $, 1999 bereits knapp 3 Mrd. US $.

„Transactions in foreign exchange markets have now reached the astonishing sum of around 1.2 million a day – or fifty times the level of world trade. Around 95 percent of these transactions are speculative in nature, many using complex new derivative financial instruments based on futures and options." (Wall Street Journal 24, Oct. 1995, Bank of International Settlements, Annual Report 1995 in Gray 1998, 62).

1.3.6   Zusammenfassung: Triebkräfte der Globalisierung

Als Triebkräfte im Prozess der Globalisierung wie er im ausgehenden 20. Jahrhundert diskutiert wurde, haben wir die neoliberale Politik der Nationalstaaten, den wissenschaftlich-technischen Fortschritt, die Konvergenz der Nachfrage und zunehmend globale Angebotsstrategien identifiziert. Daraus resultieren Folgewirkungen, die ihrerseits den Prozess antreiben:

- ein strukturell neuartiger Wettbewerb zwischen Unternehmen
- eine veränderte nationale Politik und internationaler Standortwettbewerb
- Auflösung der alten Organisationsstrukturen, industriellen Beziehungen und Arbeitsmuster
- Shareholder Value Orientierung: Druck auf das Management, weltweit und professionell zu agieren (wenig Fehlertoleranz), Druck auf die Einkommen aus Arbeit
- Konvergenz der Lebensstile und ein Individualisierungsdrift in den entwickelten, aber auch den Schwellen- und Entwicklungsländern.

Diese sollen im Folgenden näher betrachtet werden:

1.4   Folgewirkungen im Globalisierungsprozess

Im Prozess der Globalisierung ändert sich das Konzept des Wettbewerbs von einem sportlichen zu einem eher kriegerischen Verständnis. Die Idee einer auf Wettbewerb beruhenden Marktwirtschaft war ursprünglich nach dem Vorbild sportlicher Veranstaltungen konzipiert. Alle sollten unter möglichst gleichen Bedingungen an den Start gehen können, ein faires und transparentes Kräftemessen. „Concurrere" heißt wörtlich übersetzt gemeinsam laufen. Jeder hat durch Beobachtung der Sieger und durch Training die Chance, beim nächsten Durchgang Nummer Eins zu werden, wenn er sich nur genug anstrengt.

1.4.1   Veränderte Formen des Wettbewerbs

Nach Georg Simmel liegt hierin eine fundamentale Antriebskraft der Marktwirtschaft. Marketingaktivitäten der Unternehmen zielen allerdings häufig darauf ab, Transparenz zu senken und die Vergleichbarkeit der „Wettkämpfer" zu erschweren. In geschützten Branchen haben sich die TeilnehmerInnen oft auf ein „bequemes" Rennen eingestellt (oder gar illegal geeinigt), sie konkurrieren kaum, sie kolludieren (Kaufer 1980, 297 ff). Unterschiedliche Macht-

und Größenverhältnisse sorgen für unterschiedliche Startchancen, wobei allerdings Größe nicht notwendigerweise positiv mit Chancen korreliert. Das bedeutet, dass in einigen Bereichen der Wirtschaft nur schwacher oder gar kein Wettbewerb gegeben ist, wenn wir unterstellen, dass Wettbewerb der AnbieterInnen für die Nachfrage echte Alternativen eröffnet. Dies ist zu bedenken, wenn im Folgenden der These einer Verschärfung des Wettbewerbs durch Globalisierung nachgegangen wird. Man kann die These einer Verschärfung durch folgende Argumente unterstützen:

- Liberalisierung bewirkt den Wegfall nationaler Markteintrittsbarrieren, es treten mehr KonkurrentInnen auf vorher lokalen Märkten auf.
- Renditenerwartungen der KapitalgeberInnen zwingen zusätzlich zu aktiven Markterschließungsstrategien und aggressiverem Kampf um Marktanteile.
- Die bereits beschriebene Beschleunigungslogik einer globalisierten Wirtschaft generiert hyperkompetitive Situationen (D'Aveni 1995), die dadurch gekennzeichnet sind, dass Unternehmen eigene Strategien „kannibalisieren", ehe die Konkurrenz aufgeholt hat und dass der Verdrängungswettbewerb sich zum Vernichtungswettbewerb steigert.

D'Aveni unterscheidet vier Stufen im Wettbewerb, die zum Teil parallel, zum Teil sequenziell durchlaufen werden.

Stufe 1: *Preis- und Qualitätswettbewerb*: So bezeichnet D'Aveni den klassischen Wettbewerb bei bestehenden Produkten auf bestehenden Märkten. Man konkurriert über den Preis oder durch Differenzierung bzw. wählt sich eine Nische, die man mehr oder minder unbehelligt von anderen AnbieterInnen besetzt (vgl. dazu auch den Ansatz der generischen Wettbewerbsstrategien nach Porter: Kostenführerschaft, Differenzierung, Nischenstrategie (Porter 1985)).

Stufe 2: *Zeit- bzw. Know-how Wettbewerb* beschreibt die Wichtigkeit eines richtigen Timings von Markteintritten und Neuprodukteinführungen. In vielen Branchen, die hohe Forschungs- und Entwicklungskosten aufweisen, wie etwa der Pharmaindustrie, Mobiltelephonie, aber auch bei Personalcomputern sind deutliche „First Mover Advantages", also Vorteile des Erstauftritts auf einem Markt nachzuweisen. Firmen innovieren ständig, betreiben Ankündigungspolitik (typisch z.B. Microsoft für neue Software Releases) und riskieren es, teilweise mit unausgereiften Lösungen auf den Markt zu gehen, häufig um frühzeitig ein Netz von Benutzern zu binden, denen es gegenseitig auf Kompatibilität ankommt und die Lernaufwand investieren, um das Produkt des Erstanbieters zu erlernen. Diese Lernkosten wären bei Umstieg auf ein anderes System verloren und bilden daher für andere AnbieterInnen eine Markteintrittsbarriere. Hyperkompetitives Verhalten liegt nun vor, wenn der Lebenszyklus eines Produkts nicht voll ausgeschöpft, sondern das eigene Produkt noch in seiner Wachstumsphase durch seine eigene Verbesserung verdrängt oder der wohl etablierte Vertriebskanal durch eine Alternative wie etwa E-Business herausgefordert wird. Das hat den Zweck, die Nachahmungskosten der Konkurrenz obsolet zu machen und führt zu einer weiteren Kontraktion der Produktlebenszyklen. Für solche Schnitte ins eigene Fleisch hat sich in den Vereinigten Staaten der Begriff Kannibalisierung herausgebildet.

Stufe 3: *Defensivstrategien*: Aufbau von Strongholds und Markteintrittsbarrieren: Da der klassische Preis- und Qualitätswettbewerb, besonders aber Zeit und Know-how Wettbewerb Energien der MitarbeiterInnen und finanzielle Ressourcen aufzehren, versuchen Unternehmen, sich durch den Aufbau von Markteintrittsbarrieren und durch Kooperationen bzw. Größe durch Fusion und Unternehmenskäufe zu schützen. Von Jack Welsh, dem langjährigen und erfolgreichen ehemaligen CEO von General Electric wird berichtet, dass er bei der Revitalisierung von GE die Parole ausgegeben habe, GE werde nur jene Geschäftseinheiten behalten, in denen man Marktführer oder zumindest die Nummer 2 am Markt sei (vgl. Tichy 1995).

Ähnliche Bemühungen können wir im Banken- und Versicherungsgeschäft, in der Stahlindustrie, ja sogar bei Rechtsanwaltskanzleien feststellen. Man schließt sich zusammen, um das Marktgeschehen durch eine kritische Größe maßgeblich beeinflussen zu können, genau das Gegenteil vom marktwirtschaftlichen Ideal der klassischen Theorie, in dem alle Beteiligten Preisnehmer sind.

Fusionen und Käufen sind, speziell für kleinere Unternehmen, rasch Grenzen der Finanzierung oder Managementkapazität gesetzt. Sie sind zudem riskant und binden die gesamten Kapazitäten fest. Daher haben sich alternativ zum Kauf Kooperationsstrategien herausgebildet, die – etwa im Fall der strategischen Allianz – ein abgestimmtes Vorgehen in bestimmten Unternehmensbereichen anpeilen.

Kooperationen unterliegen wie Mergers & Acquisitions der Wettbewerbskontrolle. Die Aufsichtsbehörden berücksichtigen bei der Prüfung von Marktmacht allerdings den vergrößerten Weltmarkt und die allgemeine Tendenz zu kooperieren. So wurde es möglich, dass weltweit in vielen Branchen ein halbes bis ein Dutzend führende Unternehmen entstanden sind, die ganze Industrien kontrollieren. Dies gilt etwa für Nestlé, Danone, Kraft im Lebensmittelbereich oder für Vivendi, Suez des Eaux, Bechtel und RWE im Bereich der Wasserversorgung.

Stufe 4: *Deep Pockets:* Größe oder Analystengunst führen schließlich zum Wettbewerb durch finanzielle Stärke. Mittels finanzieller Polster können die riskanten Kannibalisierungs- und Fusionsstrategien durchgestanden und auch sich aufschaukelnde Preis- oder Qualitätskämpfe besser bewältigt werden. Gefüllte Kassen, die in Business Journals durchaus militärisch als Kriegskassen bezeichnet werden, ermöglichen es, sich kurz öffnende strategische Fenster zu nutzen, seien es früher Markteintritt, Kauf eines attraktiven Targets oder die Aufnahme als Partner in eine strategische Allianz. Hyperkompetitives Verhalten bedeutet auch hier wieder, das Tempo vorzugeben, etwaig zu kaufen, nur um ein Zielunternehmen KonkurrentInnen vorzuenthalten oder nur um eine entscheidende Ressource herauszuschneiden, wie etwa ein Patent oder die knappen Fähigkeiten von Softwareingenieuren.

Die Auslagerungsstrategien der Unternehmen haben schließlich etwas hervorgebracht, das mit dem Terminus Systemwettbewerb bezeichnet wird: Damit ist die Neuordnung der Aktivitäten der Wertschöpfungskette in einer vertikalen Zulieferkette gemeint, die nach dem Vorbild japanischer Keiretsu organisiert ist und sich insbesondere in der Automobilzulieferindustrie durchgesetzt hat. Dort hat eine 1990 erschienene Studie des MIT in einer wissenschaftlich kritisierbaren, aber praktisch sehr wirkungsvollen Weise die Überlegenheit des japanischen Produktionsmodells in mehreren Wertschöpfungsstufen „nachgewiesen" (Womack et al. 1990). Damals betrug die Entwicklungszeit eines Autos 7 Jahre, inzwischen wurde sie auf unter 18 Monate gedrückt. Systemwettbewerb unterstützt auf diese Weise Zeitwettbewerb. Dies gelingt durch hybride Formen der Transaktionen zwischen den WertkettenpartnerInnen: Es handelt sich weder um vollständige neoklassische Verträge, die auf „Armlänge" abgeschlossen werden, voll spezifizierbar sind und über das Ausspielen mehrerer AnbieterInnen, d.h. über den Preis entschieden werden, noch um eine vollständige Hierarchie. Vielmehr kooperieren die Beteiligten in Teilbereichen, stimmen ihre elektronischen Transaktionssysteme aufeinander ab, forschen und entwickeln gemeinsam. Da dabei sehr spezifische Investitionen im Spiel sind, bedürfen solche Transaktionen vertraglicher Arrangements, die das Risiko etwaiger Fehlinvestitionen (sunk costs) und informationeller Asymmetrie berücksichtigen: Meist werden mehrjährige Bindungen eingegangen und Anreize geschaffen, erzielte Kosteneinsparungen zu teilen.

Die folgende Abbildung skizziert die Zulieferkette der Automobilindustrie:

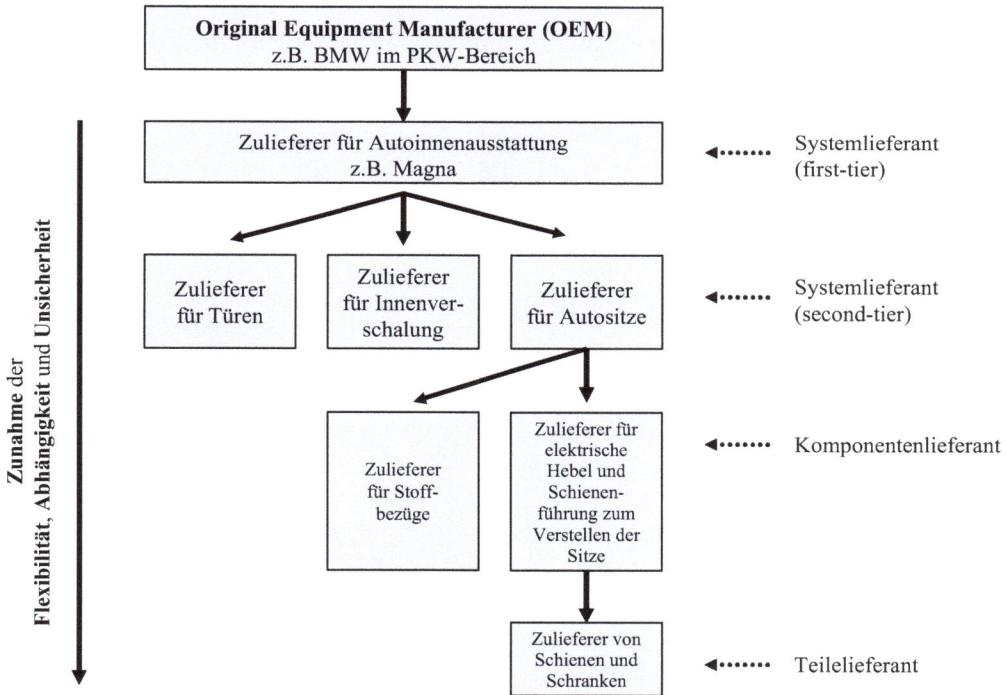

Abb. 1.4   Zulieferkette in der Automobilindustrie als Beispiel für Systemwettbewerb

1.4.2   Wettbewerb der Nationen?

Nach David Ricardo, dessen Theorie der komparativen Kostenvorteile bis heute die Politik der Handelsliberalisierung fundiert – und aus diesem Grund zum Beispiel auf der Webseite der WTO (World Trade Organisation) an prominenter Stelle erscheint – (vgl. Internet, http://www.wto.org/) wird die Gesamtwohlfahrt gesteigert, wenn Länder sich auf jene Produktionen spezialisieren, bei denen sie einen relativen Kostenvorteil aufweisen (vgl. Ricardo 1971). Er erklärt dies anhand seines berühmt gewordenen Beispiels der Produktion von Wein und Tuch in jeweils Portugal und England. Obwohl Portugal bei beiden Produkten kostengünstiger produziert, ist der relative Vorteil beim Wein höher. Wenn sich nun England auf Tuch und Portugal auf Wein spezialisiert und beide Handel betreiben, lässt sich rechnerisch zeigen, dass beide „reicher" werden.

Ricardos Theorie beruht auf einer Reihe von Annahmen, die heute in Frage zu stellen bzw. deutlich außer Kraft gesetzt sind:

- Er geht davon aus, dass die Produktpreise von den Herstellkosten (Material, Löhne) bestimmt sind. In der sogenannten New Economy sehen wir demgegenüber das Phänomen, dass Herstellkosten, etwa für die Vervielfältigung von Software, aber auch für Textilien, einen nur marginalen oder geringen Anteil am Produktpreis haben und der Preis sich aus den Entwicklungskosten und der absetzbaren Menge bestimmt.
- Ricardo ging ferner davon aus, dass nur Güter mobil, Kapital hingegen an Landesgrenzen gebunden sei. Er begründet dies mit der Präferenz von KapitalgeberInnen für Heimat und vertraute Kultur: *„These feelings, which I should be sorry to see weakened, induce most men of property to be satisfied with a low rate of profits in their own country, rather than seek a more advantageous employment for their wealth in foreign nations."* (Ricardo 1971, 155). Es ist unmittelbar einsichtig, dass auch diese Restriktion heute nicht mehr zutrifft, sondern – ganz im Gegenteil – Kapital hoch mobil seine Anlagemöglichkeiten weltweit sucht. Intermediäre helfen den AnlegerInnen dabei, entgegen Ricardos Annahme, dass der Kapitalinhaber gleichzeitig auch Unternehmer sei oder zumindest am Ort einer Unternehmung lebe, ihr Kapital völlig unabhängig von ihren Lebensverhältnissen zu veranlagen.
- Ricardo scheint drittens Lernkurveneffekte und daraus resultierende Markteintrittsbarrieren nicht bedacht zu haben. Wenn Portugal die Tuchproduktion aufgibt, wird es keine Textilmaschinen entwickeln, keine Intelligenz für Textilproduktionsverfahren herausbilden und sich so für lange Zeit in Bezug auf einen nur zu einem bestimmten Zeitpunkt und relativ zu einer bestimmten Fertigungstechnologie existierenden komparativen Kostennachteil festfahren.

Wegen dieser drei veränderten Bedingungen im Wettbewerb der Nationen erleben wir zum Ende des 20. Jahrhunderts eine Situation, in der einzelne Staaten ihre Umwelt- und Sozialstandards und ihre aus Steuern finanzierten öffentlichen Leistungen nicht mehr durchsetzen können, weil AnlegerInnen und Unternehmen Standortalternativen haben. Dadurch ergibt sich ein Druck in Richtung eines kleinsten gemeinsamen Nenners der genannten Standards und damit die paradoxe Situation, dass Handel zwar Unternehmensgewinne steigert, aber nicht notwendigerweise die Wohlfahrt von Nationen.

1.4.3 Verlust der wirtschafts- und sozialpolitischen Steuerungskapazität seitens der Nationalstaaten und Standortwettbewerb

Wie schon gezeigt, sind die Möglichkeiten kleinerer Staaten (über ihre Nationalbanken), Zinsen und Wechselkurse zu beeinflussen, im Vergleich zum internationalen Finanzkapital gering. Eine denkbare Antwort auf die Konzentrationstendenz transnationaler Unternehmen wie auf das Anwachsen grenzüberschreitender Probleme etwa im Umweltschutz oder dem organisierten Verbrechen, ist die Tendenz, sich auch politisch zu größeren Räumen zusammenzuschließen (fortgeschrittenstes Beispiel: EU). Damit gehen weitere Möglichkeiten des nationalen Souveräns verloren, spezielle Gesetze im Interesse seiner Bürger(gruppen) zu erlassen. Der Staat wird mehr und mehr zum vollziehenden Anpasser an die Logik der Märkte. Damit erübrigt sich auch die Parteiendemokratie. Denn statt unterschiedliche Zukunftsvisionen bereitzustellen, passen sich Parteien im Vollzugsstaat opportunistisch an den Pegel der Meinungsumfrage an: Ihre Exponenten unterscheiden sich nur noch hinsichtlich ihrer medialen Fähigkeit, kaum bezüglich der Inhalte (für die sie ohnehin nicht lange stehen) und noch weniger bezüglich der Schritte, die sie im Wahlsiegfalle setzen (zu setzen wagen).

VertreterInnen eines Ansatzes von „Hyper-Globalisierung" (Held 2002) sehen nicht einen Umbruch alter Muster mit noch ungewissem Ausgang, sondern eher den Sieg des amerikanischen Kapitalismus als Endpunkt einer Entwicklung. Wie schon erwähnt, nähern sie sich damit der marxistischen Sichtweise eines materialistischen Historismus an. So meint etwa Nicolas Negroponte, der Nationalstaat werde sich in Luft auflösen. „Without question the role of the nation-state will change dramatically and there will be no more room for nationalism than there is for smallpox." (1995, 236). Wie wir wissen, sind die Pocken inzwischen wiedergekommen. Doch ernsthaft, auch Kenichi Ohmae (1985), John Naisbitt & Patricia Aburdene (1990) oder Robert Reich (1993) betonen den Untergang des Nationalstaates und begründen dies mit der Entwicklung der Finanzmärkte, dem Ende des kalten Krieges und den Dimensionen transnationaler Unternehmen, deren Umsätze das Bruttosozialprodukt von (kleineren) Staaten überschreiten. Ohmae betont darüber hinaus, wie Levitt, den Effekt einer Konvergenz nicht nur der Nachfrage sondern der Lebensstile. „Today, however, the process of convergence goes faster and deeper. It reaches well beyond taste to much more fundamental dimensions of world view, mind-set, and even thought-process." (Ohmae 1985, 15). Ob er mit seiner Beobachtung richtig liegt, lässt sich zum gegenwärtigen Zeitpunkt nicht entscheiden. Samuel Huntington sieht die Frage der Konvergenz von Lebensstilen anders (vgl. Abschnitt 1.5.3).

Das Ende des Nationalstaates bedeutet jedoch keineswegs das Ende der Politik. Im Gegenteil, gerade weil die alten Antworten auf fundamentale Fragen der Verteilung oder der gemeinsamen Einigung auf Mindeststandards nicht mehr greifen, müssen neue Antworten entwickelt werden. Hier wird die Meinung vertreten, dass im Prozess der Globalisierung trotz starken US amerikanischen Einflusses zu guter Letzt auch der amerikanische Kapitalismus transmutieren wird: Es werden sich neue Formen herausbilden, die sehr wohl davon abhängen, welche Weichen die Politik heute stellt. Sich hinter einer unausweichlichen Dynamik historisch zwangsläufiger Entwicklungen zu verstecken und den Dingen ihren Lauf zu lassen, bedeutet Politik auf Basis einer mono-kausalen Theorie zu betreiben, eben jener einer Hyperglobalisierung, die den Markt – ideologisch und wider empirische Evidenz – zum alleinigen und einzig geeigneten Modus stilisiert, Probleme menschlichen Miteinanders und eines Lebens von Menschen in und mit der Natur zu lösen. Claus Koch erfasst in seiner Analyse einer „Abdankung" des Nationalstaates, die Wechselwirkung von wirtschaftlichem Druck und ideologischer Anpassung im breiteren Kontext des Staates als „Ort" des Ausgleichs von Interessen. Für Claus Koch zeigt sich der Niedergang am Verlust des Begriffs der Krise als eines Anlasses, alle Gruppen zum Verzicht, zur Anstrengung aufzurufen: *„Ohne Krise nämlich ist die Gesellschaft, die ihrerseits eine pathetische Konstruktion der Erwartung ist, zum Stillstand, zum Status Quo verurteilt"* (Koch 1995, 23). Nach dem Krieg hat ein österreichischer Bundeskanzler dazu auffordern können, den Gürtel enger zu schnallen (alle gemeinsam!) und die Ärmel aufzukrempeln – der Wiederaufbau nahm seinen Lauf.

Heute tritt an die Stelle der Krise die Standortsicherung. *„Es geht ums pure Überleben. Wenn es schon so weit ist, baut man nicht mehr auf Solidarität"* (Koch 1995, 23). Nach Claus Koch verliert der Nationalstaat nicht nur wegen seines abnehmenden wirtschaftspolitischen Steuerungspotentials, sondern vor allem, weil er seine Rolle als Solidaritätswahrer und Integrationsstifter nicht mehr wahrnehmen kann. Globalisierung bedeutet u.a. auch eine Sprengung des nationalen Interesses: Die neuen Grenzen verlaufen weltweit zwischen verschiedenen Gruppen, ganz allgemein gesprochen zwischen Globalisierungsgewinnern und Globalisierungsverlierern. Der Staat kann das Rentenproblem nicht zufriedenstellend lösen, er kann den Generationenvertrag nicht wahren, er wird mit der Arbeitslosigkeit nicht fertig. Statt die Konflikte stillzulegen, müsste ein mutiger Staat heute *„[...] die bürokratischen und interessensfixierten Vorentscheidungen, in denen alle Staatshaushalte erstarrt sind, auflösen, der öffentlichen Debatte zugänglich [...] machen und im Konflikt (!) entscheiden."* (Koch 1995, 175). Die Perspektive des Rational Choice Ansatzes (vgl. Buchanan 1965) legt es PolitikerInnen, die nicht auf Wiederwahl setzen können, daher nahe, Vorteile für sich selbst und ihnen nahe stehende Gruppen während relativ kurzer Amtsperioden zu maximieren. Supranationale Zusammenschlüsse und Organisationen können zwar Probleme der wirtschaftlichen Rahmensteuerung, nicht jedoch die Aufgaben der Solidaritätswahrung und Integration wahrnehmen. Optimisten erwarten diesbezüglich eine neue starke Rolle der Regionen, Pessimisten hingegen ein Vakuum, das politischen Sprengstoff bietet. Hier soll abschließend noch einmal die Offenheit der Veränderung betont werden. Wenn Spielregeln neu definiert werden, werden häufig alte Regeln – und damit alte Werte – obsolet. Es ist Aufgabe aller Beteiligten, sich darüber zu verständigen, welche dieser Werte bewahrenswert sind und welche einer wünschenswerten innovativen Entwicklung im Wege stehen. Dies ist in einer offenen, multikulturellen, pluralistischen Weltgesellschaft wesentlich schwieriger als in den alten Nationalstaaten. Dennoch scheint Verständigung in einer interdependenten Welt, in der Separation als Lösung nicht mehr zur Verfügung steht, das einzige Mittel nicht gewaltsamer Auseinandersetzung zu sein.

1.4.4 Standortwettbewerb

Wenn große Unternehmen wandern, geht für ein Staatsgebiet viel verloren: Arbeitsplätze, Steueraufkommen, Beiträge zum technischen Fortschritt. In der Folge entsteht der Verlust weiterer Arbeitsplätze (z.B. im Handel, Immobiliengewerbe, bei allen, welche zuliefern), junge Leute mit Potential wandern ab, die Gegend „verödet" und ist, wenn erst einmal am unteren Ende der beschriebenen Spirale angelangt, nur schwer wieder zu beleben. Deshalb konkurrieren alle Staaten auf der Welt derzeit um die Ansiedlung guter, d.h. zukunftsträchtiger Industrien, die zumindest einen der drei oben genannten Beiträge liefern: Know-how, Arbeitsplätze und Steuerleistung. Bei letzterem begnügt man sich meist mit der Multiplikatorwirkung: Die Staaten müssen längst akzeptieren, dass globale Unternehmen ihre Steuerlast auch „global optimieren". Daher lockte der malaysische Ministerpräsident Dr. Mahathir Ende des 20. Jahrhunderts mit einer ehrgeizigen Vision (Wawasan 2020), mit niedrigen Löhnen, die nicht durch so etwas wie Gewerkschaftsbildung gefährdet werden (er weiß, dass die Chipindustrie sonst bereits morgen weiter wandert) und mit Steuererleichterungen und Subventionen für die Ansiedlung bestimmter Branchen. Die Steiermark „gewann" den Standortwettbewerb für ein Werk der Magna Holding AG, des Ex-Steirers Frank Stronach gegen das Burgenland. Alabama war jeder Arbeitsplatz bei Mercedes 200.000 $ wert. Den Subventionsvogel schießt laut Greider Kentucky ab, wo man für die Ansiedelung eines kanadischen Stahlbauers $ 350.000/Arbeitsplatz springen ließ (Greider 1997, 94). Es wird aber nicht nur mit Geld konkurriert. Auch die Lebensqualität einer Region, ihr intellektuelles Kapital und ihre verkehrs- und kommunikationstechnische Infrastruktur spielen eine Rolle. Regionen beginnen zu entwickeln, was für Unternehmen schon lange selbstverständlich ist: Selbstverständnis, Strategien und Fokus, d.h. Konzentration der Kräfte rund um spezifische Stärken.

Illustration: Einige Beispiele

Diese Stärken sind je nach Branche verschieden. Für das Motorola Werk am Stadtrand von Kuala Lumpur ist es z.B. ein großes Potential an unverheirateten islamischen jungen Frauen: Sie verlangen wenig Lohn, sind geschickt, dürfen bei Motorola Ideen einbringen, d.h. eine Individualität leben, die ihnen ihr Background verwehrt und sind gerade wegen dieses Backgrounds weit davon entfernt, mehr zu fordern oder sich gar gewerkschaftlich zu organisieren. Für SunSystems im Silicon Valley sind es die Clusterwirkung und die Universitäten im Umfeld. Für ein japanisches Unternehmen in Wales sind es die günstigen Löhne (viele junge Arbeitssuchende) und das Tor zur Europäischen Union, wobei die englische Sprache von allen europäischen Sprachen am ehesten beherrscht wird.

Österreich bietet 2006 laut Wirtschaftsforschungsinstitut InvestorInnen beispielsweise folgende Vor- und Nachteile als Standort (vgl. Tab. 1.2).

Tab. 1.2   Standortfaktoren Österreich (zusammengestellt aus Aiginger 2006/07)

Humanressourcen	gut ausgebildet, gute Arbeitshaltung
	geringere Lohnstückkosten als der Durchschnitt der EU 15 Länder (Mitglieder bis 2004)
	Nachholbedarf in den technischen und Naturwissenschaften
	FacharbeiterInnenmangel
Infrastruktur	ausgebaut, verlässlich
	sinkende Kommunikationskosten
	verbesserbare Energiekosten
	Nachholbedarf bei Starkstromleitungen, Verkehrsverbindungen und Breitband-Verbreitung
Besteuerung	in der Gruppe ähnlich entwickelter Länder
	niedrigster KÖST-Satz (25%) und de facto niedrigste Besteuerung (20%)
Verwaltung	sehr gute Noten im EU Vergleich (regelmäßig unter den ersten fünf Ländern)
	Reform erforderlich, um Budgetmittel für F&E und Bildung frei zu spielen
Finanzinstitutionen	funktionierende Börse
	Privatisierung vollzogen
	Vernetzung der Firmen durch Aufsichtsratsmandate ausgeprägt
Soziale und Umwelt-qualität	Soziale Sicherheit und sozialer Friede, allerdings mit sinkender Tendenz
	relativ intakte Umwelt und hohe Lebensqualität

1.5   Postfordismus

In der Industriegesellschaft waren ArbeitgeberInnen und ArbeitnehmerInnen wechselseitig aufeinander angewiesen. Produktivitätsfortschritte wurden zwischen den Gruppen aufgeteilt, bzw. in den Preisen weitergegeben. Der Verteilungskampf verlief ritualisiert in institutionellen Bahnen. Unternehmen deckten eine große Wertschöpfungstiefe ab. Insbesondere Henry Ford betrieb eine Strategie vertikaler Integration. Von der Gummiplantage für Autoreifen bis zum Autohandel vereinte er mehrere Stufen der Wertschöpfungskette unter dem rechtlichen Dach seines Unternehmens. Als Führungsstruktur dominierte eine mehrstufige Hierarchie, die später bei zunehmender Komplexität durch Diversifikation, in mehrere divisionale Pyramiden aufgespalten wurde.

In Europa, ganz stark in Japan, abgeschwächt allerdings auch in den USA war man um Integration der Interessen von Anspruchsgruppen bemüht: Unternehmen galten als gesellschaftliche Veranstaltung, Großunternehmen wurde daher auch gesellschaftliche Verantwortung zugeschrieben (vgl. etwa Ulrich 1977). Politisch entsprach dieser Zeit ein Andauern von Theodore Roosevelts „New Deal". ArbeitnehmerInnen verzichteten darauf, die mit dem Eigentum an Produktionsmittel verbundenen Dispositionsrechte fundamental in Frage zu stellen und wurden dafür durch Lohnerhöhungen, Arbeitszeitverkürzungen und verbesserte Arbeitsbedingungen belohnt. Es wurde für einen Massenmarkt produziert, die Produktlebenszyklen waren lange genug, um die Herstellung von Serien arbeitsteilig zu optimieren und die Produktivität durch Verfahrensverbesserung und Automation laufend zu steigern. Die nach den Zerstörungen des zweiten Weltkriegs vorliegenden Verkäufermärkte ermöglichten eine mehr oder minder ungebrochene Expansion des fordistischen Organisationsmusters unter den Rahmenbedingungen einer keynesianisch ausgerichteten nachfrage-orientierten Wirtschaftspolitik.

Das alles änderte sich, beginnend mit den 70er Jahren des 20. Jahrhunderts dramatisch. Auslöser waren sowohl die sogenannten Ölschocks, die wegen der Energieabhängigkeit westlicher Wirtschaften eine beträchtliche Inflation im Gefolge hatten, als auch die Aufhebung des Bretton Woods-Abkommens geregelter Wechselkurse, und zuletzt von 1989 bis 1991 das Ende des Gleichgewichts des Schreckens, der Eintritt Osteuropas in das kapitalistische Wirtschaftssystem und etwa gleichzeitig (ab 1979) die vorsichtige Öffnung Chinas unter Deng Xiaoping:

- Eine besser gebildete, stark säkularisierte und seit 1945 von Krieg auf dem eigenen Territorium verschonte Bevölkerung in Westeuropa und Nordamerika entfaltete eine anspruchsvollere individualisierte Nachfrage.
- Durch die Öffnung der Grenzen wurden Unternehmensleitungen sehr scharf anderer Steuersysteme und Rechtsordnungen gewahr.
- In einer freien, ungeregelten Marktwirtschaft reüssieren die Unternehmen mit den geringsten Kosten, seien es nun Arbeits-, Umwelt- oder Steuerkosten. Unter dem Druck der internationalen Konkurrenz beginnen Unternehmen weltweit, ihre Kosten drastisch zu senken und ihre Innovationszyklen zu verkürzen. Da Unternehmen füreinander Umwelt sind, entstand auf diese Weise eine sich selbst verstärkende Beschleunigungstendenz: Je schneller die Konkurrenz mit der nächsten Generation auf dem Markt ist, umso mehr muss man die eigene Entwicklung beschleunigen.
- Nicht nur die Markteintritte in bisher mehr oder weniger geschlossene Märkte, auch der Kostensenkungsdruck und die innovative Beschleunigung verlangten nach ganz anderen organisatorischen Formen: Schneller, beweglicher, flexibler – und billiger, so lautete die Zielsetzung. Sie wurde in einer ersten Stufe durch Restrukturierung bewältigt: Personalabbau, Abbau von Hierarchiestufen, Gemeinkostenwertanalyse im Rahmen bestehender Funktionen.

Ein weiterer Schritt war bereits radikaler: Neugestaltung der Prozesse unter dem strikten Primat der Wertschöpfung am Markt, Abbau der Wertschöpfungstiefe, Konzentration auf Kernaufgaben. Diese Konzentration wurde durch die Ausgliederung von Funktionen (Outsourcing), den Verkauf von nicht dem Kern dienenden Unternehmensteilen (Desinvestition) und das Eingehen von Allianzen (Kooperationen) und/oder den Kauf von Unternehmen (M&A-Boom) bewältigt. Beschäftigungsverhältnisse wurden flexibler gestaltet, der Normalarbeitsplatz mit langer Verweildauer im selben Unternehmen, einer Vollzeitstelle, geregelter Arbeitszeit und gesetzlichen wie betrieblichen Sozialleistungen immer mehr zur Ausnahme von der Regel.

Der anspruchsvolleren und volatileren Nachfrage wurde durch Mass-Customization entsprochen, einem individualisierten Angebot auf Basis standardisierter Komponenten. Begleitende Dienstleistungen rund um das Produkt gewannen an Bedeutung. Schließlich sorgte die Ermöglichungsfunktion der neuen Technologien dafür, dass völlig neue Schritte und Querverbindungen durch die bisher etablierte Wertschöpfungskette gesetzt wurden: Ölkonzerne betätigen sich über ihr Tankstellennetz als Einzelhändler, Energieversorger treten als Anbieter von Internetdiensten auf. Als letzte bzw. begleitende Stufe eines dramatischen Wandels verändern Unternehmen ihre Identität, sie „erfinden sich neu", wie es im Jargon der Managementberatung heißt, konkurrieren nicht nur um Absatzmärkte, sondern beschaffungsseitig um Ressourcen und um das beste Talent, diesen Ressourcen mittels guter Strategien und geeigneter Organisationen Hebelwirkung zu verleihen.

Zusammenfassend (und in einer notwendig groben Zusammenstellung) ergeben sich folgende Charakterisierungen einer sogenannten fordistischen und postfordistischen Wirtschaftsordnung:

FORDISMUS	**POSTFORDISMUS**
• Massenproduktion • Spezialisierte Maschinen • Trennung von Kopf- und Handarbeit • Räumlich isolierbare Verkäufermärkte • Wachstumskonsens • Viele KundInnen und LieferantInnen, reine Marktbeziehungen • Industrial Relations: Verteilung der Produktivitätsgewinne, keynesianische Wirtschaftspolitik • Hierarchische Organisationsformen, große Fertigungstiefe	• Mass-Customization • Flexible Automation • WissensarbeiterInnen und Professionals • Globale Käufermärkte • Ökologische und psychologische Grenzen des Wachstums • Kooperationen mit SchlüsselkundInnen und -lieferantInnen • Neue Formen der Beschäftigung • Flexibilisierung der rechtlichen Grundlage, des Inhalts, des Ortes und der Zeit • Flache Organisationen, geringe Fertigungstiefe

Abb. 1.5   Fordismus/Postfordismus

1.5.1   Shareholder Value Orientierung

Parallel zur beschriebenen Entwicklung auf strategischer und organisatorischer Ebene, ging der Einfluss der umfassenderen Stakeholderansätze (vgl. Ulrich 1977) unter dem Renditen-Erwartungsdruck des auf den Kapitalmärkten auftretenden (mehr oder minder) anonymen Kapitals zurück und wurde wieder auf die der Managementtheorie ursprünglich zugrunde liegenden These einer Nutzenmaximierung der Kapitaleigner zurückgeführt, auf englisch Shareholder Value Orientierung, oder wie es Milton Friedman (1970) ausdrückt: *„The business of business is business."* Europäische Unternehmen fühlten sich – angesichts ihrer sozialen, Umwelt- und Steuerkosten – im Wettbewerb benachteiligt und begannen gegen einen staatlich regulierten Kapitalismus zu opponieren. Die internationalen Märkte lieferten ihnen dazu Vergleichsmaßstäbe (Benchmarks) und Standortalternativen, die zu Hause als Drohpotential eingesetzt werden konnten. Im international verschärften Wettbewerb (vgl. Abschnitt 1.4) verblieb den Unternehmungsleitungen auch wenig(er) Spielraum für „Standort-loyales" Verhalten. Wie es Gray ausdrückt: *„In the long haul of history, Europe's social markets may be as productive as American free markets. In the short run, in terms of rivalry in a global free market, they simply cannot be cost-competitive."* (Gray 1998, 80).

Shareholder Value Orientierung oder wertorientierte Unternehmensführung setzt sich als oberstes Ziel, den Anlagewert für InvestorInnen zu steigern, entweder über Dividenden auf das Kapital oder über die Wertsteigerung der Anteile selbst. Wie wir noch sehen werden, sind die Renditen- bzw. Wertsteigerungserwartungen in den 90er Jahren des 20. Jahrhunderts stark gestiegen. Wegen des akkumulierten zinstragenden Kapitalstocks muss zwangsläufig das Einkommen des Faktors Arbeit zurückgehen, bei hohem Wachstum relativ, bei der gegenwärtig vorherrschenden Wachstumsdivergenz zwischen Finanz- und Realwirtschaft auch absolut. Solange angenommen werden kann, dass die Berücksichtigung von Stakeholderinteressen auch den Return on Shareholders' Investment steigert, befinden sich die beiden Ansätze, zumindest theoretisch nicht im Widerspruch. Zufriedene KundInnen, zufriedene MitarbeiterInnen, ein gutes Verhältnis zu Politik und Behörden schlagen sich nach harmonistischen Managementansätzen positiv im Betriebsergebnis nieder. Allerdings gebietet die ökonomische Logik immer dann auf die Berücksichtigung von Stakeholderinteressen zu verzichten, wenn deren Beiträge ohnehin erlangt werden können, weil z.B. ein entsprechend günstiges Verhältnis von Angebot und Nachfrage besteht. Dann würde kurzfristig Gewinnsteigerung zu Lasten der Arbeitseinkommen, zu Lasten des Steueraufkommens und letztlich im Gefolge oligopolistischer und monopolähnlicher Angebotsstrukturen auch zu Lasten der KundInnen betrieben. In der öffentlichen Diskussion wird Shareholder Value oft mit letzterem Verständnis gleichgesetzt. Es läuft darauf hinaus, dass die Reichen *„[...]auf eine (meist) legale, aber illegitime Weise das demokratische Gemeinwohl [untergraben, d. V.], das sie in Anspruch nehmen"* (Beck 1997, 19).

Selbstverständlich waren sowohl die ökonomische Theorie als auch die Unternehmenspraxis immer schon auch auf Gewinne und Wertsteigerung ausgerichtet. Was sich – durch die hohe Mobilität des internationalen Kapitals und durch die Volumen, die gehandelt werden – geändert hat, sind:

- der Zeithorizont der InvestorInnen
- ihre Fehlertoleranz und ihr zunehmender Universalismus
- eine höhere Sensibilität für die Fähigkeit, künftige Erfolgspotentiale aufzubauen.

Internationale KapitalgeberInnen verlangen rasche Amortisation (maximal 3 Jahre in vielen Branchen) und Mindestrenditen, die weit über den Wachstumsraten entwickelter Volkswirtschaften liegen. Auch deshalb zwingen sie die Firmen zur globalen Expansion, um an den Wachstumsraten der „newly emerging economic powers" teilzuhaben. Während nationale KapitalgeberInnen früher die besondere Situation ihres Schuldners durchaus berücksichtigten und Geduld übten, ist das moderne Kapital fast vollständig anonym. Es folgt nur einem – universalistischen – Gesetz, ohne jegliche nationale, ökologische oder soziale Rücksicht. Dadurch zwingt es einerseits alle Unternehmen, sich zu verjüngen, zu verschlanken, d.h. effizienter, effektiver und schneller zu werden. Es zwingt sie andererseits, die Kosten für die

Arbeit zu drücken, weil der Faktor Kapital nun einen höheren Anteil am Rückfluss einfordert. Es zwingt sie ferner zur Expansion. Damit wird ein struktureller Wandel befördert und beschleunigt, der sich in der wissensbasierten Gesellschaft ohnehin vollzogen hätte, wenn auch möglicherweise auf eine langsamere und damit politisch leichter zu verkraftende Weise.

Shareholder Value Orientierung bedeutet auch einen Wechsel von einer vergangenheitsorientierten Betrachtung hin zur Diskontierung künftiger Erträge. InvestorInnen brauchen also Information über den Aufbau künftiger Erfolgspotentiale. In der wissensbasierten neuen Ökonomie beruhen solche Potentiale häufig auf intangiblen, in der klassischen Buchhaltung nicht berücksichtigten Faktoren. Daher sind in den 90er Jahren des 20. Jahrhunderts vermehrt Versuche zu beobachten, Maße für die intangiblen Faktoren oder das sogenannte intellektuelle Kapital zu definieren. Im Beispiel im folgenden Kasten findet sich ein von der Zeitschrift Fortune erstmals propagierter Versuch, Unternehmen nach den neuen Kennzahlen Economic Value Added (EVA) bzw. Market Value Added (MVA) in eine Rangfolge zu bringen, die sich doch deutlich von der Rangfolge nach klassischen Indikatoren wie Umsatz oder Gewinn unterscheidet. Jedenfalls steht das Management großer Unternehmen unter ständiger Beobachtung der Kapitalmärkte. Wenn es im Wettbewerb zurückfällt, nicht kostengünstig arbeitet, Innovationen nicht rechtzeitig durchdrückt, verliert es seine finanziellen Ressourcen: Es darf sich keine Fehler leisten.

Die Schattenseite dieses unter Effizienzgesichtspunkten positiv zu beurteilenden Einflusses auf Unternehmen liegt in der Ungeduld des internationalen Kapitals. Zwar ist der Shareholder Value als diskontierter Nettowert der freien Cash Flows abzüglich der Fremdkapitalanteile definiert und würde daher einen langfristigen Aufbau von Erfolgspotentialen prinzipiell nicht ausschließen. Empirisch können wir allerdings beobachten, dass die InvestorInnen die fernere Zukunft mit hohen Risikoprämien auf den Diskontierungszinssatz belasten und ihr so längerfristig deutlich geringere Chancen geben, zumindest was Unternehmen der sogenannten „Old Economy", also reifer Branchen angeht. Technologiewerte werden demgegenüber häufig mittels heuristischer Umsatzmultiplikatoren bewertet, was zu einer Verlagerung von Kapital aus der „Old" in die „New Economy" führte und gegen Ende des Jahrhunderts eine Spekulationsblase bei Technologiewerten, insbesondere Internet Start-ups im Gefolge hatte, die in den Jahren 2000/2001 zwar immer wieder leicht korrigiert wurde, der Struktur nach, hingegen, anhielt.

Illustration:

Die Rangordnung von Unternehmen nach ihrer Fähigkeit, investiertes Kapital zu vermehren resp. dieses zu vermindern (vgl. Tully in Fortune 12, 1994). Alle Werte sind in Millionen Dollar, Klammerwerte bedeuten Verluste:

Company	MVA	EVA	Capital	Return On Capital
General Electric	55.586	418	45.855	13,1%
Coca Cola	553.175	1.355	7.900	28,5%
Wall Mart Stores	45.907	1.056	22.516	16,0%
Abbot Laboratories	18.991	1.036	6.109	29,3%
Intel	16.510	1.609	9.248	38,6%
Dow Chemical	2.624	(1.093)	22.999	5,3%
Ford Motor	(2.374)	(1.216)	49.307	8,7%
IBM	(16.606)	(6.797)	69.296	1,0%

MVA = Market Value Added

MVA is computed by combining debt and the market value of the stock of one company, then subtracting the capital, that has been invested in the company. The result shows the wealth the company has created; if negative, how much the company has destroyed.

EVA = Economic Value Added

EVA is after-tax net operating profit in a given year, minus its cost of capital that year. Capital cost is the cost of debt plus the often overbooked cost of equity, applied to total capital at the beginning of the year.

1.5.2   Konvergenz der Lebensstile

Über ihr zunehmend globales Produktangebot, über den Prozess der Erschließung neuer Peripherien für die Weltwirtschaft und über die modernen Medien entsteht ein Sog in Richtung einer einheitlichen Welt, auf der Menschen überall nach ziemlich ähnlichen Mustern leben. Wie im Zitat von Ohmae angeklungen (vgl. Abschnitt 1.4.3), handelt es sich nicht nur um eine Konvergenz im Konsum, sondern einen tiefgreifenden Wertewandel aller zunehmend vernetzten Gesellschaften, die ihre Traditionen im Lichte der Kenntnis anderer Entwürfe neu zu definieren haben. Globale Kulturindustrien nach dem Muster von Hollywood sorgen für eine transkulturelle Produktion von Sinnwelten und kulturellen Symbolen.

Dies hat einerseits beträchtliche Effizienzvorteile: Man kennt sich aus, versteht sich rascher, denkt ähnlich, kann weltweit die gewohnten Produkte kaufen, in Standardhotelzimmern schlafen, dort seinen Standardcomputer ans Netz anschließen und Standardessen verzehren. Was verloren geht, ist die Vielfalt und damit wohl auch ein großer Teil des touristischen Reizes anderer Länder und Kulturen. Vielfalt wird zwar als vermarktbare Folklore bewahrt werden (wie Steirer oder Tiroler Abende bei uns), doch teilweise aus dem Alltagsambiente verschwinden.

Länder mit traditionellen Kulturen, wie Indien oder China, erleben teilweise in einer Generation ein Aufbrechen von Lebensmustern, für das Europa mehrere Generationen Zeit hatte. Junge Inderinnen verweigern die von Eltern arrangierte Ehe, wenn sie es z.B. in Bangalore zu Wohlstand oder gar Reichtum gebracht haben, islamische Mädchen in Malaysia fangen an, patriarchale Autorität vorsichtig in Frage zu stellen, wenn sie – dank der Arbeit bei CISCO – plötzlich über ein eigenes Bankkonto verfügen und ihnen ihr Lohn nicht am Zahltag von Vätern und Brüdern aus der Hand genommen werden kann. Dieser rasche kulturelle Wandel stellt die Menschen unter Zerreißproben, denen einige mit fundamentalistischer Schließung begegnen. Gegenbewegungen gegen kulturelle Konvergenz sind teils national betont (etwa Ross Perot in den USA oder der Milliardär James Goldsmith in Großbritannien), teils religiös, teils ethnisch bestimmt (neuer christlicher und islamischer Fundamentalismus).

Es bleibt abzuwarten, ob es sich hier „nur" um eine vorübergehende Maschinenstürmerei handelt, im Sinne eines Sich-Stemmens gegen das Rad der Geschichte, oder ob aus der Vereinheitlichung – aufgrund des Wunsches der Menschen nach Differenzierung – neue Vielfalt entsteht.

1.5.3   Zusammenprall der Kulturen (Clash of Cultures)?

In seinem 1996 erschienenen Buch „Clash of Civilizations and the Remaking of the World Order" stellte der US-amerikanische Politikwissenschaftler Samuel P. Huntington die These auf, dass die Weltpolitik des 21. Jahrhunderts nicht durch Auseinandersetzungen geopolitischer oder wirtschaftlicher Natur gekennzeichnet sein würde, sondern durch Konflikte zwischen Angehörigen unterschiedlicher Kulturkreise (vgl. Huntington 1996). Die bis heute nicht restlos aufgeklärten Ereignisse des 11. September 2001 scheinen Huntington Recht zu geben, obwohl sich bei sozialwissenschaftlichen Erkenntnissen, insbesondere solchen, die auch in die Politikberatung einfließen, nie genau entscheiden lässt, ob sie Ursache im Sinne einer sich selbst erfüllenden Prognose oder lediglich Vorhersage waren. Ähnlich unmöglich erscheint es, religiös-ideologische Konflikte völlig von wirtschaftlichen Interessen, z.B. an Rohstoffen bzw. von Unterschieden an Chancen und Einkommen zwischen den Konfliktparteien abzulösen, was unter anderem an den Konflikten um Nordirland oder Afghanistan nachvollziehbar wird.

Mit diesem Vorbehalt gehen wir zunächst auf Huntingtons Thesen, so wie wir sie zu verstehen glauben[2], ein:

Huntington identifiziert deutlich sechs Kulturkreise, plus zwei mit Fragezeichen versehene Regionen, die er dem amerikanischen Sprachgebrauch folgend Zivilisationen nennt. An den

---

[2]   An Samuel Huntingtons Buch lässt sich ein Phänomen verdeutlichen, das in der Zeit schnelllebiger Information immer häufiger um sich greift: Die wenigsten, die sich auf ihn berufen, dürften seinen Text im Original gelesen haben. Damit beziehen sie sich schon auf eine Interpretation von JournalistInnen und AutorInnen, die vielleicht ihrerseits nicht auf das Original Bezug nehmen, sondern auf Kommentare. Unsere Überlegungen sind eine Interpretation, wenn auch wenigstens des Originaltextes, wobei wir uns bemühen, die Ideen originalgetreu darzustellen und davon getrennt einen als solchen erkennbaren Kommentar abzugeben.

Schnittstellen und im Überlappungsbereich zwischen den Zivilisationen ortet er die Konfliktherde des 21. Jahrhunderts. Die Zivilisationen grenzt er, wie folgt, ab:

- Sinisch mit dem dominanten Staat China
- Japanisch mit Japan, das letztendlich China unterliegen könnte
- Hinduistisch, was deckungsgleich mit dem Staat Indien ist
- Islamisch mit der Islamischen Konferenz als von Huntington genanntem Zentralisationskern
- Slawisch-orthodox mit Russland als zentralem Staat
- Westlich-christlich mit den USA und den sie unterstützenden Kernstaaten der EU als Kristallisationskern
- Lateinamerikanisch, wobei sich die Frage stellt, ob Lateinamerika eine eigene Zivilisation ausgebildet hat oder dem christlich-westlichen Kreis zu zurechnen ist
- Afrika (ohne die zum islamischen Kreis gehörigen Maghrebstaaten), das sich um den Kristallisationskern Südafrika bilden könnte, was allerdings, in Anbetracht der Heterogenität der afrikanischen Staaten ebenfalls fraglich ist.

Huntington diagnostiziert einen relativen Machtverlust des Westens durch das Bevölkerungswachstum des Islam und den raschen wirtschaftlichen Aufstieg Chinas. Er erklärt eine von ihm wahrgenommene Rückbesinnung auf Herkunft, Religion, Sitten, Gebräuche und traditionelle Werte als Reaktion auf den Verlust der identitätsstiftenden Polarisierung von Ideologien in der Zeit des Kalten Krieges. Demgegenüber stellt er im Westen einen Verfall moralischer Werte und politischer Einigkeit, den er als „kulturellen Selbstmord" bezeichnet, fest. Als Belege für diese Diagnose führt er steigende Kriminalitäts- und Scheidungsraten, einen Rückgang der Mitglieder von freiwilligen Organisationen des Gemeinwohls, ein Nachlassen des Arbeitsethos bei zunehmendem Egoismus und ein abnehmendes Interesse an Bildung und geistiger Betätigung ins Treffen. Als Hintergrundfolie scheinen Lebenszyklentheorien der Entwicklung von Zivilisationen zu dienen, wie sie u.a. von Oswald Spengler (vgl. Spengler 1918 und 1922), Arnold J. Toynbee (vgl. Toynbee 1957) formuliert wurden. Huntington zieht aus seinen Analysen folgende Schlussfolgerungen:

- **Erstens**: Die Kriege der Zukunft werden Bruchlinienkriege an der Reibungsfläche zwischen Zivilisationen oder Kriege zwischen den dominanten Staaten unterschiedlicher Zivilisationen sein. *„It is my hypothesis that the fundamental source of conflict in this new world will not be primarily ideological or primarily economic. The great divisions among humankind and the dominating source of conflict will be cultural. Nation-states will remain the most powerful actors in world affairs, but the principal conflicts of global politics will occur between nations and groups of different civilizations. The clash of civilizations will dominate global politics. The fault lines between civilizations will be the battle lines of the future."* (Huntington 1993, 22)

- **Zweitens**: Da die Werte zwischen den Zivilisationen großteils nicht in Übereinstimmung gebracht werden können, ist es besser, die Zivilisationen zu trennen, als sie multikulturell zu vermischen. Daraus ist eine Politik der wechselseitigen Abgrenzung und Nichteinmischung abzuleiten.

- **Drittens**: Huntington erkennt durchaus eine ethnozentrische Problematik darin, wie der Westen seine spezifische Modernisierung universell umzusetzen und oft mit nicht gerade zurückhaltenden Mitteln durchzudrücken versucht. *„A West at the peak of its power confronts non-Wests that increasingly have the desire, the will and the resources to shape the world in non-Western ways."* (Huntington 1993, 26). Alternativ meint er: *„The West in effect is using international institutions, miltary power and economic resources to run the world in ways that will maintain Western predominance, protect Western interests and promote Western political and economic values."* (Huntington 1993, 40).

Diskussion der Zusammenprallthese:

Huntingtons Ideen haben sich im Lauf ihrer wissenschaftlichen und politischen Debatte teilweise verselbständigt, so dass sich Kritik gegen Argumente richtet, die er auf die kritisierte Weise nie vorgetragen oder erst in seinem dem 1993 publizierten seriösen Aufsatz folgenden Buch stärker betont hat. Diese Beobachtung ist der Diskussion fairerweise voraus zu schicken, umso mehr als sie mit einer Heftigkeit geführt wird, die seine Thesen implizit unterstützt. Man kann Huntingtons Thesen bezüglich logischer Konsistenz angreifen oder ihnen abweichende empirische Ergebnisse entgegen halten. Beides ist geschehen.

Bezüglich logischer Konsistenz fällt die Einseitigkeit und Simplizität der Konflikterklärung an Hand nur einer Bruchlinie auf, der ein komplexeres Modell von Konfliktursachen gegenüber gestellt wird, das ethnische, ökonomische und territoriale Faktoren einschließt. Über die von Huntington genannten zwischen Zivilisationen „zerrissenen" Staaten wie Türkei, Russland und Mexiko hinaus könnte man auf die intraindividuelle Zerrissenheit verweisen, die für Angehörige aller Zivilisationen mit dem Materialisierungs- und Modernisierungsprozess westlichen Musters verbunden ist – eine Bruchlinie, die quer durch Huntingtons Zivilisationen schneidet.

In diesem Sinn argumentiert Richard Sennett für die westliche Kultur, deren Brüchigwerden er folgendermaßen beschreibt:

Kontakte von Angesicht zu Angesicht werden zunehmend durch Kommunikation im Netz ersetzt. Die erforderliche Mobilität und Arbeitswut derjenigen, die über die erforderlichen Kenntnisse und Fähigkeiten in der New Economy verfügen, hindert sie daran, nachhaltige soziale Kontakte zu knüpfen und gemeinschaftliche Beiträge zu leisten. Richard Sennett sieht in der beschriebenen Wurzellosigkeit die Gefahr einer „Aushöhlung von Charakter", so der Originaltitel seines 1998 erschienenen Buches. Seiner Beobachtung nach verweigert *„[...] der flexible Kapitalismus [...] den Menschen die Erfahrung, im Arbeitsleben für andere wichtig zu sein. Entsprechend fühlen sich viele ausgeschlossen."* (Sennett 2000, 27). Die Chemie sozialer Inklusion folgt nach Sennett ihren eigenen Gesetzen, bedarf der räumlichen Nähe, weist ihre Eigenzeitlichkeit und ihre eigene Rationalität auf. Wenn diese Inklusion im flexiblen Kapitalismus schwächer wird, entstehen für die Menschen Probleme der Orientierung, für Firmen Probleme mangelnder Loyalität: WanderarbeiterInnen ziehen zur nächst besseren Gelegenheit, denn *„Firmen, die sich wie Chamäleons verhalten, wecken in ihren Angestellten keine Loyalität."* (Sennett 2000, 28) Für die Managementlehre bedeutet dies, dass bisher angestellte Überlegungen zur Personalwirtschaftslehre oder Organisationskultur auf ihre Eignung für eine Welt temporärer und virtueller Organisationen zu überprüfen sind, in der Menschen sich – mangels von Vertrauensstrukturen – immer mehr gemäß des Opportunismus Axioms zu verhalten scheinen, das die ökonomische Theorie ihnen immer schon unterstellt hat.

Empirisch lassen sich die von Huntington angeführten Beispiele der Kriege am Balkan, im Nahen Osten und zwischen Nachfolgestaaten der Sowjetunion zwar nicht von der Hand weisen. Eine genaue Analyse akuter und latenter Konflikte des ausgehenden 20. und beginnenden 21. Jahrhunderts zeigt allerdings, dass eine Überzahl der Konflikte territoriale und innerzivilisatorisch ethnische Hintergründe aufweist (vgl. Müller 1998 sowie Fox 2003), was die Thesen zumindest nicht unterstützt. Im Verwertungszusammenhang wird der Erfolg einer vereinfachten Rezeption von Huntingtons Ideen bedeutsam. Speziell nach den Ereignissen des 11. September 2001 gewann die These einer erhöhten Aggressivität des islamischen Fundamentalismus an Boden, die letztlich in einer Politik kulminierte, die sich gegen eine „Achse des Bösen" wendete. Zu dieser Achse zählt allerdings auch Nordkorea, das sich ideologisch, nicht zivilisatorisch von seinem südlichen Part und Verbündeten des Westens abgrenzt. Die Kämpfe des Westens im Irak und in Afghanistan können statt zivilisatorisch auch ökonomisch interpretiert werden, da in beiden Fällen der Zugriff auf strategische Rohstoffe auf dem Spiel steht. Ferner ist nicht zu übersehen, dass die derselben christlich-westlichen Zivilisation angehörenden europäischen Staaten am Balkan wie in Nahost unterschiedliche Positionen bezogen und beziehen, die mit ihrer Geschichte und kolonialen Vergangenheit erklärt werden können und dass die islamische Staatenwelt differenziert, gespalten und von politischem Wettbewerb geprägt ist. Diese Einwände sollten allerdings nicht dazu verleiten, Huntingtons Thesen zu ignorieren. Vielmehr geht es darum, ihre Einseitigkeit aufzugeben und sie in einen komplexeren Kontext zu stellen. Dadurch dürfte auch ihr politisch brisantes Potenzial eines „Wir-Die Anderen" Denkens gemildert werden.

Fassen wir zusammen: Zivilisationen beschreiben nach Huntington die höchste Aggregationsstufe von Kultur. Sie unterscheiden sich durch ihre Geschichte, Sprache, Sitten und Gebräuche, sowie – am wichtigsten – durch Religion.

Die Unterschiede in den Wertsystemen, Lebensweisen und Weltbildern zwischen Zivilisationen müssen nach Huntington nicht notwendigerweise zu Konflikten führen, bergen aber ein großes Konfliktpotenzial. Dies lässt sich in einer Reihe gewaltsamer Auseinandersetzungen nachvollziehen, eine Mehrheit der empirisch untersuchten Auseinandersetzungen hat jedoch (auch) andere Ursachen. Daher kommen wir zu folgendem Schluss: Der kulturelle (zivilisatorische) Faktor ist wichtig, und gewinnt aufgrund des Globalisierungsprozesses in der Tat eine im Vergleich zu früheren Epochen höhere Bedeutung. Er wird jedoch durch andere Prozesse gebrochen und relativiert. Deshalb kann man sowohl von Zusammenprall (Huntington) als auch von Zusammenwirken der Kulturen (Müller) sprechen. Häufig ist Religion nur eine Maske, mit deren Hilfe Anerkennungs- und Verteilungskonflikte getarnt werden, die zumindest allerdings auch auf Basis des Zivilisationsansatzes erklärt werden können.

Anregung:

[1] Greifen Sie ein Jahr des ausgehenden 20. Jahrhunderts (z.B. 1996) heraus und recherchieren Sie die in diesem Jahr akuten „Kriege". Analysieren Sie deren Hintergründe und prüfen Sie diese an Hand des Konzepts eines Zusammenpralls von Zivilisationen im Sinne Samuel Huntingtons.

[2] Recherchieren Sie die Umstände des sogenannten Karikaturenstreits: Dabei handelt es sich um Karikaturen des Propheten Mohammed, die von der dänischen Zeitung Jyllands Posten am 30.9.2005 veröffentlicht wurden. Nach einer Latenzphase lösten die Karikaturen gewaltsame Proteste in islamischen Ländern und eine Grundsatzdebatte über Pressefreiheit und Grenzen des guten Geschmacks im Westen aus. Recherchieren Sie in diesem Zusammenhang ferner die Begründungen, welche US-Sprecher für die 19-jährige Abwesenheit der USA in der UNESCO und ihren Wiedereintritt im September 2003 vorgetragen haben. Schreiben Sie dann – etwaig gemeinsam mit Freunden/KollegInnen – einen kurzen Artikel zur Frage des Karikaturenstreits, der Ihre abgewogene Meinung zum Ausdruck bringt.

1.5.4   Zusammenfassung

Die gerade beschriebenen Zusammenhänge auf einen Blick stellen sich folgendermaßen dar:

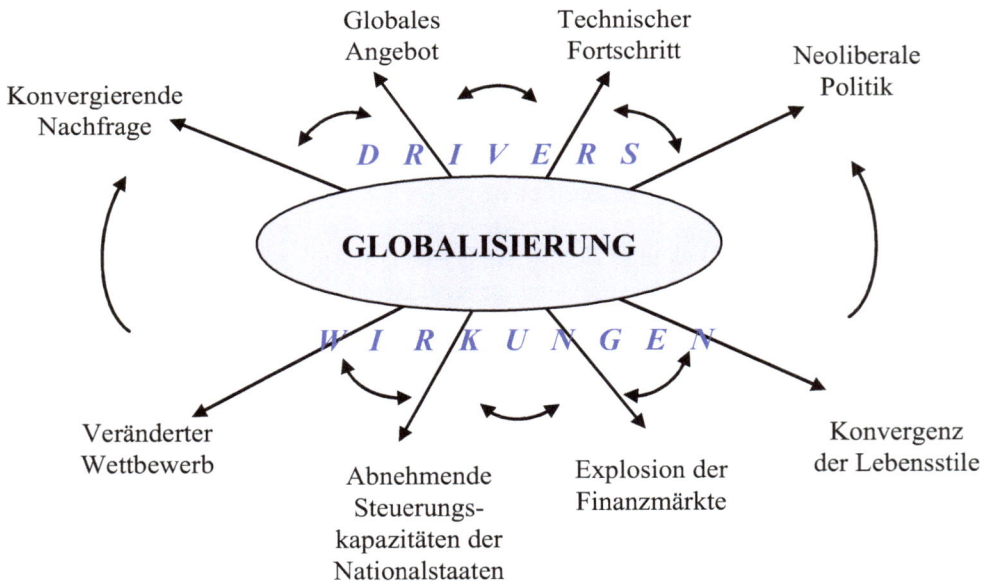

Abb. 1.6   Primäre und sekundäre Triebkräfte im Prozess der Globalisierung

Globalisierung ist demnach erstens ein Prozess, in dem die geopolitischen Karten neu gemischt werden. War das Mittelmeer Zentrum der Antike und des Mittelalters und der Atlantik Zentrum der Neuzeit, regt die jüngere Wirtschaftsentwicklung in SO-Asien und an der Westküste Nordamerikas die These an, dass der Pazifik zum Zentrum der Zeit werden wird, die gerade geformt wird.

Globalisierung ist zweitens ein Prozess der teils recht abrupten Umbrüche, die ihrerseits radikales Umdenken erfordern. Zum Beispiel trägt eine neue Basistechnologie (wie die Computertechnologie) erst dann so richtig Veränderungsfrüchte, wenn entsprechende Folgeentwicklungen auf den Markt kommen (z.B. Software, Vernetzung), die Firmen ihren Versuchs- und Irrtumsprozess im Verstehen der Potentiale dieser Basistechnologie abgeschlossen haben und insgesamt die Trägheit der bestehenden Verhältnisse überwunden wird. Wenn diese drei Faktoren aber dann gemeinsam auftreten, können die Verhältnisse sehr schnell umbrechen, so wie ein halbvoller Seerosenteich mit Verdoppelung der Rosen pro Periode in der nächsten Periode zugewachsen ist. Jack Welsh, ehemaliger CEO für General Electric warnt daher vor Selbstzufriedenheit nach ersten Änderungserfolgen. *„Things are going to get tougher. The shake outs will be more brutal, the pace of change more rapid. What lies ahead is a hurricane."* (zit. in Greider 1997, 21).

Globalisierung ist drittens ein Prozess der weltweit integrierten Leistungserstellung und wirtschaftlichen Verflechtung. Dadurch ändern sich die Wertschöpfungstiefe, die internationale Arbeitsteilung, die Grenzen zwischen Branchen und die Arbeitsmärkte.

Globalisierung ist letztlich ein Prozess der Veränderung des Gefüges von Nationalstaaten, aus dem eine neue Weltordnung ebenso entstehen kann wie ein Zusammenbruch. Es wird davon abhängen, inwieweit die vorhandenen, resp. zu entwickelnden nationalen und supranationalen Institutionen[3] mit den anstehenden Herausforderungen fertig werden oder nicht.

1.6 Multi-, Meta- und Transnationale Unternehmen

„Die Welt ist flach", meinte der bekannte Autor Thomas L. Friedman, als er von einer TV Reportage aus Bangalore zurückkam, deren Auftrag es war, die Abwanderung US-amerikanischer Arbeitsplätze zu erklären. Zu diesem „Rückschritt" in der Betrachtungsweise wurde er durch eine Bemerkung des Vorstandsvorsitzenden von Infosys, des führenden indischen Software-Konzerns angeregt. Dort wird in der Tat rund um die Uhr entwickelt, an Standorten von der US Westküste bis Australien. Das Spielfeld werde zunehmend eben, meinte der CEO, die Nachteile der ehemaligen Entwicklungs- und Schwellenländer verschwänden in einer wissensbasierten Wirtschaft zunehmend. Der Titel soll Aufmerksamkeit provozieren und die Betrachtungsweise ist die eines Journalisten, der aus dramatisierten typischen Geschichten Verallgemeinerungen zieht. Friedman geht so weit, drei Phasen der

---

[3] Institutionen sind hier im Sinne der Institutionenökonomie als stabilisierte Erwartungen definiert, welche das Verhalten von Menschen steuern und ihre Transaktionen – bei geeigneter Ausprägung – erleichtern.

Globalisierung zu unterscheiden: In Phase 1 hätten Staaten die Globalisierung vorangetrieben, in Phase 2 große Konzerne, in Phase 3 hingegen seien es Individuen. Da Infosys ein Konzern ist, ist diese Schlussfolgerung nicht unmittelbar aus dem Text ableitbar. Phase 2 hingegen beschreibt die Realität großer und zunehmend auch mittlerer Unternehmen sehr gut: Sie treiben den Prozess der Globalisierung, in dem sie Standortarbitrage betreiben und dadurch längerfristig das Spielfeld ebnen, auf dem sich Wettbewerb vollzieht.

Während sie dies früher tendenziell langsamer, Schritt für Schritt und nach Durchlaufen entsprechender Lernprozesse taten (vgl. Johanson & Vahlne 1977, Luostarinen 1980) werden heute zunehmend so genannte „born globals" beobachtet, wie etwa e-Bay oder Logitech (vgl. Madsen & Servais 1997), die sehr rasch nach ihrer Gründung in mehrere Länder und Kulturräume expandieren.

Diese Unternehmen brauchen von der ersten Minute an inter- und multikulturelle Kompetenz, um die „richtigen" Personen vor Ort als PartnerInnen und MitarbeiterInnen zu gewinnen, die Bedürfnisse der KundInnen vor Ort zu verstehen und die wissensbasierte Zusammenarbeit zwischen Standorten zu garantieren.

In diesem Zusammenhang ist es erforderlich, verschiedene Bezeichnungen für in mehreren Ländern tätige Unternehmen und die hinter ihnen liegenden Konzepte kurz zu skizzieren. Diese Skizze zeigt einerseits eine historische Entwicklung der Art, international tätig zu sein, die für eine Mehrheit der erforschten Unternehmen eine Abfolge beschreibt. Andererseits kann sie auch als Ausdruck unterschiedlicher Strategien in Abhängigkeit von den Marktbedingungen betrachtet werden. Marktbedingungen können grob nach der Ausprägung von Globalisierungsvorteilen und Lokalisierungsvorteilen resp. -erfordernissen charakterisiert werden: Globalisierungsvorteile entstehen aus der Vereinheitlichung von Funktionen und Produkten im wesentlichen auf der Basis von Skaleneffekten, Zweckeffekten, Lern- und Koordinationsvorteilen. Sie sind ein starkes Motiv, die Nachfrage über ein weltweit ähnliches Angebot in Richtung Konvergenz zu „verführen" – und schließen somit an Levitts These an. Andererseits verlangen unterschiedliche staatliche Vorschriften, technische Normen, klimatische Bedingungen, vor allem aber kulturelle Prägungen eine lokale Anpassung sowohl der Produkte als auch der Funktionen. Dies zeigt sich beispielsweise an Unterschieden im Arbeits- Umwelt- oder Patentrecht, an unterschiedlichen Ansprüchen an Heizung oder Kühlung in Häusern und Fahrzeugen je nach Breitengraden und an unterschiedlichen Empfindlichkeiten gegenüber freizügigen oder respektlosen Werbebotschaften, wie am Beispiel von Palmers in Großbritannien zu erkennen ist (vgl. Kasten und Abb. 1.7).

Illustration: Palmers Werbung

Das ehemalige österreichische Familienunternehmen Palmers stellt u.a. feine Dessous und Strumpfhosen her. Die am europäischen Kontinent problemlose Werbelinie betont weibliche Erotik und betritt damit in doppelter Hinsicht kulturelle Minenfelder. Zum einen kann die Exposition insbesondere des weiblichen Körpers als unschicklich empfunden werden oder sogar gegen gültiges Recht verstoßen. Zum anderen können auch freizügige Kulturen an der Instrumentalisierung der Frau als „Lustobjekt" Anstoß nehmen. Dass solche Probleme nicht nur zwischen großen Kulturräumen auftreten, zeigt das folgende Beispiel einer Strumpfwerbung, das in Großbritannien niemals zum Einsatz kam, obwohl es in Deutschland durchaus erfolgreich war. Dort hätte es den guten Geschmack verletzt.

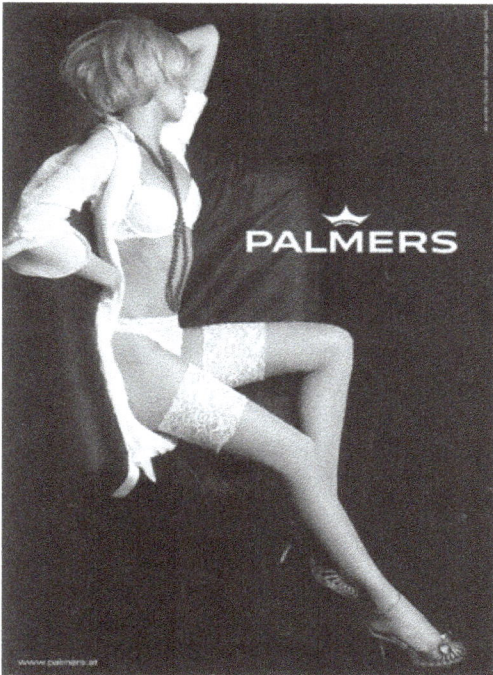

Abb. 1.7   Palmers Werbeplakat

Eine sehr grobe Unterscheidung zwischen schwacher und starker Ausprägung der Globalisierungs- und Lokalisierungsvorteile ergibt eine 4 Felder Matrix, die (Produkt)Markt für Markt, Funktion für Funktion genau zu prüfen ist. Hier gehen wir der Einfachheit halber von homogenen Produkten aus und können daher entsprechende Strategien zuordnen, denen Bezeichnungen für Konzerne entsprechen[4].

---

[4]   Es ist offenkundig, dass eine derart grobe Einteilung nur als orientierende Heuristik für die Bildung von Idealtypen dienen kann. In der Praxis finden sich Übergänge und Mischstrategien, häufig sogar im selben Unternehmen, je nach Produkt/Leistung und funktionalem Bereich.

H

Globalisierungsvorteile

| Globale Strategie (Unternehmen) | Transnationale Strategie (Unternehmen) |
| Internationale Strategie (Unternehmen) | Multinationale Strategie (Unternehmen) |

N

N   **H**

Lokalisierungserfordernisse, -vorteile

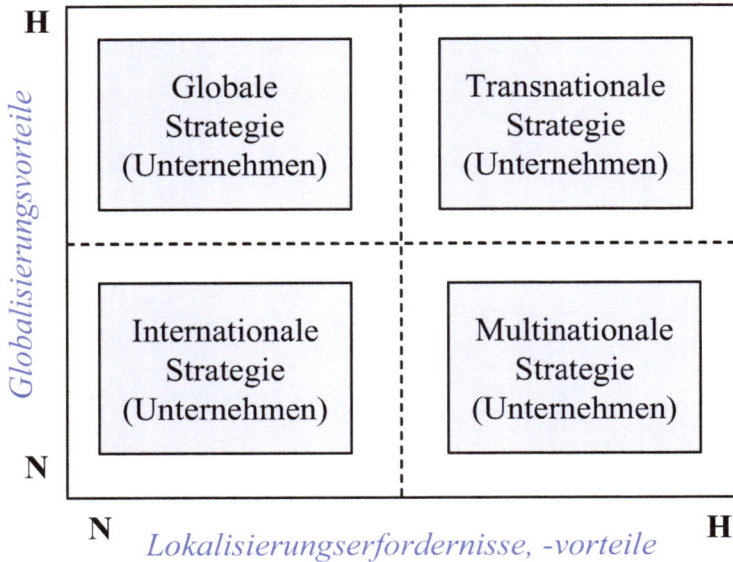

Abb. 1.8   Globalisierungs- und Lokalisierungserfordernisse, -vorteile

Internationale Unternehmen sind zwar in mehreren Ländern tätig, allerdings der Tendenz nach ohne klare, abgestimmte Strategie und in risikoärmeren Formen, wie etwa Verkaufsniederlassungen oder durch Vergabe von Lizenzen. Ihr Fokus liegt klar auf dem Heimatmarkt, dessen Besonderheiten ihr Produktangebot und die Ausübung ihrer Funktionen (wie Personalwesen, Finanzierung, Rechnungswesen, Einkauf) prägen.

Multinationale Unternehmen (MNU) sind in mehreren Ländern, meist in der risikoreichen, management- und kapitalintensiven Form von Direktinvestitionen tätig. Sie etablieren vor Ort mehr oder minder eine Vollstruktur, d.h. eine fast alle Funktionen umfassende Tochtergesellschaft, die sich sehr stark an landestypischen Besonderheiten ausrichtet, im Zielland wie ein heimisches Unternehmen auftritt und relativ wenig Austausch mit anderen Landesgesellschaften pflegt. Im Extrem fungiert die Muttergesellschaft nur noch als Finanzholding.

Globale Unternehmen standardisieren ihr Angebot und ihre Geschäftsprozesse auf einem durch weltweite Inputs angereicherten Standard. Sie haben meist Aktionäre aus allen Wirtschaftsräumen der Welt, die Nachfrage ihrer KundInnen ist ähnlich, was eine Standardisierung des Angebots erleichtert, meist sind sie Vorreiter der Gestaltung von z.B. Finanzierungs-, Rechnungswesen- und Produktstandards.

Transnationale Unternehmen (TNU) stellen in der jüngeren Literatur ein sehr beliebtes Thema dar, da angenommen wird, dass für die meisten Märkte und betrieblichen Funktionen sowohl von Globalisierungs- als auch von Lokalisierungsvorteilen auszugehen ist. Sie spiegeln gleichzeitig den Übergang von relativ autonomen, getrennt agierenden Landesgesellschaften zu einer weltweiten Netzwerkstruktur, in der jeder Standort nicht nur seinen lokalen Markt bedient, sondern jene Beiträge zum Gesamtkonzern leistet, für die er gemäß seiner

Bedingungen am besten geeignet ist. Damit entsteht eine dezentrale Führung in Teilbereichen: Singapur kann etwa für HP die Entwicklung eines bestimmten Druckertyps übernehmen, während Wien die Verkaufsaktivitäten in Osteuropa koordiniert und Grundlagenforschung in Kalifornien und Indien betrieben wird.

Die Autoren Bartlett und Ghoshal haben den Begriff „transnationale Unternehmen" geprägt und damit ein strategisches und ein organisatorisches Konzept geschaffen: TNU sind danach nicht mehr auf eine generische Strategie nach Porter ausgerichtet (vgl. Porter 1995), sondern sowohl innovativ, als auch kundenorientiert als auch kostengünstig aufgrund der Beherrschung ihrer Prozesse. Letzteres beruht vor allem auf ihrer Fähigkeit, Wertschöpfungsketten über Standorte hinweg zu optimieren und Best Practices zu verbreiten. Organisatorisch setzen Sie dabei sowohl vom Headquarter vorgegebene Leitlinien und Ziele, als auch standardisierte Programme als auch den Austausch über Personen ein. Standorte stehen in Konkurrenz- und Kooperationsverhältnissen zueinander. Ihre konzernweite Bedeutung ist aus der Attraktivität der Märkte, für die sie zuständig sind, aber auch aus der Qualität und Einzigartigkeit ihrer Ressourcen, vor allem ihrer Humanressourcen abgeleitet (vgl. Bartlett & Ghoshal 1998). Für TNU gilt ferner, dass sie häufig das Headquarter außerhalb des Ursprungslandes ansiedeln, an mehreren Börsen notieren und ihre Führungsgremien zunehmend interkulturell besetzen, woraus eine multikulturelle Kultur entstehen kann.

Das Konzept der TNU ist von Doz, Santos und Williamson noch weiter entwickelt worden zur **Metanationalen Unternehmung**. Während Bartlett und Ghoshal ihren Ansatz aufgrund einer Studie von Unternehmen der Old Economy erstellt haben, betrachten Doz et al. einige Jahre später typische Vertreter einer wissensbasierten Ökonomie. Ihrer Meinung nach sind jene Unternehmen wettbewerbsfähig, denen es am besten gelingt, Wissen und Fähigkeiten aufzuspüren, im Konzern zu transferieren und in wertschöpfende Prozesse einzubetten (vgl. Doz et al. 2001).

Bezogen auf die Thematik interkultureller Zusammenarbeit bleibt diese in der internationalen Unternehmung auf wenige, standardisierte Prozesse beschränkt. In der multinationalen Unternehmung geht es vor allem darum, die Assimilation an das Gastland zu schaffen, was in der Regel durch lokale Personalbesetzungsstrategien erreicht wird. In der globalen Unternehmung ist es das Ziel, Inputs aus unterschiedlichen Standorten zu einem gemeinsamen Ganzen zu entwickeln, das transkulturell wirksam wird. Universelles technisches Wissen ist in diesem Konzept bedeutsamer als lokales Marktwissen. Besetzungsstrategien nehmen auf Herkunft keine Rücksicht, sondern orientieren sich an universellen Kompetenzen. Eine Orientierung an Landeskulturen findet nicht statt. Koordinative Funktionen werden demgegenüber durch eine starke Unternehmenskultur ausgeübt, die sich häufig am fortschrittlichen Charakter der entwickelten Produkte und Verfahren festmacht. Mehr als die anderen Typen entbehrt die globale Unternehmung empirischer Beispiele: Boeing und Airbus vertreiben zwar ein globales Produkt global, tragen aber als Erzrivalen durchaus Merkmale ihrer Herkunftsländer. Ähnliches galt für die von Jürgen Schrempp, dem ehemaligen Vorstandsvorsitzenden von Daimler-Chrysler, propagierte Welt-AG eines führenden Unternehmens in der Automobilindustrie. Wegen kultureller Differenzen sind einige Projekte der „Welt-AG" gescheitert (vgl. FAZ 2004, Business-Dossier Daimler-Chrysler-Welt AG Ade). Transnationale Unternehmen lassen sich demgegenüber in einem hohen Ausmaß auf kulturelle Diversität ein. Da sie in Branchen tätig sind, in denen sie sowohl Standardisierungsvorteile aktivieren als auch an Lokalisierungserfordernisse gebunden sind bzw. aus lokalen Unterschieden Gewinn ziehen, kommt es darauf an, laufend Zusammenarbeitsprozesse über Standorte hinweg zu organisieren: Es kommt zur Begegnung zwischen Kulturen und zur Schaffung interkultureller Räume. Je mehr diese Zusammenarbeit auf die Schaffung neuen Wissens abzielt, umso höher ist die Wahrscheinlichkeit, dass im Zwischenraum etwas Neues entsteht, das wir in diesem Buch mit dem Adjektiv „multikulturell" bzw. genauer „transkulturell" bezeichnen (zur Begriffsdefinition vgl. auch Abschnitt 2.1.1): Trans- und metanationale Unternehmen haben daher „typische" Anforderungen der Inter- und Multikulturalität zu bewältigen: Sie entsenden MitarbeiterInnen an ausländische Standorte, sie entwickeln in interkulturellen Teams, sie besetzen ihre Führungsgremien bewusst multikulturell, sie betreiben lokale Anpassung in allen vier Grundpolitiken des Marketing.

Auch im Fall von TNU bedarf es einer unternehmenskulturellen Klammer, um dem interkulturellen Austausch einen Rahmen zu geben. Anders als in der internationalen Unternehmung ist diese Klammer allerdings nicht herkunftslandgeprägt. Im Vergleich zur globalen Unternehmung lässt sie viel mehr Raum für regionale Akzente und berücksichtigt metaökonomische Aspekte.

Transnationale Unternehmen sind nicht nur empirisch nachweisbar, sondern auch der im Modellrahmen zunehmend erwartbare Typus internationaler Geschäftstätigkeit. Damit ist ein weiterer Grund gegeben, warum Inter- und Multikulturalität zunehmend zum Thema des internationalen Management werden.

1.7   Does Culture Matter?

Zwei grobe Kategorien von Argumenten werden gegen die Beschäftigung mit kulturellen Besonderheiten in der Literatur vorgebracht, wobei gelegentlich noch ein Unterton der Abwertung mitschwingt, der damit zu tun hat, dass Kultur ein komplexes und dynamisches Konstrukt ist und sich nicht leicht in formalisierte Forschungsmodelle einbringen lässt.

Das erste Argument spielt sowohl kulturelle Unterschiede als auch ihre Bedeutung für wirtschaftliche Entscheidungen und Handlungen im Kontext von Wirtschaftsunternehmen und öffentlichen Verwaltungen herunter. Die mit dieser Sichtweise verbundenen universalistische Position geht von einer einzigen gültigen Art aus, Rentabilität zu erzielen, die ähnlich wie physikalische Gesetze, überall auf der Welt und in allen historischen Epochen zutrifft. Sie spiegelt sich in den oft zitierten platten Sätzen *„Business is business (everywhere)"* bzw. *„the business of business is business"*, der Verkürzung eines Satzes von Milton Friedman (vgl. Friedman 1970). Geistesgeschichtlich steht dieses Denken in der Tradition der Aufklärung, einer realistischen Weltauffassung und einer positivistischen oder kritisch-rationalen Erkenntnistheorie. Es zeichnet wissenschaftliches Wissen vor allen anderen Wissensformen aus und setzt zudem das theoretische Ideal einer objektiven, von Interessen freien und unabhängigen Betrachtung der Gesetzmäßigkeiten der Welt mit der empirischen Realität, einer historischen und wertgeladenen Forschungspraxis gleich. Die vielfältig vorgetragene Kritik an einer positivistisch-universalistischen Weltsicht (z.B. Foucault 1987/2002; Derrida 1988; Bourdieu 1998; Feyerabend 1975; v. Foerster 1993) betont deren Vernachlässigung der besonderen Umstände von Raum und Zeit, der Pfadabhängigkeit von Phänomen und des Zusammenwirkens von Faktoren, so dass ein Ganzes emergiert, das sich aus den Eigenschaften der Teile nicht erklären lässt. Diese Kritik betrifft in besonderer Weise auch die Meinung, Kultur sei bestenfalls ein marginaler Kontextfaktor, der an den ökonomischen Grundzusammenhängen nichts ändere. Es handelt sich um westliche Theorien, also im Sinne der geleugneten Unterschiede um eine kulturell geprägte, ethnozentrische Position.

Von manchen AutorInnen wird eine solche Position allerdings auch aus Marketinggründen im Sinne der Aufmerksamkeitslenkung eingenommen: Wenn Kultur zum Thema und von Praktikern auch laufend als Problem erfahren wird, kann man möglicherweise dadurch punkten, das Thema an sich für irrelevant zu erklären, wie dies Fredmund Malik nicht nur in Bezug auf die Themen „Interkulturalität" und „Internationales Management" tut (vgl. Malik 2005). Damit sei nicht in Abrede gestellt, dass wirtschaftlich-technische Zwänge kulturübergreifend wirksam werden. Hingegen wird in Bezug auf die universalistische Hoffnung, solche Zwänge zur einzigen verhandlungserklärenden Variablen zu stilisieren, ein genaueres Hinsehen empfohlen.

Eine zweite Argumentationslinie geht zwar davon aus, dass kulturelle Unterschiede nachweisbar und auch im Wirtschaftsleben bedeutsam sind, hält dies allerdings für ein im Verschwinden begriffenes Übergangsphänomen. Sie geht davon aus, dass die Konvergenz der Lebensstile mit kultureller Konvergenz einhergeht und spricht dem Phänomen daher prioritäre Bedeutsamkeit ab. Es besteht kein Zweifel, dass wir als Autoren dieses Buches weder die Annahme der Irrelevanz noch jene der schwindenden Relevanz von Kultur teilen, sonst hätten wir es nicht geschrieben. Allerdings muss bei allem Fortschreiten von Erkenntnis in einem Bezugsrahmen auch gelegentlich der Bezugsrahmen selbst überprüft werden. Wir werden daher im Ausblick dieses Bandes nochmals auf die Frage der Konvergenz zurückkommen. Vorläufig wenden wir uns im Kapitel 2 dem Werden, dem Wesen und der Wirkung von Kultur zu.

2 Phänomen Kultur

2.1 Der Kulturbegriff – Vielfalt der Begriffe und Disziplinen

Bereits im Titel dieses Buches Multikulturelles Management lässt sich eine Auseinandersetzung mit der kulturellen Verschiedenheit jeweiliger Personen, Länder, Regionen und Subkulturen erkennen. Für die für das Managen dieser Verschiedenheit notwendigen allgemeinen Handlungsgrundsätze liefern Kulturkonzepte einen Handlungsrahmen. Was versteht man jedoch konkret unter dem Begriff Kultur bzw. seinen unterschiedlichen Ausprägungen? Welche Bedeutung haben diese für das Erkennen von kulturellen Handlungsmustern? In der Literatur lassen sich unzählige Definitionen von Kultur finden – meist sind diese vage und abstrakt. Im Folgenden soll anhand ausgewählter Kulturterminologien ein grober Überblick über diese Definitionsvielfalt gegeben werden.

2.1.1 Inter-, Multi- und Transkulturell?

Die Beschreibung von Zusammenhängen mit Kulturbezug kennt eine Vielzahl von Begriffen. Insbesondere trifft man im deutschen Sprachgebrauch immer wieder auf die Bezeichnungen „interkulturell", „multikulturell" oder „transkulturell". Dazu reihen sich zahlreiche Begriffe in englischer Sprache, wie „cross-cultural", „intercultural", „multicultural" oder „diversity", die meist als Synonyme verwendet werden, aber durch uneinheitlichen Gebrauch für Verwirrung sorgen. ManagerInnen können es beispielsweise anstreben, ihren multikulturellen Horizont zu erweitern und dabei interkulturelle – also kulturvermittelnde – Fähigkeiten zu erwerben. Eine synonyme Verwendung dieser Begriffe würde diesen wesentlichen Unterschied verwischen, lässt sich allerdings in der Literatur durchaus vorfinden.

Trotz ähnlicher Bedeutung der obigen Begriffe lässt sich bei genauerer Betrachtung der folgende Hauptunterschied ausmachen: Obwohl alle Begriffe das Vorhandensein von mehr als einer Kultur implizieren, bezieht sich die Unterscheidung auf den Interaktionsaspekt bzw. auf das reine Hervorheben von Multikulturalität. Adler verbindet in diesem Sinne mit dem Begriff „cross-cultural" Verständnis und Interaktion zwischen ArbeitskollegInnen, ManagerInnen, Vorgesetzten, KundInnen, LieferantInnen und KooperationspartnerInnen aus Kulturen und Ländern der ganzen Welt (vgl. Adler 2002, 11), während „multicultural" über die Zusammensetzung von Menschen, KundInnen und MitarbeiterInnen Auskunft gibt, die aus mehr als einem, also unterschiedlichen Kulturkreisen kommen (vgl. Adler 2002, 15). Im Unternehmenskontext findet sich in diesem Zusammenhang der Begriff der kulturellen Vielfalt bzw. „diversity". Dieser Begriff ist insbesondere im aktuellen Management Diskurs präsent und versucht als Konzept der Unternehmensführung die Heterogenität der Beschäftigten zu beachten und zum Vorteil aller zu nutzen (vgl. Dreher 2005, 116f). Die von Adler mit dem Begriff „cross-cultural" beschriebene Interaktion verbindet Fries mit dem Begriff „intercultural" (vgl. Fries 2002, 2). Ebenso definiert Van Driel den Begriff „intercultural" als die Entwicklung positiver Einstellungen anderen gegenüber und das Erlernen interaktiver und kooperativer Fähigkeiten, was ebenfalls Interaktion impliziert (vgl. Driel van 2000).

Was schließlich die deutschen Begriffe „interkulturell", „multikulturell" und „transkulturell" betrifft, so soll zusammenfassend folgende Abgrenzung vorgeschlagen werden: Alle drei Begriffe beziehen sich auf Gelegenheiten, bei denen mehrere Kulturen, das heißt Menschen aus verschiedenen Kulturen, aufeinander treffen. **Interkulturalität** betont den interpersonellen Aspekt, die Beziehungen und Prozesse, die sich zwischen InteraktionspartnerInnen mit verschiedenen kulturellen Hintergründen mit dem Ziel der Überbrückung von Unterschieden abspielen. **Multikulturalität** zielt auf das Nebeneinander von Kulturen bzw. die Vielfalt und potenzielle Verbindung von Kulturen in einem System ab, wobei sich Menschen verschiedener Herkunft ganz im Sinne einer multikulturellen Gesellschaft im selben Raum bewegen. **Transkulturalität** bezieht sich auf die zurückgehende Homogenität und zunehmende Mischung und Durchdringung von Kulturen, wobei der traditionelle Kulturbegriff und die traditionellen Kulturgrenzen überschritten werden. Als Kulturtransfer im internationalen Kontext hat Transkulturalität das Ziel der Transformation von Unterschieden, bei der etwas Neues geschaffen werden soll. Im Unterschied zum Wahrnehmen von Unterschieden (interkulturell/multikulturell) impliziert transkulturell, dass Unterschiedliches auch aufgenommen und integriert wird und somit zur Überwindung empfundener kultureller Grenzen führen kann.

Eine Durchdringung verschiedener Lebenspraxen findet sich auch im Konzept der **Hybridisierung** und Kreolisierung. Der Begriff der Hybridisierung kommt eigentlich aus der Botanik und bezeichnet das *„[...] permanente Durchmischen und Kreuzen kultureller Strömungen, Grenzüberschreitungen in die eine oder andere Richtung und gleichzeitig die (temporäre) Zugehörigkeit zu verschiedenen kulturellen Subsystemen."* (Zalucki 2006, 24f)

Wie beim Konzept der Transkulturalität steht der Mensch als Individuum im Mittelpunkt, der durch die Zugehörigkeit zu mehreren Kulturen charakterisiert ist, sich aufgrund des andauernden Kulturaustausches jedoch auf keine einzelne Kulturzugehörigkeit festlegen lässt.

In Anlehnung an kreolische Kulturen – Gründung von Familien verschiedener Abstammung in der portugiesischen Kolonialgeschichte und daraus hervorgegangene eigene Kulturen und Sprachen – beschreibt die **Kreolisierung** kulturelle Verflechtungsprozesse im Zusammenhang mit der Globalisierung als dynamischen und wechselseitigen Transformationsprozess (vgl. Hannerz 1997, 14). Im Gegensatz zur anthropologischen Sichtweise lässt sich am Beispiel kreolischer Kulturen ableiten, dass einige Kulturen nicht abgegrenzt, homogen und zeitlos sind, sondern gerade aufgrund der kulturellen Mischung lebensfähig und kreativ bleiben. Durch einen andauernden Prozess, kommt es zum kulturellen Austausch, in dem Unterschiedliches und Identisches produziert bzw. Neues geschaffen wird.

2.1.2   Kultureller Relativismus

Beschäftigt man sich mit der Untersuchung kultureller Zusammenhänge, dann stößt man unweigerlich auf Gruppen und Kategorien von Menschen, die unterschiedlich denken, fühlen und handeln. Die Möglichkeiten für das Zusammentreffen mit Menschen anderer Kulturen und die Notwendigkeit der Auseinandersetzung mit kulturell unterschiedlich geprägten Ansichten wachsen ständig. Dabei geben Reisen und Medien Einsicht in die Relativität unserer eigenen Kulturstandards, und man kann erkennen, dass unsere Wahrnehmung der Realität keineswegs universell ist. Es gibt keinen Grund zu glauben, dass unsere Normen und Werte besser sind als die, an denen eine andere Kultur festhält. Auch lassen sich Werte und Normen aus wissenschaftlicher Sicht nicht letztgültig begründen, sodass kein anerkannter Standard zur Einstufung zur Verfügung steht. Die Untersuchung kultureller Unterschiede zwischen verschiedenen Gruppen und Gesellschaften setzt daher eine auf Kulturrelativismus basierende Einstellung voraus.

Kulturrelativismus fordert den Verzicht auf vorschnelle Urteile, wenn man mit Gruppen oder Gesellschaften zu tun hat, die sich von der eigenen unterscheiden. Normen einer Person, Gruppe oder Gesellschaft dürfen nicht so ohne weiteres auf ihre jeweiligen Pendants übertragen werden. Vor jeder Beurteilung oder Handlung sollte man sich über die Art der kulturellen Unterschiede zwischen Gesellschaften sowie über ihre Ursprünge und Folgen informieren. Was zu einer Zeit an einem Ort richtig ist, kann an einem anderen Ort falsch sein. Moralische Regeln und Grundsätze variieren zwischen Orten und Zeiträumen, weshalb es keine Rechtfertigung dafür gibt, eine Gruppe als besser/höher oder schlechter/niedriger als eine andere einzuschätzen (vgl. dazu auch Kapitel 4).

Anregung: Denken Sie an eine Begegnung mit Personen aus einer anderen Kultur!

Häufig hört man, dass man insbesondere bei längeren Auslandsaufenthalten einen gewissen Patriotismus entwickelt.

[1] Womit kann dies zusammenhängen?

[2] Welche Einstellung entwickelten Sie gegenüber der „fremden" Kultur?

2.2   Ein Versuch, das Phänomen abzugrenzen …

Schlägt man ganz banal in einem Wörterbuch nach, so trifft man auf folgende Definition:

„Kul'tur, die; -,-en 1. keine Mehrzahl Gesamtheit der geistigen, materiellen und sozialen Leistungen eines Volkes oder einer Völkergemeinschaft 2. keine Mehrzahl künstlerischer Bereich einer Gesellschaft 3. keine Mehrzahl geistige und soziale Bildung, gepflegte Lebensart 4. BIOLOGIE Zucht von Mikroorganismen unter kontrollierten Bedingungen auf Nährböden 5. Bebauen und Pflegen von Ackerland 6. Pflanzen- oder Baumbestand." (Langenscheidt Internet Fremdwörterbuch, Dezember 2006)

Vieles deutet bereits auf die Vielschichtigkeit dieses Begriffes und seine Anwendung in unterschiedlichsten Disziplinen hin. Ausgehend von der ursprünglichen Bedeutung des lateinischen Wortstammes „colere" (bebauen, bestellen, pflegen) wird in weiterer Folge von der umgangssprachlichen, engen Begriffsverwendung im Sinne von Kunst (vgl. Punkt 2 in obiger Definition, aber auch Hofstede), der Gleichsetzung mit dem Zivilisations- und Bildungsbegriff (vgl. obigen Punkt 3. sowie Herder, Kant), als auch der Anwendung des Begriffes in der Biologie und der Land und Forstwirtschaft (vgl. obige Punkte 4, 5 und 6) Abstand genommen. Vielmehr soll Kultur analog zur anthropologischen Auffassung im Sinne der „Pflege" bzw. Bewertung menschlicher Beziehungen herangezogen und als Abgrenzungsbegriff verstanden werden. Bereits Lewis Morgan vertrat in seiner Evolutionstheorie zur Entwicklung der menschlichen Kultur eine solche Abgrenzung, indem er zwischen Wilden, Barbarei und Zivilisation unterschied – Stufen, die von allen Kulturen in ihrer Entwicklung durchlaufen werden müssen (vgl. Morgan 1987). Aufgrund der mit der Stufung verbundenen ethnozentrischen Wertung ist Morgans Definition geeignet auf die mit dem Kulturbegriff verbundene Gefahr zu verweisen, Verschiedenartigkeit im Sinne von Verschiedenwertigkeit zu verstehen. Sie enthält die auch hier zugrunde gelegten Komponenten eines umfassenden Bildungsmusters zueinander, zur sicht- und nicht sichtbaren Umwelt und dessen Dynamik.

Auch wenn Kulturdefinitionen auf den ersten Blick unterschiedlich erscheinen, finden sich einige Merkmale immer wieder. Bei einem Vergleich fällt auf, dass sie sich auf eine oder mehrere von vier Kategorien beziehen (vgl. Schneider & Walczuch 1996, 8). Sie sind

- **mental betont**, d.h. auf mindsets, kognitive Schemata bezogen, also auf Arten, die Welt zu sehen und zu erklären; dies trifft insbesondere das Verständnis von Raum, Zeit, Mensch, Natur und Miteinander, und/oder
- **wertbetont**, d.h. auf gemeinsame Beurteilungen von richtig/falsch, schön/hässlich, akzeptabel/nicht akzeptabel bzw. auf positiv und negativ besetzte Handlungsformen bezogen und/oder
- **verhaltensbetont**, d.h. auf zu kollektiven Gewohnheiten gewordene Verhaltensweisen bezogen, wie Sprache, Sitten und Gebräuche, und/oder
- **artefaktbetont**, d.h. auf die Äußerung verschiedener Kulturschichten im Materiellen bezogen (Bauweise, Kleidung, Symbole).

In der Folge soll Kultur in Bezug auf seine Substanz, Entstehung und Wirkung untersucht werden. Dabei werden aus der Fülle von Definitionen einige wenige herausgegriffen, die insbesondere auch für die Sozial- und Wirtschaftswissenschaften Relevanz haben.

2.3   Substanz

In den Sozialwissenschaften geht eine viel zitierte Kulturdefinition auf Tylor zurück: *„Kultur [...] ist jener Inbegriff von Wissen, Glauben, Kunst, Moral, Gesetz, Sitte und allen übrigen Fähigkeiten und Gewohnheiten, welche der Mensch als Glied der Gesellschaft sich angeeignet hat."* (Tylor, zit. nach Keller 1982, 113).

Tylors Kulturbegriff wurde in später folgenden Kulturdefinitionen mehrmals ausgeweitet, umgedeutet und neu interpretiert. Dadurch lässt sich auch keine einheitliche und umfassende Definition des Kulturbegriffs finden, die es erlaubt, sämtliche Aspekte aus verschiedenen Perspektiven zu integrieren. Die Fülle an Begriffsdefinitionen und Ansätzen führte dazu, dass sogar Anthropologen Schwierigkeiten haben, sich auf eine einzige Definition zu einigen. Alfred L. Kroeber und Clyde Kluckhohn identifizierten Anfang der 1950-er Jahre über 160 Definitionen zum Thema Kultur (vgl. Kroeber & Kluckhohn 1952, 77ff), die sich in acht Merkmalen zusammenfassen lassen. Eine ausführliche Auseinandersetzung mit diesen Charakteristiken von Kultur findet sich bei Keller (vgl. Keller 1982, 114–119), Kasper (vgl. Kasper 1987, 18–27) bzw. Schneider (1991):

- Kultur ist **menschengeschaffen** – als Ergebnis kollektiven gesellschaftlichen Handelns und Denkens einzelner Menschen umfasst sie sichtbare Kulturprodukte (Kunst- und Gebrauchsgegenstände, Literatur, etc.), Verhaltensformen (Sitten und Gebräuche), Organisationsformen und Institutionen (Familienform, Eheform) und nicht sichtbare, kollektiv geteilte Überzeugungen, Motive, Werte und Einstellungen.
- Kultur ist ein **überindividuelles, soziales Phänomen** – die Mitglieder oder eine soziale Gruppe sind zwar Träger und Überlieferer von Kultur, die andauernde Existenz eines einzelnen Individuums ist dafür jedoch nicht notwendig.
- Kultur wird **erlernt** und nicht im biologischen Sinn weitervererbt – Kultur ist die Summe der von Generation zu Generation weitergegebenen Überzeugungen, Verhaltensweisen und Verhaltensregeln.
- Kultur wird **übermittelt** und schlägt sich nieder in **Symbolen** – solche Symbole sind Sprache, Literatur, Rituale, Kunst, etc.
- Kultur ist **verhaltenssteuernd** – das Verhalten der Mitglieder wird durch Regeln, Normen und Verhaltenskodizes einer jeweiligen sozialen Gruppe geregelt.
- Kultur strebt nach **innerer Konsistenz** – indem sie eine wohlstrukturierte Gesamtheit von möglichst nicht widersprüchlichen Überzeugungen, Normen und Verhaltensweisen bildet.
- Kultur ist jenes Instrument – mit dem eine Gesellschaft die **Anpassung an ihre Umwelt** vornimmt. Gleichzeitig stellt sie jedem Individuum bewährte Methoden und Instrumente zur Lösung der Probleme des täglichen Überlebens und zur Befriedigung seiner biologischen und sozialen Grundbedürfnisse zur Verfügung.
- Kultur ist **anpassungsfähig** – und verändert sich. Der Kulturwandel verläuft in Anpassung an sich verändernde klimatische, physikalische, technologische, ökonomische und soziale Verhältnisse.

Zusammenfassend versteht man unter Kultur *„[...] sämtliche kollektiv geteilten, impliziten oder explizten Verhaltensnormen, Verhaltensmuster, Verhaltensäußerungen und Verhaltensresultate, die von Mitgliedern einer sozialen Gruppe erlernt und mittels Symbolen von Generation zu Generation weitergegeben werden. Diese – nach innerer Konsistenz strebenden – kollektiven Verhaltensmuster und -normen dienen dem inneren und äußeren Zusammenhalt und der Funktionsfähigkeit einer sozialen Gruppe und stellen eine spezifische, generationserprobte Lösung des Problems der Anpassung an ihre physischen, ökonomischen und sonstigen Umweltbedingungen dar. Kulturen neigen dazu, sich einer Veränderung in diesen Bedingungen anzupassen.“* (Keller 1982, 118)

Dementsprechend werden der Kultur mehrere Funktionen zugeschrieben (vgl. Weinand 1999, 21ff und die dort angeführte Literatur). Kultur existiert jedoch nicht (nur), um diese Funktionen zu erfüllen, sondern unabhängig davon, ob Menschen, die Kultur schaffen, dies bewusst wollen oder nicht. Die Funktionen werden gleichsam „en passant" erfüllt.

Die **Orientierungsfunktion** der Kultur hilft Individuen bei der Unterscheidung, was als richtig und was als falsch gilt. Eigene Erfahrungen und Verhaltensweisen können somit in einem Bezugsrahmen eingeteilt und organisiert werden. Kognitive Muster erleichtern die individuelle Orientierung. Indem die Kultur den Handlungen tiefere Bedeutung zumisst, hat Kultur auch eine **Sinnstiftungsfunktion**. Sie gibt dadurch Rückhalt für bestimmte Verhaltensweisen. Die **Motivationsfunktion** erklärt sich aus der Tatsache, dass allein die Zugehörigkeit zu einer Kultur Individuen bewegen bzw. motivieren kann. Oft spielt in diesem Zusammenhang die Religion eine große Rolle, wie z.B. bei Kulturen in islamischen Ländern. In Form der **Identitätsstiftungsfunktion** vermittelt Kultur Einheit nach innen und eine Abgrenzung gegenüber anderen sozialen Einheiten nach außen. In Bezug auf nationale Ebene oder die Geschlechterebene von Kultur vermittelt die Identitätsstiftungsfunktion Zugehörigkeit, die durch eine einfache Frage leicht beantwortet werden kann:

> Antworten Sie für sich selbst spontan und ohne viel darüber nachzudenken auf die Frage: Wer sind Sie?

Wahrscheinlich waren Sie beim Lesen dieser Frage anfänglich ebenso verdutzt und haben versucht den Sinn zu hinterfragen? Was folgte danach? Haben Sie mit der Zugehörigkeit zu Ihrem Heimatland (ÖsterreicherIn, Deutsche/r, etc.) oder Geschlecht (Frau, Mann) geantwortet? Dann haben Sie soeben die Identitätsstiftungsfunktion von Kultur erfahren.

Die **Koordinations- und Integrationsfunktion** der Kultur hält soziale Einheiten zusammen und entwickelt eine normative Kraft der ko-orientierten Verhaltenssteuerung, da sich durch das Wahrnehmen von Unterschieden Gruppen bilden. Sie beschreibt damit das Grundbedürfnis nach Zugehörigkeit in der „in-group" im Gegensatz zum Abgrenzungsbedürfnis der „out-group". Kultur schafft auch Ordnung – im Unterschied zur Orientierungsfunktion – nicht nur bei den Individuen selbst, sondern auch in den Zusammenhängen einer sozialen Einheit, was als **Ordnungsfunktion** der Kultur bezeichnet wird. Kultur als Instrument für den Umgang mit Komplexität wird durch die **Komplexitätshandhabungsfunktion** beschrieben. Durch einen kulturellen Filter können bestimmte Handlungen mit komplexen Ursachen und Wirkungen leichter verständlich gemacht bzw. kanalisiert werden. Kultur erleichtert somit das

Zusammenleben von Individuen einer sozialen Einheit. Im Zusammenhang mit der Rechtfertigung von Verhalten und Handlungen nach innen und außen spricht man von der **Legitimationsfunktion** der Kultur. Aus den Funktionen der Kultur erwartet man sich die Beschleunigung von Entscheidungsfindungs- und Problemlösungsprozessen sowie Unterstützung bei der Implementierung von Strategien und Prozessen.

2.4   Entstehung

Betrachtet man Kulturdefinitionen im Detail, stellt man fest, dass meist nur einige der eingangs beschriebenen Merkmale erfüllt sind. Die unterschiedliche Schwerpunktsetzung erlaubt eine grobe Kategorisierung von drei Ansätzen zum Kulturbegriff (vgl. Schugk 2004, 28ff), anhand deren die Entstehung und Weiterentwicklung des Begriffes nachvollzogen werden kann.

Als **normativer bzw. behavioristischer Kulturbegriff** wird einerseits der oft umgangssprachlich verwendete Begriff der Schönen Künste im Sinne von Theater, Musik und Literatur verstanden, andererseits aber auch die Beschreibung von Artefakten, wie Essen, Kleidung, Gebäuden, Verhaltensweisen, etc., die für bestimmte Personengruppen typisch sind. Charakteristisch ist, dass sich dieser Kulturbegriff ausschließlich auf Phänomene bezieht, die direkt von außen beobachtbar sind. Auch Tylors Kulturansatz lässt sich unter diesem Kulturbegriff erfassen.

Beim **Kulturbegriff der kognitiven Anthropologie** geht es nicht wie beim behavioristischen Kulturbegriff um die äußerlich sichtbaren Erscheinungen und Phänomene an sich, sondern um das existente gemeinsame Wissen der Mitglieder einer Kultur. Dieses gemeinsame Wissen erlaubt es, äußerliche Sachverhalte wahrzunehmen und miteinander in Beziehung zu setzen. Kultur als gespeichertes gemeinsames Wissen ermöglicht somit die Interpretation, Kategorisierung und Bewertung des Verhaltens, sowie ein angemessenes Handeln der Kulturmitglieder. Der Kulturbegriff der kognitiven Anthropologie wurde stark von Goodenough geprägt und hat starken Einfluss auf die Forschung und Unterscheidung von Kulturen, z.B. bei Hofstede, genommen (vgl. Schugk 2004, 30).

Eine Weiterentwicklung erfährt dieser Kulturbegriff im **symbolischen Kulturbegriff**, wobei nicht mehr von Kultur als etwas Feststehendem, Ganzen ausgegangen wird, sondern die Veränderbarkeit als Kulturmerkmal berücksichtigt wird. Als offene Systeme befinden sich Kulturen in ständiger Entwicklung und Veränderung. Von Interesse ist daher die Art und Weise wie sich VertreterInnen einer Kultur verhalten und dies zum Ausdruck bringen. Das kulturelle Wissen ist nicht nur ein in den Köpfen verankertes Wissen, sondern wird durch die interpersonale Interaktion zum Ausdruck gebracht. Im Sinne des symbolischen Kulturbegriffes ist Kultur somit ein dynamisches System bzw. ein fortlaufender Prozess und entsteht aus der Wechselwirkung zwischen Erfahrungen und der Umwelt, wobei der Mensch durch aktive Gestaltung Symbole schafft. Die Mitgliedschaft und die Gestaltung eines Symbolsystems ermöglichen erst das Zusammenleben der Kulturmitglieder.

Eine am symbolischen Kulturbegriff ansetzende populäre Definition von Kultur findet sich bei **Clifford Geertz** mit seinem Konzept der „dichten Beschreibung", in dem er von einem „semiotischen", d.h. einem auf sprachlichen und nichtsprachlichen Zeichensystemen basierenden Kulturbegriff ausgeht. In Anlehnung an Max Weber bezeichnet er Kultur als ein „selbstgesponnenes Bedeutungsgewebe" in das der Mensch verstrickt ist: *„ [...] dass der Mensch ein Wesen ist, das in selbstgesponnene Bedeutungsgewebe verstrickt ist, wobei ich Kultur als dieses Gewebe ansehe. Ihre Untersuchung ist daher keine experimentelle Wissenschaft, die nach Gesetzen sucht, sondern eine interpretierende, die nach Bedeutungen sucht."* (Geertz 1983, 9)

Durch dieses Netz ineinandergreifender Systeme erfolgt die Erforschung von Kulturen durch die Deutung ihrer Symbolisierungen bzw. Interpretation von Zeichen. Geertz geht es um das Deuten gesellschaftlicher Ausdrucksformen, die zunächst rätselhaft erscheinen und ständig neuen Interpretationen und Bedeutungen unterliegen. Worin liegt beispielsweise die Bedeutung des Hahnenkampfes auf Bali? Ist er Ausdruck von Status, von Beziehungen zu anderen, symbolisiert er den Umgang mit Gefühlen oder Aggressionen, etc.? Für ein Nicht-Kulturmitglied ist die Bedeutung nicht offensichtlich und muss hinterfragt werden. Geertz spricht daher auch von Kultur als Code, dessen symbolischer Gehalt, der beobachtet werden kann, es zu entschlüsseln gilt.

Auch Ferraro weist in seinem vereinfachten Ansatz indirekt auf diese verborgene Seite von Kultur hin. Wie bei der Kulturdefinition von Geertz gilt es hier für das Kulturverständnis den Code in Bezug auf gemeinsame Denk- und Handlungsweisen zu entschlüsseln – auch wenn das in der Definition nicht explizit gemacht wird: *„Culture is everything that people have, think and do as members of their society."* (Ferraro 2002, 19)

Das Kulturkonzept wird durch die drei Verben „haben", „denken" und „tun" beschrieben. Erstens muss ein wesentliches Ziel oder ein Gegenstand vorhanden sein, d.h. eine Person muss etwas haben. Wenn Menschen denken, entstehen Ideen, Werte, Einstellungen und Glauben. Wenn Menschen etwas tun, machen sie das auf eine von der Gesellschaft vorgeschriebene Art und Weise. Kultur setzt sich daher zusammen aus 1. wesentlichen Zielen, 2. Ideen, Werten und Einstellungen und 3. normativen oder erwarteten Verhaltensmustern, die wiederum dekodiert werden müssen.

Ähnlich wird im Hinblick auf die Anforderungen der Betriebswirtschafts- und Managementlehre Kultur als die Gesamtheit der Grundannahmen, Werte, Normen, Einstellungen und Überzeugungen einer sozialen Einheit definiert, die sich in einer Vielzahl von Verhaltensweisen und Artefakten ausdrückt und sich als Antwort auf die vielfältigen Anforderungen, die an diese soziale Einheit gestellt werden, im Laufe der Zeit herausgebildet hat. Die Basis der Kultur sind somit Werte, Normen und Artefakte, die sich im Laufe der Zeit entwickelt haben. Auf diesem Ansatz bauen auch die für die Sozial- und Wirtschaftswissenschaften wichtigen und oft zitierten Kulturkonzepte von Schein und Hofstede auf.

2.4.1 Das Kulturmodell von Schein

„Kultur ist ein Phänomen, das uns jederzeit umgibt und durch unsere Interaktionen mit anderen immerfort geschaffen und am Leben gehalten wird." (Schein 1995, 17)

Die Tatsache, dass der Großteil der Menschen ein bestimmtes Verständnis von Kultur hat, eine genaue Definition aber meist schwer fällt, sowie das Charakteristikum, dass bestimmte Dinge von Mitgliedern geteilt oder gemeinsam vertreten und erlernt werden, wurden bereits erörtert. Strukturelle Stabilität und Integration sind dabei zwei wesentliche Aspekte. Mit der Bezeichnung „kulturell" wird nicht allein auf den Faktor der Gemeinsamkeit, sondern auch auf die weniger bewusste und auch weniger fassbare Tiefe und Stabilität hingewiesen. Gemeinsames Wissen beruht auf gemeinsamen Erfahrungen und das setzt wiederum eine stabile Mitgliedschaft in einer Gruppe voraus. Die Integration bezeichnet das Verbinden verschiedener Elemente. Kultur bedingt, dass sich Rituale, Klima, Werte und Verhaltensweisen zu einem einheitlichen Ganzen fügen. Schein definiert die folgenden Hauptkategorien, die mit Kultur assoziiert werden:

Tab. 2.1 Hauptkategorien nach Schein (1995, 21)

1	Wiederkehrende Verhaltensweisen in der Interaktion	Sprache, entstehende Bräuche und Traditionen, Rituale
2	Gruppennormen	Implizite Maßstäbe und Werte; z.B. die Norm „gutes Geld für gute Arbeit"
3	Bekundete Werte	Artikulierte und öffentlich vertretene Prinzipien und Werte; z.B. „Produktqualität" oder „Preisführerschaft"
4	Offizielle Philosophie	Umfassende Politik und Ideologie, nach denen sich eine Gruppe im Umgang mit AktionärInnen, MitarbeiterInnn, KundInnen und anderen entscheidenden Leuten richtet; z.B. der „HP Way" von Hewlett-Packard
5	Spielregeln	Stillschweigend akzeptierte Regeln, Finessen für das Überleben im Unternehmen
6	Klima	Stimmung innerhalb einer Gruppe, die durch das Ambiente und Umgangsformen mit anderen hervorgerufen wird
7	Verwurzelte Talente	Besondere Fähigkeiten, die zur Bewältigung bestimmter Aufgaben benötigt werden; Geschick, gewisse Dinge von Generation zu Generation weiterzugeben, ohne sie unbedingt schriftlich festhalten zu müssen
8	Denkgewohnheiten, geistige Modelle, linguistische Paradigmen	Gemeinsamer kognitiver Rahmen, der den Gruppenmitgliedern Wahrnehmungen, Gedanken und Sprache vorgibt
9	Gemeinsame Bedeutungen	Übereinkünfte der Gruppenmitglieder durch Interaktion
10	Symbole mit Integrationskraft	Emotionale und ästhetische Reaktionen der Gruppenmitglieder; Vorstellungen, Gefühle, Bilder, die von Gruppen zur eigenen Charakterisierung entwickelt werden, die sie nicht unbedingt bewusst wahrnehmen müssen und die sich dennoch in Gebäuden, in der Büroeinrichtung und anderen materiellen Artefakten der Gruppe manifestieren

Kultur ist somit der gesammelte gemeinsame Wissensvorrat einer bestimmten Gruppe, der sich auf sämtliche verhaltensmäßigen, emotionalen und kognitiven Elemente der Arbeitsweise aller Gruppenmitglieder erstreckt, ein Muster gemeinsamer Grundprämissen, das die Gruppe bei der Bewältigung ihrer Probleme externer Anpassung und Integration erlernt hat, das sich bewährt hat und somit als bindend gilt bzw. das daher an neue Mitglieder als rational und emotional korrekter Ansatz für den Umgang mit diesen Problemen weitergegeben wird.

Kultur kann auf verschiedenen Ebenen analysiert werden, wobei der Begriff Ebene den Grad der Sichtbarkeit eines kulturellen Phänomens für den/die BeobachterIn umschreibt. Der Kernbestand einer Kultur findet sich in ihren gemeinsamen, stillschweigend vorausgesetzten Grundprämissen, manifestiert sich jedoch auf der Ebene beobachteter Artefakte und gemeinsamer bekundeter Werte, Normen und Verhaltensregeln. Schein unterscheidet in seinem Drei-Stufenmodell 3 Ebenen der Kultur: Artefakte, bekundete Werte und Grundprämissen bzw. Basisannahmen. Das Modell wird im Detail im Kapitel 6 Unternehmenskultur behandelt.

2.4.2   Kultur als mentale Programmierung

Hofstede nennt Kultur *„die Software des Geistes"*. Entsprechend dieser Ansicht ist Kultur die mentale Programmierung, die jedes Mitglied einer gegebenen Gemeinschaft, Organisation oder Gruppe erlebt und entsprechend derer er voraussichtlich folgerichtig handeln wird (vgl. Hofstede 2001, 3ff).

Hofstede sieht Kultur als kollektive Programmierung menschlichen Denkens, als mentale Software, analog zur Art und Weise wie Computer programmiert sind. In jedem Menschen sind Muster des Denkens, Fühlens und potentiellen Handelns verankert, die er ein Leben lang erlernt hat. Jedoch ist das menschliche Verhalten nur zum Teil durch mentale Programme vorbestimmt, da Menschen im Gegensatz zu Computern grundsätzlich die Möglichkeit haben, von ihnen abzuweichen und auf eine neue, kreative, destruktive oder unerwartete Weise zu reagieren.

Ausgehend vom lateinischen Wortstamm finden sich auch bei Hofstede mehrere Bedeutungen von Kultur. Hofstede unterscheidet zwischen „Kultur im engeren Sinne" oder „Kultur Eins", die dem westlichen Sprachgebrauch entspricht und ganz im Sinne der normativen Begriffsdefinition für „Zivilisation" oder „Verfeinerung des Geistes" im Form von Bildung, Literatur und Kunst steht. Kultur als weiter gefasster Begriff im Sinne von mentaler Software bezeichnet er als „Kultur Zwei". Kultur so verstanden enthält eine Menge alltäglicher und „gewöhnlicher" Dinge des Lebens.

Tab. 2.2   Kultur als mentale Software (vgl. Hofstede 2001, 4)

Kultur = Mentale Software	
„Kultur Eins"	Kultur im Sinne von Bildung, Kunst und Literatur. Das ist "Kultur im engeren Sinne"
„Kultur Zwei"	Kultur als mentale Software bezieht sich jedoch auf eine viel weiter gefasste, unter Sozial-anthropologen übliche Bedeutung des Wortes und umfasst auch gewöhnliche und niedrige Dinge des Lebens wie Grüßen, Essen, das Zeigen oder Nichtzeigen von Gefühlen, das Wahren einer gewissen physischen Distanz zu anderen, Geschlechtsverkehr oder Körperpflege

Da „Kultur Zwei" zumindest teilweise mit anderen Menschen geteilt wird, die im selben sozialen Umfeld (d.h. dort, wo diese Kultur erlernt wurde) leben oder lebten, ist sie ein kollektives Phänomen. Sie ist die kollektive Programmierung des Geistes, die die Mitglieder einer Gruppe oder Kategorie von Menschen von einer anderen unterscheidet.

Kultur ist erlernt und leitet sich aus unserem sozialen Umfeld ab. Kultur bedarf einer Abgrenzung von der menschlichen Natur einerseits und von der Persönlichkeit eines Individuums andererseits (vgl. Abb. 2.1). Die Frage nach den Grenzen zwischen Natur und Kultur bzw. zwischen Kultur und Persönlichkeit ist auch unter SozialwissenschaftlerInnen umstritten.

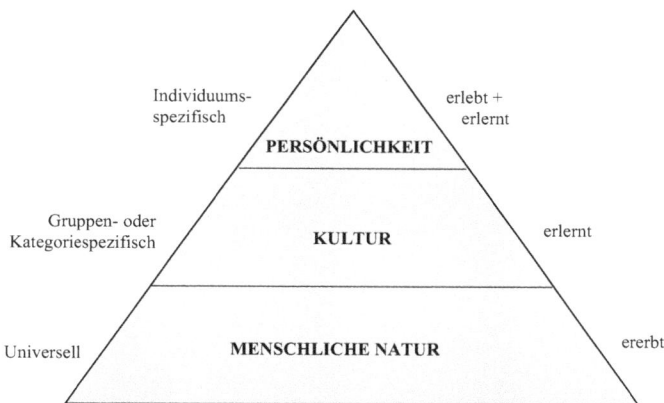

Individuums-spezifisch	**PERSÖNLICHKEIT**	erlebt + erlernt
Gruppen- oder Kategoriespezifisch	**KULTUR**	erlernt
Universell	**MENSCHLICHE NATUR**	ererbt

Abb. 2.1   Drei Ebenen der Verhaltensprägung (vgl. Hofstede 2001, 5)

Die menschliche Natur stellt die universelle Ebene in unserer mentalen Software dar und ist in Analogie zum Computer mit einem Betriebssystem vergleichbar. Dazu zählt die menschliche Fähigkeit, Angst, Zorn, Liebe, Freude oder Traurigkeit zu empfinden, das Verlangen nach Gemeinschaft mit Anderen, nach Spiel und Bewegung oder die Fähigkeit, die Umgebung zu beobachten und mit anderen Menschen darüber zu sprechen. Wie man jedoch mit diesen Gefühlen umgeht, wie man Angst, Freude, Beobachtungen, etc. ausdrückt, wird durch die Kultur bestimmt.

Die neben der Kultur zweite Ebene betrifft die Persönlichkeit eines Individuums. Im Gegensatz zur ererbten menschlichen Natur, besteht sie aus einer Kombination einzigartiger, persönlicher, mentaler Programme und gründet sich auf Charakterzüge, die teilweise ererbt und teilweise erlernt sind. Erlernen erfolgt durch den Einfluss von Kultur und persönlichen Erfahrungen (vgl. dazu auch die Übung zur Wirkung von Kultur im Abschnitt 2.5.3)

Hofstede beschreibt **Manifestationen von Kultu**r, die sich in einer Anzahl von Phänomenen offenbaren und in vier Kategorien einteilen lassen (vgl. Hofstede 2001, 8):

- Symbole,
- Helden oder Vorbilder,
- Rituale
- und Werte.

Aus den Begriffen Symbole, Helden, Rituale und Werte entwickelte Hofstede ein sogenanntes **Zwiebeldiagramm**, welches die Manifestationen von Kultur abbildet. Die kulturellen Unterschiede werden durch diese Begriffe als Schalen einer Zwiebel veranschaulicht. Das Zwiebeldiagramm verdeutlicht die unterschiedliche Zugänglichkeit und Dauerhaftigkeit der entsprechenden Schichten. Durch alle Schichten hindurch reichen die Praktiken der jeweiligen Kultur.

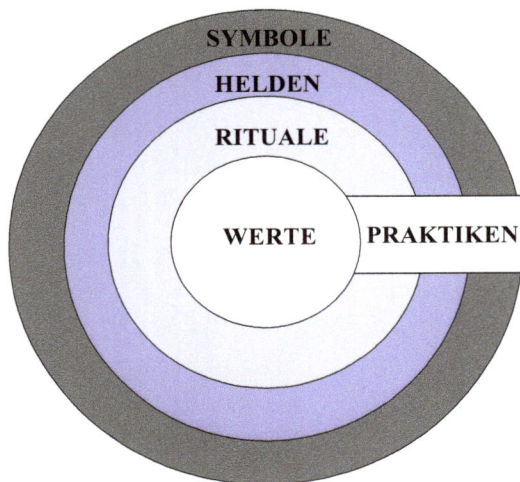

Abb. 2.2   Das „Zwiebeldiagramm": Manifestationen von Kultur auf verschiedenen Ebenen (vgl. Hofstede 2001, 9)

Als äußerste Schale beschreiben Symbole die oberflächlichsten bzw. als innerer Kern Werte die tiefgehendsten Manifestationen von Kultur. **Symbole** werden nur von denjenigen als solche erkannt, die der gleichen Kultur angehören und können Worte, Gesten, Bilder oder Objekte mit spezifischer Bedeutung, wie z.B. Kleidung, Frisuren, Coca-Cola, Flaggen und Statussymbole sein. Charakteristisch sind die rasche Entwicklung von neuen und das Verschwinden von alten Symbolen sowie das regelmäßige Nachahmen durch Andere innerhalb derselben kulturellen Gruppe. Die Symbol-Schicht kann relativ leicht entdeckt und ebenso leicht beherrscht bzw. imitiert werden, wodurch sie vielfachen Änderungen unterworfen ist. Was heute als avantgardistisch betrachtet wird und nur einer kleinen Gruppe bekannt ist, kann morgen ein populärer Trend und nach ein paar Monaten bereits wieder vergessen sein (man denke nur an Treffpunkte wie Cafés oder Diskotheken). Deshalb wurden die Symbole in Abb. 2.2 in der äußeren, oberflächlichsten Schicht platziert.

Werte bilden als gegensätzliches Ende des Diagramms den Kern der Kultur. Sie sind Ausdruck der allgemeinen Neigung, bestimmte Umstände anderen vorzuziehen, und haben eine stark positive bzw. negative Ausrichtung wie gut/böse, sauber/schmutzig, schön/hässlich, normal/anormal, etc. Sie sind nicht leicht zugänglich, aber die dauerhaftesten Bestandteile eines kulturellen Systems. Werte werden bereits im Kindesalter unbewusst erlernt und sind für Außenstehende nicht direkt wahrnehmbar. EntwicklungspsychologInnen glauben, dass sich die meisten Kinder bereits in einem Alter von 10 Jahren ihr grundlegendes Wertesystem angeeignet haben, und dass nach diesem Alter Veränderungen schwierig sind. Weil wir sie so zeitig im Leben erworben haben, bleiben viele Werte ihren BesitzerInnen unbewusst (vgl. Hofstede 2001, 10). Das ist der Grund, warum Werte nicht leicht zu beobachten oder in Sprache zu fassen sind. Ein Rückschluss ist lediglich aus der Art und Weise, wie Menschen unter verschiedenen Umständen handeln, möglich.

Helden und Rituale liegen in den inneren Schalen der Zwiebel. Helden dienen als Verhaltensvorbilder und sind – lebende, historische oder erfundene – Personen mit Eigenschaften, welche in einer Kultur hoch angesehen sind. Helden können zu Trendsettern werden; ihre Charakteristika können sich zu Symbolen für eine ganze Gruppe entwickeln. Beispiele für Helden können Figuren aus der Werbung, Sport-, Musik- und Filmstars oder auch historische oder fiktive Personen sein.

Rituale sind kollektive Tätigkeiten, konventionalisierte Verhaltensmuster, die in bestimmten Situationen ablaufen. Rituale sind redundante Praktiken, sie tragen keine spezifische, originale Botschaft. In vielen Situationen sind sie mit der Etikette, dem guten Benehmen, verbunden, aber sie werden auch durch die Mode beeinflusst. Sie sind für das Erreichen der angestrebten Ziele eigentlich überflüssig, gelten aber innerhalb einer Kultur als sozial notwendig. Beispiele sind Formen des Grüßens und der Ehrerbietung Anderen gegenüber oder soziale und religiöse Zeremonien, Smalltalk, Verhalten, das den Ausdruck von Zustimmung oder Ablehnung begleitet usw.

Symbole, Helden und Rituale werden als **Praktiken** zusammengefasst und sind als solche im Gegensatz zu den Werten für außenstehende BeobachterInnen sichtbar, nicht jedoch ihre kulturelle Bedeutung. Diese liegt in der Art und Weise, wie diese Praktiken interpretiert werden.

In der Umgangssprache werden die Begriffe „Norm" und „Wert" häufig synonym verwendet. Der Vollständigkeit halber soll an dieser Stelle der Begriff **Norm** erklärt werden. Will man Aussagen über Werte interpretieren, muss zwischen dem Wünschenswerten und dem Erwünschten unterschieden werden. Fragen nach dem Wünschenswerten lassen sich nach Kriterien wie richtig/falsch, Zustimmung/Ablehnung und Ähnlichem formulieren und beziehen sich auf Menschen im Allgemeinen. Das Erwünschte wird durch „Du" und „Ich" ausgedrückt und bezieht sich auf das, was wir für wichtig halten bzw. was wir für uns selbst wünschen. Eine Unterscheidung des Wünschenswerten vom Erwünschten erfolgt durch die jeweiligen Normen, die als Normalformen von Werten in einer Gruppe oder Kategorie von Menschen existieren.

Anregung: Wie sehe ich mich selbst?

Versuchen Sie Hofstedes Zwiebel für Ihre eigene Kultur nachzuzeichnen.

[1] Wie würden Sie Ihre eigene Kultur beschreiben?

[2] Wo finden sich Symbole, Rituale und Helden?

[3] Welche Werte stecken dahinter?

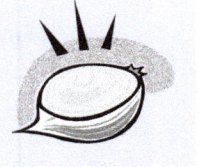

2.4.3   Systematisierungsversuche

In der Entstehung des Kulturbegriffs lassen sich zwei Systematisierungsversuche erkennen, die vor allem in der Managementforschung von Bedeutung sind. In Anlehnung an Kluckhohn und Kelly wird ein **explikatives** von einem **deskriptiven** Kulturkonzept unterschieden (vgl. Keller 1982, 120).

Im explikativen Sinn versteht man Kultur als einen verhaltensbestimmenden Faktor bzw. als geistigen und normativen Überbau menschlichen Verhaltens. Dazu zählen alle internalisierten Verhaltensweisen, kollektiven Persönlichkeitsmerkmale, Weltanschauungen, religiösen Grundüberzeugungen, sowie Motiv- und Einstellungsmerkmale, die nicht direkt am Verhalten beobachtet werden können, sondern die aus dem direkt beobachteten Verhalten größtenteils zurückerschlossen werden müssen (vgl. Küsters 1998, 92). Daher spricht man auch vom Kulturbegriff als „theoretischem Konstrukt". Der Kulturbegriff als deskriptives Konzept hat demgegenüber die konkrete Beschreibung und Beobachtung menschlichen Verhaltens in sozialen Systemen zum Inhalt, wobei die Definition einer bestimmten Kultur aus einer beschreibenden Ansammlung von Symbolen, wie Literatur, Kunstobjekten, Sprache, Sitte, Anstandsregeln, Religion, Moral, Gebräuchen und Ritualen, etc. besteht.

Ein ähnliches Differenzierungskonzept stammt von Osgood (Osgood 1951, zit. nach Keller 1982, 210ff), der die **Konzepta und Perzepta Ebene** von Kultur unterscheidet. Während sich die Konzepta Ebene auf historisch entstandene, kollektiv geteilte geistige Anschauungen und Weltbilder bezieht, die sich in einer Gesellschaft herausgebildet haben, nimmt die Perzepta Ebene auf empirische, konkret beobacht- und erfahrbare materielle Kulturprodukte, soziale Verhaltensweisen, Gewohnheiten und Rituale Bezug. Wie aus der folgenden Zusammenstellung ersichtlich kann Konzepta mehr oder weniger mit dem explikativen Konzept und Perzepta mit dem deskriptiven Konzept gleichgesetzt werden.

Tab. 2.3   Explikatives versus deskriptives Konzept (in Anlehnung an Keller 1982, 123 und Küsters 1998, 93)

Kultur als	
Explikatives Konzept bzw. Konzepta	Deskriptives Konzept bzw. Perzepta
Verhaltensursache	Verhaltensergebnisse und sichtbares Verhalten
Theoretisches Konstrukt, d.h. muss aus dem Verhalten erschlossen werden; nicht direkt beobachtbares Verhalten	Direkt beobachtbare Realität
Geistige Kultur im Sinne von kollektiv geteilten Werten, Normen und Einstellungen	Materielle und soziale Kultur im Sinne von Architektur, Kunstgegenständen, Sitten, Gebräuche, Rituale bzw. auch soziale Institutionen

Die Unterscheidung dieser Kulturkonzepte lässt sich gut an Beispielen veranschaulichen. Keller verweist auf die thailändische Tempelanlage Wat Po in Bangkok, die durch Architektur und Ausstattung als Perzeptum der materiellen, thailändischen Kultur in das deskriptive Kulturkonzept fällt. Ebenso sind die sozialen Umgangs- und Verhaltensweisen, spezifische Anredeformen oder Grußgesten eines Thailänders in Form der sozialen Kultur Bestandteile der Perzepta Ebene. Ein Verständnis dieser sozialen und materiellen Kultur kann jedoch nur durch die geistige Kultur der Konzepta Ebene erlangt werden, nämlich jener hinter den beobachtbaren Gegenständen und Verhaltensweisen gelagerten kollektiv geteilten Überzeugungen und Normen.

Im Managementkontext könnte die Perzepta Ebene auf Organisationen umgelegt, eine beobachtbare, strenge und hierarchische Organisationsstruktur mit autoritärem Führungsstil darstellen, während sich Konzepta auf die im Unternehmen geteilten Einstellungen gegenüber der Legitimität autoritärer Machtausübung bezieht. Küsters führt diesbezüglich auch das Beispiel japanischer Teamarbeit an. Die Perzepta der beobachtbaren japanischen Teamkultur können nur aus den Konzepta der japanischen Kultur verstanden werden. Erst die hinter dem sichtbaren Gruppenverhalten stehenden, einwirkenden Überzeugungen und Normen in der japanischen Kultur können dieses Verhalten erklären und müssen als theoretisches Konstrukt erschlossen werden (vgl. Küsters 1998, 93).

Bildhaft lassen sich Perzepta und Konzepta im Eisberg Modell darstellen (vgl. Weaver 1986). Die kleine Spitze, die mit einem Zehntel aus dem Wasser ragt, versinnbildlicht die sichtbare Ebene der Kultur – alles was ein Individuum von seiner Kultur zu erkennen gibt bzw. was leicht beobachtbar ist (Sprache, Kleidung, Verhalten, Bräuche, Artefakte) – während die restlichen neun Zehntel und somit der größte Teil der Konzepta Ebene zuzurechnen ist. Dieser Teil bezieht sich auf die nicht wahrnehmbare, unter dem Wasser liegende Ebene mit kulturspezifischen Normen, Denkweisen, Basisannahmen, Weltanschauungen und Wertsystemen (Umgang mit Zeit, Macht, Emotionen, Verständnis von Wahrheit, Schönheit, Gerechtigkeit, etc.). Implizit sind diese in jeder Kultur vorhanden, dem Einzelnen jedoch oft unbewusst.

Anregung: Stellen Sie sich einen Eisberg bildlich vor!

[1] Warum eignet sich dieses Modell als Metapher für Kultur?

[2] Versuchen Sie den Eisberg für Ihren Kulturkreis in Bezug auf Verhalten, Artefakte, Werte, Normen und Einstellungen abzubilden. Welche Elemente sind sichtbar, welche sind verborgen?

[3] Was wird geschehen, wenn zwei kulturelle Eisberge aufeinandertreffen?

Eine kleine Hilfestellung finden Sie im Lösungsteil 2.8 zu diesem Kapitel.

2.5   Wirkung

Nach der Auseinandersetzung mit der Substanz und Entstehung von Kultur stellt sich die Frage wie Kultur wirkt. Diese Frage soll in einem ersten Schritt über Faktoren zu beantworten versucht werden, die einerseits Kultur beeinflussen, andererseits Kultur für Außenstehende bis zu einem gewissen Grad sichtbar machen. Konkret wird auf die vier Hauptkomponenten Religion, Sprache, Ethnie und das Gesellschaftssystem eingegangen (vgl. Sanyal 2001, 46). Ein erweiterter Überblick mit endogenen und exogenen Faktoren findet sich in der Zusammenstellung am Ende des Abschnitts 2.5.1. Ein zweiter Schritt hat die Wirkung von Kultur in der Manifestation von kulturellen Referenzebenen zum Inhalt. Abschließend bieten wir die Möglichkeit des persönlichen Ausprobierens und Erfahrens in Form einiger kleiner Anwendungsbeispiele.

2.5.1   Hauptbestandteile von Kultur

Abhängig vom Grad der kulturellen Diversifizierung lässt sich grob zwischen **kulturell homogenen** und **kulturell heterogenen** Ländern unterscheiden. In einer Gesellschaft mit homogener Kultur gibt es, wenn überhaupt, nur geringe Abweichungen in den gemeinsam geteilten Ansichten und Werten und einen hohen Grad an Konsens. Beispiele dafür findet man in Japan, Saudi Arabien oder Finnland. In heterogenen Gesellschaften findet man unterschiedliche Bevölkerungsgruppen mit eigenen Identitäten und bestimmt ausgeprägten Werten. Meist bestehen neben einer dominierenden Kultur Subkulturen wie z.B. in Indien oder Südafrika.

Religion bestimmt zahlreiche Lebensaspekte, man denke an die Regelung der Arbeitszeiten durch Feiertage, Fastenzeiten, aber auch an zwischenmenschliche Beziehungen, Ethik, etc., und macht somit Kultur bis zu einem gewissen Grad wahrnehmbar. Das Ausmaß des religiösen Einflusses auf die Geschäftspraktiken ist stark an die Unterstützung der jeweiligen Regierungen gekoppelt, ebenso ist im wirtschaftlichen Kontext Führungsverhalten im Ausland oft religiösen Einflüssen ausgesetzt. Die Herausforderung liegt in erster Linie darin, wie die religiös geprägte Umwelt in den betrieblichen Alltag integriert werden kann. Dieser religiöse Einfluss soll anhand von zwei Beispielen dargestellt werden, dem Buddhismus und dem Islam. Im buddhistischen Kontext ist vor allem die „Wahrung des Gesichtes" (losing face) von Bedeutung. Wird gegen diesen Grundsatz verstoßen, kommt dies einer Demütigung der betreffenden Person gleich. Ebenso spielen Harmonie und Loyalität eine große Rolle bei der Pflege zwischenmenschlicher Beziehungen am Arbeitsplatz. In einem derart geprägten Umfeld werden MitarbeiterInnen wie Angehörige eines Familienclans behandelt und geführt. Somit fallen auch Familienbelange, Ausbildung der Kinder, etc. in den Bereich des Führungsverhaltens. Stellen Sie fest, inwieweit diese Tatsache für George Burgess relevant war:

Kurzfallstudie – Japanische Trainees

George Burgess was a chief engineer for a machinery manufacturer based in St. Louis. His company had recently signed a contract with one of its largest customers in Japan to upgrade the equipment and retrain mechanics to maintain the equipment more effectively. As a part of the contract, the Japanese company sent all ten of their mechanics to St. Louis for a three-month retraining course under George's supervision. Although George had never lived or worked abroad, he was looking forward to the challenge of working with the group of Japanese mechanics, for he had been told that they were all fluent in English and tireless workers. The first several weeks of the training went along quite smoothly, but soon George became increasingly annoyed with the constant demands they were making on his personal time. They would seek him out after the regularly scheduled sessions were over, for additional information. They sought his advice on how to occupy their leisure time. Several even asked him to help settle a disagreement that developed between them. Feeling frustrated by all these demands on his time, George told his Japanese trainees that he preferred not to mix business with pleasure. Within a matter of days, the group requested another instructor.

[1] Wie wirkt Kultur in diesem Beispiel?

[2] Wo liegt das Problem?

[3] Worauf ist es zurückzuführen?

Quelle: Ferraro 2002, 43

In vielen arabischen Ländern werden Unternehmen wie eine Großfamilie geführt. An der Spitze stehen Familienmitglieder und die religiöse Gemeinschaft bildet die spirituelle Basis. Charakteristisch ist die Top-down Haltung, eine kollektive Entscheidungsfindung findet nicht statt (vgl. Rothlauf 1999, 117). Das MitarbeiterInnenverhalten richtet sich dementsprechend nach Weisungen „von oben". Für die entgegengebrachte Loyalität kümmern sich Unternehmen wie in einer Familie auch um die persönlichen Belange der MitarbeiterInnen. Für die Pflege kranker Familienmitglieder und religiöse Verpflichtungen werden Zeit bzw. Einrichtungen zur Verfügung gestellt. Die Problematik in diesem Zusammenhang soll durch unser zweites Beispiel veranschaulicht werden:

Kurzfallstudie – Vortrag in Malaysia

Ein europäischer Vortragender wird nach Malaysia eingeladen um dort ein Seminar über sein Fachgebiet abzuhalten. Die TeilnehmerInnen am Seminar sind durchwegs Fachleute aus Universität und Wirtschaft mit einschlägigem Hintergrundwissen. Das Seminar entwickelt sich für den Vortragenden durchaus zufriedenstellend, seine Inhalte werden angenommen. Gerade als der Vortragende seine letzten Lehrinhalte übermittelt und die für ihn wichtige Diskussion mit den Beteiligten starten möchte merkt er, wie das Publikum plötzlich unruhig wird. Wenige Minuten später ist es 17h und die SeminarteilnehmerInnen verlassen den Saal. Enttäuscht über den Ausfall der Diskussion und den somit unbefriedigenden Seminarverlauf bleibt der Vortragende allein zurück.

[1] Wie wirkt Kultur in diesem Beispiel?

[2] Was hat der Vortragende nicht berücksichtigt?

Quelle: selbst erstellte Kurzfallstudie

Die Wirkung von Kultur zeigt sich auch in der **Sprache** und in Sprachunterschieden, welche die wechselseitige Interaktion zwischen Kulturen beeinflussen. Laut Hall & Hall hat jeder Kulturkreis seine eigene Dynamik, Grundsätze und Gesetze, geschrieben und ungeschrieben. Zeit- und Raumaspekte sind in jeder Kultur einzigartig (vgl. Hall & Hall 2001, 24). Einige LinguistInnen vertreten sogar die Meinung, dass die eigene Weltanschauung und das soziale Verhalten stark von der Sprache, in die man hineingeboren wird und mit der man aufwächst, geprägt wird (vgl. Usunier 1999, 7). Durch eine Sprache werden auch „shared meanings" getragen. Man findet diese in Sprichwörtern, die nicht nur Ausdruck der Kultur, sondern auch Beleg einer ganz bestimmten Denkweise sein können, die sich je nach geografischen und geschichtlichen Gegebenheiten im Laufe unzähliger Generationen gebildet haben. Einerseits können diese kulturspezifisch sein und bereits auf ein konkretes Merkmal einer bestimmten Kultur hinweisen, oder in der sprachlichen Entwicklung auf einen unterschiedlichen Ursprung zurückgehen und dadurch für die jeweilige Kultur bedeutende Artefakte herausstreichen (vgl. Tab. 2.4). Somit ermöglichen Sprichwörter, das innere Wesen einer Kultur zu ergründen.

Tab. 2.4   Kultur- und sprachspezifische Sprichwörter

Kulturspezifisch:
JAP: Deru kugi wa utareru
ENG: The nail that sticks up gets hammered down
D: Den Nagel hineinschlagen, der zu weit heraussteht
→ Japan und Harmoniebedürfnis/Gruppenzugehörigkeit/Konformität
Sprachspezifisch I:
D: Aus einer Mücke einen Elefanten machen
ENG: to make a mountain out of a molehill
FRANZ: faire une montagne d'une taupinière
→ im Deutschen Verweis auf Lebewesen; im Englischen und Französischen Artefakte
Sprachspezifisch II:
D: Zwei Fliegen mit einer Klappe schlagen
ENG: to kill two birds with one stone
FRANZ: faire d'une pierre deux coups
→ vgl. Symbolik der Fliege/Vogel bzw. Klappe/Stein

Anregung: Sammeln Sie Sprichwörter aus unterschiedlichen Kulturen und in unterschiedlichen Sprachen!

[1] Diskutieren Sie unterschiedliche Interpretationen in einer multikulturellen Zusammensetzung!

[2] Welche zentralen Werte bzw. Kulturdimensionen stecken in den einzelnen Kulturkreisen dahinter?

Die Sprache nimmt deshalb eine entscheidende Rolle ein, da sie das Hauptwerkzeug ist, um Informationen und Ideen weiterzugeben. Kenntnisse der Landessprache ermöglichen einen direkten Zugang zu Einheimischen, dadurch ein meist besseres Verständnis der jeweiligen Situation, aber auch detailliertere Information, da Nuancen und implizierte bzw. nicht explizit ausgesprochene Bedeutungen verstanden werden können. Kurz gesagt, die Sprache ermöglicht einen Zugang zu und eventuell auch ein besseres Verständnis für eine fremde Kultur.

Aber Sprache und in weiterer Folge Kommunikation besteht nicht nur aus den gesprochenen Worten, sondern auch aus Verhalten und materiellen Dingen – meist Indikatoren für Status und Macht. Zwar ermöglichen Worte den alltäglichen Sprachgebrauch, aber erst das gesamte Verhaltensrepertoire gibt Feedback über die Gefühle Anderer und beinhaltet Techniken zur Konfrontationsvermeidung.

Die meisten nationalen Gesellschaften bzw. Kulturen sind durch das Zusammenleben mehrerer **Ethnien** gekennzeichnet. Von ausländischen Unternehmen erfordert dies erhöhte Sensibilität. Probleme können sich ergeben, wenn in wirtschaftlicher oder politischer Hinsicht Spannungen durch die Dominanz einer Ethnie entstehen. In abgeschwächter Form findet man diese Problematik auch in regionalen Kulturen, wie z.B. in Frankreich im Elsass, der Bretagne, dem Baskenland oder in Irland in den gälisch bewohnten Gebieten. Staatliche Strukturen und nationale, kulturelle und wirtschaftliche Institutionen wie Bildungseinrichtungen, Schulen, etc. tragen zwar zu einer kulturellen Homogenisierung der Gesellschaft bei, neben der nationalen Identität besteht aber auch eine regionale Identität fort (vgl. Barmeyer 2000, 43). Vgl. dazu auch die kulturellen Referenzebenen im Abschnitt 2.5.2.

Jedes **Gesellschaftssystem** hat Regeln und Praktiken, über die Kultur wirkt und die das Verhalten seiner Mitglieder überwachen. Heirat, Unterhaltung, Kommunikationsstile, Lebensmuster, Einstellungen zu Reichtum, zu AußenseiterInnen, etc. sind nur einige Beispiele. Ein Gesellschaftssystem entwickelt sich als Antwort auf unterschiedliche geschichtliche Einflüsse und Umweltbedingungen. Erfolgreiche Auslandstätigkeit erfordert daher ein Verständnis und Akzeptanz für unterschiedliche Gesellschaftssysteme. In Japan hat der zeremonielle Austausch von Visitenkarten große Bedeutung, vor allem in beruflicher Hinsicht. Er reflektiert die Wichtigkeit des gesellschaftlichen Status und ermöglicht eine klare Einordnung in die gesellschaftliche Hierarchie.

Einige weitere Einflussfaktoren auf Kultur (vgl. dazu auch Abschnitt 2.4 Entstehung von Kultur) sowie ihre Wirkung über verschiedene Themengebiete sind in Abb. 2.3 zusammengefasst:

EXOGENE Faktoren

ENDOGENE Faktoren

Wirtschaft/Technik
- Modernisierungsgrad
- Wohlstandsniveau
- Wohlstandsgefälle
- Beschäftigungschancen
- (Welt)Bedeutung der Unternehmen

Topografie
- Berge
- Meer
- Weite vs. Enge des Horizonts
- reiche vs. karge Vegetation

Sprache
- Wörter
- Dialekte
- Verhalten
- Kommunikation
- Körpersprache
- „silent language"

Geschichte
- Erfahrungen aus Kriegen
- Freundschaft
- eigene Größe
- Teilung
- Zu- und Abwanderungen
- Erfahrungen mit vers. Regierungsformen
- Ethnien

KULTUR

Religion
- eine dominierende
- viele
- Toleranzniveau
- Exklusivitäts-verständnis
- Institutionelle Komponente

Klima
- warm vs. kalt
- hell vs. dunkel
- gemäßigt
- exponiert

Regierungsform
- Staatsquote
- Freiheitsniveau
- Verhältnis zu Kunst
- Symbolik des Staates

Gesellschaftssystem
- Regeln
- Praktiken
- Bräuche
- Riten
- Verhaltensmuster

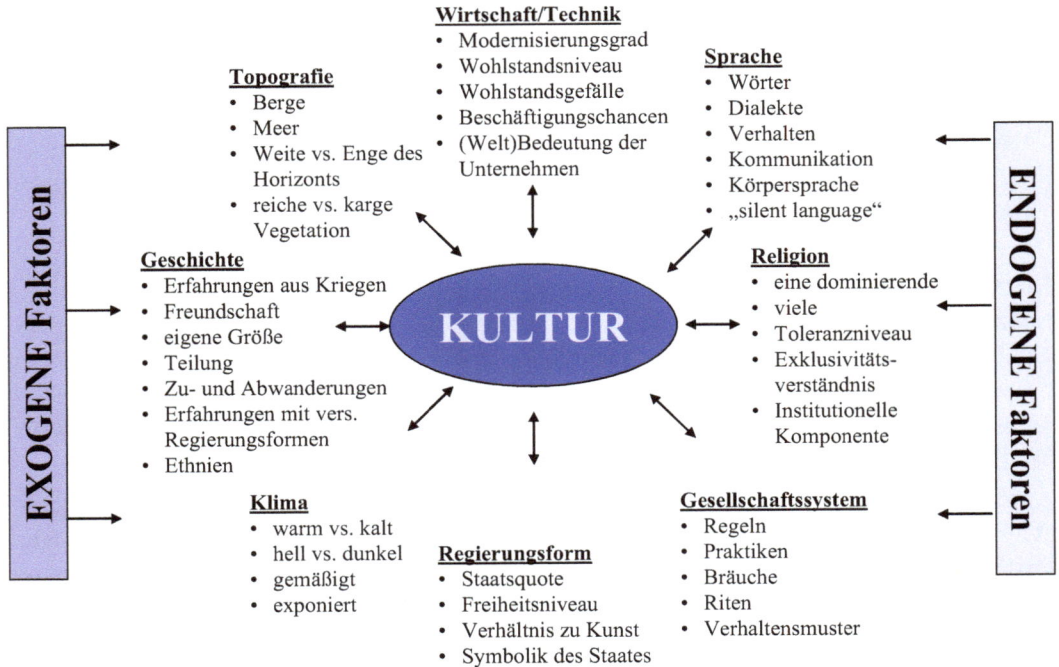

Abb. 2.3   Einflussfaktoren auf und Wirkung von Kultur (modifiziert nach Schneider & Walczuch 1996, 6)

2.5.2   Kulturelle Referenzebenen

Nicht nur die inhaltliche Struktur des Kulturkonzepts differiert zwischen Disziplinen und AutorInnen, auch der Bezugsrahmen, für den die jeweils vorgenommene inhaltliche Bestimmung zutreffen soll, variiert von kleineren Gruppen bis zu Clustern von Ländern, die sich durch geografische Nähe, gemeinsame Sprache und Religion auszeichnen. Im Folgenden bieten wir Ihnen eine Möglichkeit an, sich Klarheit über unterschiedliche Referenzebenen von Kultur (als wie immer bestimmtes inhaltliches Konzept) zu verschaffen, über die Kultur wirken kann. Wir bewegen uns dabei von höheren zu niedrigeren Aggregationsniveaus.

Zivilisationen bzw. **kulturelle Cluster** beschreiben eine Zusammenfassung mehrerer Länder, die sich durch gemeinsame Religion auszeichnen (Huntington 1993 und 1996) bzw. durch gemeinsame Religion, gemeinsame Sprache und in aller Regel auch geografische Nähe (Ronen & Shenkar 1985). Die genannten Autoren schlagen sieben bzw. acht solche Zivilisationen bzw. Cluster vor und gehen von einem gemeinsamen Weltbild innerhalb des Clusters aus. Jede Zivilisation bzw. jeder Cluster umfasst unterschiedliche Staaten, die in der Regel auch geografische Nachbarschaft teilen. Letzteres gilt nicht für den angelsächsischen Cluster, der sich in der Kolonialzeit über den Globus verstreut verbreitete. Ein so hohes Aggregationsniveau glättet notwendige Unterschiede zwischen den Clusterelementen, wie sie etwa in der Höhe des Pro-Kopf Einkommens zum Ausdruck kommen, dem Ronen & Shenkar Erklärungswert für Unterschiede unterhalb der Clusterebene zuschreiben.

Das Zivilisationen- oder Clusterkonzept dient hauptsächlich dazu, festzustellen, welche Position Clusterstaaten in großen weltpolitischen Fragen und Konflikten einnehmen und künftig einnehmen werden. Hingegen ist es nicht besonders brauchbar, sich persönlich auf den Aufenthalt in einem anderen Kulturraum vorzubereiten.

Nationen bzw. **Nationalstaaten**: Das Konzept des Nationalstaats hat historisch und juristisch folgende Bedeutung, die in der französischen Revolution erstmals formuliert wurde: Es bezeichnet idealtypisch die Vorstellung einer (weitgehenden) Übereinstimmung von ethnischer Gemeinschaft (Nation, Volk) und territorial-rechtlicher Herrschaft (Staat). Ein Nationalstaat ist also ein Staat mit einer staatstragenden Nation. In ihm verschmelzen drei Prinzipien, nämlich das politisch-territoriale Prinzip des Staates, der innerhalb seiner Grenzen das Monopol der legitimen physischen Gewalt im Sinne Max Webers und der verbindlichen Konfliktregelung beansprucht, das historisch-kulturelle Prinzip der Nation und das Prinzip der allgemeinen Steuer-, Wehr- und Schulpflicht. Dabei ist zwischen Staats- und Kulturnation zu unterscheiden. Der ältere Begriff der (Kultur)Nation (von Latein: natio = Herkunft, Stamm, Volksstamm) bezieht sich auf eine Großgruppe von Menschen mit reziproken Verpflichtungen und Zugehörigkeitsregeln, die sich von anderen Großgruppen durch Abstammung, Sprache, kulturelle Bräuche und Zugehörigkeitsgefühl unterscheidet (vgl. Schmidt 2004).

Nationalstaat und Nation sind daher nicht deckungsgleich. Weder umfassen Nationalstaaten nur eine Nation, noch besetzen Kulturnationen nur ein einziges Staatsgebiet. Für letzteres genügt es, sich die 50 Mio. AuslandschinesInnen in Erinnerung zu rufen, die Ende des 20. Jahrhuderts statistisch erfasst waren (vgl. Gannon 1994, 337).

Als Staatsnation bezeichnen wir eine Großgruppe, die einem politischen und sozialen Verband, also einem rechtlich geeinten Territorium mit bestimmten Verwaltungspraktiken und einer gemeinsamen Geschichte angehört und – im Idealfall – auch ethnisch eine Einheit bzw. die Mehrheit bildet. Nationalbewusstsein bezeichnet das Bewusstsein, einem Staatsgebilde anzugehören, das die drei klassischen Kriterien des Nationalstaats erfüllt: Territorium, Staatsgewalt und Staatsgebiet (vgl. Berg-Schlosser & Stammen 2003, 293f).

Die für Cluster definierte sprachliche oder religiöse Einheit muss dabei nicht notwendigerweise für alle Nationalstaaten gelten. In den USA etwa nehmen KaukasierInnen angelsächsischer Abstammung, die lange Zeit die Führungseliten gebildet haben, zugunsten anderer Einwanderergruppen ab. Dennoch fühlen sich Angehörige solcher Gruppen auf einer den Ethnien übergeordneten Ebene als AmerikanerInnen, wie sich im Gefolge der terroristischen Anschläge auf das World Trade Center und das Pentagon am 11.9.2001 gezeigt hat.

Der Begriff der Sprachen, Religionen und Ethnien übergreifenden Staatsnation lässt sich auch am Beispiel der Schweiz illustrieren, die auf ihrem Staatsgebiet vier Sprachengemeinschaften vereint (Schweizerdeutsch, Französisch, Italienisch und Rätoromanisch) oder am Beispiel des früheren Jugoslawien, das unter Tito mehrere Ethnien (Albaner, Bosnier, Kroaten, Makedonier, Serben, Slowenen) und mehrere Religionen vereinte (christlich-orthodox, christlich-katholisch, muslimisch), wie schon sein historischer Vorläufer, das Habsburger Reich, das unter anderem an den mit Multikulturalität verbundenen Spannungen zerbrach. Aufgrund der „Wilson Doktrin"[5] wurden nach dem 1. Weltkrieg Staatsgrenzen nach Möglichkeit so gezogen, dass ethnische und Staatszugehörigkeit übereinstimmten. So kommt es, dass heute „Stereotype" über verschiedene Nationen, wie die AmerikanerInnen, die JapanerInnen, die Deutschen, einen hohen Wiedererkennungswert aufweisen: Witze und Anekdoten, die mit Stereotypen arbeiten, lösen meist unwillkürlich Gelächter oder zumindest leichtes Schmunzeln aus, wie Sie am Beispiel im Kasten gleich mal an sich selbst erproben können:

Heaven or Hell

Heaven is where the police are British, the cooks French, the lovers Italian, and it is all organised by the Swiss.

Hell is where the cooks are British, the mechanics French, the lovers Swiss, the police German, and it is all organised by the Italians.

Quelle: unbekannt

Da der Begriff Stereotyp einen negativen Beigeschmack enthält, verwenden wir im folgenden den Begriff „Soziotyp", um Unterscheidungen auf der Ebene von Nationalstaaten zu beschreiben, die sich neben Religion und Sprache vor allem auf Territorium beziehen und zusätzliche Aspekte, wie das Erziehungs- und Regierungssystem, die Einstellung zu Arbeit und Freizeit, nationale Sportarten, Geschichte und die Geschwindigkeit des technologischen Fortschritts einbeziehen (vgl. Gannon 1994).

Die meisten von AnthropologInnen oder kulturellen PsychologInnen entwickelten Kulturtheorien verwenden eine nationale Bestimmung des betrachteten Kulturraums und entwickeln Dimensionen, aus welchen die oben genannten Unterschiede abgeleitet werden können.[6] Lediglich im Fall der Schweiz macht etwa Hofstede eine Ausnahme, in dem er an der Sprachgrenze zwischen den beiden Hauptgruppen, nämlich deutsch sprechenden Ostschweizern und französisch sprechenden Westschweizern trennt.

Auch im allgemeinen Sprachgebrauch wird Kultur oft mit der nationalen Ebene bzw. Nationalstaaten gleichgesetzt. Dies ermöglicht zwar die Reduktion der Komplexität einer hetero-

---

[5]   Die 1918 verkündeten 14 Punkte des amerikanischen Präsidenten Woodrow Wilson sahen ein Selbstbestimmungsrecht der Völker, das Prinzip des Nationalstaates und den Schutz von Minderheiten vor, was insbesondere Polen und die Nachfolgestaaten der zerbrochenen Reiche betraf: Der österreichisch-ungarischen Monarchie einerseits und des osmanischen Reichs andererseits.

[6]   Hier wird ein Ei-Henne Problem zwischen Struktur und Handlung offenkundig, dem wir durch die Anwendung von Giddens Strukturationstheorie begegnen: Erziehungssysteme sind einerseits Ursache, andererseits Folge von Kultur. Dieses Paradox kann man dadurch bearbeitbar machen, dass man Struktur als generalisierte Erwartungen (Regeln) betrachtet, die Handeln gleichzeitig ermöglichen und einschränken. Im Korridor der Möglichkeiten vollzieht sich Handeln in teils bewussten, teils zufälligen Abweichungen vom Rahmen, wodurch dieser verändert wird. Struktur wird dadurch dynamisch, die Beeinflussungsrichtung wechselseitig.

genen Gesellschaft und mag auch bequem erscheinen, stößt jedoch bereits auf Schwierigkeiten, wenn man über Länder wie die Schweiz oder Singapur spricht, wo mehrere Ethnien in einem Nationalstaat zusammenlaufen. Da nationale Grenzen nicht unbedingt mit ethnischen Grenzen übereinstimmen müssen, ist abzuklären, ob sich die Kulturdefinition auf ethnische oder regionale Gruppen bezieht, oder tatsächlich auf Nationen. Grundsätzlich hat die nationale Kultur eine herausragende Bedeutung, insbesondere, durch eine dominante Landessprache, nationale Symbole, etc. als verbindende Elemente und als Zentrum der Integration. Jedoch kann dies zu einer vereinfachenden und nicht immer zutreffenden Generalisierung führen. Daher ist beim Gleichsetzen des Begriffs Kultur mit Nationalstaat in Bezug auf folgende Punkte Vorsicht geboten (vgl. Usunier 1999, 11):

- Da eine Landeskultur meist in Beziehung zu anderen Landeskulturen definiert wird, kommt es zur Vernachlässigung der Multikulturalität einzelner Nationen. So wird insbesondere bei der Landeskultur Indiens übersehen, dass diese aus zahlreichen ethnischen und religiösen Gruppen mit einer Vielzahl an eigenen Sprachen besteht, und daher nicht als eine mehr oder weniger einheitliche gesamte nationale Kultur wie beispielsweise Deutschland oder Italien gesehen werden kann.
- Einige Nationalstaaten sind explizit multikulturell, wie z.B. die Schweiz, was sich in der Landesorganisation, Verwaltung und Politik widerspiegelt.
- Die Gründung neuer Staaten erfolgte aufgrund politischer Entscheidungen mehr oder weniger auf dem Reißbrett und ohne die Berücksichtigung kultureller Gegebenheiten. Nationale Kulturen, wie beispielsweise die Kurden, sind über Territorien anderer Nationalstaaten verstreut.

Wenn keine besondere Spezifikation hinzugefügt wird, beziehen sich Aussagen in diesem Buch auf **Landeskulturen**. Im Kontext der Politik der letzten 200 Jahre sind Landeskulturen identisch mit nationalen Kulturen, an denen sich auch wesentliche Symbole der Zugehörigkeit festmachen: Fahnen, Hymnen, aber auch Geschichtsinterpretationen[7] und Sportmannschaften.

Nationalstaaten sind im Gegensatz zum Begriff der Nation, der bereits 1648 im Westfälischen Frieden ausgearbeitet wurde, und ihrer Souveränität geschichtlich relativ jung. Idealtypisch beruhen sie auf dem Prinzip der Selbstbestimmung der Völker, realpolitisch lassen sich jedoch Missbräuche in Form von Absolutheitsansprüchen (einer Nation gegenüber anderen Nationen) und Intoleranz gegenüber Minderheiten (gewaltsame Vertreibung oder Assimilierung) beobachten.

Aus jüngerer Zeit stammt eine Diskussion um Machtverluste der Nationalstaaten, die gemäß dieser Debatte gegenüber grenzüberschreitenden Akteuren ihr Gewaltmonopol und gegen-

---

[7] Wie das Studium der Geschichtsbücher unterschiedlicher Nationen zeigt, werden Ereignisse häufig nicht neutral, sondern aus der Sicht des eignen Volkes bzw. seiner anerkannten Vorfahren dargestellt: Der spanische Erbfolgekrieg und die Zugehörigkeit Schlesiens zu Preußen lesen sich in österreichischen Schulbüchern anders als in preußischen. Die Darstellung japanischer Kriegshandlungen in chinesischen Schulbüchern hat erst im Jahr 2005 wieder einmal für diplomatische Verstimmungen zwischen beiden Regierungen gesorgt (vgl. u.a. Mog-Sidor 2006, 72ff).

über grenzüberschreitenden Problemen ihren Steuerungsauftrag immer weniger durchsetzen können (vgl. Kap. 1.4).

Regionale Kulturen bezeichnen entweder Cluster von Nationalstaaten im Sinne großer Regionen, wie etwa Ost-Europa oder SO-Asien oder subnationale Gruppen, die sich bezüglich ihrer Abstammung, Sprache und/oder Religion unterscheiden, wie oben dargelegt. In diesem Buch werden sie als Gruppen unterhalb der Ebene des Nationalstaates definiert, die sich unterhalb des (politischen) Weltbildes bezüglich ihrer Werte, Sitten und Gebräuche und konkreten Verhaltensweisen unterscheiden. Das erlaubt es, intra-kulturelle Unterschiede, wie etwa eine kalifornische und eine Ostküstenkultur in den USA oder eine nord- und südchinesische Kultur oder eine norddeutsche und eine bayrische Kultur zu differenzieren.

Zur Beschreibung von kulturellen und sozialen Gruppenbildungs- und Identifikationsaspekten hat in jüngerer Zeit auch der Begriff der diasporischen Formationen in die Kultur- und Sozialwissenschaften Einzug gehalten. **Diasporakulturen** beschreiben Besonderheiten der Angehörigen eines Volks, die eingebettet in eine fremde Kultur leben. Ebenso wie bei Nationalstaaten handelt es sich um die Beschreibung von Gemeinschaften, die jedoch nicht mehr territorial definierbar sind. Das Konzept der Diaspora geht ursprünglich auf das Judentum zurück und bezeichnet die Zerstreuung der Juden außerhalb ihres Heimatlandes. Der daraus übernommene und heute weiter gefasste Begriff bezieht sich auf verschiedenste Gruppenbildungen, die die Erfahrung einer Versetzung in ein anderes Gebiet teilen – insbesondere ethnische Gruppen, deren Gemeinsamkeit in einer früheren Abwanderung und der Errichtung einer eigenen neuen Gemeinschaft besteht. Mayer konnotiert mit dem Begriff eine negative Erfahrung der meist unfreiwilligen Existenz in der Fremde, im Exil oder in der Verbannung (Mayer 2005, 8). Beispiele finden sich nicht nur bei den AuslandschinesInnen, ZigeunerInnen oder Flüchtlingen, sondern überall, wo die Mitglieder einer Kultur gegenüber einer anderen Kultur in der Minderheit sind. Thorstein Veblen beschreibt die besondere Situation von Juden in den USA im Spannungsfeld von Anpassung und Traditionserhalt, in der sich heute analog sehr viele ImmigrantInnen der zweiten Generation befinden. Wegen der Sensibilisierung für feine Unterschiede und wegen der Notwendigkeit, sich – trotz Andersseins – zu behaupten, wird Angehörigen von Diasporakulturen ein besonderes Maß an Leistungs- bzw. Innovationsfähigkeit zugeschrieben (vgl. Veblen 1934).

Die von William Safran (1991) ursprünglich verwendete Definition verweist auf Gemeinschaften fern der Heimat. Demgemäß beschreibt eine Diaspora Minderheiten: (a) die sich von einem ursprünglichen Zentrum an mindestens zwei periphere Orte zerstreut haben; (b) die eine Erinnerung, eine Vision oder einen Mythos über ihr Heimatland bewahren; (c) die glauben, dass sie von ihrem Gastland nicht vollständig akzeptiert werden; (d) die die Heimat der Vorfahren als einen Ort der möglichen Rückkehr sehen, sofern die Zeit dafür reif ist; (e) die sich der Erhaltung und Wiederherstellung dieses Heimatlandes verpflichtet sehen; und (f) deren Gruppenbewusstsein und Solidarität durch die anhaltende Beziehung zum Heimatland bestimmt werden.

Diese Abgrenzung wurde aufgrund des Festhaltens an ihrem Ursprung und der damit verbundenen Rückkehrorientierung kritisiert. Insbesondere, da sie nur auf einen kleinen Teil von Gemeinschaften passt und somit auf Diaspora Erfahrungen mit dem türkisch/deutschen oder afrikanisch/amerikanischen Kulturkreis aufgrund des fehlenden Rückkehrgedankens nicht anwendbar ist. Insbesondere bringt dies James Clifford mit seinem Begriff der **Quasi Diaspora** zum Ausdruck, wenn er schreibt, dass sie sich nicht so stark an den Wurzeln eines spezifischen Ortes und den Wunsch nach Rückkehr orientiert, sondern der Fähigkeit eine Kultur an verschiedenen Plätzen neu zu erschaffen (Clifford 1994, 306). Eine fortschreitende Globalisierung und ein zunehmender Transnationalismus verstärken das Phänomen der Diaspora Kulturen in den Sozialwissenschaften. Naturgemäß erhöhen sich durch einen solchen Prozess, der durch zunehmend vereinfachte Mobilität und erleichterte transnationalen Beziehungen vorangetrieben wird, die Möglichkeiten zur Herausbildung weiterer Diaspora Kulturen.

Unternehmens- bzw. **Organisationskulturen** beziehen sich auf Gemeinsamkeiten der jeweils betrachteten inhaltlichen Dimension von Kultur innerhalb eines für einen bestimmten Zweck errichteten sozialen Verbunds. Dabei handelt es sich um unternehmensspezifische Grundannahmen, Normen, Werte, Einstellungen, die sich in verschiedenen Verhaltensweisen und Artefakten ausdrücken und somit den Charakter eines Unternehmens bzw. einer Organisation bestimmen. Sie können nicht direkt beobachtet werden, aber wirken überall auf das Unternehmen. Unternehmenskultur bestimmt, was für ein Unternehmen wichtig bzw. unwichtig ist. Bei einer international ausgerichteten Unternehmenskultur wird weltweit die Identifikation der MitarbeiterInnen mit dem Unternehmen, für das sie arbeiten, angestrebt. Dabei gibt es unterschiedliche Ansätze. Im Westen beschränkt sich diese Identifikation meist nur auf gemeinsame Grundsätze und Ziele, wogegen in asiatischen Kulturen Zusammengehörigkeit durch gemeinsame Uniformen, Gemeinschaftsveranstaltungen, Betriebshymnen, Morgensport etc. demonstriert wird. Sofern der Zweck ein wirtschaftlicher ist, sprechen wir von Unternehmenskultur, bei anderen Zwecken von Vereins- oder Organisationskulturen (vgl. Kap. 6).

Organisationale Subkulturen: Managementforschung mit einem Fokus auf Organisationskulturen tendiert dazu, die „herrschende" Kultur zu beschreiben, wie sie von wesentlichen EntscheidungsträgerInnen er- und gelebt wird und dabei Subkulturen zu übersehen. Subkulturen können sich entlang unterschiedlicher Trennlinien bilden, etwa bezogen auf Altersgruppen, mit ethnischem Hintergrund, am häufigsten allerdings auf Basis eines beruflichen Backgrounds: So entsteht eine Shopfloor-Kultur der ArbeitnehmerInnen an der Produktionsfront, eine Kultur der VertriebsmitarbeiterInnen im Außendienst, eine Kultur der MitarbeiterInnen im Rechnungs- und Finanzwesen. Auch Branchen stellen unterschiedliche Anforderungen. Insbesondere stark diversifizierte Unternehmen werden den unterschiedlichen Brancheneinflüssen einschließlich der kulturellen Charakteristika ausgesetzt und führen zur Herausbildung von eigenen Branchenkulturen. Hierarchiekulturen beschreiben die Tatsache, dass Kultur auf verschiedenen Ebenen wie Top-Management, Mittleres Management, Angestellte, ArbeiterInnen unterschiedlich ausgeprägt sein kann. In einer Welt virtueller Organisationsbeziehungen und abnehmender Zugehörigkeitsdauer zu Organisationen tragen berufliche Subkulturen schon Züge von **Professionellen Kulturen**: Diese beschreiben die Zugehörigkeit zu professionellen Standards, Werten und Verhaltensweisen. welche in einer entsprechenden Ausbildung erlernt und in einer Gruppe von Peers praktiziert werden. Sie manifestieren sich oft in entsprechenden Zertifizierungen, Standesorganisationen und anderen Symbolen der Identifikation und sind dadurch gekennzeichnet, dass sie stärker wirksam werden als wechselnde Organisationsmitgliedschaften. Professionelle Kulturzugehörigkeiten sind für WissensarbeiterInnen typisch.

Entlang anderer Dimensionen der Diversität, wie Alter, Geschlecht, religiöser, ethnischer, sprachlicher Zugehörigkeit oder sozialer Schicht lassen sich ebenfalls Ähnlichkeiten (und Unterschiede!) der Denk- und Weltsichtweise, der Werte und Verhaltensmuster erkennen, was hier allerdings nicht weiter verfolgt werden soll. In diesem Zusammenhang soll nur angemerkt werden, dass einzelne Ebenen nicht miteinander im Einklang stehen müssen. Jede dieser Ebenen kann ihre eigene Serie kultureller Eigenschaften (d.h. eigene Symbole, Helden, Rituale, Werte) zur Folge haben. Die kulturellen Eigenschaften bestimmter Serien können sich gegenseitig widersprechen. Um eine bestimmte kulturelle Eigenschaft zu verstehen, ist es notwendig, sie bis zu der zu ihr gehörenden Ebene zurückzuverfolgen. Beispielsweise kann die Benutzung von Slang eine soziale Ebene kennzeichnen, aber auch das Hingezogensein zu einer spezifischen Jugendkultur demonstrieren (vgl. Hofstede 2001, 12). Im Rahmen einer **Alters-** bzw. **Generationenkultur** können sich deutlich unterschiedliche Werte, Normen, Grundannahmen, Einstellungen und Überzeugungen einschließlich der daraus resultierenden Konsequenzen feststellen lassen. In diesem Buch interessieren uns vor allem jene kulturellen Ebenen, welche für internationale Wirtschaftstätigkeit von Bedeutung sind: Das sind im Wesentlichen Landeskulturen, Branchen- und professionelle Kulturen sowie Unternehmens- und Teamkulturen.

2.5.3   Zum Ausprobieren …

Durch die kleine Übung mit dem Eisbergmodell im Abschnitt 2.4.3 sollte die persönlich erfahrbare Wirkung von Kultur bereits veranschaulicht werden. Kultur kann das Verhalten wesentlich beeinflussen, indem sie unser Denken und Fühlen prägt. Dies gilt insbesondere wenn man sich wie im Eisberg Beispiel auf eine andere Kultur zubewegt, von der bildlich gesprochen nur die Spitze zu sehen ist. In der Interaktion werden die Werte und Basisannahmen zusammenstoßen, ohne dass sich eine Ursache dafür erkennen lässt, da diese „über Wasser" nicht sichtbar ist.

Ein weiteres Beispiel für die Wirkung von Kultur kann durch die folgende Übung erfahren werden. Das Bild einer Frau veranschaulicht gut, wie wir Kultur wahrnehmen bzw. von der eigenen Kultur beeinflusst werden. Es ist ein Beispiel dafür, wie gewisse Vor- bzw. Rahmenbedingungen das Verhalten beeinflussen können. Ebenso verhält es sich mit der Kultur – auch wenn das unbewusst ist.

Anregung nach Gannon 2001, 5ff:

Betrachten Sie für ein paar Sekunden das folgende Bild. Blättern Sie danach bitte um.

Abb. 2.4   Frau 1

Was erkennen Sie auf dem folgenden Bild?

Abb. 2.5   Frau 2

Können Sie im zweiten Bild die alte Frau wieder erkennen? Oder sehen Sie noch etwas? Wahrscheinlich werden Sie auf den ersten Blick genau die im ersten Bild gezeigte alte Frau sehen, und erst nach einiger Zeit die optische Illusion erkennen. Bei genauerer Betrachtung kann man im gleichen Bild auch eine junge Frau erkennen. Das Detailbild dazu finden Sie im Lösungsteil Abschnitt 2.8 am Ende des Kapitels. Die soeben gemachte Erfahrung ist ähnlich jener Wirkung, die Kultur auf uns hat. Hätten wir Ihnen zuerst das Bild der jungen Frau aus dem Lösungsteil gezeigt, so hätten Sie wahrscheinlich auch im zweiten Bild zuerst die junge Frau wiedererkannt und nicht die alte Frau gesehen. Auch wenn man dasselbe (Bild) betrachtet, kann man aufgrund der (kulturellen) Prägung verschiedene Dinge sehen!

Beide Sichtweisen können richtig sein, da sich jeder auf seinen Referenzpunkt (z.B. die eigene Kultur) bezieht, und diesen für richtig hält. Insbesondere in Situationen der Unsicherheit ist dieser Referenzpunkt für uns wichtig.

In diesem Zusammenhang möchten wir Ihnen noch eine kleine Übung anbieten. Wiederum geht es um die eigen- bzw. fremdkulturelle Prägung:

Anregung: Zeichnen Sie ein Haus und vergleichen Sie Ihre Zeichnung mit jenen von KollegInnen aus einem anderen Kulturkreis!

[1] Welche Unterschiede lassen sich erkennen?

[2] Erweitern Sie diesen Versuch und zeichnen Sie ein Dorf.

Vergleichen Sie nun Ihre Zeichnungen mit unserem Lösungsansatz: Es ist wahrscheinlich, dass Ihre Zeichnungen die folgenden Merkmale aufweisen: a) Die Zeichnungen werden geographische und klimatische Unterschiede aufzeigen. Die kulturelle Prägung kann sich auch im Raumempfinden widerspiegeln. So werden eventuell ÖsterreicherInnen oder Deutsche einen kleinen Zaun dazuzeichnen, was auf die Abgeschlossenheit des eigenen Besitzes hinweist (vgl. z.B. USA offene Grundstücke), InsulanerInnen eventuell eine Sonne oder Palme, Eskimos wahrscheinlich einen Iglu, AfrikanerInnen eine Hüttenform, etc. Je nach kultureller Prägung wird man Merkmale zeichnen, durch die man von Kindheit an (kulturell) beeinflusst wurde. b) Wahrscheinlich werden sich in Ihren Zeichnungen auch kulturtypische Symbole und Artefakte wiederfinden. In europäischen Zeichnungen Kirchen und kleine Flüsse, eine Hauptstrasse, die sich durch das Bild zieht, etc. Asiatische Kulturen werden eher Tempel, Kulturen aus arabischen Ländern Moscheen, etc. als Artefakte einzeichnen.

Eine abschließende kleine Übung soll die Abgrenzung zu dem aufzeigen, was Kultur nicht ist. Dafür bedarf es einer Unterscheidung zwischen universellem, kulturgebundenem und personengebundenem Verhalten. **Universelles Verhalten** trifft auf jedermann zu, unabhängig von der Kulturzugehörigkeit. Es liegt in z.B. in der menschlichen Natur regelmäßig zu essen. Das Faktum der Nahrungsaufnahme selbst ist nicht kulturgebunden – daher universell – wohl aber die Art der Zubereitung und des Konsums. Italienische Speisen unterscheiden sich von österreichischen oder deutschen aufgrund eines gemeinsamen, überlieferten Wissensvorrates, geteilter Werte und Annahmen, was die jeweils nationale Küche betrifft. Ähnlich verhält es sich mit der Sprache oder der Erziehung von Kindern, etc. Dazu kommt eine weitere, die **personengebundene** Komponente. Obwohl durch die gemeinsamen Werte, Einstellungen, Grundannahmen gewährleistet ist, dass sich Mitglieder der gleichen Kultur ähnlich verhalten (z.B. Zubereitung der Nationalspeise), führen persönliche, individuumspezifische Erfahrungen dazu, dass keine zwei Personen aus dem gleichen Kulturkreis identisch sind. Jedes Individuum ist somit zum einen Teil Produkt seiner Kultur, zum anderen Teil Produkt der eigenen Lebensumstände. Während universelles Verhalten interkulturelle Interaktionen erleichtert, verkompliziert personelles Verhalten diese in gleichem Maße. Das bedeutet, dass interkulturelles Wissen über kulturgebundenes Verhalten grundsätzlich hilfreich und wichtig ist, aufgrund der personengebundenen Komponente jedoch nicht immer eine präzise Determinante zur Vorherbestimmung des Verhaltens fremdkultureller InteraktionspartnerInnen sein kann. Zusammenfassend kann gesagt werden, dass jedes Individuum in gewisser Hinsicht gleich ist, wie jedes andere (universelles Verhalten), in mancher Hinsicht gleich ist, wie alle anderen Mitglieder seiner eigenen Kultur (kulturgebundenes Verhalten), in anderer Hinsicht aber vollkommen unterschiedlich (persönliches Verhalten) ist.

Anregung nach Storti 1999, 16f:

Ordnen Sie den folgenden Aussagen zu, ob es sich um universelles (u), kulturgebundenes (k) oder personengebundenes (p) Verhalten handelt. Bei welchen Punkten ist eine Zuordnung schwierig? Warum?

___	1.	Bei offenem Fenster schlafen
___	2.	Vor einem gefährlichen Tier weglaufen
___	3.	Schlangen für „böse" halten oder mit „Sünde" assoziieren
___	4.	Männer halten für Frauen die Türen auf
___	5.	Ältere Mitmenschen respektieren
___	6.	Seine Muttersprache erlernen
___	7.	Arabisch sprechen
___	8.	Arabisch als Fremdsprache sprechen
___	9.	Regelmäßig essen
___	10.	Messer, Gabel und Löffel verwenden
___	11.	Eine Vorliebe für Bücher von Charles Dickens haben
___	12.	Einen Kellner durch Pfeifen herrufen
___	13.	Bedauern, einen Unfall verursacht zu haben
___	14.	Über den Tod der eigenen Mutter trauern
___	15.	Nach dem Tod der Mutter 30 Tage lang weiße Trauerkleidung tragen
___	16.	Nach dem Tod der Mutter ungern 30 Tage lang weiße Trauerkleidung tragen

Bevor wir uns der Forschungsmethodik zuwenden, möchten wir Ihnen einen Leitfaden zum Umgang mit Kultur vorschlagen:

Den Umgang mit Menschen anderer Kulturen zu erlernen

ist vergleichbar damit …

… ein Sommelier zu werden.

Zunächst nimmt jede/r an, er/sie kann es von allein.

Beschreibungen und Kategorisierungen (Do's and Don'ts) sind nicht mehr als

(hoffentlich) gute Anhaltspunkte!

Die eigene Erfahrung ist der beste Lehrmeister!!

Geschmäcker sind verschieden!

Fehleinschätzungen – It happens to the best, it happens to the rest!

Erfolgsformel = Gute Kenntnisse + Improvisation (Empathie)

2.6 Fragen der Forschungsmethodik: Wie kann man Kultur erfassen?

Wie in den vorigen Abschnitten dargelegt, handelt es sich bei Kultur um ein komplexes Konstrukt, das nur über seine Manifestationen nachvollzogen werden kann. Komplexen Phänomenen kann sich Forschung im Wesentlichen durch drei Fragen annähern, die Sie auch im vorhergehenden Text wieder erkennen werden:

- Wie ist dieses Phänomen entstanden?
- Was sind zentrale Merkmale?
- Wie wirkt es?

Um die Fragen nach Entstehung und Wirkung zu beantworten, braucht man zumindest eine grobe Vorstellung über das „Wesen" des Phänomens. Nach der westlichen Wissenschaftstradition wird. i.d.R. versucht, das Wesentliche analytisch durch Reduktion zu erfassen. Daher setzen die meisten Theorien auf Merkmale von Kulturen, die wiederum am besten in ihrer Differenz zwischen Kulturen beschreibbar werden. Damit ist ein zweiter grundlegender Zugang zu Kulturen beschrieben: Man kann versuchen, sie in ihrem So-Sein zu verstehen, in dem man sich ausschließlich mit einzelnen Kulturen befasst. Oder man versucht, sie mit anderen Kulturen zu vergleichen, was wiederum die Suche nach Ähnlichkeiten bzw. Gemeinsamkeiten oder einen Fokus auf Unterschiede nach sich ziehen kann.

Wenn wir beide Zugänge verbinden, erhalten wir folgende Möglichkeiten, Kultur zu erforschen und zu beschreiben:

1. Kulturbeschreibungen an Hand von **Dimensionen**, die sowohl eine Kultur betreffen können, als auch – häufiger – Kulturvergleiche anstellen und dabei – wiederum häufiger –
auf Unterschiede als auf Gemeinsamkeiten zielen. Beispiele für diesen Zugang sind die
Ansätze von Douglas (1992), Hall & Hall (1990; 2001), Hofstede (1980; 1993; 2001),
House et al. (2004), Kluckhohn & Strodtbeck (1961), Trompenaars & Hampden-Turner
(1997).

2. „**Thick Descriptions**" oder ethnologische Ansätze versuchen Kulturen in ihrem Werden
(Entstehungseinflüsse) und ihren spezifischen Bedeutungen dadurch zu erschließen, dass
sie diese längerfristig beobachten (Feldforschung), sogar versuchen an ihnen teilzuhaben
(Aktionsforschung) und sehr detaillierte Beschreibungen ihrer nur wenig vorstruktur-
ten Beobachtungen anfertigen, deren Interpretation sie mit Angehörigen der erforschten
Kultur erarbeiten (grounded theory). Diese Ansätze stellen wohl die vollständigste Beschreibung des Phänomens einer bestimmten Kultur dar, in dem sie auf Entstehung und
Wirkungen eingehen, bei der Charakterisierung des „Wesens" aber nicht vorschnell auf
Merkmale verengen. Am bekanntesten dürfte hier der Ansatz von Clifford Geertz geworden sein, der auch den Begriff „thick descriptions" geprägt hat (vgl. Geertz 1973 und
1983)

3. Ansätze, die an Hand **kritischer Begebenheiten** unterschiedliche Kulturstandards, d.h.
Arten der Wahrnehmung, des Denkens, Urteilens und Handelns heraus zu arbeiten versu-
chen. Dazu zählen die Arbeiten von Thomas (1996) oder Fink & Meierewert (2001).
Während an Dimensionen ausgerichtete Ansätze eher auf Werte, Normen und Weltbilder
als Grundlage für Handlungen zielen, gehen VertreterInnen des Ansatzes kultureller
Standards den umgekehrten Weg. Sie analysieren Unterschiede im Verhalten (unter
Stressbedingungen, da angenommen wird, dass krisenhafte Situationen oberflächliche
Ähnlichkeiten am ehesten zum Verschwinden bringen) und schließen daraus i.w. auf un-
terschiedliche Denkstile zurück.

4. **Kulturschock- bzw. Kulturverarbeitungsansätze**, die an den Wirkungen ansetzen, die
Individuen (und Gruppen) bei der Begegnung mit anderen Kulturen erleben. Beispiele für
diesen Zugang sind u.a. Black & Mendenhall & Oddou 1991, Caliguri 2000, Ward &
Bochner & Furnham 2001. Diese Zugänge zeichnen sich durch ein hohes Maß an Praxis-
nähe aus und vollziehen in der Regel auch den Schritt von der Erklärung zur Gestaltung,
d.h. sie argumentieren normativ in Form von Handlungsempfehlungen.

5. **Kulturelle Metaphern** sind eine Zwischenform zwischen dichten Beschreibungen und
dimensionellen Ansätzen: Einige AutorInnen versuchen, auf Basis von Fragebögen, eigenen Erfahrungen, Dokumentenanalysen und der Auswertung statistischer Unterlagen
ausdrucksstarke Bilder zu kreieren, um Kulturen weniger grob als über ihre dimensionellen Ausprägungen und weniger detailliert als in Tagebüchern von EthnologInnen zu
kennzeichnen. Gannon hat eine ganze Reihe solcher Metaphern entwickelt und in Feedback Diskussionen mit Kulturangehörigen und KulturexpertInnen geschärft. Als Beispiel
zur Illustration sei seine Kennzeichnung der deutschen Kultur – als Orchester unter der
Leitung eines Dirigenten kurz dargestellt (vgl. dazu im Folgenden: Gannon 1994, 66–84):

Die Metapher des Symphonieorchesters für Deutschland

Mit diesem Bild werden Orientierungen der deutschen Kultur an Schönheit und Form, an Leistung und Ordnung, an Fachspezialisierung unter einheitlicher Leitung und an Regeln und Traditionen eingefangen.

In einem Symphonieorchester arbeiten sehr viele auf ihr Instrument spezialisierte MusikerInnen zusammen, um ein gemeinsames Werk zu schaffen. Der Dirigent bzw. die Dirigentin führt das Orchester straff, aber nach fairen, nachvollziehbaren und auf das gemeinsame Ziel bezogenen Regeln. Aufgabe der MusikerInnen ist es, ihr Instrument gut zu beherrschen und ihren Part zum guten Klang beizutragen. Nur selten ist ein Solo vorgesehen. Die Aufführung folgt vorgeschriebenen Noten, ein gemeinsames Improvisieren, wie im free jazz kommt nicht in Frage. Symphonieorchester veranstalten Konzerte (von lateinisch con-certare, sich gemeinsam bemühen). Der Konzertbegriff wird ab dem 17. Jahrhundert hauptsächlich auf polyphone Kompositionen angewandt, in denen verschiedene Instrumente und Stimmen in Opposition zu einander durch freiwillige (!) Unterwerfung der einzelnen Instrumentalisten unter gemeinsame Regeln des Musizierens und den Taktstock eines Dirigenten ein harmonisches Ganzes hervorbringen.

Soweit das Bild. Es spiegelt sich in Deutschlands föderalem Aufbau, in seinem bis vor kurzem wenig durchlässigen Bildungswesen, seiner Facharbeitertradition und in der Art, wie deutsche Unternehmen funktional und unter Wahrung einer hohen Abteilungsautonomie geführt werden. In seiner Plastizität ergänzt das Bild die deutschen Ergebnisse in der ersten großen von Geert Hofstede durchgeführten Studie: Dort liegt Deutschland innerhalb des Individualismusclusters an hinterer Stelle, was auf den kollektiven Charakter eines Orchesters verweist; allerdings eines polyphonen Orchesters mit vielen individuellen Einzelstimmen. Deutschland gehört ferner zur Gruppe der egalitären Länder mit geringer Neigung, andere als funktional begründete Machtunterschiede zu akzeptieren. Sein relativ hoher Wert auf der Skala der Unsicherheitsvermeidung ist Gegenstand vieler stereotyper Zuweisungen (deutsche Ordnung und Regelhaftigkeit). Die jüngere Geschichte scheint demgegenüber eher auf ein höheres Maß der Orientierung an Führungsautorität zu verweisen. Von Adolf Hitler abgesehen, haben die Deutschen charismatischen Führern allerdings immer misstraut. Sie erwarten sich eher reife, fachkompetente Staatsmänner (hier absichtlich in der politisch nicht korrekten Form), die ihre Entscheidungen an Regeln binden und die Vorschläge und Anregungen der FachexpertInnen (OrchestermusikerInnen) zur Kenntnis nehmen. Diese partizipative Orientierung zeigt sich unter anderem an der Vielzahl von Bürgerinitiativen in beiden Teilen des nunmehr wieder vereinten Deutschlands. Mobilität und Informalität sind im Symphonieorchester keine Tugenden. Die erste Geige springt nicht für die Oboe ein, MusikerInnen ohne Zeugnisse kommen vermutlich nicht mal ins Vorstellungsgespräch. Im Symphonieorchester erscheinen die MusikerInnen pünktlich und verlässlich zur Probe, die Länge einzelner Sequenzen ist genau bemessen. Die einzelnen Stimmen und Instrumente müssen sich darauf verlassen können, dass die anderen ihren Part erfüllen und ihre Zusagen einhalten. Deshalb kommt man bei der Probe rasch zur Sache, man ist höflich, aber zurückhaltend im Umgang miteinander, manchmal sogar ein wenig hölzern oder gar grob (Dieser Teil des Bildes unterstreicht die Ergebnisse von Hall & Hall, die Deutschland als Low-Context Kultur mit monochroner Ausrichtung einordnen: vgl. dazu Abschnitt 3.2.1). Die großen klassischen Symphonien stammen aus der Vergangenheit, sie dauern lange und steuern erst nach der Halbzeit auf einen (Höhe)punkt zu. Der rechte Zeitpunkt, der rechte Ton und die passende Modulation sind daher wesentlich, nicht nur in der Musik, sondern übertragen auch in Vorträgen, Diskussionen und Verhandlungen.

Insgesamt wird die deutsche Kultur mit der Metapher eines Orchesters aus gut ausgebildeten MusikerInnen unter der Führung eines moderaten Dirigenten bzw. einer moderaten Dirigentin, der/die die Trennlinien zwischen den Instrumenten respektiert, als leistungsfähig, zuverlässig, ästhetisch, polyphon und komplex, aber auch als traditionslastig, etwas schwerfällig und mehr dem Industriezeitalter als seinen Folgemodellen entsprechend charakterisiert. Dass Metaphern auch Raum für subjektive Verzerrungen bieten, zeigt sich ebenfalls an diesem Beispiel. Trotz Gegenprüfung durch ExpertInnen stechen gewisse Unschärfen der nordamerikanischen Sichtweise des Autors unmittelbar ins Auge. Er vermischt Epochen (und ordnet etwa die Stein-Hardenbergschen Reformen inhaltlich großzügig Friedrich dem Großen zu), vor allem aber ignoriert er die Eigenstaatlichkeit Österreichs vollkommen und scheint es unter seine Metapher zu subsummieren, wenn er bei der Nennung der vielfältigen Außengrenzen der modernen Bundesrepublik ausgerechnet das Nachbarland Österreich vergisst und Musiker wie Mozart, Haydn oder Herbert von Karajan leichthändig als typische Vertreter der deutschen Kultur vereinnahmt.

Auch Hofstede verwendet Metaphern, um Kombinationen seiner Dimensionen Machtdistanz und Unsicherheitsvermeidung zu beschreiben: Markt (wenn beide Dimensionen niedrig ausgeprägt sind), Maschine (wenn die Machtdimension niedrig bis mittel ausgeprägt, aber mit einer hohen Unsicherheitsvermeidung gekoppelt ist, Pyramide (wenn beide Dimensionen hoch ausgeprägt sind) und Familie (bei hoher Machtdistanz, aber niedriger Unsicherheitsvermeidung) (vgl. Kapitel 6).

Metaphern sollen dimensionelle Ansätze nicht ersetzen, sondern ergänzen. Sie stellen sozusagen das Fleisch am Knochen der groben Dimension dar. Da sie aus der Kombination unterschiedlicher Datenquellen hervorgehen, öffnen sie subjektiver Interpretation (und Verzerrung) Einfallstore. Daher ist eine Rückkoppelung an Deutungen durch Kulturinsider, wie von Gannon vorgenommen, unbedingt erforderlich, um ihre Eignung zu prüfen.

Jedem der hier angeführten Forschungszugänge stellen sich prinzipielle Fragen:

- Die Frage nach dem Beobachtungsgegenstand, als Frage danach, welche Ebene von Kultur betrachtet werden soll (vgl. Abschnitt 2.5.2). Manifestes Verhalten erfüllt am besten die methodischen Erfordernisse moderner Empirie, da es nachvollziehbar und in seinen quantifizierbaren Bestandteilen messbar ist. So kann z.B. gemessen werden, wie oft GesprächsteilnehmerInnen einander ins Wort fallen und wie oft religiös-rituelle Handlungen vollzogen werden. Welche Bedeutungen und Wirkungen die genannten Handlungen für die Betroffenen haben, welcher Stellenwert ihnen zukommt und wie rigide sie in Bezug auf wechselnde Kontexte sind, kann durch derlei Messungen nicht erfasst werden. Dazu kommt, dass die Entscheidung darüber, was gemessen werden soll, die notwendigerweise eine Entscheidung enthält, was ignoriert wird (vgl. Schneider 2006), immer von Personen getroffen wird, die von bestimmten kulturellen Standards geprägt wurden. Sie kann daher aus logischen Gründen nicht kultur-neutral erfolgen.

- Die Frage nach dem einbezogenen Kontext im Dreiklang von Entstehung – Erklärung – Wirkung, wobei von einer engen Verbindung der Erklärungsmöglichkeiten mit Fragen der Entstehung und Wirkung auszugehen ist.
- Die Frage nach der Art, wie kulturelle Phänomene beobachtet bzw. hervorgebracht werden können. Während Kulturdimensionsmodelle i.w. auf Fragebögen und die Auswertung statistischer Makrodaten setzen, nützen Kulturverarbeitungsansätze Situationen natürlicher (manchmal auch künstlicher) Experimente, wie Auslandsreisen und Expatriierung. Die Methode kritischer Ereignisse kombiniert beide Methoden (Befragung + Experiment), indem sie Betroffene Auskunft über krisenbehaftete Situationen erteilen lässt, was meist mittels der Methode des narrativen Interviews geschieht.

Betrachten wir die drei Fragenkomplexe gemeinsam wird verständlich, warum an allen Ansätzen der Kulturforschung, teils sehr heftige Kritik geäußert wurde. Kritik bezieht sich zum Beispiel darauf, dass Kulturforschung nur zeitpunktbezogen und nicht im Längsschnitt bzw. Epochen übergreifend erfolgt. Sie entzündet sich ferner an Ethnozentrismus der verwendeten Beobachtungskategorien oder an der Eklektik der ausgewählten Forschungsmethodik. Der Kulturunterschiedsforschung ist vorzuwerfen, dass sie von Symmetrie der Distanz zwischen zwei Kulturen ausgeht, obwohl es durchaus vorstellbar ist, dass die Distanz wechselseitig unterschiedlich empfunden wird. Dies hängt mit nicht lösbaren methodischen und Erkenntnisproblemen zusammen.

- Ein Fokus auf mess-, wäg-, und greifbaren kulturellen Manifestationen erlaubt messtheoretische Schärfe, zielt aber an dem vorbei, was eigentlich gemessen werden soll, nämlich der kulturellen Bedeutung.
- Ein Fokus auf dem, „was dahinter liegt", also kognitiven und Wertstrukturen erfährt sämtliche Probleme der empirischen Erforschung von Qualitäten und Konstrukten. Er muss aus beobachtetem und provoziertem Verhalten (z.B. aus Antworten auf Fragen) Rückschlüsse ziehen, was notgedrungen mit Fehlern behaftet ist.
- Eine kulturübergreifende Interpretation von Bedeutungen ist nur ansatzweise und nur solchen BeobachterInnen zugänglich, die sich ihrer kulturellen Prägungen bewusst sind, die nach Möglichkeit mehrere Kulturen erfahren haben und die durch Training und kritischen Vergleich in der Lage sind, ihre Interpretationen zu relativieren. Während Angehörige einer Kultur zwar die tiefe Bedeutung von Symbolen, Ritualen, Normen und Werten in sich tragen, sind sie gleichzeitig „blind" gegen deren Relativität, weil sie für sie ja zum Repertoire des Selbstverständlichen, Vorbewussten gehören. Außenstehende, ihrerseits, haben sowohl Aufmerksamkeit als auch Distanz, sie können allerdings nicht erschließen, was bestimmte Werte, Normen und Symbole für Kulturbetroffene bedeuten. So sind sie geneigt, auffällige Verhaltensweisen vor dem Hintergrund ihres eignen Kulturstandards zu beurteilen. Daher hat die Kulturforschung eine ganze Reihe ausgeklügelter Designs entwickelt, die letztlich eine mehrfach rückgekoppelte Interpretation durch kulturinterne, kulturexterne Personen und kulturelle GrenzgängerInnen anstreben.
- Eine auf dichte Beschreibungen zielende Erforschung von Kulturen ist forschungsökonomisch nicht ohne Probleme, da sie sehr zeit- und ressourcenaufwendig ist. Wegen der

oben beschriebenen Grundsatzprobleme ist auch sie nicht vor Fehlinterpretationen[8] gefeit, weshalb sie im ökonomischen Kontext meist als zu langwierig verworfen wird.

- Selbst wenn Kulturdimensionen aus Faktoranalysen der Ergebnisse „semi-reicher" Befragungen gewonnen und nicht a priori dem Forschungsfeld überstülpt wurden, bleibt die Frage offen, ob sie nicht ihrerseits eine kulturabhängig unterschiedliche Bedeutung tragen. Was soll etwa Machtdistanz bzw. Unsicherheitstoleranz bedeuten, wenn die Konzepte Macht und Unsicherheit quer über verschiedene Kulturen nicht stabil sind?

Fassen wir zusammen:

Als komplexes-dynamisches und bei ForscherInnen inhärent wirksames Phänomen stellt Kultur bezüglich ihrer Erforschung große Herausforderungen. Was objektiv(ierbar) und reliabel gemessen werden kann, verfehlt häufig das Kriterium der Validität. Was hingegen gemessen werden sollte, verschließt sich – aus verschiedenen Gründen – einer Erfassbarkeit im Sinne einer naturwissenschaftlich geprägten Forschungslogik.

Die Relativität und kulturelle Geprägtheit der Personen, die Forschungen vollziehen, wird im Feld der Kulturforschung besonders bedeutsam. Sowohl Eigen- als auch Fremdbeobachtungen weisen gravierende Defizite auf. Daher sind folgende Grundsätze und Maßnahmen für die Erforschung kultureller Phänomene sinnvoll:

- Akzeptanz der Grenzen von Erkenntnis und der Subjektivität des jeweiligen Zugangs.
- Ausgeklügelte Forschungsdesigns, die Selbst- und Fremdbeobachtung, Beobachtung und Interpretation, Interpretation und Reflexion trennen und zusammenführen.
- Langzeitstudien anstelle von zeitpunktbezogenen Interventionen.
- Zurückhaltung in Bezug auf wertende Schlussfolgerungen.

Anregung:

[1] Werden Sie sich durch Recherche und Diskussion mit Mitgliedern betroffener Kulturkreise Ihrer eigenen Position zu Fragen der Menschenrechte bewusst. Wir stellen Ihnen dafür den Fall der Immigrantin Hatun Sürücü vor, der in Deutschland eine breite Debatte um Fragen der Toleranz und des Rechts von Frauen auf Selbstbestimmung ausgelöst hat (von Bullion 2005):

„Ehrenmord"

In den Fängen einer türkischen Familie

Muslimische Dorfmoral in der Berliner Moderne: Schon wieder haben türkische Männer eine Frau mit dem Tod bestraft [E.d.d.V.]. Die Geschichte eines brutalen Zusammenpralls der Kulturen.

---

[8] In diesem Zusammenhang ist auf die vernichtende Kritik an den Arbeiten der Anthropologin Margaret Mead zu verweisen, die nach dem Versuch erfolgte, ihre Ergebnisse zu wiederholen (vgl. Freeman 1983). Genauso könnte selbstverständlich Kritik an der Kritik geübt werden, die ihrerseits auf einer kaum wiederholbaren Forschungskonstellation beruht.

Mit der Sicherheit von Schlafwandlern sollen die Mörder ans Werk gegangen sein, mitten in Berlin, in einer ärmlichen, vom Regen geschwärzten Wohnsiedlung, gleich neben einer Bushaltestelle. Zwei Kugeln wurden ihr dort durch den Schädel gejagt, die dritte blieb stecken. Dann war sie tot, und das Gesetz der Ehre war vollstreckt.

Ganz einfach, fast wie in einem alten Märchen, klingt die Geschichte der Hatun Sürücü, die seit Tagen Berlin bewegt wie ein böser Traum. Eine 23 Jahre alte deutsche Türkin wurde auf offener Straße erschossen. Wenn stimmt, was die Justiz vermutet, haben ihre Brüder einen „Ehrenmord" an ihr begangen und mit drei Schüssen versucht zu tilgen, was sie für einen Schandfleck auf dem Antlitz der Familie gehalten haben.

Der Fall hätte wohl nur wenige beunruhigt, wäre es nicht der fünfte Mord binnen vier Monaten, mit dem muslimische Männer in Berlin ungehorsame Frauen bestraften. Am 18. Oktober wurde eine junge Deutsche an einer Imbissbude erstochen, offenbar von ihrem gewalttätigen türkischen Ex-Mann.

[2] Erstellen Sie ein Forschungsdesign für folgende Fragestellung:

Bedeutung der Pünktlichkeit im Geschäftsverkehr in Italien. Entscheiden Sie, ob Sie Pünktlichkeit als Wert, als Konvention oder als manifestes Verhalten untersuchen wollen, auf welchen Zeitraum und welche Region(en) Sie sich beziehen wollen. Erst danach können Sie entscheiden, wie Sie Pünktlichkeit feststellen können.

2.7 Kulturforschung und (Internationale) Betriebswirtschaftslehre

In diesem Buch beschäftigen wir uns mit Einflüssen und Wirkungen von Kultur auf wirtschaftliche Zusammenhänge. Dazu bedarf es der Auseinandersetzung mit Forschungsergebnissen der (Kultur)Anthropologie, der (Kultur)Psychologie und der (Kultur)Soziologie, doch wäre es vermessen, den Diskurs dieser Disziplinen auch nur annähernd vollständig nachvollziehen zu wollen. Deshalb interessieren uns kulturelle Faktoren als Moderatoren und Mediatoren anderer, nämlich wirtschaftlicher Zusammenhänge. Damit ergänzt ein finales Element den verstehend-interpretativen Zugang, der für die genannten Disziplinen typisch ist.

Kulturelle Besonderheiten – Gemeinsamkeiten wie Unterschiede – können als Forschungsdomäne für sich betrachtet werden und interessieren. Das spricht das menschliche Bedürfnis nach Selbsterkenntnis an, drückt sich im psychologischen Zwiespalt der gleichzeitigen Attraktion durch Fremdheit und der Angst vor Fremdheit aus, die sich praktisch in Reiselust, Fernweh und der Auseinandersetzung mit Produkten aus fremden Kulturen spiegeln. Dabei kann die Auseinandersetzung vom passiven Konsum bis zur passionierten Privatforschung reichen und Produkte betreffen, wie Bücher, Filme, kulinarische Angebote, Kunst und Bauwerke, Kunsthandwerk, Mode, Alltagsbegegnungen. Die Begegnung mit Anderen bedeutet immer Aufklärung über das Eigene – und ist deshalb für sich anregend und sich selbst genügend. Andererseits stellen sich Fragen der Bedeutung des „Betriebssystems Kultur" für andere Anwendungsprogramme, in unserem Fall für Anliegen des (internationalen) Managements.

Kerngebiet dieser Disziplin ist die Erforschung der Geschäftstätigkeit inter- bzw. multi- und transnationaler Unternehmen. Dabei geht es vor allem um Fragen der Markt(er)schließung sowie der Organisation einzelner Aufgabenbündel in verschiedenen politischen rechtlichen und soziokulturellen Kontexten (vgl. Abb. 2.6).

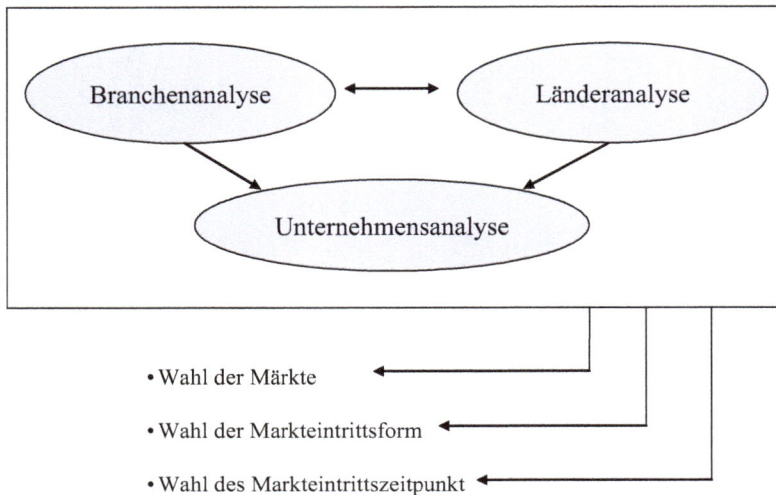

Abb. 2.6 Kernfragen des Internationalen Managements (eigenerstellt)

Am häufigsten wurden daher Einflüsse von Kultur auf folgende Fragen untersucht:

- Wahl der Markteintrittsform, Anzahl und Verschiedenartigkeit der bearbeiteten Auslandsmärkte und des Markteintrittszeitpunkts
- Erfolg von grenzüberschreitenden Unternehmenskäufen und Fusionen
- Verhandlungserfolg

Gut 1/3 von 180 untersuchten Kulturstudien beschäftigte sich mit diesen Fragen (vgl. Kirkman et al. 2006). Andere Fragenkomplexe, die häufig um eine kulturelle Perspektive ergänzt werden, sind Arbeitsplatzzufriedenheit und Engagement am Arbeitsplatz, Entlohnungs- und Karrieresysteme, Entscheidungs- und Führungsverhalten, Konflikt- und Veränderungsmanagement.

Sie erkennen, dass Forschung sich immer die Frage stellen muss, welchen Wirklichkeitsausschnitt sie untersucht.

Reine Kulturforschung interessiert sich für manifeste und latente Manifestationen dessen, was als Kulturkonstrukt definiert wird. Sie fragt nach Bedingungen der Entstehung dieser Manifestationen, nach Zusammenhängen zwischen den Manifestationen und nach räumlichen bzw. zeitlichen Unterschieden in den Manifestationen. Entsprechende Forschungsdesigns haben folgende allgemeine Struktur:

Abb. 2.7   Allgemeine Struktur von Kulturforschungsdesigns

Finale betriebswirtschaftliche Forschung ist mehr an Wirkungen interessiert, die durch kulturell geprägte Werte und kulturell geprägtes Verhalten entweder direkt hervorgebracht oder indirekt beeinflusst werden. Entsprechende Forschungsdesigns haben folgende allgemeine Struktur:

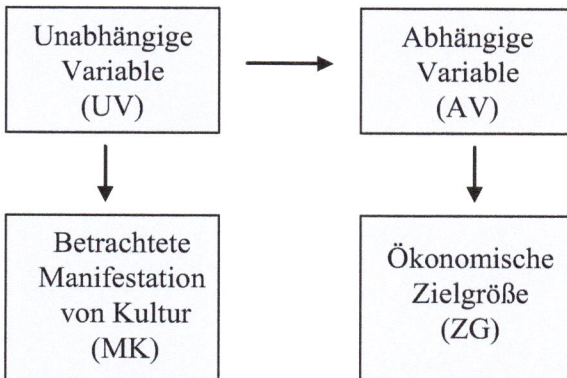

Abb. 2.8   Kulturforschungsdesigns: Direkter Zusammenhang

bzw. bei indirekten Zusammenhängen:

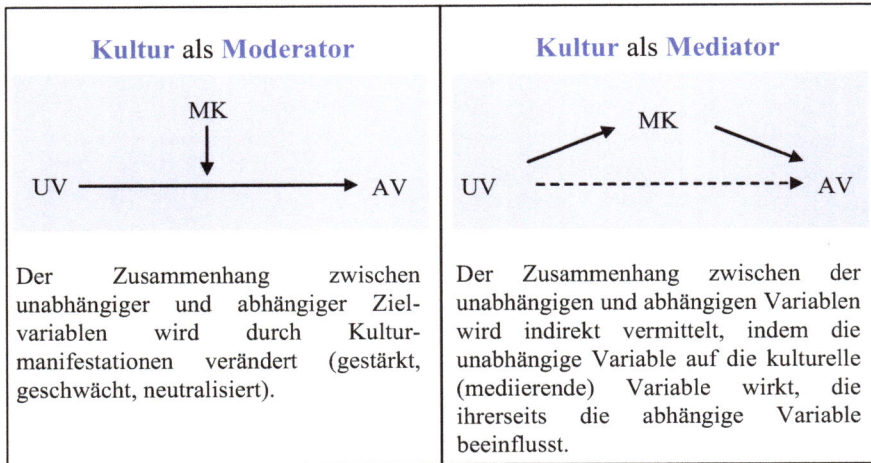

Kultur als Moderator	Kultur als Mediator
MK UV ⟶ AV	MK UV ⤏ AV
Der Zusammenhang zwischen unabhängiger und abhängiger Zielvariablen wird durch Kulturmanifestationen verändert (gestärkt, geschwächt, neutralisiert).	Der Zusammenhang zwischen der unabhängigen und abhängigen Variablen wird indirekt vermittelt, indem die unabhängige Variable auf die kulturelle (mediierende) Variable wirkt, die ihrerseits die abhängige Variable beeinflusst.

Abb. 2.9   Kulturforschungsdesigns: Indirekter Zusammenhang

In den folgenden Kapiteln finden sich immer wieder Hinweise auf empirische Studien, die versuchen die vermutete, argumentativ aus Kulturtheorien abgeleitete Wirkung von Kultur auf ökonomische Zusammenhänge zu testen.

2.8   Lösungsteil Kapitel 2

Im Anschluss an 2.4.3 Systematisierungsversuche – Anregung Eisberg:

Hilfestellung: Die sichtbare Spitze des Eisberges wird aus den Symbolen, Artefakten und einem Teil der Werte und Symbole bestehen. Unter der „Wasserlinie" werden sich die unsichtbaren Werte und Normen ansiedeln.

Im Anschluss an 2.5.3 Zum Ausprobieren … – Anregung nach Storti 1999:

Lösung: 1p, 2u, 3k, 4k, 5k, 6u, 7k, 8p, 9u, 10k, 11p, 12k, 13u, 14u, 15k, 16p

Anmerkungen: Punkt 2: Was als gefährliches Tier erachtet wird, kann von Kultur zu Kultur verschieden sein; Punkt 5 und 13: Auch hier ist die Abgrenzung zwischen (u) und (k) schwierig und setzt spezifisches Wissen über entsprechende Kulturen voraus.

Im Anschluss an 2.5.3 Zum Ausprobieren … – Anregung nach Gannon 2001:

Abbildung der jungen Frau:

Abb. 2.10   Frau 3

3 Kulturtheoretische Ansätze

Verschiedene KulturforscherInnen haben versucht, Unterschiede zwischen Kulturen in Begriffe zu fassen und durch eine begrenzte Anzahl von Dimensionen zu beschreiben. Sie haben diese **dimensionale Darstellung** der Typologisierung **vorgezogen**, um einen Vergleich zwischen Kulturen anstellen zu können, unabhängig davon, ob diese jeweils einem Idealtypus entsprechen oder nicht. Da Idealtypen in der Realität praktisch nicht anzutreffen sind und auch das Risiko der Stereotypisierung in sich bergen, ist eine Aussage darüber, welche Ausprägung einer Dimension in einer bestimmten Kultur vorherrscht bzw. in welchem Bereich eines zu untersuchenden Spektrums eine Kultur im Vergleich zu anderen steht, empirisch besser fundierbar als eine rigide Typenzuordnung. Ziel der Kulturdimensionen ist es, Kulturunterschiede bzw. Kulturgemeinsamkeiten zu erklären, um daraus Handlungsweisen für die kulturelle Zusammenarbeit ableiten zu können.

Grob lassen sich die unterschiedlichen Ansätze in Faktoren der externen Anpassung, wie die Beziehungen zur Umwelt, Faktoren der innerlichen Verflechtung, wie die menschliche Natur bzw. menschliche Beziehungen, und verbindende Prämissen in Bezug auf Raum, Zeit und Sprache untergliedern (vgl. Schneider & Barsoux 2003, 35f). Immer wiederkehrende Grundfragen treten im Verhältnis zur Autorität (vgl. Machtdistanz bei Hofstede, Hierarchie bei den kommunikationstheoretischen Modellen oder Leistung/Zuschreibung bei Trompenaars), der Konzeption des Selbst in Relation zu anderen (vgl. Raumkonzept bei Hall bzw. die Individualismus/Kollektivismus Dimension bei Hofstede und Trompenaars), Konfliktregelungsmechanismen (vgl. den Ausdruck von Gefühlen und Aggressionen beim Maskulinitätsindex von Hofstede bzw der neutralen/affektiven Dimension bei Trompenaars) und der Einstellung zu Zeit und Raum bei fast allen Ansätzen zutage. Auf diese Zusammenhänge wird am Ende dieses Kapitel in Abschnitt 3.7 noch eingegangen.

3.1 Ansatz nach Kluckhohn & Strodtbeck

Zunächst soll das Modell von Kluckhohn & Strodtbeck (1961), das zwischen sechs kulturellen Grundorientierungen unterscheidet, in Kürze dargestellt werden, da es für viele spätere Ansätze Ausgangspunkt war, und vielen dieser Dimensionen (in gleicher oder ähnlicher Ausprägung) durch spätere Untersuchungen empirische Relevanz eingeräumt werden konnte.

Tab. 3.1   Grundorientierungen nach Kluckhohn & Strodtbeck (reorganisiert nach Adler 2002, 20f)

Grundorientierung			
Wie ist die menschliche Natur?	Gut	Gut und Böse	Böse
Wie ist die Beziehung der Menschen zur Natur?	Dominanz	Harmonie	Untergebenheit
Wie ist die Beziehung der Menschen zu anderen Menschen?	Individualistisch	Lateral erweiterte Gruppen	Hierarchische Gruppen
Was ist die primäre Modalität der menschlichen Aktivität?	Tun	Kontrollieren	Sein
Wie ist das Raumverständnis des Menschen?	Privat	Gemischt	Öffentlich
Was ist der zeitliche Fokus der menschlichen Aktivität?	Zukunft	Gegenwart	Vergangenheit

Der Ansatz geht von universellen Problemen und Zuständen aus, die für alle Gesellschaften gültig sind. Jedoch werden von Gesellschaften unterschiedliche Lösungen favorisiert, die wiederum Auswirkungen auf die Einstellungen und das Verhalten ihrer Mitglieder haben:

Eigenschaften der Menschen als Individuen: Ist die menschliche Natur grundsätzlich gut oder böse oder eine Zwischenform beider Eigenschaften? Diese Grundorientierung beschreibt, wie Mitglieder einer bestimmten Kultur andere sehen und ist stark mit dem Vertrauenskonzept verknüpft, weshalb man auch von Gesellschaften mit einem hohen Maß an Vertrauen bzw. Gesellschaften mit einem geringen Maß an Vertrauen spricht. Demgemäß bringen Kulturen, die die menschliche Natur von Haus aus als gut ansehen, anderen ein großes Vertrauen entgegen. Dies kann sich darin ausdrücken, dass Türen nicht versperrt werden, die Angst vor kriminellen Übergriffen gering ist bzw. im Wirtschaftsleben darauf vertraut wird, dass man nicht betrogen wird. In Kulturen, die andere grundsätzlich als böse ansehen, vertraut man grundsätzlich nur sich selbst. Ein großes Misstrauen lässt jedes Geschäft sorgfältigst überprüfen. Nach dieser Einteilung sehen AmerikanerInnen andere als eine Mischung von gut und böse und gehen im Umgang mit anderen (Kulturen) von beiden Ausprägungen aus.

Beziehung zur Umwelt: Diese Orientierung beschäftigt sich mit der Frage, ob das Zusammenleben von Menschen und Umwelt durch Dominanz, Harmonie oder Untergebenheit geprägt ist. AmerikanerInnen wird Dominanz über die Natur nachgesagt, während ChinesInnen eher Harmonie suchen bzw. einige indigene Völker sich unterordnen. Das Beispiel der Landwirtschaft veranschaulicht diesen Sachverhalt. Die Natur dominierende Kulturen werden Dünger, Insektenschutzmittel, etc. einsetzen, um ihren Ertrag zu erhöhen, wogegen von Harmonie geprägte Kulturen versuchen werden, das richtige Produkt zur richtigen Zeit am richtigen Ort anzubauen. Auf Untergebenheit basierende Kulturen werden dagegen auf ausreichend Regen hoffen, ohne Bewässerungsanlagen zu bauen oder Spritzmittel einzusetzen. In solchen Kulturen werden die unabwendbaren Kräfte der Natur ohne den Versuch, sich mit ihnen anzulegen, akzeptiert. Eine Zuordnung einzelner indigener Völker scheint schwierig, insbesondere da man z.B. Indios als von Natur-Untergebenheit geprägte Kulturen vermuten würde, allerdings bekannt ist, dass diese sehrwohl sehr sophistizierte Bewässerungsanlagen gebaut haben.

Beziehung zu Anderen: Grundsätzlich wird zwischen individualistisch und kollektivistisch in Form einer Gruppenzugehörigkeit unterschieden. Individualistische Kulturen definieren sich über persönliche Erfolge und Eigenschaften. Im Gegensatz zum Kollektivismus ist das persönliche Wohlergehen wichtiger als jenes der Gruppe oder Gemeinschaft. Bei der kollektivistischen Ausprägung werden die laterale Gruppenzugehörigkeit (alle gegenwärtigen Mitglieder einer bestimmten Familie, Gemeinschaft oder Unternehmung) und die hierarchische Gruppenzugehörigkeit (Mitglieder kommen aus verschiedenen Generationen innerhalb einer solchen bestimmten Gruppe) unterschieden. Zu den individualistischen Kulturen zählen die USA oder Kanada, während für gruppen-orientierte Gesellschaften Japan, China, Malaysia, Indonesien, aber auch Ghana und Lateinamerika angeführt werden (vgl. Adler 2002, 28f).

Die **primäre Modalität der menschlichen Aktivität** unterscheidet sich bei Kluckhohn & Strodtbeck im Tun, Kontrollieren oder Sein. Wenn bei einer Kultur wie in den USA das Tun im Vordergrund steht, werden Ziele gesetzt, sollen Verbesserungen gemacht werden, bzw. kann das Ergebnis an gewissen Standards gemessen werden. Dabei ist es wichtig Aufgaben fertig zu stellen. „Tun-Kulturen" sind in der Regel aktiv. Bei den „Sein-Kulturen" stehen der Moment und der Genuss des Lebens im Vordergrund, man schwimmt mit dem Strom. Die Personen sind in der Regel entspannter und akzeptieren den Status quo. Es wird nur soviel gearbeitet, um ein Auskommen zu finden. Als Beispiele für „Sein-Kulturen" werden Mexiko und Malaysia angeführt, bei denen Zeit für die Familie wichtiger erachtet werden, als Überstunden und Mehrverdienst. In der Zwischenform, also Kulturen, die sich durch Kontrolle auszeichnen, werden die persönlichen Wünsche zurückgestellt indem man sich vom Objekt der Begierde löst. Genau diese Kontrolle erlaubt die Herausbildung von ganzheitlichen Persönlichkeiten durch die Integration beider Ausprägungen. In der Beschreibung dieser Dimension lässt sich ein impliziter Ethnozentrismus der amerikanischen AutorInnen erkennen. Insbesondere aus buddhistischer bzw. mystisch-christlicher Sicht ist die Beschreibung von „Sein-Kulturen" aus Sicht einer „Tun-Kultur" abwertend, da „Sein-Kultur" in diesem Sinne auch als Zeichen der Überwindung von Bindung an Besitz und äußerlich bestimmte Erfolge gedeutet werden kann (vgl. auch das Werk „Haben oder Sein" von Erich Fromm 1976). Gannon schlägt zur Veranschaulichung der Dimension folgende Übung vor: In Paaren sollte die Vorstellung eines idealen Urlaubs in Bezug auf Zeit (einige Tage oder Monate), Gesellschaft (alleine, mit Freunden, Familie, etc.), Unterkunft (Einzelzimmer, Doppelzimmer, Gemeinschaftsunterkunft, etc.) und Freizeitaktivitäten (Ausspannen, Sport, Party, etc.) erörtert werden. Auswertungen dieser Aufgabe zufolge sind AmerikanerInnen stark extrovertiert, suchen Kontakte und Unterhaltung, sind total aktiv und entsprechen der „Tun-Kultur". SchwedInnen hingegen ziehen sich gerne in ihre Ferienhäuser zurück, sind gerne alleine oder verbringen die Zeit nur mit den besten FreundInnen oder Familie (vgl. Gannon 2001, 27). Und wo würden Sie sich zuordnen?

Raum: Wie steht es mit dem Raumempfinden, was wird als privat bzw. öffentlich angesehen? Die Auffassung, ob beispielsweise ein Büro privat oder öffentlich ist, ist von Kultur zu Kultur verschieden. Während in den USA wichtige Besprechungen hinter verschlossenen Türen gemacht werden und daher eher den Privatraum betonen, sieht die öffentliche Auffassung des Büros in Japan Besprechungen in offenen Räumen vor, wo es auch zu Unterbrechungen durch MitarbeiterInnen oder BesucherInnen kommen kann. Auch die in den USA anzutreffenden Abtrennungen von Kojen in Großraumbüros lassen auf ein eher privates

Raumempfinden schließen, das aber noch ausgeprägter in Deutschland und Großbritannien zu finden ist.

Zeit: Auch der zeitliche Fokus variiert in unterschiedlichen Kulturen. Vergangenheitsorientierte Kulturen halten streng an Bräuchen und Traditionen fest. Innovationen und Veränderungen sind nur im Einklang mit in der Vergangenheit gemachten Erfahrungen möglich. Bei zukunftsorientierten Kulturen spielen dagegen Innovationen und Veränderungen zur Erreichung eines zukünftigen Nutzens eine große Rolle. Im Gegensatz zu den gegenwarts- bis zukunftsorientierten AmerikanerInnen werden bei Kluckhohn & Strodtbeck EuropäerInnen aufgrund ihres Festhaltens an Traditionen als eher vergangenheitsorientiert eingestuft. Festzuhalten ist jedoch, dass diese Diversität in Bezug auf Zeit nicht nur zwischen Kulturen existiert, sondern auch innerhalb von Gesellschaften zu finden ist. Vergangenheits-, gegenwarts- und zukunftsorientierte Individuen sind demgemäß in jeder Kultur zu finden, jedoch lässt der Anteil an Menschen mit einer jeweiligen Ausprägung auf die Kultur in ihrer Gesamtheit Rückschlüsse bilden.

Diese beim Zeitempfinden angesprochene Diversität kann auch auf die anderen Dimensionen zutreffen. Kluckhohn & Strodtbeck stellten fest, dass eine Kultur für jede Dimension eine dominante Ausprägung aufweist, jedoch kann auch eine untergeordnete Ausprägung nebenher bestehen. So kann es in einer grundsätzlich individualistischen Kultur eine merkliche Anzahl von kollektivistischen Mitgliedern geben und vice versa.

Anregung: Versuchen Sie Ihre eigene Kultur anhand der sechs Grundorientierungen nach Kluckhohn & Strodtbeck nachzuzeichnen!

[1] Welche der drei jeweiligen Ausprägungen trifft am besten zu?

[2] Durch welche Beispiele aus Ihrem Kulturkreis lässt sich dies belegen?

In der Folge sollen nun die Dimensionen nach Hall & Hall (vgl. Abschnitt 3.2), Hofstede (vgl. Abschnitt 3.3), Trompenaars & Hampden-Turner (vgl. Abschnitt 3.4) und Mary Douglas (vgl. Abschnitt 3.5) skizziert werden, da diese für die Managementliteratur nachhaltige Wirkungen hatten. Abschließend geben wir einen Einblick in die kommunikationstheoretischen Ansätze (vgl. Abschnitt 3.6).

3.2   Dimensionen nach Hall & Hall

„Culture is communication." (Hall & Hall 2001, 24)

Die Arbeiten von Hall & Hall und deren Kulturverständnis sind eng mit dem Begriff der Kommunikation verbunden. Kultur wird als Kommunikationsmittel aufgefasst, das durch Symbole oder sogenannte „silent languages" – die grundlegenden Prinzipien, die unser Leben formen – gesteuert wird. Kultur funktioniert lt. Hall & Hall wie ein riesiger, komplexer, ausgetüftelter Computer, dessen Programme die Aktivitäten und Reaktionen der Menschen in jedem Bereich des Lebens lenken. Dieser Prozess richtet die Aufmerksamkeit auf alles, was Menschen tun um zu überleben, voranzukommen und Befriedigung im Leben zu erlangen. Jedoch werden die kulturellen Programme nicht funktionieren, wenn Menschen unbewusst ihre eigenen Regeln auf andere Systeme anzuwenden versuchen (vgl. Hall & Hall 2001, 24). Sie können bereits erkennen, dass auch hier, wie bei Hofstede, in der allgemeinen Kulturdefinition die Computer Metapher verwendet wird (vgl. Abschnitt 2.4.2). Um die Komplexität und ungeschriebenen Regeln erfassen zu können, verweisen Hall & Hall auf das in der Folge behandelte, abstrakte Werkzeug zur Unterscheidung von Kulturen:

3.2.1 Kontext (Context): Wenig und viel Kontext

Unter Kontext verstehen Hall & Hall jene Informationen, die ein Ereignis umgeben und mit dessen Bedeutung unauflöslich verbunden sind. Das Verhältnis zwischen dem, was als Ereignis und was als Kontext gilt, variiert kulturspezifisch. Hall & Hall unterscheiden demgemäß zwei extreme Möglichkeiten des Einbezugs von Kontext in die Kommunikation: **High-Context** und **Low-Context**.

> *„A high context (HC) communication or message is one in which most of the information is already in the person, while very little is in the coded, explicit, transmitted part of the message. A low context (LC) communication is just the opposite; i.e., the mass of the information is vested in the explicit code."* (Hall & Hall 1990, 6)

Die AutorInnen räumen ein, dass es innerhalb jeder Kultur hinsichtlich des Bedarfs nach Kontextierung (dem Einfügen von Hintergrundinformation für die jeweilige Situation) **individuelle Unterschiede** gibt, meinen aber, dass das Wissen, ob eine Kultur am unteren oder am oberen Ende des Spektrums angesiedelt ist, hilfreich sei, da schließlich alle Mitglieder der jeweiligen Kultur vom allgemeinen Maß an Kontext beeinflusst würden.

Eine **Veränderung des Ausmaßes an Kontext** bedeutet für sich genommen Kommunikation, der als Rückschlussmöglichkeit auf die zwischenmenschliche/n Beziehung/en erhöhte Aufmerksamkeit geschenkt werden sollte. Ein Wechsel hin zu einer höheren Kontextierung steht für eine Vertiefung der zwischenmenschlichen Beziehung; jener hin zu einer geringen Kontextierung lässt vermuten, dass die Beziehung abgekühlt ist und wieder formelle statt High-Context-Anreden verwendet werden.

Hall & Hall führen auch aus, wie Personen im Bereich der **Informationssuche und -verarbeitung** durch den Kontext determiniert werden: So tendieren Mitglieder von High-Context-Kulturen eher zu ausgedehnten Informationsnetzwerken und engen persönlichen Bindungen, in denen kein Bedarf nach zusätzlicher Hintergrundinformation für die jeweilige Interaktionssituation besteht. Low-Context-Kulturen dagegen differenzieren sehr stark zwischen Arbeits- und Privatsphäre, sind daher nur an bereichsspezifischen Informationen interessiert. Deshalb ist es innerhalb von Low-Context-Kulturen sehr wohl nötig, EmpfängerInnen einer Botschaft zusätzliche bereichsspezifische Informationen zukommen zu lassen.

Auch lässt sich die Art und Weise, wie sich Vorgesetzte im Umgang mit Information verhalten, vom Kontext ableiten – in Kulturen mit geringem Kontext schirmen sich die **Führungskräfte** gezielt von ungerichteter Information ab und errichten für ihre Entscheidungsgrundlagen eigene Kanäle (z.B. ein BeraterInnenteam), während Vorgesetzte in High-Context-Kulturen die Funktion einer Organisation ohnehin darin sehen, Informationen zu sammeln, zu verarbeiten und zu verbreiten. Sie betrachten es als ihre Aufgabe, mittendrin und immer am neuesten Stand der Dinge zu sein. Das Wissen, wie viel Kontextinformation ein Gegenüber braucht, ist von großer Bedeutung, wenn man seine Botschaften interkulturell kompetent übermitteln möchte, damit sich niemand durch ein Zuviel bzw. Zuwenig an Information degradiert oder überfordert fühlt.

Eine exakte länderspezifische Zuordnung zu High- und Low-Context wird bei Hall & Hall nicht vorgenommen. Jedoch lassen sich immer wieder Hinweise finden, welche Länder tendenziell welcher der beiden Kategorien angehören. Insbesondere werden Japan, arabische Länder, Länder des Mittelmeerraumes und südländische Kulturen den High-Context-Kulturen zugerechnet, während die USA, England, Kanada, Deutschland und die skandinavischen Länder eher als Low-Context-Kulturen wahrgenommen werden (vgl. auch Tab. 3.2).

Tab. 3.2   High-Context versus Low-Context (eigenerstellt)

High-Context	Low-Context
Fokus darauf, wer etwas sagt	Fokus darauf, was gesagt wird
Viele unausgesprochene Verweise auf gegebenen Kontext	Wenig Voraussetzungen aus dem Kontext
Subtile und indirekte Hinweise	Großteil der Information wird direkt und explizit in der Interaktion gegeben, präzise und explizite Information notwendig
Betonung auf Freundschaften, Netzwerke und zwischenmenschliche Beziehungen	Zwischenmenschliche Beziehungen sind eher kurzlebig
Große Vertrauensbasis bei Verhandlungen	Schriftliche Absicherung bevorzugt
Länderbeispiele: Japan, arabische Länder, südländische Kulturen, Mittelmeerraum	Länderbeispiele: USA, England, Deutschland, Schweiz, skandinavische Länder

Ein Musterbeispiel für High-Context in der Kommunikation stellt die japanische Sprache dar. Eine Vielzahl an Phrasen enthält implizite Informationen, die ohne detaillierte, explizite Erklärung von den Mitgliedern dieser Kultur je nach dem Kontext verstanden werden, und die entsprechend richtigen Verhaltensweisen auslösen. Als Beispiel soll die ständig gebrauchte Phrase „*Yoroshiku onegai shimasu*" angeführt werden, die auch im Geschäftsleben von Nutzen sein kann. Je nach Kontext lässt sich diese mit „nice to meet you", „thank you in advance", „please look after someone", „I count on your cooperation", „I am sorry to trouble you but I need your help", etc. übersetzt werden. Die folgende Tab. 3.3 soll dies auszugsweise veranschaulichen:

Tab. 3.3 *Some useful expressions in Japanese (vgl. Internet, Japanese)*

1.	**Vorstellung:** dahinterliegende Bedeutung
	~ bitte akzeptieren Sie mich als Freund bzw. als Mitglied Ihrer Gruppe
	Watashi wa Romi desu. Yoroshiku onegai shimasu.
	My name is Romi. **Nice to meet you.**
2.	**Bitte um Gefallen:** dahinterliegende Bedeutung
	~ es tut mir leid Sie zu belästigen, aber bitte helfen Sie mir und gleichzeitig Danke im Voraus
	Getsumatsu madeni ohenji o kudasai. Yoroshiku onegai shimasu.
	Please reply by the end of this month. **Thank you in advance.**
3.	**Bitte um Gefallen und implizit auferlegte Verpflichtung:** dahinterliegende Bedeutung
	~ bitte kümmern Sie sich um meine Tochter und machen Sie alles Mögliche um unsere Erwartungen zu erfüllen, auch wenn ich das nicht von Ihnen verlangen sollte
	Douka musume o yoroshiku onegai shimasu.
	Please **look after** my daughter.

Im Zusammenhang mit Sprachen und dem Explizitmachen von Informationen sollte auf eine weitere interkulturelle Besonderheit, nämlich bei Terminvereinbarungen mit UngarInnen hingewiesen werden – insbesondere, da es dabei sogar unter UngarInnen zu Auffassungsunterschieden kommen kann. Setzt man UngarInnen eine Frist bis zu der etwas fertig gestellt oder geliefert werden sollte, ist die Auslegung in der ungarischen Sprache mit dem Suffix „-ig" (~ dem Deutschen „bis zum") nicht immer eindeutig. Während der Ausdruck „bis zum" im Deutschen klar regelt, dass die Leistung bis zum gesetzten Datum oder Tag erbracht werden soll, erlaubt die ungarische Sprache eine um einen Tag weiter gefasste Auslegung in dem Sinne, dass die Leistung bis zum, dem genannten Datum darauffolgenden Tag zu erbringen sei. Laut Erfahrungsbericht eines in Ungarn tätigen österreichischen Managers hat diese aus der Sprache übernommene kulturelle Prägung schon zu manchen Problemen in interkulturellen Geschäftssituationen mit strikten Lieferfristen geführt.

3.2.2   Tempo (Speed): Schnelle und Langsame Botschaften

Wesentliches Kriterium menschlicher Kommunikation ist nach Hall & Hall (1990) der Unterschied in der Geschwindigkeit, in der eine bestimmte Botschaft vom „Empfänger" dekodiert bzw. in der von ihm auf diese Botschaft reagiert werden kann. Dieses Kontinuum beinhaltet als „schnelle" Botschaften z.B. Überschriften, Cartoons, Fernsehwerbung oder Propaganda; am „langsamen" Ende wären Botschaften wie Bücher im Allgemeinen, Poesie im Speziellen, Kunstwerke oder Dokumentationen angesiedelt.

> „*In essence a person is a slow message; it takes time to get to know someone well.*"
> (Hall & Hall 1990, 5)

Problematisch ist es, wenn SenderInnen und EmpfängerInnen kulturell verschiedene Erwartungen bezüglich der „richtigen" Geschwindigkeit haben: Eine Botschaft, die in einer für den „Empfänger" ungewohnten Geschwindigkeit übertragen wird, mag zwar für ihn verständlich sein, aber bei ihm nicht die richtige (im Sinne der vom „Sender" gewünschten) Reaktion auslösen.

3.2.3   Raum (Space): Territorialität und Persönlicher Raum

Illustration: Spätzug

Was ist der Unterschied zwischen 10 einander fremden SüdländerInnen in einem Spätzug mit 10 Wagen und 10 NordeuropäerInnen in derselben Situation?

Alle 10 SüdländerInnen sitzen in einem einzigen Abteil (mit 6 Sitzen),

bei den NordeuropäerInnen sitzt in jedem Wagen 1 Fahrgast.

Jedes Lebewesen wird durch eine physische Hülle von seiner externen Umgebung getrennt. Doch das Individuum im übertragenen Sinn endet nicht an dieser visuell wahrnehmbaren Außengrenze, da es darüber hinaus noch unsichtbare Grenzen gibt, wie den persönlichen Raum und das Territorium, die ebenso in der Interaktion berücksichtigt werden sollten wie die sichtbaren Grenzen. Raum ist nicht nur sichtbar, sondern er ist mit allen Sinnen erfahrbar (auditiv, kinästhetisch oder olfaktorisch). Aus diesem Umstand heraus ist es zu erklären, warum Menschen mancher Kulturen die Stille suchen, wenn sie sich konzentrieren wollen, während es High-Context-Kulturen als Ablenkung empfinden würden, bei ihrer Arbeit nicht im normalen Geschehen involviert zu bleiben.

Territorialität ist grundsätzlich ein angeborenes „Programm", bei dem Anspruch auf ein bestimmtes Gebiet erhoben und dessen Verteidigung nötigenfalls ergriffen wird. Was als Territorium aufgefasst wird, variiert kulturspezifisch – es kann sich auf Plätze, aber auch auf Besitztümer erstrecken. (Beispiel: Welches Stockwerk sollte ausschließlich den Top-Führungskräften zur Verfügung stehen?)

Der **persönliche Raum** (personal space), der als jener Raum außerhalb des Körpers definiert werden kann, der noch als zugehörig zum Körper empfunden wird, kann auch als „Raumblase" beschrieben werden, die sich in Abhängigkeit von verschiedener Faktoren, z.B. der Beziehung zu den Menschen in der unmittelbaren Umgebung, dem emotionalen Zustand der Person, dem kulturellen Hintergrund und der momentanen Aktivität, ausdehnen oder zusammenziehen kann.

> „*When a foreigner appears aggressive and pushy, or remote and cold, it may mean only that her or his personal distance is different from yours.*" (Hall & Hall 1990, 12)

Dieser persönliche Raum, den man nach Hall & Hall auch als mobiles Territorium bezeichnen kann, darf nur von wenigen (ausgesuchten) Personen bzw. nur für kurze Zeit betreten werden, damit es nicht zu Gefühlen wie Unannehmlichkeit oder gar Aggressivität kommt.

Anregung: Denken Sie an Situationen, in denen Ihr persönlicher Raum verletzt wurde!

[1] Wie sehen Sie Ihren perfekten Arbeitsplatz? Ein eigenes Büro, ein Gemeinschaftsbüro mit maximal einer weiteren Person, ein Großraumbüro, etc.?

[2] In welchen Situationen ist Ihnen kulturbedingtes Raumverhalten aufgefallen? Bringen Sie Beispiele.

3.2.4   Zeit (Time): Monochrone und Polychrone Zeit

Es gibt viele unterschiedliche Zeitsysteme, nach denen Menschen leben; zwei von diesen wurden von Hall & Hall näher erläutert: Die **monochrone Zeit**, in der die Aufmerksamkeit und die Aktivität immer nur auf eine Sache auf einmal gerichtet werden (Stichwort: Konzentration). Die Zeit selbst wird als linear empfunden, in verschiedene aneinander gereihte Segmente unterteilt und in diesen auch verplant. Zeit scheint in diesen Kulturen beinahe greifbar zu sein und wird oft mit Geld verglichen bzw. gleichgesetzt (z.B. Zeit verbrauchen, investieren, sparen oder verschwenden als typische Äußerungen).

Bei der **polychronen Zeit** ist man in viele Dinge zugleich involviert, die Zeit wird als zyklisch empfunden. Der Schwerpunkt liegt darauf, menschliche Interaktionen erfolgreich zu beenden und nicht wie bei der monochronen Kultur Zeitpläne einzuhalten. Weitere Unterschiede dieser Systeme werden in Tab. 3.4 angeführt und im anschließenden Dialog veranschaulicht.

Tab. 3.4   Monochronic vs. polychronic people (Hall & Hall 1990, 15)

Monochronic People	Polychronic People
do one thing at a time	do many things at a time
once take time commitments (deadlines, schedules) seriously	consider time commitments an objective to be achieved, if possible
concentrate on the job	are highly distractible and subject to interruptions
are **low-context** and need information	are **high-context** and already have information
are committed to the job	are committed to people
adhere religiously to plans	change plans often and easily
are concerned about not disturbing others; follow rules of privacy and consideration	are more concerned with those who are closely related (family, friends, close business associates) than with privacy
show great respect for private property; seldom borrow or lend	borrow and lend things often and easily
emphasize promptness	base promptness on the relationship
are accustomed to short term relationships	have a strong tendency to build lifetime relationships

Das Zeitempfinden lässt sich nicht nur für die Gegenwart differenzieren, Hall & Hall verweisen u.a. auch darauf, dass der unterschiedliche Fokus auf die Vergangenheit oder die Zukunft Kulturen sehr wesentlich charakterisieren kann.

Illustration: Fahrkartenkauf

Sie kommen zum Fahrkartenschalter am Bahnhof. Dort warten bereits sechs andere Personen. Wie wird sich die Situation mit VertreterInnen monochoner bzw. polychroner Zeitorientierung unterscheiden?

Das Anstellen ist ein Charakteristikum monochroner Kulturen, wo jeder der Reihe nach je nach dem Zeitpunkt des Eintreffens bedient wird. In polychronen Kulturen sind Menschenansammlungen vor dem Schalter wahrscheinlicher und niemand stellt sich an.

Abschließend bleibt zu sagen, dass Hall & Hall nicht nur die Dimensionen für sich, sondern auch deren Zusammenhänge betonen, beispielsweise jene zwischen Raum und Zeit oder zwischen Zeitverständnis und Kontext. Beispielsweise ist die Bedeutung des persönlichen Raums für monochrone Menschen sehr groß, polychrone empfinden ihn hingegen als den Informationsfluss störend.

Vollgepackter Zeitplan – Was ist bei dieser Kommunikation schief gegangen?

Herr Abu Bakr:	Herr Armstrong! Schön Sie zu sehen.
Herr Armstrong:	Es freut mich Sie wiederzusehen, Hassan.
Herr Abu Bakr:	Sagen Sie, wie geht es Ihnen?
Herr Armstrong:	Sehr gut, danke. Und Ihnen?
Herr Abu Bakr:	Gut, gut. Gelobt sei Allah!
Herr Armstrong:	Ich schätze es wirklich sehr, dass Sie zugestimmt haben, mich bezüglich der Vertriebsvereinbarungen zu treffen.
Herr Abu Bakr:	Gern geschehen! Aber erzählen Sie mir, wie war Ihre Reise? Sind Sie direkt geflogen oder hatten Sie eine Zwischenlandung?
Herr Armstrong:	Diesmal hatte ich keine Zwischenlandung, ich habe einen vollgepackten Zeitplan. Deshalb bin ich auch so dankbar, dass Sie mich kurzfristig sehen konnten.
Herr Abu Bakr:	Keine Ursache! Wie geht es meinem alten Freund, Herrn Wilson?
Herr Armstrong:	Wilson? Ah, gut, gut. Er war auch sehr mit dem Vertriebsproblem beschäftigt.
Herr Abu Bakr:	Sie wissen, dass Sie zur perfekten Zeit gekommen sind. Morgen ist der Geburtstag unseres Propheten – Friede und Segen sei mit ihm – und wir werden ein besonderes Fest bei uns zu Hause haben. Ich möchte Sie dazu gerne einladen.
Herr Armstrong:	Vielen Dank! Aber nun zu unserem Geschäft!

Quelle: eigene Übersetzung nach Storti 1994, 89; Dialog Nr.50

3.3 Dimensionen nach Hofstede

Einer der meistzitierten und auch meistkritisierten KulturforscherInnen ist Geert Hofstede (Hofstede 1997), der für die Managementlehre als der Doyen der kulturvergleichenden Forschung gelten kann. Im Vergleich zu anderen KulturforscherInnen vor und nach ihm entwickelte er eine neue Forschungsmethode: Er sammelte zuerst einen langen Katalog von Werten und Normen, die am Arbeitsplatz von Belang sein könnten. Dann legte er diesen Katalog 116.000 IBM MitarbeiterInnen in über 50 Ländern bzw. drei Regionen (Arabische Nationen, Ostafrika und Westafrika) vor. Die MitarbeiterInnen bewerteten, inwieweit diese Werte und Normen auf sie zutrafen. Das Ergebnis dieser Befragungen wurde mittels einer Faktorenanalyse[9] in vier Faktoren oder auch Gruppen, aufgeteilt. Diese vier Faktoren deutete Hofstede dann als Kulturdimensionen. Später, bei der Untersuchung fernöstlicher Kulturen, fügte Hofstede gemeinsam mit Bond (1988) eine weitere, fünfte Dimension hinzu: Die Zeitorientierung. Im Folgenden werden die einzelnen Dimensionen kurz beschrieben, auf eine Auflistung der länderspezifischen Indizes wird jedoch verzichtet. Diese können in anschaulicher Weise auf der Homepage von Geert Hofstede abgerufen werden (vgl. Internet: http://www.geert-hofstede.com).

3.3.1 Machtdistanz (Power Distance) – PDI

Ungleichheit gibt es in jeder Gesellschaft – unter anderem deswegen, weil physische und intellektuelle Fähigkeiten, Macht, Reichtum und Status einander nicht notwendigerweise wechselseitig bedingen müssen. Diese Inkonsistenzen werden in verschieden Kulturen unterschiedlich, nämlich als problematisch oder als Ausgleich, empfunden.

Die Machtdistanz kann als Ausmaß definiert werden, bis zu dem die weniger mächtigen Mitglieder von Institutionen (insbesondere Familie, Schule und Gemeinschaft) oder Organisationen (Arbeitsstelle) in dieser Kultur erwarten und akzeptieren werden, dass Macht ungleich verteilt ist. Seine Untersuchung lässt Hofstede hier auf drei Fragen basieren: (1) Ob Angestellte Angst haben, ihre Nichtübereinstimmung mit ihren Vorgesetzten zu bekunden, (2) wie der tatsächliche Entscheidungsfindungsstil eines Vorgesetzten von Untergebenen wahrgenommen wird und (3) welcher Entscheidungsfindungsstil des Vorgesetzten von Untergebenen vorgezogen wird.

3.3.2 Individualismus vs. Kollektivismus (Individualism vs. Collectivism) – IDV

Wie bereits zuvor genannte AutorInnen so hat auch Hofstede die Kulturdimension Individualismus/Kollektivismus identifiziert. In individualistischen Kulturen sind seiner Definition

---

[9] Eine Faktoranalyse versucht aus einer großen Anzahl von Fragen Gruppen zu bilden. Dazu werden die Antworten auf diese Fragen auf gemeinsame Ausprägungen untersucht. Wenn z.B. Frage 2 und Frage 4 meist ähnlich beantwortet werden, wird die Faktoranalyse diese derselben Gruppe zuordnen.

gemäß die Verbindungen zwischen den einzelnen Individuen lose, jeder kümmert sich erwartungsgemäß um die eigenen Angelegenheiten bzw. jene der unmittelbaren Familie. Im Gegensatz dazu werden Individuen in kollektivistischen Kulturen von Geburt an in stark zusammenhängende Gruppen integriert, die lebenslang dem Individuum Schutz gewähren – im Austausch für unbedingte Loyalität bzw. Nachrang der eigenen Interessen nach jenen der Gruppe. In der Befragung identifizierte Hofstede arbeitsbezogene Werte wie „Zeit zur persönlichen Verfügung", „Freiheit" und „Herausforderung" für den individualistischen und „Training", „Arbeitsbedingungen" und „Einsatz von Fähigkeiten" für den kollektivistischen Pol. Die eben beschriebene Dimension scheint mit jener von Machtdistanz negativ korreliert zu sein, d.h. dass z.B. große Machtdistanz vor allem in kollektivistischen Kulturen vorkommt, etc. Individualistische Kulturen erklären ihr Verhalten über die Persönlichkeit, kollektivistische Kulturen über die Gruppennorm. Der Erfolg wird an der persönlichen Leistung bzw. im Kollektivismus über die Gruppe bestimmt. In individualistischen Kulturen sind die persönlichen Ziele wichtig, Konfrontation kann gesucht werden, hingegen streben kollektivistische Kulturen nach Harmonie, richten ihr Handeln auf die Gruppenziele aus und haben untereinander zahlreiche Verpflichtungen.

3.3.3   Maskulinität vs. Femininität (Masculinity vs. Femininity) – MAS

In maskulinen Kulturen gelten eher „männliche" Werte, wie z.B. Einkommen, Anerkennung, Beförderung und Herausforderung, während in femininen Kulturen „weibliche" Werte, wie z.B. gute Beziehungen zu Vorgesetzen/MitarbeiterInnen, Teamarbeit, Rücksicht auf die Umwelt und Arbeitsplatzsicherheit Vorrang haben[10]. Nach Hofstedes Definition sind die Rollen der Geschlechter in maskulinen Kulturen stärker differenziert (Männer sind ambitioniert, hart, auf materiellen Erfolg aus, während sich die Interessen der Frauen stärker um Beziehungen und Lebensqualität drehen), wohingegen sich diese Rollen in femininen Kulturen überlappen.

Das Aufeinandertreffen der zwei entgegen gesetzten Ausprägungen dieser Dimension beschreibt Hofstede am Beispiel eines eigenen Vorstellungsgesprächs bei einem amerikanischen Unternehmen:

> *[...] He had sent the firm a brief letter stating his interest and qualifications for the job, and had enclosed a one-page résumé identifying his excellent academic background and previous engineering work at a prestigious Dutch company. At the interview, Geert was, as the Dutch are taught to be, polite and modest. He waited for the American interviewer to ask questions that would probe his qualifications. But the interviewer did not ask the expected questions. Instead, the American asked some detailed questions about tool design – questions that required knowledge of specialized words in English – and other issues that are generally learned on the job during the*

---

[10]   Die Bezeichnung für diese Dimension leitete Hofstede daraus ab, dass es sich dabei um die einzige Dimension handelte, bei der sich Frauen und Männer konsistent voneinander unterschieden.

first few weeks of employment. Geert considered them irrelevant. At the end of an interview that Geert, many years later, still recalls as "painful", the American told him that they needed "a first-class man" for the position. (Seelye 1996, 94)

Anregung: Was ist beim Interview wirklich passiert?

[1] Recherchieren Sie die Indizes für die besagten Kulturen auf Hofstedes Homepage!

[2] Was lässt sich aus den Werten ableiten?

[3] Welche Aussage lässt sich in Bezug auf Österreich treffen?

3.3.4 Unsicherheitsvermeidung (Uncertainty Avoidance) – UAI

Als Unsicherheitsvermeidung bezeichnet Hofstede das Ausmaß, in dem sich Mitglieder einer Kultur von unsicheren oder unbekannten Situationen bedroht fühlen. Er unterscheidet dies stark von Risikovermeidung und vergleicht das Verhältnis von Risiko und Unsicherheit mit jenem von Furcht und Angst: So wie Angst im Gegensatz zur Furcht auf kein spezifisches Objekt gerichtet ist, so könne der Unsicherheit – ungleich dem Risiko – keine Wahrscheinlichkeit zugeordnet werden. Diese Dimension basiert auf Antworten in den Bereichen Arbeitsbelastung, Bedeutung der Einhaltung von Unternehmensrichtlinien und beabsichtigte Dauer des Verbleibs im Unternehmen. Nach Hofstede versuchen Kulturen mit hoher Unsicherheitsvermeidung, in allen Bereichen des Lebens unsicheren Situationen aus dem Weg zu gehen bzw. diese zu bekämpfen. Mittel der Unsicherheitsvermeidung sind Planung, Strukturierung und Regelbildung, mit diesen einher, gehen allerdings auch höhere Arbeitsbelastung und Stress. Soweit es nur geht, wird versucht, die Zukunft positiv zu beeinflussen bzw. berechenbar zu machen. In Kulturen mit niedriger Unsicherheitsvermeidung wird das Leben eher von einem Tag zum nächsten gelebt. Regelungen werden häufig umgangen, und es gibt auch einen wesentlich geringeren Widerstand bei Änderungen.

3.3.5 Zeitorientierung (Confucian Dynamism) – LTO

Als zusätzliche Kulturdimension identifizierte Hofstede die Zeitorientierung nach dem Chinese Value Survey von Michael Bond, einer Befragung hinsichtlich typischer asiatischer Werte. Kulturen können kurz- oder langzeitig orientiert sein, wobei langzeitig hier im Sinne von Konfuzius' Lehren zu verstehen ist – nämlich mehrere Generationen übergreifend. In dem nach dieser Studie kurzfristigen (aus westlicher Sicht allerdings bereits langfristigen!) Spektrumsbereich werden Werte wie persönliche Stabilität, Wahren des Gesichts, Respekt für Tradition und Reziprozität von Grüßen, Geschenken und Gefallen geschätzt, während im langfristigen Bereich Beharrlichkeit, Status als Ordnungs- und Gestaltungskriterium für Beziehungen, Sparsamkeit und Scham angesiedelt sind.

3.3.6   Kritik an der Studie

Hofstede hat als einer der ersten KulturforscherInnen die Einflüsse nationaler Kulturen auf das Management untersucht und dabei als erster relativ gut vergleichbare Menschen (in derselben Firma) über viele verschiedene Kulturen hinweg untersucht. Allerdings wurde Hofstedes Studie nicht ohne Kritik angenommen (vgl. dazu auch Abschnitt 2.6). Der vielleicht wichtigste Kritikpunkt: Die **Validität**[11] der durch die Faktoranalyse entwickelten Messinstrumente. Bei vielen der Fragen in Hofstedes Messinstrumenten handelt es sich um Fragen, die nicht direkt die Dimension selbst abfragen, sondern sich indirekt auf andere Konzepte beziehen. Zum Beispiel fragt Hofstede, um Unsicherheitsvermeidung zu messen, wie lange die Befragten noch in der Firma zu bleiben gedenken. Man kann zwar argumentieren, dass in Kulturen mit niedrigerer Unsicherheitsvermeidung die Menschen eher bereit sind, den Job öfter zu wechseln und damit mehr Unsicherheit auf sich zu nehmen, aber es gibt auch noch viele andere Gründe, warum Menschen eine Firma verlassen wollen. Deshalb sind Hofstedes Ergebnisse mit Vorsicht zu genießen. Die Behauptung, dass GriechInnen die höchste Unsicherheitsvermeidung der Welt hätten (vgl. Hofstede 2001, 159), scheint unhaltbar. Man kann allerdings sagen, dass die griechischen MitarbeiterInnen von IBM am ehesten erwarten, ihren Job bei IBM zu behalten. Ähnlich unhaltbar ist auch die Behauptung, dass in Singapur die niedrigste Unsicherheitsvermeidung der Welt vorliegt. Wer jemals Singapur besucht hat, weiß, dass dort alles reguliert ist, vom täglichen Autofahren bis zum Kaugummikauen. Auch der geringste Machtdistanzindexwert für Österreich ist in Bezug auf die „Liebe" zur Titelwirtschaft fraglich.

Ein zweiter wichtiger Kritikpunkt betrifft die **Auswahl der Subjekte**. Da er nur IBM-MitarbeiterInnen befragte, könnte man sagen, dass Hofstede nicht nationale Kulturunterschiede gemessen hat, sondern nationale IBM-Kulturunterschiede. Hier kann man aber argumentieren, dass nationale Kulturunterschiede und nationale IBM-Kulturunterschiede in Zusammenhang stehen sollten, d.h. im Durchschnitt sollten sich französische IBM-MitarbeiterInnen von ihren amerikanischen IBM-KollegInnen genauso unterscheiden, wie sich die französische Kultur von der amerikanischen unterscheidet.

Weitere Kritik der Studie wurde in Bezug auf die grundlegende Reduktion von Kultur auf ein vereinfachtes Fünf-Dimensionen-Konzept und die Vernachlässigung kultureller Heterogenität innerhalb von Nationen geübt (vgl. Kirkman & Lowe & Gibson 2006). Apfelthaler verweist auf die deterministische Wirkung, die Hofstedes Indizes mittlerweile weltweit eingenommen haben. Durch die dominante Position kommt kaum noch jemand auf die Idee, dass sich Individuen in einer Kultur anders verhalten, als dies von Hofstede in seinen Tabellen vorgegeben wird (vgl. Apfelthaler 1999, 62). Schließlich soll noch auf das Alter der Studie (Beginn der 70-er Jahre) hingewiesen werden. Durch den gesellschaftlichen Wandel sind die Untersuchungsergebnisse für die heutige Zeit zu hinterfragen.

Zusammenfassend sehen wir Hofstedes Arbeit als eine wichtige Studie im Bereich der Kulturforschung im Managementbereich, deren Ergebnisse aufgrund obiger Kritik jedoch mit Vorsicht zu genießen sind.

---

[11]   Die Validität eines Messinstrumentes gibt an, inwieweit das Instrument auch wirklich misst, was es zu messen vorgibt.

3.4   Dimensionen von Trompenaars & Hampden-Turner

Trompenaars (vgl. Trompenaars & Hampden-Turner 1997) befragte ManagerInnen anhand bipolar ausgerichteter Fragen, was sie für die jeweils bessere von zwei Alternativen hielten[12]. Der Prozentsatz der Antworten pro Land gab ihm Aufschluss über die Kultur des Landes. Trompenaars erforschte mehr Aspekte der Kultur als Hofstede, fand also auch mehr Kulturdimensionen. Die ersten fünf Dimensionen beschreiben die Beziehung zu anderen Menschen, die sechste skizziert die Beziehung zur Zeit und die letzte jene zur Umwelt. Im Gegensatz zur Studie von Hofstede kommen die Befragten nicht nur aus einem Unternehmen. Daten wurden auch im Rahmen interkultureller Trainingsveranstaltungen erhoben. Um ein repräsentatives Ergebnis zu bekommen, wurde immer ein Minimum von 100 Leuten pro Land befragt.

Trompenaars beschäftigt sich mit sieben Kulturdimensionen (siehe Tab. 3.5) für insgesamt 52 Länder[13]. Allerdings hat er nicht alle sieben Dimensionen in allen 52 Ländern erforscht, sondern sammelte oft nur teilweise oder auch keine Ergebnisse.

Tab. 3.5   Kulturdimensionen nach Trompenaars (vgl. Trompenaars & Hampden-Turner 1997, 8ff)

Dimension	Kurze Erklärung
Universalismus oder Partikularismus	Gibt es immer nur einen universal richtigen Weg der für alle gilt oder muss jeder Fall separat betrachtet werden?
Individualismus oder Gruppenzugehörigkeit	Sind Menschen Individuen oder Teil einer Gruppe?
Neutral oder Emotional	Darf man Emotionen offen zeigen?
Spezifisch oder Diffus	Beziehen sich geschäftliche Beziehungen speziell nur auf das Geschäft oder auch auf die Person des Partners?
Leistung oder Zuschreibung	Wird sozialer Status aufgrund eigener Leistungen oder persönlicher Merkmale zugeteilt (z.B. Familie, Alter, Geschlecht)?
Zeitverständnis	a) Sind Pläne für die Zukunft wichtiger als schon erbrachte Leistungen? b) Verläuft die Zeit als Linie oder als Kreis?
Umweltverständnis	Ist der Fokus des Lebens das Individuum selbst oder seine Umwelt?

---

[12] Dieser Ansatz richtet sich vor allem an PraktikerInnen. Das bedeutet, dass eine Beschreibung der Wirkungsweise von Phänomenen mehr interessiert als die Begründung der durch seine Methode ermittelten Zusammenhänge oder ihre kritische Reflexion.

[13] Ägypten, Argentinien, Australien, Belgien, Brasilien, Bulgarien, BRD, Burkina Faso, China, Curacao, Dänemark, DDR, Finnland, Frankreich, Griechenland, Großbritannien, Hongkong, Indien, Indonesien, Irland, Italien, Japan, Jugoslawien, Kanada, Kuwait, Malaysien, Mexiko, Nepal, Niederlande, Nigeria, Norwegen, Oman, Österreich, Pakistan, Philippinen, Polen, Portugal, Rumänien, Russland, Schweden, Schweiz, Singapur, Spanien, Süd Korea, Tschechoslowakei, Thailand, Türkei, VAE, Ungarn, Uruguay, USA und Venezuela

3.4.1   Universalismus oder Partikularismus (Universalism vs. Particularism)

In **universalistischen** Kulturen gelten personen- und situationsübergreifende Wahrheiten und Prinzipien, die auch im Einzel- und Zweifelsfall anzuwenden sind und höher als die einzelne Person stehen. Wahrheit steht somit vor Freundschaft. Die Gleichbehandlung aller durch das Recht ist beispielsweise Ausfluss einer universalistischen Denkweise. SchülerInnen und PreisträgerInnen werden nach dem Produkt beurteilt, welches sie vollbracht haben, nicht nach ihren persönlichen Anstrengungen, ihren Fortschritten oder den spezifischen Bedingungen, unter denen sie sie geleistet haben. Man glaubt an Grundgesetze des Universums, die sich in der Kunst, Mathematik und Physik ausdrücken. Tendenziell werden in universalistischen Kulturen auch die „Gesetze des Managements" für allgemein gültig gehalten (Motto: Business is business).

Demgegenüber denkt und urteilt man in **partikularistischen** Kulturen eher einzelfallsbezogen: Die Spezifika der beteiligten Personen und der Situation werden als unabdingbar für die Einschätzung eines Falls erachtet. Beziehungen zu anderen Personen sind sehr wichtig und daher auch über allgemeine Prinzipien zu stellen (Motto: Es kommt immer darauf an).

Trompenaars ermittelt die Ausprägungen seiner Dimension in unterschiedlichen Kulturen, indem er die Personen folgende drei Situationen entscheiden lässt: Man ist Zeuge, dass ein Freund zu schnell fuhr und einen Verkehrsunfall verursachte; als Journalist soll man das (relativ schlechte) Restaurant eines Freundes beurteilen bzw. man soll als Arzt für eine Versicherungsgesellschaft den Gesundheitszustand eines Freundes beurteilen. Für alle drei Dilemmata wurde gefragt, ob der Freund ein Recht auf Unterstützung durch seinen Freund hat, und wie die ManagerInnen im einzelnen Fall reagieren würden. In universalistischen Kulturen steht die Wahrheit vor der Freundschaft, in partikularistischen Kulturen hingegen, wäre es undenkbar, einen Freund im Stich zu lassen.

Für Österreich wurde diese Dimension nicht untersucht. Auch wenn eine etwaige Affinität mit Vorbehalt zu sehen ist, sollen neben den markantesten Untersuchungsergebnissen, zur Orientierung auch jeweils die Werte für die deutschsprachigen Nachbarländer angegeben werden. Bei der ersten Frage mit dem Verkehrsunfall hat die Schweiz mit 97% der Antwortenden eine eindeutig universalistische Orientierung und stellt somit die Wahrheit vor die Freundschaft. Ebenso Deutschland mit 87%, die USA mit 93% oder Großbritannien mit 91%. Eine partikularistische Ausprägung findet sich dagegen mit nur 32% bei Venezuela, 36% bei Nepal, 44% bei Russland oder 47% bei China. Auch auf die zweite Frage bezüglich der Restaurantkritik sind die Schweiz mit 71% und Deutschland mit 61% universalistisch in ihren Antworten, ebenso die USA mit 66%. Den niedrigsten Wert und somit die partikularistischste Einstellung findet man bei dieser Frage bei Serbien mit 24%, gefolgt von Polen mit 43% und Russland 47%. In Bezug auf die Versicherungsgesellschaft ist die Schweiz mit 68% wiederum universalistisch geprägt, für Deutschland wurde diese Frage nicht untersucht. Partikularistisch sind in Bezug auf diese Frage Serbien mit 20%, die Tschechische Republik mit 24% und Russland mit 29% der Antwortenden. D.h. dass man in den letztgenannten Ländern bei der Diagnose des Gesundheitszustands Zugeständnisse dahingehend machen würde, einem engen Freund eine bessere Versicherung zukommen zu lassen (vgl. Trompenaars & Hampden-Turner 1997, 35, 37 und 39).

Kurzfallstudie – Mein bester Freund versus Geld

Sie sind auf dem Weg zu einem entscheidenden Geschäftstreffen bei dem es um den Abschluss eines 100 Millionen Dollar Geschäftes geht. Sollte der Vertrag unterzeichnet werden, erhalten Sie eine Prämie von 3 Millionen Dollar. Zuvor müssen jedoch noch einige Details ausdiskutiert werden und Sie sind die einzige Person, die dazu befugt ist. Plötzlich stürzt ihr bester Freund, den Sie schon seit Ihrer Kindheit kennen und der auch Trauzeuge bei Ihrer Hochzeit war, auf Sie zu und fleht Sie an: „Etwas Schreckliches ist passiert und ich brauche sofort Deine Hilfe! Du bist die einzige Person, die mir helfen kann!"

[1] Wie würden Sie reagieren, insbesondere wenn sofort gehandelt werden muss?

[2] Mit welchen Kulturdimensionen (auch anderer ForscherInnen) lässt sich in diesem Fall argumentieren?

[3] Versuchen Sie den Fall auf unterschiedliche Kulturen umzulegen!

Quelle: eigene Übersetzung nach Gannon 2001, 24

3.4.2 Individualismus oder Gruppenzugehörigkeit (Individualism vs. Communitarianism)

Mit dieser Dimension werden Kulturen danach klassifiziert, ob sich die einzelnen Mitglieder der Kultur primär als Individuen oder als Teil einer Gruppe sehen. In individualistischen Kulturen steht das Individuum im Vordergrund, als Gegenstück dazu sind Kulturen identifizierbar, die vor allem die Gruppe bzw. die Gruppenzugehörigkeit betonen. Im Gegensatz zu eher auf die Gemeinschaft ausgerichtete Kulturen liegt bei individualistischen Kulturen die Betonung auf dem „Ich" und nicht dem „Wir". Individualistische Kulturen zeigen die Tendenz Entscheidungen sogleich und alleine zu treffen, bzw. die Verantwortung ohne Absicherung in der Gruppe zu übernehmen.

Wiederum stellte Trompenaars seine Subjekte vor drei Entscheidungen, um die vorherrschende Ausprägung dieser Dimension in den untersuchten Ländern zu erforschen: Wird die Lebensqualität des Einzelnen erhöht, indem man jedem Einzelnen die größtmögliche Freiheit zugesteht oder indem sich jeder Einzelne um Gruppenkonsens bzw. die Erreichung der Ziele der Gruppe kümmert? Arbeiten Menschen eher alleine und bekommen dafür individuell Anerkennung oder arbeiten sie in einer Gruppe ohne Anerkennung des individuellen Beitrags? Trägt das gesamte Team oder der Einzelne die Schuld daran, wenn etwas falsch läuft?

Auch bei diesen drei Fragen lassen sich keine Werte für Österreich finden. Als eindeutig individualistisch lassen sich bei allen drei Fragestellungen die USA und als kollektivistisch Japan zuordnen. Auch bei den deutschsprachigen Ländern zeigt sich eine individualistische Tendenz bei der Schweiz mit 66% der Antwortenden auf Frage eins und ebenfalls 66% auf

Frage zwei, sowie bei Deutschland mit 53% auf Frage eins und 62% auf Frage zwei. Die dritte Frage wurde für die Schweiz nicht untersucht. Deutschland kommt bei dieser Frage mit 36% der kollektivistischen Ausprägung sehr nahe. Betrachtet man die Auswertung im Detail, und setzt man für diese Fragestellung den niedrigen Wert Deutschlands in Verhältnis zum Höchstwert von 69% für Kuba und Russland, so lässt sich das Ergebnis dennoch als eher individualistisch interpretieren (vgl. Trompenaars & Hampden-Turner 1997, 51, 55 und 57).

3.4.3   Affektive oder Neutrale Kulturen (Affective vs. Neutral Cultures)

Diese Dimension veranschaulicht insbesondere den Gegensatz unterschiedlicher Kulturen beim Auftreten in der Öffentlichkeit. In **affektiven** Kulturen zeigen Menschen ihre Gefühle offen, indem sie z.B. lachen, lächeln, Grimassen schneiden oder die Stirn runzeln. In **neutralen** Kulturen ist der Umgang mit Gefühlen verhalten. Während es für manche Kulturen ganz normal ist, in der Öffentlichkeit Händchen zu halten, sich einzuhängen, sich zu umarmen oder zu küssen, ist der körperliche Kontakt in anderen Kulturen kaum bis nicht vorhanden.

Eine reine Beobachtung eines solchen Verhaltens in einem anderen Kulturkreis kann zu großen Missverständnissen führen, insbesondere wenn man daraus schließt, dass das Nicht-Zeigen von Gefühlen auf mangelnde Warmherzigkeit, Unterdrückung von Gefühlen hingegen auf ein fehlendes Gespür für Anstand und Zurückhaltung zurückzuführen sei. Trompenaars betont bei dieser Dimension besonders, dass neutrale Kulturen deshalb nicht als kalt oder gefühllos angesehen werden sollten. Die Unterscheidung bezieht sich alleine auf das Ausmaß, in welchem Gefühle gezeigt werden, nicht darauf, ob Menschen aus neutralen Kulturen überhaupt Gefühle haben.

Trompenaars hat diese Dimension nur in einer relativ kleinen Anzahl von Ländern erforscht. Er stellte die Subjekte vor nur eine Entscheidung: Würden Sie ihre Gefühle offen zeigen, wenn Sie etwas an ihrem Arbeitsplatz geärgert hätte?

59% der Antwortenden aus Österreich würden ihre Gefühle öffentlich nicht zeigen. Österreich zählt somit neben Japan mit 74% und Äthiopien mit dem Spitzenwert von 81% zu den neutralen Kulturen, während am unteren Ende Kuwait (15%), Ägypten (18%), der Oman (19%) oder Spanien (19%) den affektiven Kulturen zuzurechnen sind. Auch Frankreich (30%), Italien (33%), die Schweiz (32%), Deutschland (35%), die USA (43%) und Großbritannien (45%) zählen demgemäß eher zu den affektiven bzw. emotionalen Kulturen (vgl. Trompenaars & Hampden-Turner 1997, 70). In Bezug auf Österreich und Deutschland scheinen die widersprüchlichen Untersuchungsergebnisse fraglich, insbesondere da aus Sicht der AutorInnen gerade bei dieser Ausprägung eine gewisse Ähnlichkeit wahrnehmbar ist. Wie schon bei der Studie von Hofstede angemerkt, sind daher die Untersuchungsergebnisse mit einem gewissen Vorbehalt zu betrachten.

3.4.4 Spezifische oder Diffuse Kulturen (Specific vs. Diffuse Cultures)

Mit dieser Kulturdimension wird beschrieben, inwieweit offizielle und persönliche Lebensbereiche miteinander vermischt werden. In **spezifischen** Kulturen konzentrieren sich bestimmte menschliche Beziehungen ausschließlich auf die jeweilige Situation. Vorgesetzte können im Berufsleben die dominierende Rolle spielen, während sie – vielleicht sogar mit denselben Menschen – im Privatleben eine gleichgestellte oder vielleicht sogar niedrigere Position innehaben. Der einer Person entgegengebrachte Respekt bezieht sich überwiegend auf ihre Kompetenz oder ihren Einfluss in der spezifischen Situation. Titel werden in diesen Kulturen nur als spezifische Beschreibung eines konkreten Jobs in einer bestimmten Situation benutzt.

In **diffusen** Kulturen dringt die im Berufsleben oder durch Vererbung belegte Rolle in alle Bereiche des Lebens ein. Der „Herr Direktor" ist immer und überall der „Herr Direktor" und wird auch mit dem entsprechenden, gleich bleibenden Respekt behandelt.

Trompenaars entwickelte eine Rangordnung aller untersuchten Länder nach dieser Dimension. Diesmal benutzte er zwei Dilemmata, um die Einstellung seiner Subjekte zu erforschen: Ein/e MitarbeiterIn wird von ihrem/seinem Boss gebeten, ihr/ihm bei der Renovierung seines Hauses zu helfen. Das zweite Dilemma besteht in der Frage, ob eine Firma verpflichtet sei, ihren MitarbeiterInnen bei der Wohnungssuche behilflich zu sein?

Was die Renovierung des Hauses betrifft, so würden 65% der befragten ÖsterreicherInnen ihren Vorgesetzten nicht helfen, was auf eine eindeutig spezifische Kultur hindeutet. Noch spezifischer sind in Bezug auf diese Frage die Schweiz mit 90%, England mit 88%, Deutschland mit 83%, die USA mit 82%, und Schweden mit einem Top-Wert von 91%. Eine diffuse Ausprägung zeigen hingegen China mit dem niedrigsten Wert von 32% oder Nepal mit 40%. Die zweite Frage nach der Wohnungssuche wird von 79% der befragten ÖsterreicherInnen verneint, was wiederum der spezifischen Orientierung entspricht. Mit noch höheren Werten sind auch die Schweiz (83%) und Deutschland (75%) wieder eindeutig spezifisch ausgeprägt. Interessant sind die niedrigen Prozentsätze für Japan mit 45%, Ungarn mit 17% oder Serbien mit dem niedrigsten Prozentsatz von 11%. Diese Länder erwarten sich lt. der Studie Unterstützung bei der Wohnungssuche durch die ArbeitgeberInnen und zählen daher zu den diffusen Kulturen (vgl. Trompenaars & Hampden-Turner 1997, 88 und 93).

3.4.5 Leistungs- oder Zuschreibungsorientierte Kulturen (Achievement vs. Ascription Oriented Cultures)

Diese fünfte Dimension Trompenaars beschäftigt sich mit der Frage, in welcher Form einer Person Status eingeräumt wird – aufgrund der Leistung dieser Person oder aufgrund von Zuschreibung von Charakteristika. In **zuschreibungsorientierten** Kulturen wird Status aufgrund von teilweise schwer zu beeinflussenden Faktoren, wie z.B. Alter, Beruf, Familie, Geschlecht, persönlichem Netzwerk und Ausbildung, zugeteilt. In **leistungsorientierten** Kulturen wird Status aufgrund von Leistungen gewährt. Zuschreibungskulturen beurteilen einen Menschen eher nach dem Sein, während leistungsorientierte Kulturen ihn eher nach seinem Tun einschätzen.

Trompenaars stellte die von ihm befragten ManagerInnen vor zwei Entscheidungen: Soll man sich so benehmen, wie es einem gefällt, auch wenn man nichts zustande bringt? Sollte der einer Person zugestandene Respekt von seiner Familie abhängig gemacht werden?

Auf die erste Frage antworteten 25% der befragten ÖsterreicherInnen mit nein. D.h. 75% sagen, dass man sich tatsächlich so benehmen sollte, wie es einem gefällt und verlassen sich auf ein „Auffangnetz" durch Zuschreibung aus persönlichen Merkmalen wie Beziehungen, Beruf oder Ausbildung, etc. Dies ist Indiz für eine askriptive oder zuschreibungsorientierte Kultur, wobei diese Beschreibung auch auf die deutschsprachigen Länder Schweiz (nur 34% der Befragten verneinten Frage 1) und Deutschland (nur 40% der Befragten verneinten Frage 1) zutrifft. Im Gegensatz dazu stimmten die Befragten in den USA mit 75% und Norwegen mit 77% der obigen Frage nicht zu. Bei diesen Kulturen zählen demgemäß die erreichten Leistungen und Ergebnisse, sprich die Kultur ist leistungsorientiert. Die zweite Frage in Bezug auf den Familienhintergrund lieferte für Österreich ähnliche Ergebnisse wie Frage eins. 51% der befragten ÖsterreicherInnen verneinten, dass ein zugestandener Respekt vom Familienhintergrund abhänge, womit Österreich bei dieser Frage an der Grenze zur leistungsorientierten Kultur liegt. Zwiespältiger sind die Ergebnisse für die Schweiz mit 73% und Deutschland mit 74% Nicht-Zustimmung (höchster Wert bei Norwegen mit 94%), was im Gegensatz zu Frage eins für die deutschen Nachbarländer auf eine leistungsorientierte Kultur schließen lässt (vgl. Trompenaars & Hampden-Turner 1997, 105–106). Je nach Fragestellung lassen sich in den Ausprägungen der einzelnen Länder Unterschiede erkennen, was eine eindeutige Zuordnung zu zuschreibungs- bzw. leistungsorientiert problematisch macht. Vergleichen Sie zu dieser Dimension den folgenden Dialog:

L'École des Hautes Études Commerciales

Herr Le Beau:	Ich glaube, wir haben den perfekten Kandidaten zur Besetzung dieser Marketing Stelle gefunden.
Frau Rogers:	Großartig! Wen?
Herr Le Beau:	Sein Name ist Jean-Francois Bertrand.
Frau Rogers:	Welche Qualifikationen hat er?
Herr Le Beau:	Er besuchte die École des Hautes Études Commerciales.
Frau Rogers:	Was hat er studiert?
Herr Le Beau:	Wie bitte?
Frau Rogers:	Auf was hat er sich spezialisiert?
Herr Le Beau:	Ich bin mir nicht sicher, Rechnungswesen oder so ähnlich.
Frau Rogers:	Aber wenn Sie das nicht wissen, wie können Sie sich so sicher sein, dass er dann qualifiziert ist?

Quelle: eigene Übersetzung nach Storti 1994, 94; Dialog Nr.59

Die wichtigsten Unterschiede zwischen leistungsorientierten und zuschreibungsorientierten Kulturen werden in der nachfolgenden Tab. 3.6 zusammengefasst.

Tab. 3.6 Leistung versus Zuschreibung (in Anlehnung an Trompenaars & Hampden-Turner 1997, 118)

Leistung	Zuschreibung
Titel selten, nur wenn für die Aufgabe wichtig	Titel wichtig, insbesondere um den Status in der Gesellschaft zu beschreiben
Respekt basiert auf Leistung und Wissen	Respekt basiert auf dem Bekenntnis zur Organisation
Toleranter gegenüber Alter und Geschlecht in Managementpositionen	Meist männliche und ältere Manager, Qualifikation durch Background

3.4.6 Zeitverständnis (Concept of Time)

Im Zusammenhang mit dem Zeitverständnis behandelt Trompenaars besonders die relative Wichtigkeit, die verschiedene Kulturen der Vergangenheit, der Gegenwart und der Zukunft beimessen. Hier übernimmt Trompenaars die Definition von Kluckhohn & Strodtbeck (1961). Im Besonderen geht er darauf ein, ob die Zeit sequentiell oder synchron gesehen wird. Ein **sequentielles** Zeitverständnis nimmt die Zeit als eine Serie von aufeinander folgenden Ereignissen wahr. Bei einem **synchronen** Zeitverständnis werden Ereignisse aus der Vergangenheit, Gegenwart und der Zukunft als miteinander verbunden gesehen.

Um das unterschiedliche Zeitverständnis der verschiedenen Kulturen zu untersuchen, wurde der so genannte „Circle Test" von Cottle (vgl. Trompenaars & Hampden-Turner 1997, 126ff) benützt: Die TeilnehmerInnen werden gebeten, mit Hilfe von drei Kreisen ihre Vorstellung von der **Beziehung von Vergangenheit, Gegenwart und Zukunft** graphisch darzustellen. Die gewählte Größe der Kreise symbolisiert dabei die Wichtigkeit des jeweiligen Zeitabschnittes, die Form einer Überschneidung (bzw. die Nichtüberschneidung) der drei Kreise steht für den Grad an Interdependenz (bzw. das Fehlen von Interdependenz), den die Befragten in Bezug auf Vergangenheit, Gegenwart und Zukunft annehmen.

Anregung:

[1] Wie würden Sie die drei Kreise in Bezug auf Ihren Kulturkreis zeichnen?

[2] Wie würde ein Buddhist diese Kreise zeichnen?

In einem weiteren von Cottle entwickelten Test wurden die Befragten gebeten, den Zeithorizont durch Nummern anzugeben, denen die Begriffe Jahre, Monate, Wochen, Tage, Stunden, Minuten und Sekunden zugeordnet waren. Daraus wurden Durchschnittswerte errechnet, die die Unterschiede zwischen den einzelnen Nationen veranschaulichten. Der längste Zeithorizont wurde dabei für Hong Kong, der kürzeste für die Philippinen festgestellt. Österreich, Deutschland und die Schweiz zählen diesem Test zufolge zu Ländern mit einer relativ langfristigen Zeitorientierung, während jener der USA weitaus kürzer zu sein scheint (vgl. Trompenaars & Hampden-Turner 1997, 128).

Tab. 3.7   Zeitkonzept (in Anlehnung an Trompenaars & Hampden-Turner 1997, 138)

Vergangenheit	Gegenwart	Zukunft
Sprechen über Geschichte, Nation, Familienwurzeln	Jetzige Aktivitäten sind am wichtigsten	Sprechen über Potentiale, Ziele, zukünftige Leistungen
Großer Respekt für Vorfahren und Ältere	Großes Interesse an jetzigen Beziehungen: „hier und jetzt"	Großes Interesse an der Jugend
Alles im Kontext der Geschichte gesehen	Alles im Kontext des jetzigen Lebens	Gegenwart und Vergangenheit als Basis für die Zukunft

3.4.7   Umweltverständnis (Orientation to Environment)

In dieser Dimension wird die Beziehung der verschiedenen Kulturen zur Natur besprochen. Hier unterscheidet Trompenaars zwischen Kulturen, die die Natur kontrollieren wollen und solchen, die der Natur einfach ihren Lauf lassen und den Menschen als einen Teil der Natur verstehen. Er bezeichnet diese Kulturen als inner-directed („selbst-bestimmt") oder outer-directed („fremd-bestimmt").

> *„Natura non nisi parendo vincitur" – Natur wird nur durch Gehorchen besiegt* (Francis Bacon 1515–1626)

In **inner-directed** Kulturen werden Organisationen im Sinne der mechanistischen Managementauffassung als Maschinen aufgefasst, die den Anleitungen des Operators folgen. Es herrscht eine dominierende Einstellung gegenüber der Umwelt und Unbehagen kommt auf, sobald die Umwelt außer Kontrolle gerät. Der Erfolg liegt im eigenen Erreichen und man ist dafür verantwortlich was mit einem im Leben geschieht. Dadurch repräsentiert diese Orientierung mehr aktive Kulturen. Im Gegensatz hierzu sehen **outer-directed** Kulturen im Einklang mit den systemischen Managementansätzen Organisationen als ein Produkt bzw. Teil der Natur mit einer flexiblen Einstellung gegenüber der Umwelt. Es gibt gewisse Grenzen, die als gegeben zu akzeptieren sind. Erfolg besteht aus einer Kombination aus Anstrengung und einer Portion Glück. Das Leben wird zu einem großen Teil dadurch bestimmt, was mit einem geschieht. Outer-directed beschreibt somit schicksalsergebene Kulturen.

Auch hier stellte Trompenaars die ManagerInnen vor zwei Entscheidungen um die Beziehung zur Umwelt zu testen: Ist es möglich, natürliche Kräfte, wie das Wetter, zu beeinflussen? Hat jeder Mensch volle Kontrolle über alles, was mit ihm passiert?

In diesem Fall liegen für beide Fragestellungen Werte für Österreich vor. Der Prozentanteil von Antwortenden auf die Frage eins, ob man die Natur kontrollieren könne, liegt für Österreich bei 38%. Den höchsten Wert überhaupt erzielt als inner-directed Kultur Rumänien mit 68%, den niedrigsten Bahrain mit 9% und gilt somit als outer-directed. Österreich liegt mit den USA (32%) oder Großbritannien (36%) im Mittelfeld. Ebenso Deutschland (30%) und die Schweiz (29%), obwohl diese beiden Länder für diese Frage schon mehr zur outer-directed Dimension tendieren. Auf die zweite Frage nach der Selbstbestimmung antworteten 75% der befragten ÖsterreicherInnen, 77% der SchweizerInnen und 66% der Deutschen, dass alles was passiert auf das eigene Handeln zurückzuführen sei. Auch dieser Wert deutet auf die selbstbestimmende Orientierung der deutschsprachigen Länder, wogegen Venezuela mit 33%, China mit 39% oder Nepal mit 40% eindeutig die Kontrolle über die Entwicklung des Lebens nach außen abgeben. Den höchsten Prozentsatz der Antwortenden auf diese Frage hatten Uruguay und Israel mit 88%, dicht gefolgt von den USA mit 82% und England mit 77% (vgl. Trompenaars & Hampden-Turner 1997, 143–144).

Wie schon in Bezug auf die Arbeiten von Hofstede angeführt, möchten wir auch gegenüber den methodisch nicht minder problematischen Ergebnissen von Trompenaars & Hampden Turner zur Vorsicht mahnen. Wie Sie an den Fragen/Situationsbeschreibungen erkennen können, werden immer nur Einzelaspekte einer Dimension erfasst, die auch durch andere Variablen erklärt werden könnten (beachten Sie beispielsweise die Anmerkung zur Zuordnungsproblematik bei der leistungs- und zuschreibungsorientierten Dimension). Daher sind die hier vorgestellten Dimensionen als Heuristik zu begreifen, die für Trends im Verhalten stehen, die keineswegs aber individuelles Verhalten von Kulturangehörigen prognostiziert.

Anregung nach Storti 1999, 69:

Versuchen Sie die Dimension Umweltverständnis auf die folgenden Aussagen umzulegen und markieren Sie die Aussagen mit „I" für inner-directed bzw. „O" für outer-directed. Begründen Sie Ihre Zuordnung.

____ 1. Die Gesetze der Natur können entdeckt und manipuliert werden

____ 2. Fortschritt ist unumgänglich

____ 3. Jedes Problem hat eine Lösung

____ 4. Einige Dinge sind Glücksache

____ 5. Wo ein Wille, da ist auch ein Weg

____ 6. Für Unzufriedenheit ist jeder selbst verantwortlich

____ 7. Die Gesetze der Natur sind unbekannt und können nicht manipuliert werden

____ 8. Einige Probleme kann man nicht lösen

Die Beziehung zur Natur findet sich auch in zahlreichen sprachlichen Ausdrücken wieder, die auf die Umweltorientierung in einem gewissen Kulturkreis hindeuten. Vgl. dazu die folgende Tab. 3.8:

Tab. 3.8   Redewendungen mit Kulturbezug (eigenerstellt in Anlehnung an Adler 2002, 25 und Gannon 2001, 27)

Redewendung	Bedeutung	Kultur
Just do it! Go for it!	"Can do"-Kultur	USA
Pourquoi pas?	Abgeschwächte Form der „Can do"- Kultur ~ warum sollen wir es nicht versuchen?	Frankreich
Insh'allah	Schicksalsergeben; Geschehnisse können nicht kontrolliert werden ~ wenn Gott es so will	Arabischer Raum
So Gott will	Abgeschwächt; situationsspezifisch	Österreich
Se deus quiser	Akzeptanz des Schicksals (vgl. Fado) ~ es hat nicht so sein sollen	Portugal
Ayorara	Unterordnung ~ kann nicht geändert werden	Eskimo
Mai pen rei	Unterordnung ~ Natur kann nicht kontrolliert werden	Thailand

3.5   Der anthropologische Ansatz von Mary Douglas: Die Group-Grid Typologie

Mary Douglas geht – im Gegensatz zum Mainstream in Psychologie und Ökonomie – nicht davon aus, dass es ein von der Gesellschaft unabhängiges individuelles Verhalten gibt, sie definiert Menschen als soziale Wesen.

Jede Gesellschaft organisiert ihr Zusammenleben durch Regeln (vgl. Giddens, der außer Regeln auch Ressourcen und ihre Verteilung berücksichtigt): Douglas betrachtet für ihre Kulturtheorie zwei grundlegende Dimensionen, nämlich die Gruppenzugehörigkeit **GROUP**, welche das Ausmaß bezeichnet, in welchem das Verhalten von Angehörigen einer Gruppe durch die Zugehörigkeit zu dieser Gruppe bestimmt ist. Diese Dimension nimmt im „flexiblem Kapitalismus" (vgl. Sennett 1998) zugunsten anonymer Strukturen ab, dennoch bleiben Prägungen durch eine als stabil angenommene Herkunftsgruppe erhalten. Worin diese Prägungen bestehen, bleibt offen, insoferne etabliert Douglas einen formalen und deskriptiven Zugang. Nur in den beiden Dimensionen wird sie „materiell", indem sie diese als Kultur konstituierend herausgreift.

Als zweite Dimension wählt sie **GRID** als Ausmaß der von außen auferlegten Regeln für Verhalten. Ein Individuum hat somit umso mehr Wahlmöglichkeiten sein Verhalten zu variieren, je weniger Regeln es als Mitglied einer Gruppe verinnerlicht hat und je weniger es von außen durch Regeln in seinem Verhalten gelenkt wird.

Damit spricht Mary Douglas zwei zentrale und nicht endgültig beantwortbare Fragen an, die sich Menschen immer schon gestellt haben: Wer bin ich? (Hier spielt die Zugehörigkeit eine dominante Rolle, also GROUP). Wie soll ich mich verhalten? (neben Gruppennormen spielen hier externe Regeln herein, also GRID). Sie erkennen, dass Hofstedes Dimensionen der

Machtdistanz und des Kollektivismus/Individualismus mit der GROUP und seine Dimension der Unsicherheitsvermeidung mit der GRID Komponente korrelieren.

Ob eine bestimmte Gruppenzugehörigkeit identitätsbestimmend wirkt und über die Stellung in der Gesellschaft entscheidet, wird in unterschiedlichen Kulturen unterschiedlich geregelt. So sind zum Beispiel in allen Kulturen die Bedingungen für Frauen und Männer für verschiedene Altersgruppen und für Angehörige unterschiedlicher Berufsgruppen unterschiedlich. Wie groß der Abstand ist, in welchen Lebensbereichen er sich bevorzugt ausdrückt und wie (un)durchlässig die Grenzen gezogen sind, unterscheidet sich jedoch in Kulturen mit hoher GROUP Ausprägung und solchen mit niedriger GROUP Ausprägung.

Die GROUP Ausprägung wird an folgenden Merkmalen gemessen:

- hierarchische Strukturen innerhalb einer Gruppe
- Eintrittsbarrieren, Anforderungen der Inklusion
- Durchlässigkeit der Gruppengrenzen (In-/Exklusion)

Wie die GROUP Dimension befasst sich auch die GRID Dimension mit Verhaltensspielräumen der Mitglieder einer Kultur. Ist es ihnen gestattet, ihre Beziehung zu anderen Mitgliedern in der Gesellschaft frei auszuhandeln oder sind sie zu einem bestimmten Verhalten verpflichtet, wie es auch in demokratischen Gesellschaften z.B. gegenüber der Verkehrspolizei determiniert ist.

Ist die GRID Dimension niedrig ausgeprägt, sind Individuen autonom, ihre Beziehungen entscheiden sich immer wieder neu im freien Spiel der Kräfte. Gesellschaften bzw. Kulturen mit niedriger GRID Ausprägung sind veränderungsfähig, während Gesellschaften mit hoher GRID Ausprägung nur wenig individuelle Autonomie und wenig Wettbewerb zulassen. Demgemäß wird GRID durch das Ausmaß an individueller Autonomie und an freiem Wettbewerb gemessen.

Die sich aus 2 Dimensionen mit 2 Extremausprägungen ergebende 4-Felder Matrix ist Ihnen aus vielen anderen betriebswirtschaftlichen Kontexten wohl vertraut: Sie bietet vor allem didaktische Anreize, da sie sowohl vereinfacht als auch ein geschlossenes Bild anbietet, was dem „Ordnungssinn" des menschlichen Gehirns entgegenkommt. Die 4 Typen sind im Ansatz von Douglas, wie folgt benannt:

GROUP hoch, GRID hoch:	Hierarchische Kultur
GROUP niedrig, GRID hoch:	Fatalistische Kultur
GROUP hoch, GRID niedrig:	Egalitäre Kultur
GROUP niedrig, GRID niedrig:	Individualistische Kultur

Graphisch dargestellt, ergibt sich folgende Abb. 3.1 mit jeweils einem prototypischen Beispiel:

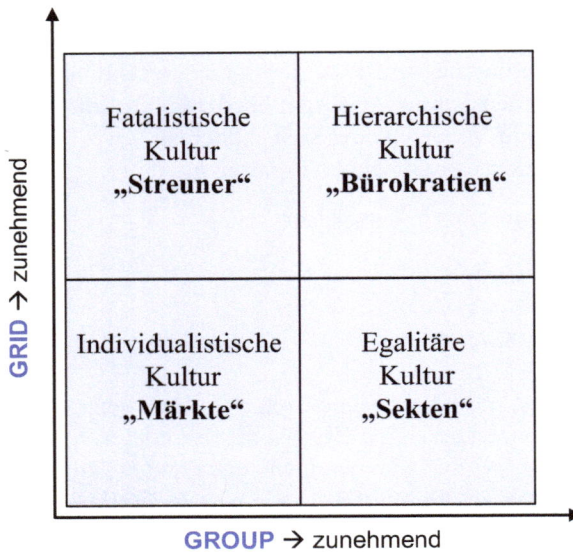

Abb. 3.1   Grid-Group Modell (vgl. Douglas 1992, 178)

Der Ansatz ist abstrakt und formal gehalten und kann daher auf unterschiedliche Ebenen der Betrachtung von Kultur angewandt werden, vom Arbeitsteam bis zur Gesellschaft.

Im Folgenden beschreiben wir knapp die vier Typen oder „extreme visions of social life" (Douglas 1992, 2) und verbinden die Beschreibung wie bei allen Typologien mit dem Hinweis auf ihren im Wesentlichen „nur" heuristischen Charakter.

3.5.1   Die hierarchische Kultur: Group und Grid sind stark ausgeprägt

Hierarchische Kulturen gehen von einer prinzipiellen Ungleichheit ihrer Mitglieder aus. *„Sie argumentieren und legitimieren im Namen des Gemeinwohls"* (Karmasin 1997, 33). Alle sind auf ihren Platz gestellt und haben dort den ihnen spezifisch zugeteilten Part zu übernehmen. Der Verlust an persönlicher Autonomie wird durch Zugehörigkeit und soziale Sicherheit ausgeglichen. Es gehört zum kollektiven Credo, dass es allen innerhalb der Gemeinschaft besser geht als außerhalb, auch den unteren Schichten. Die Rangordnung in hierarchischen Kulturen ist äußerst komplex, für jeden Rang existieren Regeln, Kompetenzen und Verantwortung, jeder und alles hat seinen Platz. Der persönliche Freiheitsradius ist gering, die Effizienz hoch, solange das Regelwerk den Anforderungen aus der Umwelt der hierarchischen Kultur entspricht. Hierarchische Gesellschaften müssen aufwändig „erlernt" werden und weisen im Allgemeinen wenig Durchlässigkeit ihrer Schichtungen auf, vertikal wie horizontal.

3.5.2   Die individualistische Kultur: Group und Grid sind schwach ausgeprägt

Diese Kultur bietet ein Höchstmaß an persönlicher Autonomie und damit verbunden an Unsicherheit, Durchlässigkeit und Dynamik. Sie führt zu großer Ungleichheit, die allerdings nicht im Prinzip, sondern nur im Ergebnis als Glück der Tüchtigen und Pech der Schwächeren akzeptiert wird. Bindungen erfolgen in dieser Kultur nur temporär und lose, wenn sich neue Chancen anderswo ergeben, werden sie aufgelöst. Die Kultur bietet starke Anreize sich durch persönliche Anstrengungen und Fähigkeiten Positionen zu erarbeiten, sofern sie Mechanismen entwickelt, Chancengleichheit zu erhalten und sich die Tüchtigen und deren ErbInnen nicht auf akkumulierten Vorteilen ausruhen können. Karmasin verweist in diesem Zusammenhang auf den Potlatch bei Stämmen im Hochland Neuguineas, im Zuge dessen angehäufte Ressourcen durch Verschenken immer wieder in den Kreislauf der Zugriffschancen zurückgeführt wurden (vgl. Karmasin 1997, 35). Ein modernes Pendant zum Potlatch wäre die Abschöpfung von Startvorteilen durch den Staat in Form von Erbschafts- und Vermögenssteuern.

3.5.3   Die egalitäre Kultur mit hoher Group- und niedriger Grid-Ausprägung

Angehörige einer egalitären Kultur lehnen sowohl Hierarchie als auch die Kanalisierung sozialer Interaktionen durch Traditionen und Regeln ab. Sie streben nach dem Ideal egalitärer und freiwilliger Beziehungen und pflegen ihre kollektive Identität durch scharfe Abgrenzung zu Nichtangehörigen ihrer Gruppe. Da die Menschen zwar gleichwertig, aber nicht gleichartig sind, stellen sich in jeder Gruppe, wie in der Geschichte jeder Gesellschaft immer wieder Zustände ungleicher Verteilungen von Ressourcen ein, die aktiv wieder aufgelöst werden müssen, um die Positionsgleichheit zu erhalten. Dies gelingt am leichtesten durch die Beschwörung von Krisen, Katastrophen und äußeren Feinden und durch eine stark symbolische Stützung der In-Gruppen Identität. Deshalb finden wir in typischen Beispielen dieser Kultur wie Sekten, alternativen Bewegungen oder Jugendgruppen, ausgeprägte Rituale, Zugehörigkeitsembleme und -symbole sowie eine oft provokative Auflehnung gegen die etablierte Ordnung, die in aller Regel ein zumindest mittleres Maß an Group und/oder Grid aufweist. Das Paradox egalitärer Kulturen besteht darin, dass sie Freiheit anstreben, durch ihre Gruppennormen aber Individuen oft erheblich einschränken.

3.5.4   Die fatalistische Kultur mit niedriger Ausprägung von Group und hoher Ausprägung von Grid

In dieser Kultur sind Individuen der „kalten" Logik eines Systems unterworfen, ohne die „Wärme" der Zugehörigkeit zu einer Gruppe zu erfahren. Sie unterliegen entweder expliziten Verhaltensregeln oder sehen ihren persönlichen Freiheitsradius durch eine „normative Kraft" des Faktischen eingeengt, wie es für marginale Gruppen einer Gesellschaft (Langzeitarbeitslose, Obdachlose, Außenseiter ohne Ressourcen) typisch ist oder in früheren Zeiten für Töchter und Ehefrauen typisch war, denen die Rechtsordnung unter anderem das Wahlrecht, das Recht ein eigenes Konto zu errichten und das Recht, sich gegen häusliche Gewalt zu wehren, vorenthielt. Ein beständiges Erleben des Ausgeliefertseins und der Unmöglichkeit bezüglich der Regeln oder Fakten zu intervenieren führt psychologisch zu „erlernter Hilflosigkeit" (vgl. Schmidbauer 1998 und Seligmann 2000) und damit zu Fatalismus. Man erduldet, erträgt und pflegt die Fähigkeit zu überleben.

Die Extremtypen kommen real nicht vor, allerdings können wir Auswirkungen von Schwerpunktsetzungen durchaus erfahren. So bedeutet etwa Armsein in einer egalitären Kultur unter Umständen Ehre, in einer individualistischen Kultur Schande, in einer hierarchischen Kultur Anspruch auf Fürsorge und in einer fatalistischen Kultur Schicksal.

Persönliche Abweichungen von Erwartungen und Traditionen werden in egalitären Kulturen als Verrat geahndet, in individualistischen Kulturen tendenziell bewundert, in hierarchischen Kulturen durch Erziehung und Strafe unterbunden, in fatalistischen Kulturen als sinn- und bedeutungslos ignoriert. Damit gelten in jedem der vier Extremtypen unterschiedliche Werte und unterschiedliche Vorstellungen bezüglich der Natur des Menschen, seiner Bestimmung und Beziehung zur „Natur", im Sinne aller nichtmenschlichen anorganischen und organischen Systeme. Die Leitwerte der Kulturen können hier mit je einem Schlagwort gekennzeichnet werden: Pflicht für die hierarchische Kultur, Freiheit für die individualistische Kultur, Gerechtigkeit für die egalitäre Kultur und Demut/Ergebenheit für die fatalistische Kultur. Nicht nur die Priorität, auch die Bedeutung dieser Werte ist für die Kulturen verschieden. In diesem Zusammenhang stellt sich die Frage eines Kanons gemeinsamer Werte für alle Kulturen als schwieriges Problem (vgl. Abschnitt 4.1.6: Zwischen Werte-Realismus und Werte-Imperialismus).

3.6   Kommunikationtheoretische bzw. Diskursanalytische Modelle

Als Wesen, die in Sprache über Sprache reflektieren können, können Menschen sich der Unterschiede bewusst werden, die ihre Kommunikation mit Angehörigen anderer Kontexte erschweren. Dies gilt nicht nur für den Kontext von nationalen Kulturen, sondern auch für demographische Merkmale, wie Geschlecht oder Altersgruppe oder für soziale Merkmale wie gesellschaftliche Schichtzugehörigkeit oder für Berufsgruppen. ÄrztInnen reden und deuten anders als InvestmentbankerInnen, Frauen anders als Männer, Heranwachsende anders als

PensionistInnen. Aufgrund unterschiedlicher Erfahrungen lesen Angehörige unterschiedlicher Kontexte unterschiedlich zwischen den Zeilen, interpretieren das explizit Gesagte unterschiedlich und reagieren emotional unterschiedlich auf Tonfall, Satzmelodie, Sprechtempo und Körpersprache. Kulturunterschiede sind feststellbar, weil Angehörige einer Gruppe ähnliche Muster ausbilden, wie sie Konversationen bzw. Texten Bedeutung zuschreiben.

Linguistische bzw. diskursanalytische Modelle gehen davon aus, dass

- Sprache auf allen Ebenen unausweichlich mehrdeutig ist (Worte, Sätze, Gespräche bzw. auf der Ebene der Semantik wie auf jener der Pragmatik)
- Daher müssen Schlüsse (Inferenzen) gezogen werden, um Bedeutung herzustellen
- Diese Schlüsse tendieren dazu, sehr schnell zu fallen und sich zu verfestigen.

Nehmen wir folgendes Beispiel: Die Frage „*Wie spät ist es?*" kann unterschiedliche Antworten und unterschiedliche Reaktionen auf diese Antworten auslösen.

Fall 1: Wie spät ist es?

Antwort: Es ist 10:30h.

Damit wurde auf der Sachebene reagiert. Implizit unterstellt ist, dass Frager und Antwortender sich auf dieselbe Zeitzone und ihre konventionelle Messung mit einer Uhr (nicht etwa mit Caesiumatomen) beziehen. Die Reaktion auf diese Antwort kann nun – je nach Kontext – sehr unterschiedlich ausfallen.

Rückantwort: a) Sehr gut. Du darfst dich setzen.

b) Noch so früh. Da können wir uns noch eine Tasse Kaffee gönnen.

c) Präzise halb elf oder nur ungefähr?

d) Danke schön.

Die erste Rückantwort verweist auf den Kontext einer (Vor)Schule, in der Kinder lernen, die Zeit zu lesen. Die Antworten b) und c) verweisen auf eine gemeinsam geplante Aktivität, wobei präzise Zeitangaben eine unterschiedliche Rolle spielen. Antwort d) könnte als Reaktion auf die Frage an eine unbekannte Auskunftsperson interpretiert werden.

Fall 2: Wie spät ist es?

Antwort: Noch genauso spät wie vorhin, sei nicht so ungeduldig.

Diese Antwort verweigert den Diskurs auf der Sachebene, nimmt aber deutlich Bezug auf die Beziehung. Man könnte sich ein quengelndes Kind vorstellen, das dauernd nachfragt, wie viel Zeit schon vergangen ist oder eine nervöse Person in einer Warteschlange.

Die Beispiele ließen sich fortsetzen. AstronautInnen im Weltraum fehlt das Bezugssystem der Zeitzonen auf der Erde, die Relativitätstheorie Einsteins greift, die Frage macht dort also nur pragmatischen Sinn oder sie löst eine physikalische oder gar existenzphilosophische Debatte aus. So wird deutlich, dass die Bedeutung der kleinen Frage nach der Uhrzeit sehr stark variiert, je nachdem, in welchem Kontext sie gestellt wird.

3.6.1   Genre oder Skript

Kulturen definieren eine ganze Reihe alltagsüblicher Situationen in Bezug darauf, was als selbstverständlich und normal gilt und daher keiner besonderen Markierung bedarf. Solche auf einander bezogene Vordefinitionen von Situationselementen werden als Genre oder Skript bezeichnet. Angehörige einer Kultur verinnerlichen bestimmte Konfigurationen zu Genres, die für sie selbstverständlich ablaufen. Wenn Elemente der Konfiguration vom vordefinierten Genre abweichen, wird eine besondere sprachliche Markierung erforderlich, um das verinnerlichte Skript außer Kraft zu setzen.

Im Genre oder Skript sind also bestimmte Konfigurationen vordefiniert und als solche nicht gesondert markiert: Ein Business Meeting findet in der Regel während der normalen Arbeitszeit, in einem Besprechungszimmer unter Teilnahme der in der Sache erforderlichen ExpertInnen und in ernsterem Tonfall statt. Würden plötzlich Kinder oder Obdachlose beigezogen oder fände das Ganze in einem Geheimgewölbe statt, wäre das Skript in besonderer Weise markiert und äußerste Vorsicht geboten.

Die Wirksamkeit von kulturell definierten Genres bezeichnen linguistische Theorien als Grammatik des Kontexts. Sie gehen davon aus, dass der Kontext die Deutung sprachlicher Äußerungen wesentlich beeinflusst, dass diese Beeinflussung unbewusst und sehr rasch erfolgt und dass sie sich inhaltlich zwischen Kulturen unterscheidet. Beim Interpretieren kommt somit eine Grammatik des Kontexts zur Wirkung, die auf folgenden Komponenten beruht (in Anlehnung an Scollon & Wong-Scollon 1994, 22–49).

1. **Situation**: Darunter fallen Zeitpunkt und Dauer eines Diskurses, sein Zweck und das behandelte Thema. Aus deren Kombination entstehen „Genres" (Scollon & Wong-Scollon 1994, 23) oder „Scripts". Ein Staatsempfang wäre ein Beispiel für ein Genre oder Skript, um dessen Regeln und Abläufen sich mehrere für das Protokoll verantwortliche Personen kümmern.
2. **TeilnehmerInnen**: Hier geht es um die am Diskurs beteiligten Personen und ihre Rollen. Dabei ist es in modernen Gesellschaften, in denen Rolle und Person nicht deckungsgleich sind, besonders wichtig herauszufinden, ob jemand aus seiner/ihrer Rolle heraus oder als Person agiert. Dies wird bei PolitikerInnen, Vorständen von Unternehmen, aber auch bei StudierendenvertreterInnen deutlich.
3. **Medien**: Es macht einen auch rechtlich bedeutsamen Unterschied, ob etwas im Gespräch gesagt wird, in schriftlicher Form vorliegt oder in (bewegten) Bildern dargestellt wird. Technische Hilfsmittel (Verzerrer, Verstärker, Aufzeichnungsgeräte) spielen bei der Konstituierung von Bedeutung ebenfalls eine Rolle.
4. **Tonart** ist stark von der Situation abhängig und kulturell beeinflusst. Es geht hier um den Grad der Formalität und Ernsthaftigkeit, der im feierlichen Promotionsakt anders ausfällt als bei der anschließenden Party. Wie in der Musik gibt es unterschiedliche Tonarten, leicht und getragen, heiter und feierlich.
5. **Abfolge/Agenda**: Diese kann festgelegt sein, wie bei den erwähnten Beispielen eines Staatsbesuchs oder einer akademischen Feier. Ähnlich kennen unterschiedliche Kulturen unterschiedliche Speisen- und Handlungsabfolgen bei Essenseinladungen. Es variieren sowohl die Menge der Gänge als auch die Zeit, die nach dem letzten Gang noch gemein-

sam verbracht wird. Die Abfolge kann auch wenig vorstrukturiert sein, dann müssen sich die TeilnehmerInnen eines Diskurssettings auf Überraschungen und spontane Reaktionen einstellen.

6. **Manifestationsgrad**: Hier geht es darum, wie viel in einem Diskurs explizit und direkt zum Ausdruck gebracht wird und wie viel stillschweigend vorausgesetzt bzw. unterlegt bzw. wie viel nur indirekt angedeutet wird. Obwohl wir einleitend darauf verwiesen haben, dass auch Explizites immer mehrdeutig bleibt, steigt dieses Problem mit abnehmender Explizität und Direktheit, zumindest steigt es aus westlicher Sicht, die darauf vertraut, dass Sprache mehr aufklärt als verwirrt.

Quer zur Grammatik des Kontextes werden kulturelle Prägungen bezüglich der interpersonellen Höflichkeit und Über- bzw. Unterordnungsbeziehungen wirksam. LinguistInnen fassen diese unter der Bezeichnung „kommunikativer Stil" zusammen (vgl. Scollon & Wong-Scollon 1994, 34). Über den kommunikativen Stil werden interpersonale Identitäten verhandelt. Dabei geht es um Fragen der Gesichtswahrung und um die Aufrechterhaltung eines für die Sprechakteure komfortablen Gleichgewichts zwischen Nähe und Distanz.

3.6.2   Gesicht

Dieses von Goffmann zentral verwendete Konzept (vgl. Goffmann 1981) ist Asienkennern sehr geläufig. In Mandarin spricht man von „mianzi", auf Kantonesisch „minji", Japanisch „mentsu" oder Koreanisch „chae myon" (vgl. Scollon & Wong-Scollon 1994, 34), um das verhandelte öffentliche Image zu bezeichnen, das sich InteraktionspartnerInnen wechselseitig zugestehen. Es drückt sich unter anderem aus in der Anrede, sowie in einer ganzen Reihe sehr feiner Nuancierungen, die Auskunft darüber geben, ob sich die beteiligten Personen als gleich oder verschieden in Bezug auf ihren Status wahrnehmen. Beteiligte an einem Diskurs lassen sich auf einander ein, indem sie Aufmerksamkeit schenken, auf Gemeinsamkeiten verweisen, einander als Mitglieder einer Gruppe (im weitesten Sinn der Menschheit) respektieren. Dieser Aspekt der Interaktion wird als Involvierungs-, Solidaritäts- oder Höflichkeitsdimension bezeichnet. Gleichzeitig sind in jedem Diskurs die Unabhängigkeit und Individualität der Beteiligten zu wahren, indem sie so wenig wie möglich durch vorgefertigte Schemata eingeschränkt werden: Im Kommunikationsstil ist daher auf die Offenheit von Optionen zu achten, so dass die angesprochene Person, etwa bei einer Einladung, eine Tasse Kaffee trinken zu gehen, tatsächliche ja oder nein sagen kann, ohne das Gefühl zu haben, das Gegenüber bzw. eine Konvention zu verletzen.

Die Balance zwischen diesen gegenläufigen Strategien zu wahren, also gleichzeitig solidarisch zu involvieren und individuelle Unabhängigkeit zu respektieren, ist schon innerhalb einer Kultur ein sehr schwieriges Unterfangen. Zwischen Kulturen mit stark differierenden „Scripts" wird es zum Tanz auf sehr dünnem Eis, weshalb erfahrene Expatriates den Rat geben, lieber eine Spur höflicher aufzutreten als es das eigene Skript vorsieht. Scollon & Wong-Scallon bringen die Schwierigkeit auf den Punkt, wenn sie feststellen: *„There is no faceless communication [...] The most important concept to remember about face is that it is paradoxical. By that we mean the concept of face has built into it both aspects, involvement and independence must be projected simultaneously in any communication."* (Scollon & Wong-Scollon 1994, 38).

3.6.3   Höflichkeits-Strategien

LinguistInnen unterscheiden drei Basisstrategien, mit denen Interakteure die wechselseitige Gesichtswahrung, den wechselseitig zugestandenen Status bzw. Rang und die Balance zwischen Involvierung und Unabhängigkeit wahren. Dabei ist darauf zu verweisen, dass Sprechen an sich Involvement bedeutet, während das Verweigern von Kommunikation bzw. abgeschwächt auch ein Kurz-Angebunden-Sein die Unabhängigkeit betonen. Aus diesem Grund ist die Entscheidung für die Sprache, in der kommuniziert wird, nicht nur unter pragmatischen und Effizienzgesichtspunkten zu treffen, sondern sie hat eben auch symbolischen Charakter im stabilen Aushandlungsprozess von „Gesicht". Personen im internationalen Geschäft erleben deshalb immer wieder, dass es sich durchaus lohnt, neben Englisch auch die Muttersprache von PartnerInnen und KundInnen – zumindest in Ansätzen – zu erlernen. Mit einer Grußformel, einem Trinkspruch oder gar einer Verhandlung in der Sprache des Gegenübers wird Involvement signalisiert und somit eine wärmere, beziehungsorientierte Ausgangsposition geschaffen.

Die drei Basisstrategien orientieren sich am in der Interaktion wirksamen hierarchischen oder Rangabstand und an der in der Interaktion wirksam werdenden Formalität oder Distanz als Ausdruck der Unabhängigkeitsdimension: Bezüglich der Machtposition kann Gleichheit oder Abstand herrschen, was wir in Anlehnung an Scollon & Wong-Scollon als –P/+P (P steht für Power) bezeichnen. Unabhängig vom hierarchischen Abstand können wenig distante involvierende und distante, Unabhängigkeit wahrende Strategien zum Einsatz kommen, was wir hier als –D/+D (D steht für Distance) kennzeichnen. Daraus lassen sich die genannten drei Strategien ableiten.

1. Deferenz (-P/+D)

Dieses System beschreibt eine formale, Unabhängigkeit wahrende Strategie (+D) unter Gleichgestellten, die sich auf Augenhöhe begegnen. Es ist typisch für internationale Verhandlungen, Konversationen zwischen AufsichtsrätInnen, Erstkontakte in Geschäftsverhandlungen, wenn LieferantInnen und KundInnen symmetrischen Einfluss aufeinander haben.

Abb. 3.2   Independence (vgl. Scollon & Wong-Scollon 1994, 44)

2. Solidarität (-P/-D)

Solidarität beschreibt den Fall der Gleichstellung bei geringer Distanz, das heißt einen hohen Grad an Informalität. Diese Situation ist typisch unter FreundInnen, kann jedoch auch beim Dinner oder spät abends an der Bar zwischen InteraktionsteilnehmerInnen entstehen, die offiziell einem Deferenzmuster folgen.

| Speaker 1 | ←――――――――――――→ | Speaker 2 |

INVOLVEMENT

Abb. 3.3   Involvement (vgl. Scollon & Wong-Scollon 1994, 45)

3. Hierarchie (+P/-D)

Im hierarchischen System werden Rangunterschiede anerkannt, bzw. Über- und Unterordnung wirksam (+P). Dabei kann Distanz asymmetrisch gehandhabt werden, in dem z.B. die ranghöhere Person involvierende Sprechstrategien bevorzugt (z.B. das Gegenüber mit dem Vornamen anspricht), während die rangniedrigere Person eher Unabhängigkeit wahrende Strategien einsetzt. Dieses System ist aus den Kontexten Schule, ArbeitgeberInnen-ArbeitnehmerInnen-Beziehung, oft auch aus der Beziehung zwischen Behörden und Bürger-Innen bekannt. Egalitäre Kulturen legen Wert darauf, dass bei funktional bedingten Positionsunterschieden symmetrisch mit Distanz umgegangen wird. Beide PartnerInnen sollen entweder formell oder informell miteinander umgehen.

Im internationalen Kontext kommt es häufig zu Misskommunikationen, weil die überaus hilfreichen konventionellen Floskeln, in denen die situationsangemessene Strategie zum Ausdruck kommt, in der Fremdsprache nicht beherrscht werden oder weil falsch eingeschätzt wird, was vom Gegenüber als angemessen betrachtet wird.

Anregung: Testen Sie Ihre Einschätzung, indem Sie die folgenden Konversationen den drei Strategien zuordnen (S = Sprecher)!

S1:   Bill, that's a great idea. Could you write up a summary for tomorrow's board meeting?

S2:   Of course, Mr. Huntington. Should I have it translated?

Strategie:

S1:   Hi Anna, wie hast du dich von deiner Operation erholt?

S2:   Danke, eigentlich sehr gut. Und wie kommst du mit deinem Projekt voran?

Strategie:

S1:   Im Namen von Rumänien schlage ich vor, gemeinsam nach einer Möglichkeit zu suchen, die Übergangsfristen für die Freizügigkeit am Arbeitsmarkt zu kürzen.

S2:   Für die Europäische Kommission begrüße ich diesen Vorschlag, verweise ich allerdings auf die Notwendigkeit, Art. V des Beitrittsabkommens zu erfüllen.

Strategie:

Quelle: Scollon & Wong-Scollon 1994, 16 bzw. eigene Beispiele

3.6.4 Ansatz von Deborah Tannen

Als letzten Ansatz gehen wir noch kurz auf die Arbeiten von Deborah Tannen ein, die in ihren populär gewordenen Büchern unterschiedliche Gesprächsstile untersucht hat und diese auf Geschlechts- und Kulturunterschiede zurückführt (vgl. Tannen 1989 und 1990).

Sozialisationsbedingte Unterschiede ortet Tannen zum Beispiel bezüglich:

- der Direktheit bzw. Indirektheit, mit der Meinungen und Aufforderungen zum Ausdruck gebracht werden;
- des zulässigen Grades an Selbstdarstellung;
- des Verhandlungsstils sowie
- der Rangordnung, die automatisch mitverhandelt wird.

Direkt versus indirekt: Mittlerweile wohlbekannt ist das Beispiel vom vollen Mülleimer. Personen mit indirektem Stil (im Beispiel eine Frau) sagen: „Der Mülleimer ist voll" und meinen: „Trag ihn bitte hinaus und leere ihn aus". An einen direkten Stil gewöhnte Empfänger (im Beispiel ein Mann) reagieren allerdings nicht entsprechend, sie bedürfen des direkten Hinweises. Ähnlich variiert die Direktheit im Stil zwischen nationalen Kulturen. Vergleichen Sie die feine indirekte Klinge des Ausdruckes der Einschätzung von Leistung als bescheiden gegenüber der klaren, aber auch gröberen direkten Aussage: „For a person with his publication record he has an astonishing influence" (British). Die extreme deutsche Übersetzung könnte etwa so lauten: „Sehr viel Brauchbares hat er nicht publiziert."

Selbstdarstellung (Über- versus Untertreibung): Zwischen Frauen und Männern, aber auch beispielsweise zwischen asiatischen und westlichen Kulturen bestehen beträchtliche Unterschiede dahingehend, wie sehr das eigene Licht entweder bescheiden unter den Scheffel gestellt oder hervorgekehrt wird. In Kulturen, in denen offene Selbstbehauptung nicht als anstößig gilt, ist es üblich, Leistungen und Errungenschaften selbstbewusst darzustellen und im Auftritt eine angemessene Position einzufordern. Was hier als angemessen selbstbewusst gilt, empfinden Kulturen mit Bescheidenheitsanspruch hingegen als unangemessenes „Angeben" und als Ellbogentechnik. Beides führt dort eher zu Gesichtsverlust, während Bescheidenheit in offensiv selbstdarstellenden Kulturen eher zur Folge hat, dass Leistung übersehen und nicht ausreichend anerkannt wird. Auch hier sind einige Proto-Beispiele sehr bekannt geworden:

Wenn Frauen anlässlich eines Assessments ihre Kenntnisse in einer Fremdsprache angeben, bezeichnen sie im Durchschnitt ein Niveau als „leicht fortgeschritten", für welches Männer in der gleichen Situation die Einschätzung „fließend" wählen. In Abschnitt 3.3.3 haben wir unter der Dimension Maskulinität vs. Femininität ein Interview mit Geert Hofstede geschildert, in welchem er auf die unterschiedliche Akzeptanz von Selbstdarstellung bzw. Durchsetzung in maskulinen und femininen Kulturen eingeht.

Kooperations- versus Wettbewerbsstil: Hier liegen die von Tannen beschriebenen Extreme beim Pol „Egoismus bzw. der Innen-Nach-Außen-Orientierung" einerseits und beim Pol des „Altruismus" bzw. der „Außen-Nach-innen-Orientierung" andererseits. Tannen schildert zur

Verdeutlichung den Dialog zweier Kollegen, die gemeinsam Branchenanalysen durchführen sollen:

> *„Er: Ich übernehme die Flugzeug- und Automobilindustrie. Du kannst den Haushaltswaren und Textilmarkt abdecken.*
> *Sie (überrascht und irritiert): Eigentlich wollte ich die Flugzeug- und Automobilindustrie übernehmen. Ich habe dort viele KundInnen."* (vgl. Tannen 1994, 29; Ü.d.d.V.)

Nach einigem Hin und Her erzielen die beiden einen Kompromiss, nach dem jeder von ihnen je eine Wunschbranche bearbeitet. Der Kollege versteht die Irritation seiner Kollegin nicht: Beide hätten Interessen geäußert, ein guter Kompromiss sei erzielt worden. Sie hingegen fühlt sich durch die Art, wie er, ohne nach ihren zu fragen, seine Interessen gleich am Anfang zum Ausdruck gebracht hat, unangenehm berührt. Er hat von innen nach außen agiert, während sie ein umgekehrtes Vorgehen erwartet. Ähnliche Situationen erleben VerhandlerInnen aus Kulturen, die den Beziehungsaufbau vor die Sachbearbeitung stellen, wenn sie unmittelbar gleich zur Sache kommen und Dasselbe von den VerhandlungspartnerInnen erwarten.

Rangordnung: Tannen unterscheidet an Hand der kindlichen Sozialisation in der Peer Group eine männliche, wettbewerbsorientierte Kultur mit direkter Dominanz von einer weiblichen, kooperationsorientierten Kultur mit indirekter Einflussausübung. Demgemäß testen Männer in jeglicher Kommunikation immer auch ihre Rangordnung und kommunizieren daher entweder aus der Überlegenheits- oder aus der Position der Unterwerfung. Im Zweifelsfall bemühen sie sich darum, sich mehr oder minder subtil eine Stufe über die GesprächspartnerInnen zu stellen. Dies läuft auf Vergleiche der Art hinaus: Ich bin größer, stärker, schneller, klüger, reicher als du. Im Erwachsenenalter laufen diese Spiele unter der Oberfläche nach wie vor ab, finden allerdings andere Ausdruckformen (mein Büro ist größer, mein Auto hat mehr PS, mein Projekt hat mehr MitarbeiterInnen). Da er frühzeitig erlernt wurde, wird dieser Aspekt des Gesprächstils nicht bewusst praktiziert, sondern er erfolgt quasi „natürlich".

Mädchen, andererseits, bewähren sich in ihrer Peer Group durch indirekte Formen der Einflussnahme, sich aus der Gruppe herauszuheben, gilt als verpönt. Sie tendieren daher dazu, ihre Beiträge mit kleinen bescheidenen Abschlägen der Art „ich weiß nicht, ob dies nützlich sein kann, aber ..." „sicher wurde das schon vor mir gesagt, aber ..." einzuleiten, stellen sich also „naturgemäß" eher eine Stufe tiefer. Frauen sind es daher gewöhnt, Leistungen von KollegInnen, die ihnen zugearbeitet haben, auch öffentlich zu würdigen und erleben nach Tannen nicht selten die böse Überraschung, dass männliche Kollegen, die ihnen großzügig eröffnete Bühne ganz für sich einnehmen. Ähnliches ist in abgeschwächter Form zwischen maskulin betonten und feminin orientierten Kulturen zu beachten.

So ergeben sich, leicht vergröbert dargestellt, folgende Unterschiede zwischen maskulinen und femininen Gesprächsstilen, die zu dem viel persiflierten wechselseitigen Eindruck führen können, dass ein Verstehen des anderen Geschlechts unmöglich sei (zum Begriff des Verstehens vgl. Abschnitt 7.3).

Tab. 3.9   Gender-spezifische Gesprächsstile

Gesprächsstil	
Tendenziell maskulin	Tendenziell feminin
direkt	indirekt
selbstbewusst	bescheiden
ich-bezogen	du-bezogen
kompetitiv	kooperativ

Zusammenfassend lässt sich sagen, dass linguistisch fundierte Kulturtheorien ihre Aufmerksamkeit auf das Sprechverhalten lenken und dabei neben gesprochenem Text auch den paraverbalen Ausdruck und die Körpersprache einbeziehen.

Für den beruflichen Kontext wird von Deborah Tannen vor allem die Wirkung von Sprechverhalten auf Leistungseinschätzung und Karrierechancen untersucht. Sie akzentuiert ihre Beobachtungen über SprecherInnen in Meetings wie folgt:

> *„They may speak with or without a disclaimer, loudly or softly, in a self-depreciating or declamatory way, briefly or at length, and tentatively or with apparent certainty. They may initiate ideas or support or argue against ideas raised by others. When dissenting, they may adopt a conciliatory tone, mitigating the disagreement, or an adversial one, emphasizing it.”* (Tannen 1994, 280)

Je nach Kultur sind unterschiedliche Konfigurationen der im Zitat erwähnten Verhaltensweisen als angemessener Normalfall, also als Genre, definiert und führen daher auch zu unterschiedlichem Erfolg im Sinne der Leistungswahrnehmung und Reputation.

Anregung:

[1] Analysieren Sie gemäß dem Zitat Ihr nächstes Meeting, Ihre nächste Seminarveranstaltung: Wer zeigt welches der genannten Sprechverhalten – mit welcher Wirkung?

[2] Beobachten Sie bewusst eine Reihe von Werbespots in Film, Fernsehen und auf Plakaten und analysieren Sie diese in Bezug auf ihren Kulturgehalt.

3.7   Synopse bzw. Ähnlichkeiten

Abschließend sollen einige Gemeinsamkeiten und Zusammenhänge der verschiedenen Kulturdimensionen herausgearbeitet werden. Dabei soll auf die eingangs angesprochene Einteilung nach Schneider & Barsoux zurückgegriffen werden. Unter den Faktoren der externen Anpassung sollen jene Dimensionen verstanden werden, die auf das Managen der Beziehungen mit der Umwelt abzielen. Dazu zählen in erster Linie das Umweltverständnis und die damit verbundene Ausübung von Kontrolle, wie auch die Modalität des menschlichen Handelns. Die Faktoren der innerlichen Verflechtung beschreiben, wie Beziehungen zwischen Menschen gemanagt werden können und beinhalten das Grundwesen der menschlichen Natur sowie die Beziehungen untereinander. Die verbindenden Faktoren Raum, Sprache und Zeit beziehen sich auf alle Arten der Beziehungen.

Was die **Beziehungen der Menschen zur Natur** betrifft, findet man Ansätze bei Trompenaars & Hampden-Turner, Kluckhohn & Strodtbeck aber auch bei Hofstede in Form der Unsicherheitsvermeidung. Zwar spricht letzterer nicht explizit von der Beziehung des Menschen zur Natur, der starke Zusammenhang ist aber leicht nachvollziehbar, denn ebenso wie bei der Unsicherheitsvermeidung impliziert die Kontrolle über die Natur Planung, das Aufstellen von Regeln, das Ergreifen von Initiative und die Übernahme von Verantwortung. Ein starker Zusammenhang sollte dementsprechend bei Trompenaars' Dimension der inner-directed Kulturen, Kluckhohns Dominanzansatz und Hofstedes Kulturen mit hoher Unsicherheitsvermeidung gegeben sein. Aufgrund unterschiedlicher Erhebungsmethoden einzelner ForscherInnen sollen diese vergleichenden Angaben jedoch nur als Tendenz verstanden werden. Die Modalität der menschlichen Aktivität findet sich direkt bei Kluckhohn bei den „doing" versus „being" Kulturen. Hier lässt sich eine Verbindung zu Trompenaars' leistungs- bzw. zuschreibungsorientierten Kulturen herstellen. Wie bei den „Tun-Kulturen" steht in den leistungsorientierten Kulturen das aktive Handeln und das Ergreifen von Initiative im Vordergrund. Somit ist es auch wahrscheinlicher, dass „Tun-Kulturen" eher die Natur kontrollieren, als sich dieser wie in den „Sein-Kulturen" unterzuordnen. Douglas geht davon aus, dass Kulturen genau jene Annahmen über die Natur des Menschen oder die Art der Natur entwickeln, die sie zum Funktionieren brauchen und verbindet die vier Kulturtypen mit vier Mythen der Natur (vgl. Karmasin 1997, 44). Die individualistische Kultur geht von einer gütigen, verzeihenden Natur aus, die robust und unerschöpflich ist und knüpft ebenso wie in abgeschwächter Form die egalitäre Kultur an die „Tun-Kulturen" an. Im Gegensatz dazu geht die fatalistische Kultur vom Ausgeliefertsein und von Unterordnung aus. Die Natur ist unberechenbar und kann nicht kontrolliert werden. Ebenso wie bei den regelgebundenen hierarchischen Kulturen lässt sich hier ein Vergleich mit den „Sein-Kulturen" herstellen.

Die **Beziehungen zwischen Menschen untereinander** lassen sich durch das Verhältnis zu Vorgesetzten und MitarbeiterInnen (Machtdistanz bzw. Maskulinität/Femininität bei Hofstede; Selbstdarstellung bzw. Rangordnung bei Deborah Tannen), die Bedeutung der Aufgabenerfüllung versus Beziehungspflege (universalistisch/partikularistisch bei Trompenaars & Hampden-Turner; monochron/polychron bei Hall & Hall oder Kooperations- versus Wettbewerbsstil bei Tannen) aber auch an der Dimension des Individualismus/Kollektivismus nachvollziehen. Insbesondere die letztere Dimension, die von fast allen KulturforscherInnen bearbeitet wurde, erlaubt zahlreiche Anknüpfungen. Laut Hofstede gilt in individualistischen Kulturen die Norm, dass man jeden gleich behandeln soll. Die Beurteilung erfolgt nach dem Produkt, das geschaffen wurde. Die Gleichbehandlung ist universalistisch wie im Recht niedergeschrieben. In kollektivistischen Kulturen gilt das Gegenteil, nämlich die Unterscheidung der eigenen Gruppe von den anderen. Dadurch werden im Sinne des Partikularismus Freunde besser behandelt als andere und Beziehungen an oberste Stelle gesetzt. Dies entspricht auch einer weiteren Anknüpfung an die polychrone High-Context Ausrichtung nach Hall & Hall. Auf den starken Zusammenhang zwischen Machtdistanz und Kollektivismus hat Hofstede ganz explizit in seinem Werk verwiesen. Auch Douglas erkennt innerhalb der Group Ausprägung den starken Zusammenhang zwischen komplexen hierarchischen Strukturen und der Gruppe und regelt durch die Grid Dimension die Autonomie des Einzelnen in

Bezug auf die Beziehungen zu anderen GesellschaftsteilnehmerInnen. Obwohl sich die hierarchische und egalitäre Kultur in Bezug auf die Machtdistanz unterscheiden, sind beide kollektivistisch geprägt und streichen wie in den polychronen Kulturen die Bedeutung der persönlichen Kontakte und der engen sozialen Netzwerke heraus. Weder die individualistische noch die fatalistische Kultur bindet ihre Mitglieder in feste Gruppenzusammenhänge ein, sie unterscheiden sich jedoch in Bezug auf das Ausmaß, in dem individuelles Verhalten durch von außen auferlegte Regeln reguliert wird. Insbesondere basiert die individualistische Kultur wie bei Hofstede auf der persönlichen Leistung, die Tüchtigen haben Aufstiegschancen, die Schwachen selektiert das System.

Bei den **verbindenden Faktoren** stellt Trompenaars selbst den direkten Bezug zwischen High-Context und diffusen Kulturen bzw. Low-Context und spezifischen Kulturen her (vgl. Trompenaars & Hampden-Turner 1997, 89). Bei diffusen Kulturen kann aufgrund einer vorhergehenden Integration der GeschäftspartnerInnen in das eigene kulturelle Umfeld auf einen hohen verbalen Erklärungsaufwand verzichtet werden. Bei spezifischen Kulturen ist aufgrund fehlender Informationsnetzwerke ein größerer verbaler Kommunikationsbedarf gegeben. Das Raum- sowie Zeitkonzept wurde insbesondere von Kluckhohn & Strodbeck als auch von Hall & Hall aufgegriffen. Aber auch Hofstede, Trompenaars und Douglas lieferten Ansätze zum Zeitkonzept. Während Hofstede gemeinsam mit Bond Unterschiede in Bezug auf kurz- und langfristige Zeitorientierung untersuchte, an dem Menschen ihr Handeln ausrichten und in dem sie sich selbst definieren, wurde bei Kluckhohn & Strodbeck, Hall & Hall und Trompenaars die relative Wichtigkeit von Vergangenheit, Gegenwart und Zukunft erkannt. Im Gegensatz zu Kluckhohn & Strodbeck erkennt Hall, dass Kulturen auch gleichzeitig zwei Schwerpunkte haben können. Insbesondere sind für Hall die Kulturen Lateinamerikas sowohl vergangenheits- als auch gegenwartsorientiert. Die sequentiell orientierten Kulturen Trompenaars' erfahren Zeit als lineare Abfolge von Ereignissen und legen Wert auf effiziente Einteilung, was eher dem monochronen Zeitempfinden nach Hall & Hall entspricht. Bei synchron-orientierten Kulturen wird lt. Trompenaars das gleichzeitige Auftreten vieler Ereignisse als ganz normal angesehen, und entspricht somit eher der polychronen Zeitauffassung nach Hall & Hall. Douglas verbindet mit der individualistischen Kultur ein synchronisiertes Zeitverständnis, das dem monochronen Zeitverständnis Hall & Halls mit Zeit ist Geld entspricht. Im Gegensatz dazu steht das Zeitverständnis der Hierarchisten, das vergangenheitsorientiert ist und längere Zeitbindungen und Bewahrung berücksichtigt. Die wichtigen zwischenmenschlichen Beziehungen können nur durch gemeinsam verbrachte Zeitläufe gesichert und stabilisiert werden. In Bezug auf das Raumkonzept streicht dies die Wichtigkeit der Nähe heraus. Für hierarchische und individualistische Kulturen ist Zeit planbar und in das Leben und Handeln einbeziehbar. Als Zwischenform geht die egalitäre Kultur von einer kosmischen Zeitkonzeption aus, die unkalkulierbar ist und eigenen Gesetzmäßigkeiten gehorcht. Die fatalistische Kultur entspricht am ehesten Kluckhohn & Strodbecks sowie Trompenaars' Fokus auf die Gegenwart, losgelöst von Vergangenheit und Gegenwart. Fatalisten fällt es schwer, ihre Zeitplanung mit anderen zu synchronisieren.

Anregung: Analyse der eigenen Kultur

[1] Wo würden Sie sich einordnen?

[2] Welche Dimensionen erkennen Sie in den Beispielen wieder?

Quelle: in Anlehnung an Podsiadlowski 2004, 64 und Schneider & Barsoux 2003, 48

Menschliche Natur

      Grundsätzlich gut   I----I----I----I----I----I   Grundsätzlich böse

Menschliche Aktivität und Beziehungen

      Taten setzen   I----I----I----I----I----I   Sich unterordnen

      Gleichbehandlung und Wahrheit   I----I----I----I----I----I   Freundschaft vor Wahrheit

      Selbstverwirklichung   I----I----I----I----I----I   Einer für alle, alle für einen

Zeitorientierung

      Eins nach dem anderen   I----I----I----I----I----I   Viele Dinge auf einmal

      Lineare Abfolge von Ereignissen   I----I----I----I----I----I   Simultane Abfolge von Ereignissen

Arbeitseinstellung

      Wenig Hierarchien   I----I----I----I----I----I   Hohe Machtunterschiede

      Freude am Risiko   I----I----I----I----I----I   Unsichere Situation vermeiden

      Leistung   I----I----I----I----I----I   Lebensqualität

      Produktive Ergebnisse   I----I----I----I----I----I   Harmonie

      Ergebnisse   I----I----I----I----I----I   Handlung

3.8   Wandel der Kulturdimensionen in ausgewählten Nachbarländern

Das Manko der meisten Kulturdimensionen, dass diese nicht konkret für jedes Land erforscht wurden, findet sich vor allem in kleineren europäischen, und insbesondere ehemaligen osteuropäischen Staaten wieder. Durch die Erweiterungsrunden der Europäischen Union wurden diese Länder nicht nur wirtschaftlich geöffnet, sondern scheint auch eine Auseinandersetzung mit den interkulturellen Gepflogenheiten von Bedeutung. Die Schwierigkeit für Interessierte, Geschäftstreibende und ManagerInnen liegt in der Tatsache, dass länderspezifische

Leitfäden für den interkulturellen Umgang nur schwer oder kaum zu finden sind. Im Bereich der Kulturstandards gibt es beispielsweise Trainingsprogramme für die Slowakei, Tschechien und Polen (vgl. Stemplinger et al. 2005; Schroll-Machl et al. 2002; Fischer et al. 2007). Interessante Einblicke liefern auch die österreichischen Perspektiven des interkulturellen Managements im Herausgeberwerk Fink & Meierewert (2001).

In der Folge sollen ausgewählte, osteuropäische Nachbarländer des deutschsprachigen Raums in Bezug auf zuvor besprochene Kulturdimensionen reflektiert werden. Dabei wird, soweit vorhanden auf konkrete Indizes, eine Veröffentlichung von Erfahrungsberichten und länderspezifische Studien zurückgegriffen und versucht, diese mit Dimensionen in Verbindung zu bringen. Abgesehen von den für einige Länder tatsächlich ermittelten bzw. im Nachhinein errechneten Werten bei Trompenaars und Hofstede, ist eine eindeutige Zuordnung zu den unterschiedlichen Dimensionen aufgrund der unterschiedlichen Studiendesigns weder möglich noch empirisch fundiert, auch wird kein Anspruch auf Vollständigkeit erhoben. Es zeigt sich auch, dass Studienergebnisse und Erfahrungsberichte bei einigen Dimensionen widersprüchliche Ergebnisse liefern, die durch den gesellschaftlichen Wandel, die Transformation einiger Länder aus dem kommunistischen System bzw. die bei den Dimensionen angeführte Kritik erklärt werden kann.

Ziel soll es daher sein, Hauptcharakteristika aus der vorhandenen Literatur herauszuarbeiten, und interessierten LeserInnen einen komprimierten Überblick kultureller Besonderheiten dieser Nachbarstaaten in Bezug auf das Geschäftsleben zu geben. In der abschließenden Tab. 3.10 werden durch den Wandel hervorgerufene länderspezifische Tendenzen zusammenfassend aufgezeigt. Soweit nicht explizit angeführt, beziehen sich die folgenden Ausführungen auf Erfahrungsberichte des Zentrums für Interkulturelles Lernen (vgl. Centre for Intercultural Learning 2005) des kanadischen Außenministeriums.

Aus Gründen des praktischen Nutzens übersetzen wir in diesem Teil kulturtheoretische Erklärungen in normative Verhaltensempfehlungen, ein Schritt, den wissenschaftliche Arbeiten sonst vermeiden, weil er interpretative Schließungen mit sich bringt. Wir wollen Ihnen jedoch auch ein Beispiel anbieten, wie ein Transfer vom kulturtheoretischen zum kultursensiblen Verhalten vollzogen werden kann.

3.8.1   Ungarn

Bei einem ersten Zusammentreffen mit UngarInnen eignen sich allgemeine Gesprächsthemen, wie das Land selbst, Wein und Essen, das Wetter, Freizeit, Sport oder Informationen über die eigene Person. UngarInnen haben einen ausgeprägten Sinn für Humor, über den sie sich auch selbst lustig machen (vgl. Kövarys Magyaren-Spiegel 1987). Vorsicht ist bei politischen Themen geboten, insbesondere auch der geschichtlichen Aufteilung des Landes nach dem ersten Weltkrieg, als Gebiete an die Slowakei, die Ukraine, das ehemalige Jugoslawien und Rumänien abgetreten werden mussten. Bis heute existieren ungarische Diaspora Kulturen in diesen Gebieten.

Im Bereich der Kommunikation ist Augenkontakt wichtig. Dies hängt stark mit dem hohen Anspruch der UngarInnen an Vertrauen und Ehrlichkeit zusammen, demgemäß ist zu geringer Augenkontakt ein Zeichen der Unehrlichkeit. Vertrauen und Freundschaft sprechen auch für eine stark ausgeprägte Beziehungsorientierung. Obwohl der persönliche Raum wichtig ist, streben die UngarInnen in ihren persönlichen Kontakten nach Nähe (vgl. Szalay 2002, 2 und Meierewert & Horváth-Topcu 2001, 120). Wie auch aus der ungarischen Literatur und Musik hervorgeht, sind UngarInnen sehr emotional, bringen aber im Geschäftsleben eine neutrale, mehr konservative Haltung zutage. In der Öffentlichkeit kann vor allem die jüngere Generation der affektiven Dimension zugerechnet werden. Dies entspricht auch dem ursprünglichen Ergebnis von Trompenaars, das sich für Ungarn im Mittelfeld, aber dennoch mit Tendenz zur emotionalen Seite ansiedelt.

Eine Zuordnung zu Hall & Halls Zeitdimension gestaltet sich als schwierig. Einerseits streichen die Erfahrungsberichte die zunehmende Wichtigkeit pünktlich zu sein und Deadlines einzuhalten heraus, was auf eine monochrone Ausprägung schließen lässt, andererseits weisen die Bedeutung der Beziehungsebene, Improvisation und ein oft intuitives Herangehen an Arbeitsaufgaben (vgl. Szalay 2002, 3), ein laut der Trompenaars Studie eher langfristiges Zeitverständnis sowie der High-Context in der ungarischen Sprache (vgl. Abschnitt 3.2.1) auf eine polychrone Ausprägung hin. Charakteristisch ist die informelle Anrede, sobald sich GeschäftspartnerInnen etwas besser kennengelernt haben. Zwar wurden die in der Monarchiezeit verwendeten Titel in der sozialistischen Zeit größtenteils abgeschafft (vgl. Meierewert & Horváth-Topcu 2001, 112), nach wie vor sind aber Status und Statussymbole in der ungarischen Gesellschaft sehr wichtig. Dieser Widerspruch einer zunehmend leistungsorientierten Ausprägung in Bezug auf Titel und der eher zuschreibungsorientierten Dimension in Bezug auf Status wurde bereits von Trompenaars festgestellt. Insbesondere wurde die Frage nach der Wichtigkeit des familiären Hintergrunds von den befragten UngarInnen im Sinne der leistungsorientierten Kultur beantwortet. Man findet daher auch hier eine im Mittelfeld angesiedelte Ausprägung dieser Dimension, die jedoch starke Tendenzen in Richtung der eigenen Leistung und des Tuns aufweist. Ebenso lässt sich lt. den Erfahrungsberichten und Meierewert et al. die ungarische Kultur als diffus beschreiben, in der die private und berufliche Sphäre vermischt, und berufliche Angelegenheiten auch privat und umgekehrt besprochen werden. Lt. Trompenaars scheint dieses Ergebnis situationsabhängig zu sein. Während die Frage nach der Renovierung des Hauses des Vorgesetzten eindeutig spezifische Werte liefert, deutet die Frage nach der Wohnungssuche auf die diffuse Kultur hin. UngarInnen kümmern sich darum, dass der andere zufrieden ist (vgl. Streicher 2006, 262).

Die Beziehungspflege, der starke Gemeinsinn und die Gruppenorientierung (vgl. Meierewert & Horváth-Topcu 2001, 120) lassen heute auf eine leicht kollektivistische Einstellung schließen. Interessant erscheint, dass die Ungarn in den Trompenaars und Hofstede Studien seinerzeit als eindeutig individualistisch identifiziert wurden. Die Frage nach Partikularismus und Universalismus scheint situationsbedingt zu sein. Meierewert et al. konstatieren, dass der Staat durch die Einschränkung der Freiheiten der Bevölkerung während der Zentralverwaltungswirtschaft eine unpopuläre Rolle hatte (vgl. Meierewert & Horváth-Topcu 2001, 116). Dies führte im weiteren Sinne zu einer Förderung des Partikularismus, der durch viele informelle Netzwerke zum Teil auch heute noch aufrechterhalten bleibt. Andererseits beschreibt das Zentrum für Interkulturelles Lernen insbesondere im Geschäftsleben eine universalistische Tendenz, bei der Privilegien nur eine Rolle spielen, wenn sie nicht für die einzelne Person, sondern für die gesamte Firma von Nutzen sind. Diese universalistische Orientierung wurde auch bei allen drei Fragen in Trompenaars Untersuchung festgestellt.

Ein Zusammenhang zu Hofstedes Dimensionen lässt sich im Bereich der Maskulinität und der Machtdistanz finden. Für den Ungarn zählen insbesondere maskuline Werte, wie Herausforderung am Arbeitsplatz und gute Entlohnung, was auch den von Hofstede im Nachhinein geschätzten Werten entspricht. Dies kann mit den relativ schwierigen, wirtschaftlichen Rahmenbedingungen seinen Lebensunterhalt zu verdienen in Verbindung gebracht werden, wodurch ein gutes Gehalt als starker Motivationsfaktor gesehen wird. Ungarische Unternehmen zeichnen sich durch einen autoritären Führungsstil und strenge Hierarchie aus. Darin spiegelt sich eine relativ hohe Machtdistanz, die auch in der Studie von Meierewert & Horváth-Topcu bestätigt wurde, bei Hofstedes Untersuchung mit einem Wert von 46 jedoch im unteren Bereich liegt. Die Tendenz zu einer heute höheren Machtdistanz entspräche auch der Feststellung Hofstedes, dass eine hohe Machtdistanz mit einer kollektivistischen Kultur korreliert. Auch die Unsicherheitsvermeidung wurde für Ungarn mit einem Wert von 82 als relativ hoch errechnet und würde für eine regelorientierte Gesellschaft sprechen, die sich in den Kulturstandards von Meierewert et al. jedoch nicht wiederfindet, wenn sie von einem fehlenden Verpflichtungsgefühl dem Staat, Regeln und Gesetzen gegenüber und somit von einer heute eher geringeren Regelorientierung bei den UngarInnen sprechen (vgl. Meierewert & Horváth-Topcu 2001, 120).

3.8.2   Slowenien

Als Einstieg in den slowenischen Kulturkreis eignen sich Gesprächsthemen über das Land bzw. über die Person selbst, insbesondere da es sich um eine stark familienorientierte Kultur handelt. Ein starker Familiarismus wurde auch von Feichtinger & Langer & Meierewert festgestellt, wobei die Beziehungsorientierung regional differenziert und in den südlichen Landesteilen stärker zu sein scheint, als in den nördlichen Gebieten. Damit einhergehend zeigt sich ein stärkerer Kollektivismus seitens der SlowenInnen (vgl. Feichtinger & Langer & Meierewert 2001, 86f). Der starke Familiarismus hat Einfluss auf Privilegien und Begünstigungen und kann ganz im Sinne einer partikularistischen Einstellung zur Bevorzugung von Freunden und Bekannten bei Beförderungen und Gehaltserhöhungen führen (vgl. Centre for Intercultural Learning 2005).

Augenkontakt ist ein Zeichen des Vertrauens, die räumliche Distanz ist situationsabhängig und kann im privaten Bereich gering sein, entspricht im Geschäftleben dem Abstand in den deutschsprachigen Ländern. Gefühle werden auch in der Öffentlichkeit zum Ausdruck gebracht und lassen auf eine affektive Ausprägung schließen.

In Bezug auf Pünktlichkeit und Deadlines tendieren SlowenInnen im Geschäftsleben zu monochronem Verhalten, Improvisationsvermögen und Beziehungsorientierung deuten auf eine polychrone Ausrichtung. Dies lässt für Slowenien auf eine Positionierung zwischen Sach- und Beziehungsebene schließen (vgl. Streicher 2006, 263). Feichtinger et al. stellen eine rückläufige Beziehungsorientierung im Geschäftsleben fest, und bringen dies mit einem Anpassungsprozess an westliche Verhaltensmuster in Verbindung, durch den Sachaspekte immer mehr die Beziehungsaspekte dominieren. Autorität wird denjenigen zugeschrieben, die über Expertise und Fachwissen verfügen, Entscheidungen werden nach dem Top down Prinzip getroffen, was grundsätzlich auf eine höhere Machtdistanz und Hierarchien in traditionellen Unternehmen schließen lässt.

Im stark ausgeprägten Paternalismus – Vertrauen auf eine automatische Bereitstellung bestimmter Leistungen durch den Staat oder Arbeitgeber – spiegelt sich eine relativ hohe Unsicherheitsvermeidung wieder. Dieses Vertrauen auf eine höhere Instanz, die regelt und entscheidet, zeigt sich auf Unternehmensebene in einer mangelnden Bereitschaft zur Verantwortungsübernahme (vgl. Feichtinger et al. 2001, 91). Eine hohe Machtdistanz und hohe Unsicherheitsvermeidung lassen sich auch aus der Studie von Streicher ableiten (vgl. Streicher 2006, 263). Eine starke Leistungsorientierung wird durch die Bedeutung von selbst erarbeiteten Statussymbolen veranschaulicht, eine Möglichkeit die eigenen Leistungen innerhalb der marktwirtschaftlichen Möglichkeiten nach außen hin zu zeigen. Ein schwacher Hang zur Trennung von privaten und beruflichen Angelegenheiten und das Eingehen auf das Individuum lassen in Hinblick auf Trompenaars eine diffuse Einstellung vermuten. Maskuline Werte, wie Anerkennung und Einkommen werden als Hauptmotivatoren gesehen und unterstreichen die zunehmende Bedeutung der Leistungsorientierung und Sachkompetenz. Slowenien wurde weder in der Studie von Hofstede noch von Trompenaars berücksichtigt.

3.8.3 Slowakei

Allgemeine Themen, wie Arbeit, Familie, Reisen und Hobbys eignen sich für einen ersten Kontaktaufbau. Nach der Aufteilung der Tschechoslowakei 1993 ist es insbesondere auch in Gesprächen wichtig zu differenzieren, und eine Gleichsetzung von SlowakInnen und TschechInnen zu vermeiden. Der persönliche Raum darf nicht verletzt werden, ein für beide InteraktionspartnerInnen angenehmer Gesprächsabstand ist einzuhalten. Dieser kann sich unter FreundInnen verringern.

Augenkontakt ist Ausdruck der Höflichkeit und des Vertrauens. Obwohl Gestik eingesetzt wird, verhalten sich SlowakInnen in formalen Situationen eher konservativ, sind mit Gesichtsausdrücken und dem öffentlichen Zeigen von Gefühlen eher bescheiden, was auf eine neutrale Kultur schließen lässt. Bescheidenheit drückt sich auch in gewissen Verhaltensregeln aus, die in Erfahrungsberichten beschrieben werden: Wenn man etwas (Essen, Getränke, Geschenke) angeboten bekommt, sollte man zuerst ablehnen und erst beim zweiten oder dritten Mal akzeptieren.

Pünktlichkeit und Deadlines werden ernst genommen und stehen für Höflichkeit und Respekt. Grundsätzlich könnte man von einer monochronen Ausprägung ausgehen. Dennoch deuten Erfahrungsberichte (vgl. auch Streicher 2006) und das Verzeihen von Verspätungen, sofern ein akzeptabler Grund dafür angegeben werden kann, auf polychrones Verhalten hin. Stemplinger et al. stellen eine kulturelle Verankerung von Pragmatismus bei den SlowakInnen fest, der sich insbesondere auf die Projektplanung und -durchführung auswirkt (vgl. Stemplinger & Haase & Thomas 2005, 82f). Hier ist die Herangehensweise durch Gelassenheit charakterisiert, da lediglich die ersten Schritte geplant und in weiterer Folge Zeitpläne selten aufgestellt werden. Das polychrone Zeitverständnis wird ganz explizit durch einen flexiblen Umgang bzgl. der Einhaltung von Terminen und ein flexibles Zeitmanagement beschrieben (vgl. ebda, 112).

Harmonie, Rücksichtnahme auf andere, ein starker Gemeinschaftsgedanke und soziale Netze mit Auffang- und Unterstützungscharakter beschreiben die kollektivistische Natur der SlowakInnen. Damit einhergehend ist das Treffen von Entscheidungen langwierig, Anweisungen kommen von oben und werden meist kritiklos Folge geleistet. Dies führt zu einer gewissen Passivität der MitarbeiterInnen, wenn es darum geht eigene Vorschläge zu erarbeiten (vgl. Stemplinger et al. 2005, 99). Wenige SlowakInnen werden aktiv ihre eigenen Vorzüge, ihre Fachkompetenz oder ihr Können zur Schau stellen. Die starke Hierarchieorientierung zeigt sich auch darin, dass älteren Leuten in ihrem Rang und Ansehen Autorität eingeräumt wird. Status ist wichtig, zeigt sich heutzutage an durch Leistung messbaren Symbolen, wie ein eigenes Auto, Haus oder der Urlaubsdestination.

Protektionismus ist verbreitet und besondere Privilegien werden unter FreundInnen erwartet. In den Erfahrungsberichten werden SlowakInnen im Vergleich zu WesteuropäerInnen als wenig durchsetzungsstark beschrieben. Diese feminine Ausprägung wird durch ein hohes Maß an Loyalität unterstrichen, steht aber im Gegensatz zu Motivatoren wie Gehalt und Vergünstigungen. Im Gegensatz zu den tschechischen Nachbarn scheinen die maskulinen Werte nicht so stark ausgeprägt zu sein. Unsicherheitsvermeidung findet man insbesondere im Umgang mit Konflikten. Das Wahren der Harmonie und das Aufteilen von Verantwortung auf mehrere sind lt. Stemplinger et al. typische Verhaltensmuster (vgl. Stemplinger et al. 2005, 131). Ebenso stellten sie ein diffuses Verhalten in Bezug auf Vermischung von Beruflichem und Privatem fest. Private Themen fließen in den Arbeitsalltag ein (vgl. dazu auch Streicher 2006, 258), der Kontakt- und Beziehungspflege wird entsprechend viel Zeit eingeräumt, die Rolle des „Herrn Direktor" trifft sowohl auf den beruflichen als auch privaten Bereich zu. Auch die Slowakei wurde weder bei Hofstede noch bei Trompenaars explizit berücksichtigt.

3.8.4   Tschechische Republik

Der erste Kontakt mit TschechInnen kann unpersönlich und zurückhaltend erscheinen, wofür meist die Sprachbarriere und mangelnde Fremdsprachenkenntnisse auf beiden Seiten verantwortlich sein können. Allgemeine Themen über das Wetter, den persönlichen Hintergrund eignen sich gut als Einstieg. Politische Themen enden meist in Debatten über den Kommunismus und sollten daher vermieden werden.

Besprechungen beginnen mit Small Talk, einem gegenseitigen Sich Kennenlernen, und dienen dem Vertrauensaufbau, man kommt nie sofort auf den Punkt. Insbesondere bei Verhandlungen ist zu Beginn nicht der Sachaspekt sondern die Beziehungspflege von Bedeutung. Da dem Beziehungsaspekt der Vorrang gegenüber dem Sachaspekt eingeräumt wird, kommt den jeweils Agierenden stärkere Bedeutung zu, als dem Inhalt ihres Tuns (vgl. Fink & Nový & Schroll-Machl 2001, 168). Dieser langfristige Beziehungsaufbau lässt bereits ein polychrones Zeitempfinden erkennen, das durch den Hang zu Improvisation und Simultanität im Agieren unterstrichen wird (vgl. Fink et al. 2001, 170f). Auch in der Studie von Trompenaars wird ein relativ langfristiges Zeitempfinden bestätigt. Zwar wird auch Pünktlichkeit geschätzt, aber auch hier findet man mehr Flexibilität als unter einem monochronen Zeitverständnis.

Humor ist Teil der tschechischen Kultur, dient der Aufarbeitung der Vergangenheit und wurde immer wieder als Waffe und Schutzschild gegen stärkere GegnerInnen benutzt (vgl. Baxant & Rathmayr & Schulmeisterová 1995, 19). Mit der starken Beziehungsorientierung geht nach Meierewert ein Hang zum Klientelismus – eine dynamische Beziehung, kraft derer eine höhergestellte Person ihren Einfluss und Mittel einsetzt, um einer niedriger gestellten Person Schutz und Vorteile zu verschaffen, die dafür Unterstützung und Dienste anbietet (Meierewert 2001, 99). Diese abgeschwächte Form der Korruption lässt sich neben Privilegien und Vetternwirtschaft als Form des Partikularismus auslegen. Fink et al. gehen mit dem Begriff der personenorientierten Kontrolle der TschechInnen in eine ähnliche Richtung und verstehen darunter, die Tendenz zugunsten persönlicher Interessen oder Beziehungen auch gegen Regeln zu verstoßen (vgl. Fink et al. 2001, 174). Auch Tromenaars Ergebnisse bestätigten eine größtenteils partikularistische Ausprägung, nur bei der Frage nach dem Unfall antworteten die tschechischen Befragten universalistisch.

Augenkontakt und der persönliche Raum sind in Gesprächen wichtig, die Distanz kann sich unter FreundInnen und Bekannten erheblich verringern. Beobachtung des Verhaltens anderer ist hier die beste Regel. Das öffentliche Zeigen von Gefühlen und Ärger ist in Tschechien verbreitet, auch Gestik lässt auf eine eher ausdruckstarke, affektive Kultur schließen (vgl. dazu auch Streicher 2006, 270). Auch bei Trompenaars wurden die TschechInnen als affektive Kultur beschrieben. Die Anrede sollte immer formal sein, mit Titel und Familiennamen. Weitere Anzeichen einer zuschreibungsorientierten Kultur findet man in der Bedeutung der persönlichen Familienverhältnisse, dem hohen Stellenwert des durch Ausbildung eingeräumten Status und bei Trompenaars in Bezug auf die Frage nach dem Familienbackground. Die Entscheidungsfindung ist langwierig und mehrstufig.

Des Weiteren wird die Bedeutung von Harmonie und Vertrauen betont. Meierewert hat einige Muster abgeleitet, die die Gruppenverantwortlichkeit und eine hohe Autoritätsgläubigkeit herausstreichen (vgl. Meierewert 2001, 100). Dies lässt sich mit einer eher kollektivistischen Haltung und hoher Machtdistanz in Einklang bringen. Die relativ hohe Machtdistanz wurde auch durch Hofstedes Erfahrungsberichte bestätigt, für die Dimension des Individualismus/Kollektivismus gehen seine Ergebnisse wie auch jene von Trompenaars in Richtung individualistische Kultur. Diese Tendenz vom Individualismus zu einer eher kollektivistischen Einstellung erscheint insbesondere nach der Transformation aus dem Kommunismus interessant und konnte auch schon bei Ungarn festgestellt werden. Insbesondere unter dem Gesichtspunkt, dass die Verbundenheit, die es früher im Kommunismus gab, in Tschechien heute nicht mehr so stark ist (vgl. Streicher 2006, 270). Ebenso widersprüchlich erscheint, dass durch die gesellschaftlichen Veränderungen nach dem Kommunismus und die Ausrichtung an westliche Strukturen Mitbestimmung an Bedeutung gewinnt. Risikoscheu, mangelnde Verantwortungsübernahme durch MitarbeiterInnen, das Anlegen von Zeitpolstern, um Aufgaben ohne Druck erledigen zu können und auch Hofstedes Index deuten auf eine ausgeprägte Unsicherheitsvermeidung hin. Die Aussage tschechischer InterviewpartnerInnen, dass ÖsterreicherInnen vergleichsweise zurückhaltend sind und ihr Privatleben abschirmen, lässt auf eine diffusere Orientierung unter den TschechInnen schließen. Auch Fink et al. bestätigen deutliche Merkmale der Diffusion bei den TschechInnen (vgl. Fink et al. 2001, 177). Trompenaars konnte dies für seine zweite Fragestellung in Bezug auf das Behilflichsein bei der Wohnungssuche bestätigen, erhielt auf die Frage nach der Unterstützung des Chefs bei der Renovierung des Hauses spezifische Resultate. Maskuline Werte finden sich sowohl bei Hofstede als auch in dem Fokus auf Beförderungen und gute Entlohnung. „Geht es ums Geld, ist die Loyalität zum Unternehmen nicht hoch." Ein weiterer Grund für das Verlassen eines Unternehmens liegt in schlechten Beziehungen (vgl. Streicher 2006, 271 und 274), was eine eindeutige Zuordnung zur Maskulinität in der heutigen Zeit schwierig erscheinen lässt.

3.8.5   Polen

Als katholisches Land mit starkem Familienbezug eignen sich zum Kontaktaufbau Themen über den eigenen familiären Hintergrund, die Ausbildung, den Beruf, etc. Berühmte Persönlichkeiten, wie Papst Johannes Paul II oder Frederic Chopin können als Eisbrecher dienen. Einseitige religiöse Ansichten oder Gespräche über die Sovietherrschaft sollten eher vermieden werden.

Der Gesprächsabstand wird als eher gering wahrgenommen. Jedoch gilt auch hier, je formeller die Beziehung desto größer der Abstand. Fehlender Augenkontakt ist ein Zeichen der Respektlosigkeit, mit Gestik, Berührungen und im Ausdruck von Gefühlen sind Polen lt. Trompenaars eine der neutralsten Kulturen. Dies scheint überholt zu sein, da bei religiösen Anlässen, Hochzeiten, Begräbnissen, aber auch im Kino den Gefühlen freier Lauf gelassen wird (vgl. Centre for Intercultural Learning 2005).

Zahlreiche Erfahrungsberichte lassen auf ein polychrones Zeitverständnis schließen und heben den hohen Kontext in Gesprächssituationen hervor. Prozesse in Unternehmen und Behördenwege nehmen sehr viel Zeit in Anspruch, mit Verspätungen ist in allen Lebensbereichen zu rechnen. Auch Hofstede und Trompenaars haben für Polen einen mittel- bis eher langfristigen Zeithorizont herausgefunden. Grundsätzlich erfolgt die Anrede insbesondere im Geschäftskontext mit Titel und Familienname. Bei Unternehmen mit internationalen Belegschaften ist zwar eine Tendenz zur informellen Anrede zu beobachten, falls nicht anders angeboten, ist das Beibehalten der formellen Anrede ratsam. Die Berichte des Zentrums für Interkulturelles Lernen sprechen in diesem Zusammenhang auch von „professioneller Nähe" in der Beziehungspflege. Darunter versteht man zwar die Bewirtung und Kontaktpflege, was aber nicht zu bedeuten hat, dass man auch wirkliche Freundschaften schließen kann. Dies untermauert auch die spezifische Ausprägung der polnischen Kultur, bei der Privates und Berufliches getrennt wird und eine freundschaftliche Annäherung zeitintensiv ist. Auch bei Trompenaars wurde eine eindeutig spezifische Ausprägung nachgewiesen. Ausbildung und Familie haben einen hohen Stellenwert. Dies führt zu Klassenunterschieden, insbesondere in ländlichen Gebieten, da es eher unwahrscheinlich ist, dass PolInnen mit einer guten Ausbildung mit weniger Gebildeten soziale Kontakte knüpfen. Erfahrungsberichte weisen in diesem Zusammenhang darauf hin, dass Heiraten zwischen Klassen mit unterschiedlicher Ausbildung eher ungewöhnlich sind. Dieser durch Ausbildung und Familie eingeräumte Status lässt auf eine zuschreibungsorientierte Kultur schließen. Auch hier findet sich in der Trompenaars Studie ein Widerspruch zwischen den beiden gestellten Fragen. Interessant erscheint, dass gerade die Frage nach dem Familienbackground leistungsorientiert beantwortet wurde. Auch lässt die Bedeutung von Diplomen und Zeugnissen in der heutigen Zeit eher auf die leistungsorientierte Ausprägung schließen. Zusammenfassend können in der heutigen Zeit beide Ausprägungen festgestellt werden, was auf eine Mischform hinweist.

Sowohl der Klassenunterschied als auch die hierarchische Entscheidungsstruktur in polnischen Unternehmen sprechen für eine hohe Machtdistanz, die auch in Hofstedes Untersuchung bestätigt wurde. Ein Partikularismus zeigt sich in den starken persönlichen Netzwerken, über die vieles organisiert und zurückgegeben wird. Wenn möglich kauft man von und arbeitet mit FreundInnen oder Familie zusammen und erwartet sich dadurch Gefälligkeiten und eine besondere Behandlung. Auch Trompenaars konnte bis auf die Frage nach dem Verkehrsunfall die partikularistische Einstellung nachweisen.

In Bezug auf Individualismus/Kollektivismus wurde Polen sowohl von Hofstede als auch Trompenaars als individualistisch eingestuft. Abgesehen von der starken Familienorientierung spiegeln sich die individualistischen Anzeichen in den maskulinen Werten Anerkennung und Einkommen wieder. Hofstede stellte sowohl Maskulinität als auch eine hohe Unsicherheitsvermeidung fest. Dies ist für stark katholische Länder nicht untypisch, da eine hohe Unsicherheitsvermeidung kaum Toleranz für Mehrdeutigkeit zulässt und eine regelorientierte Gesellschaft mit Regulierungen und Gesetzen erzeugt. Diese Kontrolle ist wiederum notwendig, um Unsicherheit zu vermeiden (vgl. Internet, Hofstede).

Tab. 3.10   Kulturdimensionen im Wandel

	Persönl. Raum	Zeit	PDI	IDV	MAS	UAI	univ./ partik.	affektiv/ neutral	spezifisch/ diffus	Leistung/ Zuschreib.
Ungarn	Nähe	eher polychron mit monochronen Einflüssen	von niedrig zu eher hoch	von indiv. zu leicht kollektiv.	maskulin	von hoch zu eher niedrig	grundsätzlich univ. mit partik. Einflüssen	im Mittelfeld, eher affektiv	eher diffus wenige spezifische Ansätze	eher leistungsorientiert
Slowenien	Distanz unter Freunden geringer	gemischt Tendenz zu immer mehr monochronem Verhalten	eher hoch	leicht kollektiv. Familiarismus	eher maskulin	hoch	eher partik.	eher affektiv	eher diffus	leistungsorientiert
Slowakei	Distanz unter Freunden geringer	eher polychron	hoch	kollektiv.	eher feminin	eher hoch	eher partik.	eher neutral	diffus	im Mittelfeld eher leistungsorientiert
Tschechien	Distanz unter Freunden geringer	polychron	eher hoch	im Mittelfeld; von indiv. zu leicht kollektiv.	Mischform maskulin dominierend	hoch	eher partik.	affektiv	eher diffus	zuschreibungsorientiert.
Polen	Nähe	polychron	hoch	eher indiv.	maskulin	hoch	eher partik.	im Mittelfeld, eher affektiv	spezifisch	im Mittelfeld

3.9 Lösungsteil Kapitel 3

Im Anschluss an 3.2.4 Zeit (Time): Monochrone und Polychrone Zeit – Dialog „Vollgepackter Zeitplan":

Lösungsansatz: Unterschiedliche Auffassung von Business Meeting

1. Zusammenhang: Monochron (US: time is money) und polychron (arabischer Raum: Zeit als Zielvorstellung; nicht Pflicht). Arabischer Raum: Nicht Vertriebsvereinbarungen sondern alles andere ist vorläufig interessanter und wichtiger.
2. High-Context versus Low-Context. Low-Context US: Fokus auf dem was gesagt wird; arab. Länder: Fokus auf dem WER (Beziehungen).

Im Anschluss an 3.4.5 Leistungs- oder Zuschreibungsorientierte Kulturen (Achievement vs. Ascription Oriented Cultures) – Dialog „L'École des Hautes Études Commerciales":

Lösungsansatz: Unterschiedliche Beurteilung von Qualifikationen

Leistungs- bzw. Zuschreibungsorientiert nach Trompenaars. In F: egal was man studiert, wenn man von einer HEC kommt ist man qualifiziert, d.h. der Status, die Herkunft ist sehr wichtig; in den USA zählt hingegen die Leistung, dass was man erreicht hat (self-made man).

Im Anschluss an 3.4.7 Umweltverständnis (Orientation to Environment) – Anregung nach Storti 1999:

1. I; die Natur kann kontrolliert werden und muss nicht so akzeptiert werden, wie sie ist
2. I; Fortschritt ist unvermeidbar, solange wir ihn kontrollieren können; wäre er nicht unter der Kontrolle des Menschen, könnte man nicht beurteilen, ob er unvermeidbar wäre oder nicht
3. I; impliziert, dass man alles herausfinden kann, es gibt keine Grenzen, die man nicht erreichen kann
4. O; Glück liegt außerhalb des Grades der Selbstkontrolle
5. I; alles hängt von der individuellen Motivation und nicht von externen Faktoren ab
6. I; wenn man die Kontrolle über sein Leben hat, kann man Veränderungen setzen um glücklicher und zufriedener zu werden
7. O; in anderen Worten gibt es Faktoren, die außerhalb unserer Kontrolle liegen
8. O; externe Faktoren machen einige Probleme unlösbar

Im Anschluss an 3.7 Synopse bzw. Ähnlichkeiten – Analyse der eigenen Kultur:

1. Kluckhohn: Menschliche Natur; 2. Sein/Tun Kulturen; 3. universalistisch/partikularistisch; 4. Individualismus/Kollektivismus; 5. monochron/polychron; 6. sequentiell/synchron; 7. Machtdistanz; 8. Unsicherheitsvermeidung; 9 Maskulinität/Femininität; 10. Sach-/Beziehungsorientierung; 11. Ergebnis- versus Handlungsorientierung

4 Interkulturelle Kompetenz

International tätige ManagerInnen dieser Tage brauchen interkulturelle Kompetenz – so die weit verbreitete Forderung der Cross Cultural Management Literatur und des internationalen Personalwesens (vgl. Scherm 1999; Dülfer 2001; Hampden-Turner & Trompenaars 2000; Böning 2000). Grundsätzlich ist der Kompetenzbegriff weit verbreitet, sodass es bezüglich seiner Bedeutung kaum Unklarheiten geben sollte. Für eine erfolgreiche Zusammenarbeit im internationalen Arbeitsumfeld ist es wichtig, sich sowohl mit der eigenen als auch der fremden Kultur auseinanderzusetzen, und andere Anschauungen verstehen und in das eigene Handeln integrieren zu lernen. Nach den Grundlagen (vgl. Abschnitt 4.1) beschäftigen wir uns im Abschnitt 4.2 mit den Merkmalen, die ein interkulturelles Kompetenzprofil ausmachen sollten. Abschnitt 4.3 widmet sich eingehend der Diskussion von Stereotypen. Den Stufen des interkulturellen Kompetenzerwerbs (vgl. Abschnitt 4.4) folgt eine kurze Einführung in die Methoden des interkulturellen Kompetenzerwerbs (vgl. Abschnitt 4.5), bevor abschließend auf ausgewählte Beispiele im Detail eingegangen wird (vgl. Abschnitt 4.6).

4.1 Grundlagen

Es lässt sich bereits erkennen, dass mit dem Begriff der (interkulturellen) Kompetenz die Ebenen der Kognition, Emotion und des Verhaltens angesprochen werden. Dennoch soll wie folgt differenziert werden:

Kompetenz ist eine Kombination von Wissen und Fähigkeiten, die zur Bewältigung von Aufgaben eines spezifischen Fachgebietes notwendig sind und von jeweiligen TrägerInnen der Kompetenz angewendet werden (können).

Interkulturelle Kompetenz ist das Wissen, wie man – für alle Beteiligten – erfolgreich mit Menschen aus anderen Kulturen interagiert, und die Fähigkeit, dieses Wissen in den jeweiligen Situationen anzuwenden. Im Innenverhältnis ist dies bei multikulturellen Gruppenzusammensetzungen, im Außenverhältnis bei jeder Interaktion z.B. mit ausländischen GeschäftspartnerInnen vor Ort, von Bedeutung.

International erfolgreich agierende ManagerInnen müssen mit einem Bündel an Kenntnissen und Fähigkeiten ausgestattet sein, das neben fachlichem, ökonomischem und juristischem Sachverstand Fremdsprachenkenntnisse und die oft vernachlässigte interkulturelle Kompetenz beinhalten sollte. Dass sie jedoch nur eine notwendige, aber keine hinreichende Bedingung für Erfolg im globalen Handeln darstellt, wird durch die nachstehende Definition in

Abb. 4.1 verdeutlicht. Die in dieser Darstellung definitorisch festgehaltene **internationale Kompetenz** umfasst neben der interkulturellen Kompetenz jene Fähigkeiten, die ideale ManagerInnen heutzutage benötigen:

Fachliche Kompetenz	Strategische Kompetenz
INTER-KULTURELLE KOMPETENZ	
Soziale Kompetenz	Individuelle Kompetenz

Abb. 4.1   Internationale Handlungskompetenz (verkürzt nach Bolten 2000, 70)

Als Beispiele für die jeweiligen Kompetenzfelder werden Markt-, Rechts- und Betriebskenntnisse für die Fachkompetenz erwähnt, Problemlösungs- und Entscheidungsfähigkeit für die strategische Kompetenz, Teamfähigkeit und Empathie stellvertretend für die soziale Kompetenz sowie Eigenmotivation, Fremdsprachenkenntnisse und schließlich Belastbarkeit für die individuelle Kompetenz (vgl. Bolten 2000, 70f). Dabei kann interkulturelle Kompetenz das Fehlen der übrigen Kompetenzfelder nicht ersetzen. Ebenso können Personen mit ausgeprägtem Wissen in anderen Kompetenzfeldern in interkulturellen Situationen scheitern, wenn die interkulturelle Kompetenz nur ansatzweise ausgeprägt ist. Anzumerken sei, dass die Beziehung zwischen sozialer Kompetenz und interkultureller Kompetenz oft fließend ist. Nicht zuletzt wurde in früheren wissenschaftlichen Werken soziale Kompetenz als Synonym für interkulturelle Kompetenz verwendet (vgl. Müller 1993, 68).

Es stellt sich die Frage, was Menschen interkulturell kompetent macht: Ist diese Kompetenz angeboren oder anerzogen? Sollte man über fremde Kulturen lesen oder zahlreiche Reisen in ferne Länder unternehmen? Oder ist es doch besser längere Auslandsaufenthalte zu absolvieren, viele unterschiedliche Sprachen zu beherrschen, viele internationale Freundschaften/Partnerschaften zu pflegen und/oder sich in Menschen aus anderen Kulturen hineinzuversetzen lernen?

Die Fragen sind im Einzelnen schwer zu beantworten, da in der Realität viele Elemente einfließen. Die Lösung ist somit keine Frage der Entscheidung zwischen den Elementen, sondern vielmehr der Versuch ihrer Integration. Wie schon Goleman (vgl. Goleman 1996, 36ff) mit seinem Konzept der emotionalen Intelligenz (EQ) von dem bisherigen Konzept des Intelligenzquotienten IQ abweicht, welches ausschließlich kognitive (d.h. mathematisch-logische und verbale) Fähigkeiten abbildet, so soll auch an dieser Stelle die Abkehr von einem rein kognitiven Kompetenz-Konzept erfolgen. Ergänzend zur einführenden Definition der CCC (Cross Cultural Competence) als jene Kompetenz mit Menschen anderer Kulturen umzugehen, verfeinern wir die Definition wie folgt: Nach unserem Verständnis, das sich auch in weiten Teilen der englisch- und deutschsprachigen Literatur wieder finden lässt, setzt sich Interkulturelle Kompetenz aus folgenden Elementen zusammen:

- Emotionale Kompetenz (Bewusstsein über eigene und fremde Kulturalität sowie Werte, Empathie, Einstellungen …)
- Kognitive Kompetenz (Wissen über andere Kulturen, Sprachkenntnisse …)
- Konative Kompetenz – Handlungskompetenz (Fähigkeiten, Fertigkeiten, Verhalten …)

Eine detaillierte Aufgliederung der verschiedenen interkulturellen Fähigkeiten, die die gewählte Dreiteilung (Emotion-Kognition-Verhalten) widerspiegelt, soll einen ersten Überblick darüber bieten, womit das Rüstzeug der international Geschäftstätigen bestückt sein sollte[14].

Tab. 4.1   Dimensionen der Interkulturellen Kompetenz (Bolten 2000, 68)

Affektive Dimension	Kognitive Dimension	Verhaltensbezogene Dimension
Ambiguitätstoleranz	Verständnis des Kulturphänomens in Bezug auf Wahrnehmung, Denken, Einstellungen sowie Verhaltens- und Handlungsweisen	Kommunikationswille und -bereitschaft i.S. der initiierenden Praxis der Teilmerkmale der affektiven Dimension
Frustrationstoleranz		
Fähigkeit zur Stressbewältigung und Komplexitätsreduktion		
Selbstvertrauen	Verständnis fremdkultureller Handlungszusammenhänge	Kommunikationsfähigkeit
Flexibilität		Soziale Kompetenz (Beziehungen und Vertrauen zu fremdkulturellen InteraktionspartnerInnen aufbauen können)
Empathie, Rollendistanz	Verständnis eigenkultureller Handlungszusammenhänge	
Vorurteilsfreiheit, Offenheit, Toleranz	Verständnis der Kulturunterschiede der InteraktionspartnerInnen	
Geringer Ethnozentrismus	Verständnis der Besonderheit interkultureller Kommunikationsprozesse	
Akzeptanz/Respekt gegenüber anderen Kulturen		
Interkulturelle Lernbereitschaft	Metakommunikationsfähigkeit	

Mit der emotionalen Kompetenz wird die Gefühlsdimension angesprochen, während die kognitive Kompetenz auf das Denken und die konative Kompetenz auf das Tun abzielt. Für ein interkulturell effektives Handeln müssen alle drei Kompetenzen ausgewogen zusammenspielen. Jedoch gestaltet sich eine Umsetzung von interkulturellem Wissen (kognitive Kompetenz) und Empfindungen bzw. Einstellungen (emotionale Kompetenz) in Verhalten (konative Kompetenz) oft schwierig, da ManagerInnen zusätzlich physischen und psychologischen Belastungen ausgesetzt sind. Hierbei ist anzumerken, dass Kinder viele Merkmale des interkulturellen Kompetenzbündels aufweisen, ohne sich dessen bewusst zu sein. Das Offensein für andere, die Neugierde Neues zu erforschen oder anderen relativ schnell Vertrauen zu schenken, etc. sind Merkmale die im Laufe des Erwachsenwerdens wieder verloren gehen.

Im Rahmen der oben genannten Dreiteilung wird von unterschiedlichen AutorInnen eine Fülle von Merkmalen zusammengefasst. Als Ergänzung zur obigen Tabelle sollen für die

---

[14]   Einige der aufgezählten Fähigkeiten sind nicht ausschließlich auf den internationalen Kontext zu beziehen und werden daher in der Folge auch nicht diskutiert werden, z.B. Flexibilität, Selbstvertrauen oder Stressbewältigung.

emotionale Kompetenz Sympathie und Humor angeführt werden. Sympathie ist insbesondere als Abgrenzung zur Stereotypisierung von Bedeutung (vgl. Abschnitt 4.3), da je größer die Sympathie für einen Kulturkreis, desto größer das Interesse und die Bereitschaft Unterschiede zu akzeptieren. Ebenso kann der konstruktive Umgang mit Humor eine ursprünglich ernste und ärgerliche Situation im positiven Sinne auflösen, indem sie im Nachhinein als amüsant und witzig aufgefasst wird (vgl. Barmeyer 2000, 274f). Das durch das Zusammenspiel der drei Komponenten angestrebte interkulturelle Bewusstsein soll im nächsten Abschnitt genauer beleuchtet werden.

4.1.1   Interkulturelles Bewusstsein

Menschen sind Träger von Kultur, von der sie in Abhängigkeit von ihrem Geburtsort, ihrem Umfeld und ihrer weiteren Sozialisation (Schule, Beruf etc.) geprägt werden. Die Kultur wird in die Persönlichkeit integriert und beeinflusst viele – zum Teil – bewusste Vorgänge wie das Denken, die Wahrnehmung, den Ausdruck von Emotionen und das Verhalten, ohne dabei selbst an die Bewusstseinsoberfläche zu treten.

Wahrscheinlich haben wir uns alle schon einmal dabei ertappt, dass wir die Welt durch unsere eigene Brille betrachten – nämlich von dem Gesichtspunkt unserer eigenen kulturellen Annahmen. Kritisch wird dies, wenn Menschen aus unterschiedlichen Kulturkreisen zu berücksichtigen vergessen, welchen Einfluss die eigene Kultur auf Denk- und Handlungsweisen hat.

Illustration:

In 1969, Coca-Cola proudly assigned one of its toughest and most successful U.S. managers to France to deal with its newly acquired distribution system. He spoke no French, had never visited France and took pride in the fact that he would "Americanize" the French market. Eighteen months later, he was reassigned home. It was not that his ideas were wrong or badly implemented, but that his lack of cultural awareness got in the way of his effectiveness.

Contrast that story with Squibb's decision to hire the head of the Chinese language department at Cornell University to head its new subsidiary in Shanghai. Although ignorant of the technical aspects of the business, he was supported by an excellent U.S. staff, and his language and cultural skills allowed him to surround himself with the best local managers, whether they spoke English or not.

Quelle: De la Torre 1994 in Ferraro 2002, 162

Die beiden Beispiele veranschaulichen die Wichtigkeit eines kulturellen Bewusstseins, einmal im positiven und einmal im negativen Sinn. Zusätzlich zu diesem Bewusstsein bedarf es eines Verständnisses für eine internationale Geschäftswelt, der Fähigkeit, in kulturell unterschiedlichen Teams arbeiten zu können, und eines großen Maßes an kulturellem und sprachlichem Einfühlungsvermögen.

Ein Bewusstmachen der eigenen Kultur und Offenheit gegenüber fremden Kulturen sollen dabei helfen, interkulturelle Schwierigkeiten und Missverständnisse leichter zu diagnostizieren, seinen eigenen kulturellen Hintergrund zu überdenken, und Fehler(ursachen) weder ausschließlich bei den Anderen noch ausschließlich bei sich selbst, sondern eher in kulturellen Unterschieden zu suchen.

Die Kultur als **Hintergrund** für menschliches Verhalten wird grundsätzlich erst evident, wenn Menschen unterschiedlicher kultureller Abstammung einander begegnen. In der Regel wird das Gegenüber nur insofern als interkulturell kompetent wahrgenommen, als sich seine Kommunikation und sein Verhalten mit den eigenen (kulturell geprägten) Vorstellungen decken. Andernfalls wird in diesem Aufeinandertreffen zunächst das – von der eigenen Kultur – „abweichende" Verhalten augenscheinlich werden: Der Andere scheint sich nicht an die Konventionen zu halten, unverständlich zu reagieren und zu allem Übel die falschen Kanäle für die Kommunikation zu benützen. Diese unwillkürliche (= automatische) Deutung interkultureller Begegnungen – dass es der Andere ist, der etwas Falsches sagt oder tut – bezeichnet man auch als **unbewussten Ethnozentrismus** (vgl. Bennett 1993, 43).

Das eigene Verhalten wird demgegenüber als adäquat eingeschätzt, bis die Last der Gegenbeweise erdrückend wird, und die Illusion des eigenen Funktionierens nicht mehr aufrechterhalten werden kann – z.B. angesichts einer Reihe von kulturellen Fettnäpfchen („blunders") oder einer lang andauernden Zeitspanne innerer Konflikte mit oder in einer anderen Kultur (vgl. Abschnitt 7.1.2).

Anders formuliert gibt es in einer kritischen interkulturellen Begegnung **zwei mögliche Konsequenzen** (vgl. Trimpop & Meynhardt 2000, 187ff) für das Individuum: Zum einen kann es zu einer **Identitätsverhärtung** kommen, wenn der Betroffene seine Aktionen und Reaktionen als einzig richtig empfindet und diese aus einer Art Protesthaltung heraus auch im Widerstand und Widerspruch zum Umfeld aufrechterhält.

Zum anderen kann eine Art **Identitätsverlust** eintreten, wenn ein bisher in seinem sozialen Umfeld erfolgreiches Individuum nicht mehr die übliche bzw. gewohnte Bestätigung (Feedback) bekommt und sich in einer längst überwunden geglaubten und daher ungewollten Lernsituation wieder findet.

Beispiele für innere Monologe – vorstellbar im interkulturellen Geschäftsalltag:

Vorstellung:

Wie spricht man seinen Namen richtig aus?/Was war gleich ihr Nachname und was der Vorname?/Soll ich ihn mit seinem Titel ansprechen? Welchen Titel soll ich verwenden – den akademischen oder die Position in der Firma?/Wer ist der Vorgesetzte?/Warum starrt sie die ganze Zeit auf meine Visitenkarte? Ist da ein Druckfehler, den ich noch nicht entdeckt habe?/Warum steht sie so nah bei mir?/Warum weicht er immer einen Schritt zurück, wenn ich auf ihn zugehe?/Warum schüttelt sie mir nicht die Hand?/Warum erkundigt sie sich nach meiner Familie? Sie kennt sie doch gar nicht./Warum reagiert er so komisch, wenn ich ihn nach seiner Frau frage? Er hat sich doch auch nach meinen Kindern erkundigt.

Meeting:

Warum bringt er immer alle zu jedem Meeting mit? Kann er nichts alleine entscheiden?/Jetzt redet sie darüber. Warum hat sie das nicht bereits vor einer Stunde angesprochen? Ich dachte der Punkt wäre längst abgehakt./Warum lächeln die immer alle?

Was ist an dieser Besprechung denn so lustig?/Wie lange wollen die denn noch essen, ohne auf das Geschäftliche zu sprechen zu kommen? Ich habe meine Zeit ja nicht gestohlen./Die wissen doch, dass unser Flieger in zwei Stunden geht. Warum lassen sie sich zu keinen Konzessionen erweichen?/Mir ist egal, wer das Unternehmen gegründet hat. Sollen die doch endlich einmal in die Gegenwart kommen!/Warum reden die immer am Abend über den Vertrag und nicht am Verhandlungstisch?/Warum sagen die rein gar nichts zu meiner Präsentation. Ich habe sie eigens für sie gemacht!/Der junge Manager schien doch bereits sehr überzeugt zu sein. Er sagte immer „ja, ja". Warum sagt er jetzt nichts?

Quelle: in Anlehnung an Elashmawi & Harris 1998, 30f

Das Verständnis für Kulturalität als abstraktes Konzept ist grundsätzlich eine kognitive Leistung. Es wird allerdings durch die Diskussion über oder die implizite Berührung (Verletzung) von Werten, Einstellungen, Weltbildern, Gewohnheiten, Denk- und Verhaltensmustern – die dem Individuum bis dato kaum wahrnehmbar, sondern selbstverständlich waren – eine emotionale und psychische Belastung ausgelöst, die es mittels emotionaler Fähigkeiten zu meistern gilt.

4.1.2   Monokultur – eine unzulässige Abstraktion

Auch wenn sich viele Beispiele in diesem Buch, aber auch in anderen Lehrbüchern aus Vereinfachungs- und Illustrationsgründen auf die nationalkulturelle Abstammung beziehen, soll nicht der Eindruck erweckt werden, Kultur werde mit Nationalkultur gleichgesetzt (vgl. Abschnitt 2.5.2). Daher soll an dieser Stelle erneut auf den für interkulturelle Kompetenz essentiellen Gedankengang verwiesen werden, dass niemand einer einzigen Kultur zugerechnet werden kann.

Denn der Einzelne weist **multiple Zugehörigkeiten** auf, er ist im strengen Sinn nie „monokulturell", sondern verbindet in seiner Person Mitgliedschaften in verschiedenen Kulturgemeinschaften wie der Geschlechts-, Alters-, Berufs-, Familien-, Nationalkultur usw. und muss in sich selbst einen Ausgleich zwischen den unterschiedlichen Rollen(-vorstellungen) finden (vgl. Demorgon & Molz 1996, 63ff und Abschnitt 2.5.2). Hiermit werden zwei wichtige Aspekte angesprochen:

Zum ersten die **Unmöglichkeit** der Kategorisierung im Sinne von einer **Isolierung des Idealtypus**. Von einem typischen Mitglied einer Kultur zu reden, würde bedeuten zu vernachlässigen, welchen Alters oder Geschlechts jemand ist, welcher Beschäftigung jemand nachgeht, aus welcher Region (Provinz; Stadt-Land) jemand stammt, wie das soziale Umfeld seit frühester Kindheit beschaffen ist und vieles mehr. Vor dem Hintergrund dieser Unterschiede darf es nicht Ziel der interkulturellen Bildung sein, statische und exakte Bilder von anderen Nationalkulturen zu zeichnen, sondern muss es vielmehr ihre Aufgabe sein, neben der Notwendigkeit von Respekt für fremdkulturelle Menschen die aus der multiplen Zugehörigkeit resultierende **Einzigartigkeit** der InteraktionspartnerInnen und Situationen zu vermitteln.

Zum zweiten wird mit diesem Konzept ein intrapersoneller Prozess skizziert, der im **multikulturellen Menschen** mit dem Ziel abläuft, zwischen verschiedenen Sollensvorstellungen der jeweiligen Gemeinschaften zu vermitteln, resultierende Widersprüche wie Rollen- oder Wertekollisionen zu beruhigen und schließlich das Setzen von Prioritäten zu ermöglichen. Das bedeutet, dass für das Individuum die Auseinandersetzung mit den verschiedenen Schichten der eigenen Kulturalität geboten ist – auch im gewohnten kulturellen Umfeld.

Interkulturelles Bewusstsein verlangt in diesem Zusammenhang, nicht die Mitgliedschaft in einer Kulturgemeinschaft (z.B. Nation) als unumstößlichen Maßstab zu sehen und jegliches Verhalten über diesen Kamm zu scheren, sondern bei der Interpretation von Aussagen und/oder Verhalten kulturelle Prägungen AUCH in Betracht zu ziehen.

4.1.3 Interkulturelle Begegnung als verzerrte Wirklichkeit

Wenn zwei Menschen aufeinander treffen, dann gibt es **nicht nur eine Wirklichkeit**, sondern jedes Individuum bezieht sich auf bzw. schafft eine eigene (Sichtweise der) Realität. Im internationalen Kontext sind diese Wirklichkeiten deshalb von Kultur beeinflusst, da diese immanenten Charakter hat und unser Denken und Wahrnehmen als kognitives Referenzmuster unbewusst steuert. Wir nehmen Kultur nicht als solche wahr und denken auch nicht bewusst in kulturellen Kategorien, wir bemerken sie nur indirekt, wenn wir mit (von unseren eingeprägten Mustern) abweichendem, unerwartetem Verhalten konfrontiert werden.

Adler nimmt diese kulturellen kognitiven Muster und Einstellungen zum Anlass, drei maßgebliche Fehlerquellen interkultureller Interaktionen zu identifizieren (vgl. Adler 2002, 77ff):

1. **Fehlwahrnehmung** tritt auf, da Wahrnehmung selektiv, durch bisherige Erfahrungen geprägt bzw. kulturell determiniert ist und nach Konsistenz strebt. Durch diese Filterwirkung entstehen Ungenauigkeiten bzw. Verzerrungen.
2. **Fehlinterpretationen** von beobachteten Verhaltensweisen bzw. Ereignissen haben als physiologisch-psychologische Ursachen das Denken und Wahrnehmen in Kategorien und das Festhalten an Stereotypen.
3. **Fehlbewertung** resultiert schließlich aus dem Bedürfnis, Menschen wie Ereignisse als gut oder böse einzustufen. Ähnliches geschieht bei der Abgrenzung von verschiedenen Gruppen voneinander oder beim Aufeinanderprallen von Wertvorstellungen.

Den Ursachen interkultureller „Fehlleistungen" in der jeweiligen Situation gewahr zu werden und diesen nach besten Kräften entgegenzusteuern, ist ein wesentlicher Bestandteil kulturellen Bewusstseins.

Anregung: Test des kulturellen Bewusstseins

Sind die folgenden Aussagen wahr oder falsch? Was meinen Sie? Noch wichtiger als Ihre Einschätzung, ob Sie die Aussagen für wahr oder falsch halten, ist Ihre zugrunde liegende Vermutung!

1.   In den meisten asiatischen Kulturen ist Selbstaufgabe wichtig bzw. wird erwartet.

2.   Wenn eine chinesische Person Sie fragt, ob Sie bereits Mittag- oder Abendessen hatten, möchte sie Sie einladen.

3.   Nachweise über Ihre Ausbildung werden ausreichen, wenn Sie mit amerikanischen Führungskräften verhandeln.

4.   In arabischen Kulturen sollten Geschenke in Anwesenheit des Schenkenden geöffnet werden.

5.   Wenn eine japanische Person „Ja, ja" sagt, dann tut sie damit ihr Einverständnis kund.

6.   Die meisten AmerikanerInnen schätzen geistige Erleuchtung mehr als materielle Besitztümer.

7.   In der malaysischen Kultur ist die Leistung der Gruppe nicht so wichtig wie individuelle Leistungen.

8.   Um mit einem Team aus Singapur erfolgreich zu arbeiten, muss man zunächst seine technische Kompetenz unter Beweis stellen und im Anschluss das Vertrauen gewinnen.

9.   Die meisten SchwedInnen schätzen Risikoorientierung mehr als Kooperation.

10. Komplimente und Schmeicheleien werden in Südamerika generell nicht geschätzt.

Quelle: vgl. Elashmawi & Harris 1998, 56

Interkulturelle Kompetenz auf dieser grundlegenden Ebene bedeutet, ein frühzeitiges Bewusstsein für die facettenreiche Kulturalität der eigenen Person und jene des Gegenübers zu entwickeln. Konkret heißt das, für die Redens- und Handlungsweisen neben persönlichen Eigenschaften und situationsspezifischen Umständen auch die Kulturgebundenheit als mögliche Erklärung heranzuziehen und sich dessen bewusst zu sein, dass unsere Wahrnehmung, Deutung und Bewertung der „Wirklichkeit" kulturell determiniert sind. Vergleichen Sie dazu auch das folgende Beispiel zur Zeitrechnung verschiedener Kulturen:

Anregung: Übung zur Zeitrechnung

Diese Rubrik wurde am 31.8.2006 erstellt, nach dem im christlichen Abendland gültigen **gregorianischen Kalender**. Dieser Kalender rechnet als Jahr 0 das Jahr der Geburt Christi. Nur am Rande sei erwähnt, dass bei der Festlegung des Jahres 0 wohl ein historischer Fehler vorliegt. Da König Herodes im Jahr 4 v. Chr. starb, muss die Geburt Christi früher stattgefunden haben.

Andere Kulturen haben andere Bezugspunkte, wie die Geburt Buddhas (543 v. Chr. – **buddhistischer Kalender**), die Flucht Mohammeds von Mekka nach Medina (622 n. Chr. – **muslimischer Kalender**), den angenommenen Beginn der Schöpfung (3.761 v. Chr. – **jüdischer Kalender**), das Regierungsjahr des im Amt befindlichen Kaisers (**japanischer Kalender**) oder sie kennen gar keine Zeitfortschreibung, sondern einen zyklischen Wechsel von 5 Elementen und 12 Tierkreiszeichen, der jeweils 60 Jahre ergibt (**chinesischer Kalender**).

Neben Unterschieden im Bezugszeitpunkt unterscheiden sich die Kalender auch danach, ob sie sich am Sonnenjahr (solare Kalender – 365,2442 Tage), am Mondjahr (luminare Kalender – 354,36707 Tage) oder kombiniert an beiden (lumisolare Kalender) ausrichten.

Nun sind Sie an der Reihe. Berechnen Sie den Zeitpunkt der Erstellung dieser Rubrik nach dem buddhistischen, gregorianischen, japanischen, jüdischen und muslimischen Kalender. Die Auflösung finden Sie im Lösungsteil 4.7.

4.1.4 Werte

In diesem Abschnitt geht es nicht um das Proklamieren von spezifischen Moralvorstellungen, sondern um die Darstellung der wirklichkeitsgestaltenden und orientierungsgebenden Wirkung, die von Werten ausgehen kann und ihrer ursprünglichen Bedeutung als Maßstab menschlichen Handelns und Denkens entspricht. Bezugnehmend auf **Entstehung und Funktion von Werten** schreibt Eibl-Eibesfeldt: *„In den neuronalen Netzwerken unseres Gehirns, den zentralen Referenzmustern, muss dazu ein Wissen um die zu befolgenden Regeln vorliegen. Dieses Wissen kann als stammesgeschichtliche Anpassung gegeben sein oder auch kulturell und damit über Lernprozesse internalisiert werden. Darüber hinaus sind wir in der Lage, moralische Entscheidungen auch aufgrund von Überlegungen zu treffen, selbst in Situationen, mit denen wir bisher noch nie konfrontiert waren, gewissermaßen in persönlicher Verantwortung.“* (Eibl-Eibesfeldt 1988, 39) Werte dienen dazu, moralische Entscheidungen treffen zu können. Als Basis sind sowohl evolutionär angepasste, kulturell erlernte als auch individuell spontan kreierte Sollensvorstellungen denkbar.

Die Tatsache, dass alle Menschen die Fähigkeit haben, Werte (für die Menschheit, die Gruppe oder für sich selbst) zu entwickeln, darf jedoch nicht zu dem Schluss verleiten, diese Maßstäbe müssten ebenfalls ähnlichen Inhalts sein. Der physiologische Prozess des Lernprozesses (Entstehung der Referenzmuster) läuft in unterschiedlichen Kulturen gleich ab, jedoch sind die Bildung spezifischer Werte und deren Reihung abhängig von der jeweiligen Kultur (vgl. Elashmawi & Harris 1998, 57). Diese Varianz lässt sich mit der **Kontextbezogenheit** der Entstehung von Werten erklären, denn Werte verfolgen – wie die Kultur selbst – keinen Selbstzweck, sondern sind eine Form der Anpassung an umweltbezogene (biologische wie soziale) Faktoren: Ist beispielsweise in einer Region das Nahrungsmittelangebot stark dezimiert, kann es Änderungen in den Ansichten darüber geben, was gegessen werden darf und was nicht (vgl. Eibl-Eibesfeldt 1988, 85f; siehe auch Harris & Moran 1991, 12)

Was weiters das Verständnis von fremdkulturellen Werten erschwert, kommt dann zum Tragen, wenn unter gleich bezeichneten Werten **interkulturelle Bedeutungsunterschiede** in

Erscheinung treten (vgl. Elashmawi & Harris 1998, 70). So kann zum Beispiel Ehrlichkeit als Tugend beschworen werden, was darunter zu verstehen ist, wie weit sie gehen soll, ist aber interkulturell verschieden. Was nun die psychologische und soziale Funktion von Werten anlangt, so gibt es im **interkulturellen Bereich** zwei konträre, einander jedoch nicht ausschließende Ansichten:

1. **Werte als Stütze** in interkulturellen Lernsituationen

> *„Die Akteure sind dadurch [die erhöhte Komplexität im Vergleich zu intrakulturellem Handeln, Anm.] verstärkt auf ihre Selbstorganisationspotenzen angewiesen. Psychologische Orientierungssysteme in diesem Prozeß gründen auf kulturell mitgeformten Werten. Dazu zählen auch Selbst- und Weltbilder. Sie sind Grundlagen der Filterung und Bewertung von „Input-Daten". Sie dienen uns, Verläßlichkeit und Stabilität im Kontakt mit der Welt zu schaffen."* (Trimpop & Meynhardt 2000, 189)

Dieser erste Erklärungsansatz bezieht sich auf den psychologischen Aspekt, dass Werte als unbewusste Referenzmuster das menschliche Verhalten steuern. Das Individuum schafft mit Werten Orientierungspunkte und kann anhand dieser eigene und von ihm beobachtete, fremde Verhaltensweisen einordnen, verstehen und auch bewerten. Diese Überlegung umgelegt auf interkulturelle Situationen bedeutet, dass die eigenkulturellen Werte beim Aufeinandertreffen mit Menschen aus anderen Kulturen Orientierung und Stabilität geben.

2. **Werte als Verhinderer** von interkulturellen Lernerfahrungen

Eine Beschränkung der Orientierungsfunktion von Werten in interkulturellen Begegnungen vermutet Thomas (vgl. Thomas 1996, 16), sofern es sich um monokulturell erworbene Werte und das darauf basierende Verhalten handelt. Hiermit wird die Kehrseite der Medaille „Stabilität" angesprochen, und zwar die Inflexibilität, die das eigene Verhalten an bestehenden Werten orientiert und es nicht erlaubt, neue Werte aufzunehmen oder bei Anderen differierende Vorstellungen gelten zu lassen, da das emotionale Gleichgewicht unter diesen Diskrepanzen leidet. Um das emotionale Wohlbefinden zu erhalten, verschließt sich das Individuum vor neuen Erfahrungen und Erkenntnissen.

Unabhängig von dieser Gegenüberstellung bleibt kritisch festzuhalten, dass Werte grundlegend eine Filter- und Orientierungsfunktion haben, die immer Schließung von Wahrnehmungsprozessen und damit potenziell auch Fehlorientierung im Sinne der eigenen Zielerreichung bedeuten kann. Dieses Fehlerpotenzial vergrößert sich jedoch beim Aufeinandertreffen von verschiedenen Wertssystemen im internationalen Kontext. Als ein Ziel interkultureller Werte-Kompetenz könnte man die **Werterelativität** anführen oder wie es Hall formuliert: *„[...], however, we must stop ranking both people and talents and accept the fact that there are many roads to truth and no culture has a corner on the path or is better equipped than others to search for it."* (Hall 1977, 7)

Zum anderen gilt es zu bedenken, dass es zur **Wahrung der psychischen Stabilität** in einer kulturell ungewohnten Situation individuell vorteilhaft – d.h. energiesparend, ein Unwohlsein oder den Aufwand verringernd – sein kann, den ursprünglichen vor den neu erlernten Werten den Vorrang zu geben, da die gewohnten Strukturen helfen Entscheidungsprozesse abzukürzen (vgl. Trimpop & Meynhardt 2000, 190).

Das **Wissen um die Wertgebundenheit** eigener und fremder Entscheidungen und Handlungen, ist eine notwendige Grundlage, damit das Individuum bewusst(er) entscheiden kann, ob es in einer gegebenen Situation innerhalb des bewährten Wertespektrums bleiben möchte oder ob die Situation ein Aufnehmen und eine Integration neuer Werte erfordert. *„A successful culturally competent person must be aware of his or her own priorities, as well as those of his or her country or society, and reorganize them properly to achieve group success. That person must also make an attempt, in initial dealings with the other culture, to adhere to and respect the other system."* (Elashmawi & Harris 1998, 75)

Die **interkulturelle Werte-Kompetenz** besteht nun darin, einen Ausgleich zu finden zwischen einer ethnozentrischen Sichtweise, die die eigenen Werte über alle anderen stellt, und einer unkritischen Assimilation neuer Werte. Es gilt eine Gratwanderung zwischen Identitätsverhärtung und -verlust zu meistern.

4.1.5 Kulturen im Licht von Unternehmensethik und globaler Verantwortung

Von den USA ausgehend hat gegen Ende des 20. Jahrhunderts ein Diskurs an Intensität zugenommen, der die Rolle von Unternehmen, insbesondere der großen, grenzüberschreitend tätigen Konzerne unter Gesichtspunkten ihrer sozialen und ökologischen Wirkungen bzw. des moralischen Gehalts ihrer Entscheidungen aufgreift (vgl. Crane & Matten 2004 und die dort angeführte Literatur, sowie Schneider & Steiner 2004). Unterschiedliche Konzepte wurden für diesen Diskurs wie für die von ihm untersuchten Verhaltensweisen vorgeschlagen: Unternehmensethik, als systematische begründete Reflexion des expliziten und impliziten Wertgehalts von Entscheidungen bzw. Handlungen, Corporate Social Responsibility, als ein zunehmend in umsetzungsnahe Managementkonzepte übersetzter Ansatz, Corporate Citizenship, als Ausdruck des Bürgerstatus von Unternehmen und ihrer Verantwortung bei möglicherweise schwindendem Einfluss nationalstaatlicher Regulierung (vgl. Abschnitt 1.4).

Manche AutorInnen lehnen das Thema ab. Für sie ist der Ort eines Wertediskurses die Ebene der Rahmenbedingungen, insbesondere des Rechts (vgl. Homann 2004). Die Praxis, hingegen, hat das Anliegen längst aufgegriffen, weil sie in Form von Kaufboykotts, Kundenprotesten, medialen Kampagnen und Gewissensbelastung ihrer EntscheidungsträgerInnen von ethischen Fragen betroffen ist. Für die Fragen, die wir uns im Kontext kultureller Vielfalt stellen können, ist es nicht bedeutsam, ob bestimmte Werte auf der Makro- oder auf der Mikroebene durchgesetzt werden. Vielmehr beschäftigt unter kulturellen Vorzeichen die Frage, ob es universell gültige Werte geben kann bzw. wie Unternehmen unterschiedlicher Herkunft mit Wertepluralismus in ihren Zielländern umgehen sollen. Das betrifft Themen wie Korruption, Zusammenarbeit mit politisch aus eigener Sicht belasteten Regimen und die Frage der Befolgung sozial-ökologischer Mindeststandards auch an Standorten, die solche Standards rechtlich nicht normieren.

Im Folgenden diskutieren wir kurz die Extrempositionen eines kompromisslosen Bestehens auf Werten des Herkunftslandes, für die Überlegenheit bzw. universelle Gültigkeit beansprucht werden, und einer vollständigen Anpassung an die jeweiligen Werte von Gastlandkulturen, auch wenn diese den Grundlagen der Wertebasis in der eigenen Kultur widersprechen.

4.1.6   Zwischen Werte-Relativismus und Werte-Imperialismus

Inglehardt konnte – allerdings auf Grund umstrittener empirischer Erhebungen – für den Bereich der westlichen Industrienationen einen massiven Wertewandel feststellen (vgl. Inglehardt 1977). Er ortete eine Verschiebung von Pflicht- und Akzeptanzwerten zu Werten der Selbstentfaltung – oder anders gesagt eine stille Revolution von materialistischen zu postmaterialistischen Orientierungen. Seither finden in regelmäßigen Abständen Studien statt, deren Fokus auf der Veränderung von grundsätzlichen Orientierungen liegt. Wenn Werte aber veränderbar sind, können sie nicht absolut, nicht universell gültig sein. Diese Überlegung erhält im interkulturellen Kontext zusätzlich Nahrung: Was für eine Kultur geboten sein kann, gilt in einer anderen als Vergehen. Es stellt sich nun die Frage, ob ein bestimmter Anteil an Grundwerten so begründet werden kann, dass er für alle Kulturen Gültigkeit erlangt oder ob man von Inkommensurabilität der Werte bzw. Referenzsystemen auszugehen hat, und daher auf eine begründete Integration verzichten muss. Diese letztere Position bezeichnen wir als **Werte-Relativismus**. Er beschreibt eine Position der Nicht-Einmischung und des Respekts für die Wertungen anderer Kulturen, deren etwaig irritierende Verhaltensweisen als in ihrem Bezugsrahmen sinnvoll gelten. Für die transnationale Unternehmung folgt daraus, dass das Headquarter zwar Ziele vorgibt, aus ethischer Perspektive aber so wenig wie möglich in die Prozesse ihrer Erreichung eingreift. Keinesfalls wird ein Wertesystem als einem anderen überlegen betrachtet, wie dies in aktuellen Auseinandersetzungen um Religion häufig der Fall ist und dem Konzept der Missionierung zugrunde liegt.

Eine Position, die von einer natürlichen oder rational argumentierbaren Überlegenheit bestimmter Werte – meist jener der eigenen Herkunftskultur – ausgeht, nennen wir **Werte-Imperialismus**. Da sie ihre Voraussetzungen (!) nicht reflektiert, unterzieht sie die vermutete Überlegenheit keinem Test, sondern geht dogmatisch von ihr aus. Wie die Geschichte der Religionskriege, aber auch der östlichen und westlichen Imperien zeigt, ist diese Position nicht zimperlich, sondern setzt ihre Werte auch mit Gewalt und Unterdrückung durch. Sie akzeptiert nur den eigenen Rahmen als Referenz für die Beurteilung aller anderen Werte. Wegen der unhinterfragten Annahme von Überlegenheit der eigenen Kultur hat das imperialistische Zeitalter die Auslöschung indigener Kulturen als „Fortschritt" betrachtet und betrieben. Heute ist man bezüglich gewaltsamen Vorgehens sensibler geworden. Allerdings übt die anonym strukturelle Gewalt moderner kapitalistischer Strukturen nach wie vor eine Sogwirkung aus, die über Mechanismen des Ein- und Ausschlusses starken Anpassungsdruck erzeugt.

Die beiden Extrempositionen Kultur- bzw. Werte-Relativismus und Kultur- bzw. Werte-Imperialismus tragen Konfliktpotential in sich und sind nicht bruchfrei argumentierbar. Während dogmatisch-imperialistische Positionen mit Blick auf einen fehlenden Meta-Referenz-

Rahmen, der eine konsistente Abwägung unterschiedlicher Positionen erlauben würde, abzulehnen sind, geben kulturrelativistische Positionen Argumentations- und Begründungsversuche zu früh auf. So sympathisch die Position eines „Leben und Leben Lassen" wirken mag, so sehr gerät sie in Schwierigkeiten, wenn auf ihrer Basis eben dieses Leben bedroht wird. Im Konzept der Menschenrechte und seiner Ergänzung durch Menschenpflichten (vgl. Die Zeit 1997, 18f) ist ein Versuch zu sehen, doch einen bescheidenen Grundkatalog universell gültiger Werte zu formulieren. Respekt vor dem Leben und Menschenwürde, Freiheit und Verantwortung sind Konzepte, die sich in allen Weltreligionen finden. Das Projekt „Weltethos" des Theologen Hans Küng stellt einen weiteren Versuch dar, eine integrative Klammer über deren spezifische Formulierungen und Begründungen zu legen (vgl. Internet, www.weltethos.org).

Obwohl die Auseinandersetzung mit den extremen Grundpositionen philosophischen Charakters zu sein scheint, ist sie für das internationale Geschäft nicht ohne Bedeutung. Positionsbestimmungen von Unternehmen spiegeln sich, wie erwähnt, in Verhaltensgrundsätzen oder „Codes of Conduct", die häufig auch auf LieferantInnen erstreckt werden, um sicherzustellen, dass von westlichen KonsumentInnen negativ gewertete Phänomene, wie Kinderarbeit, Todesrisiken an schlecht gesicherten Arbeitsplätzen oder andere Formen von Ausbeutung nicht vorkommen.

Ein Beispiel für einen Code of Conduct finden Sie im Folgenden. Es handelt sich um eine unternehmensübergreifende Initiative, die ein „Label" geschaffen hat, um KonsumentInnen und der Öffentlichkeit zu signalisieren, dass in den Unternehmen soziale und ökologische Werte bedeutsam sind – und umgesetzt werden. Letzteres wird aus Glaubwürdigkeitsgründen von neutralen Dritten in Form eines Audits überprüft.

Clean Clothes Charta

Der Clean Clothes-Verhaltenskodex wurde zwischen 1997 und 1998 von der europäischen Clean Clothes Campaign erarbeitet. Ziel des Verhaltenskodex ist es, die Arbeitenden vor Ausbeutung zu schützen und ihnen ein Mittel in die Hand zu geben, das ihnen erlaubt, ihre Rechte wahrzunehmen und zu verteidigen. Die einzelnen Punkte stützen sich auf sieben fundamentale Konventionen der Internationalen Arbeitsorganisation (ILO) der UNO.

- Keine Diskriminierung bei der Beschäftigung

- Keine ausbeuterische Kinderarbeit

- Achtung der Vereinigungsfreiheit und des Rechts auf Tarifverhandlungen

- Zahlung angemessener Löhne

- Keine überlangen Arbeitszeiten

- Menschenwürdige Arbeitsbedingungen

- ArbeitgeberInnen & ArbeitnehmerInnen definieren ein festes Beschäftigungsverhältnis

- Unabhängige Kontrollinstanz

Ein sehr wesentlicher Punkt im Clean Clothes-Verhaltenskodex ist die regelmäßige Kontrolle der Einhaltung der sozialen Mindeststandards. Zurzeit existieren drei unabhängige Instanzen, die Unternehmen in Zusammenarbeit mit Gewerkschaften bzw. Universitäten und NGOs überprüfen:

• Fair Wear Foundation (FWF)

• Fair Labor Association (FLA)

• Ethical Trading Initiative (ETI)

Quelle: Internet, Clean Clothes Campaign – Modellkodex

Anregung zur Recherche:

1. Lesen Sie sich die Grundsätze des Welt Ethos Projektes durch und überlegen Sie, ob diese für Sie eine akzeptable Mittelposition zwischen Werte-Relativismus und Werte-Imperialismus darstellen können.
2. Suchen Sie im Internet nach den Codes of Conduct von fünf „Fortune 500" Unternehmen, vergleichen Sie diese und prüfen Sie sie auf Verbindlichkeit und Umsetzungsnähe.
3. Betrachten Sie den Fall von Google und Yahoo, die im Westen Schwierigkeiten bekommen haben, weil sie gültiges chinesisches Recht beachtet und dadurch der Regierung ermöglicht haben, einen Dissidenten ausfindig zu machen und zu verhaften.
4. Diskutieren Sie, ob das in Darfur tätige Unternehmen ABB mehr für die Bevölkerung bewirkt hätte, wenn es sich nicht auf öffentlichen Druck zurückgezogen, sondern versucht hätte, seinen Einfluss auf die Regierung für eine Verbesserung der Lage bedrohter Gruppen einzusetzen.

4.1.7 Interkulturelle Handlungskompetenz

„Interkulturelle Handlungsfähigkeit zeigt sich in der Fähigkeit, kulturelle Bedingungen und Einflussfaktoren im Wahrnehmen, Denken, Urteilen, Empfinden und Handeln, einmal bei sich selbst und zum anderen bei kulturell fremden Personen, zu erfassen, zu würdigen, zu respektieren und produktiv zu nutzen."
(Thomas & Kinast & Schroll-Machl 2000, 99)

Diese Definition interkultureller Handlungsfähigkeit, auf der auch das Kompetenzkonzept dieses Buches basiert, beschreibt, dass interkulturelle Handlungsfähigkeit aus allen anderen genannten Kompetenzen – interkulturelles Bewusstsein, Empathie etc. – und aus deren Anwendung im alltäglichen Handeln besteht. Kognitive oder emotionale Kompetenz stehen nicht für sich und stellen somit keinen Selbstzweck dar, sondern sind Vorbedingung dafür, dass ein Individuum im Umgang mit Menschen aus anderen Kulturen erfolgreich ist. Wenn eine Person sich nun bemüht, ihr eigen- und fremdkulturelles Bewusstsein zu stärken, Kenntnisse über die eigene und fremde Kulturen zu erlangen, ihre Werte zu prüfen und gegebenenfalls zu modifizieren, emotionale Fähigkeiten z.B. im Sinne einer interkulturellen Empathie zu fördern, so gilt es eine letzte Stufe zu nehmen, nämlich die Übertragung dieser Kompetenzen auf ihre Handlungen, d.h. die Entscheidungen und Verhaltensweisen. Denn nur durch die Anwendung der (neu) erworbenen Fähigkeiten und Kenntnisse in interkulturellen Begegnungen kann jemand als interkulturell handlungskompetent gelten. Wie in vielen anderen Zusammenhängen so gilt auch hier:

„Das Ganze ist mehr als die Summe seiner Teile.“ (vgl. dazu auch Vester 1999, 19)

Interkulturelles Handeln steht im Spannungsfeld eines Kräftedreiecks, bestehend aus kulturellen Unterschieden, individuellen Unterschieden und interkulturellen Kenntnissen und Erfahrungen (vgl. Abb. 4.2). Kulturelle Unterschiede werden durch die Interaktion mit einer Fremdkultur in Form von Fremd- und vertrauten Erlebnissen direkt erlebt oder erfahren. Sie beeinflussen die Dauer und die Qualität der Anpassungsprobleme zwischen den beteiligten Kulturen. Bei den individuellen Unterschieden, die im Alter, Geschlecht, Bildungsgrad, etc. liegen können, zeigt sich die Fähigkeit, wie mit neuen Situationen umgegangen wird. Interkulturelle Handlungsfähigkeit scheint eng verknüpft zu sein mit geistiger Beweglichkeit, Umstellungsfähigkeit, sozialer Offenheit und einem hohen Maß an Toleranz (Thomas & Hagemann & Stumpf 2003, 241). Demnach sind jüngere und eher gebildete Personen schneller zu interkulturellen Anpassungen fähig als ältere und weniger gebildete. Interkulturelle Erfahrung ist langfristig gesehen zwar hilfreich, bedeutet aber nicht automatisch, dass sich eine Person die erfolgreich in einem bestimmten fremden Kulturkreis gelebt hat, auch in einem andern Kulturkreis genauso bewähren muss. Jedoch können Überschneidungssituationen und kulturüberschreitende Freundschaften eine neuerliche Anpassung erleichtern und vor allem durch häufige Kulturwechsel die interkulturelle Handlungskompetenz erhöhen.

Abb. 4.2   *Interkulturelles Handeln (vgl. Thomas & Hagemann & Stumpf 2003, 240)*

Während in der Gesellschaft mittlerweile erkannt und insbesondere von den Sozialwissenschaften die Forderung erhoben wurde, dass sich international tätige Führungskräfte auf die Besonderheiten fremder Kulturen vorbereiten und ein hohes Maß an interkultureller Handlungskompetenz mitbringen müssen, kritisiert Thomas die Ignoranz dieses Themas in der wissenschaftlichen Zusammenarbeit. Ersichtlich ist dies durch die geringe Anzahl an Publikationen und Vorbereitungsseminaren für angehende WissenschaftlerInnen, in denen sie lernen können, wie sie mit fremdkulturellen PartnerInnen in multikulturell zusammengesetzten Forschungsteams wissenschaftlich effizient zusammenarbeiten können (vgl. Thomas 2001, 222).

4.2   Profil interkultureller Kompetenz

In Anlehnung an Kühlmann & Stahl (1998) sollen die folgenden Kernmerkmale eines interkulturellen Kompetenzprofils analysiert werden. Die Frage nach den Anforderungen, denen international tätige MitarbeiterInnen genügen müssen, wird in der Forschung hauptsächlich durch die Befragung von Personalverantwortlichen und Vorgesetzten, Interviews mit betroffenen MitarbeiterInnen und Längsschnittstudien zu beantworten versucht. Dabei werden Anforderungsmerkmale vor und während bzw. nach einem interkulturellen Einsatz gemessen und verglichen. Als Kernmerkmale der interkulturellen Kompetenz lassen sich zusammenfassen:

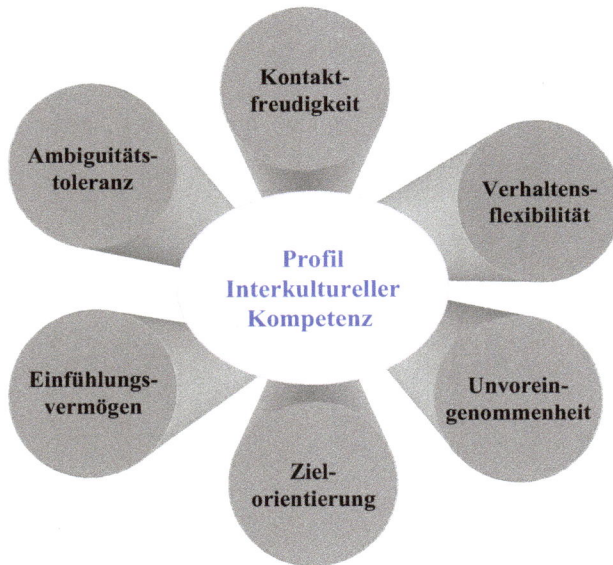

Abb. 4.3   Profil interkultureller Kompetenz (eigenerstellt)

1. **Ambiguitätstoleranz**: Darunter wird die Fähigkeit verstanden, mit zweideutigen und unsicheren Situationen zurechtzukommen. Jeder Kontakt zu ausländischen Geschäfts-partnerInnen ist durch Unsicherheit und Mehrdeutigkeit geprägt, wodurch die Konse-quenzen der eigenen Handlungen nur schwer einschätzbar sind und langwierige Lernprozesse notwendig werden. Ambiguitätstoleranz beschreibt in diesem Sinne Men-schen, die sich in Situationen der Mehrdeutigkeit und Unsicherheit wohlfühlen, dabei die gewohnte Leistung zeigen und gelassen auf Überraschungen reagieren. Besonders bei Auslandseinsätzen bzw. der Anpassung an eine fremdkulturelle Umwelt ist Ambigui-tätstoleranz eine notwendige Bedingung um Konfusionen zu vermeiden und einen funkti-onierenden Ablauf von Interaktionen zu gewährleisten.

2. **Kontaktfreudigkeit**: Geht eng einher mit Kommunikationsfreudigkeit, wobei sich dieses Merkmal affektiv in Form der Einstellung ausdrückt, mit anderen kommunizieren zu wol-len, und verhaltensbezogen in der tatsächlichen Kommunikation mit anderen zeigt. Vor-aussetzung ist allerdings der Aufbau einer sozialen Beziehung. Kontaktfreudigkeit ist insbesondere wichtig, da Missverständnisse vorgebeugt werden können, wenn ausländi-sche PartnerInnen zunächst fremdartig erscheinende Handlungsweisen erläutern. Durch Kommunikation können neue Fertigkeiten erworben und Hilfestellung – z.B. im Umgang mit Behörden und anderen, etc. – gegeben werden. Kontaktfreudige MitarbeiterInnen schätzen den Umgang mit anderen, meiden das Alleinsein und suchen neue Bekannt-schaften.

3. **Verhaltensflexibilität**: Verhaltensroutinen, die sich zuhause bewährt haben, können im Umgang mit anderen Kulturen versagen oder auf Ablehnung und Unverständnis stoßen. Verhaltensflexible MitarbeiterInnen stellen sich in ihrem Verhalten auf die jeweilige Si-tuation ein und zeigen Lernbereitschaft.

4. **Unvoreingenommenheit**: Werte und Normen ausländischer GeschäftspartnerInnen kön-nen kritikwürdig erscheinen. Oft werden diese aus ethnozentrischer Sichtweise heraus als veraltet, unnatürlich oder gar ungerecht beurteilt – vgl. z.B. Symbole bzw. deren Aus-druck in Form von Kleidungsvorschriften in unterschiedlichen Religionen. Eine ethno-zentrische Einstellung kann in interkulturellen Situationen Unbehagen erzeugen und im Umgang mit ausländischen GeschäftspartnerInnen in mangelnder Wertschätzung resultie-ren. Abweichende Wert- und Normenvorstellungen müssen im Sinne des kulturellen Re-lativismus toleriert und geachtet werden. Unvoreingenommene Menschen sind sich der Relativität der eigenen kulturellen Standards bewusst, und versuchen zumindest andere Kulturen als gleichwertig zu betrachten.

5. **Zielorientierung**: Durch die besonderen Umstände wie z.B. das Leben im Ausland, internationale Kooperationen, etc. kann eine internationale Geschäftätigkeit immer wie-der von Rückschlägen bedroht sein. Anpassungsprobleme der MitarbeiterInnen können insbesondere in der Anfangsphase zu einer Reduktion der Arbeitsleistung unter ein ge-wohntes Niveau führen. Umso mehr ist es notwendig, eine Bereitschaft zu entwickeln, auch unter erschwerten Bedingungen zielstrebig auf die Erreichung der gestellten Aufga-ben hinzuarbeiten. Zielorientierung bedeutet seine Ziele hoch, aber realistisch zu setzen

und sich durch Misserfolg nicht entmutigen zu lassen. Die Hoffnung auf Erfolg soll die Furcht vor einem Misserfolg überwiegen.

6. **Einfühlungsvermögen bzw. Empathie**: Oft bleiben die Ziele und Beweggründe für das Verhalten anderer nicht nachvollziehbar und verborgen. Menschen mit hohem Einfühlungsvermögen versetzen sich in andere hinein und pflegen einen sensiblen Umgang mit anderen. Dies ermöglicht eine bessere Einschätzung von Absichten, Gedanken und Gefühlen. Die Vorstellung, dass interkulturelles Verständnis sich nicht auf eine bloß kognitive Ebene beschränken darf, begründet Hall folgendermaßen: *„Understanding the reality of covert culture and accepting it on a gut level comes neither quickly nor easily, and it must be lived rather than read or reasoned."* (Hall 1977, 58). Er bezieht sich dabei auf eine Differenzierung von Kultur in *overt* (offenkundige) und *covert* (verdeckte/unsichtbare) Kultur, die sich nach dem Kriterium der Beobachtbarkeit richtet (vgl. dazu auch Abschnitt 2.4.3). Wichtig für die emotionale Dimension interkultureller Kompetenz ist diese Differenzierung insofern: Je weniger die Kulturalität des Gegenübers beobachtbar/ sichtbar, d.h. für den Verstand erschließbar, ist, desto mehr muss man auf Gefühle und emotionale Fähigkeiten zurückgreifen, wie z.B. Ambiguitätstoleranz, Frustrationstoleranz, Flexibilität, Akzeptanz/Respekt und nicht zuletzt Empathie, also Einfühlungsvermögen.

Wie wichtig **interkulturelle Empathie** ist, zeigt sich nicht zuletzt darin, dass gelebte Kultur bzw. ihre Ausprägungen sehr von den involvierten AkteurInnen und der jeweiligen Situation abhängen. Bemüht man sich, die Zwänge der eigenen Kultur zu überwinden, eignet man sich Fremdsprachenkenntnisse an, erlangt man durch verschiedenste Methoden (Literatur, Kursbesuche etc.) Kenntnis über spezifische Kulturen bzw. den Umgang mit Menschen anderer Kulturen, so ist man dennoch nicht vor Situationen gefeit, in denen alles erworbene Wissen nicht ausreicht, um die gewünschten Ziele zu erreichen. *„Lokales Wissen, ethnologisches Verstehen, sozio-kulturelle Faktoren sind unerläßlich und wichtig. Aber dieses Wissen genügt nicht. Man muß auch Einblick in den Verstehenshorizont, die Argumentationsmuster und die nicht artikulierten Zielerwartungen der Akteure (hidden agenda) bekommen."* (Ott 2000, 235)

Angewendet auf das Verständnis interkultureller Begegnungen kann Folgendes abgeleitet werden: Gleichgültig, welche Intentionen, Zielvorstellungen, Erfahrungen und Kenntnisse PartnerInnen in eine interkulturelle Situation einbringen, kennen sie nicht explizit die Ausgangsposition ihres Gegenübers und können diese nicht mit endgültiger Sicherheit während des Verlaufs erschließen.

Denn die Prozesse hinter der Wahrnehmung, dem Denken und den affektiven Reaktionen entziehen sich durch ihre Kulturspezifizität der kulturfremden Person. Diese kann nur allenfalls die kundgemachten Ergebnisse der Vorgänge (Aussagen, nonverbale Hinweise) erkennen und zu deuten versuchen, sofern sie gelernt hat, interkulturell empathisch zu sein.

Bennett (vgl. Bennett & Castiglioni 2002, 1) beschreibt Empathie als Prozess, durch den Individuen mitfühlen, d.h. einer „fremden" Erfahrung teilhaftig werden können, z.B. des Erlebens verschiedener Kulturen. Er bezeichnet die interpersonelle Empathie als für den effektiven Umgang mit Menschen aus anderen Kulturen sehr entscheidend und legt ihr folgende Kompetenzen zugrunde:

Kompetenzfelder (vgl. Bennett & Castiglioni 2002, 3):

- Self-reflexive consciousness – die Fähigkeit, Aufmerksamkeit auf einem Metalevel zu wahren, eingeschlossen kulturelles Selbst-Bewusstsein
- Category construction – die Fähigkeit, bewusst zu differenzieren und alternative Weltbild-Kategorien zu erarbeiten
- Perspective-taking – die Fähigkeit, Bewusstsein innerhalb eines Rahmens von Kategorien zu platzieren
- Boundary extension – die Fähigkeit, absichtlich die Grenzen des eigenen Körpers zu erweitern oder einzuengen
- Kinesthetic focus – die Fähigkeit, Bewusstsein innerhalb normaler und erweiterter Körpergrenzen zu platzieren

Wie man anhand dieser Aufzählung ersehen kann, ist das intendierte Herbeiführen von Bewusstsein, eine wesentliche Voraussetzung für Empathie: Zunächst muss das Individuum in der Lage sein, das Bewusstsein zu kontrollieren, Kategorien dem automatischen Entstehungsprozess zu entziehen, diese willentlich zu bilden und daher alternative Denk- und Sichtweisen zu entwickeln. Ein weiterer interessanter Aspekt besteht in der Annahme, dass die Vorstellung der Körperlichkeit und ihre absichtliche Veränderung einen Einfluss auf die Empfindsamkeit für die Interaktionssituation und ihre PartnerInnen haben.

Was die Beschreibung solcher empathischen Empfindungen anlangt, so gibt es Einschränkungen, die ganz generell die verbale Weitergabe von Emotionen betreffen. Erworbene Einsichten in oder Erfahrungen mit interkulturellen Situationen sind nicht gleich objektivem bzw. intersubjektivem Wissen, das man wiederum an Andere weitergeben kann. Denn die Fixierung in der eigenen Perspektive (Nutzung eigener Referenzmuster) hindert BeobachterInnen wie Beobachtete daran, Unterschiede exakt beschreiben, erfassen und letztlich vermitteln zu können.

Eine weitere Schwierigkeit der Vermittlung von Erfahrungswerten verdeutlicht Hall (Hall 1977, 63), wenn er schreibt: *„[...] cultural logic; it works at a lower, more basic level in the brain, a part of the brain that synthesizes but does not verbalize."* Was Kultur anlangt, lernen wir auf einer dem verbalisierten Denken vorgeschalteten Ebene, die Vermittlung der kulturellen Wahrnehmungen und Empfindungen erfolgt allerdings wieder verbal. Der Zwischenschritt der Kodierung (Empfindung bei ErzählerInnen – Sprache – Empfindung bei ZuhörerInnen) der für die Mitteilung notwendig ist, verhindert eine direkte Verständigung (Empfindung bei ErzählerInnen wird zur Empfindung bei ZuhörerInnen) und kann so zu Informationsverlusten bzw. -verzerrungen führen.

Anregung nach Kühlmann & Stahl 1998:

Lassen sich im folgenden Beispiel Hinweise auf beschriebene Kernmerkmale des interkulturellen Kompetenzprofils erkennen?

[1] Herr Cheng steht in der Zusammenarbeit mit österreichischen und chinesischen KollegInnen vor einer Reihe von Problemen. Logistik und Fertigung bereiten Schwierigkeiten, Qualitätsprobleme lähmen die Technik, Fristen müssen penibel eingehalten werden und die Kommunikation zwischen ÖsterreicherInnen und ChinesInnen läuft unbefriedigend.

[2] Immer wieder signalisiert Herr Cheng im direkten Gespräch mit seinen österreichischen MitarbeiterInnen die Lernbereitschaft seiner chinesischen KollegInnen in China. Durch deren Lernerfolge und Optimierung der Logistikabläufe überzeugt er wiederum die österreichischen KollegInnen, dass es letztlich doch funktioniert. Er übernimmt von den österreichischen KollegInnen die Beharrlichkeit und Genauigkeit im Detail.

[3] Da Herr Cheng in Österreich ausgebildet ist, beherrscht er Deutsch und Chinesisch fließend. Er hat bereits lange Zeit in Österreich gearbeitet und kennt die Arbeitsabläufe und Mentalität der ÖsterreicherInnen gut. Wo Ungeduld, Wut, Frustration, Ärger bei den österreichischen MitarbeiterInnen auftauchen, ist er zur Stelle und zeigt Verständnis.

4.3   Kenntnisse über fremde Kulturen

In diesem Abschnitt geht es darum zu erörtern, was wir über andere Kulturen wissen (können) bzw. zu wissen glauben. Was wissen wir beispielsweise über unsere Nachbarländer Slowenien, Ungarn oder Tschechien? (vgl. dazu die drei nachfolgenden Karikaturen aus Abb. 4.4, Abb. 4.5 und Abb. 4.6). Was uns – auch die wissenschaftliche – Literatur über Kultur vermittelt, sollte durchwegs kritisch hinterfragt werden. Jede Äußerung wie z.B. „Für gewöhnlich haben AsiatInnen ein bescheidenes Auftreten." oder „Die Norddeutschen sind durchwegs sparsam, aber nicht so geizig wie die SchottInnen." vermittelt mehr als nur Faktenwissen.

Abb. 4.4   Kenntnisse über die SlowenInnen (Pammesberger 2004)

Es handelt sich oftmals um Verallgemeinerungen, die auf (einzelnen) Erfahrungsberichten beruhen und keinen Anspruch auf Vollständigkeit erheben sollten. Aber nicht nur (Reise-) SchriftstellerInnen, sondern jeder von uns versucht, aus Erfahrungen mit einzelnen Mitgliedern einer fremden Kultur, meist voreilige Rückschlüsse zu ziehen.

Abb. 4.5   Kenntnisse über die UngarInnen (Pammesberger 2004)

Abb. 4.6   Kenntnisse über die TschechInnen (Pammesberger 2004)

Dieser Versuch des induktiven Schlusses verlangt aber gerade im Bereich der Kultur nach besonderer Vorsicht – im wissenschaftlichen und im rein menschlichen Sinn. An dieser Stelle soll daher nach Mead zwischen Stereotypen auf der einen Seite und Generalisierungen auf der anderen differenziert werden (vgl. Mead 1998, 74ff):

Anregung: Was wissen wir über unsere Nachbarn?

Lassen sich aus diesen Karikaturen Stereotype oder Vorurteile ableiten?

Mead definiert **Stereotype** *„as a standardized form or pattern fixed by conventional experience"*, als durch Erfahrung fixierte Referenzmuster, welche keine Ausnahmen oder Abänderungen erlaubten, oftmals auf nationaler Identität und Kultur bzw. auf Merkmalen wie Beschäftigung, Alter, Geschlecht oder sozialer Klasse beruhten und den Stereotypisierenden selbst vor der Notwendigkeit, neue Antworten auf neue Erfahrungen zu suchen, schützten. Ob die Stereotypisierungen positiv oder negativ ausfielen, spiele dabei keine Rolle.

Weiters meint Mead, dass interkulturelle ManagerInnen es sich nicht leisten können, bei vorgefassten Meinungen zu verharren, sie müssen vielmehr **kreative Generalisierungen (creative generalizations)** entwickeln lernen. Diese sollten sowohl Erklärungen in Bezug auf Ursachen und Konsequenzen des Verhaltens fremdkultureller Personen als auch Voraussagewerte für jene Umstände liefern, in denen ähnliches Verhalten wieder begegnen könnte. Die Quelle ist im Unterschied zu Stereotypen nicht die Vergangenheit, sondern die eigene, aktuelle Erfahrung in der Kultur.

Die Ähnlichkeit zwischen Stereotypen und Generalisierungen besteht darin, dass beide verallgemeinernde Aussagen über Mitglieder von Kulturen treffen, erstere werden jedoch in dem Bestreben angestellt, ein letztgültiges Urteil zu fällen und letztere dienen lediglich als „first-best-guess". Mead verneint also nicht die potenzielle Bedeutung von Verallgemeinerungen als Orientierungsmaßstab für das Individuum, streicht aber zugleich die Notwendigkeit heraus, diesen den Charakter von (zu falsifizierenden) Vermutungen zu verleihen.

Anregung:

Vor dem Hintergrund eines gut ausgeprägten interkulturellen Bewusstseins sollte jeder seine Hypothesen über Mitglieder fremder Kulturen erstellen können und je nach Gegebenheit bestätigen lassen, modifizieren oder verwerfen, gleichsam die Rolle von Detektiven oder KulturforscherInnen übernehmen, und nicht jene von PolizistInnen oder RichterInnen!

Genau bei diesem Bewusstsein für die fremde und die eigene Kultur setzt Milton Bennett an, wenn er beschreibt, dass dieses nicht natürlich oder angeboren sei, sondern erst durch Training und Fortbildung entwickelt werden muss. Ein Indiz für die Wichtigkeit der Bewusstseinsbildung findet sich bereits im Altertum, als die BesucherInnen des Orakels von Delphi im Tempelbezirk des Apollonheiligtums mit der Inschrift *gnôthi seautón – „Erkenne dich selbst!"* als eine der drei apollonischen Weisheiten begrüßt wurden.

In der Praxis gestaltet sich dieses Selbst-Erkennen bzw. Erkennen der eigenen Kultur gar nicht so einfach. Dies liegt daran, dass wir uns meist in einem gewohnten Umfeld bewegen, das durch den eigenen kulturellen Referenzrahmen geprägt ist und unsere Handlungen bzw. unser Verhalten als mehr oder weniger richtig gelten lässt.

Kommt Ihnen die folgende Aussage bekannt vor?

„Die EngländerInnen und JapanerInnen fahren nicht auf der linken, sondern auf der FALSCHEN Straßenseite!"

Typischerweise orientieren wir uns an der eigenen Kultur als Referenzpunkt und laufen Gefahr andere Kulturen zu bewerten, ohne das Verhalten in der eigenen Kultur zu beschreiben oder zu hinterfragen. Susan Schneider beschreibt diesen Zustand treffend mit der Metapher eines Fisches im Wasser: Describing one's own culture *„[...] it is a bit like asking the fish in the water what it is like to swim in the water."* (Schneider & Barsoux 2003, 11)

Solange man im Wasser schwimmt, sind die eigene Kultur und das damit verbundene eigene Verhalten kaum zu hinterfragen und können dadurch schwer erklärt werden. Erst wenn man das Umfeld verändert, indem man den Fisch aus dem Wasser nimmt oder dieser an den Strand gespült wird – bzw. analog eine Person mit einer interkulturellen Situation konfrontiert wird – ist man gezwungen Unterschiede wahrzunehmen. Man erkennt nun die Veränderung, versucht aber so schnell wie möglich zurück ins Wasser zu kommen. Dieses Verhalten lässt sich auch bei Auslandseinsätzen nachvollziehen. Nicht selten suchen Expatriates in einem fremden kulturellen Umfeld die Nähe zu eigenen Landsleuten, was sich an zahlreichen Expatriatezirkeln nachvollziehen lässt. Möglichkeiten für das Wahrnehmen der eigenen Kultur ergeben sich immer dann, wann immer wir uns außerhalb der eigenen Kultur befinden bzw. mit einer anderen Kultur konfrontiert werden. Sei dies im Geschäftsalltag auf Dienstreisen, im Urlaub, oder durch das Zusammentreffen mit einem „Außenseiter" wie in Jonathan Swifts „Gullivers Reisen"– sprich MitarbeiterInnen aus anderen Nationen oder Austauschstudierende – oder in jeglicher multikulturellen Teamzusammensetzung, die einem die Eigenarten und Merkmale der eigenen Kultur bewusst macht.

Die Frage danach, **wie wir uns selbst sehen**, lässt sich nur schwer beantworten und erfordert meist eine konkrete interkulturelle Situation als Auslöser oder Anhaltspunkt. Interessanterweise lassen sich die Fragen danach, **wie wir gesehen werden** bzw. **andere uns sehen**, meist leichter beantworten. Ironische Schilderungen geben Auskunft darüber, welche Attribute den einzelnen europäischen Nationen zuzuordnen sind. So wird auf Postkarten der Europäischen Union ironisch dargestellt, dass perfekte EuropäerInnen „kochen" wie EngländerInnen, „Autofahren" wie FranzösInnen, „gesprächig" wie FinnInnen, „humorvoll" wie Deutsche und was die Gestik betrifft „kontrolliert" wie ItalienerInnen (sein) sollten – um nur einige zu nennen. Was ÖsterreicherInnen betrifft, werden diese humorvoll mit „geduldig" in Verbindung gebracht. Einige werden dem, wie wir von anderen gesehen werden, mit einem kleinen Schmunzeln zustimmen können und sich darüber amüsieren. Die/der eine oder andere wird mit den Beschreibungen für einen ihr/ihm vertrauten Kulturkreis eventuell konform gehen. Dabei ist jedoch Vorsicht geboten, da man sich damit bereits tief im Bereich der Stereotypisierungen wieder findet.

Die Gefahr im Zusammenhang mit Stereotypisierungen liegt darin, dass wir einerseits Schwierigkeiten haben, die eigene Kultur zu beschreiben, andererseits aber mit einer Leichtigkeit andere Kulturen beschreiben können. Stereotype sind vergleichbar mit **mentalen Files**, die wir in unseren Köpfen gespeichert haben. Diese helfen uns neue Informationen zu verarbeiten und mit vergangenen Erfahrungen und Wissen zu vergleichen. In einer interkulturellen Situation wird ein mental kreiertes Bild aufgerufen und auf „alle" die dem anderen Kulturkreis angehören übertragen. Problematisch ist dies, da diese Bilder häufig mit einem negativen Beigeschmack verbunden sind.

Dies lässt sich an einem interessanten Phänomen beobachten: Angehörige der eigenen Kultur – insbesondere bei JapanerInnen, aber auch ÖsterreicherInnen und Deutschen zu beobachten – gehen sich im Ausland gerne aus dem Weg. Bilder von/über der/die eigene/n Kultur, von denen man sich als Individuum abheben möchte, lassen auf negative Stereotype innerhalb der eigenen Kultur schließen und veranschaulichen das Bedürfnis sich von der stereotypbehafteten Kultur zu distanzieren. Ziel muss es sein, Stereotype nicht nur zu erkennen sondern auch akzeptieren zu lernen. Bei jedem Abrufen des mentalen Files muss man bereit sein daran zu arbeiten, es zu modifizieren bzw. kreative Gereralisierungen zu entwickeln. Erst durch ein solches Bewusstsein ist ein Wegkommen von Stereotypisierungen möglich.

Abhängig vom Betrachtungsstandpunkt lassen sich Stereotype in folgende drei Gruppen unterteilen:

- Direkte Autostereotype – wie wir uns selbst sehen
- Projizierte Autostereotype – wie wir glauben von anderen gesehen zu werden
- Fremdstereotype – wie wir andere sehen

Direkte Autostereotype sind Bilder, die man über die eigene Kultur hat. **Projizierte Autostereotype** geben Auskunft darüber, wie man annimmt, dass Kulturfremde die eigene Kultur sehen. Unter **Fremdstereotype** versteht man grundsätzlich was man in der Umgangssprache als Stereotype bezeichnet, nämlich Bilder über fremde Kulturen. Fremdstereotype und Autostereotype sind in der Regel divergent. Meist sieht man sich selbst nicht so, wie man von anderen gesehen wird, bzw. sieht man fremde Kulturen anders als sie sich selbst sehen würden. Im privaten Bereich kann diese Divergenz zur Erheiterung beitragen, im geschäftlichen Umfeld sollten die daraus möglicherweise auftretenden Spannungen nicht unterschätzt werden. Als Ansatzpunkt zur Aufdeckung dieser Divergenz kann das von den beiden Sozialpsychologen Joseph Luft und Harry Ingham entwickelte Johari Fenster (vgl. Luft & Ingham 1955) herangezogen werden.

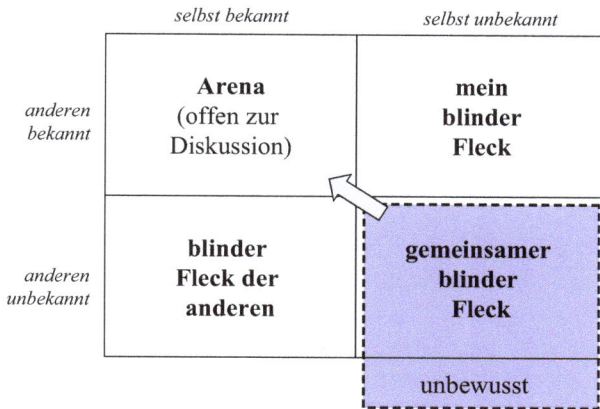

Abb. 4.7   Johari Fenster

Um Unterschiede bewusst zu machen, muss man offen sein darüber zu sprechen. Interessant ist in diesem Zusammenhang das Phänomen der **kulturellen Distanz**: Jene Kulturen, die sich am ähnlichsten sind haben selbst oft die größte wahrgenommene Distanz. Vgl. dazu ÖsterreicherInnen und Deutsche oder AmerikanerInnen und EngländerInnen in Bezug auf die Sprache, die Wortwahl oder den Akzent.

In den vier Quadranten geht es jeweils um das Verhältnis was eine Person über sich selbst (nicht) weiß bzw. was andere über eine Person (nicht) wissen. Im Bereich der Arena wird es unproblematisch sein über die Eigenschaften des anderen zu sprechen, da man sich der Eigenschaften der eigenen Kultur bewusst ist und diese auch von allen anderen wahrgenommen werden können. Beispielsweise könnten VertreterInnen der Kultur A die Eigenschaft haben im Geschäftsleben direkt zur Sache zu kommen und sind sich diese dessen auch bewusst. VertreterInnen der Kultur B hingegen zeichnen sich durch ein mehr diplomatisches Vorgehen im Geschäftsleben aus. Einzelne Punkte müssen sorgfältig abgeklärt werden, bevor man auf Kompromisse eingehen kann und sich auf einen Abschluss einigt. Auch den VertreterInnen der Kultur B ist ihr Verhalten im Geschäftsleben bewusst. Diese Direktheit der VertreterInnen der Kultur A kann problemlos angesprochen und somit Missverständnisse vermieden werden. Ein weiteres Beispiel wäre, dass man sich schwer tut Gedanken zu verbalisieren und sich dessen auch bewusst ist; alle anderen merken dies ebenso an den undeutlichen Formulierungen in einem Gespräch.

Im Bereich des eigenen blinden Fleckes bzw. beim blinden Fleck der anderen ist es bereits viel schwieriger offen darüber zu sprechen, da man Gefahr läuft beleidigt zu werden bzw. andere zu verletzen. So könnten anderen eine gewisse Arroganz oder Geiz im eigenen Verhalten auffallen, wogegen man selbst nicht so empfindet. Umgekehrt könnte man Neid oder Zuneigung für jemanden empfinden, ohne dass dies dem anderen bewusst wäre. Das Problem beim eigenen blinden Fleck bzw. dem blinden Fleck des anderen liegt darin, dass es um Meinungen und Gefühle geht, die nicht ohne weiteres angesprochen werden können, da man sich damit in einen Bereich begibt, der für den anderen unangenehm oder verletzend sein könnte. Dementsprechend ist auch im Umgang mit Stereotypen Vorsicht geboten, wenn diese direkt angesprochen werden.

Der letzte Bereich des Unbekannten oder gemeinsamen blinden Fleckes beschreibt, was eine Person über sich selbst nicht weiß und auch andere nicht über diese Person wissen. Es geht um unbewusste Motive für Verhalten bzw. um tiefer liegende Fragestellungen wie z.B. warum man eher schweigsam, aggressiv oder verlegen ist.

Der Vorteil des Johari Fensters liegt in der Möglichkeit seine blinden Flecke durch Feedback anderer aufzudecken. In der Praxis wird über Unterschiede nicht immer offen diskutiert. Neben dem Argument andere dadurch in Verlegenheit zu bringen soll die Scheu vor Konflikten erwähnt werden. Eine andere Möglichkeit einer Diskussion über kulturelle Unterschiede auszuweichen ist das Hervorheben von Gemeinsamkeiten (alle arbeiten für das gleiche Unternehmen und verhalten sich daher konform bzw. alle gehören der gleichen Berufsgruppe an), mit denen ein gewisses Verhalten begründet werden kann.

Anregung:

[1] Versuchen Sie für sich selbst oder in einer Kleingruppe 5 Eigenschaften über die Mitglieder Ihrer eigenen Kultur niederzuschreiben. Gehen Sie dabei wie folgt vor:

Wie sehen Sie sich selbst?

Wie glauben Sie von anderen gesehen zu werden?

Welche Aspekte der eigenen Kultur gelten gemeinhin als positiv?

Welche Aspekte der eigenen Kultur werden im Allgemeinen negativ wahrgenommen?

[2] Wählen Sie einen Ihnen vertrauten, fremden Kulturkreis und schreiben Sie 5 Eigenschaften über die Mitglieder dieser Kultur nieder.

[3] Diskutieren Sie Ihre Ergebnisse mit Mitgliedern aus der eigenen Kultur bzw. des gewählten fremden Kulturkreises.

Als kleine Hilfestellung geben wir Ihnen eine Auswahl an Fremd- und Autostereotypen (direkte und projizierte) in Bezug auf ÖsterreicherInnen, Deutsche, ItalienerInnen, EngländerInnen, FranzösInnen und PolInnen, die in einem Feuilleton der Zeitung „Die Zeit" gesammelt und abgedruckt wurde (vgl. Jessen 2003):

Tab. 4.2   Fremd- und Autostereotype in Europa (verkürzt nach Jessen 2003)

	Der Österreicher	Der Deutsche	Der Engländer	Der Franzose	Der Italiener	Der Pole
über Österreicher	Unzuverlässig, hinterfotzig, zwischen Größenwahn und Minderwertigkeitsgefühl	Charmant, höflich und verlogen, von trügerischer Gemütlichkeit, fett, feige und autoritätshörig	Verkappte Altnazis, die sich hinter den Deutschen und ihren Bergen verstecken	Bei ihnen leben die letzten Nazis und die größten Tortenproduzenten der Welt	Haben Italien besetzt, aber interessante Süßspeisen zurückgelassen und den Walzer erfunden	Schlechte Abart der Deutschen. Unverarbeitete Vergangenheit. Verdrängte Komplexe
über Deutsche	Piefkes: bürokratisch, plump, unelegant, laut, mit weißen Socken in Sandalen	Die ungeliebte Nation. Nach schlimmer Straftat nur auf Bewährung entlassen	"Krauts": übergewichtige, humorlose Biertrinker, effizient, arrogant, seelisch gefährlich instabil	Grüblerische Biertrinker, die mit ihrem ökologischen Bewusstsein nerven	Fleißig, geschäftstüchtig, viel zu gut organisiert, um sympathisch zu sein; brutale Touristen	Laut und oft überheblich. Ohne Fantasie. Alles geht nach Vorschriften und Vorgaben
über Engländer	Klassengesellschaft ohne Klasse, Saufköpfe, Hooligans mit ewigem Sonnenbrand	Schwule Männer, blasse Frauen. Verliebt in skurrile Verbrechen und die eigene Überlegenheit	Humorvoller und erfinderischer als der Rest der Welt, fair, mutig, immer gelassen und souverän	Scheinheilige, blasse Gentlemen, die mit abgespreizten Fingern ums Teetischchen sitzen	Die Heuchler Europas und schlechte Köche, haben aber der Welt die Karos geschenkt	Machtbewusst, konservativ, insular, nicht europäisch
über Franzosen	Kröten- und Schneckenfresser, arrogant, produzieren sentimentale Psychofilmchen	Zwingen zu widerwilliger Bewunderung: elegant, schön, kalt, hochmütig, unberechenbar	Erzrivalen: unerträglich selbstbewusst, in einem schönen Land lebend, das ohne sie schöner wäre	Lustvolle Erotiker, Weinliebhaber, Kulturpatrioten, aufsässige Individualisten	Zu beneiden: Haben geschickt die Führung der lateinischen Nationen übernommen und behalten	Merkwürdiger Appetit ("Froschfresser"). Einfallsreich, fantasievoll, nationalbewusst
über Italiener	Gute Eisverkäufer, aber politische Verräter, schmalzlockige Schwerenöter, "Obizahrer" (Faulpelze)	Das Volk unserer Sehnsucht, laut, fröhlich, enthemmt, warmherzig und unsolide	Das kürzeste Buch der Welt? Über italienische Kriegshelden! Trickreich und sexbesessen	Goldkettchen tragende, schmierige Verführer, neigen durch den Pasta-Verzehr zu Übergewicht	Politisch unfähig, aber geschickt, beliebt und in der Lage, immer "bella figura" zu machen	Laut, chaotisch, freundlich. Leichtsinnig mit Hang zur Doppelmoral
über Polen	Zwielichtige Schnauzbärte, stehlen Autos in den Ferien, aber putzen gut	Leben vom Diebstahl deutscher Autos und vom weinerlichen Stolz auf ihre Leidensgeschichte	Alte und neue Verbündete, wenig selbstbewusst, um nicht zu sagen: kriegerisch	Freundliche Schwarzarbeiter mit viel Heimweh, die gerne einen über den Durst trinken	Die ewigen Schwarzarbeiter, bäurisch, naiv, aber immerhin auch Katholiken	Gastfreundlich, streitlustig. Zwei Polen – drei Meinungen. Viel Improvisation, wenig Disziplin

Zuvor wurde bereits eine Abgrenzung zwischen Stereotypen und Generalisierungen vorgenommen. In der Folge soll diese Abgrenzung durch die Begriffe Vorurteil und Diskriminierung erweitert werden. Dabei kann ganz im Sinne der interkulturellen Kompetenz auf die zuvor angesprochene Dreiteilung in Kognition, Emotion und Verhalten zurückgegriffen werden. Zwar handelt es sich hierbei um eine mehr oder weniger künstliche Trennung, da die Grenzen zwischen Stereotyp und Vorurteil sehr nahe beieinander liegen und beide situationsspezifisch kognitiv-affektive Schutzfunktionen übernehmen können. Dennoch sehen wir bei den Stereotypen einen stärkeren Fokus auf der kognitiven Ebene (mental abrufbare Files), wogegen bei Vorurteilen die Entwicklung einer gewissen Einstellung, also eine verstärkte Betonung der affektiven Komponente angenommen wird.

Stereotyp: Bezieht sich auf die kognitive/mentale Dimension und bezeichnet die automatische Kategorisierung von Stimuli und deren Zusammenfassung in Form von Prototypen. Stereotype haben eine Entlastungsfunktion.

Vorurteil: Zielt auf die affektive Dimension ab. Ein Vorurteil ist eine Einstellung gegenüber Mitgliedern einer unterscheidbaren Gruppe, die sich ausschließlich auf die Mitgliedschaft in dieser Gruppe gründet, oder wie Giddens formuliert: *„Meinungen und Einstellungen, die Angehörige einer Gruppe gegenüber den Mitgliedern einer anderen hegen"* (Giddens 1995, 274). Obwohl der Begriff grundsätzlich neutral ist, setzen Vorurteile den Fokus meist auf einen Problemfall und sind häufig das Ergebnis stereotypen Denkens. Oft wird an ihnen gegen bessere Einsicht einfach aus Bequemlichkeit festgehalten (vgl. Thomas 2006, 3).

Diskriminierung: Als verhaltensbezogene Dimension versteht man darunter (vor allem ungerechtfertigt negative oder feindselige) Handlungen gegenüber einer Person aufgrund deren Zugehörigkeit zu einer bestimmten Gruppe.

Zusammenfassend unterscheiden wir hier Stereotype als den kognitiven Aspekt der Zuordnung und Zuschreibung. Wird auch die Gefühlsebene angesprochen, so kann ein ursprünglicher Stereotyp leicht in ein Vorurteil umschlagen. Sollte sich das auch im Verhalten äußern, erreicht man die dritte Stufe der Diskriminierung. Das folgende vereinfachte Beispiel soll diese Zusammenhänge veranschaulichen: Sie treffen auf ein Mitglied der Kultur X. In der Vergangenheit haben sie schon mehrmals mit diesem Kulturkreis zu tun gehabt. Beim ersten Zusammentreffen rufen Sie sofort das in Ihrem Kopf gespeicherte mentale File (Erfahrungen, Gelesenes, Gehörtes) über Unpünktlichkeit in Bezug auf den Kulturkreis X ab. Der Stereotyp wäre das Erkennen des gespeicherten Files und der vorzeitige Schluss, dass auch die soeben getroffene Person aufgrund der Zugehörigkeit zu diesem Kulturkreis unpünktlich sein müsse. Entwickelt man daraus eine meist negative Einstellung gegenüber den Mitgliedern der Kultur X, so kommt es zum Aufbau von Vorurteilen. Eine Diskriminierung erfolgt, wenn sich diese Erfahrungen und Einstellungen im Verhalten gegenüber den Mitgliedern der Kultur X äußern, z.B. jemandem aus der Kultur X eine Stelle verweigert wird, die für ein Mitglied der eigenen Kultur verfügbar ist.

Anregung:

Versuchen Sie die Beispiele über die zuvor erwähnten europäischen Kulturkreise in diesem Sinne durchzudenken.

4.3.1 Entstehung von Stereotypen

Nachdem wir alle bis zu einem gewissen Grad der Stereotypisierung unterworfen sind, stellt sich die Frage, wodurch Stereotype entstehen. Ansätze dazu findet man vor allem in der Soziologie. Auf die wichtigsten soll stellvertretend kurz eingegangen werden.

Sündenbocktheorie (scape goat): Im Falle von Frustration, Ärger oder Wut kann der psychologische Mechanismus der Verschiebung ausgelöst werden. Hierbei richten sich Feindseligkeiten und Aggressionen gegen Gruppen, die gar nicht der Ursprung des Ärgers sein müssen. Die Tendenz geht in die Richtung, Aggressionen an Gruppen abzureagieren, die in der Regel geringeren Status haben, weniger angesehen sind bzw. sich nicht wehren können und als Sündenböcke herhalten müssen (Beispiel Judentum). Wie das Beispiel zeigt, fallen paradoxerweise nicht nur Unterprivilegierte der Sündenbocktheorie zum Opfer. Auch ein gehobener Status – viele Juden hatten sozialen Status – schützt nicht vor Sündenbockeffekten.

Die **autoritäre Persönlichkeit**: Dieser auf Theodor Adorno (1950) zurückgehende Ansatz sieht Stereotype und Vorurteile als Folge der autoritären Persönlichkeit. Aufgrund unterdrückter Ängste tendieren gewisse Menschen stärker zu stereotypem Denken und Projektionen im Sinne von unbewusster Übertragung eigener Wünsche oder Merkmale auf andere. Jene, die Vorurteile gegenüber einer gewissen Gruppe hegen, haben meist auch negative Einstellungen anderen Minderheiten gegenüber. Eine verstärkte Autoritätsorientierung hat dabei zur Folge, dass andere Menschen abgewertet werden, um sich selbst aufzuwerten.

Soziale Lerntheorie: Der von Albert Bandura (1962) eingeführte Begriff des Lernens am Modell geht davon aus, dass Kinder im Laufe ihrer Entwicklung die Normen, die in ihrer Gesellschaft vorherrschen erlernen. In einem kognitiven Lernprozess werden durch die Beobachtung des Verhaltens anderer Individuen bestehende Verhaltensmuster verändert bzw. neue Verhaltensmuster angeeignet. Die Übernahme von Vorurteilen wird in diesem Zusammenhang auch als institutionalisierter Rassismus bezeichnet.

Evolutionäre Ansätze: Dieser aus der Sozialbiologie stammende Ansatz geht davon aus, dass aufgrund der Verwandtenselektion (Lebewesen unterstützen diejenigen am meisten, mit denen sie die meisten Gene gemeinsam haben) die indirekte Fitness gesteigert, und somit die eigene Gruppe bevorzugt wird. Aufgrund der indirekten Fitness ist ein Individuum mit ca. ¼ der Gene mit seinen Geschwistern verwandt. Die biologischen Hintergründe sind der Auslöser zur Stereotypisierung.

Soziale Kategorisierung: Durch die Wahrnehmung von Unterschieden bilden sich Gruppen, z.B. „die" gegen „uns". Dies folgt dem Minimal Group Principle, wobei jeder beliebige Unterschied, wie z.B. eine andere Augenfarbe, relevant sein kann. Dadurch kommt es zur

Abgrenzung und Bevorzugung der eigenen Gruppe. Gleichzeitig fördert die Kategorisierung die Wahrnehmung einer Out Group Homogenität, wobei die Mitglieder der Fremdgruppe als einander ähnlicher wahrgenommen werden, als sie es in Wirklichkeit sind.

Realistic Conflict Theorie: Limitierte Ressourcen führen zu Konflikten bzw. Konkurrenz zwischen Gruppen. Aus diesen Konflikten wachsen Vorurteile und Diskriminierung. Jedoch können sich daraus gebildete Stereotypisierungen auch wieder ändern. Als Beispiel sollen chinesische Einwanderer in Kalifornien zur Zeit des Goldrausches im 19. Jahrhundert erwähnt werden. Wurden sie zuerst als böse, unmenschlich und blutrünstig bezeichnet, so hat sich dieses Bild im Laufe der Zeit gewandelt. Beim Aufbau des Eisenbahnnetzes wurden sie plötzlich als intelligent, vertrauenswürdig und die Verträge einhaltend beschrieben. Dieses Bild hat sich nach dem Bürgerkrieg aufgrund der hohen Arbeitslosigkeit wieder geändert und plötzlich wurden sie wieder als kriminell, hinterhältig, listig und dumm bezeichnet (vgl. Jacobs & Landau 1971).

4.3.2   Aktivierung, Umgang und Änderung von Stereotypen

Stereotype gehören zum Allgemeinwissen einer Gesellschaft. Die Aktivierung erfolgt meist automatisch durch einen Stimulus in der Umwelt. Auch wenn man einen bestimmten Stereotyp ablehnt, indem man ihn bewusst und kontrolliert unterdrückt, kennt man genau den Inhalt und weiß, was er beinhaltet. Ohne bewusstes Arbeiten und Modifizieren bleiben Stereotype aufrecht; sie sind gegenüber Veränderungen besonders resistent. Beispiele für diese Aufrechterhaltung finden sich in der Selbsterfüllenden Prophezeiung (Self-Fulfilling Prophecy) und dem Filter der selektiven Wahrnehmung. Eine **selbsterfüllende Prophezeiung** liegt vor, wenn eine Erwartung gegenüber einer anderen Person besteht, diese Erwartung das Verhalten gegenüber dieser Person beeinflusst und die betroffene Person sich daraufhin in einstellungskonsistenter Weise verhält. Bei der **selektiven Wahrnehmung** bedienen wir uns Schemata, die beeinflussen welche Informationen wir aufnehmen, verarbeiten und ablegen. Hat sich erst einmal ein Stereotyp gebildet, sind wir bestrebt dieses über den selektiven Wahrnehmungsfilter und die Verarbeitung von Informationen fortlaufend selbst zu bestätigen.

Wie kann man mit Stereotypen umgehen bzw. wie kann man diese ändern? Wie bereits aus dem Johari Fenster ersichtlich, können Stereotype und Vorurteile entweder bewusst angesprochen oder vermieden bzw. umgangen werden (vgl. Abb. 4.7). Ein direktes Ansprechen birgt ein großes Konfliktpotential, hat aber auch den Vorteil über den anderen Kulturkreis besser informiert zu sein und erlaubt ein Abgleichen von Auto- und Fremdstereotypen. Neben dem Spaßfaktor trägt ein solcher Abgleich zum besseren Verständnis und oft auch zum Entstehen eines neuen Bildes der eigenen Kultur bei. Der bequemere Weg ist bei interkulturellen Begegnungen jedoch das Nichtansprechen von Vorurteilen und Stereotypen. Da nach McGregors Theorie X (vgl. Abschnitt 7.1.2) der Mensch von Natur aus jede Änderung, die mit Anstrengung – hier Auseinandersetzung mit und Analyse von Stereotypen – verbunden ist meidet, und interkulturelle Situationen an sich meist mit erhöhtem Stress verbunden sind, wird insbesondere bei oberflächlichen Kontakten versucht das Konfliktpotential so gering wie möglich zu halten.

Im Zusammenhang mit der Änderung von Stereotypisierungen schlägt Mead folgenden Ansatz des interkulturellen Wissenserwerbs (Entwicklung von veränderbaren Generalisierungen) vor (vgl. Mead 1998, 77):

1. Identifying behavior in the other culture that seems incongruous and has to be explained.
2. Collecting data about the incongruous behavior.
3. Formulating a set of hypotheses to explain behavior.
4. Testing these hypotheses.
5. Selecting the most likely hypothesis, which gives a working generalization to explain the behavior in terms of culture.
6. Correcting and modifying the hypothesis in the light of experience.

Nach Weber und Crocker (1983) ist eine Änderung stereotyper Annahmen auf dreierlei Arten möglich:

„**Bookkeeping**" – Buchführungsmodell: Jede Information die nicht mit dem Stereotyp übereinstimmt führt zu einer kleinen Veränderung und modifiziert somit das Stereotyp. Die Veränderung ist ein langsamer Prozess.

„**Conversion**" – Bekehrungsmodell: Eine stark abweichende nicht übereinstimmende Information führt zu einer schlagartigen, radikalen Veränderung des Stereotyps.

„**Subtyping**" – Unterkategorisierungsmodell: Inkonsistente Informationen führen zur Anpassung des Stereotyps durch Schaffung von Subtypen. Der zugrunde liegende Stereotyp bleibt jedoch unverändert.

Abschließend soll kurz auf die Vorteile von Stereotypen eingegangen werden. Trotz der angesprochenen Problematik können Stereotype auch positiv interpretiert werden bzw. sogar hilfreich sein. Nach Adler (2002, 81) ist dies der Fall, wenn sie:

- **Bewusst** sind, d.h. die Normen einer Gruppe und nicht die Charakteristika einer spezifischen Person beschreiben, wobei das Verhalten eines Einzelnen nicht als das Verhalten einer ganzen Gruppe interpretiert werden darf.
- **Beschreiben** anstatt zu werten, d.h. sie müssen wertfrei sein indem sie nur Auskunft über eine bestimmte Gruppe von Leuten geben, ohne diese aber als gut oder schlecht zu bewerten.
- **Genau** sind, indem sie präzise die Normen einer Gruppe beschreiben zu der eine bestimmte Person gehört.
- **Modifiziert** werden, auf Grundlage weiterer Beobachtungen und Erfahrungen.

Interessant erscheint, dass Adler eine Abänderung von Stereotypen aufgrund von Beobachtungen und Erfahrungen sehr wohl für möglich hält, was auf unterschiedliche Begriffsabgrenzungen durch AutorInnen schließen lässt. In diesem Zusammenhang soll nochmals auf die zu Beginn des Abschnitts 4.3 behandelte Unterscheidung zwischen Stereotypen und kreativen Generalisierungen nach Mead verwiesen werden. Mead betont, dass Stereotype keine Abänderung erlauben, hingegen, die eigene, aktuelle Erfahrung in einer Kultur kreative Generalisierungen entwickeln lässt. Eine Abänderung eines Stereotyps wird demgemäß mit einem neuen Begriff definiert und ist nicht mehr vergangenheitsbezogen, wie in den weitergetragenen Referenzmustern bei den Stereotypen.

4.4   Stufen des Kompetenzerwerbs

Die extrem verengte Sichtweise, dass die eigene Kultur und deren Werte als einzige wahre Maßstäbe herangezogen werden, bezeichnet man als **Ethnozentrismus**. Das Gegenstück dazu bildet der **Ethnorelativismus**, dem eine sehr differenzierte Sicht zugrunde liegt, nämlich dass man Kulturen nur relativ zueinander begreifen und dass Verhalten nur innerhalb eines kulturellen Kontextes verstanden werden kann.

Bennett sieht Ethnozentrismus und Ethnorelativismus nicht als zwei diametrale Gegensätze oder Pole, sondern vielmehr als zwei verschiedene, jedoch aneinander angrenzende Stadien der interkulturellen Sensitivität. In der Folge sollen die verschiedenen Entwicklungsstufen im Rahmen von Bennetts Modell (siehe auch Tab. 4.3) ein wenig näher behandelt werden.

Tab. 4.3   *Developmental Model of Intercultural Sensitivity (Bennett 1993, 29)*

THE ETHNOCENTRIC STAGES	THE ETHNORELATIVE STAGES
I. DENIAL	**IV. ACCEPTANCE**
A. Isolation	A. Respect for Behavioral Difference
B. Separation	B. Respect for Value Difference
II. DEFENSE	**V. ADAPTATION**
A. Denigration	A. Empathy
B. Superiority	B. Pluralism
C. Reversal	
III. MINIMIZATION	**VI. INTEGRATION**
A. Physical Universalism	A. Contextual Evaluation
B. Transcendent Universalism	B. Constructive Marginality

Die verschiedenen Stadien und Phasen in Bennetts Modell (vgl. Bennett 1993, 21ff) werden ausgehend von der extremen ethnozentrischen Position bis hin zur höchsten ethnorelativen Stufe beschrieben. Diese Reihenfolge soll jedoch nicht die tatsächliche Entwicklung des interkulturellen Bewusstseins widerspiegeln, vielmehr kann es in jeder beliebigen Phase zu einer Stagnation kommen, einzelne Stufen können übersprungen werden oder es kann auch teilweise Rückschritte und dafür spätere Weiterentwicklung geben. In der Folge sollen die Charakteristika der verschiedenen Stufen kurz skizziert werden:

1. Verleugnung/Verweigerung (Denial)
Das Individuum zieht in dieser Phase nicht einmal in Betracht, dass kulturelle Unterschiede existieren und als Erklärungen für variierende Verhaltensweisen und Gebräuche dienen könnten. In völliger **Isolation** (z.B. ein Stamm im Urwald) wird das Individuum demgemäß keine Kategorien für kulturelle Unterschiede haben, in teilweiser Isoliertheit (z.B. Kleinstadt mit homogener Einwohnerschaft) ist damit zu rechnen, dass es nur über sehr breite Abstu-

fungen in punkto Kultur verfügt, die mangels jeglicher diesbezüglicher Erfahrung tendenziell gutartig sein dürften. Im Zustand der absichtlichen **Separierung** von der kulturell fremden Umgebung müssen zumindest kurzfristig Unterschiede wahrgenommen worden sein (was einen Teilfortschritt bedeutet), denn Kategorisierungen/Stereotype (meine Welt – nicht meine Welt) werden annahmegemäß für die bewusste Trennung als Motive herangezogen.

Als Möglichkeiten der Weiterentwicklung dienen in diesem Stadium die Konfrontation mit Mitgliedern anderer Kulturen, weiters informelle, Bewusstsein schaffende Aktivitäten (z.B. Multikulti-Nacht) oder auch historische oder politische Vorträge. Wichtig dabei ist, keine frühzeitigen Diskussionen über fundamentale Unterschiede vom Zaun zu brechen bzw. entstehen zu lassen.

Zusammenfassung: Kulturelle Unterschiede werden nicht oder nur sehr oberflächlich und selektiv wahrgenommen. Die Reaktion darauf ist Isolation oder das beabsichtigte Errichten von physischen und sozialen Barrieren um Abstand zu gewinnen.

2. Abwehr (Defense)

Das Individuum wehrt sich gegen die Auswirkungen von als bedrohlich empfunden kulturellen Unterschieden. In einer Phase besteht die Strategie in der **Verunglimpfung/Abwertung** anderer Kulturen (negative Stereotypisierung), es kommt zu offenen Bekundungen von feindlicher Einstellung und der Suche nach deren Berechtigung. Die Phase, die daran anschließen kann, ist gekennzeichnet durch das Gefühl der **Überlegenheit** der eigenen Kultur über alle anderen, meist aus einem pseudo-evolutionären Blickwinkel. Ein – nicht sofort offenkundiger – Fortschritt dieser überheblichen Einstellung besteht allerdings darin, dass die kulturellen Unterschiede nicht mehr so negativ wie noch zuvor bewertet werden. Die **Umkehrung** der bisherigen Bevorzugung der eigenen Kultur vor anderen als mögliche andere Ausprägung dieser Phase, führt zur Verunglimpfung der eigenen Kultur und dem Empfinden der Überlegenheit anderer Kulturen gegenüber der eigenen.

Die Möglichkeiten, dieses Stadium zu überwinden, bestehen darin, die Gemeinsamkeiten von Kulturen zu betonen und auf interkulturell kooperative Aktivitäten zu setzen.

Zusammenfassung: Kulturelle Unterschiede werden erkannt, aber als Bedrohung angesehen. Daher müssen Abwehrstrategien entwickelt werden.

3. Versuch der Minimierung (Minimization)

In diesem Stadium werden die Unterschiede, für die zuvor erst Kategorien gebildet werden mussten, trivialisiert und die Annahme, dass alle Menschen gleiche Charakteristika aufweisen, dominiert. Es gilt die „Goldene Regel", dass man jeden so behandeln solle, wie man selbst behandelt werden möchte. Die **Universalität** menschlicher Eigenschaften und Verhaltensweisen wird in physischen Ursachen (z.B. biologischen Grundbedürfnissen) oder transzendenten Prinzipien vermutet. Unbewusst (und das ist mit ein Grund, warum diese Einstellung noch zu den ethnozentrischen gezählt wird) wird allerdings die kultureigene Weltsicht als Maßstab herangezogen.

Der Schritt hin zum Ethnorelativismus kommt für das Individuum einem Paradigmenwechsel gleich und sollte daher in einer geführten Lernsituation – möglichst unter Anwesenheit von Mitgliedern anderer Kulturen als „Lernressourcen" – angeleitet werden. Diskussionen und Übungen zum kulturellen Bewusstsein, Simulationen, Erlebnisberichte dienen dazu, Unterschiede in der Interpretation von Verhalten durch verschiedene kulturelle Perspektiven erlebbar zu machen.

Zusammenfassung: Kulturelle Unterschiede werden erkannt, aber als vernachlässigbar angesehen und trivialisiert. Kulturelle Unterschiede verschwinden zugunsten kultureller Gemeinsamkeiten.

4. Akzeptanz (Acceptance)

In dieser Phase werden kulturelle Unterschiede als Resultate verschiedener Sprachen, Kommunikationsstile und nonverbaler Verhaltensweisen identifiziert, und das Individuum entwickelt Respekt dafür, dennoch bleibt die Vorstellung, dass eine **fremde Sprache** nur eine andere Kodierung ähnlicher Inhalte sei. Eine nächste Stufe besteht darin, **Werte** als Hintergrund für Verhaltensunterschiede zu erkennen und diese in ihrer Vielfalt zu akzeptieren. Die eigene Weltsicht wird als Reduktion oder eigene Konstruktion der Wirklichkeit betrachtet. Es geht nicht mehr darum, Werte zu haben, sondern sich dessen bewusst zu sein, dass man ständig durch die eigene Sicht der Dinge Bewertungen vornimmt.

Eine Weiterentwicklung kann dadurch forciert werden, dass die praktische Relevanz und Anwendbarkeit des Ethnorelativismus betont wird, um die entsprechende Handlungsfähigkeit heraus-zu-fordern.

Zusammenfassung: Kulturelle Unterschiede werden erkannt und respektiert. Akzeptanz tritt durch den Respekt für kulturelle Unterschiede in Verhalten, Sprache, verbalen und nonverbalen Kommunikationsstilen oder durch den Respekt für Wertunterschiede in der Kultur auf.

5. Anpassung (Adaptation)

Nachdem der Rahmen für die Wertschätzung kultureller Unterschiede in der vorangegangenen Phase geschaffen wurde, wird in dieser Phase die Fähigkeit, Kontakt zu Menschen aus anderen Kulturen zu knüpfen bzw. die Kommunikation mit diesen aufrechtzuerhalten, (weiter)entwickelt. Dabei sollen nicht – wie bei der Assimilation – bisherige Verhaltensweisen durch neue substituiert werden, sondern zusätzliche Fähigkeiten aufgebaut werden. Ein wichtiger Bestandteil ist die interkulturelle **Empathie** – die Fähigkeit, die Realität aus einer anderen als der eigenen Kulturperspektive heraus zu erleben. Eine weitere Form der Anpassung besteht in einem **Pluralismus**, der sowohl auf einer philosophischen Ebene – als Bekenntnis zur kulturellen Vielfalt und Kontextbezogenheit – als auch auf einer psychologischen Ebene – als Integration von unterschiedlichen Referenzmustern – zum Tragen kommt.

Das Erreichen des fortgeschrittensten Stadiums des Ethnorelativismus kann gewährleistet werden, wenn dem Individuum die Möglichkeit gegeben wird, sein Wissen um die kulturellen Unterschiede in tatsächlichen Interaktionen anzuwenden und weiterzuentwickeln (Training, Arbeitsaufgaben). Mittlerweile sollten die Lernenden auch die Organisation ihres Lernprozesses durch aktives Tun übernommen haben.

Zusammenfassung: Fähigkeit, in einem temporären Prozess in einen anderen kulturellen Bezugsrahmen zu wechseln. Durch den Anpassungsprozess werden neue kulturelle Fähigkeiten erworben.

6. Integration

Das Charakteristikum dieser Phase besteht darin, dass man ständig seine Beziehung (Zugehörigkeit, Nicht-Zugehörigkeit) zu einem kulturellen Kontext definiert. Auf dieser Entwicklungsstufe geht es darum, diese unterschiedlichen Denk-, Sprech- und Verhaltensweisen – wie sie in den Phasen Akzeptanz und Anpassung erworben wurden – in seine Persönlichkeit zu integrieren. Zunächst ist es wichtig, dass man fähig ist, Situationen durch einen oder mehrere gewählte Blickwinkel zu analysieren und einer **kontextbezogenen Bewertung** zuzuführen. Dazu ist es notwendig, gedanklich den kulturellen Kontext und das entsprechende Selbst-Bewusstsein wechseln zu können. Die Schwierigkeit in dieser Phase liegt in der psychischen Belastung durch die ausbleibende Identitätsstiftung kultureller Identität, was als Gefühl der **Marginalität** (das Gefühl, in keinen kulturellen Kontext mehr integriert zu sein) zum Ausdruck kommt. Wenn das Individuum entdeckt, dass es zwar nicht mehr fest in einen bestimmten kulturellen Kontext integriert ist, sich diesen aber jederzeit schaffen bzw. erwählen kann, wird diese Marginalität konstruktiv, womit der **Zenit der interkulturellen Sensitivität** nach Bennett erreicht wäre.

Zusammenfassung: Kulturelle Unterschiede in Form unterschiedlicher Verhaltens- und Denkweisen werden in die eigene Persönlichkeit integriert. Die eigene Identität wird permanent neu definiert.

Anregung: Versuchen Sie aufgrund Ihrer bisherigen interkulturellen Erfahrungen (z.B. Erasmus-Aufenthalt, Auslandseinsatz) folgende Einschätzungen für sich selbst zu treffen:

[1] Welche dieser Phasen haben Sie erlebt oder können Sie aus Ihrem bisherigen Erfahrungsschatz nachvollziehen?

[2] Welchen Verlauf haben Sie selbst erlebt? Versuchen Sie ihn zu skizzieren!

[3] Wie können/konnten Sie diese Phasen an sich selbst beobachten?

[4] Welche Gedankengänge oder Äußerungen sind/waren für Sie in den jeweiligen Phasen typisch?

[5] In welcher Phase befinden Sie sich jetzt?

[6] Welche Herausforderungen stehen Ihnen bevor? Was wird Ihr nächster Schritt sein?

Versetzen Sie sich in die folgenden Situationen aus dem internationalen Geschäftsalltag und entscheiden Sie, welche Antwort nach Ihrer Meinung die angemessenste wäre (verkürzt nach Elashmawi & Harris 1998, 28f):

Situation:

Sobald ein Amerikaner mit Ihnen **Visitenkarten** tauscht, wird er wahrscheinlich

(a)   die Qualität des Visitenkartenpapiers bewundern.

(b)   auf ihren Titel achten, um zu wissen, ob Sie eine wichtige Person sind.

(c)   fragen: „What do you do?"

(d)   bitten, die Bedeutung Ihres Namens zu erklären.

Situation:

Als europäischer Geschäftsführer einer Produktionsstätte in Singapur entscheiden Sie, eine „**open-door-policy**" einzuführen, um das Feedback Ihrer ArbeiterInnen zu erhalten, aber niemand kommt, um mit Ihnen zu reden. Der Grund könnte darin liegen, dass

(a)   die ArbeiterInnen nicht Ihren unmittelbaren Vorgesetzten übergehen würden.

(b)   die ArbeiterInnen Sie nicht mögen.

(c)   es unhöflich wäre, den Boss ohne Terminabsprache aufzusuchen.

(d)   die ArbeiterInnen gerne als Team arbeiten und sich nicht um die Meinung des Boss kümmern.

Situation:

Sie gründen ein Joint Venture mit einem Unternehmen aus Shanghai und möchten gerne einen Geschäftsführer aus der Region bestellen. Die **Auswahl des Managers** sollte auf seiner Fähigkeit basieren,

(a)   Kosten durch Personalentlassung zu kürzen.

(b)   mehr Geld von der Regierung zu akquirieren.

(c)   sein oder ihr Unternehmen zu managen.

(d)   sich neue Technologien anzueignen.

Situation:

Sie sind eingeladen ein Trainingsseminar in Mexiko abzuhalten. Der einheimische Kundenvertreter fragt nach Ihrer **Kursgebühr** und Ihren **Bedingungen**. Sie werden

(a)   eine geringere Kursgebühr angeben, nachdem Sie noch nie zuvor dort waren.

(b)   fragen, wie viele TeilnehmerInnen anwesend sind und was diese pro Person zahlen.

(c)   eine geringere Kursgebühr angeben, aber auf einem Erste-Klasse-Flugticket bestehen.

(d)   Ihre normale Gebühr verdoppeln, damit Verhandlungsspielraum besteht.

Situation:

Sie haben gerade das Fax eines arabischen Händlers erhalten, der Sie um einen **Kostenvoranschlag** für 10.000 Computer bittet. Der potentielle Kunde ist tatsächlich interessiert an

(a)   10.000 Computern.

(b)   Ihrer Fähigkeit, große Bestellungen auszuliefern.

(c)   10 Computern.

(d)   Ihrer Preisuntergrenze.

Situation:

Sie senden ein **neues Gerät** nach Japan. Was sollten Sie noch mitsenden?

(a)   eine detaillierte Gebrauchsanleitung auf Englisch.

(b)   eine detaillierte Gebrauchsanleitung auf Japanisch.

(c)   Audio- und Videokassetten auf Japanisch als Gebrauchsanleitung für das Gerät.

(d)   einen Techniker der erklärt, wie das Gerät funktioniert.

Lösungsvorschläge finden Sie im Lösungsteil 4.7 am Ende dieses Kapitels.

4.5   Methoden des Kompetenzerwerbs

Im Folgenden sollen zwei Formen des Erwerbs interkultureller Kompetenz besprochen werden: Zum einen das interkulturelle Lernen und zum anderen das interkulturelle Training. Abschließend wird auf Möglichkeiten des Kompetenzerwerbs, die insbesondere auch für das Selbststudium geeignet sind, in Form von Filmeinsatz, Kulturassimilatoren bzw. Critical Incidents und interkulturellen Fragebögen eingegangen (vgl. Abschnitt 4.6).

Der große Unterschied zwischen Lernen und Training liegt darin, dass das Ziel eines Trainings zwar auch das Lernen ist, es sich jedoch insofern davon abgrenzen lässt, als es in Bezug auf Inhalte und Methoden geplant und von der Lerngruppe zugeordneten TrainerInnen geleitet wird. Das Lernen ist hingegen ein individueller Prozess, der durch Erfahrung sozialer und kultureller Unterschiede bzw. Vergleiche stattfindet und in Bezug auf Methoden und Inhalte nicht unbedingt geplant sein muss.

Explizites interkulturelles **Wissen**	Interkulturelles **Lernen**	**INTER-KULTURELLE KOMPETENZ**
+		
Interkulturelle **Erfahrungen**	Interkulturelles **Training**	

Abb. 4.8   Methoden des Kompetenzerwerbs (eigenerstellt)

4.5.1   Interkulturelles Lernen

Lernen im Allgemeinen hat die evolutionsbiologische Aufgabe, Lebewesen an neue Umweltgegebenheiten anzupassen. Eine Anpassung an die Umwelt ist auch dann nötig, wenn man sich in einer fremden Kultur und mit deren Mitgliedern in Interaktion befindet. Wiederum werden die drei Ebenen der Kognition in Bezug auf Kenntnisse und Überzeugungen, der Emotion in Bezug auf Gefühle und die Veränderung der Gefühle im Zeitablauf sowie das Verhalten in Bezug darauf was letztendlich sichtbar ist, angesprochen. Interkulturelle Situationen erfordern interkulturelles Lernen. Grundsätzlich bedeutet dies den Erwerb von Wissen und Erfahrungen im Umgang mit anderen Kulturen und die Fähigkeit, diese Kenntnisse auch in entsprechenden Situationen einzusetzen. Thomas et al. identifizieren sechs verschiedene Gelegenheiten, interkulturelle Kompetenzen zu erwerben, die von zufälligen Begegnungen bis hin zum gezielten Training reichen (vgl. Thomas & Kinast & Schroll-Machl 2000, 101f):

- Begegnung und Zusammenarbeit mit Menschen aus unterschiedlichen Kulturen (unter Voraussetzung von wechselseitiger Wertschätzung der InteraktionspartnerInnen, Aufnahmebereitschaft, Neugier, Reflexion, Lernfähigkeit)
- organisierte interkulturelle Austauschmaßnahmen
- Zusammenarbeit mit fremdkulturellen PartnerInnen (gemeinsame Ziele)
- gezieltes Vorbereitungstraining
- Auslandseinsatz, begleitendes Qualifizierungstraining
- gezieltes Reintegrationstraining

Inwiefern sich interkulturelles Lernen von anderen Lernsituationen unterscheidet, hat Paige ausführlich umschrieben. Kurz zusammengefasst lassen sich die **Unterschiede** an folgenden Schwierigkeiten festmachen (vgl. Paige 1993, 3):

- mangelnde Vorkenntnisse der Lernenden für die Bewältigung des sehr fordernden Prozesses bzw. von schwer fassbaren Inhalten
- interkulturelles Lernen inkludiert verhaltensbezogenes und affektives Lernen mit persönlichem Bezug, unmittelbarer Erfahrung und Selbstreflexion
- interkulturelles Lernen intendiert einen „Learning-how-to-learn"-Ansatz, d.h. ist prozessorientiert und ersetzt reines Faktenlernen (vgl. Hughes-Weiner 1986)
- Erfordernis eines Verständnisses für Eigendynamik und -logik von Kultur, ohne in kulturellem Relativismus zu erstarren.

Vor allem für Erwachsene, die nicht bewusst zu lernen gelernt haben und die verhaltens- und emotionsbezogene Lernlektionen in ihrem Leben hinter sich gebracht zu haben glauben, können interkulturelle (Lern-)Erfahrungen insofern eine starke Belastung darstellen, als sie Selbst- und Weltbild (gewohnte Denk-, Wahrnehmungs- Fühl- und Handlungsweisen) in Frage stellen und damit deren Funktionalität stören. Das Individuum kann das Gefühl erlangen, weniger als zuvor von der Welt und von den Menschen zu verstehen (siehe auch Bennett 1993, 21ff).

Wie die **Intensität** oder das **Risiko** des interkulturellen Lernens für den Einzelnen spürbar werden kann, differenziert Paige (vgl. Paige 1993, 4–17) nach im Folgenden angeführten, durch Hypothesen untermauerte Faktoren, auf die im Rahmen einer geführten Lernsituation – z.B. interkulturelles Vorbereitungstraining – Rücksicht genommen werden muss. Hohe Intensität ist dabei mit einem potenziell hohen Lernerfolg verbunden, aber auch mit einer hohen psychischen Belastung, solange die Lektion nicht abgeschlossen ist. Umgekehrt kann hohes Risiko Lernfortschritte verringern oder gar verhindern.

Intensitätsfaktoren

- Grad und Bewertung kultureller Unterschiede
- Ethnozentrismus der Lernenden und der fremden Kultur/des Gastlands
- Sprachbeherrschung
- Teilhabe an der fremden Kultur/Kultur des Gastlands
- Isoliertheit von eigener Kulturgemeinschaft
- bisherige interkulturelle Erfahrung
- unrealistische Erwartungen
- Wahrnehmung der eigenen (Un-) Sichtbarkeit in der fremden Kultur
- Statusveränderungen
- Macht und Kontrolle

Risikofaktoren

- Persönliche Enthüllung
- Versagen
- In-Verlegenheit-Geraten
- Bedrohung der eigenen kulturellen Identität
- Selbsterkenntnis
- Kulturelle Marginalität oder Entfremdung

Die potenziellen Bedrohungen für das Wohlbefinden der Lernenden gilt es durch folgende Maßnahmen abzuschwächen oder zu beseitigen:

- eine vertrauensvolle, zugleich experimentelle Atmosphäre schaffen
- Fehler als natürlichen Teil des Lernprozesses definieren
- den Lernenden die Wichtigkeit von Humor als Bewältigungsstrategie klar machen
- bei der Gestaltung des Programmablaufs schrittweise vorgehen – von geringem Risiko und geringer Aktivität hin zu hohem Risiko und Erfahrungslernen.

Zuletzt sei auf eine weitere Besonderheit des interkulturellen Lernens, seine **Prozesshaftig-keit**, hingewiesen. Sehr oft wird diskutiert, ob es beim Lernen auf das Ergebnis oder auf den Weg der Ergebniserreichung ankommt. An dieser Stelle soll klar betont werden, dass inter-kulturelles Lernen nicht losgelöst vom Prozess gesehen werden kann, vor allem nicht beim Erwerb emotionaler Kompetenzen oder bei der Erlangung erhöhten Bewusstseins. In der gewählten Darstellungsform, einer **Pyramide**, werden die Ziele interkulturellen Lernens und die zur ihrer Erreichung notwendigen Prozesse abgebildet:

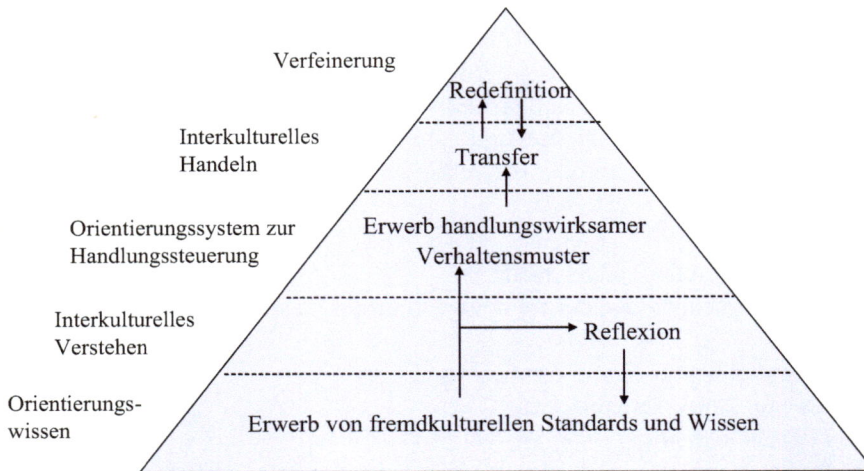

Verfeinerung

Redefinition

Interkulturelles
Handeln

Transfer

Orientierungssystem zur
Handlungssteuerung

Erwerb handlungswirksamer
Verhaltensmuster

Interkulturelles
Verstehen

Reflexion

Orientierungs-
wissen

Erwerb von fremdkulturellen Standards und Wissen

Abb. 4.9   Lernzielpyramide interkulturellen Trainings (leicht modifiziert nach Konradt 2000, 82)

Durch den Erwerb fremdkultureller Standards können Lernende Orientierungswissen erlan-gen, welches ihnen optimalerweise durch die und nach der Reflexionsphase zu echtem inter-kulturellen Verständnis verhelfen kann. Über die Konfrontation mit neuen Verhaltensmustern und deren Aneignung in realen Begebenheiten (Transfer) kann das Indi-viduum das höchste Ziel in der Hierarchie erreichen, die situations- und kontextspezifische Verfeinerung (vgl. Konradt 2000, 83ff).

4.5.2   Interkulturelles Training

Wie eingangs hervorgehoben ist das Ziel eines Interkulturellen Trainings zwar auch das Lernen, doch lässt es sich von diesem insofern unterscheiden, als es in Bezug auf Inhalte und Methoden geplant und meist von der Lerngruppe zugeordneten TrainerInnen geleitet wird. Dabei zielt das Training insbesondere auf das (Ein)Üben von Verhaltensweisen ab (vgl. auch Schneider 1994). Die Abgrenzung zum Begriff der Ausbildung findet sich in der Tatsache, dass interkulturelles Training eine Maßnahme zur Steigerung der menschlichen Leistung in der Tätigkeit, für die man angestellt wurde, darstellt, wogegen Ausbildung nicht auf einen bestimmten Job bezogen ist, sondern auf die Verbesserung der allgemeinen Kompetenz abzielt. Auch das interkulturelle Training zielt auf die drei bereits bekannten Ebenen ab: Kognitiv zur Schaffung eines kulturellen Bewusstseins, affektiv zur Hinterfragung gewisser Einstellungen und emotionaler Reaktionen im Umgang mit anderen Kulturen und verhaltensbezogen um die Fähigkeiten zum besseren Umgang bzw. Verhaltensweisen zu erlernen.

Bevor ein Unternehmen ein Trainingsprogramm durchführen kann, muss es zuerst die **Ziele**, die es mit dem Training verfolgt, in Einklang mit den Restriktionen (Ressourcen, Budgets) einerseits und den Bedürfnissen der MitarbeiterInnen (**Zielgruppenbestimmung, Needs-Assessment**) andererseits bringen. Grundlegend sollte auch festgelegt werden, ob zu den Trainingsprogrammen ein freier oder ein mit **Selektion** verbundener Zugang führt. Dabei unterscheiden sich die Anforderungen je nach zu trainierender Zielgruppe wesentlich. MitarbeiterInnen im Inland werden nur in ganz spezifischen Fällen mit ausländischen KollegInnen oder KundInnen konfrontiert werden, meist bei der Zusammenarbeit in multikulturellen Teams. AuslandsmitarbeiterInnen müssen hingegen auf das Leben und die Arbeit in einer fremden Kultur vorbereitet werden. Dementsprechend umfassender sollte auch das interkulturelle Training gestaltet sein und Sprachkurse, Landeskunde und für die Arbeit relevante wirtschaftliche und rechtliche Informationen umfassen.

Ziele und Bedarfserhebung

Was sind die grundlegenden **Zielvorstellungen** des Interkulturellen Trainings? Es lassen sich zwei Perspektiven ausmachen, die annähernd als deckungsgleich betrachtet werden können – einerseits die Personalentwicklung (Unternehmenssicht) und andererseits die persönliche Entwicklung der MitarbeiterInnen (individuelle Sicht). Von allgemeinen Entwicklungszielen lassen sich folgende Teilziele ableiten:

1. Bewusstwerdung der eigenen Erwartungen in Bezug auf Einsatz bzw. Rückkehr
2. Erlangen von kulturellem Eigen- und Fremdbewusstsein
3. Erwerb von Sprachkenntnissen (Sprache des Einsatzlandes, des Konzerns)
4. Erwerb von Kenntnissen (Kultur- und Akkulturationskonzepte, Landeskunde)
5. Überwindung von ethnozentrischer und Aneignung interkultureller Haltungen
6. Reduktion von Kulturschock und Heimkehrschock sowie Erwerb von Akkulturationsstrategien
7. Stressreduktion und Aufbau von Bewältigungsstrategien als Alternative zur Reduktion von unbewussten Abwehrmechanismen (z.B. Verdrängung)
8. Erreichen von Sensibilität und Synergie in der interkulturellen Kommunikation
9. Aneignung neuer interkultureller Verhaltensweisen (innere Muster wie äußere Strategien) zum erfolgreichen Umgang mit KundInnen und PartnerInnen
10. Verbesserung der internationalen Konkurrenzfähigkeit durch interkulturelle Qualifikation der MitarbeiterInnen

Diese Ziele haben qualitativen Charakter, zur Festlegung einer Trainingsmaßnahme müssten diese Ziele operationalisiert werden, damit man in späterer Folge ihre Erreichung messen kann. Allerdings ist dies gerade in Hinblick auf das Interkulturelle Training sehr schwierig, da das, was sich in diesem Lernprozess abspielt, sowohl mit Veränderungen von Einstellungen und Haltungen (inneren Prozessen) als auch von Verhaltensweisen zu tun hat. Ob diese Einstellungen bzw. das Verhalten langfristig wirklich in Richtung Interkulturalität verändert werden konnten, ist großteils nicht der direkten Beobachtung zugänglich. Assessment-Center könnten zur Erhebung der Fortschritte der TeilnehmerInnen abgehalten werden, allerdings ist dadurch wenig über die tatsächliche und langfristige Anwendung neuen Wissens, neuer Einstellungen und Verhaltensweisen in den realen Interaktionen ausgesagt.

Brislin & Yoshida stellen vier Methoden vor, die bei der **Erhebung des interkulturellen Trainingsbedarfs** durch TrainerInnen angewendet werden können. Sie geben an: Das Beobachten von Vorgängen innerhalb der Firma, das Interview, die Konsultation von Profis auf dem Gebiet des interkulturellen Trainings und seiner Anwendung sowie zuletzt Fragebögen, die nach der Delphimethode ausgewertet würden (vgl. Brislin & Yoshida 1994, 13ff). Basierend auf den Needs-Assessment Ergebnissen können zum einen die Ziele aus Unternehmenssicht leicht modifiziert und zum anderen die Trainingsziele und die Zuteilung der TeilnehmerInnen zu verschiedenen Kursen abgeleitet werden. Für den Erfolg des Trainings ist dies maßgeblich, damit jeder seinen Vorkenntnissen und Vorerfahrungen gemäß Weiterbildung bekommt.

Organisation

Bei den TeilnehmerInnen eines Trainings ist auch darauf zu achten, welche kulturelle Zusammensetzung die Gruppe hat. Sollte sie aus Sicht der TrainerInnen fremdkulturell sein, so sind folgende Faktoren (vgl. Elashmawi & Harris 1998, 157ff), die den Rahmen jedes Trainings bilden, von Beginn an mit besonderem Bedacht auf den kulturellen Hintergrund der Gruppe abzustimmen:

- Zusammensetzung der Gruppe (Größe, Unternehmensebenen-Mix – ja/nein, Status)
- Zeit (Beginn- und Endzeiten; Anzahl und Dauer der Pausen)
- Vorbereitung der TeilnehmerInnen (ja/nein; wenn ja: Lesestoff, Hausübung, individuell vs. gruppenbezogen)
- Einstieg (Vorstellung nach Zufall, nach Sitzordnung, nach Seniorität, Status)
- Prozess (Individuelles vs. Gruppenlernen, TrainerInnen als Vortragende oder Coach)
- Trainingsmaterial (schriftlich vs. visuell; selbsterklärend vs. Ausgangspunkt für Gruppenaktivität)
- Wissensüberprüfung (schriftlich vs. mündlich; Vorbereitungszeit vs. spontane Fragen; an das Individuum vs. an die gesamte Gruppe gerichtete Fragen)
- Werte (selbstgesteuertes vs. geführtes Lernen, Wettbewerb vs. Gruppenharmonie)

So erwarten sich japanische Trainees eine kleine Arbeitsgruppe, die auf funktionale Harmonie abgestimmt ist. Bei der Vorstellung liegt ihr Augenmerk auf der Zugehörigkeit zum Unternehmen; der Älteste stellt sich zuletzt vor. Der Schwerpunkt des Lernprozesses sollte für japanische TrainingsteilnehmerInnen auf dem aktiven Tun, dem Austausch von Erfahrungen und Diskussionen liegen und das Training auf Werten wie Leistung der Gruppe, Gruppenharmonie und Beziehung basieren (vgl. Elashmawi & Harris 1998, 158).

Inhalte und Methodik

Maßgeblich für den Inhalt und abgeleitet daraus für die Methodik des Interkulturellen Trainings sind die Ziele, die mit dem jeweiligen Programm erreicht werden sollen. Anstatt einer nicht abschließbaren Aufzählung von verschiedenen möglichen Themenschwerpunkten soll eine Kombination von Inhalten und Methodik dargestellt werden.

Als Referenzrahmen soll die **Klassifikation von Gudykunst** et al. (vgl. Gudykunst & Guzley & Hammer 1996, 61ff) dienen, in der zwischen kulturgenerellen und kulturspezifischen **Trainingsinhalten** auf der einen Seite und den didaktischen Methoden wie Vortrag/Diskussion und erfahrungsbezogenen **Methoden** auf der anderen unterschieden wird. Aus diesen zwei Dimensionen (Inhalte/Methoden) mit jeweils zwei Ausprägungen ergeben sich, wenn man sie auf Achsen aufträgt, vier Quadranten (vgl. Abb. 4.10).

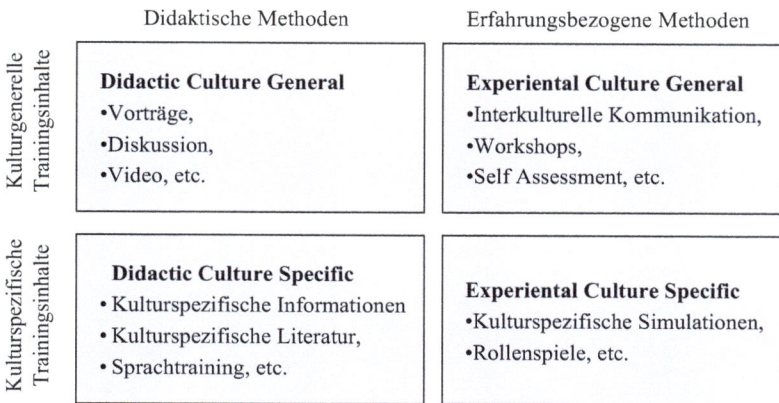

	Didaktische Methoden	Erfahrungsbezogene Methoden
Kulturgenerelle Trainingsinhalte	**Didactic Culture General** •Vorträge, •Diskussion, •Video, etc.	**Experiental Culture General** •Interkulturelle Kommunikation, •Workshops, •Self Assessment, etc.
Kulturspezifische Trainingsinhalte	**Didactic Culture Specific** • Kulturspezifische Informationen • Kulturspezifische Literatur, • Sprachtraining, etc.	**Experiental Culture Specific** •Kulturspezifische Simulationen, •Rollenspiele, etc.

Abb. 4.10   Klassifikation von Trainingsinhalten und -methoden (modifiziert nach Gudykunst & Guzley & Hammer 1996, 61ff)

Dem ersten Quadranten '**didactic culture general**' (didaktisch kulturgenerelle Themen) ordnen die AutorInnen Vorträge, Diskussionen, Videos und den Culture General Assimilator zu. Diese Trainingstechniken zielen ganz allgemein auf die Sensibilisierung und Akzeptanz anderer Kulturen durch die TrainingsteilnehmerInnen ab, indem Wissen über kulturelle Gemeinsamkeiten und Unterschiede vermittelt wird. So können durch Vorträge und Diskussionen Charakteristika bzw. Unterschiede verschiedener Kulturen aufgezeigt oder der Einfluss von Kommunikation in interkulturellen Situationen und auf Verhalten analysiert werden. Der Einsatz von Videobändern kann zusätzlich die Fähigkeit andere Kulturen wahrzunehmen fördern, und insbesondere auf die Gefahr der Wertung anderer Kulturen hinweisen. Der Culture General Assimilator eignet sich zur Darstellung interkultureller Problemstellungen in Form von allgemein gehaltenen Kurzgeschichten. Gründe für Probleme und Missverständnisse werden mit dem Ziel analysiert, ein Bewusstsein für Interkulturalität zu schaffen.

Der zweite Quadrant '**didactic culture specific**' (didaktisch kulturspezifische Themen) enthält gebietsspezifische Informationen, Sprachtrainings, spezifische Kulturassimilatoren und schließlich kulturspezifisches Literaturstudium. Trainings in diesem Bereich dienen dem Kennenlernen einer konkret ausgewählten Kultur, indem Fakten über ein bestimmtes Land, Informationen über die Einstellungen und Werte der BewohnerInnen erläutert und etwaige Probleme, die in diesem Kulturkreis zu erwarten sind, vermittelt werden. Ebenso fallen das Erlernen der Landessprache in diesen Bereich, da Sprachkenntnisse grundsätzlich das Leben in einer fremden Kultur erleichtern sollten. Der Wille zum Erlernen der Landessprache zeigt von Respekt gegenüber der Gastkultur. Allerdings muss auch erwähnt werden, dass es nicht überall notwendig ist, die Landessprache zu erlernen (vgl. Englisch als Weltsprache) und es oft genügt einige Floskeln zu kennen. Auf spezifische Länder ausgerichtete Kulturassimilatoren und spezifisches Literaturstudium (Vergleich von Weltanschauungen, Beschreibung länderspezifischer Werte und Normen, Alltagssituationen, Traditionen und Bräuche, etc.) runden die didaktisch kulturspezifischen Techniken ab.

Beide bisher vorgestellten Methoden basieren auf didaktischen Grundlagen, d.h. dass in der Regel Wissen und Informationen vermittelt werden (kognitive Lernziele), durch die die Trainierenden grundsätzlich für kulturelle Unterschiede sensibilisiert werden sollten. Emotionale Aspekte werden weitgehend vernachlässigt. Demgegenüber stehen die erfahrungsbezogenen Methoden (kognitive, affektive und verhaltensbezogene Lernziele), die eine aktive Beteiligung der Trainees voraussetzen. Diese Methoden wurden entwickelt, um den Trainees zu zeigen, wie ihre Kultur, ihre Stereotype und Einstellungen ihr eigenes Verhalten beeinflussen. Nicht mehr die reine Informationsvermittlung, sondern vielmehr die Verbesserung der interkulturellen Handlungskompetenz stehen im Vordergrund des Trainings.

Dementsprechend enthält der dritte Quadrant '**experiential culture general**' (erfahrungsbezoge kulturgenerelle) Themen, wie interkulturelle Kommunikationsworkshops, kulturgenerelle Simulationen und Self-Assessments. Während bei den interkulturellen Kommunikationsworkshops kleine Gruppen von Personen aus verschiedenen Kulturen durch Interaktion miteinander verstehen lernen sollten wie die eigene Kultur das Denken und Verhalten der TeilnehmerInnen beeinflussen, handelt es sich bei Simulationen um Übungen, welche entwickelt wurden, um die allgemeine Interaktion zwischen Mitgliedern verschiedener Kulturen nachzustellen (vgl. dazu BAFA BAFA mit z.B. maskulin-kollektivistischen Alpha-Kulturen und feminin-individualistischen Beta-Kulturen). Durch das Sich-Hineinversetzen in einen durch bestimmte Attribute gekennzeichneten Kulturkreis, können Regeln und Verhaltensweisen der intendierten Zielkultur erlernt werden. TrainingsteilnehmerInnen haben die Möglichkeit problemlos zwischen Beobachter- und Besucherstatus hin und her zu wechseln. Für die Self-Assessments schlagen die AutorInnen Fragebögen zum Erkennen der eigenen Einstellung in Form eines Selbsteinschätzungskatalogs vor. Die Trainees beantworten zuerst Fragen und diskutieren danach, wie ihre Einstellungen und Motivationen ihre Kommunikation mit VertreterInnen anderer Kulturen beeinflussen.

Schließlich beinhaltet der vierte Quadrant '**experiential culture specific**' (erfahrungsbezogene kulturspezifische) Themen in Form bikultureller Kommunikationsworkshops, kulturspezifischer Simulationen und Rollenspiele. Ziel ist es, den TrainingsteilnehmerInnen eine bestimmte Kultur durch eigens Erleben und Entdecken nahe zu bringen. Diese Methoden sollen den Trainees helfen, im Rahmen der gezielten Vorbereitung auf eine bestimmte Kultur Interaktion zu üben, und von den Mitgliedern dieser Kultur zu lernen. Im Gegensatz zu den interkulturellen Kommunikationsworkshops fokussieren bikulturelle auf zwei konkrete Kulturkreise, ebenso sollen die kulturspezifischen Simulationen den kulturellen Einfluss auf z.B. das Arbeitsleben oder den Führungsstil, etc. einer konkret zu behandelnden Zielkultur aufzeigen und die Trainees für einen derartigen Einsatz schulen. Ein Beispiel wäre die Markhall Simulation. Sie soll zeigen, wie die Kultur den Managementstil, das Arbeitsleben und die Interaktion zwischen ArbeiterInnen in Japan und den USA beeinflusst (USA: Entscheidungen werden von der Führungsebene getroffen, die Kommunikation läuft in eine Richtung–Japan: Entscheidungen werden gemeinsam getroffen, Zwei-Weg-Kommunikation). Schließlich können durch kulturspezifische Rollenspiele konkrete Situationen nachgestellt und dadurch die „richtigen" Verhaltensweisen in der fremden Kultur erlernt werden. Als Beispiel könnte man das Nachstellen einer Vertragsverhandlungssituation mit chinesischen GeschäftspartnerInnen anführen.

In der Literatur wird mit den Begriffen Methoden und Techniken sehr unterschiedlich umgegangen. Manchmal werden sie synonym verwendet, ein anderes Mal stellt die Methodik die Art und Weise des Unterrichts dar und Techniken werden als Vehikel zur Erreichung von Unterrichtszielen verstanden. Dieser zweiten Auffassung soll gefolgt werden. Zur Erreichung der Unterrichtsziele im Rahmen der genannten methodischen Vorgansweisen kann auf folgende Techniken zurückgegriffen werden. Als **generische Techniken**, die im Rahmen von Interkulturellen Trainings eingesetzt werden können, sind Vorträge, Diskussionen, Literaturstudium als klassische sowie Rollenspiele, Simulationsspiele, Fallstudien und Kleingruppen-Übungen als erfahrungsbezogene Lernaktivitäten anzuführen. Als für das interkulturelle Training **spezifische Techniken** sind u.a. anzusehen:

- „Contrast Culture" – das Vermitteln eines perfekten (u.U. fiktiven) Spiegelbilds der eigenen Kultur, z.B. unter Einsatz von SchauspielerInnen, die die entsprechende Kulturzugehörigkeit mimen und für das Publikum übersteigern
- Kritische Ereignisse – das Erarbeiten von Entscheidungen (z.B. für Fälle aus dem internationalen Managementalltag) unter Rücksicht auf kulturelle Gegebenheiten
- Kulturassimilator (Culture-Specific Assimilator im Gegensatz zum Culture-General Assimilator) – das Erlernen von kulturell adäquaten Einschätzungen und Beurteilungen
- Self-Awareness Inventories

Die vorgestellten Trainingsaktivitäten lassen sich vor allem anhand dreier Kriterien voneinander abgrenzen (vgl. Paige & Martin 1996, 53ff):

1. Anforderungen an das Verhaltensrepertoire – Passivität oder Aktivität
2. Lernschwerpunkt – kognitiv, affektiv oder verhaltensbezogen
3. Risikolevel/Vertrautheit

Basierend auf dieser Unterscheidung und mit dem Anspruch ethisch vertretbaren interkulturellen Trainings schlagen Paige & Martin, was die Reihenfolge des Einsatzes verschiedener Techniken anbelangt, vor, dass TrainerInnen zuerst mit kognitiv orientieren, wenig riskanten und den TeilnehmerInnen vertrauten Formen von Lernaktivitäten beginnen, um dann sukzessive das Risiko und die emotionale Herausforderung zu steigern.

Tab. 4.4   Sequencing Order of Training Activities (Paige & Martin 1996, 55)

Sequencing Order of Learning Activities	Behavioral Requirements of Learning activities	Familiarity and Risk Levels Associated With Learning Activities	Culture Learning Emphasis
1. Lectures	Passive	Low risk of failure, self-disclosure, embarrassment etc.; familiar activity for most learners	Cognitive
2. Discussions	Active	Low risk; familiar activity for most learners	Cognitive
3. Group problem solving	Active	Medium risk; familiar activity for some learners	Cognitive
4. Critical incidents, case studies	Passive (reflection) and active (discussion)	Medium risk; unfamiliar activity for many learners	Cognitive; Affective
5. Role plays	Active	High risk; unfamiliar activity for many learners	Affective; Behavioral
6. Simulations	Active	High risk; unfamiliar activity for most learners	Affective; Behavioral

Abschließend soll auf einige **Probleme** bei der Ausgestaltung von Trainingsprogrammen hingewiesen werden (vgl. Gudykunst & Guzley & Hammer 1996). Durch die zunehmende Globalisierung und Vermischung von unterschiedlichsten Kulturen kommt es zu einem **steigenden Bedarf** an Trainingsprogrammen. Der typische Hang nach rascher Lösungsfindung führt zu einer großen Nachfrage nach kurzfristigen Trainingsprogrammen (von ein paar Stunden bis ein paar Wochen). Auch wenn kurzfristige Programme Vorteile in Bezug auf Sensibilisierung anderer Kulturen bringen können, ist die Beseitigung von Vorurteilen und Stereotypen ein komplexer und langfristiger Prozess. Ein weiteres Problem liegt darin, dass Trainingsprogramme nicht immer **theoretisch fundiert** sind. Die Erfahrung der TrainerInnen ist zwar von großer Bedeutung, jedoch sollte interkulturelles Training auf expliziten Modellen und erprobten Konzepten aufbauen und nicht nur auf der Intuition der TrainerInnen basieren. Die **Vielfalt an Bezeichnungen** ist irreführend: Interkulturelles Training, kulturelles Training, Diversitytraining, Training kultureller Vielfalt, Training des Bewusstseins kultureller Vielfalt, multikulturelle Bildung, etc. Obwohl es inhaltlich bei diesen unterschiedlichen Bezeichnungen Überschneidungen gibt, existieren auch wesentliche Unterschiede. Es sollte daher immer die Logik der jeweiligen Bezeichnung herausgestrichen und zusammen mit den beabsichtigten Zielen genannt werden, um Verwirrung bei den TrainingsteilnehmerInnen zu vermeiden. Kulturelles Training zielt zum Beispiel auf die Verbesserung der Außenbeziehung einer Unternehmung ab, Diversitytraining hingegen hat die Verbesserung der Beziehungen innerhalb einer Organisation zum Ziel. Abhängig davon wo Trainingsprogramme entwickelt werden, basieren diese auf individualistischen bzw. kollektivistischen Annahmen und sind daher nicht überall gleich einsetzbar. Als weiteres Problem kann der **Einfluss der ProgrammgestalterInnen** gesehen werden. Trainingsprogramme werden durch ProgrammdesignerInnen geprägt und bergen die Gefahr, dass etwaig vorhandene Stereotype und Vorurteile verstärkt, anstatt abgebaut werden. Die **Rahmenbedingungen**, insbesondere Organisationspolitik und Unternehmenskultur haben starken Einfluss auf Trainings-programme, da dadurch gesteuert wird, ob ein Trainingsprogramm überhaupt eingeführt wird oder nicht, wem das Programm zugute kommen soll bzw. ob und welche Ressourcen dafür aufgewendet werden. Dies birgt auch die Gefahr, dass TrainerInnen beeinflusst werden, was zu trainieren ist. Je ethnozentrischer ein Unternehmen, desto weniger wahrscheinlich sind Trainingsprogramme und desto weniger Ressourcen werden zur Verfügung gestellt (Hall & Gudykunst 1989). Schließlich reichen interkulturelle Trainingsprogramme alleine nicht aus, um interkulturelle Beziehungen zu verbessern. Erlerntes muss entsprechend aufgenommen und von den Beteiligten umgesetzt werden. Auch muss bereits bei den Personalabteilungen in den Unternehmen angesetzt werden, deren Aufgabe es ist entsprechende MitarbeiterInnen zu rekrutieren und zu fördern.

Anregung:

Worauf würden Sie bei der Gestaltung eines Trainingsprogramms für eine Auslandsent-sendung nach Hong Kong in Bezug auf Methoden und Inhalte achten?

4.6 Ausgewählte Beispiele für Methoden des interkulturellen Kompetenzerwerbs

Bei den folgenden Beispielen wurde insbesondere darauf Wert gelegt, dass sie nicht nur in Form von Trainingsprogrammen eingesetzt werden können, sondern sich auch für das Selbststudium eignen. Bezugnehmend auf die obige Einteilung von Gudykunst et al. soll als didaktisch kulturgenerelle Methode der Einsatz von Filmen, als didaktisch kulturspezifische Methode der Kulturassimilator und als erfahrungsbezogene Methode das Self-Assesment in Form von Fragebögen behandelt werden.

4.6.1 Filmeinsatz im interkulturellen Management

Heutzutage gibt es eine Vielzahl an Filmen, die Kontakte zwischen verschiedenen Kultur-räumen thematisieren. Meist beschreiben diese, wie eine einzelne Person versucht in einem fremden Kulturraum zurechtzukommen. Bekannte aktuelle Spielfilme, wie „Lost in Transla-tion" (2003), „Kick it like Beckham" (2002), „My Big Fat Greek Wedding" (2002) sind nur einige Beispiele, die die Bedeutung interkultureller Kompetenz herausstreichen. Warum daher nicht populäre Filme für den Einsatz im interkulturellen Management heranziehen bzw. sich diese für die individuelle interkulturelle Lernerfahrung zunutze machen? Folgende Tatsachen sprechen dafür:

- **Ausnutzen des Interesses der heutigen Jugend für Filme und die Medienindustrie**
  Die in den Filmen erzählten Handlungen eignen sich zum Weitergeben von Erfahrungen und das Lernen über Werte, Normen und Verhaltensweisen anderer Kulturen.

- **Mittel für interkulturelles Verständnis und Toleranz**
  Als Nebeneffekt des Filmschauens wird nicht nur das Verhalten in anderen Kulturen aufgezeigt, sondern auch das Bewusstsein für die eigene Kultur geschärft. Filme ermöglichen ein leichtes Überschreiten von Grenzen in vielen Bereichen, sodass man mit anderen Bräuchen, Traditionen, Essen und Umgebungen im Sinne von unterschiedlichem Raum- und Zeitempfinden konfrontiert wird.
- **Abbau von (negativen) Stereotypisierungen**
  Das aufgezeigte Verhalten kann Anstoß sein, sich mit einem mental gespeicherten Bild der anderen Kultur auseinanderzusetzen und dieses zu hinterfragen.
- **Kosten- und Zeitersparnis**
  Filme ermöglichen einen schnellen ersten Kontakt mit einer fremden Kultur, ohne vor Ort reisen zu müssen und sich einer direkten interkulturellen Konfrontation auszusetzen.

Champoux (1999) unterscheidet unterschiedliche Formen des Filmeinsatzes um das interkulturelle Bewusstsein zu schärfen. Diese eignen sich zum Einsatz in Trainingsprogrammen, können aber auch als Handlungsleitfaden für eine individuelle Reflexion von Spielfilmszenen dienen:

Filme als Fallstudie (Case): Diese allgemeinste Form des Filmeinsatzes ermöglicht es, durch die Analyse von Ausdruck und Handlung, Theorie und Praxis zu verbinden. Die Inhalte des Films werden anhand konkreter Fallbeispiele analysiert und auf Parallelen zur Realität hin untersucht. Da der Film mehrere Sinne anspricht, können Problemstellungen anschaulicher aufgezeigt werden als anhand von Theorie und Literatur.

Filme als Experiment (Experimental Exercise): Anhand einer auffälligen, kritischen Filmsequenz wird der Umgang mit einer neuen Situation bzw. einem bisher noch nicht aufgetretenen Problem aufgezeigt und analysiert. Interkulturell kann daraus abgeleitet werden, wie unterschiedlich einzelne Kulturen auf eine ähnliche Problemstellung reagieren.

Filme als Metapher: Hierbei soll versucht werden, eine Filmszene, die auf den ersten Blick reine Fiktion ist, auf eine reale Situation zu übertragen. Dies erlaubt einen großen Spielraum für Interpretationen. Der Ausschnitt soll in erster Linie eine (innere) Diskussion anregen, die es erlaubt, die Sachverhalte länger in Erinnerung zu behalten. Zur Bedeutung von Metaphern in Kulturen vgl. auch Abschnitt 2.6.

Filme als Satire: Satiren ermöglichen die Darstellung einprägender Ausschnitte, wobei eine Situation – z.B. durch Einsatz von schwarzem Humor – übertrieben dargestellt wird. Durch die überzeichnete Darstellung interkulturellen Verhaltens ist die Wahrscheinlichkeit für das Erinnern an bestimmte Verhaltensmuster in einer anderen Kultur sehr hoch, birgt aber auch die Gefahr der Übernahme überzeichneter Anschauungen, falls unzureichend reflektiert. Satiren werden nicht in jedem Kulturkreis gleich aufgenommen, daher sind sie interkulturell mit Vorsicht zu verwenden (vgl. „Borat – Der Film" 2006).

Filme als Symbol: Symbolik ist kulturspezifisch. Beispiele dafür sind die Farbsprache, der in unterschiedlichen Kulturen verschiedene Bedeutungen zugeschrieben werden (vgl. z.B.: weiß und schwarz als Farbe der Trauer in Asien bzw. Europa). Aber auch der Einsatz religiöser Symbole oder von Statussymbolen kann in Filmen Werte und Normen anderer Kulturkreise transportieren und dadurch zur Bewusstseinsschärfung beitragen.

Filme als Sinnvermittler (Meaning): Besser als in Büchern oder gedruckter Form können die Auswirkungen von Entscheidungen, beispielsweise in einer Konfliktsituation, anhand einer Filmsequenz dargestellt werden. Insbesondere durch Zeichen- und Körpersprache können divergierende Reaktionen und Auswirkungen unterschiedlichster Kulturen veranschaulicht werden. Interkulturell kann immer dann gelernt werden, sobald eine Reaktion auf eine vertraute Zeichensprache anders ausfällt als erwartet.

Filme als Verankerer eigener Erfahrungen: Filme können selbst gemachte Erfahrungen in Erinnerung rufen bzw. kulturelle Unterschiede aufzeigen, von denen man eventuell schon einmal gelesen oder gehört hat. Interkulturell eignet sich diese Methode besonders, um einen generellen Eindruck einer anderen Kultur zu vermitteln. Dabei wird auf unbewusst Vertrautes aufgebaut und quasi im Vorhinein eine Basis für eine gewisse Akzeptanz des Fremden geschaffen.

Filme als Zeitvergleich: Oft gibt es Remakes, die einen Vergleich zweier Filme mit gleichem Inhalt ermöglichen. Daraus lässt sich ein etwaiger kulturspezifischer Wandel nachvollziehen bzw. zeitlich bedingte Unterschiede erkennen.

In Studien wurde nachgewiesen (Internet, Journeys in film 2006), dass Filme grundsätzlich positive Auswirkungen auf den interkulturellen Lernerfolg haben. Konkret sind dies eine positivere Meinung über andere Kulturen, eine größere Bereitschaft, Leute aus anderen Kulturkreisen kennenzulernen, ein größeres Verständnis für Lebensgewohnheiten und Verhaltensweisen in anderen Ländern sowie eine Abkehr von einer rein ethnozentrischen Einstellung. Dennoch soll auch auf die folgenden Nachteile hingewiesen werden: Gefahr von Missinterpretationen und Missverständnissen durch zu oberflächliche Darstellung von Handlungssituationen, Verstärkung von Stereotypisierungen ohne ausreichende Reflexion bzw. Nachbearbeitung (in Form konkreter Auseinandersetzung mit kulturspezifischer Literatur oder Trainingsprogrammen), Unverständnis kultureller Feinheiten ohne entsprechendes Vorwissen. Champoux streicht zusätzlich die Problematik des Copyrights, die Ablehnung fremdsprachiger Filme aufgrund der Sprachproblematik bzw. des Mitlesens von Untertiteln und den erhöhten Zeitaufwand beim Einsatz in Trainingsprogrammen hervor (Champoux 1999, 360).

Podsiadlowski sieht im Filmeinsatz eine gute Möglichkeit **Akkulturationsstrategien** zu schärfen und dementsprechend eigene und fremde Verhaltensweisen einzuordnen und zu verstehen (Podsiadlowski 2004, 70). Sie erlauben auch das Nachvollziehen eines möglichen Wandels kultureller Identität im interkulturellen Handeln. Grundsätzlich können die Akkulturationsstrategien als Ziel der interkulturellen Kompetenz gesehen werden, wir führen diese jedoch bewusst im Rahmen des Kapitels Filmeinsatz als Kompetenzerwerb an, da die Analyse von Filmen das Nachvollziehen unterschiedlicher kultureller Identitäten erleichtert. Berry beschreibt mit den Akkulturationsstrategien die kulturelle Anpassung von Gruppen und Einzelpersonen, die auf zwei grundlegende Fragen zurückzuführen sind: a) ist es wichtig die eigene kulturelle Identität zu bewahren und b) sollten Kontakte zur fremdkulturellen Gruppe aufgebaut werden? Je nachdem ob die Fragen mit Ja oder Nein beantwortet werden, ergeben sich vier Anpassungsstrategien:

Bewahrung der eigenen kulturellen Identität und Merkmale?

	JA	NEIN
JA	**Integration:** Eigenkulturelle Merkmale sollen aufrechterhalten werden, gleichzeitig ist man bereit mit der anderen Kultur in Kontakt zu treten und sich teilweise anzupassen	**Assimilation:** Man ist bereit sich der anderen Kultur anzupassen und gibt gleichzeitig Aspekte der eigenen Kultur auf
NEIN	**Separation/Segregation:** Großer Wert wird auf die Beibehaltung der eigenen Kultur gelegt, gleichzeitig werden Kontakte mit fremd-kulturellen Gruppen weitgehend abgelehnt	**Marginalisierung:** Es besteht weder die Möglichkeit noch das Interesse die eigene Kultur aufrechtzuerhalten (oft durch Zwang), noch ist die Teilhabe an einer fremden Kultur möglich (häufige Gründe: Ausgeschlossensein und Diskriminierung)

Aufbau von intensiven Kontakten zur fremdkulturellen Gruppe?

Abb. 4.11   Akkulturationsstrategien (vgl. Berry 1994 in Podsiadlowski 2004, 68)

Eine ähnliche Einteilung lässt sich auch bei Bochner finden, der vier Typen des Wandels interkultureller Identität unterscheidet. Dabei entspricht der Integration der **Synthesetyp**, der bedeutsame Elemente aus beiden Kulturen aufnimmt und dadurch eine Bereicherung seiner Persönlichkeit erfährt. Die Assimilation wird durch den **Assimilationstyp** veranschaulicht, der die eigene Heimatkultur ablehnt und Werte und Normen der Fremdkultur übernimmt. Der **Kontrasttyp** lässt sich der Separation zuordnen. Aufgrund der fremdkulturellen Erfahrungen wird der Wert der eigenen Kultur betont und die Gastkultur radikal abgelehnt. Schließlich beschreibt der **Grenztyp** die Phase der Marginalisierung. Da keine Integration gelingt, schwankt man immer zwischen beiden Kulturen (vgl. Bochner 1982).

Insbesondere bei der Vorbereitung auf einen Auslandseinsatz ist es von Bedeutung, inwieweit MitarbeiterInnen bereit sind, sich einer fremden kulturellen Umgebung anzupassen. Ebenso während des Auslandeinsatzes sollte man reflektieren, wie wichtig ein Festhalten an den eigenen eigenkulturellen Merkmalen ist. Um herauszufinden, wo die eigenen Grenzen liegen, wie anpassungsfähig und -willig man ist, kann Filmmaterial sehr hilfreich sein. Filme geben Aufschluss drüber, welche Handlungsalternativen es gibt und wie man sich in einer fremden kulturellen Umgebung zurechtfinden kann. Ein Bewusstsein über die eigene Akkulturationsstrategie ermöglicht in diesem Sinn interkulturelles Verhalten frühzeitig einzuschätzen.

Anregung: Filme

Sehen Sie sich einen Spielfilm mit interkulturellem Inhalt (beispielsweise Kick it like Beckham) an und achten Sie bewusst darauf, was Sie in Bezug auf die dargestellten Kulturen interkulturell ableiten können.

[1] Wie unterscheidet sich die dargestellte Kultur von der eigenen in Bezug auf Grußverhalten und Verhaltensregeln, Hierarchien, Traditionen, Kleidung, etc.?

[2] Lassen sich in den Filmsequenzen Beispiele für Akkulturationsstrategien nachvollziehen?

[3] Wie würden Sie sich in der konkreten Situation verhalten?

4.6.2 Kulturassimilatoren

Internationale Geschäftsbeziehungen, aber auch längere Aufenthalte im Ausland bieten zahlreiche Möglichkeiten zur Interaktion mit anderen Kulturen. Erfahrungen und Erlebnisse werden oft in Gesprächen narrativ wiedergegeben. Über die Wichtigkeit und Bedeutung des Storytelling im Unternehmenskontext gibt es zahlreiche Publikationen, allen voran Gabriel et al. (vgl. Gabriel 2000; Lipman 1999, Simmons 2002). Aus Erzählungen lassen sich wertvolle Informationen über andere Kulturen ableiten. Genau an diesem Ansatz des Erzählens setzen die so genannten Kulturassimilatoren an, die eine auch für das Selbststudium geeignete Methode zum Auf- bzw. Ausbau interkultureller Kompetenz darstellen. Dabei werden aufgrund von aus Interviews empirisch gewonnenen Informationen kulturell kritische Interaktionssituationen (Critical Incidents) aufgezeigt und anschließend analysiert. Ziel ist es, mithilfe von Begegnungssituationen in der Arbeitswelt oder im Alltag, die in der Regel nicht so ablaufen, wie man es aus seinem eigenen kulturellen Referenzrahmen heraus erwarten würde, **Kulturstandards** aufzuzeigen, die eigenes und fremdes Verhalten steuern, regulieren und beurteilen. Lt. dem deutschen Psychologen Alexander Thomas versteht man unter Kulturstandards Arten des Wahrnehmens, Denkens, Wertens und Handelns, die von der Mehrzahl der Mitglieder einer bestimmten Kultur für sich und andere als normal, typisch und verbindlich angesehen werden (Thomas & Scheuermeyer 2006, 17). Kulturstandards dienen als Orientierungshilfen, mit denen ein Verständnis für das Verhalten von InteraktionspartnerInnen aufgebaut und das eigene Verhalten reflektiert werden kann.

Kulturassimilatoren haben präventiven Charakter, da sie die Möglichkeit bieten, problematische interkulturelle Situationen zu beschreiben, noch bevor man diese selbst erfahren muss. Durch die Trial and Error Methode kann man jene Situation simulieren, die ein Individuum beim Eintritt in eine neue Kultur macht. Der Vorteil liegt darin, dass die Gefahr eines möglichen Gesichtsverlustes ausgeschaltet bzw. die Gefahr eines Scheiterns minimiert wird. Kritisch anzumerken ist jedoch, wie beim unsachgemäßen Filmeinsatz, die Gefahr Stereotype zu verstärken, sofern nicht behutsam angewandt und reflektiert wird.

Beim Kulturassimilator folgen der Darstellung einer problematischen Interaktionssituation jeweils unterschiedliche Deutungen für das Verhalten der beteiligten InteraktionspartnerInnen. Anschließend haben Lernende die Möglichkeit diese Deutungen zu beurteilen, und folglich mit einer Erklärung zu vergleichen. Der typische Aufbau gliedert sich in drei Schritte (vgl. Brislin 1995; Triandis 1995):

1. Critical Incident

Die interkulturellen Beispielgeschichten werden in der Regel aus tatsächlichen Erlebnissen und Erfahrungen abgeleitet und haben meist einen Konflikt oder ein Missverständnis zum Inhalt, in dem unterschiedliche Werte und Normen aufeinander treffen. Eine andere Möglichkeit besteht darin, interkulturelle Situationsschilderungen theoretisch zu entwickeln. Hilfreich sind interkulturelle Studien und anthropologische Werke, die sich mit den entsprechenden Kulturen auseinandergesetzt haben. In den Erzählungen werden noch keine kulturellen Unterschiede erklärt. Somit beschreiben Critical Incidents was passiert, geben aber keine Auskunft darüber warum etwas passiert. Critical Incidents eignen sich sowohl für das Selbststudium als auch für Trainingsprogramme. Der Vorteil beim Einsatz in Trainingsprogrammen liegt darin, dass durch das zu Wortkommen aller Beteiligten unterschiedliche Interpretationen gesammelt, und im Rahmen einer Diskussion die Ursachen für den beschriebenen Vorfall ergründet werden können. Im Gegensatz zum Selbststudium erlaubt dies eine größere Perspektivenvielfalt.

2. Deutungen

Jede Erzählung schließt mit einer Frage zum Denken, Fühlen oder Verhalten in der beschriebenen Situation. In der Folge gibt der Kulturassimilator mehrere Deutungen für das beschriebene Verhalten vor. Lernende können daraus jene Ursachenzuschreibung auswählen, die für sie am meisten Sinn für das Verhalten eines Mitglieds der besagten Kultur macht. Thomas gibt nicht nur unterschiedliche Deutungen vor, sondern bietet die Möglichkeit differenzierterer Antwortalternativen, in dem man seine Antwort auf einer Skala von sehr zutreffend bis nicht zutreffend einzustufen versucht, und dafür eine Begründung überlegen sollte (vgl. Thomas & Scheuermeyer 2006).

3. Bedeutung

In einem Lösungsteil wird für jede Deutung eine Erklärung für das spezifische Verhalten gegeben. Zusätzliche Informationen über die involvierte Kultur untermauern, welche Alternative als Musterlösung zu sehen, bzw. warum die gewählte Ursache eher unwahrscheinlich ist. Trifft die ausgewählte Erklärung der Lernenden nicht zu, haben sie die Möglichkeit ihre Antwort zu überdenken und nach einer Erklärungsalternative zu suchen.

Um eine optimale Trainingswirkung mit Kulturassimilatoren zu erzielen, empfiehlt sich insbesondere im Selbststudium das intensive Sich-Hineinversetzen in die beschriebene kritische Begegnungssituation. Erst danach sollte auf die einzelnen Deutungen zurückgegriffen, und diese mit der eigenen Beurteilung der Situation verglichen werden. Auch wenn die eigene Interpretation mit der beschriebenen Erklärung übereinstimmt, sollten alle weiteren Deutungen in gleicher Weise sorgfältig und mit Bedacht bearbeitet werden. Erst ein weites Interaktionsspektrum erleichtert das Gespür für die Handlungswirksamkeit eines bestimmten Kulturstandards und somit auch die Umsetzung der (erworbenen) kulturellen Sensibilität auf eine tatsächliche interkulturelle Handlungssituation.

Die folgenden beiden Beispiele sollen die Arbeitsweise eines Kulturassimilators veranschaulichen. Dabei wurde bei der Auswahl der Beispiele darauf Wert gelegt, dass eine gewisse Relevanz der Kulturkreise für Österreich bzw. den deutschsprachigen Raum besteht. Bei der Slowakei ist dies durch die geographische Nähe und die zunehmende Bedeutung als Wirtschaftsstandort gegeben. Andererseits bedingt der große Anteil türkischer Zuwanderer eine hohe Wahrscheinlichkeit von Interaktionen zwischen Deutschsprachigen und TürkInnen.

In diesem Sinne soll eine, im Auftrag der Initiativgruppe Interkulturelle Begegnung und Bildung e.V. der Stadt München für den deutsch-türkischen Kulturkreis entwickelte Kulturassimilatorübung für Österreich übernommen und vorgestellt werden. Das zweite verfeinerte Beispiel stammt aus der Schriftenreihe zur Handlungskompetenz im Ausland: Beruflich in der Slowakei von Stemplinger, Haase und Thomas (2005, 108f).

Critical Incident I:

Kurzurlaub (in Anlehnung an Biesterfeldt 2002)

Frau Evrensel arbeitet mit zwei weiteren KollegInnen in der Buchhaltung eines österreichischen Unternehmens. Im Betrieb ist sie für die Buchung der Überweisungen des Vortags zuständig. Da sie zwei Kinder hat, arbeitet sie nur halbtags. Frau Evrensel möchte sich einen Tag Urlaub nehmen und geht daher einen Tag zuvor zu ihrem Vorgesetzten, um ihn darüber zu informieren. Der Grund für den plötzlichen Urlaub liegt darin, dass ihre Schwiegereltern aus dem Heimatland zu Besuch kommen. Als selbstverständliches Gebot der Höflichkeit möchte Frau Evrensel mit der ganzen Familie zum Flughafen fahren, um die Schwiegereltern abzuholen.

Der Vorgesetzte reagiert sehr ungehalten und akzeptiert den Urlaubswunsch nicht. Er argumentiert, dass dies kein ausreichender Grund für einen plötzlichen Urlaub sei und weist darauf hin, dass die Abholung auch anders organisiert werden könnte. Letztendlich wird der Urlaub verweigert.

Warum reagiert der Vorgesetzte ungehalten und verweigert Frau Evrensel den gewünschten Urlaub?

Deutungen:

a) Das Verhalten des Vorgesetzten ist falsch. Frau Evrensel kann unabhängig vom und ohne Angabe eines Grunds jederzeit Urlaub nehmen, sofern ihr noch Urlaubstage zustehen. Insbesondere ist das möglich, wenn es sich um Familienangelegenheiten handelt.

b) Familienangelegenheiten sind in Österreich nicht so wichtig wie in der Türkei. Daher hat der Vorgesetzte auch kein Verständnis für den Wunsch von Frau Evrensel.

c) Der Vorgesetzte reagiert aggressiv, da er fremdenfeindlich ist und nicht will, dass noch mehr AusländerInnen ins Land kommen.

d) Der Grund für die Inanspruchnahme des Urlaubs ist dem Vorgesetzten eigentlich egal. Ausgenommen bei unvorhergesehenen Notfällen erwartet er jedoch, dass der Urlaub längerfristig vorher angemeldet wird.

Bedeutung:

a) Es trifft nicht zu, dass man Urlaubstage nehmen kann, wann immer man möchte. Auch wenn es sich um Familienangelegenheiten handelt, sollte der Urlaub in der Regel im Vorfeld mit dem Vorgesetzten bzw. der Personalabteilung abgesprochen und festgelegt werden. Bitte überdenken Sie nochmals Ihre Antwortalternative. Welche andere Erklärung könnte hier richtig sein?

b) Es trifft zu, dass in der Türkei Familienangelegenheiten ein höherer Stellenwert als in Österreich beigemessen wird. Dennoch kann man nicht sagen, dass Familienangelegenheiten in Österreich unwichtig sind. Im Einzelfall mag es vorkommen, dass Vorgesetzte familienfeindlich eingestellt sind und daher kein Verständnis dafür haben, wenn sich Angestellte für ihre Familie frei nehmen. In dieser Schilderung hat der Grund für die ablehnende Haltung des Vorgesetzten eine andere Ursache. Lesen sie die Antworten bitte noch einmal und entscheiden Sie sich für eine andere Erklärung.

c) Ausländerfeindlichkeit kann grundsätzlich als Erklärung dafür in Frage kommen, dass ausländische MitbürgerInnen diskriminiert oder benachteiligt werden. Falls der Urlaub so kurzfristig angemeldet wird, hätte in der hier beschriebenen Situation eine österreichische Mitarbeiterin vom Vorgesetzten wohl die gleiche Reaktion bekommen. Ausländerfeindlichkeit spielt hier eine eher untergeordnete Rolle. Welche andere Erklärung könnte in Frage kommen?

d) Mit dieser Erklärung liegen Sie richtig. Es ist in Österreich üblich, dass MitarbeiterInnen ihre Urlaubswünsche lange im Voraus, oft sogar Wochen oder Monate anmelden, um eine optimale Planung zu gewährleisten. Der Vorgesetzte bzw. die Personalabteilung erstellt anhand dieser Angaben einen Urlaubsplan, um zu verhindern, dass alle Angestellten zur gleichen Zeit Urlaub nehmen und um die Arbeit möglichst gleichmäßig zu verteilen. Da der Vorgesetzte Frau Evrensel an den besagten Tagen fest für die Arbeit eingeplant hat, reagiert er bei ihrer Urlaubsanfrage ungehalten. Ihr Arbeitsausfall würde vermutlich eine zusätzliche Belastung für die anderen MitarbeiterInnen bedeuten. Hätte Frau Evrensel ihren Urlaubstag rechtzeitig beantragt, so hätte dies in der Urlaubsplanung berücksichtigt werden können und sie wahrscheinlich zu ihrem Wunschtermin freibekommen.

Lösungsstrategie:

Für TürkInnen haben Familienangelegenheiten oberste Priorität. Solche immer wiederkehrenden Konfliktsituationen zwischen österreichischen Vorgesetzten und türkischen ArbeitnehmerInnen haben aus türkischer Sicht meist eine Geringschätzung ihrer kulturellen Wertigkeiten zum Inhalt. In ähnlichen Situationen in der Türkei kann man sich des Wohlwollens der Vorgesetzten ziemlich sicher sein. Diese Erwartungshaltung ist in den Deutungen a) und b) enthalten, die möglichen spontanen Reaktionen der ÜbungsteilnehmerInnen entsprechen könnten. In den Erläuterungen zu der zutreffenden Antwort d) wird klarzumachen versucht, warum sich der Vorgesetzte nicht „familienfeindlich", sondern aus österreichischer Sicht durchaus im Sinne seiner Angestellten verhält. Bereits bei der Einstellung türkischer MitarbeiterInnen sollte auf diesen Sachverhalt hingewiesen werden, damit diese durch ihre eigenen Erwartungshaltungen nicht enttäuscht werden.

Die zweite Übung basiert auf unterschiedlichem Zeitempfinden, welches auch von mehreren KulturforscherInnen aufgegriffen wurde (vgl. Hofstede, Trompenaars, Hall & Hall im Kapitel 3) und bezieht sich auf die slowakische und deutsche Kultur.

Critical Incident II:

Keine Reaktion (wörtlich entnommen aus Stemplinger & Haase & Thomas 2005, 108–112)

Frau Konrad ist seit einigen Monaten als Controllerin in der Slowakei tätig. Wenn sie von MitarbeiterInnen anderer Abteilungen Informationen oder Unterlagen benötigt, bekommt sie zu telefonischen Anfragen oft zu hören „Ja, ich rufe sie gleich zurück!" oder „Ja, ich komme gleich bei Ihnen vorbei!", diese Zeitspanne variiert jedoch von ein paar Stunden bis hin zu ein paar Tagen. Weshalb ihre slowakischen KollegInnen sich so viel Zeit lassen, ist Frau Konrad unverständlich.

Wie erklären Sie sich das Verhalten von Frau Konrads MitarbeiterInnen? Lesen Sie nun die Antwortalternativen nacheinander durch.

Deutungen:

a) Das Arbeitspensum hat sich für SlowakInnen im Vergleich zu früher erhöht. Frau Konrads KollegInnen sind überfordert und können ihren Nachfragen nicht immer unverzüglich nachkommen.

b) Da SlowakInnen dazu tendieren, nicht immer alles schriftlich und detailliert zu dokumentieren, müssen Frau Konrads KollegInnen die gewünschten Informationen erst zusammenstellen, eventuell niederschreiben und in eine geeignete Form bringen. Daraus resultieren die zeitlichen Verzögerungen.

c) Bei den Äußerungen handelt es sich lediglich um Floskeln, die für SlowakInnen einen geringen zeitlichen Verbindlichkeitscharakter haben.

d) Nach slowakischem Verständnis liegt die Holschuld bei Frau Konrad. Sie ist diejenige, die Informationen und Unterlagen benötigt, also muss sie sich auch um die Beschaffung kümmern.

Versuchen Sie, Ihre Einstufung jeder Antwortalternative zu begründen. Halten Sie die Begründung in schriftlicher Form stichpunktartig fest.

Lesen Sie nun die Erläuterungen zu jeder Antwortalternative und vergleichen Sie diese mit Ihren eigenen Begründungen.

Bedeutungen:

a) Slowakische Unternehmen mussten ihr Arbeitspensum seit der Wende in der Tat revidieren und sich westlichen Standards angleichen, um am globalen Markt bestehen zu können. Im Sozialismus lagen die Produktionsanforderungen meist unter dem, was der Betrieb potenziell hätte leisten können. Da die regierende kommunistische Partei lieber unbeschäftigte Arbeitskräfte als Arbeitslose gesehen hat, waren die meisten Betriebe mit Arbeitskräften überbesetzt, was ein geringes Arbeitspensum für den Einzelnen zur Folge hatte. Auch kam es wegen Zulieferengpässen häufig zu Wartezeiten, und so war es sinnvoller, kontinuierlich, aber eher auf geringem Niveau zu arbeiten, als mit Hochdruck und bei erwähnten Engpässen die Arbeit ganz einstellen zu müssen. Das von jedem einzelne geleistete Arbeitspensum war somit eine Anpassung an die vorherrschenden sozialistischen Gegebenheiten. Diesbezüglich erfolgte die Umstellung in das neue System ohne nennenswerte Schwierigkeiten. Wären Frau Konrads KollegInnen mit ihrer Arbeit überfordert, läge das eher in ihrer Person begründet und ist nicht auf SlowakInnen im Allgemeinen generalisierbar.

b) Es entspricht dem slowakischen Arbeitsstil, Informationen nicht immer explizit in einer Datei oder einem Ordner abzulegen. Aus diesem Grund könnten Frau Konrads KollegInnen etwas Zeit brauchen, um ihren Anfragen nachzukommen. Es wäre jedoch zu drastisch ausgedrückt, dass dies auf alle ihre KollegInnen und immer zutrifft. Ein anderes Argument erklärt den Situationsablauf besser.

c) Terminabsprachen werden von SlowakInnen flexibler gehandhabt als bei Deutschen. Frau Konrad hat die Aussage „gleich" wörtlich genommen, ohne zu berücksichtigen, dass „gleich" in der Slowakei auch „in einer Stunde" oder „in einem Tag" bedeuten kann. Es handelt sich um eine Floskel, die zum einen weniger Bedeutung tragend ist als in Deutschland und zum anderen oftmals als Ausweg aus einer unangenehmen Situation verwendet wird. Es ist nicht etwa so, dass SlowakInnen generell locker mit Absprachen umgehen. Im Gegenteil, gerade, weil sie darauf bedacht sind, eine gute Beziehung zu ihrem Umfeld herzustellen, ist auf SlowakInnen in der Regel großer Verlass. Frau Konrad erhält die erwünschten Informationen, nur nicht unbedingt immer genau zu dem Zeitpunkt, zu dem sie sie erwartet! Damit ist die Hauptursache für das slowakische Verhalten gefunden.

d) In der Slowakei existiert tatsächlich eine gewisse Holschuld-Mentalität. Wer, wie Frau Konrad, Informationen einholt, muss sich selber darum kümmern, um die gewünschten Ergebnisse zu erhalten. Ein einziger Telefonanruf reicht hier nicht aus. Den KollegInnen vermittelt dies eher den Eindruck, das Anliegen sei nicht sehr wichtig, denn sonst würde sie sich ja nachhaltiger darum kümmern! Dies stellt in vorliegender Situation jedoch nur einen Nebenaspekt dar; der Hauptgrund für das Verhalten der SlowakInnen ist woanders gelagert.

Beantworten Sie für sich folgende Frage: Wie würden Sie sich in einer ähnlichen Situation verhalten?

Schreiben Sie zunächst auf, was Ihnen dazu einfällt, dann vergleichen Sie Ihren Lösungsvorschlag mit dem folgenden.

Lösungsstrategie:
Viele Deutsche werten obig beschriebenes Verhalten von SlowakInnen als Geringschätzung und beachten nicht, dass die Bedeutung zeitlicher Attribute wie „gleich" oder „heute noch" nicht eins zu eins übertragbar ist. Mit anderen Worten: Deutsche ebenso wie SlowakInnen müssen Vokabeln lernen, um sich in einem gleichen Bezugsrahmen bewegen und handeln zu können. Deutsche sollten Informationen daher nicht auf den letzten Drücker einholen. Falls die Information wichtig ist und unmittelbar benötigt wird, muss dies sehr eindringlich dargestellt werden. Ein „Ich benötige die Information gleich" wäre unzureichend. SlowakInnen

vermögen aus einer derartigen Aussage die akute Handlungsaufforderung nicht herauszulesen. Erfolgversprechender ist es, explizit den Wichtigkeits- und Dringlichkeitsfaktor auf der persönlichen Ebene herauszustellen. Damit fühlen sich SlowakInnen auf der Beziehungsebene angesprochen, was Zugzwang mit sich bringt. In diesem Fall ist mit einer schnellen Beantwortung der Anfrage zu rechnen. Sofern zeitlich möglich, sollten KollegInnen persönlich aufgesucht werden. Dies hat den Vorteil, dass Informationen unverzüglich abgeholt werden können. Dadurch wird auch der in der letzten Antwortalternative erwähnten Holschuldmentalität nachgekommen. In besonders dringenden Fällen ist es am besten, sich unverzüglich an entsprechende Vorgesetzte zu wenden und sein Problem vorzutragen. Dann ist meist mit einer recht schnellen und unbürokratischen Bearbeitung der Anfrage zu rechnen.

4.6.3 Fragebögen zur Interkulturellen Kompetenz

Fragebögen erlauben es zu testen, inwieweit die interkulturelle Kompetenz einer Person ausgebildet ist. Ähnlich wie beim Kulturassimilator kann durch Selbsteinschätzung überprüft werden, wie ausgeprägt das eigene Wissen über eine fremde Kultur bereits ist. Dabei soll ein aufgezeigtes Verhalten einer bestimmten Kultur zugeordnet und dadurch die Sensibilität für andere Kulturkreise trainiert werden. Anders als beim Kulturassimilator gibt es keine Deutungen, sondern nur eine Aussage darüber, ob das gewählte Verhalten für die besagte Kultur wahrscheinlich ist. Eine absolut richtige oder falsche Antwort gibt es jedoch nicht. Der Lernfortschritt kann durch wiederholtes Ausfüllen und Steigerung der Trefferquote gemessen werden.

Fragebögen zur interkulturellen Kompetenz basieren oft auf Kulturdimensionen, die in die Situationsschilderungen oder Aussagen eingebaut werden. Zahlreiche Übungen dazu finden sich bei Brislin & Yoshida (1994), die diese für den Einsatz in interkulturellen Kommunikationstrainings vorschlagen. Grundsätzlich wird ganz allgemeines kulturelles Wissen abgefragt, oder zur besseren Selbsteinschätzung eine Zuordnung in Form einer Skala von trifft stark zu bzw. trifft nicht zu nahe gelegt. Bei konkreten Dimensionen ist eine Zuordnung der jeweiligen Ausprägung (z.B. hohe versus geringe Unsicherheitsvermeidung) möglich.

Böning beschreibt eine andere Form eines Fragebogens zur interkulturellen Kompetenz, bei dem zu einem gewissen Themenbereich das jeweils zutreffendste Land zuzuordnen ist. Als **Beispiel** für unterschiedliche Denkweisen in Kulturen soll der folgende Fragebogen dargestellt werden (Böning 2000, 258):

Ausgehend von der gleichen Ausgangssituation verhalten sich die Akteure in den einzelnen Ländern unterschiedlich. Versuchen Sie anzugeben, für welche Kultur das jeweils gezeigte Verhalten typisch ist und setzen Sie den Anfangsbuchstaben des Landes in das jeweilige Kästchen ein. Die Beispiele stammen aus Frankreich, Deutschland, Großbritannien, USA, China und Japan.

a) Herr X hat ein Problem. Ein Lieferant schafft es nicht, bis zum vereinbarten Termin die versprochene Ware zu liefern. Herr X versucht, gemeinsam mit dem Lieferanten eine Lösung zu finden, verweist aber auch darauf, dass normalerweise Lieferfristen eingehalten werden müssen.

b) Frau Y hat ein Problem. Ein Lieferant schafft es nicht, bis zum vereinbarten Termin die versprochene Ware zu liefern. Frau Y versucht, gemeinsam mit dem Lieferanten eine Lösung zu finden. Sie stellt Überlegungen an, welche alternativen Lösungsmöglichkeiten im Moment zur Bewältigung des Problems zur Verfügung stehen.

c) Herr X hat ein Problem. Ein Lieferant schafft es nicht, bis zum vereinbarten Termin die versprochene Ware zu liefern. Herr X versucht, gemeinsam mit dem Lieferanten eine Lösung zu finden. Darüber hinaus überlegt er, wie sonst diese Art von Problemen gelöst wird. Irgendeine Lösung wird es schon geben.

d) Frau Y hat ein Problem. Ein Lieferant schafft es nicht, bis zum vereinbarten Termin die versprochene Ware zu liefern. Frau Y versucht, gemeinsam mit dem Lieferanten eine Lösung zu finden. Frau Y wundert sich aber sehr, da eigentlich bei der Planung der Lieferung genügend große Spielräume eingeräumt wurden, und ein solches Problem folglich nicht auftreten sollte.

e) Herr X hat ein Problem. Ein Lieferant schafft es nicht, bis zum vereinbarten Termin die versprochene Ware zu liefern. Herr X kennt den Lieferanten aus jahrelanger Zusammenarbeit. Deshalb versucht er, in einem persönlichen Gespräch eine Lösung für das Problem zu finden.

f) Herr X hat ein Problem. Ein Lieferant schafft es nicht, bis zum vereinbarten Termin die versprochene Ware zu liefern. Wenn Herr X eine gute Beziehung zu einem Lieferanten hat, versucht er in einem persönlichen Gespräch eine Lösung für das Problem zu finden. Im anderen Fall besteht er auf die Einhaltung der Absprachen.

Der **Nachteil** dieser Methode liegt ganz deutlich in einer fehlenden Diskussion bzw. Nachbesprechung der einzelnen Situationsschilderungen beim Selbststudium. Da der Fragebogen zum Kompetenzerwerb die Begründung für die einzelnen Lösungsvorschläge schuldig bleibt, bedarf es eines erweiterten Literaturstudiums bzw. späterer Verifizierung durch eigene kulturelle Erfahrungen. Dennoch kann der Fragebogen auch ohne entsprechendes Vorwissen über die im Beispiel erwähnten Kulturen als empfehlenswertes Mittel zum Einstieg der Auseinandersetzung mit anderen Kulturen gesehen werden, da durch wiederholtes „Durchspielen" ein Lerneffekt einsetzten und somit das interkulturell Erlernte festigen kann.

4.7   Lösungsteil Kapitel 4

Im Anschluss an Abschnitt 4.1.3 Interkulturelle Begegnung als verzerrte Wirklichkeit – Elashmawi & Harris 1998:

Lösungsvorschlag: 1) wahr; 2) falsch; 3) falsch; 4) falsch; 5) falsch; 6) falsch; 7) falsch, 8) falsch; 9) falsch; 10) falsch

Im Anschluss an Abschnitt 4.1.3 Interkulturelle Begegnung als verzerrte Wirklichkeit – Zeitrechnung verschiedener Kulturen:

Umrechnung des Datums 31.08.2006 nach dem buddhistischen, gregorianischen, japanischen, jüdischen und muslimischen Kalender:

Buddhistischer Kalender: 31. August. 2549 (entspricht 2006+543); Quelle: http://exceltips.vitalnews.com/Pages/T0094_Converting_Between_Buddhist_and_Gregorian _Calendar_Systems.html, August 2006

Gregorianischer Kalender: 31. August 2006/Donnerstag

Japanischer Kalender: 8月 31日 2006; (seit 1873 existiert auch der Gregorianische Kalender in Japan); das Jahr 2006 ist im alten Jap. Kalender äquivalent zu Heisei 18 (Beginn: 08. Jänner 1989); vor 1873 wurden lunare Kalender verwendet, die aus China „importiert wurden" d.h. ein Monat hat im Schnitt 29 ½ Tage, sowie ein 13tes Monat um Diskrepanzen zum Sonnenjahr auszugleichen. Die Woche wurde in 6 Tage eingeteilt: taian, butsumetsu, senpu, tomobiki, shakko und sensho, ähnlich unserer Wochentagseinteilung. Quelle: http://www.japan-guide.com/e/e2272.html, August 2006

Jüdischer Kalender (Hebräischer Kalender): 07. Elul 5766/reguläres Jahr (354 Tage) (Berechnung aufgrund spezifischer „Eigenarten" [z.B. das Jahr darf nur an bestimmten Tagen beginnen etc.]; Quelle: http://www.fourmilab.ch/documents/calendar/, August 2006

Muslimischer Kalender: 6. Sha`ban 1427 AH/Yaum-ul-Khamis (Formel: (2006-622)*33/32); Quelle: http://www.fourmilab.ch/documents/calendar/, August 2006

Im Anschluss an Abschnitt 4.2 Profil interkultureller Kompetenz – Gedankenanstoß in Anlehnung an Kühlmann & Stahl 1998:

Lösungsvorschlag (Hinweise auf die jeweilige Ausprägung in der Lösung kursiv):

[1] Ambiguitätstoleranz: Konsequenzen der Handlungen nur *schwer einschätzbar; hohe Unsicherheit*

[2] Verhaltensflexibilität: Verhaltensroutinen von zuhause (China) versagen in Österreich, aber *Lernbereitschaft*; Anpassung an die jeweilige Situation

[3] Einfühlungsvermögen: sensibler Umgang durch *Hineinversetzen* in andere

Im Anschluss an Abschnitt 4.4 Stufen des Kompetenzerwerbs – Elashmawi & Harris 1998:

Lösungsvorschlag lt. Elashmawi & Harris:

- Visitenkarten – Amerikaner: (c)
- Open-door-policy – Singapur: (a)
- Auswahl des Managers – Shanghai: (b)
- Kursgebühr – Mexiko: (b)
- Kostenvoranschlag – Arabischer Raum: (d)
- Neues Gerät – Japan: (d)

Im Anschluss an Abschnitt 4.6.3 Fragebögen zur Interkulturellen Kompetenz – Beispiel nach Böning 2000:

Lösungsvorschlag: a) D; b) USA; c) GB; d) F; e) JAP; f) CHIN

5 Intra- und interorganisationales Lernen in multikulturellen Settings

Trans- oder jüngst so genannte metanationale Unternehmen zeichnen sich dadurch aus, dass sie es schaffen, Wissen zwischen ihren verschiedenen Standorten effektiv und effizient zu vermitteln (vgl. Doz et al. 2001, 5). Joint Ventures bzw. Allianzen werden u. a. eingegangen, um F&E Aktivitäten zu poolen, von PartnerInnen zu lernen, durch das Zusammenführen von Produkt-, Prozess-, Kunden- und Länderwissen zu innovieren. Die folgende Abb. 5.1 zeigt ein grobes Schema der Informationsflüsse und Lernrichtungen für transnationale Unternehmen. Im Gegensatz zu den Quellen, auf die wir uns hier beziehen, vermeiden wir in der Tabelle den Begriff Wissen, weil wir Wissen als einen Prozess begreifen, der an eine Aktivierung in und zwischen Menschen gebunden ist (vgl. Schneider 1996 2001 und 2006 sowie Probst et al. 1998 und die jeweilige Folgeliteratur). Dokumentationen von strukturierten Daten, wie sie in Lexika, Handbüchern und zunehmend im Internet zu finden sind, können zu Wissen werden, wenn sie durch natürliche – und künftig wohl auch durch künstliche – Intelligenz aktiviert bzw. durch diese in Systeme programmiert werden. Wir sprechen in diesem Fall daher von potentiellem „Wissen" (vgl. Schneider 2001).

Rolle	„Wissensflüsse"		Koordination Kontrolle
	ZU	AB	
Globaler Innovator	↓	↑	mittlere Kommunikations- intensität mit Muttergesellschaft hohe Autonomie
Integrierter Spieler	↑	↑	hohe Kommunikationsintensität mit allen hohe Autonomie
Implementierer	↑	↓	einseitige Kommunikation geringe Autonomie
Lokaler Innovator	↓	↓	geringe Kommunikation mittlere Autonomie

Legende:
ZU↑ empfängt viel „Wissen" aus anderen Konzernbereichen
AB↑ gibt viel „Wissen" an andere Konzernbereiche ab
ZU↓ empfängt wenig „Wissen" aus anderen Konzernbereichen
AB↓ gibt wenig „Wissen" an andere Konzernbereiche ab

Abb. 5.1   Informationsflüsse und Lernrichtungen in transnationalen Unternehmen (modifiziert nach Doz et al. 2001, Bartlett & Goshal 1998)

Die Abbildung kann folgendermaßen interpretiert werden: Globale Innovatoren speisen viel potenzielles Wissen in das Netzwerk ein, dem sie angehören, nehmen vergleichsweise aber weniger aus diesem Netzwerk auf. Bei integrierten Spielern halten sich Geben und Nehmen in Bezug auf Lernprozesse die Waage, wohingegen Implementierer viel empfangen, aber relativ weniger abgeben bzw. einspeisen. Lokale Innovatoren agieren einigermaßen abge-koppelt vom Netzwerk, sie organisieren ihre Lernprozesse lokal. Diese Idealtypen sind als Blaupausen für die Organisation von Wissens- bzw. Lernprozessen in internationalen Netz-werken (vertikalen wie horizontalen) und jedenfalls als dynamisch interpretierbar. Tochter-gesellschaften können ihre Rolle im Netzwerk durch den Aufbau von global relevanten Kompetenzen verändern (vgl. Bartlett & Ghoshal 1998).

Die Richtungspfeile sind noch in zweierlei Hinsicht unbestimmt: Zum einem bezüglich der Inhalte, die im Netzwerk ausgetauscht werden, zum anderen bezüglich der Methoden und Medien, die diesen Austausch organisieren. Beides sind Entscheidungen, die ein bewusstes Konzernwissensmanagement zu klären hat. Im Zusammenhang dieses Lehrbuchs stellt sich die Frage, wie gemeinsames Lernen so organisiert werden kann, dass Missverständnisse, Verzerrungen und das bewusste oder unbewusste Vorenthalten von Informationen verhindert werden. Dazu müssen wir uns zunächst ein „Modell" dessen bilden, was beim Lernen statt-findet, und dieses dann mit Beobachtungen über kulturelle Unterschiede verbinden. Fragen, die wir stellen könnten, wären etwa:

- Gibt es nationale Kulturen, die dem Lernen erhöhten Stellenwert zuschreiben?
- Gibt es nationale Kulturen, die eine Präferenz für abstrakt-generalisierendes und andere, die eine Präferenz für konkret-fallbezogenes Lernen haben?
- Gibt es unterschiedliche Präsentationsstile etwa zwischen ItalienerInnen und FinnInnen oder zwischen EuropäerInnen und AsiatInnen? Wie wirken sich diese auf Lernprozesse aus?
- Wenn es Unterschiede gibt, in welchen Bereichen des Wissensmanagements bzw. der Gestaltung von Lernprozessen kann standardisiert werden, wo und was ist zu differenzieren?

5.1 Ein Modell des Lernens

Unter vielen möglichen greifen wir hier die Modelle von Argyris & Schön und von Kolb heraus, um deutlich zu machen, dass es verschiedene Ansatzpunkte und damit Innovationsgrade von Lernen und verschiedene Zugänge gibt. Argyris & Schön (1999, 35f) unterscheiden **einschleifiges Lernen** innerhalb eines nicht hinterfragten Rahmens von Vorannahmen (z.B. Verbesserung geographischer Kenntnisse unter der Annahme, die Erde sei eine Scheibe oder Entwicklung neuer Motivationsanreize unter der Annahme von Theorie X nach McGregor) und **doppelschleifiges Lernen**, bei dem auch die Vorannahmen und Werte in Frage gestellt werden (im Beispiel wäre dies ein Umstieg auf ein 3-dimensionales Modell der Erde und das heliozentrische Weltbild sowie eine Ergänzung um Theorie Y nach McGregor; zu den Theorien X und Y vgl. Abschnitt 7.1.2). Mit der kulturellen Brille betrachtet, betrifft doppelschleifiges Lernen die Ebene der unbewussten Basisannahmen (Schein) bzw. der Werte und Einstellungen (Hofstede), wo die Unterschiede zwischen Kulturen – meist unerkannt – wirksam sind.

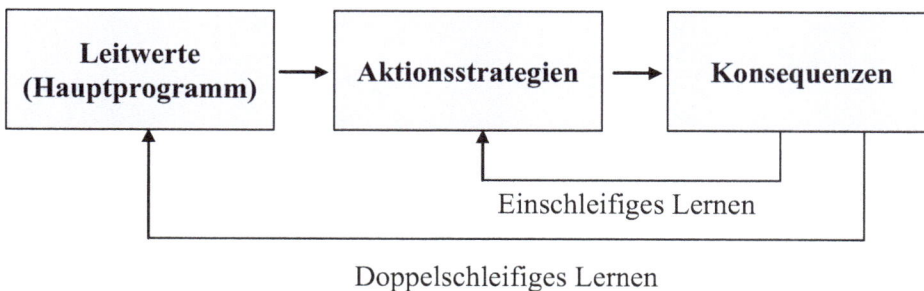

Abb. 5.2   Single Loop and Double Loop Learning (leicht modifiziert nach Argyris 1997, 59)

Die Hauptaussage, die Argyris aus diesem Modell ableitet, erklärt, warum Kulturen nur mit Anstrengung bewusst in bestimmte Richtungen veränderbar sind. Es handelt sich dabei um Prozesse des doppelschleifigen Lernens, die in der Regel als identitätsbedrohend erlebt werden und größeren inneren Engagements bedürfen als einschleifiges Lernen. Gegen doppelschleifiges Lernen bauen die Menschen defensive Routinen auf, die nach dem Muster funktionieren: Ich spreche anders als ich handle, vertusche dies allerdings und sorge dafür, dass der Widerspruch jeglicher Diskussion entzogen wird.

Um diese Doppelbödigkeit aufrecht zu erhalten, bedarf es eines hohen Maßes an Intelligenz und Geschick, die nicht direkt in die Aufgabe fließen, sondern von ihr ablenken. Argyris bemerkt, dass Defensivroutinen als Ausdruck der Vermeidung von Peinlichkeit und Gesichtsverlust in allen Kulturen stabil vorkommen – variabel sind lediglich die Formen der Peinlichkeitsvermeidung und Abwehr von Gesichtsverlusten. Um kulturellen Wandel zu bewirken, regt Schein daher an, den zweiten der Hebel von Veränderungsenergie zu verstärken. Veränderungsenergie entsteht laut Schein als Resultierende der Angst vor dem Untergang und der Angst vor dem Lernen. Wenn man erstere dem Markt überlässt und letztere durch Führung und Coaching senkt, könnte seiner Meinung nach doppelschleifiges Lernen gelingen.

Kolb hat ein Modell entwickelt, zu dem seit einigen Jahren auf Basis eines Fragebogens kulturübergreifende Längsschnittstudien stattfinden. Es zeigt i.w. die zirkuläre Verbindung von dem, was wir alltagssprachlich Theorie und Praxis nennen und kann unterschiedliche Lerntypen offenbaren: Manche Lernende präferieren das Be-Greifen durch konkretes Tun, sie basteln sich Modelle, entwickeln Prototypen, arbeiten am Gegenstand, andere lernen, indem sie Erfahrungen beobachten, z.B. Fälle bearbeiten, wieder andere präferieren die Konstruktion gedanklicher Modelle, die von vielem abstrahieren, um als wesentlich erkannte Muster zu verdeutlichen. Vollständig wird der **Zyklus nach Kolb** allerdings erst, wenn er ganz durchlaufen wird. Anders ausgedrückt: Die an der Universität mit Schwerpunkt auf der Welt des Denkens erworbenen Kenntnisse und Fähigkeiten werden für Sie erst dann wirklich fruchtbar, wenn Sie sie in der Praxis mit Erfahrung verbinden. Umgekehrt stoßen erfahrene PraktikerInnen ohne Bezug zur „Theorie" oft an Grenzen der weiteren Entwicklung und entschließen sich dann, eine mehr schulisch geprägte Lernaktivität zu unternehmen. Im Folgenden ist das Modell in seinem Grundschema dargestellt:

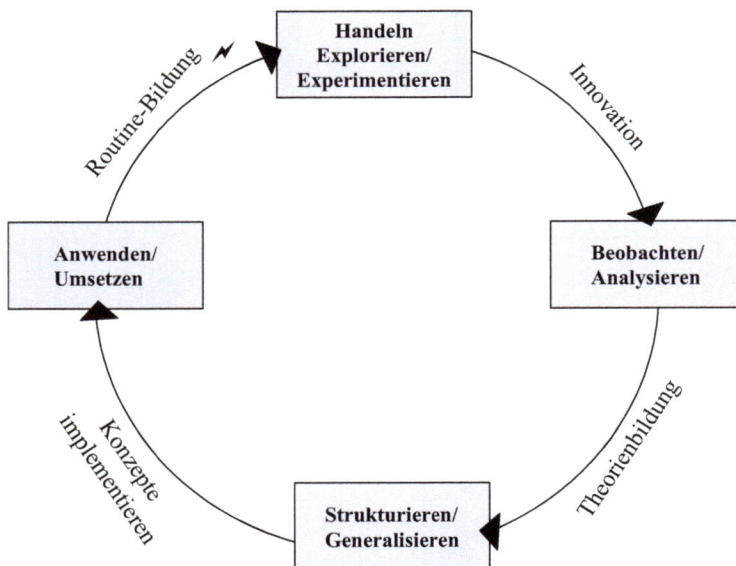

Abb. 5.3   Vollständiger Lernzyklus (Synopse nach Kolb 1976)

Haben Sie Lust bekommen, Ihren eigenen Lerntyp zu erforschen? Sie finden einen Fragebogen und ein Auswertungsschema im Anhang 5.3 zu diesem Kapitel.

Einen sehr ähnlichen Ansatz haben die Japaner Nonaka & Takeuchi entwickelt, in dem sie zwischen **implizitem** (nicht artikuliertem, an Praxis gebundenem) und **explizitem** (artikuliertem, z. T. kodifiziertem) **Wissen** unterscheiden und eine Matrix der Übergänge zwischen den beiden Wissensformen bereitstellen (vgl. Nonaka & Takeuchi 1995, 59f): Gemäß dem Wissenstyp kann in unterschiedlichen Räumen (Ba) gelernt werden, einmal eher durch und mit Personen, ein anderes Mal auch aus Dokumentationen (schriftlichen Unterlagen in Form von Texten, Bildern, Plänen oder Formeln) (vgl. Nonaka & Konno 1998, 40–54). Die folgende Abb. 5.4 fasst das Modell zusammen:

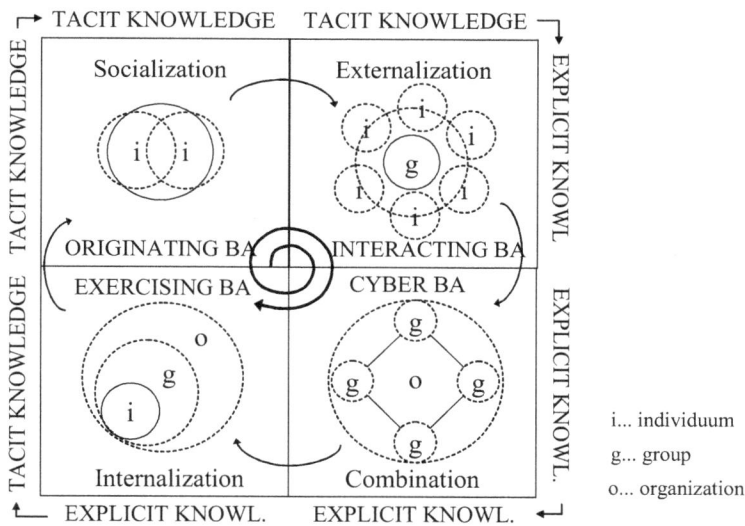

Abb. 5.4   SECI-Modell (modifiziert nach Nonaka & Konno 1998, 43 und 46)

Wenn Menschen quasi stillschweigend durch gemeinsames Sein oder Tun voneinander lernen, liegt Sozialisation vor. Nachahmung und unsystematischer Versuch und Irrtum sind Lernformen dieses Quadranten. Räume müssen die Bildung einer Dyade oder Gruppe mit höherem Intensitätsgrad ermöglichen, damit Sozialisation durch Erfahrung stattfinden kann. Beim Erwerb interkultureller Kompetenz entspricht diesem Quadranten das Leben in einer fremden Kultur.

Wenn das Unbewusste an die Oberfläche gehoben und zum Ausdruck gebracht wird (verbal oder in Form anderer Artefakte), so dass es gedanklich und im Handeln bearbeitbar wird, spricht das **SECI Modell** von Externalisierung. Beim Erwerb interkultureller Kompetenz entsprächen dem Übungen, Fragebögen und deren gemeinsame Reflexion entweder in Workshops oder innerhalb von Mentoren- oder Coachingprogrammen. Damit die Bewusstwerdung und Reflexion impliziten Wissens gelingen kann, bedarf es ebenfalls entsprechender Raum-Zeit-Arrangements.

In westlichen Kulturen ist die Form der Kombination am besten erforscht: Wissen entsteht hier durch die Verbindung expliziter Wissensbestandteile mit anderen expliziten Wissensbestandteilen. Der Einsatz eines morphologischen Kastens bei der Suche nach neuen Produkten wäre ein Beispiel. Lernen aus Analogien fällt ebenfalls in diesen Bereich, ebenso wie das gesamte Feld der schulischen Inhalte (hingegen konstituiert das „Zur-Schule-Gehen" eine gemeinsame Praxis mit einem meist versteckten, impliziten Curriculum). Kombination findet im Unternehmensalltag quasi ständig in allen Abteilungen statt und wird fallweise- wie im Beispiel des morphologischen Kastens- durch die bewusste Gestaltung von Lernarchitekturen unterstützt.

Der vierte Quadrant beschreibt die Automatisierung von vormals bewusst gesteuerten Lernprozessen, wie wir sie aus dem Erlernen von Sportarten oder des Autofahrens kennen. Das dem Handeln zugrunde liegende Wissen rutscht in den Bereich des Vorbewussten, wird selbstverständlich und damit implizit. Die deutsche Sprache kennt hierfür auf der Ebene von Individuen den Begriff „in Fleisch und Blut übergehen". Auf der Ebene von Gruppen bzw. Organisationen entspricht dem die Ausprägung (dynamischer) Routinen (vgl. Teece et al. 1997). Der Begriff der Routine verweist darauf, dass routinisierte Kernprozesse, die mit der Umwelt gut synchronisiert sind, Wettbewerbsvorteile darstellen, wohingegen Kernroutinen, die nicht mehr zur Umwelt passen, besonders schwer zu ändern sind und sich daher zu Kernrigiditäten entwickeln können (vgl. Leonard-Barton 1995).

Wenn wir versuchen, die drei Modelle zu verbinden, können folgende Gemeinsamkeiten hervorgehoben werden:

- Ohne Praxis (techné und phronesis)[15] gibt es kein Lernen.
- Praxis macht Zusammenhänge in einem bestimmten Kontext erfahrbar. Dadurch ist es leichter, konkrete Anwendungen abzuleiten.
- Ohne Theorie (episteme) bleibt Praxis unreflektiert auf den Status Quo bezogen und kann sich von der wirksamen Routine zur existenzbedrohenden Starrheit entwickeln.
- Alternativen zum Ist-Zustand bedürfen aller drei Wissensformen nach Aristoteles, um umgesetzt zu werden.
- Bei Anwendung von Formen der Explizierung fallen die Unschärfe der Sprache und die Angst vor Gesichtsverlust ins Gewicht. Es wird anders gesprochen als gedacht, die Vertuschung von Irrtümern und Fehlern scheint universell (vgl. auch Surowiecki 2004, 271).

---

[15] Aristoteles unterschied drei Typen von Wissen: *Episteme* oder wissenschaftliches Wissen (immer explizit, universal und vom Kontext losgelöst), *techné* oder Anwendungswissen im handwerklichen und Ingenieurbereich und *phronesis* oder praktische Weisheit und Urteilskraft, die auf i.d.R. implizite Werte bezogen sind.

5.2   Interorganisationales Lernen

Wie Sie aus dem ersten Abschnitt dieses Kapitels erkennen können, ist Lernen schon inner-halb eines Unternehmens (hier im Sinne von an einem Ort in einer bestimmten Rechtsform existierend) schwierig. Im internationalen Management interessieren wir uns darüber hinaus für das geographische und Kulturgrenzen überschreitende Lernen im internationalen Kon-zern (Beziehungen zwischen Konzernspitze, Muttergesellschaft, Tochtergesellschaften) bzw. in internationalen Kooperationen wie z.B. Joint Ventures. Die multinationale Unternehmung ist als „knowledge internalising entity" definiert (Moore & Birkinshaw 1998, 81ff). Man geht davon aus, dass Märkte für Wissen nur unvollkommen funktionieren und es daher am besten im Rahmen einer Hierarchie weitergegeben werden kann. Viele AutorInnen haben sich mit Richtung und Intensität von Wissensflüssen zwischen Mutter- und Tochtergesell-schaften befasst (z.B. Gupta & Govindarjan 1991, 768ff).

Doz et al. vertreten die Auffassung, dass die metanationale Unternehmung dadurch erfolg-reich ist, dass sie Anregungen und Besonderheiten menschlicher Ressourcen aus allen Märk-ten effektiv bündelt. In Kooperationen (Joint Ventures) haben sich Forschungen mit Voraussetzungen gelingenden Wissenstransfers und mit Barrieren eines solchen Transfers befasst (vgl. Bendt 2000, 56f). Die untersuchten Barrieren beziehen sich

- **auf das Wissen selbst**: Je höher die impliziten Anteile, je mehrdeutiger (d.h. schlech-ter kodifizierbar), je unsicherer und je mehr in Praktiken eingebettet Wissen ist, umso schwieriger ist es übertragbar, weil es eben nicht nur um einen gemeinsamen Zei-chenvorrat (Syntax) und dessen Übertragung geht, wie auf der Ebene der Datenüber-tragung, sondern um gemeinsames Verständnis (Semantik) und etwaig gemeinsame Veränderung des Wissens, z.B. im Fall von standortübergreifender Produktentwick-lung. AutorInnen, die sich mit den Charakteristika von Wissen als Transferbarrieren befasst haben sind: Hamel 1991, 83ff; Simonin 1999, 505ff; Inkpen & Crossan 1995, 595ff.

- **auf die Quellen des Wissens**: Wissen kann an einem Standort intern entwickelt wer-den, aus einem Netzwerk von TransaktionspartnerInnen (i.w. KundInnen, Konkurren-tInnen und LieferantInnen) oder aus dem lokalen Cluster (Verwaltung, Politik, Universitäten, öffentlicher Stand des Wissens) gewonnen werden. Die Trennung ist künstlich. Dennoch haben erste Studien Unterschiede ergeben. Wissen wird mit höhe-rer Wahrscheinlichkeit übertragen, wenn es intern entwickelt wurde, und wenn eine wechselseitige Abhängigkeit mit der empfangenden Tochter- oder Partnergesellschaft besteht (Bartlett & Ghoshal 1998, 131f)

- **auf die EmpfängerInnen**: Viele AutorInnen haben sich mit der Absorptionsfähigkeit der EmpfängerInnen befasst: Es bedarf – so meinen sie – einer vergleichbaren, ähnli-chen Wissensbasis, um überhaupt aufnehmen zu können. Deshalb verweisen die ge-nannten Autoren darauf, dass Joint Ventures dann erfolgreich sind, wenn ihre Fähigkeiten einander ergänzen (Komplementarität) und kompatibel sind, d.h. auf eine ähnliche Wissensbasis zurückgreifen (vgl. Cohen & Levinthal 1990, 128ff und Hamel 1991, 83ff). EmpfängerInnen müssen Wissen auch absorbieren wollen. Sie dürfen nicht einem „Not-invented-here-Syndrom" unterliegen, d.h. davon ausgehen, dass es ohnehin niemand so gut mache wie sie selbst. EmpfängerInnen brauchen ferner Speicher, in denen das neue Wissen verankert werden kann. Neben den Wissensbasen in den Köpfen sind dies Produkte, als Verkörperungen von Wissen, aber auch Datenverarbeitungsprogramme und Dokumentationen.

–   **auf SenderInnen**: Auch die Trennung in SenderIn und EmpfängerIn erfolgt rein aus analytischen Zwecken; in lebendigen Austauschbeziehungen gibt es keine monodirektionalen LehrerInnen-SchülerInnen-Beziehungen, die Rollen wechseln ständig. SenderInnen müssen Wissen darstellen können und wollen und zwar in kulturell sensibler Weise. Wenn Sie an unterschiedliche Präsentations- und Argumentationsstile denken, erkennen Sie, dass Darstellungsweisen, die in einer bestimmten Kultur auf hohe Resonanz stoßen, in anderen Kulturen eher Ablehnung auslösen können (vgl. Abb. 5.7/Kasten am Kapitelende). SenderInnen, die über Reputation verfügen, werden leichter wahrgenommen (im Sinn des Wortes: Was sie sagen, wird für wahr genommen), was in allen Kulturen, besonders aber in solchen mit hoher Machtdistanz gilt.

–   **auf den Kontext**: Beim Kontext geht es um das Vorhandensein einer verlässlichen technischen Infrastruktur (Telefon, Intranet, Internet) bzw. die Möglichkeit persönlichen Austauschs (Reisebudgets, Meetings), um die Organisationsstruktur (Zentralisierungs- und Formalisierungsgrad, Kooperationsdichte), um die Organisationskulturen und ihre Unterschiede und die für eine gemeinsame Aufgabenerfüllung zur Verfügung stehende Zeit. Man geht davon aus, dass wechselseitiges Lernen durch gute Infrastruktur, großzügige Reise- und Rotationsregelungen, geringe Zentralisierungsgrade von Entscheidungen und geringe Formalisierungsgrade der Austauschbeziehungen (d.h. z.B. viele informelle Kontakte) sowie eine hohe Kooperationsdichte (d.h. wechselseitige Abhängigkeit bei der Erfüllung einer Aufgabe) erleichtert wird.

Die folgende Abb. 5.5 fasst die Barrieren nochmals zusammen:

Quellen des Wissens

- Intern
- Netzwerk
- Cluster

Sender

- Teilungs-
  motivation
- Fähigkeit
- Reputation

Wissen

- Tacitness
- Kausale
  Mehrdeutigkeit
- Unbewiesener
  Nutzen

Empfänger

- Absorptions-
  motivation
- Fähigkeit
- Bewahrung

Kontext

- Beziehungen, Kultur
- Intransparenz:
  Wissensquellen,
  Ignoranzen
- Ressourcenmangel
- Unfruchtbares
  organisatorisches
  Umfeld

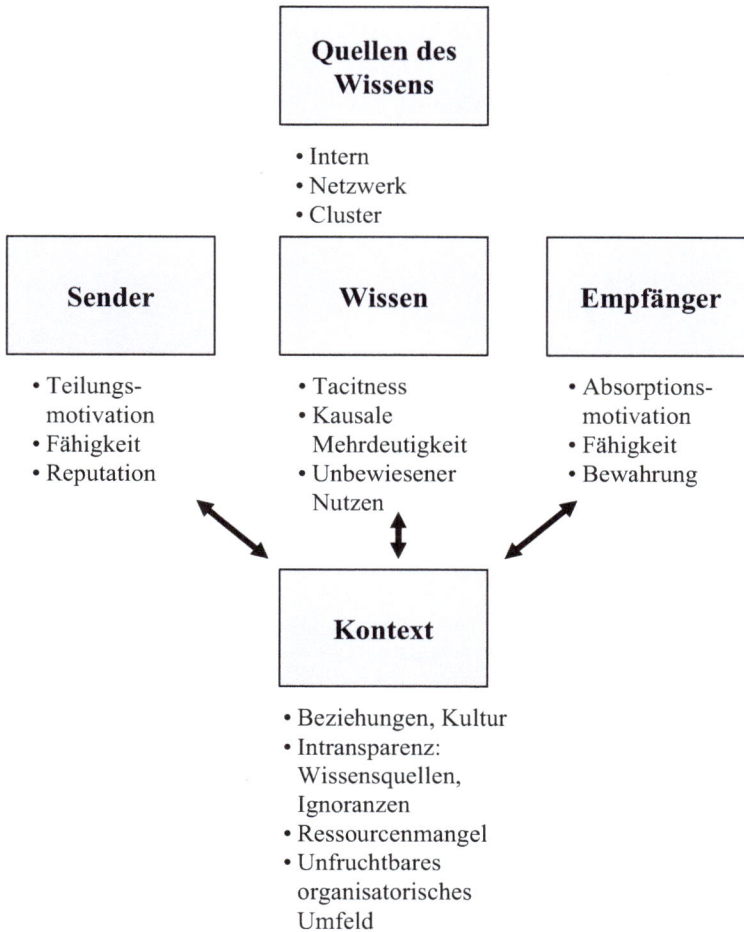

Abb. 5.5   Barrieren im Wissenstransfer (eigenerstellt, ähnlich auch bei Bendt 2000, 59)

In Bezug auf Lernen haben wir hier keine Unterscheidung zwischen hierarchisch und ver-
traglich koordinierten Netzwerken getroffen, weil wir der Ansicht sind, dass deren Unterschiede in Bezug auf die Wirksamkeit von Wissensbarrieren nur graduell bedeutsam sind.
Wenn gemeinsame Problemlösung angepeilt wird, müssen die Beteiligten ihre mentalen
Modelle öffnen, was eines Arrangements von Raum, Zeit und Moderation bedarf und weniger durch materielle Anreize gesteuert werden kann. Transformation, im Sinne der folgenden
Abb. 5.6, kann nur funktionieren, wenn die Beteiligten eine eigene Wissens- bzw. Lernpraxis
aufbauen. Hier werden die genannten Barrieren am wirksamsten, während sie auf der Ebene
des Datenaustauschs ganz gut außer Kraft gesetzt werden können.

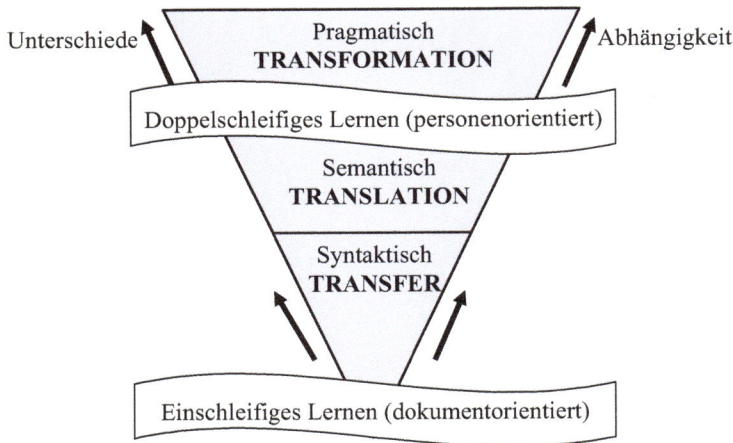

Abb. 5.6   Wissensorientierte Gestaltung von Grenzen (vgl. Schneider 2003, 60; in Erweiterung von Carlile 1997 und 2002)

Die Abb. 5.6 ist folgendermaßen interpretierbar: Bei weitgehend geteiltem Kontext rufen explizite Symbole – linguistisch betrachtet handelt es sich um die Ebene der Syntax – ähnliche Bestände an implizitem (programmiertem) Wissen auf. Deshalb sind sie problemlos in andere Kontexte und ohne weitere Erläuterungen übertragbar. Transfer in diesem engeren Sinne findet auf der Ebene von Daten und vereinbarten Übertragungsprotokollen statt. Im Alltag entsprächen dem etwa Piktogramme zur Kennzeichnung von Toiletten. Die meisten Kulturen können Grundskizzen männlicher und weiblicher Körper interpretieren, wenn auch nicht in allen Kulturen nach Geschlechtern getrennte Örtlichkeiten zur Verfügung gestellt werden; zum Beispiel ist dies in Dänemark nicht der Fall. Im Controlling wären die IFRS (International Financial and Reporting Standards) eine solche Konvention für Übertragungsprotokolle. Wie eine Vielzahl von Forschungsarbeiten über die Auslegung einzelner (Sub)Paragrahen zeigt, sind sie allerdings nicht eindeutig, sondern bedürfen der Übersetzung bzw. gemeinsamen Verhandlung möglicher Bedeutungen. Linguistisch befinden wir uns damit im Bereich der Semantik: Im Rahmen des explizit Normierten bzw. einer Grammatik werden Interpretationsspielräume ausgelotet, etwa beim Impairment Test: Wann liegt eine nachhaltig wirksame Wertveränderung vor? Im semantischen Feld geht es um die Interpretation von Referenzsätzen, nicht jedoch um deren Überprüfung auf Anwendungstauglichkeit. Dies geschieht erst auf der dritten Stufe, wenn Wissen mit verschiedenen Bezügen zu einer gemeinsamen Problemlösung eingesetzt werden soll. Linguistisch befinden wir uns hier auf der Ebene der Pragmatik, lerntechnisch führt sie regelmäßig zur Entstehung neuen Wissens, weshalb nicht mehr von Transfer, auch nicht von Translation gesprochen werden kann, sondern der Begriff der Transformation angemessen erscheint. Wenn innovative Projekte wie Produkt- oder Organisationsentwicklung oder Fabriksplanungen interkulturell gestaltet werden müssen, bedeutet dies, dass selbstverständliche Referenzrahmen zu hinterfragen sind, also doppelschleifig gelernt werden muss.

Wenn wir die Erkenntnisse über das Lernen von Individuen im intra-organisationalen Kontext mit den Überlegungen zum inter-organisationalen Lernen bzw. zum Wissenstransfer im weiteren Sinne (in diesem Sinne ist der Begriff als Überbegriff für Transfer im engeren Sinn, Translation und Transformation zu sehen) verbinden, lassen sich folgende Schlüsse ziehen:

- Transformation ist die anspruchsvollste Form des Wissenstausches. Sie enthält Elemente der Wissensschaffung und Innovation und bedarf eines gemeinsamen „BA", also Raumes, um zu greifen. Die gegenseitige Abhängigkeit bei der Problemlösung ist hoch, wie dies für die radikale Umgestaltung von Prozessen und Strukturen und für Prozesse der Produktentwicklung typisch ist. Aspekte doppelschleifigen Lernens sind mit hoher Wahrscheinlichkeit erforderlich, alle vier Phasen des Kolb'schen Lernzyklus werden durchlaufen.
- Translation hat mit an der Oberfläche sichtbareren Problemen der interkulturellen Zusammenarbeit zu tun. Wie gut wird die gemeinsame Arbeitssprache verstanden? Wird ein gemeinsames Verständnis wichtiger Begriffe sicher gestellt? Sind die Schnittstellen zur Übernahme von Wissensartefakten sauber definiert? Wissensartefakte beschreiben in Produkten oder Prozessen eingebettetes Wissen, das von PartnerInnen aus Gründen der Spezialisierungseffizienz nicht absorbiert, sondern ihnen in einer anschlussfähigen Variante zur Verfügung gestellt werden soll (vgl. dazu Baden-Fuller & Grant 2004). In diesem Bereich geht es um einschleifiges Lernen und das Bewusstsein für interkulturelle Missverständnisse aus unterschiedlichen Interpretationsspielräumen.
- Transfer beschreibt den Bereich, der durch ingenieurmäßiges Vorgehen eindeutig bewältigbar und daher gut plan- und standardisierbar ist.

In Bezug auf die Ausgangsfragen dieses Kapitels werden nun vorsichtige Antworten möglich:

Nationale Kulturen schreiben dem Lernen in der Tat unterschiedlichen Stellenwert zu, wenn es auch in allen zeitgenössischen Kulturen positiv unterstützt wird (zum Einfluss der nationalen Kulturen auf organisationales Lernen vgl. auch Binder & Fuchs & Hirt 2005). Studien zum Kolb'schen Lernzyklus verweisen auf Unterschiede in der Präferenz für verschiedene Stadien, solche Unterschiede wurden auch von Johan Galtung in Bezug auf Forschungskulturen festgestellt (vgl. Galtung 1981). Sehr deutlich kommen Unterschiede in Bezug auf Präsentationsstile zum Tragen, wie aus der kleinen Anekdote im folgenden Kasten deutlich wird.

Anregung: Regionalentwicklungskonferenz der OECD in Granada

Ein Großteil der TeilnehmerInnen kommt aus romanischen Ländern, einige wenige Anglosachsen und SkandinavierInnen haben sich (nicht zufällig) in einer Ecke des Vortragsraums zusammengefunden. Während des Vortrags eines Franzosen, der prinzipielle Fragen anspricht, mit philosophischen Erörterungen beginnt und sich mit bestechend deduktiver Logik auf sehr abstrakter Ebene vorwärts bewegt, wird es in der Ecke unruhig: Die Leute fangen an Wolken, konzentrische Kreise und Fragezeichen auf ihre Blöcke zu kritzeln, kichern, flüstern einander Witze zu und zeigen non-verbal Symptome von Ungeduld.

[1] Wie erklären Sie sich dieses Verhalten?

[2] Wieviel Wissen kann hier Ihrer Meinung nach vermittelt werden?

Quelle: Persönliche Erfahrung der Autoren

Die Frage, was standardisierbar ist und was kulturell differenziert werden muss, ist nicht so eindeutig beantwortbar. Antworten auf diese Frage finden Sie über das gesamte Lehrbuch verstreut; in der Praxis fallen Antworten sehr unterschiedlich aus, je nachdem ob man mehr der standardisierenden Wirkung von Software und allgemeinen Managementverfahren vertraut (etwa an das lineare Programm Powerpoint von Microsoft als Präsentationsschablone) oder ob man zum Beispiel bei Personalentwicklungsmaßnahmen auf lokale Traditionen setzt und nur einen Rahmen verallgemeinert.

Die Überlegungen dieses Abschnitts lassen sich in einem im deutschen Sprachraum beliebten Spruch (vgl. Abb. 5.7) zusammenfassen: Die ersten beiden (bzw. drei) Zeilen betreffen den kulturell hoch sensiblen Bereich der Kommunikation und damit die Frage, ob Symbole überhaupt übermittelt werden (technische und Wahrnehmungsstörungen) und ob Bedeutungen deckungsgleich bzw. mit ausreichend großem Überschneidungsraum zugeordnet werden. Die nächsten beiden Zeilen betreffen den Bereich der Werte, aus denen Akzeptanz oder Ablehnung erfolgen, was wiederum für den Erinnerungseffekt eine große Rolle spielt und ebenfalls kulturell gebunden ist. Die letzten beiden Zeilen beschreiben gemeinsame Praxis, dynamische Routinen und damit den transformierenden Umgang mit den von einzelnen TeilnehmerInnen an der Praxis eingebrachten Wissenssystemen.

> (Gedacht ist nicht gesagt.)
> Gesagt ist nicht gehört.
> Gehört ist nicht verstanden.
> Verstanden ist nicht einverstanden.
> Einverstanden ist nicht behalten.
> Behalten ist nicht angewandt.
> Angewandt ist nicht beibehalten.
> nach Konrad Lorenz

Abb. 5.7 *Der lange Weg vom individuellen Gedanken zur kollektiven Routine*

5.3 Anhang Kapitel 5

Instruktion zur Selbstcharakterisierung Ihrer Herangehensweise an ein spezielles Vorhaben:

[1] Sie finden in der folgenden Liste neun Zeilen mit je vier Adjektiven, Verben oder Substantiven.

[2] Überlegen Sie sich bitte für jede Zeile gesondert, welcher der Begriffe ihre Herangehensweise am besten beschreibt, und in welcher Reihenfolge die drei anderen Begriffe für Sie zutreffen.

[3] Weisen Sie nun jedem Begriff in der jeweiligen Zeile einen Zahlenwert zwischen 1 und 4 zu. Die Zahl 4 steht für die höchste Übereinstimmung mit der Art und Weise Ihres Herangehens. Die Zahl 1 steht für die geringste Übereinstimmung. Die Zahlen 2 und 3 dienen der entsprechenden Abstufung.

[4] Vergeben Sie pro Zeile alle vier Werte und verwenden Sie dabei bitte keinen Wert doppelt. Gehen Sie in der Bearbeitung der Liste zeilenweise vor!!!

Herangehensweise an folgendes Vorhaben (Vorbereitung auf eine Tätigkeit im internationalen Management):

1.		kritisch		zögernd		engagiert		aufs Praktische gerichtet
2.		aufnahmebereit		anwendungs-orientiert		analytisch		unvoreingenommen
3.		fühlend		zuschauend		denkend		handelnd
4.		akzeptierend		risikobereit		bewertend		aufmerksam
5.		intuitiv		produktiv		logisch		fragend
6.		abstrakt		beobachtend		konkret		aktiv
7.		gegenwarts-gebunden		reflektierend		zukunftsorientiert		pragmatisch
8.		Erfahrung		Beobachtung		Modellbildung		Experiment
9.		intensiv		zurückhaltend		rational		verantwortungs-bewusst

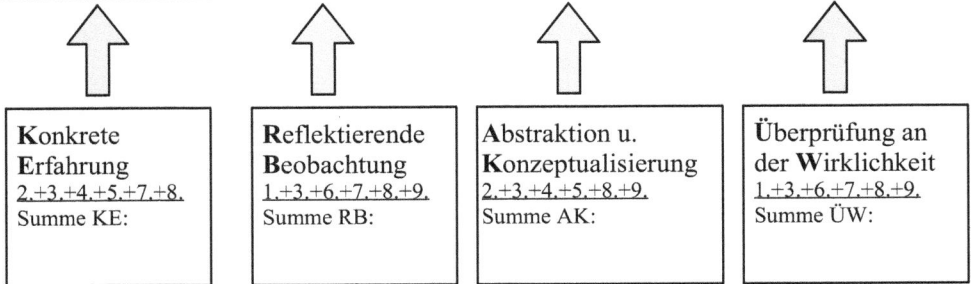

Konkrete Erfahrung
2.+3.+4.+5.+7.+8.
Summe KE:

Reflektierende Beobachtung
1.+3.+6.+7.+8.+9.
Summe RB:

Abstraktion u. Konzeptualisierung
2.+3.+4.+5.+8.+9.
Summe AK:

Überprüfung an der Wirklichkeit
1.+3.+6.+7.+8.+9.
Summe ÜW:

Die weitere Auswertung ergibt 2 Dimensionen:

Wert für x-Achse: RB minus ÜW _____

Wert für y-Achse: KE minus AK _____

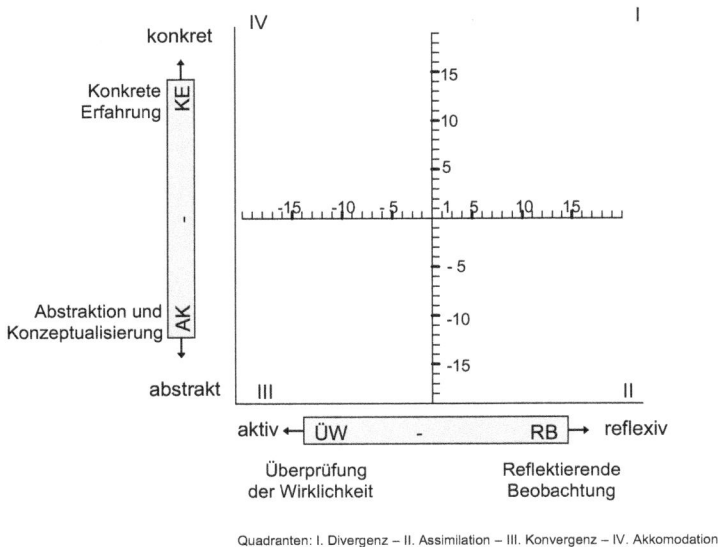

konkret

Konkrete Erfahrung — KE

Abstraktion und Konzeptualisierung — AK

abstrakt

IV   I

15
10
5

15 10 5   1 5 10 15

- 5
-10
-15

III   II

aktiv ← ÜW - RB → reflexiv

Überprüfung der Wirklichkeit   Reflektierende Beobachtung

Quadranten: I. Divergenz – II. Assimilation – III. Konvergenz – IV. Akkomodation

Abb. 5.8　　Fragebogen und Auswertungsschema (Quelle: Theo Wehner, IFAP Institut für Arbeitspsychologie 2000)

6 Unternehmenskultur

Henri Matisse entwirft, im Kaffeehaus sitzend, mit wenigen Bleistiftstrichen eine Skizze, vollendet sie in nur wenigen Minuten zum Bild. „Und dafür erhältst Du 3.000,- Franken?“ wundert sich ein vorbeikommender Freund, „Wie lange hast Du gebraucht, um dieses Bild zu malen?“ „40 Jahre“, sagt Henri Matisse. (Volksmund)

Kultur tut ihre Wirkung ähnlich – auf den Punkt gebracht, in wenigen Sekunden eines Telefonats, beim Gang durch die Fabrikhalle, bei jedem der mehrere Millionen Kontakte, die Lufthansa KundInnen jährlich mit dem Unternehmen haben. Aber sie wächst und entfaltet sich in Jahren.

6.1 Was ist Unternehmenskultur? Wie entsteht sie?

Sobald ein Unternehmen gegründet wird, muss es Antworten auf externe und interne Herausforderungen entwickeln. Die beteiligten Akteure haben bestimmte Vorstellungen über mögliche Antworten im Kopf, welche sie durch das Feedback zu ihrem Handeln laufend korrigieren. Mit der Zeit bildet sich ein bestimmtes im Handeln bewährtes Set an Vorstellungen und Antworten heraus, das sich von den ursprünglichen Akteuren ablöst und verselbstständigt: Dieses Set nennen wir Kultur (vgl. auch Kapitel 2). Es enthält Vorstellungen darüber, welche Funktion das Unternehmen in der Gesellschaft erfüllt bzw. zu erfüllen hat, Vorstellungen über die erzeugten Produkte, Vorstellungen über wichtige PartnerInnen (KundInnen, LieferantInnen, KonkurrentInnen, Behörden) sowie Vorstellungen darüber, wer im Unternehmen wie viel beiträgt, und wie man miteinander umgeht.

Für Neuankömmlinge zeigt sich Kultur in Antworten auf die Fragen: Wie denkt, fühlt, urteilt man hier? Was darf man hier tun, was ist tabu? Vorstellungen und Antworten auf obige Fragen existieren aber nicht nur ideell, in den Köpfen der Beteiligten, sondern schlagen sich auch in den Strukturen und Handlungsroutinen eines Unternehmens nieder. So gesehen, findet Management zunächst *in* der Kultur statt. Wir werden uns in Abschnitt 6.5 mit der Frage auseinandersetzen, ob und wie ein Management *der* Kultur möglich ist.

Das Phänomen Organisationskultur war Organisationsmitgliedern implizit wohl schon immer bewusst. Nach unseren auf Dierckes et al. gestützten Recherchen wurde der Begriff „Unternehmens-bzw. Fabrikskultur“ bereits 1951 von Jacques geprägt, der in seinem Werk „The changing culture of the factory“ ein dem heutigen Verständnis sehr ähnliches Konzept vorlegte. Es dauerte allerdings noch etwa dreißig Jahre, bis die Zeit für die Idee reif war (vgl.

Jacques 1951, zit. in von Rosenstiel 1993, 10). Wissenschaftliche Aufmerksamkeit gewann Organisationskultur nämlich erst in den 1980er Jahren vor dem Hintergrund handfester Probleme der amerikanischen Wirtschaft, die damals eine starke Zunahme japanischer Importe und Direktinvestitionen erlebte. Ein Artikel im Administrative Science Quarterly löste eine Phase der Beschäftigung mit dem Phänomen in akademischen Kreisen aus (vgl. Smircich 1983). Die Praxis versuchte vor allem zu erklären, worin der Erfolg japanischer Managementansätze begründet war und wie sich erfolgreiche amerikanische Unternehmen in so genannten „weichen" Faktoren von weniger erfolgreichen Firmen unterschieden. Die heute weit verbreitete Erfolgsfaktorenforschung wurde durch ein Buch zweier Mc Kinsey Berater angeregt, das den viel versprechenden Titel „In Search of Excellence" trägt (vgl. Peters & Waterman 1983). Zwar war das Buch kurz nach seinem Erscheinen bereits umstritten, da nicht wenige der dort genannten Erfolgsbeispiele in Schwierigkeiten geraten waren, das tut seinem Einfluss insbesondere im deutschen Sprachraum (Auf der Suche nach Spitzenleistungen, erschienen im Verlag Moderne Industrie) allerdings keinen Abbruch. Auch die Kritik an der Forschungsmethodik in der Erfolgsfaktorenforschung hält bis heute an, man ringt immer noch um gültige Forschungsdesigns (vgl. Kieser & Nicolei 2000 und den durch den Artikel ausgelösten Dialog). Eine weitere Wurzel eines in der Epoche stark ansteigenden Interesses an Unternehmenskultur ist in den Produktdifferenzierungsstrategien des Beratungs- und abgeschwächt auch des akademischen Marktes zu finden, die beide auf die Weckung von Aufmerksamkeit angewiesen sind. Durch Wertestudien von Inglehart war darüber hinaus in den frühen 1980er Jahren das Bewusstsein dafür geschaffen worden, dass Angehörige der Nachkriegsgenerationen weniger aus Pflichtgefühl Leistungen erbringen, sondern nach dem Sinn des beruflichen Engagements fragen (vgl. Inglehart 1998). Damit rückten Fragen der Sinnstiftung in den Mittelpunkt des Interesses.

Während vor einem guten Vierteljahrhundert die Beschäftigung mit einem metaökonomischen und schwer fassbaren Phänomen noch heftige Kontroversen auslöste und die Gemeinschaft der ForscherInnen spaltete, hat der kurze aber steile Lebenszyklus des Themas als „Managementmode" bewirkt, dass Organisationskultur heute als ein (zumindest rhetorisch) allgemein anerkanntes, managementrelevantes Phänomen gelten kann. Die drei Sichtweisen zu Zeiten der Spaltung umfassen (vgl. dazu Schneider 1986):

- Die Ablehnung des Phänomens als wenig bedeutsam, bzw. als nicht seriös erforschbar bis „esoterisch".
- Das Bemühen, Kultur als mess- und gestaltbare Variable zu isolieren und zu operationalisieren, um diese in Steuerungsansätze zu integrieren.
- Die Anerkennung des hermeneutischen und vernetzten Charakters des Phänomens, welches mit ethnographischen Methoden zu erforschen sei.

Ebenen von Organisationskultur:

Bisher sind wir implizit davon ausgegangen, dass jede Organisation durch nur eine, einheitliche Kultur gekennzeichnet sei. Diese Annahme ist nun zu differenzieren. Sie wird häufig bereits in der Einzelunternehmung nicht zutreffen und kann noch viel weniger im internationalen Konzern unterstellt werden. Von einer Konzernkultur (corporate culture) i.e.S. ist nur dann zu sprechen, wenn sich bestimmte Grundmuster quer über Landesgesellschaften und Geschäftsbereiche wiederfinden. Das schließt nicht aus, dass es unterhalb dieser Ebene Subkulturen gibt, etwa professionell definierte, wie eine „shopfloor culture", eine Controller Kultur usw. (vgl. Abb. 6.1).

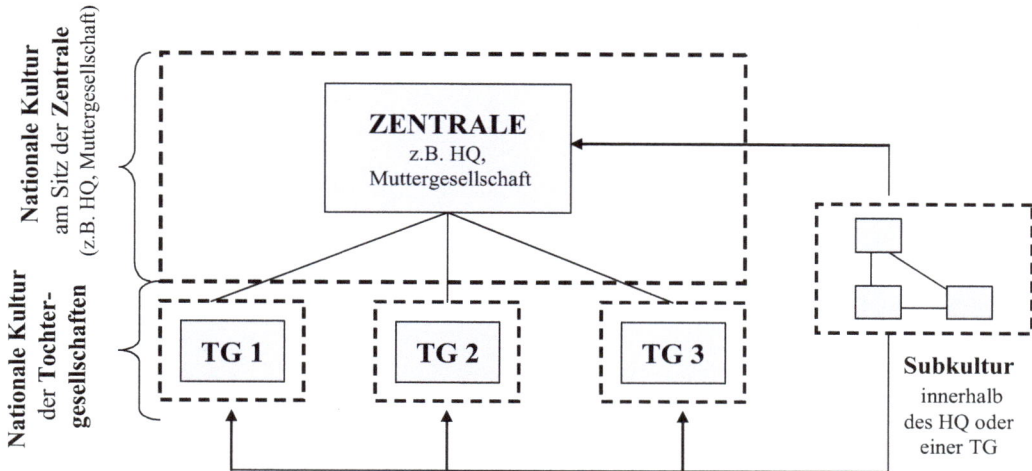

Abb. 6.1   Unterschiedliche Kulturen im internationalen Konzern (eigenerstellt)

6.2   Definitionen von Unternehmenskultur (UK)

Die im Folgenden wiedergegebenen Definitionen von UK sind eng an die Definitionen nationaler Kulturen angelehnt (vgl. Abschnitt 2.5.2). Sie nehmen darauf Bezug, was Kultur ist (Denkmuster, Werte, Verhaltensweisen, Artefakte), wie sie entsteht (als Set bewährter Problemlösungsmuster bzw. bewährter Antworten auf grundsätzliche Fragen), und wie Kultur wirkt (Legitimation nach außen, Sinnstiftung und Koordination nach innen). Auf den Punkt bringen Deal & Kennedy das Phänomen, wenn sie auf die zuletzt genannte Funktion Bezug nehmen: *„Culture is, what keeps the herd roughly going west."* (Deal & Kennedy 1982, Klappentext)

Ähnliche alltagssprachliche Definitionen wären:

* Kultur ist, wie wir die Dinge hier sehen und erledigen.
* Kultur ist das Verhalten, das wir an den Tag legen, wenn wir den „Autopiloten" einstellen.

Edgar Schein, geht in seiner Definition auf alle drei Aspekte ein – was ist, wie entsteht, wie wirkt Kultur (vgl. auch Abschnitt 2.4.1):

Kultur *„[...] ist die Summe der Lösungen, die von einer Gruppe erfunden, entdeckt oder entwickelt werden, während diese Gruppe lernt, ihre Probleme der externen Anpassung und* *internen Integration zu meistern. Diese Lösungen haben sich gut genug bewährt, um als gültig betrachtet und neuen Mitgliedern als die korrekte Art beigebracht zu werden, in Bezug auf diese Probleme wahrzunehmen, zu denken und zu fühlen.*" (Schein 1985, 9, Ü.d.d.V.)

Kultur ist also offenbar der Stoff, aus dem die Organisationsmitglieder ihre Wirklichkeit weben. Dabei ist sie für die Managementaufgabe doppelt wirksam (vgl. Abb. 6.2): Auf der ökonomischen Schiene der Funktionalität (Effektivität und Effizienz) und auf der sozial betonten Schiene der Autorität und Kooperation (vgl. Schneider 1991, 273ff).

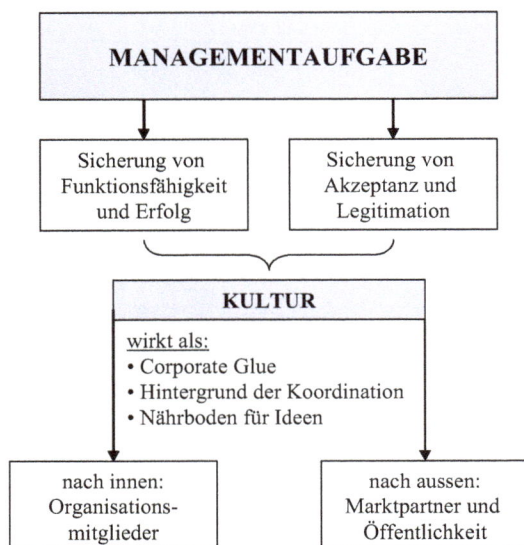

Abb. 6.2   Funktion von Kultur für das Management (eigenerstellt)

Populärwissenschaftliche Definitionen, von denen in den 80iger Jahren sehr viele entstanden, schreiben der Unternehmenskultur in der Regel zusätzlich Folgendes zu:

- **Einheitlichkeit**: Die Möglichkeit von Subkulturen wurde nicht beachtet; befragt wurden Führungskräfte; was man als „die" Kultur ermittelte, war eigentlich eine Kultur „der EntscheidungsträgerInnen".
- **Prägnanz**, Stärke: Kultur wurde als deutlich erkennbarer und alle anderen Erfolgsfaktoren überstrahlender Faktor definiert (vgl. Deal & Kennedy 1987, 81). Von der Firma IBM hieß es, sie sei „la nouvelle église" – und durch diesen starken Appeal sei der lang andauernde Erfolg des Unternehmens bestimmt.
- **Positive Besetzung und Wirkung im Sinne der Unternehmensziele**: Während der wissenschaftliche Begriff in Bezug auf die Inhalte von Kultur (z.B. Werte) neutral angelegt ist (auch und besonders die Mafia und Straßengangs in der Bronx haben Kultur), ist der populärwissenschaftliche Begriff positiv besetzt: Er ist daher in der Nähe des Begriffs Ethik angesiedelt und gilt jedenfalls als Erfolgsfaktor. Dem stehen empirische Ergebnisse

gegenüber, die starke – aber nicht mehr zeitgemäße – Kulturen als Misserfolgsfaktor identifizieren (z.B. die Produktionskultur deutscher Hersteller von Unterhaltungselektronik im Vergleich zur Marketingkultur der japanischen Konkurrenz).

Edgar Schein hat seine allgemeine Definition von Kultur in einem dreistufigen Modell konkretisiert, welches wegen seiner Anschaulichkeit weite Verbreitung gefunden hat (vgl. Schein 1985). Seine sehr abstrakt klingende Definition bezeichnet Kultur als

- **kollektives**
- **erlerntes**
- **zum größten Teil unbewusstes**

Phänomen, das sich über einen längeren Zeitraum bildet und daher dem direkten Veränderungszugriff entzogen ist.

Scheins Modell unterscheidet drei Stufen kultureller Phänomene, wobei Sichtbarkeit und Nachvollziehbarkeit von oben nach unten abnehmen. Auf der obersten Ebene verortet er die so genannten **Artefakte** (wörtlich das künstlich Geschaffene). Artefakte sind von Menschen geschaffene Konstrukte, die man wahrnehmen kann, wie etwa Gebäude, Einrichtungsstile, Kleidung, Sprache, Grußrituale, Produkte oder allgemein gesprochen sichtbare Strukturen und Prozesse im Unternehmen, Phänomene, die man hört und fühlt, wenn man einer noch unbekannten Kultur begegnet. Diese Ebene der Kultur lässt sich zwar leicht beobachten, allerdings schwer entschlüsseln. Als BeobachterIn kann man seine Eindrücke beschreiben, aber daraus allein noch nicht rekonstruieren, was diese Dinge einer Gruppe bedeuten oder ob sich darin bedeutende Grundannahmen widerspiegeln. Auf der mittleren Stufe lagert Schein **Werte und Normen** an, die zum Teil explizit aufgeschrieben werden (z.B. in Leitbildern, Sprüchen, Strategien, Zielen, Philosophien), aber auch aus Verhalten und Erzählungen rückgeschlossen werden können. Werte können wir in Anlehnung an Aristoteles als ethische Tugenden und diese wiederum als Gleichgewichtszustand zwischen Übertreibung und Unterlassung definieren. In dieser alten Definition aus der Nikomachischen Ethik (II, 5, 1109 a 20ff, III, 8, 1114b, 26ff) findet sich bereits eine Relativierung in polare Werte und ihre Gegenwerte, wie etwa Sparsamkeit als Wert und Geiz als Übertreibung versus Freigebigkeit als Wert und Verschwendung als Übertreibung. Anders ausgedrückt: Werte steuern, was wir als gut und böse, schön und hässlich, mutig und feige, erfolgreich und erfolglos befinden, während Normen als Sollensvorschriften beschrieben werden können, die nicht notwendig mit den individuellen Werten übereinstimmen müssen. Normen können als das, was man tut bzw. nicht tun darf, auch aus Angst vor Strafe oder aus Gewohnheit und nicht aus Überzeugung befolgt werden. Sich gegen seine Werte zu verhalten, erzeugt psychische Spannungen. Aus diesem Grund berichten MitarbeiterInnen von Unternehmen mit starken Kulturen regelmäßig, dass man dort nur die Option habe, voll mit von der Partie zu sein oder auszuscheiden, da abweichende Überzeugungen im Wertebereich an den Rand gedrängt werden. Allerdings können Menschen auch subtile Abwehrmechanismen entwickeln, um Widersprüche zwischen ihren privaten Werten und geschäftlich geforderten Verhaltensweisen auszuhalten. Dies betrifft zum Beispiel die Umweltproblematik oder die Tätigkeit gläubiger Muslime für nicht islamische Banken mit ihren nicht Islam konformen Zinspraktiken. Zu Werten und Normen vgl. auch Abschnitt 2.4.2.

Normen und Werte können aus Artefakten und Verhalten erschlossen werden, wie dies auch die ökonomische Theorie der revealed preference annimmt (vgl. Samuelson 1948): *„Zeige mir, wie du handelst und ich sage dir, wie deine Wertehierarchie beschaffen ist."* Eine entsprechende Entzifferung ist allerdings selten eindeutig. Es bedarf für den Einzelnen einer hohen Sensibilität und langen Einbettung in eine Kultur, bis es ihm gelingt, Symbole, Verhalten und Schlüsselhinweise in ihrer kulturellen Bedeutung relativ treffsicher zu übersetzen. Dies gilt bereits im nationalen Unternehmen, während in transnationalen Unternehmen solche Deutungsvorgänge durch nationale, ethnische bzw. religiöse Kulturunterschiede zusätzlich erschwert werden.

Auf der dritten Ebene seines Modells geht Schein noch tiefer dorthin, wo er unser grundsätzliches Denken und Fühlen über die Welt und die menschliche Existenz an sich vermutet: Unbewusste, selbstverständliche Anschauungen, Wahrnehmungen, Gedanken und Gefühle bezeichnet er als **Grundprämissen** bzw. **Basisannahmen**. Dabei lehnt er sich an das bereits vorgestellte Modell von Kluckhohn & Strodtbeck (vgl. Abschnitt 3.1) an und stellt Fragen wie: Sehen wir uns als Krone der Schöpfung oder eher bescheidener als Teil eines Ökosystems? Halten wir alle Menschen für gleich(berechtigt) oder haben wir diesbezüglich Vorurteile bezüglich Alter, Geschlecht, Ethnie, Stand? Wie ist unser Empfinden/Verständnis von Raum und Zeit? Halten wir die Welt für erkennbar, unsere Sicht der Dinge für „die Wahrheit" oder sehen wir uns als Suchende und Irrende? Basisannahmen schwingen im Untergrund des Alltagshandelns mit und brechen manchmal an die Oberfläche durch, etwa im Anti-Diskriminierungsrecht, das Werte der Gleichheit bzw. Rangfolge von Geschlechtern, Generationen und ethnischen Zugehörigkeiten berührt.

Wie Schein hervorhebt, sind die Basisannahmen un- bzw. unterbewusst. Sie wurzeln stammesgeschichtlich in früheren Phasen der Evolution und sind historisch als Antworten auf Herausforderungen entstanden. Funktioniert eine Lösung für ein Problem immer wieder, dann wird sie allmählich als selbstverständlich betrachtet. Ausgehend von einer Hypothese, gestützt von einer Ahnung oder einem Wert folgt die Überleitung in eine Tatsache. Grundannahmen sind quasi zu etwas Selbstverständlichem innerhalb eines kulturellen Verbands geworden. Hat eine Grundprämisse in einer Gruppe einen stark prägenden Charakter, dann halten die Mitglieder jedes Verhalten, das auf einer anderen Grundannahme aufbaut für unvorstellbar.

Die drei Ebenen ermöglichen eine tiefer gehende Auseinandersetzung mit der Kultur einer bestimmten Gruppe. Wenn man die Struktur der Grundprämissen einer Kultur nicht entschlüsselt, führt dies meist zu einer Fehlinterpretation der Artefakte und der Glaubwürdigkeit der artikulierten Werte. Die Bedeutung einer Kultur liegt in der Struktur ihrer grundlegenden Annahmen. Erst wenn man diese verstanden hat, kann man auch die anderen Schichten erfassen. Nach Schein ist für das Verständnis einer Kultur das Erkennen der gemeinsamen Grundannahmen und des Lernprozesses, in dem sie entstehen, unabdingbar (vgl. Schein 1995, 34). Dem hält Hofstede mit einiger Berechtigung entgegen, dass man keine Übereinstimmung in den Grundannahmen zu erzielen brauche, um miteinander Handel zu treiben (vgl. Hofstede 1982, Einleitung). Es macht seiner Ansicht nach daher auch wenig Sinn, Übereinstimmung herbeiführen zu wollen. Beide Hinweise verbindend meinen wir, man sollte sich bewusst sein, dass Basisannahmen in allen Kulturen existieren und dass sie divergieren. Das berührt die in Abschnitt 4.1.6 angesprochenen Fragen eines kulturellen Relativismus bzw. Dogmatismus oder Imperialismus als polare und im Wesentlichen unhaltbare Positionen. In der folgenden Abb. 6.3 ist Scheins Modell graphisch aufbereitet.

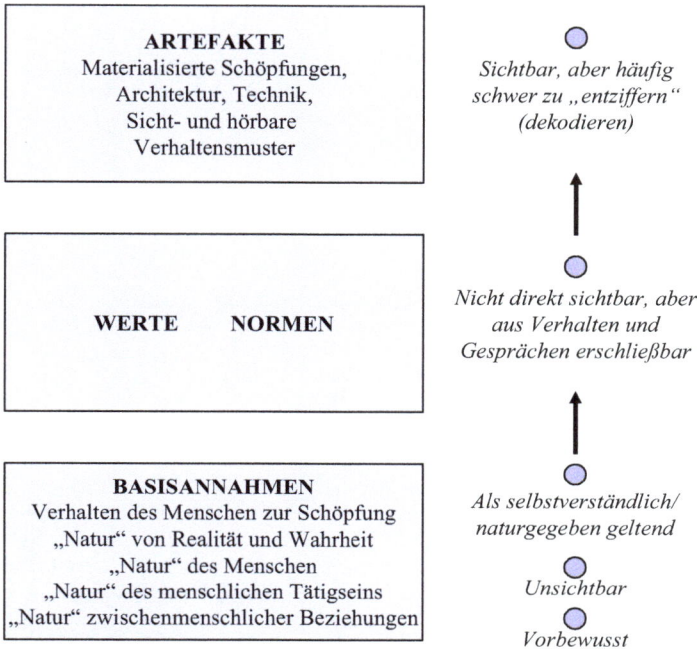

ARTEFAKTE
Materialisierte Schöpfungen, Architektur, Technik, Sicht- und hörbare Verhaltensmuster

Sichtbar, aber häufig schwer zu „entziffern" (dekodieren)

WERTE   NORMEN

Nicht direkt sichtbar, aber aus Verhalten und Gesprächen erschließbar

BASISANNAHMEN
Verhalten des Menschen zur Schöpfung „Natur" von Realität und Wahrheit „Natur" des Menschen „Natur" des menschlichen Tätigseins „Natur" zwischenmenschlicher Beziehungen

Als selbstverständlich/ naturgegeben geltend

Unsichtbar

Vorbewusst

Abb. 6.3   Drei Ebenen der Kulturbetrachtung (in Anlehnung an Schein 1995, 30)

Wenn Sie an dieser Stelle den Eindruck haben, Sie wüssten nun genau, was Kultur ist, so wie Sie genau wissen, wie der Satz des Pythagoras lautet, haben Sie den Text nicht aufmerksam genug gelesen. Wenn Sie hingegen meinen, Sie hätten eine Ahnung gewonnen, welch vielschichtige soziale Dynamik mit dem Begriff umschrieben wird, ohne sie eindeutig auf den Punkt bringen zu können, dann sind Sie auf dem Weg zu verstehen.

6.2.1   Grundsätzliche Modalitäten der Koordination menschlicher Handlungen

Amitai Etzioni hat ein Modell formuliert, welches drei Grundformen der Koordination menschlicher Handlungen voneinander abgrenzt: Zwang, Kalkül und Ideale, Werte, Traditionen (vgl. Etzioni 1964, 59f). Wie in der folgenden Übersicht (vgl. Tab. 6.1) dargelegt, sind diese Formen mit unterschiedlichen Kosten verbunden.

Tab. 6.1   Grundformen der Koordination menschlichen Handelns (eigenerstellt in Anlehnung an Etzioni 1964, 58–67)

Form	Symbol	Bezeichnung	Auswirkung	Beispiele	Motivation sich zu fügen
ZWANG	Peitsche (Stick)	Not- und Zwangs-gemeinschaft	ständige Machtpräsenz erforderlich; teuer; inflexibel, bedarf hoher Komplexitätsreduktion => wenige starre Regeln	Gefängnis abgemildert: Pflichtschule	Angst vor Strafe
KALKÜL	Zucker-brot (Carot)	Zweck-gemeinschaft	klare Ziele erforderlich; Koppelung mit Vorteilen für alle Beteiligten, kostengünstig, flexibel, aber flüchtige Ergebnisse, bedarf ebenfalls der Komplexitäts-reduktion => Routinen, Programme	Unternehmen moderne Politik	Berechnung
IDEALE WERTE **TRADI-TIONEN**	Geist, Kultur	Sinn-gemeinschaft	Koordination über geteilten Kontext; kostengünstig, flexibel, zuverlässig, selbstverstärkend; kann hohe Komplexität verarbeiten; inflexibel bezüglich 2nd order change	Kirchen, Pfadfinder, Unternehmen mit starker Kultur, Familien-clans	Überzeugung Begeisterung

Kultur entfaltet nach diesem Modell ihre Wirkung als ein sehr wirksamer, flexibel anpassbarer Koordinationsmodus, der die Menschen dazu bringt, einen gemeinsamen Zweck motiviert zu verfolgen, und zwar ganz ohne disziplinäre Aufsicht oder monetäre Anreize. Sie stellt somit ein besonders kostengünstiges Verfahren der Koordination dar, wenn sie einmal ausgeprägt ist und wenn die in ihr gespeicherten Werte, Normen und Verhaltensweisen zur den Herausforderungen der Umwelt passen. Ist dies nicht (mehr) der Fall, erweist sich Kultur allerdings als ein den Wandel blockierender Faktor. Es ist dann teuer, sie nachhaltig zu verändern, was in der Praxis meist nur gelingt, indem besonders exponierte VertreterInnen einer nicht mehr zeitgemäßen Kultur ausgetauscht werden.

Es versteht sich von selbst, dass in der Realität von Wirtschaftsunternehmen alle drei idealtypischen Grundformen der Koordination zur Anwendung kommen, allerdings, je nach Kultur, in unterschiedlicher Mischung. Disziplinäre Ordnungen und die Möglichkeit zur existenzbedrohenden Kündigung enthalten Elemente von Zwang; variable Gehaltsbestandteile, Karrieren und ähnliche Anreize sind ein klassischer Ausdruck von Kalkül. Leitbilder und Mission Statements sowie insbesondere die von einer Mehrheit gelebten Normen und Werte verweisen auf eine Steuerung durch Sinn. Die Wirkung von Kultur zeigt sich z.B. in folgender Geschichte:

Karl Weick erzählt das Beispiel einer Gruppe von Soldaten, die sich während eines Schneesturms in den Schweizer Alpen verirren. Um zu überleben, müssen sie ihren aktuellen Standort verlassen. Einer zieht eine Karte aus der Tasche, der sie folgen, um zuletzt tatsächlich zu ihrem Stützpunkt zurückzukehren. Nachträglich stellte sich heraus, dass es sich bei der Karte um eine Karte der Pyrenäen gehandelt hatte (vgl. Weick 1995, 54).

Es ging also offenbar nicht um Abbildtreue, noch nicht einmal um Realitätstreue, sondern darum, Sinn zu vermitteln (und damit den Mut, sich nicht aufzugeben) und eine grobe, geeignete Analogie zur Orientierung bereitzustellen. Den Rest haben die Soldaten in Feinabstimmung zwischen ihrer Erfahrung und dem Gelände von selbst bewältigt.

Was können wir aus der Geschichte lernen? Die Karte ist nicht das Territorium, das wissen wir bereits, aber sie hat wichtige Funktionen; sie orientiert, sie gibt Sinn, sie reduziert Komplexität, sie koordiniert die Marschbewegungen – gerade so wie Kultur – im Beispiel zu einem guten Ausgang (vgl. auch Eco 1993).

6.3   Kulturtypologien verschiedener AutorInnen

Geert Hofstede hat ein vereinfachtes Modell unterschiedlicher Organisationskulturen entworfen. Er geht dabei noch von national deutlich bestimmten Unternehmen aus, was heute immer weniger der Fall ist. AmerikanerInnen erschien während der Fusionsperiode vermutlich vieles an Daimler Chrysler deutsch, für die Deutschen jedoch ist es ein transnationales Unternehmen. Wegen dieser Veränderung sind Aussagen über Kulturunterschiede mit Vorbehalten und einem etwaigen Verfallsdatum zu versehen. Andererseits haben wir hervorgehoben, dass Kultur sich nur langsam entwickelt. Aus diesem Grund können auch ältere Studien (wie etwa die über 30 Jahre zurückliegende IBM Studie von Hofstede) noch wichtige Hinweise geben. Neben der Frage des Bezugs auf einen bestimmten zeitlichen Kontext sind Typologien im Allgemeinen auch wegen der in ihnen vorgenommenen Vereinfachungen problematisch.

Ihnen sind im Laufe Ihres Studiums sicher viele Typologien begegnet, die die Welt durch einfache Zweiteilung in den (Be-)Griff nehmen. Zwei in ein Koordinatenkreuz passende Dimensionen à zwei Ausprägungen – fertig ist die einprägsame und bildhafte Vierfeldermatrix. Dass damit gefährlich stark reduziert wird, ist die eine Seite. Ihr kann man begegnen, indem man das grobe Strickmuster des Portfolios als das nimmt, was es ist: ein relativ beliebiges Konstrukt, eine Heuristik, ein Angebot zur raschen Verständigung über ein Phänomen, wobei im Bewusstsein bleibt: „*the map is not the territory*".

Wenden wir uns nun dem Modell von Hofstede zu. Es verwendet die Ihnen bereits bekannten Dimensionen Machtdistanz und Unsicherheitsvermeidung, um die für einen Kulturraum jeweils typische Organisation zu beschreiben (vgl. Abb. 6.4).

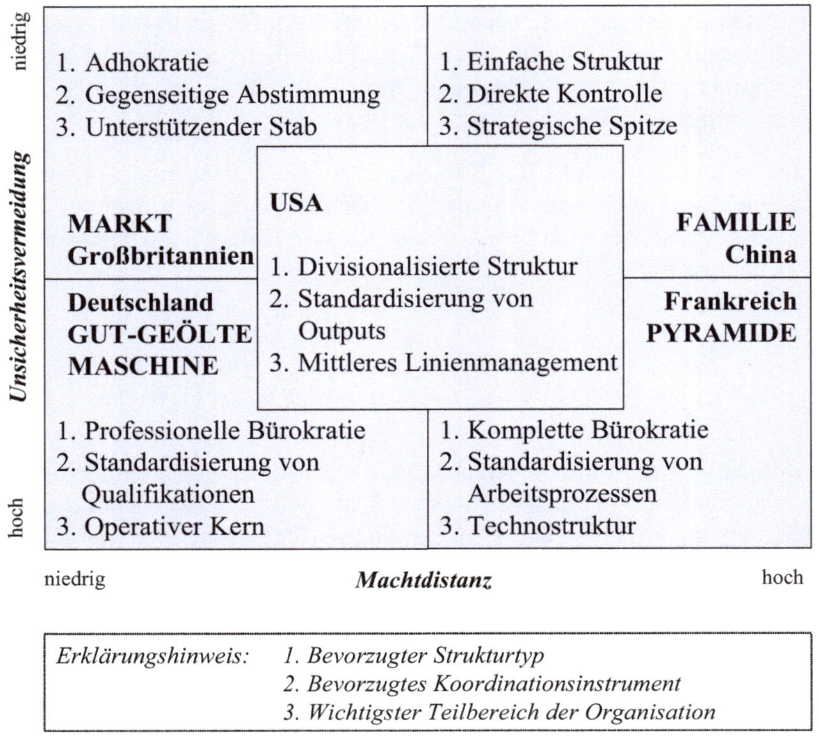

<table>
<tr><td></td></tr>
</table>

1. Adhokratie 2. Gegenseitige Abstimmung 3. Unterstützender Stab	1. Einfache Struktur 2. Direkte Kontrolle 3. Strategische Spitze

MARKT
Großbritannien

USA

1. Divisionalisierte Struktur
2. Standardisierung von Outputs
3. Mittleres Linienmanagement

FAMILIE
China

Deutschland
GUT-GEÖLTE
MASCHINE

Frankreich
PYRAMIDE

1. Professionelle Bürokratie 2. Standardisierung von Qualifikationen 3. Operativer Kern	1. Komplette Bürokratie 2. Standardisierung von Arbeitsprozessen 3. Technostruktur

niedrig / *hoch* (vertikal: **Unsicherheitsvermeidung**)

niedrig   ***Machtdistanz***   hoch

Erklärungshinweis: *1. Bevorzugter Strukturtyp*
   2. Bevorzugtes Koordinationsinstrument
   3. Wichtigster Teilbereich der Organisation

Abb. 6.4   Organisationstypen in Abhängigkeit von nationalen Kulturen (leicht modifiziert nach Hofstede 1991, 152)

Hofstedes These ist, dass die Unternehmensorganisationen im Sinne von Strukturen und Abläufen die Ausprägungen der beiden Dimensionen in ihrem Umfeld kulturell spiegeln. Kulturelle Unterschiede sorgen dafür, dass gleichartige Organisationen in unterschiedlichen Ländern verschiedene Formen annehmen können, wobei sich Bedürfnisse nach Zentralisation in der Machtdistanz und Bedürfnisse nach Formalisierung in der Dimension der Unsicherheitsvermeidung wiederfinden. Er führt illustrativ Beispiele aus den vier Kulturräumen an, um diese These zu stützen – etwa chinesische Familienclans, wo Autorität gestärkt wird ohne Aktivitäten zu strukturieren, die relativ stark ausgeprägte Regelungsdichte in deutschen Großunternehmen, die strikte Hierarchie und Formalität in französischen oder italienischen Unternehmen, sowie das Organisationsmodell des Wochenmarktes in Großbritannien, der weder formalisiert noch zentraliert ist.

Ein zweiter Vorschlag stammt von Deal & Kennedy (vgl. 1987, 151–166). Sie gehen den Weg, Branchenkulturen anhand zweier Dimensionen zu unterscheiden, von denen sie plausibel annehmen, dass sie Einfluss auf die Organisation (Abläufe, Regelungen) und damit auf das Verhalten der Organisationsmitglieder haben. Die beiden Dimensionen sind: Geschwindigkeit des Feedbacks vom Markt und Risiko des Geschäfts. Das Ergebnis ist in der folgenden Matrix (vgl. Abb. 6.5) dargelegt:

hoch	**Risiko-Kultur** • Investitionskultur • Hohes Risiko bei langsamem Feedback • Vorreiter in F & E • Technisch-wissen- schaftliche Prägung	**Macho-Kultur der harten Männer** • Zähe Burschen • Individualisten • Regeln werden nicht eingehalten • Schnelle Auf- und Abstiege
niedrig	**Verfahrens-Kultur** • Geringes Risiko • Langsamer Feedback • Verfahrensregeln treten in den Vordergrund	**Harte Arbeit- Viel Spaß-Kultur** • Sehr aktionsorientiert • Verkaufskultur • Langfristige Orientierung • Menge vor Güte • Extrovertierte Mitarbeiter

Risiko (vertikale Achse), langsam — *Feedback vom Markt* — schnell (horizontale Achse)

Abb. 6.5 Branchenkulturen (eigenerstellt in Anlehnung an Wever 1992, 74ff)

Die These ist, dass zu raschlebigen Branchen nur eine Kultur passt, die nahe am beschriebenen Typus liegt, und umgekehrt, sonst bliebe der Erfolg aus. Das Modell hat Plausibilität, weil die entsprechenden Branchen tatsächlich jeweils bestimmte Persönlichkeitstypen anziehen: Wer auf Sicherheit und Gleichförmigkeit aus ist, geht wohl eher nicht ins Showgeschäft. Wie erwähnt, sind Typologien Einordnungshilfen, keineswegs Gesetz oder Realität. Ohne Zweifel lässt sich pro Feld problemlos mindestens ein Gegenbeispiel formulieren, dessen Kultur nicht typenkonform, aber dennoch erfolgreich ist. Wegen ihrer relativen Beliebigkeit (welche Dimensionen werden gewählt, wie wird über die Ausprägung entschieden und zugeordnet) sind Typologien zeitgebunden. Sie entsprechen der Interpretation von Dimensionen, Ausprägungen und Zuordnungen zum Zeitpunkt ihres Erscheinens und können daher rasch veralten. Sie finden hierin eine – von mehreren Erklärungen – für die rasche Abfolge von Managementerfolgsrezepten und -moden.

6.3.1 Theorie der Unternehmenskultur

Was müsste eine gute Theorie über ein Phänomen leisten? Sie müsste erklären, wie es entsteht, erklären, wie es wirkt und erklären, wie es beeinflusst werden kann (kritisch rationaler Zugang), bzw. das Verstehen vertiefen, um so das eigene Verhaltensrepertoire zu erweitern (konstruktivistischer Zugang). Speziell in Bezug auf die eng zusammenhängenden Fragen von Entstehung und Gestaltung gibt es unterschiedliche Ansichten. Über die Wirkung ist man sich hingegen eher einig. Drei theoretische Richtungen haben versucht, Antworten auf diese Fragen zu geben (vgl. Tab. 6.2):

Tab. 6.2   Theorien der Unternehmenskultur (eigenerstellt)

Variablensichtweise	Lebensweltsichtweise	Synergetische Sichtweise
Organisationen **haben** (auch) Kultur: Sie ist ein Gestaltungsfaktor neben Strukturen und Systemen	Organisationen **sind** Kulturen. Im Moment der Beobachtung sind sie ohne ihre gemeinsame Geschichte nicht zu erklären	Organisationen **sind** Kulturen **und haben** kulturelle Ausprägungen, auf die man behutsam einwirken kann
Kultur ist gestaltbar, machbar	Kultur ist nicht bewusst und nicht gestaltbar	Kultur ist behutsam beeinflussbar
Kulturmanagement als Führungsaufgabe	Kulturverstehen als Führungsaufgabe	Kulturverstehen und symbolisches Management als Führungsaufgabe
Checklistverfahren (Veränderung von Merkmalen in die gewünschte Richtung)	———	Befragungen, Fokusgruppen; sämtliche Organisations- u. Personalentwicklungsverfahren, die kollektive Selbstreflexion ermöglichen
Vorbildkulturen werden nachgeahmt (kulturelles Benchmarking)	Kultur wird nicht angetastet	Erwünschte Seiten der gewachsenen Kultur werden verstärkt

Die **Variablensichtweise** wird häufig von BeraterInnen und in Managementbestsellern vertreten. Sie hängt eng mit der sogenannten CI – Beratung zusammen (CI – Corporate Identity, manchmal auch enger verstanden als Corporate Image): Unternehmen erhalten demnach ein neues Outfit, neue Leitlinien und Grundsätze, die vom Management strategiekonform zu entwickeln sind => daraus erwartet man sich eine neue Kultur. Das Einschwören der Unternehmensmitglieder auf die neuen Werte wird häufig über Trainings geleistet, die kaskadenartig von der obersten bis zur mittleren Führungsebene durchgeführt werden. Kulturgestaltung nach dem Variablenverständnis ist ganz eindeutig Führungsaufgabe, etwas, was „Häuptlinge und Medizinmänner" den „einfachen Indianern" vorgeben müssen. Dass „die da unten" auch Kultur haben und entwickeln könnten, bleibt außerhalb der Betrachtung. Da Kultur als Steuerungsvariable begriffen wird, hat sie von oben nach unten durchgesetzt zu werden. Im Dienst der Variablensichtweise sind viele Versuche entstanden, Kulturausprägungen zu messen. Ähnlich wie beim Maß der Kulturdistanz werden Orientierungen und Verhaltensausprägungen dabei in der Regel mit Fragebögen erhoben, die Likert-Skalen und Polaritätsprofile enthalten. Wegen der vielfältigen Probleme solcher Erhebungen hat sich allerdings kein allgemein anerkanntes Messverfahren herausgebildet (vgl. auch Abschnitt 2.6).

Die **Lebensweltsichtweise** ist bezüglich des Respekts vor gewachsenen Kulturen (Lebensformen) sicherlich die sympathischste, im Unternehmenskontext scheint sie uns allerdings zu passiv (vgl. auch Schreyögg 1999, 468). In Unternehmen wird ja in der Regel gesteuert, es soll etwas Bestimmtes erreicht werden, dem die gewachsene Kultur im Wege stehen kann. Außerdem haben Führungskräfte keine Wahl: Sie prägen Kultur auf jeden Fall durch ihr Verhalten, was wohl besser bewusst geschieht als unbewusst.

Die **synergetische Sichtweise** verbindet die beiden anderen: Sie hat Respekt vor dem Phänomen, erkennt an, dass es nicht direkt gesteuert werden kann, sondern sich eigentlich erst als Resultat bestimmter Strukturen, Symbole, Denk- und Verhaltensweisen einstellt. Das bedeutet jedoch nicht zu resignieren, denn schließlich entwickelt sich Kultur laufend, ändert sich mit dem Ausscheiden von MitarbeiterInnen mit Erinnerung an frühere Ereignisse und dem Eintritt von Personen, die andere Erfahrungen gemacht haben. Je kleiner das Unternehmen, umso prägender ist dieser personelle Faktor, weil weniger personübergreifende Regeln und Verfahren (als Speicher von Kultur) vorhanden sind. Die synergetische Sichtweise geht somit von einer Beeinflussbarkeit der Kultur aus, bedenkt dabei aber, dass Kulturentwicklung ein Prozess ist, der Zeit braucht und dessen Ergebnis nicht eindeutig geplant und herbeigeführt werden kann. Was man beeinflussen kann, ist die Richtung, die das Ganze nimmt. Wenn eine Fusion/Akquisition umzusetzen ist, wenn ein Unternehmen in Regionen mit großer Geschäftsdistanz internationalisiert, wenn neue Technologien eingeführt werden sollen, wenn sich die Ansprüche der KundInnen ändern und/oder die Konkurrenz stärker wird, mit einer Änderung der Spielregeln aufwartet, etc., immer dann steht Veränderung an, die auch das berührt, was wir mit dem Etikett Kultur umschreiben.

6.4   Verwandte Konzepte

Gerade weil Kultur im alltäglichen, teilweise auch im Sprachgebrauch der Managementliteratur so unterschiedlich verwendet wird, verschwimmen häufig die Grenzen zu anderen, ähnlich besetzten Konzepten (vgl. Abb. 6.6).

Abb. 6.6   *Organisationskultur und verwandte Konzepte (eigenerstellt)*

Unter **Unternehmensphilosophie** (auch Unternehmensgrundsätze, Leitbild, Führungsrichtlinien) verstehen wir ein meist schriftlich niedergelegtes, explizites Bekenntnis zu Werten, nach denen man in einem Unternehmen zu leben bemüht ist. Soweit es auch gelebt wird, ist es Teil der Kultur. Soweit es „nur" auf Hochglanzpapier steht, ist es nicht Teil der Kultur und nicht im Sinne des Gesagten wirksam. Es kann jedoch kontraproduktiv wirken, wenn KundInnen, MitarbeiterInnen oder der Öffentlichkeit der Widerspruch zwischen tatsächlichem und deklariertem Verhalten gerade dadurch offenbar wird, dass Letzteres im Zuge von Public Relations Maßnahmen veröffentlicht und betont wird. Deshalb wollen wir an dieser Stelle nur in aller Kürze Folgendes zur Leitbildproblematik vermerken:

- In Zeiten großer Turbulenz und zunehmender Optionen wird Orientierungswissen zum Wettbewerbsfaktor. Es ist für Unternehmen daher wichtig, ein in der Richtung deutliches, im Detail flexibles Bild davon zu entwickeln, wer man ist, wohin man sich bewegt und wovon man sich jedenfalls distanziert. Der Prozess einer Leitbild (Philosophie, Grundsatz-) -entwicklung kann die Bildung von Orientierungswissen unterstützen. Beispiel: Hersteller von Büromöbeln, Mitte der 90iger Jahre: Sie beobachten, einen Rückgang der Fläche/MitarbeiterIn in der Verwaltung von 24 auf 12m^2, die Einsparung und Auslagerung von Bürotätigkeiten und die Entwicklung unterschiedlicher Formen der Telearbeit: Es gehört wenig Phantasie dazu, sich einen Umsatzeinbruch von 30% im angestammten Geschäft vorzustellen: Hier setzten Leitbild- und Zukunftsüberlegungen ein.
- Identitätsfindung ist weder delegier- noch hierarchisch verordenbar; deshalb sollte sie als Prozess mit möglichst breiter Beteiligung stattfinden, der von BeraterInnen zwar unterstützt, aber nicht getragen werden kann. Es genügt auch nicht, dass oberste Führungsorgane Leitbilder in Klausur entwickeln und dann verteilen oder in Trainingsprozesse einspeisen.
- Nur gelebte Leitbilder sind wirksam im Sinne ihres Anliegens: Deshalb muss es legitim sein, sich in Verhandlungs- und Entscheidungsprozessen wirksam auf sie zu berufen.
- Leitbilder betreffen die Metaebene des operativen Geschehens. Sie sind daher flexibel genug, *first order change* zu verarbeiten (vgl. Argyris 1999, 67–91)[16]. Dies gilt nicht für *second order change*; da der Prozess der Leitbildentwicklung, so wie oben empfohlen, anstrengend und aufwendig ist, besteht die Gefahr, dass Leitbilder nach ihrer Verabschiedung sakrosankt werden. In diesem Fall würde das Leitbild der weiteren Entwicklung des Unternehmens im Wege stehen.

Unternehmensethik bezeichnet eine wissenschaftliche Disziplin, die sich einerseits mit der begründeten Ableitung allgemein gültiger Grundsätze für Unternehmen und andererseits mit Praktiken, zu denen sich ein Unternehmen konkret bekennt, beschäftigt (z.B. Ethikkommission, Ethikhotline). Einige AutorInnen (im deutschen Sprachraum vgl. besonders Homann & Blome-Drees 1992) halten eine Unternehmensethik für verzichtbar. Sie plädieren dafür, die Rahmenordnung so zu gestalten, dass Unternehmen sich aus eigenem Interesse ethisch verhalten müssen (-> Wirtschaftsethik). Ansonsten gelte *„The social responsibility of business is to increase its profits"* (Milton Friedman in New York Times Magazine, September 13, 1970).

---

[16] Um den Unterschied first order change/second order change und einschleifiges bzw. zweischleifiges Lernen zu verstehen vgl. auch Schreyögg 1999, 539f.

Wir sind nicht dieser Meinung. Im Rahmen der Rechtsordnung besteht beträchtlicher Verhaltensspielraum, den Entscheider in Unternehmen mehr oder minder ethisch füllen können. Im internationalen Geschäft kommt erschwerend hinzu, dass ethische Ansprüche in unterschiedlichen Kulturen sehr unterschiedlich ausfallen: So gilt z.B. die soziale Marktwirtschaft in den USA beinahe schon als unethisch, weil sie die Tüchtigen zugunsten von weniger Tüchtigen benachteilige und Initiative ersticke, die für das Gemeinwohl unverzichtbar sei. EuropäerInnen, hingegen, können Probleme mit einem System haben, das große Einkommens- und damit Chancenunterschiede zulässt und durch eine Praxis des „Hire and Fire" hohe soziale Unsicherheit schafft.

Ferner handelt es sich bei Unternehmensentscheidungen unter ethischem Gesichtspunkt häufig um uneindeutige Situationen bis hin zu sogenannten „tragic choices", bei denen jedenfalls jemand benachteiligt wird bzw. zu Schaden kommt. Gut gemeint ist oft das Gegenteil von gut, wie Sie an folgendem Beispiel aus einem mündlichen Erlebnisbericht eines deutschen Managers erkennen können:

Ein wohlmeinender deutscher Manager, war in Bangladesh vom Schicksal der blinden MitarbeiterInnen im Unternehmen erschüttert und verspürte den Drang, ihnen zu helfen. Er tat dies, indem er – ohne Rücksprache mit den lokalen ManagerInnen – den Lohn blinder MitarbeiterInnen verdoppelte. In der Folge stachen sich einige nicht behinderte MitarbeiterInnen die Augen aus, um in den Genuss dieser Erhöhung zu kommen.

Am europäischen Bildungsmarkt wird die Institutionalisierung von Unternehmensethik als eigenes Lehrfach (wie in den USA verbreitet) diskutiert. Parallel dazu erwägen Unternehmen eigene Stellen oder Abteilungen zu etablieren, was wir als ambivalent wahrnehmen. Einerseits wird diesem wichtigen „Querschnittsthema", damit Aufmerksamkeit und Stellenwert zu erkannt, andererseits wird es unter Umständen abgeschoben, als Appendix zum eigentlichen harten, von Ethik unberührten Business behandelt. Wir hielten es für besser, ethische Aspekte in allen Fächern, allen Unternehmensbereichen, integrativ zu behandeln. Da dies jedoch in der Universitäts- und Unternehmensrealität selten der Fall ist, muss die Zulassung des Themas, bei gleichzeitiger Separation und damit Entschärfung, wohl schon als Fortschritt betrachtet werden.

Schließlich wird noch der Begriff der **Corporate Identity** häufig mit Kultur im Sinne von Unternehmenskultur gleichgesetzt. Er bezeichnet die gelingende Übereinstimmung von Fremd- und Selbstbild eines Unternehmens. Beim engeren Begriffsverständnis von Corporate Image liegt der Schwerpunkt der Betrachtung auf dem äußeren Erscheinungsbild eines Unternehmens, welches durch Corporate Design bewusst im Sinne einer konzisen Botschaft gestaltet wird. Corporate Design befasst sich mit Logos, Firmenfarben, Firmenschriftzügen und allem, was diese trägt, also Bildschirmmasken, Briefpapier, Fahrzeugen, Gebäuden, Visitenkarten, Produkten, etc. Die im Corporate Design verwendeten Symbole wirken auch nach innen (siehe z.B. den in den Jahren nach dem 2. Weltkrieg legendären Stolz der Mercedes MitarbeiterInnen auf ihren Stern). Wenn allerdings das umfassendere Ziel einer Corporate Identity und einer möglichst hohen Übereinstimmung von Fremd- und Selbstbild angestrebt wird, dann nähert sich Corporate Identity dem Begriff der Kultur, wobei der Akzent auf dem, zu bestimmten Zeitpunkten messbaren Ergebnis des Selbstbildes liegt, während er bei Kultur mehr auf gelebte Prozesse gerichtet ist.

Eine große Nähe der Begriffe **Betriebsklima** und Kultur geht aus deren Begriffsdefinitionen hervor: Betriebsklima ist definiert als Zusammenfassung aller Verhaltens- und Ausdruckweisen der Menschen eines Betriebes, als Geist, in dem man sich versteht, oder Summe der Einstellungen und der durch zwischenmenschliche Beziehungen hervorgerufenen Verhaltensweisen sämtlicher Betriebsangehörigen (vgl. Scheitlin 1971, 12). Damit weist der Begriff Überschneidungen mit jenem der Organisationskultur auf, allerdings ohne deren Tiefenstruktur und Außenwirksamkeit zu umfassen.

Zuletzt bleibt uns noch das Verhältnis von **Strategie** und Kultur zu klären: In der strategischen Literatur wird zwischen intendierter und manifester Strategie unterschieden. Intendierte Strategien umfassen bewusst angestrebte Ziele (im Rahmen eines Grundkonsenses über die Entwicklungsrichtung, wenn eine Vision existiert) und die Konzepte zur Erreichung dieser Ziele unter starker Berücksichtigung der Umwelterfordernisse. Mit dem von Mintzberg geprägten Begriff der manifesten (realized) Strategie (vgl. Mintzberg et al. 1999, 23) ist demgegenüber das gemeint, was aus dem Zusammenspiel des Verhaltens unterschiedlicher Unternehmensteilnehmer tatsächlich herauskommt. Strategie hat dann nicht nur die Bedeutung von bewusster, expliziter ex ante vorgenommener Planung, sondern auch jene von schrittweisem, teilweise unbewusst bzw. ungeplant vollzogenem „Dialog" mit der Umwelt, aus dem letztlich ein Rhythmus, ein Muster – und damit eine Strategie entsteht (vgl. Schneider 1995, 36ff).

Kultur beeinflusst nun besonders den evolvierenden Teil der Strategie, der sich definitionsgemäß der Kontrolle entzieht. Selbstverständlich prägt sie – über die von ihr beeinflussten Muster der Personalauswahl und -beförderung, über das Risiko- und Denkklima (wie kühn dürfen Vorschläge sein?), über die Art, wie mit Rückmeldungen umgegangen wird (ab wann sind Signale aus dem Controlling beunruhigend, ab wann werden sie aktiv (!) zur Kenntnis genommen) auch die intendierten Strategien eines Unternehmens (vgl. Abb. 6.7).

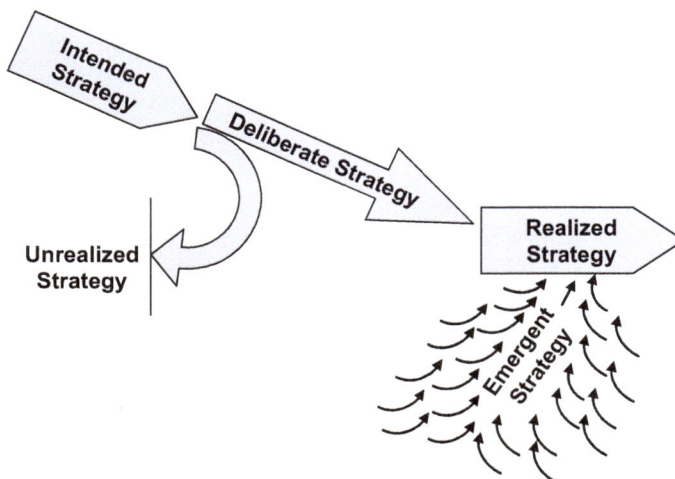

Abb. 6.7   Der Doppelcharakter von Strategie zwischen Planung und Emergenz

6.5 Veränderung/Gestaltung von Unternehmenskultur

Anregung: Kulturveränderung bei der Post in Österreich

Nach der Privatisierung der Post wird ein Kulturveränderungsprojekt gestartet, um von einer Kultur der Regelbefolgung und Aktenkundigkeit zu einer Kultur der flexiblen Orientierung am Kunden überzugehen. Ein Teil des Projektes ist eine Veränderung des Corporate Design. Die Postämter erhalten neue freundliche Architekturen, alle Schalter werden zu Volldienstschaltern. Ein zweiter Teil sieht Personalentwicklungsmaßnahmen vor: Anhand von missglückten und geglückten Kundenserviceszenen auf Video werden MitarbeiterInnen mit dem konfrontiert, was als neues Verhalten erwünscht ist. Ein Mitarbeiterbeurteilungsverfahren auf Jahresbasis soll dafür sorgen, dass die Erfüllungsgrade des gewünschten Verhaltens gemessen und an Konsequenzen gebunden werden. Parallel zum Kulturveränderungsprojekt läuft ein Rationalisierungs- und Kostensenkungsprojekt: Es werden Postämter geschlossen, MitarbeiterInnen entlassen oder „umgeschichtet", was häufig mit Änderungen des Einsatzortes verbunden ist.

Besuchen Sie mit offenen Augen ein Postamt und notieren Sie sich, welche Hinweise auf eine kundenfreundliche Kultur Ihnen dort auffallen. Diskutieren Sie mit KomilitonInnen und/oder Bekannten, die im Berufsleben stehen, ob und warum das Kulturveränderungsprojekt erfolgversprechend ist.

Quelle: selbst erstellte Kurzfallstudie

Das Phänomen, für welches wir den Begriff „Kultur" wählen, ist flüchtig. Werte, Normen und Gewohnheiten existieren nur insoweit als sie von Menschen in ihren Interaktionen/Konversationen „aktiviert", d.h. in lebendige Praxis überführt werden. Bei kulturellen Phänomenen gehen wir davon aus, dass dies über einen längeren Zeitraum wiederholt ohne nennenswerte Abweichung geschieht. Wenn Kultur sich ändern soll, setzt dies folgerichtig voraus, dass Menschen ihre Interaktionen/Konversationen verändern. Auf einen derart unstrukturierten offenen Prozess des Gesprächs lassen sich Führungskräfte mit der Aufgabe der Kulturgestaltung allerdings nicht gerne ein (als Beispiel dazu vgl. die Case Study zur kulturübergreifenden Implementierung von Unternehmenskultur in Japan, Hirt 2004). Als Halt dienen ihnen Vorgehensmodelle der folgenden Art:

Schritt 1:   Analyse der Istkultur
Schritt 2:   Definition einer Sollkultur
Schritt 3:   Entwicklung von Maßnahmen zur Erreichung der Sollkultur
Schritt 4:   Umsetzung dieser Maßnahmen
Schritt 5:   Kontrolle der Wirkungen der Maßnahmen und Vornahme nötiger Korrekturen

Dabei gibt es wiederum kulturelle Unterschiede im Gewicht und der Abfolge der Phasen: In den USA liegt der Fokus auf der Zukunft, man hält sich nicht zu lange mit Analysen der Ist-

Situation auf, befürchtet Paralyse durch Analyse. In Deutschland ist eine gründliche Ursachenanalyse durchaus kulturkonform, sie wird allerdings i.d.R. an ExpertInnen delegiert, die den Betroffenen dann deren Realität erklären. In Japan verlässt man sich bei der überaus gründlichen Ist-Analyse weniger auf BeraterInnen, sondern sucht den internen Konsens (und daher auch keine Schuldigen, was in den beiden anderen genannten Kulturen durchaus üblich ist). Theoretisch ist beiden Zugängen etwas abzugewinnen, dem Blick zurück (ohne Zorn!)[17] ebenso wie dem Blick nach vorne (vgl. Abb. 6.8):

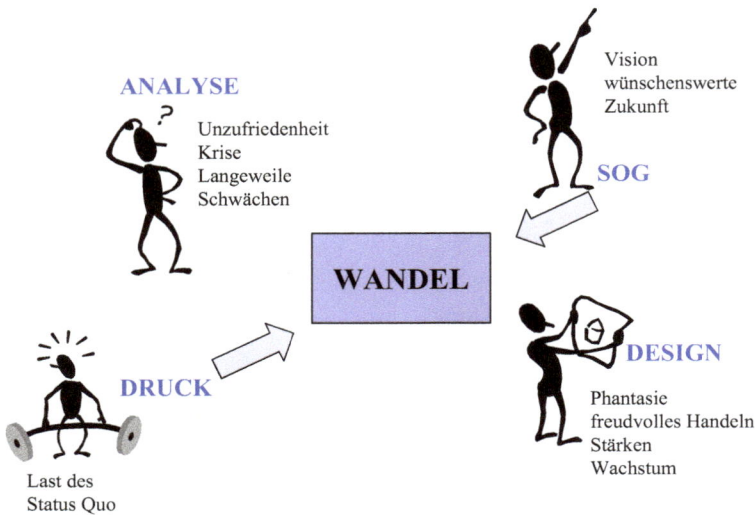

Abb. 6.8   *Vergangenheitsanalyse und Zukunftsentwurf (eigenerstellt)*

Gehen wir also davon aus, dass eine mehr oder minder detaillierte Beschäftigung mit der vorhandenen Kultur den Ausgangspunkt bildet:

Schritt 1: Erfassung der vorhandenen Kultur
Es gibt aus der Beratungswelt unterschiedlichste Frageleitfäden und Checklisten, um den Schwerpunkt einer Kultur zu erfassen, d.h. wie in einer Organisation in Bezug auf definierte Kategorien (z.B. KundInnen, MitarbeiterInnen, Produkte, Produktionsverfahren, Qualität, Innovation/Lernen) normalerweise gedacht, gefühlt, gehandelt wird. Da man die Erfassungsinstrumente für eine einmalige Kultur aber nicht von der Stange kaufen kann, empfiehlt es sich, das Vorhandene nur als Steinbruch zu nutzen, aus dem ein eigenes Design entwickelt wird. Dabei ist es leichter, von einem Fokus auszugehen. Man fragt zuerst nach bestimmten Aspekten der Kultur, die für die Forschung interessant bzw. für die geplante Änderung aus-

---

[17]   Dieser Hinweis hat auch etwas mit Kultur zu tun. Er gewinnt nur Bedeutung für Personen mit gemeinsamem Erfahrungswissen darüber, dass John Steinbeck ein berühmtes Buch mit dem Titel „Blick zurück im Zorn" geschrieben hat, das auch verfilmt wurde.

schlaggebend sind und gewinnt daraus Hinweise für weitere Fragen. Beispiele für solche Aspekte sind die Lernfreundlichkeit, Kundenorientierung, Innovationskraft, Veränderungsoffenheit einer Kultur. Wenn man keinen Fokus wählt, sondern allgemein eine Kultur erfassen will, helfen vielleicht die Check-Fragen/Kategorien von Schein (vgl. Schein 1995, 63–90).

Checkliste in Anlehnung an Edgar Schein:

I. Probleme der externen Anpassungen des Überlebens (vgl. Schein 1995, 63)

1. Mission und Strategie: Wie entsteht bei uns ein gemeinsames Verständnis unserer Kernmission (was tun wir eigentlich und wozu/warum?), unserer Primäraufgabe? Welche manifesten und welche latenten Funktionen erfüllen wir?
2. Ziele: Wie entwickeln wir unsere Ziele und wer kennt sie? Welche Abweichungen gibt es im Zielverständnis in unserer Organisation?
3. Mittel: Passen unsere Strukturen und Systeme (z.B. Führung, Beförderung, Entlohnung, Berichtswesen) zu den Zielen? Besteht Konsens im Hinblick auf diese Mittel?
4. Bewertung: Wie erfassen wir unsere Leistungen? Besteht Einigkeit, dass die „richtigen" Kriterien erfasst werden? Berücksichtigen wir wichtige Zielkriterien bei der Leistungsmessung, in unseren Abrechnungssystemen nicht?
5. Kurskorrekturen: Wie gehen wir mit strategischem Änderungsbedarf, Zielabweichungen, Fehlern um?

II. Probleme der internen Integration (vgl. Schein 1995, 75–76)

6. Gemeinsame Sprache und Konzepte: Meinen wir dasselbe, wenn wir dieselben Begriffe verwenden? Konzeptualisieren wir wichtige Zielgrößen (z.B. Bezahlung nach Leistung, Markterfolg, Wachstum, Innovation) ähnlich?
7. Gruppengrenzen: Welche Kriterien bestimmen die Gruppenzugehörigkeit? Wer ist drinnen, wer draußen?
8. Macht und Status: Welche „Hackordnung" gibt es bei uns? Wie steigt man auf? Was wird als legitimer Aufstieg anerkannt? Welche Formen der Machtausübung sind akzeptiert, welche verpönt? Welche Funktionsbereiche sind hier mächtig, welche werden belächelt?
9. Vertrautheit, Freundschaft, Liebe: Wie gehen wir miteinander um? Wieviel Distanz halten wir in Führungsbeziehungen für angemessen? Wie offen darf/soll man Gefühle äußern?
10. Belohnungen/Bestrafungen: Was ist eine Heldentat, was eine Sünde? Was wird belohnt, was bestraft? Stimmt das, was in den Systemen verankert oder in Leitlinien deklariert ist, mit dem überein, was tatsächlich passiert?
11. Ideologie/Religion-Glaubenssysteme: Wie erklären wir Unerklärliches? Welche Bedeutungen generieren wir für Dinge, die keinen unmittelbaren Sinn machen?

Nun stellen obige Fragen auf Hintergrundüberzeugungen und häufig implizite Normen und Werte ab. Sie müssen, um verstanden zu werden, erst noch in Kategorien von Beobachtbarem und Erleben übersetzt werden. Gleichermaßen sind konkrete Ereignisse und Empfindungen zu verallgemeinern und in den Rahmen übergeordneter Kategorien zu übersetzen (vgl. Abb. 6.9).

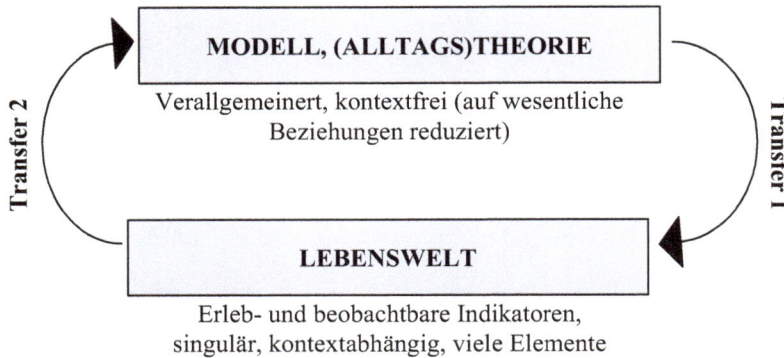

Abb. 6.9   Verhältnis von Theorie und Praxis (eigenerstellt)

Bewährte Techniken hierzu sind:

- die Frage nach „kritischen" Ereignissen (Kunde: Was war Ihr schlimmstes Erlebnis mit uns?),
- die Frage nach der Gründung, den Gründungsmythen (Wie ist das Ganze eigentlich entstanden? Wie ist es zu dem Ganzen gekommen?),
- die Frage nach bewältigten Krisen/Problemen (Wie haben Sie Situation X überstanden? Was haben Sie gemacht?),
- die Frage nach den impliziten Botschaften von Strukturen und Systemen,
- die Frage nach Legenden, Geschichten, Witzen, Unternehmensgrundsätzen (Wie lautet die Botschaft? Was soll vermittelt werden?).

Kultur ist schwer zu erfassen. Jede/r BeobachterIn erwägt das Gesehene/Gehörte ja bereits vor dem Hintergrund ihres/seines Weltverstehens – sie/er kann gar nicht anders. Außerdem stellt sich die Frage, was Momentaufnahme und was Ausdruck eines kulturellen Musters ist. Nur was mehrfach auftaucht und mit anderen Phänomenen verwoben ist, kann als zur Kultur gehörig angenommen werden. Deshalb sind die gefundenen Ergebnisse Hypothesen, die gemeinsam betrachtet und an den Handlungen/Reaktionsweisen der Organisation getestet werden sollten. Denn gesucht wird nach den Kräften, die tatsächlich am Werk sind, nicht nach dem, was verkündet oder sogar selbst geglaubt wird. (Daher sind schriftliche Fragebögen in der Regel auch ein denkbar ungeeignetes Instrument.)

Schritt 2: Formen/Beeinflussen von Kultur

US-AutorInnen betonen den besonderen Einfluss von Gründer- und Führungspersönlichkeiten auf die Kultur[18]. Das mag zum Teil am Führungsmythos der US-Kultur liegen. Allerdings vermitteln in allen Kulturen diejenigen, die das Sagen haben, ständig explizit und vor allem implizit wichtige kulturelle Botschaften. Sie entscheiden zudem über die ihre Über-

---

[18] Ein Indiz dafür sind zahlreiche Biographien wie z.B. von Jack Welch, etc.

zeugungen stützenden Strukturen und Systeme, auch wenn beide sich dann eigendynamisch entwickeln. Damit nehmen Führungskräfte entscheidenden Einfluss auf Verankerungsmechanismen von Kultur. Schein unterscheidet direkte Möglichkeiten, Kultur zu beeinflussen, so genannte primäre Verankerungsmechanismen und indirekte Möglichkeiten oder sekundäre Verankerungsmechanismen.

I.   Primäre Verankerungsmechanismen (vgl. Schein 1995, 185–195)

Kultur wird kommunikativ vermittelt. Primäre Verankerungsmechanismen beschreiben Verhaltensweisen von formellen und informellen FührerInnen, durch welche sie zwar eine Kultur nicht aus der Retorte züchten, aber beeinflussen können, in welche Richtung sie sich entwickelt. Dies gilt immer unter der Annahme, dass zwischen Führungskräften und MitarbeiterInnen eine asymmetrische Interaktionsbeziehung aufrecht ist, gerade was die Weltinterpretation angeht.

- Aufmerksamkeitszuwendung, Kommentare zum Geschehen: Wichtig ist hier die Konsistenz, nicht die Intensität; ferner die Klarheit der Signale. Was ist ein Issue, was kommt auf die Tagesordnung, was in Planungsverfahren? Was wird ignoriert?
- Reaktionen auf problematische Ereignisse und Krisen: Was wird überhaupt als Krise gesehen? Wie wird mit Befehlsverweigerung und Ungehorsam umgegangen?
- Vorbildverhalten, Lehren und Coachen: Man kann nicht oft genug artikulieren, wie man etwas haben will, wann und warum etwas gut ist.
- Kriterien der Zuweisung von Belohnungen und Ressourcen.
- Kriterien der Einstellung, Beförderung, Pensionierung und des Ausschlusses. Man findet häufig die KandidatInnen am besten, die einem selbst am ähnlichsten sind (Selbstreproduktion der Kultur!).

Der Begriff Mechanismen wurde von Schein wohl nur mangels einer passenderen Bezeichnung gewählt, denn tatsächlich wirken die Verankerungen nicht, wenn sie mechanisch vollzogen werden. Der Autor verweist mit seinen primären Verankerungsmechanismen darauf, wie wesentlich es ist, Werte, die als Kern der (zu verändernden) Kultur angestrebt werden in zentralen Entscheidungen zu verankern bzw. ihnen zumindest nicht zu widersprechen bzw. als Führungskraft solche Werte selbst glaubwürdig vorzuleben.

II.   Sekundäre Verstärkungsmechanismen (vgl. Schein 1995, 195–202)

Mit sekundären Mechanismen sind Organisationsmerkmale gemeint, in denen kulturelle Aspekte verankert, sozusagen „festgefroren" sind. Dazu zählen:

- Organisationsstruktur, Arbeitsplatzdesign
- Systeme, Verfahren (verstärken die Aufmerksamkeit)
- Rituale und Bräuche des Unternehmens
- Architektonische Gestaltung, Umgang mit Raum
- Geschichten, Mythen, Sprichworte, Nick-Names ...
- Grundsätze, Leitlinien, PR-Statements ...

Die Struktur der Aufbauorganisation entspricht, wenn sie verstärkend wirkt, der Machtdistanz, das Incentive- und Entlohnungssystem bringen Überzeugungen über Statuserwerb und Individualität/Kollektivität zum Ausdruck, Witze und Mythen spiegeln die Einstellung zum menschlichen Tun, die Architektur jene zum Raum, zur Autorität, zu Status, Funktionalität und Ästhetik. Dabei wirken diese Mechanismen nur dann als Verstärker, wenn sie im Sinne der gewünschten Veränderung umgestaltet werden. Ist dies nicht der Fall, was häufig geschieht, weil übersehen wird, dass in Strukturen und Verfahrensweisen sozusagen Kultur gespeichert ist, gehen von den sekundären Verstärkungsmechanismen widersprüchliche Impulse aus, welche eine Veränderung behindern.

Zusammenfassung: Ist Kulturwandel machbar? Kultur ist nicht sichtbar. Nur ihre Manifestationen sind es (Praktiken bei Hofstede). Diese können aber unterschiedliche Bedeutungen tragen. Also ist schon die Erfassung der Ist-Kultur eine unsichere Sache. Außerdem ist jede Erfassung gleichzeitig Intervention: Bestimmte Wirkungsweisen von Grundannahmen können sich bei Aufklärung über sie selbst zerstören.

Was können ManagerInnen also in Bezug auf Kultur tun?

- Sie ernst nehmen.
- Sie ganzheitlich sehen: Sie betrifft nicht nur die menschliche Seite des Unternehmens, sondern äußert sich im Produkt, im angewandten Investitionskalkül, in Beförderungsrichtlinien, in Buchhaltungspraktiken; auch wenn das nicht sofort sichtbar wird.
- Sie nicht für direkt manipulierbar halten: Kultur steuert ManagerInnen mehr als ManagerInnen die Kultur.
- Nicht nach der besten Kultur suchen: Starke Kulturen sind nicht notwendig besser als schwache, die Kultur von Toyota passt nicht zu VW – es gibt viele Wege nach Rom.
- Die Organisation muss nicht dauernd „auf die Couch": Aber wenn konkrete Probleme auftauchen, nützt die kulturelle Perspektive, weil sie eine integrierende ist.
- Ihren eigenen Hooks, Widersprüchen, Inkonsistenzen gegenüber aufmerksam bleiben: These von Kets de Vries: *Die Pathologien einer Organisation sind die Pathologien ihrer Führungskräfte* (vgl. Kets de Vries 1998).

Gibt es verallgemeinerbare Hinweise?

Wenn wir die bisherigen Überlegungen zusammenfassen, scheint folgendes relativ risikolos feststellbar:

- Kultur verändernde Schnellschüsse nach dem Topdown Schema werden in der Regel nicht die erwünschte Wirkung zeigen.
- Das häufige Zertrennen und Neuzusammenwürfeln von Firmenteilen und Firmen (M&A-„Fieber", Outsourcing-Bewegung) ist unter kulturellen Gesichtspunkten problematisch.
- Erhöhte Mobilitätsanforderungen an Individuen verhindern deren Eingebettetsein in Kultur. Das kann zu Entwurzelung und Orientierungsverlust führen.
- Eine Auflösung von Organisationsbeziehungen in marktähnliche Beziehungen (z.B. durch Telearbeit) wird – im großen Maßstab betrieben – den Aufbau einer Unternehmenskultur erschweren oder gar verhindern. Damit geht ein wichtiges Koordinationsmedium verloren.

Zum Abschluss dieses Abschnitts fassen wir Zitate zusammen, die auf die Bedeutsamkeit von Kultur für den Unternehmenserfolg und auf die Subtilität und schwierige Erfassbarkeit des Phänomens verweisen:

„Japanisches und amerikanisches Management sind zu 95% gleich und unterscheiden sich in allen wesentlichen Punkten." (Honda Mitbegründer, zit. in Pascale & Athos, 1982)

„Der Verlust an Anpassungsfähigkeit ist das größte (deutsche) Standortproblem."
(A. Herrhausen, von Terroristen ermordeter ehem. Vorstandsvorsitzender der Deutschen Bank zit. in Wever 1992, 114)

„Kultur ist ein „weiches" Phänomen mit harten Konsequenzen. Negative Ausprägungen der Kultur zeitigen in spätestens fünf Jahren negative Auswirkungen in der Bilanz." (U. Schneider 1986)

„Lieber Geld verlieren als Vertrauen."
(R. Bosch, Firmengründer zit. in Wever 1992, 67)

„How Wall Street Helped Kill Loyalty and Commitment"
(Headline zit. in Wever 1992, 108)

„Für mich war es ein Privileg, mit der besten Gruppe von Menschen zusammenarbeiten zu dürfen, die Gott je geschaffen hat [...]und in einer Organisation, die hervorragend geführt wird." (Ein in den Ruhestand tretender Mitarbeiter von Delta Airlines zit. in Wever 1992, 66)

„A man willing to fight for his convictions, thereby placing himself in a vulnerable position, is demonstrating the best loyalty there is." „A responsible employee is one who disagrees and says so." (IBM Managers' Guide zit. in Wever 1992, 27)

Anregung:

Diskutieren Sie diese Zitate wieder mit KomilitonInnen, Bekannten und schreiben Sie auf, was sie für Sie bedeuten, welche Botschaften sie für Sie persönlich enthalten.

6.6   Unternehmenskultur, Nationale Kulturen sowie Internationalisierungsstrategien

Der Diskurs um die Unternehmenskultur wurde in seiner Hochzeit in den Achzigerjahren des 20. Jahrhunderts im Wesentlichen auf nationaler oder bilateral-komperativer Ebene geführt. Im Folgenden verbinden wir diese Perspektive kurz mit Basiskonzepten des internationalen Managements und betrachten zunächst das Verhältnis von Unternehmenskultur und nationalen Kulturen.

6.6.1   Unternehmenskultur und Nationale Kulturen

Anregung: The Boat Race

Once upon a time a Japanese Railway company and Union Pacific Railroad decided to have a boat race on the Missouri River. Both teams practiced hard and long to raise their peak performance. On the big day of the race the Japanese won by a mile. Afterwards, the UP team became very discouraged and morale sagged. UP management decided that a reason for the crushing defeat had to be found. A UP „Management Team" made up of management from Omaha, St. Louis, Houston, and Los Angeles was formed. They would investigate and recommend appropriate action. Their conclusion was that the Japanese Team had 8 people rowing and 1 person steering. While UP had 1 person rowing and 8 people steering. So UP management hired an American efficiency consulting company and paid them incredible amounts of money to learn that too many people were steering the boat and not enough were rowing. To prevent losing to the Japanese again next year, the rowing team's management structure was totally reorganized to 4 Steering Supervisors, 3 Steering Superintendents and 1 Assistant Superintendent Steering Manager. They also implemented a new performance system that would give the 1 person rowing the boat greater incentives to work harder. It was called „The Rowing Team Quality First Program", with meetings and dinners and free pens for the rower. We must give the rower empowerment and enrichments, through this „Quality First Program".

The next year the Japanese won by 2 miles. Humiliated, UP Management laid off the rower for poor performance, halted capital investments for new equipment. They then gave a „High Performance" award to the steering managers and distributed the money saved as bonuses to the senior executives.

[1] Macht die Geschichte für Sie Sinn? Welchen?

[2] Aus welcher Epoche stammt sie vermutlich? (Mit Epoche ist hier das Verhältnis von Japanischer und US-Managementpraxis und ihrer Erfolge gemeint)

Quelle: unbekannt

Wie steht es nun mit dem Verhältnis von nationalen Kulturen und Unternehmenskulturen? Grundsätzlich kann es drei Ausprägungen annehmen:

- Erstens, die Unternehmenskultur ist in die nationale Kultur eingebettet und von ihr geprägt, wie dies z.B. im Portfoliomodell von Hofstede unterstellt ist (vgl. Abb. 6.4). Deutsche Unternehmen sind dann anders als taiwanesische, die sich wiederum von chilenischen wesentlich unterscheiden.
- Zweitens, die Unternehmenskultur ist so stark, die Belegschaft so mobil, die Tätigkeiten haben einen so transkulturellen Charakter, dass nationale Kulturen in den Hintergrund treten: Es gilt eine Art kosmopolitische „Business culture", alle empfinden und verhalten sich ähnlich. Sie verbringen einen Großteil ihrer Wachzeit auf internationalen Flughäfen, in internationalen Hotels, in Konferenz- und Arbeitsräumen, die mit denselben Arbeitsgeräten ausgestattet sind – und sprechen die neue Verständigungssprache „Offshore English".

- Schließlich wäre noch ein wechselseitiger Einfluss von nationalen Kulturen und Unternehmenskultur prinzipiell denkbar: Multinationale Unternehmen entwickeln eine nationenübergreifende Kultur, die auf den oberen Ebenen des Hofstede'schen Zwiebelmodells (vgl. Abb. 2.2) greifen. Demgegenüber bleiben die *basic assumptions* vom national-sozial-religiösen Hintergrund der Akteure geprägt. Wie vorne diskutiert, ist es nicht notwendig, gemeinsame Basiswerte zu teilen, um miteinander zu arbeiten und Handel zu treiben. Hofstede sieht als eine der Wurzeln für den wirtschaftlichen Austausch gerade die Verschiedenartigkeit und erteilt Versuchen, auf Unternehmensebene kirchenähnlichen Wertedrill zu betreiben, um die *basic assumptions* (im Sinne Scheins) anzugleichen, eine unserer Meinung nach berechtigte Absage.

Anregung: Überlegen Sie wieder in der Community, die Sie sich zum Dialog über Kulturfragen gewählt haben!

[1] Welche Unternehmen fallen Ihnen ein, die typisch national geprägt sind und welche Positionen im Unternehmen halten Sie für national geprägt?

[2] Auf wie viele Personen trifft die Beschreibung des kosmopolitischen Nomaden im Dienste eines Unternehmens wohl zu?

[3] Wenn Ihnen die Position eines wechselseitigen Einflusses gegenüber einseitigen Dominanzvorstellungen am realistischsten erscheint, welche Konsequenzen hat das? Was weiß man, wenn man von ihr ausgeht? Welche Konsequenzen sind aus ihr zu ziehen?

6.6.2 Unternehmenskultur und Internationalisierungsstrategien

Zuletzt stellt sich die Frage, welche der genannten Thesen sich unter normativen Gesichtspunkten am besten mit den vier Basisstrategien der Internationalisierung vertragen, d.h. welche Richtung das Konzernmanagement der Kulturentwicklung jeweils geben sollte. Wir wollen dem in der folgenden Tab. 6.3 stichwortartig nachgehen:

Tab. 6.3   Unternehmenskultur & Internationalisierungsstrategien (eigenerstellt in Anlehnung an Meffert 1989, 456)

Strategie	Umweltausprägung	Kultur
International	geringe Lokalisierungs-, geringe Globalisierungsvorteile	Kultur der Muttergesellschaft prägt Konzern
Multinational	hohe Lokalisierungserfordernisse und -vorteile, geringe Globalisierungsvorteile	Jede Tochtergesellschaft bildet ihre eigene Kultur heraus, die stark von den jeweiligen nationalen Kulturen beeinflusst ist.
Global	hohe Globalisierungs-, geringe Lokalisierungsvorteile	großes Gewicht auf einer starken Einheitskultur, welche nationale Kulturunterschiede überdeckt;
Blockiert Global/Transnational	hohe Globalisierungsvorteile, hohe Lokalisierungsvorteile, resp. -erfordernisse	einige wenige Grundwerte einer gemeinsamen Kultur und lokale Subkulturen mit dem Ziel, aus der Diversität Vorteile zu ziehen.

Da wir Kultur als längerfristig wirksam, und ihre Beeinflussung als ebenfalls längerfristiges und tendenziell indirektes Vorgehen beschrieben haben, wird nun deutlich, dass ein Wechsel im strategischen Zugang (z.B. von einer internationalen zu einer multinationalen und von dort zu einer globalen Strategie) in der Regel damit zu kämpfen hat, dass die kulturelle Veränderung der strategischen hinterherhinkt.

6.7   Kulturelles Kapital

Jede Zeit entwickelt ihr eigenes Vokabular für als wesentlich erkannte Phänomene. An der Wende zum 21. Jahrhundert werden Unternehmen theoretisch überwiegend marktorientiert als Bündel von Verträgen bzw. als Einheiten zur Erzielung von Rückflüssen für InvestorInnen betrachtet. Daher hat diese Epoche die Tendenz, akkumulierte „Bestände" nicht greifbarer Faktoren und damit eben auch „Bestände" von Kultur als Kapital zu bezeichnen.[19] Um die Beschäftigung mit dem Phänomen Kultur zu vervollständigen, soll an dieser Stelle noch der Begriff des Kulturkapitals oder kulturellen Kapitals behandelt werden. Der Begriff kulturelles Kapital wurde auf der Makroebene der Gesellschaft vom französischen Soziologen Pierre Bourdieu geprägt und fand weite Resonanz durch AutorInnen, die sein Konzept empirisch umsetzten, es erweiterten oder zu widerlegen trachteten (vgl. Bourdieu, 1986). Bourdieu definiert kulturelles Kapital als die Haltungen, Verhaltensweisen und das akkumulierte Wissen, aus welchen Status und gesellschaftliche Positionen gewonnen werden. Je höher sein Bestand in einer Familie oder gesellschaftlichen Klasse bereits ausgeprägt ist, desto mehr kann hinzu erworben werden, dadurch entsteht so etwas wie ein Zinseszinseffekt. Entgegen der Meinung mancher KritikerInnen reduziert der Autor sein Konzept allerdings nicht auf die so genannte bürgerliche Hochkultur und die ihr zugehörige Geläufigkeit in gehobener Ausdrucksfähigkeit (Hochsprache) und in der Interpretation objektivierter Formen von kulturellem Kapital, wie etwa wissenschaftlicher Erkenntnisse oder Kunstwerke. Was als kulturelles Kapital anerkannt wird, hängt nach Bourdieu vom jeweiligen Feld oder Bezugsrahmen ab. Um in einer Straßengang zu punkten bedarf es demzufolge anderer Ausdrucksformen und Fähigkeiten als erforderlich sind, um an einer Fakultät Reputation zu erlangen.

Bourdieu unterscheidet drei Formen von kulturellem Kapital:

Körpergebundenes kulturelles Kapital: Dazu zählt er Sprachfähigkeit, Manieren und Bildung, die nicht delegierbar sind, sondern vom Individuum unter Einsatz von Zeit und Anstrengung erworben werden müssen. Sie sind somit an die körperliche Existenz gebunden. Je mehr Eltern über kulturelles Kapital verfügen, umso mehr übertragen sie in der primären Sozialisation auf ihre Kinder, umso vertrauter sind diesen dann die Sprache und Weltsicht von Schule und Universität. Je länger eine Familie ihre Nachkommen finanziert, damit sie Bildungsprozesse durchlaufen, umso mehr kulturelles Kapital können diese erwerben.

---

[19]   Vgl. dazu das Thema „Measuring and Monitoring Intangible Assets" auf der Makroebene von Staaten und Regionen und der Mikroebene von Organisationen sowie die Zeitschrift „Journal of Intellectual Capital".

Objektivierte Formen kulturellen Kapitals bezeichnen auf materiellen Trägern gespeicherte Manifestationen von Kulturkapital, wie Kunstwerke, Lexika, Bücher, in jüngerer Zeit auch Inhalte im Internet und andere Manifestationen einer digitalen Ära. Sie nützen allerdings nur, wenn die InhaberInnen der Objekte auch über die körpergebundenen Haltungen und Fähigkeiten verfügen, sie zu würdigen und zu nutzen (vgl. Emmison & Frow, 1998).

Institutionalisiertes kulturelles Kapital beschreibt formale Bildungsabschlüsse und Titel, die unabhängig vom Träger Anerkennung und die Möglichkeit mit sich bringen, Kulturkapital in ökonomisches Kapital zu verwandeln.

Bourdieu verweist in seinen Arbeiten auf die Geschichtlichkeit und strukturelle Bedingtheit von Ungleichheit und relativiert damit den Zeitgeist, nach welchem individuelle Leistung als des Glückes Schmied betont bzw. Benachteiligung primär individueller Schwäche zugerechnet wird. Wie Giddens anerkennt Bourdieu die Möglichkeiten individuellen Handelns, allerdings immer nur im Rahmen der Strukturen, die durch die Akkumulation von ökonomischem, kulturellem und sozialem Kapital geprägt und reproduziert werden. Dabei ist zu berücksichtigen, dass unterschiedliche Kulturen unterschiedlich starre Strukturen hervorbringen: In Deutschland ergab eine Studie in großer Übereinstimmung mit Bourdieus Theorie, dass aus einer Gruppe promovierter ChemikerInnen (also einer Gruppe mit übereinstimmendem institutionalisiertem kulturellem Kapital) jene die größte Chance aufwiesen, in Spitzenpositionen von Wirtschaft, Verwaltung und Politik zu gelangen, die aus Familien mit starkem körpergebundenen Kulturkapital stammten, im konkreten Beispiel aus adeligen Familien (vgl. Süddeutsche Zeitung vom 31.8./1.9. 2002). Skandinavische Kulturen sind demgegenüber durchlässiger, wohingegen die US amerikanischen Daten das Märchen vom Tellerwäscher als Millionär tendenziell widerlegen (vgl. Walther 2005).

Es überrascht kaum, dass die Kulturkapitaltheorie von einem Franzosen entwickelt wurde. Im französischen Bildungssystem produziert die Prüfungsform des „concours" (national standardisierte Prüfung) auf einem Kontinuum marginaler Leistungsunterschiede dauerhafte Diskontinuitäten, die sich aufgrund des Zinseszinseffekts verschärfen. Das Land wird im Wesentlichen von AbsolventInnen einiger weniger Eliteinstitute regiert. Für die französische Forschungskultur stellt Johan Galtung eine Orientierung an sprachlicher Eleganz und nuanciertem Feinschliff fest. Während eine zentrale Frage der angelsächsischen Forschungskultur lautet „wie können wir einen Gedanken operationalisieren, um ihn empirisch zu testen", fragen Franzosen danach, wie man ihn in besonders gutem Französisch ausdrücken könnte (vgl. Galtung, 1981).

Anregung:

Diskutieren Sie im Kreis interessierter KollegInnen, ob und wie stark Faktoren wie Herkunft, Geschlecht, Schulabschlüsse, soziale Klasse, Hautfarbe trotz gesetzlicher Verbote direkter und offenkundiger Diskriminierung soziale Auf- bzw. Abstiegschancen beeinflussen. Erzählen Sie einander Geschichten, welche die Hypothese strukturelle Determinierung solcher Chancen stützen und solche, die sie widerlegen.

Kulturelles Kapital in Organisationen: Das kulturelle Kapital von Organisationen beschreibt analog zur Mikrodefinition Werte und Verhaltensweisen, welche die Beziehungen zu wesentlichen Anspruchsgruppen bestimmen und diese dazu bewegen, für die Organisation ertragreiche Austauschbeziehungen mit der Organisation einzugehen. Mit dem Kapitalbegriff erfolgt somit eine Wende zur positiven Interpretation von Kultur als zielwirksam und förderlich. Der Nachweis einer positiven Korrelation zwischen einer „guten" Kultur, im Sinne übereinstimmender Werte und Verhaltensweisen mit dem ökonomischen Ergebnis wird von einigen Studien erbracht, die allerdings kaum vergleichbar sind und in der Regel auf willkürlichen Selektionen beruhen. Mit diesem Vorbehalt seien sie im folgenden Abschnitt kurz vorgestellt.

6.8   Organisationskultur und Unternehmenserfolg

Eine Beschäftigung mit Unternehmenskultur in der Praxis erfolgt vor allem vor dem Hintergrund eines vermuteten Zusammenhangs mit dem Unternehmenserfolg. Dabei wird von der Hypothese ausgegangen, dass Unternehmen deren MitarbeiterInnen in Bezug auf grundlegende Werte übereinstimmen, eine höhere Rendite, ein höheres Wachstum und eine höhere Rate der Schaffung von Arbeitsplätzen aufweisen. Im Folgenden referieren wir Studien, welche diese Hypothesen unterstützen:

- In den 1990er Jahren lag die durchschnittliche Rendite der „100 Best Companies to Work for" um 9 Prozentpunkte über der Durchschnittsrendite des Russel 3000 Index, eines Index amerikanischer Industrieunternehmen. Ähnlich übertraf der Index der Fortune 100 „great places to work for (GPTW)[20]" den Standard&Poors Index 500 um annähernd das Dreifache. Auch die englischen GPTW Gewinner schnitten von 2000 bis 2005 im Schnitt besser ab als der Londoner Börsenindex FTSE 100 (vgl. Internet, Great Place to Work Institute).
- Collins & Porras zeigen in ihrem Buch „Built to last", dass Unternehmen, die sich über Jahrzehnte dem Aufbau einer starken Kultur widmen, etwa sechsmal so erfolgreich sind wie Unternehmen, die Kultur vernachlässigen und deren Börsenkurs um das 15-Fache übertreffen (vgl. Collins & Porras 2005, 19).
- Nach Kotter & Heskett (1992) wachsen Unternehmen mit anpassungsfähiger Kultur vier mal schneller als nicht Stakeholder-orientierte Unternehmen. Gleichzeitig schufen die von den Autoren untersuchten kulturstarken Unternehmen viermal so viele Arbeitsplätze wie die Kontrollgruppe.
- Erfolgreiche Unternehmen suchen KandidatInnen für die Nachbesetzung von Führungspositionen meist in den eigenen Reihen, wobei zu vermuten ist, dass diese besser mit der Kultur vertraut sind (vgl. Collins & Porras 2005).

---

[20] *Great Places to work for* ist ein auf freiwilliger Teilnahme beruhendes Audit der Bedingungen, die MitarbeiterInnen von ihrem Arbeitsplatz erwarten und der Einschätzung ihres Erfüllungsgrades.

- Nach O'Reilly, Chatman & Caldwell (1991) weisen Unternehmen deren Werte eine hohe Übereinstimmung mit den Werten ihrer Belegschaft zeigen, eine geringere Fluktuation auf.
- Calori & Sarnin (1991) fanden heraus, dass Unternehmen mit starken Kulturen rascher wachsen. Stark bedeutete in ihrer Studie einerseits intensiv und andererseits harmonisch.
- Denison & Mishra (1995) wiesen die Erfolgswirkung von Kulturen mit hoher Involvierung und Konsistenz nach. Bei klarer Mission erzeugen solche Kulturen ein ausreichendes Maß an Anpassungsfähigkeit.

Die Literatur verweist insgesamt zwar auf einen positiven Zusammenhang zwischen bestimmten (!) Ausprägungen von Kultur und dem Unternehmenserfolg, doch sind die empirischen Belege insgesamt nicht ausreichend und zu sehr auf einen bestimmten Zeitpunkt oder Wirtschaftsraum bezogen, um die Hypothese einer Erfolgswirkung von Organisationskultur generell zu bestätigen. Sie kranken zudem an einer geringen Fallzahl, einer uneinheitlichen Operationalisierung der unabhängigen und abhängigen Variablen, nämlich Unternehmenskultur und -erfolg, und am Mangel an Angaben über die Einflussrichtung. Sie liefern jedoch Unterstützung von theoretisch erwartbaren Effekten: Organisationsmitglieder, die einen gemeinsamen Vorrat an implizitem Wissen bzw. an impliziten Weltsichten und Wertmaßstäben teilen, sollten sich besser koordinieren und zielsicherer handeln können, also die Transaktionskosten senken. Kultur als alleinigen Erfolgsfaktor zu stilisieren, wie dies in der Hochphase des Themas gelegentlich geschah, ist hingegen ein gefährlicher Mythos, der sowohl von der Wechselwirkung von Kultur und Struktur als auch von den konkreten Ausprägungen kultureller Dimensionen und von deren Interaktionen abstrahiert. Ebenso falsch wäre es allerdings, Kultur zu unterschätzen und zu ignorieren. Vielmehr unterstützen die partiellen Ergebnisse zum Zusammenhang von Unternehmenskultur und Unternehmenserfolg die Schlussfolgerung eines Kultursensiblen Managements.

Im folgenden Abschnitt 6.9 gehen wir noch kurz auf einen Unternehmenstyp mit einer starken familiär geprägten Kultur ein und diskutieren seine Stärken und Begrenzungen: Chinesische Familienunternehmen.

6.9 Exkurs: Chinese Family Businesses

Einen besonderen Fall von Unternehmenskultur können wir dort beobachten, wo Familie und Geschäft ineinanderfließen, wie das in der Frühzeit industrieller Entwicklung auch in Europa und den USA der Fall war und heute noch in den „industrial districts" Norditaliens und in abgeschwächter Form in Klein- und Mittelbetrieben bei uns anzutreffen ist. Die Familienunternehmen der „Oversea and Mainland Chinese" sind vielbeachtet, weil sie sehr erfolgreich und bis heute einer der Gründe für den chinesischen Wirtschaftsaufschwung sind. Folgende Merkmale kennzeichnen Familienunternehmen:

- Führung unter der unangefochtenen Autorität eines Patriarchen (Nachfolge daher durch den jeweils ältesten (direkten) männlichen Nachkommen)
- Harte Arbeit, lange Arbeitszeiten zu geringeren als am Markt möglicherweise erzielbaren Löhnen aus Loyalität in der Tradition des Konfuzianismus

- Gemeinsames Eigentum und gleiches Erbe für alle Nachkommen
- Erweiterung der Familienbande durch „guanxi", das sind Beziehungen wechselseitiger Verpflichtung auch über Blutsbande hinaus, die aber familienähnlich organisiert sind: *„Guanxi links two persons, often of unequal ranks, in such a way that the weaker partner can call for special favors for which he does not have to equally reciprocate. [...] Guanxi bonds two persons through the exchange of favors rather than through sentiment."* (Alston 1989, 28)
- Existenzsicherung für alle, unabhängig von ihren Qualifikationen und vom persönlichen Arbeitseinsatz.

Mit diesen auf konfuzianischen Werten beruhenden Prinzipien haben die Überseechinesen überall, wo sie sich niederließen, in Kalifornien ebenso wie in Südost-Asien, zunächst Kleinstunternehmen (Restaurants, Wäschereien, Gemüseplantagen) gegründet. Später haben sie ihre Aktivitäten auf Industrie- und Dienstleistungsunternehmen ausgeweitet, wie Computerproduktion, Schiffslinien, Textilfabriken und in Südost-Asien meist sehr rasch die führenden wirtschaftlichen Positionen eingenommen. Wie war das möglich? Sagt die westliche Managementlehre nicht, dass professionelles Management überlegen, und Einzelnachfolge oder Aktienfinanzierung zwecks Erhalts des Unternehmens der gleichen Erbfolge vorzuziehen seien und dass Nepotismus und Grundversorgung kontraproduktive Incentives schaffen? Gilt nicht die alte 3 Generationenregel, wie sie in vielen Familiensagas dokumentiert ist: *„Die erste Generation baut auf, die zweite erhält, die dritte wirtschaftet zugrunde"?*

Solche Probleme werden auch aus chinesischen Familienunternehmen berichtet: Unfähige NachfolgerInnen, Demotivation der unter Umständen geeigneteren jüngeren Familienmitglieder, Orientierungslosigkeit nach dem Tod einer starken Führungspersönlichkeit, Aufspaltung der früher verbundenen Geschäfte in Erbstreitereien, Wachstumsgrenzen durch ausschließliche Familienfinanzierung oder Faulheit einzelner Familienmitglieder können Fortbestand, Erfolg und Wachstum von Unternehmen beeinträchtigen.

Aber, das muss nicht der Fall sein. Viele der genannten Probleme beschränken sich zudem nicht auf Familienunternehmen, sondern können auch in managergeleiteten Aktiengesellschaften auftreten. Welche Vorteile haben funktionierende Familienunternehmen?

- Auf Basis der Familienloyalität und unangefochtenen Autorität des Patriarchen kann schnell und flexibel entschieden und ebenso auch umgesetzt werden.
- Kommunikation und Kooperation können sich auf eine breite Basis geteilter Erfahrungen und Werte stützen.
- Alle verfolgen dieselben Ziele, ziehen an einem Strang.
- Krisenzeiten werden durch starken Zusammenhalt, geteiltes „Gürtel-Enger-Schnallen" und zusätzlichen Einsatz überstanden.
- Auf Basis der Sicherheit, in eine Familie eingebettet zu sein, können mutige unternehmerische Initiativen gewagt werden.

Anregung: Familienunternehmen

Recherchieren Sie Daten zum Beitrag chinesischer Familienunternehmen zur Wirtschaft in der VR China, in Malaysien, Singapur und Indonesien.

Würden Sie selbst gerne in einem Familienunternehmen mitarbeiten?

Ja, weil _____

Nein, weil _____

Würden Sie selbst gerne ein Familienunternehmen gründen?

Ja, weil _____

Nein, weil _____

Wenn Sie die gestellten Fragen in Ihrer Gruppe diskutieren, werden Sie notwendigerweise an die Grenzen interkulturellen Verständnisses stoßen. Sie können nicht wirklich wissen, wie jemand empfindet, der in einer impliziten Tradition konfuzianischer Werte und unbedingter Familienloyalität aufgewachsen ist. Sie können bestenfalls eine Ahnung davon entwickeln, was z.B. in den folgenden Zitaten zum Ausdruck kommt.

> *„According to the Confucian ethics, 'family' is the most fundamental revenue and expenditure unit, within which every member contributes his or her income to the common family fund while each one has a right to obtain a portion of it, with the rest belonging to the family as a whole."* (Min 1995, 85)

> *„Management control is characterized by emphasis on loyalty and a subjective assessment mechanism. Owing to high dynamism in developing connections at work, Chinese companies manage external relationships very well."* (Min 1995, 93)

> *„The Chinese family business is the product of Chinese culture and tradition"* (Min 1995, 94)

6.10 Zusammenfassung

Im vorliegenden Kapitel haben wir uns dem Phänomen Organisationskultur genähert. Wir haben diskutiert, wie es entsteht, wie es wirkt, ob und wie Kultur verändert werden kann. Schließlich haben wir uns noch den Fragen zugewandt, in welchem Verhältnis Organisations- und nationale Kulturen bzw. Organisationskultur und Internationalisierungsstrategie stehen.

Zusammenfassend lässt sich festhalten:

* Organisationskultur ist theoretisch als ein wertneutrales Phänomen gedacht, das teilweise über seine Inhalte (Basisannahmen, Werte, Artefakte), teilweise über den Prozess seiner Entstehung (Lern- und Sozialisationsprozesse) definiert ist.

- In der Wirtschaftspraxis wurde Kultur großteils als positiv wertbesetztes Konzept aufgegriffen und mit hoher Funktionalität für den Unternehmenserfolg verbunden: Es entstand die Vorstellung von der „richtigen" Kultur, die es zu gestalten gilt. Zunächst firmierten starke Unternehmenskulturen als „richtig", bis man erkannte, dass Veränderungen häufig an starken Kulturen scheitern. Heute gelten „gesunde" Kulturen als erfolgreich, wobei gesund nur einigermaßen vage mit lernfähig, offen, engagiert umschrieben wird. In der Literatur zu strategischen Allianzen und Unternehmenskäufen sowie Fusionen wird vom „Cultural Fit", der notwendigen Verträglichkeit der Partnerkulturen für den Erfolg gesprochen. Dieser Fit bleibt in der Regel vage definiert.

- Obwohl mittlerweile eine breite Auswahl, teilweise auch tiefer greifender Arbeiten über Kultur vorliegt, wird das Konzept tendenziell noch immer als „Schnellschussinstrument" eingesetzt (Motto: I want a new culture by Monday). Da Kultur sich aber darauf bezieht, was OrganisationsteilnehmerInnen tatsächlich tagtäglich erfahren und (er)leben, sind der normativen Steuerung über symbolische Manipulation Grenzen gesetzt. Diskrepanzen zwischen deklarierten und gelebten Werten fallen wie ein Bumerang auf die Urheber der Deklaration zurück.

- Durch die Kulturdebatte zieht sich noch das alte hierarchiebetonte Denken und die Subjekt-Objekt-Trennung des aufklärerischen Weltbildes: Führungskräfte als Außenstehende (Subjekt) schmieden eine Kultur (Objekt), die auf Organisationsmitglieder unterer Ebenen einwirkt – so die Annahme im Variablenansatz, der sich mit einem klassischen Verständnis von Management deckt. Auf dieses Denken gestütztes Handeln ist mit hoher Wahrscheinlichkeit zum Scheitern verurteilt.

- Demgegenüber definiert ein systemtheoretisches Organisationsverständnis Führungskräfte als Teile ihres Systems und Kultur als das sich verselbständigende Produkt aus dem Handeln aller, das verstärkend auf dieses Handeln zurück wirkt. Demgemäß sind auch alle gemeinsam für ihre Kultur verantwortlich. Sie kann nur indirekt, über die Gestaltung von Rahmenbedingungen beeinflusst werden.

- Unternehmenskulturen sind unserer Meinung nach in den Kontext nationaler Kulturen eingebettet. Für bestimmte Geschäftspraktiken sind sie bestimmend – und bewirken dadurch seitens der betroffenen Organisationsmitglieder schizoide Anforderungen; ihr Verhalten muss zwei Weltsichten entsprechen, zwei Wertewelten genügen. Die unter der Verhaltensebene liegende Ebene der Basiswerte kann jedoch – von Einzelfällen schicksalsbetonter Wendungen abgesehen – im Erwachsenenalter nicht geprägt werden.

- Internationalisierungsstrategien finden ihrerseits in einem unternehmenskulturellen Rahmen statt, der sie prägt [welche Strategien werden überhaupt entwickelt?] und dabei unterstützt oder behindert. Deshalb muss der Wandel zu einer neuen Strategie, wie aktuell etwa jener von multinationalen zu globale(re)n Strategien, von Prozessen der Kulturentwicklung begleitet werden.

7 Typische Anwendungssituationen

Im Sinne einer Handlungsanleitung bzw. eines Trainingsprogramms böte jede der hier angesprochenen Anwendungen Stoff für ein eigenes Buch. Wir können daher nur einen Überblick über wesentliche Kategorien und Fragestellungen geben, die sich aus einer interkulturellen Perspektive eröffnen. Auch können die ausgewählten Felder keinen Anspruch auf Vollständigkeit erheben, sie stellen nur eine Auswahl von Herausforderungen dar, die im Zuge internationaler Geschäftstätigkeit typisch und häufig zu bewältigen sind. Dazu zählen: Personaleinsatz im Ausland (vgl. Abschnitt 7.1), Verhandlungen (vgl. Abschnitt 7.2), Kommunikation allgemein mit Beispielen zur Führung von MitarbeiterInnen aus unterschiedlichen Kulturkreisen (vgl. Abschnitt 7.3) sowie inter- bzw. multikulturelle Teams (vgl. Abschnitt 7.4).

7.1 Expatriierung

Wie im Abschnitt 1.5 dargelegt, stellt Personalrotation zwischen Standorten einen wesentlichen Koordinationsmodus in der transnationalen Unternehmung dar. Mit der fortschreitenden Internationalisierung werden Auslandseinsätze von MitarbeiterInnen immer mehr zur Selbstverständlichkeit: Arbeitsverträge enthalten in der Regel keine Spezifizierung des Arbeitsortes mehr, wie dies früher üblich war.

7.1.1 Definition Expatriierung

Expatriierung oder Auslandsentsendung bezeichnet einen längerfristigen, aber zeitlich befristeten Arbeitseinsatz im Ausland im Auftrag eines Unternehmens. Wegen der Unterschiedlichkeit der Anforderungen an entsandte Personen und Personalabteilungen ist es sinnvoll, nach Dauer und Zweck des Einsatzes zu unterscheiden in:

Geschäftsreise, Koordinationstreffen	Technische- und Service-Einsätze	**Expatriierung**	Dauerhafter Wechsel in eine Auslandsniederlassung
Wenige Tage	Einige Monate	**1-n Jahre Einsatz**	Unbefristet

Abb. 7.1   Expatriierung – Dauer und Zweck

Für AnlagenbauerInnen und technisches Servicepersonal sind wechselnde Auslandseinsätze kürzerer Dauer üblich. Interkulturelle Kompetenz erleichtert ihre Aufgabenerfüllung jedenfalls, ist aber nicht so entscheidend wie im Fall des eigentlichen Auslandseinsatzes, der ab einer Dauer von 12 Monaten definiert ist und eine Rückkehr in das entsendende Unternehmen vorsieht. Im Zuge der beschriebenen Entwicklung zur „Grenzenlosigkeit" von Unternehmen (Picot et al. 1996), zum Netzwerkwettbewerb und zu multikulturellen Institutionen nimmt die Unterscheidbarkeit von Heimatländern und ausländischen Einsatzländern zugunsten multipler Wohnsitze ab. Wegen der Prägung als „Kosmopoliten" kehren Individuen dann nicht mehr von Auslandseinsätzen zurück, sondern wandern quasi von einem Land zum anderen.

Vorläufig lässt sich jedoch noch ein idealtypischer Zyklus eines Auslandseinsatzes zu Grunde legen, der die Phasen Identifikation und Auswahl, Vorbereitung, Auslandseinsatz und Rückkehr umfasst.

7.1.2   Phasen der Expatriierung

Die fortschreitende Internationalisierung stellt nicht nur an Unternehmen, sondern auch an Führungskräfte, die sich im Ausland bewähren sollen, hohe Anforderungen. Auf ihrem Weg von einem inländischen zu einem ausländischen Arbeitseinsatz durchwandern international eingesetzte MitarbeiterInnen zahlreiche Stufen (vgl. Abb. 7.2).

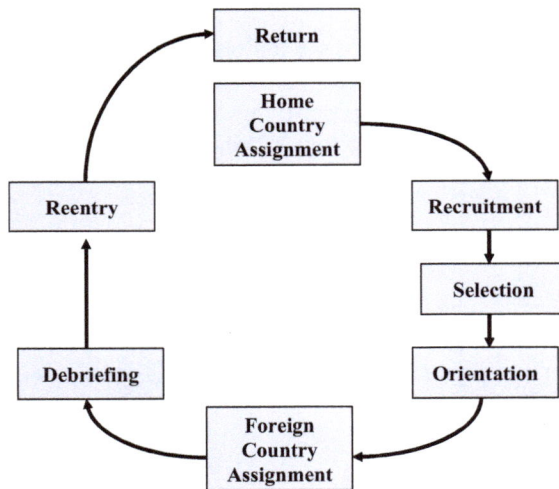

Abb. 7.2   Expatriate International Career Cycle (Adler 2002, 262)

Aus Sicht der Personalabteilung des Stammhauses liegt der Schwerpunkt beim Expatriate Karrierezyklus einerseits beim Eintritt in ein neues kulturelles Umfeld und andererseits bei der Reintegration in das Heimatland und Mutterunternehmen. Zuerst rekrutieren die Unternehmen das benötigte Personal unternehmensintern bzw. von außen. Nachdem entsprechende KandidatInnen ausgewählt wurden und den Auslandseinsatz angenommen haben, ist eine Orientierungsveranstaltung empfehlenswert, in der die fremde Kultur, das Projekt und die logistischen Erfordernisse für den Auslandseinsatz beschrieben werden. Danach wechseln die bereits vorinformierten KandidatInnen etwaig mit ihrer Familie in das entsprechende Gastland, um den Auslandseinsatz zu erfüllen. Nach Beendigung und Rückkehr ins Heimatland sollten wieder Veranstaltungen zur Reintegration der MitarbeiterInnen folgen, jedoch nehmen sich nur wenige Unternehmen Zeit mit den AuslandsmitarbeiterInnen über den Auslandseinsatz zu sprechen. Aus einer Umfrage mit 63 Unternehmen Anfang der 90-er Jahre geht hervor, dass nur 2% der befragten Unternehmen Seminare zur Wiedereingliederung anbieten (vgl. Blom & Meier 2002, 180). Die Probleme der Reintegration erschweren meist die Rückkehr auf einen Arbeitsplatz im Stammunternehmen, die Folge sind nicht selten der Wunsch wieder ins Ausland zu gehen bzw. ein Wechsel zu einer anderen Firma aufgrund von Unzufriedenheit und der Suche nach einer adäquaten Herausforderung nach dem Auslandseinsatz. Im Folgenden betrachten wir die einzelnen Phasen etwas genauer.

1. Rekrutierung und Auswahl

In dieser Phase geht es darum, die Motive des entsendenden Unternehmens mit jenen potentiell zu entsendender Individuen (und ihrer Familien, so vorhanden) in Übereinstimmung zu bringen und jene Personen auszuwählen, die das Entsendungsziel technisch und sozial am besten bewältigen können. Je klarer die verantwortlichen EntscheidungsträgerInnen des entsendenden Unternehmens die Ziele des Auslandseinsatzes artikulieren, umso besser können sie in ein Anforderungsprofil übersetzt werden. Im Auswahlverfahren erfolgt dann mit verschiedenen der bekannten Selektionsmethoden (vom Gespräch bis zum Assessment Center) ein Abgleich des Anforderungsprofils mit den Fähigkeitsprofilen der KandidatInnen. Dies setzt allerdings voraus, dass es für jeden Einsatz mehrere interessierte BewerberInnen gibt, was je nach Attraktivität des Zielstandortes nicht notwendigerweise der Fall ist. In Vorträgen der Handelskammern pflegen UnternehmensvertreterInnen regelmäßig die Schwierigkeiten zu betonen, gute BewerberInnen für Einsätze jenseits der Metropolen und attraktiven Zielländer zu gewinnen.

Untersuchungen zeigen, dass Unternehmen in der Praxis die Auswahl größtenteils nicht systematisch betreiben und überwiegend nach Kriterien der technisch-fachlichen Eignung entscheiden (vgl. Tung 1987). Wie die Erfolgsforschung zum Expartiate-Einsatz zeigt, ist ein Scheitern selten auf fachliche Gründe zurückzuführen. Es hat vielmehr mit Problemen der entsandten Personen und/oder ihrer Familienangehörigen zu tun, sich in einer fremden Kultur zurechtzufinden bzw. wohl zu fühlen. Deshalb empfiehlt die Theorie, die Auswahl systematisch und unter Einschluss des Kriteriums „interkultureller Kompetenz" zu betreiben. Wie der von Mead geschilderte Fall des Expatriat Paares John und Mary zeigt, ist dies jedoch keineswegs selbstverständlich. Der Fall zeigt neben einer unsystematischen Auswahl ein völliges Fehlen der Orientierungs- und typische Probleme in der Einsatzphase.

Kurzfallstudie: Ins kalte Wasser geworfen

John worked for a multinational chemical company. One evening, he arrived home with the news that he was being posted as local manager to a poor Central American Country X. The appointment was being made at short notice because of recent policy changes. No one doubted John's technical qualifications for the job. He was scheduled to be at his post within the month.

The company had not consulted his wife, Mary, about the decision. But she felt that she could not object to a move which would enhance his career. She gave up her own job, took her two young children out of their school and arranged to go with him.

At post, Mary discovered that as a dependent spouse she could not obtain a work permit. When John left for work in the morning, she took the children to their new school, communicated with a domestic servant who spoke no English (and her Spanish was elementary), and shopped in the market.

Otherwise she had little to do, and was bored and depressed. Her social circle was restricted to the wives of her husband's expatriate colleagues. She knew that she was drinking too much. She was aware that her depression worried John and made it harder for him to perform well at work. In the evenings their social life was limited to business functions, where typically she was excluded from the main topic of conversation – the company.

Their marital disputes were becoming more acrimonious, and all members of the family were suffering. Within the year, John resigned his appointment.

Quelle: Mead 1994, 381

Bei der Personalauswahl für Auslandseinsätze haben sich in der Literatur einige „best practices" herauskristallisiert, die an dieser Stelle nochmals zusammenfassend angeführt werden sollen (vgl. Ferraro 2002, 163). Erstens wird empfohlen, so viele Kriterien wie möglich einzubeziehen, nicht nur Fachwissen sondern auch die oben beschriebenen weicheren Indikatoren. Folglich wird von einem „quick and dirty" Auswahlprozess abgeraten. Berücksichtigt man die Kosten, die ein Auslandseinsatz verursacht, sollte nicht an der falschen Stelle gespart werden. Drittens kann man nicht davon ausgehen, dass potentielle KandidatInnen alle Auswahlkriterien zu 100% erfüllen können. Von den Unternehmen wird daher gefordert, den Abbau etwaiger Schwächen durch Schulungen vor der Abreise bzw. während des Auslandseinsatzes zu fördern. Letztlich sollen auch Interviewergebnisse von Familienmitgliedern bei der Auswahl entsprechender AuslandsmanagerInnen berücksichtigt werden.

Je nach Ausrichtung der Unternehmensstrategie lassen sich bei der Personalauswahl unterschiedliche Muster der Personalpolitik unterscheiden. Die Multinationalität von Unternehmen ist unter anderem abhängig von der Einstellung des Top-Managements, die sich wiederum im Führungskonzept spiegelt. Perlmutter unterscheidet im Hinblick auf die Einstellung von Führungskräften drei **Führungskonzepte** – später von Heenan um die regiozentrische Komponente ergänzt – mit denen sich unterschiedliche Personalpolitiken erklären lassen (vgl. Perlmutter 1969, 9ff):

Ethnozentrische Einstellung – home country attitude & parent country nationals (PCNs)
Entscheidungen werden prinzipiell im Mutterunternehmen getroffen und Schlüsselpositionen mit heimischen MitarbeiterInnen besetzt, unabhängig davon ob zuhause oder in der ausländischen Niederlassung. Dies soll eine problemlose Koordination zwischen Mutter- und Tochtergesellschaft ermöglichen, die Kommunikation und den Transfer von Know-how erleichtern. Der Vorteil liegt in der vermuteten höheren Loyalität der entsandten Auslandsmitarbeiterinnen gegenüber der Muttergesellschaft. Nachteile können für die MitarbeiterInnen im Gastland durch ständig wechselnde Entsandte aus der Muttergesellschaft und die damit verbundenen fehlenden Aufstiegschancen vor Ort gesehen werden.

Polyzentrische Einstellung – host country attitude & host country nationals (HCNs)
Die Unterschiede zwischen dem Heimat- und Gastland werden akzeptiert und als positiv erachtet. Im Heimatland wird mit heimischen ManagerInnen besetzt, im Gastland werden Führungskräfte vor Ort rekrutiert. Dadurch können Personalkosten gesenkt und die Motivation der MitarbeiterInnen vor Ort gesteigert werden, da diesen Aufstiegschancen signalisiert werden. Eine polyzentrische Personalpolitik erleichtert die Integration der Tochtergesellschaft im Ausland, da sie eher wie ein inländisches Unternehmen empfunden wird. Nachteile lassen sich in Abstimmungsproblemen zwischen Mutter- und Tochterunternehmen erkennen. Dies ist insbesondere bei divergierenden Interessen zwischen Mutter und Tochter zu erwarten, bei denen aufgrund mangelnder Loyalität den Gastlandinteressen zu Lasten der Stammgesellschaft der Vorzug gegeben wird.

Geozentrische Einstellung – world oriented orientation & third country nationals (TCNs)
Mutter- und Tochtergesellschaft werden als weltweite Einheit gesehen. Die Nationalität der Führungskräfte spielt keine Rolle. Nur die besten werden jeweils für freie Positionen rekrutiert. Dadurch kann auf ein größeres Potential qualifizierter KandidatInnen zurückgegriffen werden, was eine höhere Flexibilität in der Personalbeschaffung erlaubt. Vorteile liegen in der nicht mehr verlangten Rücksichtnahme auf nationale Interessen sowie im angestrebten internationalen Informationsaustausch. Nachteilig sind jedoch der hohe Koordinationsaufwand und hohe Entsendungskosten.

Regiozentrische Einstellung
In Anlehnung an die geozentrische Einstellung wird bei dieser von Heenan ergänzten Unterteilung nicht zwischen Heimat- und Gastländern, sondern zwischen (Groß)Regionen unterschieden. Schlüsselpositionen werden aus einem bestimmten geographischen Raum besetzt. Beispielsweise besetzt ein österreichisches Unternehmen nur mit Führungskräften aus Westeuropa, wenn dort der Hauptvertrieb des Unternehmens angesiedelt ist. Man geht dabei von regionalen Ähnlichkeiten der Kulturen bzw. von Kulturclustern aus, aus denen rekrutiert wird, ist aber in der Wahl nicht so eingeschränkt wie im Falle einer polyzentrischen Besetzung.

2. Orientierungs- bzw. Vorbereitungsphase

Der Auswahl für einen Auslandseinsatz sollte eine Orientierungs- bzw. Vorbereitungsphase folgen, in der das Projekt/die Ziele des Auslandseinsatzes sowie die Erwartungen an die zu entsendende Person und die rechtlichen und logistischen Erfordernisse des Umzugs (Entsendebedingungen, Regelung der Vergütung) ins Ausland verhandelt werden. In dieser Phase erfolgt ferner die Vorbereitung auf die fremde Kultur (vgl. Abschnitt 4.5.2). In der Praxis ist die Vorlaufzeit bis zur Entsendung meist gering. NachfolgerInnen müssen eingearbeitet, Formalitäten erledigt und anstehende Arbeitsaufträge abgearbeitet werden. Als Folge kommt die notwendige Vorbereitung zu kurz und MitarbeiterInnen sind gezwungen ins kalte Wasser zu springen. Ebenso sind Betreuungsmaßnahmen während des Auslandsaufenthaltes meist unzureichend. Die Bedeutung von AnsprechpartnerInnen vor Ort, die bereits mit der Kultur vertraut sind, aber auch Ansprechpersonen zuhause, die mit Informationen und Rat zur Seite stehen, wird in der Praxis nach wie vor unterschätzt und größtenteils vernachlässigt. Nur einige Konzerne erfüllen diese idealtypischen Anforderungen gut. Sie sehen sowohl eine klare Verhandlung der Projektziele als auch eine Vorbereitung auf die fremde Kultur und eine generelle Vermittlung von interkultureller Kompetenz im Rahmen ihrer Personalentwicklung vor (vgl. etwa das Konzept der schweizerischen UBS). Dass eine Orientierungsphase theoretisch empfohlen wird, scheint auf der Hand zu liegen. In Anbetracht der quer über unterschiedliche Studien insgesamt beträchtlichen Misserfolgsquoten von Auslandseinsätzen, in Verbindung mit den Opportunitätskosten von durch Kulturunterschiede absorbierten Anteilen der Leistungsfähigkeit kann von einer positiven Kosten-Nutzen-Bilanz einer professionell durchgeführten Orientierungsphase ausgegangen werden. Ein empirischer Nachweis dieses Positivsaldos ist allerdings schwierig, weil die zusätzlichen Erträge eines gelingenden Einsatzes nicht gesondert ausgewiesen und im Bewusstsein der EntscheidungsträgerInnen in der Regel nicht einer guten Vorbereitung zugerechnet werden, während die Kosten von Vorbereitungsmaßnahmen unmittelbar sichtbar werden.

3. Einsatzphase

Um die Einsatzphase zu bewältigen, sind eine Reihe amtlicher bzw. logistischer Fragen zu klären: Visa, Arbeitsgenehmigungen, Impfungen und Quartierbeschaffung sowie Unterstützung beim täglichen Pendeln zum Arbeitsplatz sind Aufgaben, bei denen die Personalabteilungen des Heimat- und Gastlandes in aller Regel Unterstützung anbieten. Vor allem aber kommen in dieser Phase Kulturunterschiede unleugbar zum Tragen.

Das Arbeitsumfeld im Ausland unterscheidet sich vom Heimatland durch unterschiedliche Denkmuster, die sich nicht zuletzt aus verschiedenartigen Sprachsystemen ergeben. Dazu kommen abweichende Arbeits- und Lebensgewohnheiten, die in das Handeln einbezogen werden und auf die Rücksicht genommen werden muss. Unterschiedliche Kulturkreise haben auch unterschiedliche Auffassungen von Führungsverhalten, was den Führungskräften Flexibilität im Umgang mit den MitarbeiterInnen abverlangt. Die Führungsaufgabe im Ausland wird somit komplexer als im Stammland, die fremde Umwelt muss verstanden, analysiert und prognostiziert werden. Unterschiedliche Wertvorstellungen der MitarbeiterInnen müssen ernst genommen, und divergierende soziale Konventionen und Zeichensysteme richtig interpretiert werden können. So sind in gewissen Ländern detaillierte Instruktionen und regelmäßige Kontrollen erforderlich, während anderswo allgemeine Anweisungen und ein größerer Freiraum bei der Arbeit ausreichend sind. Die jeweiligen Vorstellungen über das Führungsverhalten sind einer der entscheidenden Gründe dafür, warum sich Führungskräfte in bestimmten Situationen unterschiedlich verhalten. McGregor beschreibt mit seiner Theorie X und Theorie Y zwei Führungsphilosophien (vgl. McGregor 1960, 33ff), welche Pole oder Extreme in Bezug auf das zugrunde liegende Menschenbild erfassen.

Bei der **Theorie X** geht die Führungskraft davon aus, es mit faulen MitarbeiterInnen zu tun zu haben, die im Grunde nicht arbeiten wollen. Sie wollen geführt werden, zeigen kaum Ehrgeiz und übernehmen keine Verantwortung. Zur Erfüllung der Unternehmensziele sind Kontrolle und Androhung von Bestrafung notwendig. Im Gegensatz dazu geht man bei der **Theorie Y** davon aus, dass die MitarbeiterInnen unter den richtigen Bedingungen bereit sind hart zu arbeiten und auch Verantwortung zu übernehmen. Kontrolle ist nicht mehr das alleinige Mittel zur Zielerreichung. Weckt man das kreative Potential der MitarbeiterInnen, so kann sowohl der quantitative als auch der qualitative Output wesentlich höher ausfallen.

Die Wahl des jeweiligen Ansatzes ist von Kultur zu Kultur verschieden. Dazu das folgende Beispiel:

Kurzfallstudie: Canadian Employees and Filipino Management

A Canadian bank employee gave the following description of his Filipino boss's Theory X approach to management.

„During my employment at the Royal Bank, I had a most unbearable and suspicious supervisor. As an assistant manager he had authority over all employees on the administrative side, including me. The problem was that he seemed to have a total distrust for his subordinates. He was constantly looking over our shoulders, checking our work, attitudes and punctuality.

Although most of his employees resented this treatment, the assistant manager was an extremely conscientious supervisor who honestly believed in what he called „old-style"-management. He believed that employees are lazy by nature. He therefore felt that they must be pressured into working. As the supervisor he felt justified in treating employees severely.

I found his attitude condescending and counterproductive. As a group, the employees thought of themselves as basically trustworthy, but we decided that since our boss seemed to have no respect for us we would give him the same treatment in return. The result created a work environment that was filled with mistrust and hostility. The atmosphere affected everyone's work, the assistant manager increasingly believed in the employee's laziness and the need for severity. Luckily, the situation caught the manager's eye and was resolved after lengthy discussions. Only then did it become clear that we were not seeing the situation in the same way at all. From the assistant manager's perspective, he was simply showing his caring and involvement with his subordinates. As he explained, Filipino employees who were not treated like this might have felt neglected and unimportant. Unfortunately, we were not Filipinos and, as Canadians, did not respond as many Filipinos might have responded,"

Quelle: Dang 1984 in Adler 2002, 47

Während des Einsatzes kann der Kontakt zum Stammunternehmen in verschiedenen Formen erhalten werden, um einerseits den strategischen Zielsetzungen gerecht zu werden und andererseits die Bedürfnisse der Expatriate nach Information und Abstimmung zu befriedigen.

Diese sind

- **virtuelle Möglichkeiten der Information und Kommunikation**, wie sie heute fast überall zur Verfügung stehen, wenn auch die Sicherheit der Stromversorgung und Leistungskapazitäten über Standorte variieren.
- **Besuche aus dem Stammland und Besuche im Stammland**. Bei virtueller Kommunikation sind implizite Anteile schwerer zu überprüfen als in face-to-face Situationen, weshalb sie zu Missverständnissen führen kann. Ferner besteht ein Bedarf familiäre Wurzeln in der Heimat zu pflegen und sich gegebenenfalls vom erhöhten Energieaufwand der Bewältigung interkultureller Unterschiede zu erholen. Daher ist ein Heimatlandaufenthalt pro Jahr üblich.
- **MentorInnen im Stamm- und/oder Zielland**: Erfahrene Kräfte können Expatriates an die Seite gestellt werden, um entweder den Kontakt zum Stammland sicher zu stellen oder die Anpassung an kulturelle Selbstverständlichkeiten und Geschäftsgebräuche im Zielland zu ermöglichen.
- **Finanzierung von „Annehmlichkeiten"**, wie der Zugehörigkeit zu Expatriate Clubs oder internationale Schulen für die Kinder. Dabei sind Expatriate Clubs unserer Erfahrung nach ein zweischneidiges Schwert. Einerseits bieten sie eine Oase der Erholung und des Austausches von Lernerfahrungen, andererseits verringern sie das Zeitbudget und die psychologische Notwendigkeit für eine stärkere Integration in die Gastlandgesellschaft. Expatriate Enklaven können Orte einer ganz bestimmten eigenen Kultur darstellen und sich ähnlich abgrenzen wie englische Offiziersclubs in der Kolonialzeit. Sie können aber auch einfach ein Servicezentrum sein, in dem Freizeit-, Einkaufs- und Kontaktbedürfnisse befriedigt werden.

Während der Einsatzphase vollzieht sich die Anpassung der Expatriates an die neue Kultur. Aus Beobachtungen und Berichten von Personen mit fremder Kulturerfahrung wurde ein Modell dieses Anpassungsprozesses entwickelt, das einen phasenförmigen Verlauf abbildet. Einer anfänglichen Euphorie folgt die Phase der Ernüchterung, in der es nicht mehr aufregend ist, mit beschränktem Vokabular intelligente Gespräche zu führen, sich von der Exotik fremder Schriftzeichen an Geschäften und Reklamewänden einfangen zu lassen oder Bewunderung für die reibungslose Abfertigung von Menschenmassen in vollbesetzten U-Bahnen aufzubringen, wenn man plötzlich selbst jeden Tag damit fahren muss. Das Verstehen von Bedeutung und landesüblichen Routinen wird unabdingbar, um Alltag zu bewältigen. Entsprechende Mängel erfordern ein erhöhtes Maß an Aufmerksamkeit und Konzentration, das der beruflichen Aufgabe fehlt, Fehler verursachen materielle oder psychische Kosten. Als Folge setzen Frust und Verwirrung ein. Diese Ausprägung vieler uninterpretierbarer Hinweise resultiert meist in einem Kulturschock, mit dem wir uns in der Folge etwas genauer auseinandersetzen werden. Zum Einstieg die folgende Geschichte:

My third day in Israel, accompanied by a queasy stomach, I ventured forth into the corner market to buy something light and easy to digest. As yet unable to read He-

brew, I decided to pick up what looked like a small yoghurt container that was sitting near the cheese. Not being one hundred percent sure it contained yoghurt, I peered inside; to my delight, it held a thick white yoghurt looking substance. I purchased my „yoghurt" and went home to eat – soap, liquid soap! How was I to know that soap came in packages resembling yoghurt containers, or that market items in Israel were not neatly divided into edible and inedible sections, as I remembered them in the United States. My now „clean" stomach became a bit more fragile and my confidence waned. (Quelle: Adler 2002, 264)

Der Begriff „Culture shock" wurde durch den Anthropologen Kalvero Oberg in den 60-er Jahren populär gemacht und bezieht sich auf die psychologische Desorientierung von Personen, die sich plötzlich in einer vollkommen unterschiedlichen kulturellen Arbeits- und Lebensumgebung wiederfinden (vgl. Oberg 1960, 177–182). Anders ausgedrückt beschreibt **Kulturschock** den psychologischen Stress, der durch den Versuch sich an bedeutende Veränderungen im Lebensstil, den Lebensbedingungen und Geschäftspraktiken in einer anderen kulturellen Umbebung anzupassen, erzeugt wird. Ein Kulturschock geht nicht schnell vor sich und ist auch nicht auf einen einzigen Zwischenfall beschränkt. Im Gegenteil, er ist das Ergebnis einer Summe sich anhäufender Erfahrungen. Ursprüngliches Wohlfühlen kann so in Gefühle der Desorientiertheit und Unsicherheit umschlagen. Dies wird den meisten bekannt vorkommen, die schon einmal längere Zeit im Ausland waren – oder zumindest den Versuch unternahmen, sich vorzustellen, wie es sein könnte, längere Zeit im Ausland zu sein.

Beim ersten Kontakt mit einer fremden Kultur sind die kulturellen Unterschiede meist nicht offensichtlich. Fast überall gibt es Taxis, Hotels mit heißem und kaltem Wasser, Theater, Neonlichter, sogar hohe Gebäude mit Fahrstühlen und ein paar Leute, die die eigene Sprache sprechen können. Erst im Laufe der Zeit kommen, meist mit bitteren Erfahrungen verbunden, kulturelle Unterschiede zum Vorschein. Plötzlich ist man mit drängenden Menschen konfrontiert, obwohl man von zuhause gewohnt ist sich anzustellen; eine Zusage muss nicht mehr immer ein explizites „ja" bedeuten; eine freundschaftliche Erkundigung über die Gattin eines Geschäftspartners wird mit Beleidigung und Ablehnung erwidert, alltägliche Gebrauchsgegenstände und Lebensmittel, die man von zuhause gewohnt ist, kann man plötzlich nicht mehr um die Ecke kaufen; Versprechen etwas bis zum nächsten Tag zu erledigen, werden nicht mehr eingehalten; Freundlichkeit wird nicht mehr erwidert. Je länger man in die neue Umgebung eingebettet ist, desto offensichtlicher werden diese Unterschiede. Die Folge sind Frust und Ängste, die sich steigern können. Schlussendlich gewinnen die kulturellen Unterschiede immer mehr an Bedeutung. Ursprüngliche Faszination für ausländische Denk- und Verhaltensweisen wandelt sich ins Gegenteil. Plötzlich ist die bisherige, eigene Lebensweise das Optimum und Maß der Dinge. Wenn diese Anzeichen vorhanden sind, hat der Kulturschock bereits eingesetzt. Als Gründe für das Auftreten von Kulturschock führt Weaver das Fehlen von gewohnten Zeichen, wie Sprache, Gesten, Haltungen, Bräuchen, etc., den Zusammenbruch interpersoneller Kommunikation und Identitätskrisen an (vgl. Weaver 1993, 139).

Zurückgehend auf Oberg lässt sich ein Kulturschock in 4 **Stufen** nachvollziehen (vgl. Furnham & Bochner 1986, 131 und Ferraro 2002, 144):

1. *Honeymoon Stage*: Diese Phase beschreibt die anfängliche Faszination, Euphorie und Bewunderung für die neue Kultur. Freundschaftliche, aber meist oberflächliche Beziehungen zu Mitgliedern aus der Kultur des Gastlandes werden geknüpft. Zeitraum: mehrere Tage bis mehrere Wochen.

2. *Crisis*: Erste Unterschiede in der Sprache, den Werten, den Vorstellungen, den gewohnten Zeichen und Symbolen werden wahrgenommen und führen zu Frustration, Ängsten und Ärger. Eine Vielzahl vieler kleiner fremdartiger Dinge des täglichen Alltags wird als Belastung empfunden. Zeitraum: mehrere Wochen bis Monate.

3. *Recovery*: Die Krise wird überwunden, indem man die Sprache lernt und sich eingehender mit der Kultur des Gastlandes beschäftigt. Es erfolgt eine erste und dann sich verstärkende Anpassung an die neue Kultur. Man findet sich im neuen Umfeld und den neuartigen Bedingungen besser zurecht.

4. *Adjustment*: man gewöhnt sich und beginnt das Leben in der neuen Kultur zu genießen. Ängste und Spannungen treten nur mehr gelegentlich auf. Man erreicht einen maximal möglichen Anpassungsgrad, der individuell verschieden ist.

In Anlehnung an dieses Modell erklärt Hofstede Kulturschock als die mentale Reaktion auf fremde „Software". Die eigene mentale Software enthält fundamentale Werte, auf denen bewusste und mehr oberflächliche Kulturmerkmale – Rituale, Helden und Symbole – lagern. In einer fremden Kultur können diese Merkmale unterschiedlich sein, was normalerweise zu Gefühlen der Angst, Hilflosigkeit und Feindseligkeit gegenüber der neuen Umgebung führt. Auch Hofstede beschreibt den Kulturschock in vier Phasen durch eine u-förmige Kurve der kulturellen Anpassung (vgl. Abb. 7.3).

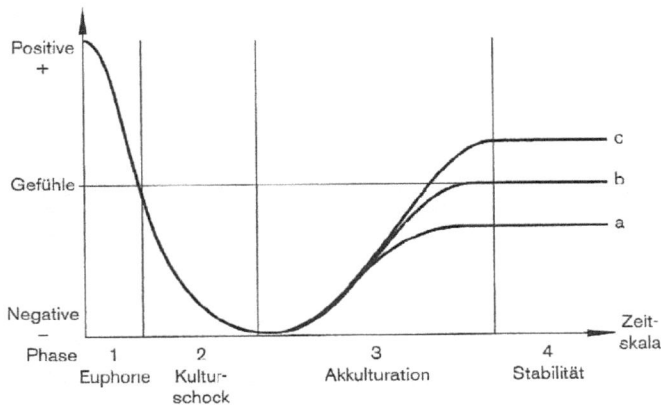

Abb. 7.3   Phasenmodell der Kulturbewältigung nach Hofstede (Hofstede 2001, 295)

Nach der meist kurz andauernden **Euphoriephase** folgt der eigentliche **Kulturschock**. In der **Akkulturationsphase** lernt man unter den neuen Bedingungen zu leben und wird in das neue soziale Netzwerk integriert. Die **Stabilitätsphase** kann drei Ausprägungen haben. (a) Wird die gewonnene mentale Stabilität mit zuhause verglichen, kann sie mit negativen Gefühlen verbunden sein, vor allem wenn man sich als Gast in der neuen Kultur weiterhin fremd und diskriminiert fühlt. (b) Der Zustand kann genauso stabil sein wie zuvor, d.h. man hat sich als Gast bikulturell angepasst oder (c) der Zustand ist noch stabiler als zuvor, d.h. ursprüngliche Gäste in der fremden Kultur sind zu Einheimischen geworden. Die Intensität und das Ausmaß des Kulturschocks hängen von der empfundenen Distanz zwischen der eigenen Kultur und der Kultur des Gastlandes ab. In diesem Zusammenhang ist die Bedeutung von Betreuungsaufgaben, wie fachliche Unterstützung, ständige Informationen über Veränderungen im Mutterunternehmen, Aufrechterhalten der Kommunikation mit Kollegen, Informationsaufenthalte im Heimatland und Fortbildungsmaßnahmen während der Auslandsentsendung nicht zu unterschätzen.

Meist werden die Auswirkungen eines Kulturschocks in einem negativen Zusammenhang erwähnt, wie ein Abbruch des Auslandseinsatzes oder schlechte Arbeitsleistung. Adler sieht im Kulturschock durchaus positive Effekte. Er ist Anzeichen dafür, dass Expatriates nicht isoliert in einem Ghetto leben, sondern beginnen, direkt in die neue Kultur involviert zu sein. Kulturschock sollte daher als Zeichen interpretiert werden, das Richtige zu machen. Die Frage die sich stellt ist demnach nicht, wie man Kulturschock am besten vermeiden könnte, sondern vielmehr wie man ihn am besten managt (vgl. Adler 2002, 263f).

Kurzfallstudie: Expatriierung

Howard Duvall, an up-and-coming accountant with a New York-based firm, was on contract in Mombassa, Kenya, for three months, setting up an accounting system for a local corporation. Since he had never been out of the United States before, he was interested in learning as much as possible about the people and their culture. He was fascinated by the contrasts he saw between the traditional and the modern, relations between Africans and Europeans, and the influence of the Arabic language and the Muslim religion. Every spare moment, he had the company's driver take him to see the interesting sights both in town and in the rural villages. To document the sights for friends back home, he brought his 35-mm camera wherever he went. Although Howard was able to get a number of good pictures of game animals and buildings, he became increasingly frustrated because people turned their backs on him when he tried to take their pictures. Several people actually became quite angry.

[1] Worin liegt die Wurzel des Konflikts?

[2] Machen Sie Vorschläge, wie dieser Konflikt hätte vermieden bzw. zumindest minimiert werden können.

Quelle: Ferraro 2002, 154

In der Einsatzphase werden Fragen der Entlohnung bedeutsam, die einerseits von den rechtlichen Bestimmungen, von Anreizüberlegungen, aber auch von der kulturellen Akzeptanz von Einkommenshöhen und Einkommensunterschieden abhängen. In diesem Zusammenhang ist auch bedeutsam, zu Lasten welchen Gewinns Expatriate Sonderzulagen gehen. Diese Besonderheiten eines IHRM (International Human Resource Management) sollen nicht weiter verfolgt werden, da der Schwerpunkt hier auf der Bewältigung von Aufgaben in fremden Kulturen liegt.

4. Rückkehrphase und Debriefing

Nach den Konzepten der trans- bzw. metanationalen Unternehmung ist der Transfer von Wissen aus dem Einsatzland durch rückkehrende Expatriates von strategischer Bedeutung für ein wissensbasiertes internationales Management. Daher schlägt Nancy Adler ein formelles Debriefing vor, welches den Zweck hat, das Erfahrungswissen der Expatriates bestmöglich zu nutzen und die Bedürfnisse des Unternehmens und der rückkehrenden Individuen in Bezug auf Aufgabe und Position zu einer möglichst großen Überschneidung zu bringen. Wiederum entfällt dieses Debriefing in der Praxis häufig, was die Wiedereingliederung von Rückkehrern oft erschwert: Ihre ursprüngliche Position ist oft besetzt, bzw. nicht mehr ihrem Leistungspotenzial entsprechend, eine neue adäquate Position wurde häufig nicht bereitgestellt. Dazu kommt, dass nach längeren Auslandsaufenthalten eine Rückgewöhnung an die Heimatkultur erfolgen muss, die im Lichte des Detailvergleichs mit der Kultur des Einsatzlandes fragwürdig geworden ist. Analog zum Kulturschock am Beginn der Einsatzphase kann am Beginn der Rückkehrphase bei ins Ausland entsandten MitarbeiterInnen, die den kulturellen Anpassungsprozess im Ausland erfolgreich überwunden haben, ein gegenläufiger Schock auftreten. Dieser wird als Kulturschock bei der Heimkehr bzw. **Reverse Culture Shock** bezeichnet. Betroffene Personen stellen bei der Anpassung an ihre alte kulturelle Umgebung, fest dass sie sich nicht mehr zurechtfinden können. Eine idealisierte Vorstellung von „Zuhause" und eine als selbstverständlich vorausgesetzte Familiarität, dass sich während der Abwesenheit weder Zuhause noch MitarbeiterInnen verändert haben, werden von La Brack als Hauptprobleme angeführt (vgl. La Brack 1993, 253). Die Kombination dieser irrtümlichen Einstellungen führt wiederum zu Frustration, Formen der Abkapselung und gegenseitigen Missverständnissen zwischen Heimkehrenden und deren Freunden und Familien.

Zwanzig Prozent der MitarbeiterInnen die von einem Auslandseinsatz zurückkommen, möchten ihr Unternehmen verlassen (vgl. Adler 2002, 272). Gehen MitarbeiterInnen ins Ausland, sind sie meist auf neue und ungewohnte Situationen gefasst, bei der Rückkehr erwarten sie jedoch die gewohnte alte Umgebung. Der Trugschluss, wieder in das alte Unternehmen, den alten Job und die ursprüngliche Lebensweise integriert zu werden bestätigt sich in der Realität meist nicht. Rückkehrende kommen selten in die Welt zurück, die sie vor ihrem Auslandseinsatz verlassen haben bzw. die sie erwarten. Ein Leben im Ausland prägt und verändert die Persönlichkeit, jedoch auch das Unternehmen und selbst Länder unterliegen dem Wandel. Dazu kommt, dass Expatriates das Heimatland im Ausland idealisieren, vor allem dann wenn sie in der Phase des Kulturschocks stecken. Meistens werden dann nur die positiven Aspekte berücksichtigt und eine Traumwelt aufgebaut.

Erst wieder zurück im Heimatland werden die realen Unterschiede bewusst. Die Kluft zwischen dem wie es vor dem Auslandseinsatz war und wie es heute ist und die Kluft zwischen den idealisierten Erinnerungen und der Realität wird offensichtlich. Nicht zuletzt deswegen wird die Reintegration im Vergleich zur Anpassung an ein neues kulturelles Umfeld als ein noch schwierigerer Schritt gesehen.

Die Phasen bei der Reintegration sind ähnlich wie beim Kulturschock. Freude über die Rückkehr wandelt sich bald in schlechte Laune bevor sich wieder eine einigermaßen normale Stimmung einpendeln kann. Die anfängliche Hochstimmung hält meist nicht länger als einen Monat an, manchmal sogar nur wenige Stunden. Das Tief wird meist im zweiten bzw. dritten Monat nach der Rückkehr erreicht (vgl. Adler 2002, 273f):

> *[...] some of my friends couldn't even imagine the foreign country [...] They asked me how it was, but they just wanted to hear „fine".*

> *[...] calling friends, my sister, my mom [...] Everyone was so busy with their lives that they didn't have time to just talk. The cut me off [...] I understand, but [...]*

> *[...] I came back with so many stories to share, but my friends and family couldn't understand them. It was as if my years overseas were unshareable [...]*
> Quelle: Adler 2002, 273f

Probleme entstehen meist auch in beruflicher Hinsicht. Viele Expatriates betrachten den Auslandseinsatz als Karrieresprungbrett. Bei der Rückkehr stellen sie jedoch fest, dass der Auslandseinsatz einen neutralen bzw. sogar negativen Stellenwert hat. Sie fühlen sich gelangweilt und unterfordert. Der Job im Ausland brachte mehr Abwechslung und Herausforderung, zurück im alten Job vermissen sie die größere Verantwortung, Autorität, Entscheidungskraft, die sie im Ausland hatten:

> *[...] My colleagues react indifferently to my international assignment [...] They view me as doing a job I did in the past; they don't see me as having gained anything while overseas [...]*

> *[...] The organization has changed [...] work habits, norms and procedures have changed, and I have lost touch with all that [...] I'm a beginner again [...]*

> *[...] I lost time. My career stopped when I left and started again when I returned [...]*

> *[...] I'm bored at work [...] I run upstairs to see what (another returning colleague) is doing. He says, „Nothing." Me, too [...]*

> *[...] While overseas, I realized that the home office doesn't do anything right [...] bosses call bosses to get anything done. I had to talk to seven people to get an answer. It's real bureaucracy. We have more chiefs than Indians [...]*
> Quelle: Adler 2002, 274–275

Im Gegensatz zu Adler wird im **Prozessmodell der Reintegration** von Hirsch für die Wiedereingewöhnungsschwierigkeiten ein größerer Zeithorizont angeführt, dessen Phasen sich wie folgt veranschaulichen lassen (vgl. Tab. 7.1):

Tab. 7.1   Prozessmodell der Reintegration (Hirsch 2003, 423)

Phase A: Naive Integration	Phase B: Reintegrationsschock	Phase C: Echte Integration
Freundliches, oberflächliches Verstehen, Bereitwilligkeit und Offenheit für neue Erfahrungen. Allgemeiner Optimismus. Euphorie des „Wieder zu Hause Seins".	Erste Euphorie lässt nach. Man fühlt sich von den Kollegen nicht verstanden. Der Freundeskreis ist nicht mehr vorhanden. Alles hat sich verändert. Rückzug in die Resignation, in Überheblichkeit, Ärger, Unzufriedenheit. Man fühlt sich nicht zu Hause.	Aufbau realistischer Erwartungen. Anpassung ohne Selbstaufgabe. Erweiterung des Verhaltensspektrums und Wiedererkennen alter Verhaltensmuster.
Bis 6 Monate nach der Rückkehr	Zwischen 6 und 12 Monate nach der Rückkehr	Ab 12 Monate nach der Rückkehr

Nach Hirsch lassen sich die Erfahrungen der RückkehrerInnen in drei Kategorien zusammenfassen (vgl. Hirsch 2003, 421):

1. *Anstöße aus der Kulturbegegnung*: Die Konfrontation mit einer anderen Kultur im Berufs- und Privatleben führt zu einer bewussten und unbewussten Veränderung des Verhaltens. Dazu zählen das Übernehmen von Eigenheiten der fremden Mentalität, eine größere Toleranzbereitschaft oder ein neuer bzw. anderer Zugang zur Lebenseinstellung, Religion und Spiritualität.

2. Eine *neue Sicht der Heimat*: Die Erwartungen der Auslandsheimkehrer bzgl. der Heimat sind mit den beruflichen und privaten Realitäten nicht mehr deckungsgleich. Es erfolgt eine Orientierung an den im Ausland gemachten Erfahrungen, die sich in Kritik an der Unflexibilität zuhause eingefahrener Strukturen äußert. Rückkehrer haben nur mehr die Wahl zwischen Anpassung oder Wiederausreise.

3. *Zukunftserwartungen*: Nicht zuletzt durch Anreizsysteme der Unternehmen MitarbeiterInnen für einen Auslandseinsatz zu gewinnen, wird der Auslandseinsatz oftmals als Karrieresprungbrett verstanden. Dementsprechend groß sind auch die Erwartungen bei der Heimkehr, die es mithilfe von entsprechenden Reintegrationsprogrammen abzufangen gilt.

Natürlich stellt sich die Frage, wie man mit einem solchen Kulturschock bei der Heimkehr und die damit verbundenen Aspekte (vgl. Abb. 7.4) umgehen kann. Aufgabe des Unternehmens sind die die Organisation und Bereitstellung entsprechender Informationen und Trainings für die Entsandten. Dazu eignen sich Reintegrationsseminare, in denen den MitarbeiterInnen die Möglichkeit gegeben wird, von ihren Erfahrungen vor, während und nach dem Auslandseinsatz unter fachkundiger Betreuung zu berichten. Als typische Reintegrationsmaßnahmen zählen weiters die Betreuung in Fragen des Arbeitsverhältnisses, ein Relocation Service, Hilfe bei der Arbeitssuche für die Partnerin oder den Partner, fachliche Weiterbildung und vor allem Mentoring Konzepte (vgl. Blom & Meier 2002, 180). Betrieblicher MentorInnen sollten jedoch nicht erst zu Ende des Auslandseinsatzes zur Verfügung gestellt werden, sondern bereits vor der Entsendung benannt und auch während des Auslandsaufenthalts als Ansprechperson im Mutterunternehmen beratend zur Seite stehen.

Abb. 7.4   Gründe für Reverse Culture Shock (eigenerstellt)

7.1.3   Rahmenbedingungen eines Expatriate-Einsatzes

Wesentlich für den Herausforderungsgrad der Aufgabe im Ausland ist das Stadium der Geschäftsentwicklung im Zielmarkt. Drei Stadien mit unterschiedlichen Anforderungen an Expatriates können unterschieden werden:

1. **Pionierphase, Launch:** Hier ist alles vom Ursprung her aufzubauen. Expatriates haben ein Kontaktnetz zu knüpfen, das Rechtssystem zu erkunden und konkrete Standorte für Büros bzw. Fabriken oder entsprechende PartnerInnen bzw. Kaufobjekte zu finden. Es gibt noch keine firmeneigene Unterstützungsinfrastruktur vor Ort, man arbeitet mit Handelsvertretungen, Rechtsanwaltskanzleien, Ansiedlungsagenturen und etwaig mit befreundeten Unternehmen mit bereits etablierter Präsenz zusammen. In dieser Phase erfolgen Einsätze häufig ohne Familie. Sie weist ein besonders hohes Freiheits- und Herausforderungspotenzial auf, Unterschiede im Rechtssystem und den Geschäftsgebräuchen müssen sehr schnell erfasst und bewältigt werden, um den Aufbau einer Präsenz voranzutreiben. Hier wird der Kulturschock einerseits dadurch gemildert, dass keine Zeit für Begegnungen jenseits der professionellen Aufgaben verbleibt. Andererseits fällt er besonders heftig aus, weil auf der Sachebene Nicht-Routine-Aufgaben (wie Büroauswahl, Bau- und Partnerschaftsverhandlungen) zu bewältigen sind.
2. **Wachstumsphase:** In dieser Phase dominiert Wissenstransfer in beide Richtungen. Ins Zielland sind die strategische Grundhaltung und zentral standardisierte Geschäftspraktiken (i.d. Regel Berichtswesen) zu transferieren, im Gegenzug erhält das Heimatland Anregungen aus den Besonderheiten des Ziellandes. Die Geschäftsprozesse sind methodischer zu gestalten und in ihrem Ablauf zu sichern, Kostenkontrolle wird wichtiger. Expatriates brauchen nun vertieftes Wissen über das Zielland.

3. **Established Presence:** In diesem Fall steht „business as usual" im Vordergrund. Expatriates werden nur noch eingesetzt, wenn sie über Fähigkeiten verfügen, die im Zielland gebraucht und dort nicht in der gewünschten Qualität vorhanden sind, bzw. um Beiträge zur Gesamtkonzernstrategie sicher zu stellen.

Ein zweites Einflussbündel ergibt sich aus der **Konzernleitungsstrategie**: Fällt diese eher zentralisiert aus, erlaubt der Markt in der Regel einen hohen Grad an Standardisierung der Produkte und Dienstleistungen. Die funktionalen Bereiche, bis hin zur Personalpolitik werden stark vom Konzernsitz aus gesteuert, der meist auch einen Pool potenzieller Expatriates aufbaut. In zentral gesteuerten Konzernen sind Auslandsaufenthalte in der Regel Aufstiegsvoraussetzung; sie bringen zwar die üblichen Zulagen, aber sonst keine höhere Entlohnung. Am anderen Ende des Kontinuums steht die föderale oder dezentrale Strategie für Märkte mit hohen Lokalisierungserfordernissen bzw. -vorteilen. Hier liegt eine wesentlich uneinheitlichere Gestaltung der Funktionsbereiche in Aufbau und Ablauf vor, was häufig auch darauf zurück zu führen ist, dass Unternehmen gekauft wurden. Expatriates sind in diesen Fällen eher in die Gegenrichtung zu erwarten: Potenzielle Führungs- und Fachkräfte aus dem Zielland, die im Stammhaus quasi konzernspezifischen Schliff erhalten.

Am häufigsten liegt die gewählte Lösung in einem Mischungsverhältnis zentraler und dezentraler Ansätze, was der Realität in Branchen entspricht, die sowohl Globalisierungsvorteile als auch Lokalisierungsvorteile aufweisen. Integrative Ansätze stellen erhöhte Anforderungen an Expatriates, weil sie Wissensflüsse in beide Richtungen zu kanalisieren und strategisch mit Fingerspitzengefühl Steuerungsbedürfnisse des Konzerns und Autonomiebedürfnisse der Tochtergesellschaft aus zu balancieren haben.

7.1.4 Expatriate Erfolg

Für einige schwierige Managementaufgaben halten sich hartnäckig Gerüchte über erschreckend hohe Misserfolgsquoten in der Praxis. Dies gilt neben Fusionen und Unternehmenskäufen auch für den Erfolg von Auslandseinsätzen, der durchschnittlich in etwa 50% der Fälle ausbleiben soll. Allerdings lassen sich solche Hinweise oft auf einige wenige nicht repräsentative Quellen zurückführen, in denen Erfolg ganz unterschiedlich definiert ist. Hier gehen wir davon aus, dass ein Misserfolg vorliegt, wenn Expatriates vorzeitig zurückkehren, oder wenn sie ihre Ziele deutlich unterschreiten.

In amerikanischen multinationalen Konzernen wurden die folgenden Hauptursachen für das Scheitern von Expatriates identifiziert und nach Wichtigkeit gereiht (Tung 1987, 117):

1. Unfähigkeit der Gattin[21] des Expatriates sich an die unterschiedliche kulturelle Umgebung zu gewöhnen
2. Unfähigkeit des Managers sich an die unterschiedliche kulturelle Umgebung zu gewöhnen

---

[21] Anmerkung: die Studie bezieht sich auf männliche Expatriates, daher wurde, wie im englischen Original, bei der Übersetzung keine weibliche Form für Expatriates gewählt.

3. Andere Probleme mit Familienbezug
4. Persönlichkeit des Managers bzw. emotionale Unreife des Managers
5. Unfähigkeit des Managers mit der übertragenen Verantwortung des Auslandseinsatzes fertig zu werden
6. Mangel an Fachwissen
7. Mangel an Motivation im Ausland zu arbeiten

Weitere empirische Studien zeigen, dass in den letzten 20 Jahren je nach Endsendungsziel bis zu 80% der Auslandsentsendungen vor Ende der Vertragszeit abgebrochen wurden, die meisten Abbruchquoten liegen dabei zwischen 25 und 40% (vgl. Blom & Meier 2002, 177). Dabei liegen die Gründe im beruflichen, sozialen oder klimatischen Bereich. Für Europa sind die Gründe ähnlich wie bei Tungs Studie in den Schwierigkeiten der Integration der Familie in die neue Umgebung zu suchen, während in Asien oft auch fachliche Gründe ausschlaggebend sind. Des Weiteren werden eine falsche Personalpolitik im Unternehmen (falsche Potentialeinschätzung der zu Entsendenden, fehlende Personalplanung und Personalbetreuung), fehlende Motivation der MitarbeiterInnen, kurzfristig nicht aufholbare Fremdsprachendefizite und physische sowie psychische Belastungen der MitarbeiterInnen als Ursachen für einen Abbruch des Auslandseinsatzes genannt.

Diese Faktoren zeigen einige Schwachstellen in den Personalauswahlverfahren auf. Die Personalauswahl muss daher weitere Kriterien berücksichtigen, die grob in vier Kategorien zusammengefasst werden können: Kommunikationsfähigkeit, persönliche Charakterzüge, Motivation und familiäre Umstände.

Der beste Weg um effektiv kommunizieren zu können ist das Erlernen der jeweiligen Sprache des Gastlandes. Als Selektionskriterium ist dabei entscheidend, dass Expatriate KandidatInnen bereit sind, Sprachunterricht zu nehmen und die Sprache auch einzusetzen. Oft ist das Basiswissen vorhanden, jedoch fehlen die Motivation, der Wille oder das Selbstvertrauen sich auf eine Konversation in der Fremdsprache einzulassen. Entscheidend für die Beurteilung der **Kommunikationsfähigkeit** ist daher die Sprachkompetenz, die Motivation zum Erlernen einer eventuell neuen Sprache und die Bereitschaft diese sowohl beruflich als auch privat einzusetzen.

In wissenschaftlichen Studien wurden zahlreiche **Persönlichkeitszüge** erforscht, die einen erfolgreichen Auslandsmanager ausmachen. Dazu zählen unter anderem Toleranz, das Zurechtkommen mit Rückschlägen, Fairness, Flexibilität, kulturelles Einfühlungsvermögen, Wahrnehmungsbewusstsein, Offenheit für Neues, etc. Da solche Charakterzüge schwer messbar sind, werden sie als Auswahlkriterium oft vernachlässigt. Einen Ansatzpunkt stellt ein als Cross Cultural Adaptability Inventory (CCAI) bezeichnetes Werkzeug dar, das auf den vier Dimensionen emotionale Belastbarkeit (emotional resilience), Flexibilität/Offenheit (flexibility/openness), Sinnesschärfe (perceptual acuity) und persönliche Autonomie (personal autonomy) aufbaut, (vgl. Kelley & Meyers 1987 in Ferraro 2002, 161 bzw. Internet, Pearson Performance Solutions) die zur interkulturellen Eignung beitragen. Mithilfe des CCAIs soll nicht der Erfolg oder das Scheitern eines Auslandseinsatzes vorhergesagt werden, sondern durch die Erforschung der Stärken und Schwächen anhand der vier Dimensionen den potentiellen Expatriates ermöglicht werden, ihr Stadium der Bereitschaft für einen

Auslandseinsatz zu beurteilen. Da man mit diesem Werkzeug jene Fähigkeiten, die noch weiter ausgebaut werden müssen ausfindig machen kann, scheint es für die Auswahl für ein Expatriate Training geeignet zu sein.

Eine weitere kritische Variable im Selektionsprozess ist die **Motivation**. Je nach Einstellung zum Auslandseinsatz, kann dieser entweder als notwendige Pflichterfüllung oder als Möglichkeit zum beruflichen und persönlichen Weiterkommen gesehen werden. Im positiven Fall kann man von einem grundsätzlichen Interesse der Expatriates am Leben und Arbeiten in fremden Kulturen ausgehen. Expatriierung wird in diesem Fall als beruflicher Aufstieg und nicht als notwendiges Übel gewertet.

Zahlreiche Studien beschäftigen sich mit dem Einfluss **familiärer Umstände**, insbesondere der Bedeutung, die begleitende Ehefrauen auf den Erfolg eines Auslandseinsatzes haben (vgl. Adler 2002, 301ff). Meist erwartet die meist unbeschäftigten PartnerInnen im Anpassungsprozess an die neue Kultur eine noch größere Herausforderung als die eigentlichen Expatriates. Während die Expatriates innerhalb des Unternehmens auf eine zumindest ansatzweise Familiarität und Sicherheit zurückgreifen können, müssen sich die PartnerInnen den alltäglichen Herausforderungen ohne institutionelle Unterstützung stellen (z.B. Behördenwege, Schule, Einkäufe, etc.). Zusätzlich bedeutet der Auslandseinsatz der PartnerInnen meist einen Bruch im eigenen Karriereweg. Es scheint daher offensichtlich, wie wichtig es ist, im Auswahlprozess der Expatriates auch die familiären Verhältnisse zu berücksichtigen. Naturgemäß können unglückliche bzw. sich in einer neuen kulturellen Umgebung schlecht zurechtfindende PartnerInnen die Einstellung und Leistung der Expatriates negativ beeinflussen.

Neben entsprechenden Integrationsmaßnahmen des Mutterunternehmens kann man sich auch persönlich auf die Rückkehr vorbereiten. Dazu abschließend die folgenden **Handlungsempfehlungen**, die sowohl auf die Auslandsentsendung als auch auf die Rückkehr ins Mutterunternehmen zutreffen:

Akzeptieren Sie die Veränderung!

Rechnen Sie mit Problemen!

Bereiten Sie sich auf die Veränderung rechtzeitig vor!

Suchen Sie eine Ansprechperson im Unternehmen!

Kommunizieren Sie mit KollegInnen, Familie, FreundInnen, Menschen aus der fremden Kultur!

Vermeiden Sie das Expatriate Ghetto!

Erwarten Sie nicht, dass sich alle für Ihre Erfahrungen interessieren!

7.2   Interkulturelles Verhandeln

„Different parties can hold wildly divergent expectations about the deal even when they've signed the same piece of paper" (Fortgang et al. 2003, 72)

„Menschen sind unterschiedlich, und sie verhandeln, um ihre Unterschiede handhabbar zu machen." (Fisher et al. 1991, 16)

Verhandlungen finden dann statt, wenn die Beteiligten einerseits gemeinsame und andererseits divergierende Interessen haben. Ersteres ist erforderlich, um überhaupt eine Lösungsgrundlage zu haben, letzteres erfordert den Abgleich von Interessen.

Dieser Abgleich soll folgenden drei Kriterien genügen:

- Das Verhandlungsergebnis soll nachhaltig wirken und nicht bei der geringsten Änderung eines Umweltfaktors bereits wieder ins Wanken geraten.
- Das Verhandlungsergebnis soll möglichst effizient, d.h. zu geringen Transaktionskosten erzielt werden.
- Die Verhandlung soll die Beziehungen zwischen den VerhandlungspartnerInnen nach Möglichkeit verbessern, jedenfalls nicht verschlechtern. (vgl. Fisher et al. 1991, 22)

Es ist offenkundig, dass kulturelle Unterschiede den Kommunikations- und Verhandlungsstil beeinflussen und die in der Sache zu erzielende Übereinstimmung durch zusätzliche ungewollte Missverständnisse beeinträchtigen. So spielt etwa die unterschiedliche Bedeutung eine Rolle, die man in High-Context und in Low-Context Kulturen dem Aufbau von Beziehungen beimisst, ebenso wie der formelle Status von Verhandlungspartnern in Kulturen mit hoher Machtdistanz die Zusammensetzung und Ermächtigung eines Verhandlungsteams bestimmt. Schriftliche Verträge haben im Westen eine andere Bedeutung als im Osten. Während sie bei uns verbindlicher Schlusspunkt einer Verhandlung sind, gelten sie z.B. in China als gestaltbarer Ausgangspunkt einer Beziehung. Neutrale Kulturen verlangen nach Pokerfaces und Disziplin, in emotionalen Kulturen kann mit theatralischen Effekten gearbeitet werden, wie im legendären Beispiel des sowjetischen Ratsvorsitzenden Nikita Chruschtschow, der in einer Vollversammlung der UNO in New York 1960 seinen Schuh auszog und damit kräftig auf den Tisch hämmerte (vgl. Internet, Chruschtschow).

Umso überraschender ist es, dass ein in den USA entwickelter Ansatz, in fast alle Weltsprachen übersetzt und offenbar kulturell übergreifend wirksam wurde: Dieser Ansatz ist als das „Harvard Verhandlungskonzept" bekannt geworden und beruht auf vier Säulen oder Grundprinzipien, die wir im Folgenden vorstellen möchten (vgl. im Folgenden Fisher et al. 1991):

7.2.1   Das Harvard Verhandlungskonzept

Säule Nr. 1: Trenne die Sache von der/n Person(en)
Hier geht es um das Ziel des Beziehungserhalts bzw. der Beziehungsverbesserung, indem sachliche Differenzen zwar hart ausgetragen, diese aber nicht den Personen zugeschrieben werden, die sie – meist als VertreterInnen einer Organisation – auf die Agenda bringen. Ernst

genommen führt dieses Prinzip zu Achtsamkeit und aufmerksamem Zuhören und zu Wertschätzung und Höflichkeit im persönlichen Umgang. Da die Sache von der persönlichen Interaktion getrennt wird, so gut dies möglich ist, kann es nicht zu folgenden zwei Effekten kommen:

- zu (später bereuter) Nachgiebigkeit, um die Sympathie zu erhalten und die Stimmung nicht zu verderben, wenn VerhandlerInnen einander verstehen, bzw.
- zu sachlicher Inflexibilität und „Jetzt-erst-recht-Standpunkten", wenn VerhandlerInnen einander persönlich reizen bzw. ablehnen.

Reaktionen des Gegenübers werden nicht persönlich genommen, es ist leichter, eine Verhandlung entspannt zu führen. Dies gilt für schriftliche und mündliche Verhandlungen. In der Face-to-Face Begegnung kommt die Körpersprache als zusätzlicher Entschlüsselungshinweis hinzu, was die Verhandlung erleichtern, aber auch erschweren kann. Den meisten VerhandlerInnen ist es kaum möglich, ihre Körpersprache zu kontrollieren, weshalb die erste Säule nur wirksam wird, wenn die Trennung zwischen Sache und Person tatsächlich gelingt und Verhandler nicht nur vorgeben, ihrer fähig zu sein.

Säule Nr. 2: Unterscheide Positionen und Interessen
Positionen beschreiben ganz bestimmte Verhandlungsergebnisse, die häufig für das Gegenüber in dieser Form unannehmbar sind. Zum Beispiel könnte eine/e ZimmergenossIn die Position vertreten „das Fenster muss geöffnet werden". Interessen hingegen beziehen sich auf die hinter den Positionen liegenden Bedürfnisse eines Gegenübers, die in aller Regel auf unterschiedliche Weise erfüllt werden können. Der Position „ich möchte, dass das Fenster geöffnet wird", könnten ein Bedürfnis nach Frischluft, ein Interesse an vor dem Fenster stattfindenden Ereignissen, eine Gewohnheit oder die Abneigung gegen das Rauchverhalten der ZimmergenossInnen entsprechen. Vertreten diese die Position: „Das Fenster bleibt zu", ist ein Konflikt unausweichlich, der sich dann nur durch Bezug auf das Recht des Stärkeren oder durch Delegation lösen lässt. Ergibt sich als Interesse der RaucherInnen der Schutz vor Zugluft, weil das Fenster im ungünstigen Winkel zu ihrem Arbeitsplatz steht, bietet sich unter anderem die Lösung an, ein Fenster im Nebenraum und die Verbindungstür zu öffnen.

Nach dem Prinzip der zweiten Säule gelang Henry Kissinger nach dem Jom Kippur Krieg 1973 der Friede zwischen Israel und Ägypten. Während die Positionen verfahren waren („*Wir geben den Sinai auf keinen Fall auf*" versus „*Der Sinai muss jedenfalls zurück gegeben werden*") arbeitete er die Interessen heraus: Israel brauchte Schutz vor militärischer Bedrohung gleich an seiner Grenze, Ägypten brauchte nach der Niederlage im Krieg eine Bestätigung seiner nationalen Rolle – das konkrete Terrain Sinai war somit auf beiden Seiten sekundär. Somit konnte eine Lösung gefunden werden, welche die Rückgabe an Ägypten vorsah, allerdings als entmilitarisierte Zone.

Säule Nr. 3: Erweitere den Lösungsraum
Wenn das zweite Prinzip nicht zu einer nachhaltig zufrieden stellenden Lösung führt, ist nach Möglichkeiten zu suchen, wie antagonistische Pattstellungen durch die kreative Entwicklung weiterer Alternativen aufgelöst werden können. Wenn man sich über die Besetzung einer Vorstandsposition durch die eine oder andere Seite nicht einigen kann, bietet sich

die Suche nach einem neutralen Dritten an, wenn ein Gehaltsschema durch berechtigte For-
derungen der MitarbeiterInnen nicht durchbrochen werden soll, können finanzielle Zuwen-
dungen unter anderem als dem Gehaltstitel erfunden werden. Wenn zusätzlich das Interesse
hinter der Erhöhungsforderung mehr auf Anerkennung als auf eine bestimmte Summe Gel-
des zielt, kann mit Erweiterungen der Verantwortung, mit Statussymbolen und anderen nicht
(direkt) monetären Anreizen reagiert werden. Im Sinne der dritten Säule kann es in verfahre-
nen Situationen sinnvoll sein, die Verhandlung zu unterbrechen und in entspannter Atmosphäre und freier Assoziation nach Erweiterungen des Lösungsraums zu suchen.

Säule Nr. 4: Bringe neutrale Beurteilungskriterien zur Anwendung
Wenn weder die Berücksichtigung von Interessen und Flexibilität in Bezug auf Positionen,
noch die Erweiterung des Lösungsraums ausreichen, um eine nachhaltige Lösung zu finden,
ist es empfehlenswert, sich auf allgemeine Kriterien zu einigen, denen eine noch zu ent-
wickelnde Lösung entsprechen soll. Da die Parteien nicht im Vorhinein wissen, ob bestimmte im gegenständlichen Fall für ihre Position wirkende Kriterien sich in der Zukunft nicht zu
ihren Ungunsten auswirken, müssten sie an der Entwicklung neutraler Kriterien und Entscheidungsregeln interessiert sein. Typischerweise geschieht dies bei der Entwicklung eines
Anforderungsprofils für Führungspositionen noch ehe konkrete BewerberInnen bekannt sind.
Das vierte Prinzip beruht auf der in der westlichen Aufklärung entwickelten Rationalitäts-
prämisse. Es muss in der Realität wohl eingeschränkt werden, da VerhandlerInnen den Konflikt häufig einfach um eine Ebene auf das Ringen um Entscheidungsregeln und -kriterien
verschieben und auch in Bezug auf diese Einigung enge Positionen beziehen können. Auch
die Trennungsregeln der ersten beiden Säulen dürften in spezifischen, also westlichen Kulturen leichter fallen als in diffusen. Trotz dieser Überlegungen bezüglich seiner Kulturgebundenheit, wurde das Harvard Verhandlungskonzept „ein Exportschlager" und kann mit seinen
vier Prinzipien sicherlich zur Verbesserung schwieriger Verhandlungssituationen beitragen.

7.2.2   Verhandlungsprozesse

Verhandlungen folgen bestimmten Abläufen, wobei zunächst über den Verhandlungsort und
die Verhandlungszeitpunkte zu entscheiden ist.

Verhandlungsorte:
Vier Möglichkeiten stehen zur Verfügung:

- am Standort der einen Partei
- am Standort der anderen Partei
- an einem neutralen Standort
- im virtuellen Raum.

In schwierigen politischen Verhandlungen nimmt allein der Schlagabtausch über den Verhandlungsort oft mehrere Monate in Anspruch. Seine Wahl entscheidet unter anderem über
die Reisekosten der Delegation, über die Gestaltungsmöglichkeiten vor Ort und über die
Möglichkeiten, mehr über die PartnerInnen zu erfahren und zu lernen.

Vorteile einer Verhandlung als Heimspiel:
- Möglichkeiten der Inszenierung und der Gestaltung der Verhandlungsbedingungen (Impressionsmanagement).
- Vorhandensein aller wichtigen Anschauungsobjekte (z.B. Fabrikslayout), Fachleute und Unterlagen.
- Einbindung lokaler politischer und kultureller Möglichkeiten (Empfänge, Festivalbesuche, etc.).
- Nichtbelastung durch Jetlag, Reisezeit, Reiseaufwand (Kosten, Visa, Impfungen, Bedrohungen etc.).

Nachteile einer Verhandlung als Heimspiel:
Spiegelbildlich gelten die Vorteile der einen Partei als Nachteile der anderen. Den an den Ort der PartnerInnen reisenden VerhandlerInnen wird zugemutet, kulturell unvertrautes Terrain zu betreten. Dort ist die Gegenseite kulturell kompetent, während man selbst zusätzliche Energie benötigt, weil der kulturelle Autopilot nicht funktioniert und man sich den Gegebenheiten vor Ort anpassen muss, ohne sich Blößen zu geben (z.B. Karaoke singen, mit Stäbchen respektive Besteck Essen). Die am Heimatort verhandelnde Partei versäumt die im Folgenden genannten Lernchancen.

Vorteile der Verhandlungen am Ort des Gegenübers:
- Erkunden der Gegebenheiten vor Ort.
- Entgegenkommen, welches nach den Fairnessregeln ein „Guthaben" schafft.
- Lernen über GeschäftspartnerInnen: Wie agieren die VertreterInnen des Verhandlungspartners in ihrer ureigenen Umgebung. Dabei kann die tatsächliche Position der VerhandlerInnen leichter eingeschätzt, es können Kontakte zu „grauen Eminenzen" aufgebaut und die Interessen hinter den Positionen besser erkundet werden.

Vorteile der Verhandlung an einem neutralen Ort:
Hierbei fallen sowohl die Möglichkeiten guter (beeindruckender) Gastgeberschaft als auch jene des Lernens weg. Dafür vergibt sich keine Partei etwas, man kann sich die Reisekosten teilen und die Distanz zum jeweiligen Hintergrund für die Erweiterung des Alternativenraums nutzen. Häufig stehen an den neutralen Orten auch besondere Mediationsmöglichkeiten zur Verfügung. Städte, die sich als neutrale Begegnungsorte zu profilieren versuchen, bieten ein internationales bzw. multikulturelles Flair, welches es den Parteien erleichtern kann, Positionen zu verlassen und nach erweiterten Alternativen und neutralen Kriterien zu suchen. Wenn der Unterschied im Lebensstandard zu den jeweiligen Standorten groß ist (was auch demokratische Freiheit umfassen kann), können Standorte für die individuellen VerhandlerInnne auch als Belohnung/Anreiz fungieren.

Vorteile des Verhandelns im virtuellen Raum:
In erster Linie greift das Argument der Kostengunst, ferner die Flexibilität in Bezug auf Raum und Zeit. Verhandlungen können auf Distanz und asynchron stattfinden. Um die Face-to-Face Situation zu simulieren, können Videokameras eingesetzt werden, sodass Tonfall und Körpersprache als Interpretationshilfe (ansatzweise) erhalten bleiben. Die VerhandlungspartnerInnen können ihre Aufgaben vor Ort erledigen und brauchen sich nicht der Mü-

he der Ortsveränderung zu unterziehen. Allerdings zeigen alle Studien zur virtuellen Kommunikation hartnäckig deren Unterlegenheit in Bezug auf die Schaffung von Vertrauen, das Verhindern von Missverständnissen und die Entwicklung eines geteilten impliziten Wissens als Interpretationsreservoir für das explizit Gesagte. Virtuelle Verhandlungen sind daher nur für Personen effektiv, die sich bereits persönlich kennen gelernt und Vertrauen sowie geteiltes Wissen schon entwickelt haben.

Verhandlungszeitpunkt und Verhandlungsdauer:
In Bezug auf diesen Aspekt sind nationale Feiertage und Gebräuche von Bedeutung. Darüber hinaus spielt das Verständnis von Zeit in einer Kultur eine große Rolle. Vor wesentlichen Familienfesten (wie Weihnachten oder Thanksgiving in der europäischen respektive amerikanischen Kultur, dem Frühlingsfest in China oder dem Ende des Fastenmonats im Islam) haben individuelle VerhandlerInnen ein Interesse heim zu fliegen, was von der Gegenseite für Zugeständnisse ausgenützt werden kann. Dies ist zu berücksichtigen, ebenso wie die Geschäftszeiten am Verhandlungsort oder die Gebetszeiten zu respektieren sind.

Bei der Verhandlungsdauer sind das Interesse der Angehörigen von High-Context Kulturen an Beziehungsaufbau und das Interesse der Angehörigen von Low-Context Kulturen, möglichst rasch zur Sache zu kommen, abzuwägen. Aussagen von in China lebenden Expatriates, wie *„Asians negotiate a relationship from which business eventuates but Westerners negotiate business from which a relationship might flow.“* Oder *„The negotiation starts after the ink has dried ...“* veranschaulichen diesen Sachverhalt (vgl. Business Decisions 2006). Auf die VerhandlerInnen können zu Hause unterschiedlich drängende Herausforderungen warten. Sie können unterschiedlich stark ermächtigt worden sein, so dass das eine Team berechtigt ist, Verträge abzuschließen, während das andere sich erst bei entscheidungsbefugten Personen rückversichern muss. Der für eine Verhandlung gewählte Zeitpunkt und ihre Dauer sind also nicht nur nach sachlichen, sondern auch nach kulturellen Gesichtspunkten zu entscheiden.

7.2.3   Vorbereitungen auf Verhandlungen

Die folgenden Ausführungen gelten generell, im interkulturellen Kontext kommen allerdings Erschwernisse hinzu, die Absichten und Interessen des Gegenübers zu deuten.

Ehe man sich in eine Verhandlung begibt, bedarf es der Klärung,

- wer das Gegenüber ist (wer verhandelt, wer steht dahinter?);
- welches Ziel man selbst mit der Verhandlung verbindet, wie die beste und die gerade noch zu akzeptierende schlechteste Option aussehen;
- welche Interessen hinter den eigenen Positionen stehen, wer aller vom Verhandlungsergebnis betroffen ist;
- wie Ziele, best and worst case und Interessen beim Gegenüber aussehen.

Letzteres bedarf in der Regel sorgfältiger Recherchen im Vorfeld einer Verhandlung, sowie der empathischen Fähigkeit, sich in die Situation der VerhandlungspartnerInnen zu versetzen.

Nach dieser allgemeinen Vorbereitung beginnt die Verhandlung, die ihrerseits mehrere Phasen umfasst:

- **Begrüßung, Vorstellung**: Hierbei sind die Rituale und Deferenzregeln der beteiligten Kulturen zu beachten: Wer verdient Respekt? Wer wird wem zuerst vorgestellt? Wie wesentlich sind Titel? Welche Rituale werden mit der Übergabe von Visitenkarten verbunden? Wie viel Förmlichkeit ist angebracht? Auf internationalen Flughäfen werden Sie in den Buchläden eine ganze Reihe von Ratgebern finden, in denen die entsprechenden Regeln und Rituale beschrieben sind.

- **Beziehungsaufbau und „Small Talk"**: Dabei geht es darum, das Eis zu brechen, „Rapport" herzustellen, sich gegenseitig vorsichtig abzutasten. Interkulturell bedeutsam ist ein Gespür für Tabuthemen in unterschiedlichen Kulturen bzw. die Fähigkeit, ein harmloses Thema zu finden, das alle wählen können, um unter seiner Oberfläche das Gegenüber zu studieren. So empfiehlt es sich, heikle politische Fragen zu vermeiden (in China etwa Taiwan, Tibet oder das Massaker am Platz des himmlischen Friedens), unterschiedlichen Geschichtsinterpretationen auszuweichen (wie etwa der Frage von Südtirol zwischen Österreich und Italien oder des Eigentums der Sudetendeutschen zwischen Tschechien und Deutschland), sich der Beurteilungen nationaler Politiker zu enthalten (z.B. die Irakpolitik von Präsident Bush) und sich der Schicklichkeit von Fragen nach dem Befinden von Familienmitgliedern zu vergewissern (z.B. Tabu der Frage nach Ehefrauen im islamischen Raum). Wie von der englischen Diplomatie betont, bieten sich Themen wie das Wetter, das Essen, sportliche Ereignisse, die Börse, Wechselkurse, Landschaften und ihre Vorzüge an, um in Gespräche einzusteigen. Verstehen Sie uns hier nicht falsch: Wir fordern Sie nicht auf, Ihre eigenen Werte zu verleugnen und – um der Geschäftsanbahnung willen – Menschenrechtsverletzungen zu dulden oder gar zu befürworten. Im Gegenteil: Im Rahmen Ihrer Möglichkeiten können Sie in solchen Fragen Einfluss nehmen, z.B. durch Ihr eigenes untadeliges Verhalten oder etwa durch die Vereinbarung von „Codes of Conduct" mit LieferantInnen. Wir halten so schwierige Themen allerdings für ungeeignet, in ein Gespräch einzusteigen, sie haben vielmehr erst Sinn, wenn bereits eine Beziehung hergestellt ist. Zudem sind Makrothemen (Verhalten der Regierung) nur bedingt von Ihrem Gegenüber auf der Mikroebene beeinflussbar. Ethische Anliegen haben oft mehrere Gesichter und werden interkulturell unterschiedlich interpretiert und bewertet (vgl. Abschnitt 4.1.6). Daher kann ihr gut gemeinter Kommentar als westlicher Werte-Imperialismus bewertet werden und die Beziehung von Anfang an belasten. Um nicht naiv in Fußangeln zu treten, sind solide Kenntnisse der Politik, Geschichte, Religion, Sitten und Gebräuche des jeweiligen Gegenübers erforderlich (vgl. Abschnitt 4.1).

- **Themenansprache**: Nun geht es darum, das Thema möglichst lösungsneutral einzuführen, um Lösungsspielraum zu belassen.

- **Analysephase**: Das Thema wird nun in seinen wesentlichen Aspekten und Bezügen beleuchtet, was am besten gemeinsam geschieht. Beide Seiten können versuchen, Definitionsmacht in Bezug auf diese Analyse (was wird ein-, was ausgeschlossen) auszuüben, was eine gemeinsame Lösung allerdings eher erschwert.

- **Lösungssuche**: Meist werden Verhandlungen linear, also Punkt für Punkt abgehandelt. Dabei ist zu berücksichtigen, dass Kulturen mit zyklischem Zeitverständnis immer alle Punkte gemeinsam betrachten, so dass ein Dissens bei Punkt „17" auch vorangegangene Einigungen wieder in Frage stellen kann. Gutes Verhandlungsmanagement vermeidet Eskalationen in den Phasen Analyse und Lösungssuche u.a. durch Unterbrechungen und den Einschub sozialer Phasen, wie gemeinsamer Essen oder Barbesuche.

- **Vereinbarung**: Hier geht es darum, klar zu stellen, dass beide Seiten dasselbe meinen, also das Vereinbarte nach Inhalt, Ausmaß und Zeitbezug möglichst unmissverständlich zu präzisieren. „Wir werden uns bemühen, im April zu liefern", kann in einer Kultur 90% Lieferwahrscheinlichkeit bedeuten, in der anderen hingegen nur 5%. Die Absicherung eines geteilten Verständnisses wesentlicher Begriffe ist ein wichtiges Anliegen dieser Phase, wenn die rechtlichen Details dann auch meist von Anwaltteams ausgearbeitet werden (vgl. dazu auch das Beispiel zur Terminvereinbarung in Abschnitt 3.2.1).

- **Abschluss**: Beim Closing steht die Festigung der Beziehung im Vordergrund. Gemeinsames Feiern oder die feierliche Unterzeichnung von Verträgen in der Öffentlichkeit (mit entsprechender Bindung der UnterzeichnerInnen) sind typische Verfahrensweisen dieser Phase.

Anregung: Erproben Sie Ihre Verhandlungsfähigkeit selbst im Realfall oder in einem kleinen Rollenspiel!

[1] Nehmen Sie an, für ein großes Holzgeschäft mit Russland, haben beide Seiten großzügig Gastfreundschaft für Detailverhandlungen mit 6-köpfigen Teams angeboten.

[2] Sie treffen als AssistentIn der Geschäftsleitung in Deutschland (Österreich, Schweiz) Ihr russisches Pendant, um den Verhandlungsort auszuhandeln.

[3] Erstellen Sie eine Vorbereitung unter Annahme einer erstmaligen persönlichen Begegnung.

7.3 Interkulturelle Kommunikation

Kommunikation ist der Kern jeder interkulturellen Begegnung, sie betrifft Führung, Kooperation, Verhandlungen und Marketing. Hier wollen wir uns in der vom Umfang gebotenen Knappheit den Grundlagen der Kommunikation zuwenden und prüfen, in wie weit kulturelle Faktoren diese beeinflussen. Dabei unterstellen wir, wie die meisten Arbeiten zum Thema, zwei Personen in Anwesenheit, also persönlichen (face to face) Austausch in einer Dyade als den Prototyp und behandeln andere Formen als Variationen über diesen Typ. Demgemäß unterscheiden wir drei Ebenen, auf denen mitgeteilt wird bzw. Selbstausdruck stattfindet.

- **Verbale Ebene** mit den Aspekten Sprache, Kontext, Beteiligte
- **Paraverbale Ebene** mit den Faktoren Intonation, Sprechtempo und Pausen, Lautstärke, Modulation
- **Non-verbale Ebene** mit den Faktoren Körperhaltung, eingenommener Raum, Mimik und Gestik.

Darüber hinaus kann Kommunikation nach der Zahl der Beteiligten und nach dem dominanten Medium unterschieden werden, wobei an der Wende zum 21. Jahrhunderts insbesondere schriftlich-virtuelle Formen verbreitet und erforscht werden. Abb. 7.5 präzisiert die Aspekte der Kommunikationsebenen:

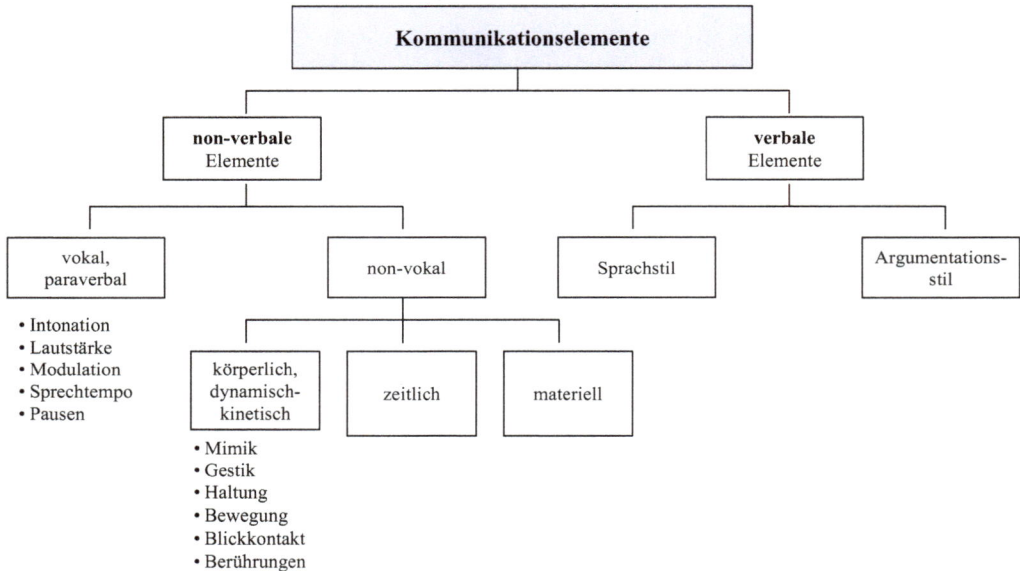

Abb. 7.5   Kommunikationsebenen (leicht modifiziert nach Schugk 2004, 86)

Ehe wir ein sehr komplexes Kommunikationsmodell vorstellen, welches mehrere Kommunikationstheorien bzw. -formen verbindet, wollen wir als Interpretationsfolie fünf **Kommunikationsaxiome** vorstellen, die der systemische Kommunikationspsychologe Paul Watzlawick mit seinen Kollegen im vergangenen Jahrhundert entwickelt hat (vgl. Watzlawick & Beavin & Jackson 1969).

Axiom 1: Man kann nicht nicht kommunizieren. Durch unser körperliches In der Welt Sein drücken wir immer schon etwas aus: Auch Weggehen und Schweigen sind Kommunikationen, ebenso wie Nachdenkpausen, Nicht-Antworten auf voice und electronic mails.

Axiom 2: Jede Kommunikation hat einen Inhalts- und einen Beziehungsaspekt. Dabei ist die Beziehungsebene im Sinne der Wirkung bestimmend. Menschen handeln nicht nur eine Sache miteinander aus, sondern parallel dazu immer auch ihre sozialen Verhältnisse: Macht und Einfluss im politischen Sinn, Sympathie und ihr Gegenteil im sozialen Sinn. Dieses Axiom werden wir in unserem Modell erweitern, wie es von Schulz von Thun vorgeschlagen wurde: Jede Äußerung ist auch eine Selbst-Äußerung , d.h. sie sagt etwas über die mitteilende Person aus, was Einfluss auf die Bestimmung der Beziehung nimmt und sie bezweckt in der Regel eine Reaktion. Insoferne erhält sie Appellcharakter. Die Aussage: „Sie haben im Vorjahr die geplanten Kosten um 30 Prozent überschritten" enthält somit neben der sachlichen Feststellung einer Überschreitung um 30 Prozent, die belegbar sein sollte, einen Beziehungsaspekt (im Fall vermutlich hierarchischen und etwaig kompetitiven Charakters): „Damit haben Sie mich als Ihre/n Vorgesetzte/n enttäuscht" oder „Damit haben Sie in Ihrem Markt schlechter abgeschnitten als alle KollegInnen". Sie enthält einen Appell, diese Überschreitung zu rechtfertigen bzw. wieder gut zu machen. Sie enthält auch ein kleines Stück Selbstoffenbarung der Art: „Ich kann das sofort erkennen, weil ich kompetent und erfahren bin". Je nach Tonfall könnte auch ein Körnchen der Aussage „Mir wäre so etwas keinesfalls passiert" enthalten sein. In ihrer Direktheit ist die Beispielsaussage den direkten Kommunikationen mit geringem impliziten Kontext zuzuordnen, wie sie in vielen westlichen Kulturen typisch sind. Das Modell gilt allerdings auch für indirekte Kulturen.

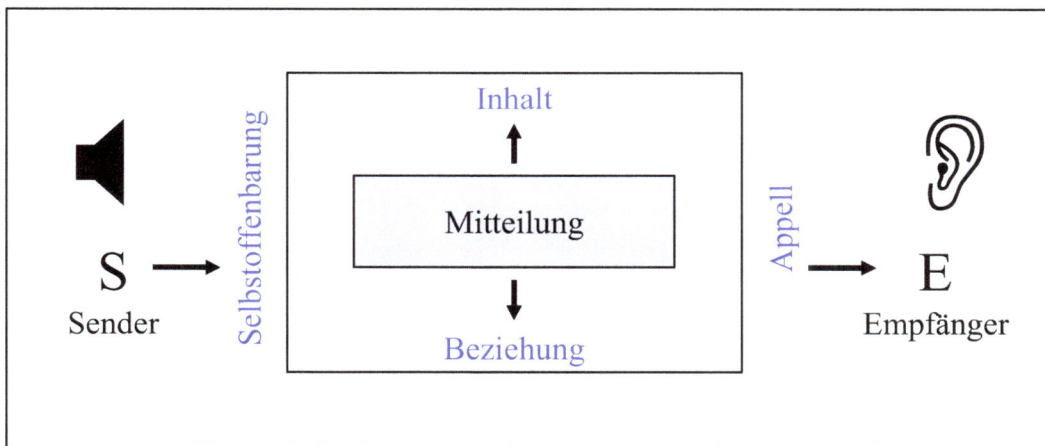

Abb. 7.6   Die vier Seiten einer Nachricht (vgl. Schulz von Thun 1996)

Missverständnisse entstehen u.a. daraus, dass beim Empfang bestimmte Dimensionen verstärkt und andere gefiltert werden: So kann ein neutral gemeinter Inhalt als Angeberei und Mangel an Bescheidenheit (Selbstoffenbarung) als Ausdruck von Missachtung (Beziehung) oder als Einmischung in die eigene Tätigkeit (Appell) gehört werden. Dies ist schon bei Angehörigen derselben Kultur beobachtbar und wird im interkulturellen Kontext zusätzlich verstärkt.

Axiom 3: Die Natur einer Beziehung ist durch die Interpunktion der Kommunikationsabläufe als Ereignisfolgen bedingt. Interpunktion beschreibt die Aufteilung des Flusses der Kommunikation in Aktion und Reaktion bzw. in Ursache-Wirkungsketten gemäß der subjektiven Wahrnehmung der Beteiligten. Wir wollen sie am plakativen Beispiel einer Begegnung von Low- und High-Context orientierten KommunikationspartnerInnen darstellen.

Low-Context Part: „Wir verschärfen die rechtlichen Vertragsbestimmungen, weil Ihr durch Eure Abweichungen klar gemacht habt, dass wir Euch nicht trauen können."

High-Context Part: „Wir weichen von Eurem sinnlos engen Vertrag ab, weil Ihr keine Beziehung hergestellt und uns daher von Anfang an nicht vertraut habt." Das Beispiel verdeutlicht, wie durch Interpunktion Missverständnisse und Täter-Opfer-Profile häufig mit für BeobachterInnen tragisch-komischer Note aufgebaut und verstärkt werden können, die nur auf der Metaebene der Beobachtung von Kommunikation aufzuklären sind. Mediation zwischen Parteien, die sich im Status der Unversöhnlichkeit und des Beharrens auf Standpunkten verfangen haben, setzt häufig die Technik ein, aus der Metaperspektive unterschiedliche Interpunktionsmöglichkeiten aufzuzeigen.

Axiom 4: Jede Kommunikation hat eine digitale und eine analoge Seite. Damit sind zwei Ebenen angesprochen. Zum einen die non-verbale Untermalung verbaler Kommunikation, wie Mimik, Gestik, Blickkontakt und Intonation. Diese berühren insbesondere die Beziehungsebene der Kommunikation. Zum anderen wirken digitale und analoge Aspekte in der Sprache selbst. Heute würde man hier die aus dem Wissensmanagement stammende Metapher des Eisbergs heranziehen: Die sprachlich exakt ausdrückbare, auf Messung und westliche Naturwissenschaft zurückgehende Spitze des Eisbergs hat immer einen analogen oder impliziten Fuß als Reservoir an Bildern und Vorstellungen, die dem digitalen Inhalt Bedeutung verleihen: Wir verstehen die Digitalanzeige einer Uhr z.B. deshalb, weil wir das analoge Pendant, den Kreis, der den Lauf der Erde um die Sonne symbolisiert, verinnerlicht haben. Interkulturell ist dieses Axiom dann von besonderer Bedeutung, wenn selbstverständliche Analogien (wie oben-unten, Zentrum-Rand) unterschiedlich wahrgenommen werden. Vergleichen Sie dazu die historische Selbstbezeichnung Chinas als „Reich der Mitte", die Vielzahl der Orte, die sich als Mitte Europas bezeichnen und das unten stehende Bild einer Landkarte aus europäischer und australischer Sicht (vgl. Abb. 7.7 bzw. Abb. 7.8).

Axiom 5: Zwischenmenschliche Kommunikationsabläufe sind entweder symmetrisch oder komplementär, je nachdem ob die Beziehung zwischen den PartnerInnen auf Gleichheit oder Ungleichheit bzw. auf einem Gleichgewicht oder einem Ungleichgewicht beruht. Deborah Tannen beschreibt in ihrem Ansatz, dass Kommunikationen zwischen Männern und Frauen bzw. zwischen VertreterInnen westlicher Kulturen gegenüber Angehörigen von Schwellenländern zur Asymmetrie tendieren. Im Modell von Scollon & Wong-Scollon entspricht die Situation +P/-D und +P/+D einer asymmetrischen, hingegen die Situation -P/-D einer symmetrischen Kommunikation.

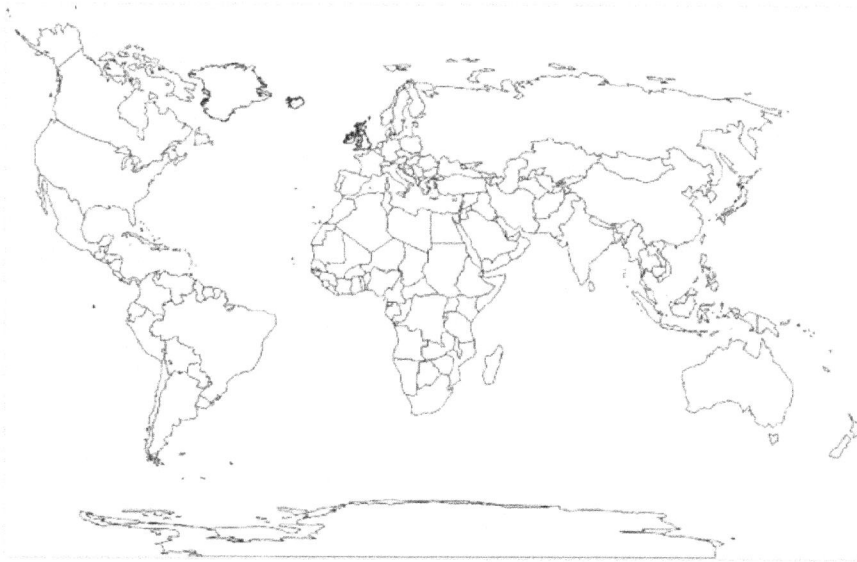

Abb. 7.7   Landkarte aus europäischer Sicht (vgl. Internet, Pupilvision)

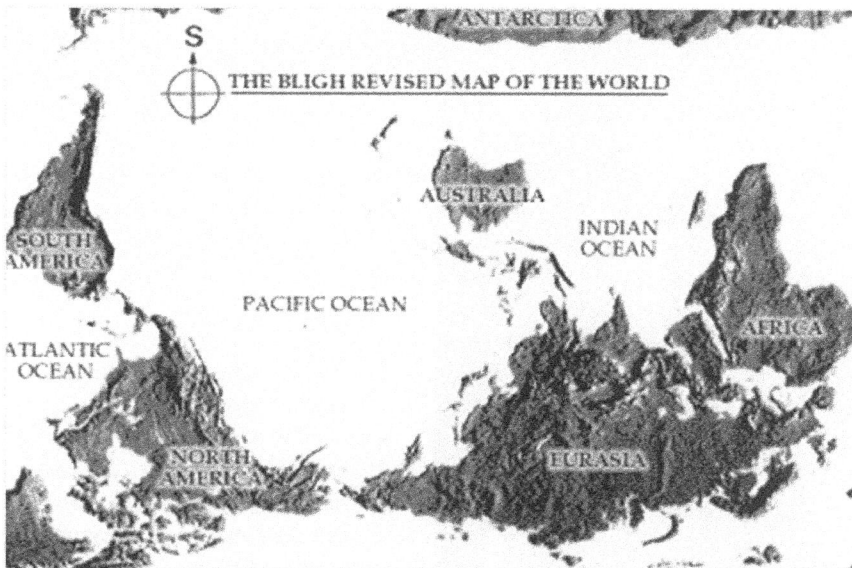

Abb. 7.8   Landkarte aus australischer Sicht (vgl. Internet, Paradoxing)

7.3.1   Modelle der Kommunikation

In der Literatur finden sich eher technisch geprägte lineare Modelle, die das Hauptaugenmerk auf den Transport einer Botschaft von „einem Sender zu einem Empfänger" legen: Dabei geht es um Fragen eines gemeinsamen Zeichenvorrats, eines ungestörten Kanals, in dem nichts verloren geht und einer mangelfreien Äußerung bzw. eines mangelfreien Empfangs. Wenn also SenderInnen gut artikulieren, kein Lärm oder technischer Defekt die Frequenz der Sprachübertragung stört und EmpfängerInnen hörbereit und hörfähig sind, dann geht nach diesem Modell die Botschaft ohne Abstriche von SenderInnen auf EmpfängerInnen über. Schneider hat dies als „Paketmodell" der Informationsübertragung beschrieben und kritisiert. Das Modell berücksichtigt keines der fünf Axiome, die oben besprochen wurden (vgl. Schneider 1996a, 19).

Als einfaches lineares Modell der Kommunikation sei die so genannte Laswell'sche Formel, die in Anlehnung an das Modell von Shannon & Weawer erstellt wurde, leicht verändert in Abb. 7.9 dargestellt:

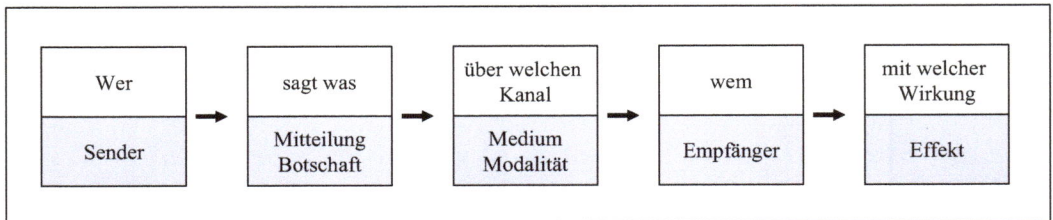

Wer	sagt was	über welchen Kanal	wem	mit welcher Wirkung
Sender	Mitteilung Botschaft	Medium Modalität	Empfänger	Effekt

Abb. 7.9   Laswell Formel, leicht verändert (vgl. Noelle-Neumann et al. 1989, 99)

Demgegenüber berücksichtigen systemtheoretisch gestützte Modelle der Kommunikation die operationelle Geschlossenheit der Kommunikationsbeteiligten: Aufgrund ihrer Sozialisation in einem bestimmten sozio-kulturellen Kontext haben sie bestimmte Wahrnehmungs-, Interpretations- und Beurteilungsmuster ausgeprägt, die wie ein Fischernetz bestimmte Seiten von Mitteilungen auffangen oder durch die Maschen fallen lassen und den Stellenwert der so gefangenen „Mitteilungsfische" zwangsläufig in den Hintergrund des bereits bestehenden Bestands an Weltbildern einordnen. Sie sind also in Bezug auf die vornehmbaren Operationen der empfangenen Signale und in Bezug auf das erworbene Verarbeitungsrepertoire beschränkt, so dass Mitteilungen nicht als unverändertes Paket bei EmpfängerInnen ankommen, sondern aufgeschnürt und in Bestandteile zerlegt werden, von denen einige auf operative Resonanz treffen, währen andere durch den Rost fallen (vgl. Schneider 2001a und 2006; Luhmann 1984 bzw. 1996).

Kommunikation gelingt nach diesem Modell so lange wie sie durch Anschluss aufrecht erhalten wird, völlig unabhängig von der empathisch geprägten Metapher des „Verstehens", die nicht scharf definierbar ist.

Wenn wir nun die Axiome berücksichtigen und von wechselseitigen Mitteilungen bzw. Sprechakten ausgehen, dabei die Bestandteile der Laswell-Formel und die Tatsache einbeziehen, dass Kommunikation i.d.R. beobachtet wird, also in einer bestimmten Situation stattfindet, erhalten wir ein sehr komplexes Modell, welches die Aufrechterhaltung von Anschlussfähigkeit als keineswegs selbstverständlich herausarbeitet (vgl. Abb. 7.10).

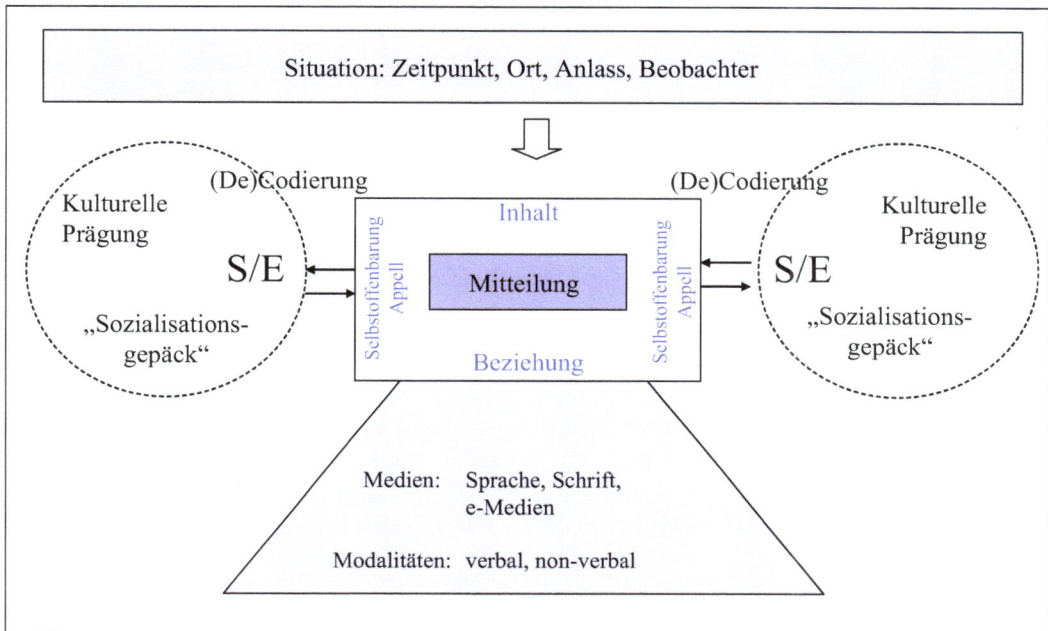

Abb. 7.10   Systemtheoretisch. fundiertes, integriertes Modell der Kommunikation

Was im technischen Modell als reine Sachaufgabe der (De)Codierung aufscheint, erfährt im systemtheoretischen Modell eine kommunikationspsychologische Differenzierung. Signale müssen wechselseitig wahrgenommen, interpretiert und einem Urteil unterzogen werden, was sie im Appellbereich bezwecken und auf der Ebene der Beziehung und Selbstoffenbarung bedeuten. Dass hierbei nicht nur ein einfacher Übersetzungsprozess von Denken in Sprache erfolgt, zeigt das bekannte Zitat von Konrad Lorenz (siehe Abb. 5.7), in dem er sechs verschiedene Stufen schildert welche für ein nachhaltiges „Verstehen" zwischen Sprechakteuren durchlaufen werden müssen.

7.3.2   Kulturelle Prägungen non-verbaler Kommunikationselemente

Non-verbale Elemente der Kommunikation umfassen vokale und dynamisch-kinetische Ausdrucksformen. Wie schon von Watzlawick & Beavin & Jackson in ihrem zweiten Axiom betont, üben sie einen wesentlichen Einfluss auf den Gesamteindruck aus. Aus interkultureller Perspektive ist anzumerken, dass non-verbale Hinweise noch schwieriger zu entschlüsseln sind als verbale, weil die bewusste Aufmerksamkeit sich bei ungeschulten KommunikationsteilnehmerInnen in der Regel auf letztere richtet. *„Non verbal barriers to intercultural communication may pose greater problems than language barriers. Various non-verbal clues carry different meanings in different cultures. In addition, non-verbal clues may carry strong meaning in some cultures and little or no meaning in other cultures"* (Spinks & Wells 1997, 287).

Kulturunterschiede im non-verbalen Bereich stellen ein besonders spannendes Kapitel der interkulturellen Kommunikation dar und füllen ihrerseits Bände. Wir wollen hier auf Grund des begrenzten Raumes drei Aspekte kurz behandeln:

- Die **Komplexität** einer Multi-Kanal „Decodierung", die sich aus den unterschiedlichen kulturellen und persönlichen Interpretationen verbaler und non-verbaler Schlüsselelemente ergibt.
- Das **Verhältnis der verbalen und non-verbalen Elemente** in Bezug auf die Wirkung von Kommunikation auf die EmpfängerInnen bzw. deren Beziehung zu SenderInnen.
- Einige mittlerweile viel zitierte Beispiele über unterschiedliche **Bedeutungen non-verbaler Elemente** und unterschiedliche Zugänge im Bereich paraverbaler Elemente.

Komplexität: Interkulturelle Kommunikation ist dadurch erschwert, dass alle Elemente von Kommunikation gleichzeitig involviert sind, dass die Erwartungsschemata in Bezug auf das, was als normal bzw. angemessen gilt, in der Regel unbewusst wirken und nicht explizit gemacht werden und dass die Stimmigkeit des „Gesamten" einer Kommunikation durch unterschiedliche Wirkungen von Einzelelementen vielfältig gebrochen werden kann: So unterscheiden sich etwa neutrale und emotionale Kulturen deutlich in der Stärke von zulässiger Mimik und Gestik. Statussymbole werden in egalitären Kulturen eine andere Wirkung entfalten als in solchen mit hoher Machtdistanz. Der durch Bewegung im Raum, Steh- und Sitzhaltung jeweils eingenommene Raum, die als komfortabel empfundene Nähe zu anderen Personen und die Zulässigkeit von Berührungen variieren nicht nur generell zwischen Kulturen, sondern auch in Bezug auf spezifische Situationen innerhalb von Kulturen. Stellen Sie sich ein Video vor, welches eine Dinnerparty nach einer Geschäftsverhandlung zwischen FinnInnen und MonegassInnen wiedergibt. Sie erkennen problemlos, wer welcher Kultur angehört, wenn Sie die raumsparende, eher steife Körperhaltung der meisten FinnInnen mit dem Bewegungs- und gestikreichen Partystil der MonegassInnen vergleichen. Vermutlich haben Sie an sich selbst mehrfach erprobt, bei welchem Abstand zu FreundInnen, Bekannten und Fremden, Sie sich wohl fühlen und ab wann Ihnen der Abstand zu klein oder zu groß wird. Die Fama erzählt von tragischen Stürzen über eine Balustrade, weil VerhandlungspartnerInnen die in Bezug auf das Armlängenschema geprägt wurden, dort immer weiter nach hinten zurückwichen, während ihre GeschäftspartnerInnen mit höherem Bedürfnis nach körperlicher Nähe ihnen immer näher kamen. In Bezug auf Körperhaltung und das Einnehmen von Raum wirken zum einen in fast allen Kulturen deutliche Unterschiede in Bezug auf die Geschlechter und zum anderen unterschiedliche Standards der „Schicklichkeit". Die Fußsohlen zu zeigen gilt in islamischen und manchen asiatischen Kulturen als grobes Fehlverhalten. Für Hindis ist es eine große Aggression, wenn ihr Kopf berührt wird, während ein über den Kopf Streichen im Westen als freundliche Geste interpretiert werden kann. Generell verbieten formellere Kulturen raumgreifendes Verhalten (Lümmeln, Beine ausstrecken, Aufstehen, Umhergehen) eher als dies in informellen Kontexten der Fall ist. Hier kommt es uns nicht darauf an, ein Kompendium der Unterschiede aller Einzelelemente zu erstellen. Vielmehr verweisen wir auf den Aspekt der Ganzheitlichkeit von Kommunikation und auf die Notwendigkeit, sich der Komplexität der Multikanalität bewusst zu sein. Im Einzelnen ist es erforderlich, sich in Vorbereitung auf bestimmte Kulturen anhand der Elemente aus Abb. 7.5 ein Bild über die wesentlichsten Unterschiede zum eigenen Kulturschema zu machen.

Verhältnis verbaler und non-verbaler Aspekte: Unterschiedliche Studien liefern unterschiedliche Prozentsätze der Wirkung der jeweiligen Ebenen, doch in einem Punkt sind sich alle Quellen einig und alle Empirien stimmig. Die non-verbale Kommunikation dominiert das Verbale (den Inhalt, die Botschaft) bei weitem, unter anderem weil über sie die drei anderen Seiten einer Mitteilung betont werden. So verweist der Pantomime Samy Molcho darauf, dass Körpersprache authentisch und nur schwer zu kontrollieren sei: *„Jede Verstellung verrät sich selbst, mehr noch, Körpersprache entlarvt dem, der sie zu deuten weiß, das falsche Wort"* (Molcho 1983, 18). Allerdings ist sein Hinweis dahingehend zu relativieren, dass die Deutung von Körpersprache noch weniger eindeutig ist als jene gesprochener Sprache, so dass hier nicht von Universalismus ausgegangen werden kann, sondern kulturspezifische Besonderheiten greifen. Dies wird immer wieder an den unterschiedlichen Bedeutungen des universell vorkommenden Lächelns verdeutlicht: Es kann Zustimmung, Wohlfühlen, Verlegenheit, Ärger, Unterwerfung oder Aggression bedeuten (vgl. u.a. Mitchell 2002, 171)

Unterschiedliche Bedeutungen para- und non-verbaler Kommunikation: Schon die eigene Erfahrung und besonders die technische Möglichkeit, den Audiokanal in filmischen Darstellungen auszublenden, machen deutlich, dass die Intensität von Gestik, Mimik, Augenkontakt oder Berührung zwischen Kulturen variieren. Einige Sprachen weisen starke Modulation, Lautstärke und Betonung auf, andere wirken gleichmäßiger und ruhiger. Sprechpausen und Sprechüberlappungen variieren und überschneiden sich mit dem kulturellen Empfinden von Höflichkeit: Was den einen als lebhafte Anteilnahme am Gespräch gilt (etwa SüdländerInnen), werten andere als grobes Unterbrechungsverhalten (etwa Norddeutsche oder JapanerInnen). Die folgende Tab. 7.2 gibt einen Überblick über non-verbale Verhaltensunterschiede in ausgewählten Kulturräumen:

Tab. 7.2   Bedeutung von non-verbaler Kommunikationsmuster im interkulturellem Vergleich (Rentzsch 1999, 47 zit. in Schugk 2004, 89)

Verhalten	Japaner	USAmerikaner	Brasilianer
Sprechpausen (Anzahl der stillen Perioden von > 10 sec. innerhalb von 30 min.	5,5	3,5	0
Direkter Augenkontakt (Minuten innerhalb einer Periode von 10 Minuten)	1,3	3,3	5,3
Berührungen (während 30 Minuten, Händeschütteln nicht gerechnet)	0	0	4,7

Es gehört zum Standardrepertoire interkultureller Arbeiten auf die oft gegenläufige Bedeutung von Gesten zu verweisen. Sei es das Hin- und Herwiegen des Kopfes, das in Indien Zustimmung, bei uns hingegen Ablehnung bedeutet oder das Victory Zeichen der EngländerInnen, das in anderen Kulturen bei umgedrehter Hand obszöne Bedeutung gewinnt (vgl. Schugk 2004, 92 und die dort zitierten Quellen).

Wie in allen Anwendungsgebieten geht es wiederum nicht um demonstrative oder gar taxative Aufzählung von Beispielen, sondern um ein Bewusstsein der Unterschiede, aus dem erhöhte Aufmerksamkeit und Lernbereitschaft in konkreten Situationen erwachsen.

7.3.3   Kulturelle Prägungen verbaler Kommunikationselemente

Im verbalen Bereich verweisen wir auf die anderen Anwendungsbeispiele dieses Kapitels sowie auf die kulturtheoretischen Ansätze des dritten Kapitels, insbesondere auf jene linguistischer Natur, wie die Zugänge von Tannen und Scollon & Wong-Scollon. Die Unterschiede im Sprach- und Argumentationsstil betreffen vor allem folgende Kategorien, die nicht nur entlang nationaler bzw. ethnischer Differenzierungslinien eine Rolle spielen, sondern auch auf der Ebene von Gender oder von professionellen Kulturen wirksam werden und mit unterschiedlichen Denkformen verknüpft werden.

Induktives versus deduktives Denken/Argumentieren: Induktion geht vom Einzelnen, Besonderen, Konkreten aus und schließt aus dessen Häufung auf abstrakte, theoretische Konzepte. Deduktion geht vom Allgemein-Abstrakten aus und leitet daraus den Einzelfall ab. In Kulturen, welche deduktives Denken bevorzugen, wie etwa der lateinamerikanischen, russischen oder französischen Kultur ist man zunächst bestrebt, Prinzipien zu klären und daher durch pragmatische Einstiege auf der Ebene konkreter Beispiele eher irritiert. Umgekehrt machen abstrakt generalisierende Einstiege induktive DenkerInnen ungeduldig und vermitteln ihnen den Eindruck, dass nicht zum Punkte gekommen wird.

Ähnlich können **abstrakt** von **konkret denkenden Kulturen** unterschieden werden. Letztere lernen aus Erfahrung, Geschichten und konkreter Anschauung und fühlen sich dem Wissen durch Abstraktion eher entfremdet. Erstere hingegen, folgen den Gesetzen der Logik und Deduktion. Dies sei durch eine konkrete (!) kleine Geschichte verdeutlicht. VolksschülerInnen in Europa und Afrika wird folgende Aufgabe gestellt: Auf einem Baum sitzen 7 Vögel. Ein Jäger erschießt zwei von ihnen. Wieviele Vögel sitzen danach auf dem Baum? Europäische Kinder antworten: fünf. Afrikanische Kinder antworten kontextgerecht: null (denn der Schuss hat alle Vögel verscheucht).

Schugk unterscheidet ferner **alphabetisches** von **nicht-alphabetischem Denken** (vgl. 2004, 78f). Kulturen mit mündlicher Tradition verfügen über ein erstaunlich detailliertes Gedächtnis und fokussieren auf ihren spezifischen Herausforderungskontext. Sie kennen mehrere Dutzend Worte für Erscheinungen, die für ihr Überleben wichtig sind; z.B. Schnee in der Sprache der Inuit. Sie sind scharfe BeobachterInnen, fragen rasch und anerkennen die Fähigkeiten der Schlagfertigkeit. Demgegenüber sind alphabetisch geschulte DenkerInnen zur Generalisierung und Abstraktion fähig.

Die drei genannten kategorialen Unterschiede spielen eine große Rolle in der Zuschreibung von Kompetenz und stellen daher ein an Verhaltensäußerungen ansetzendes, universelles Assessment von Leistung in Frage. Konkrete DenkerInnen sind in Anwendungssituationen überlegen, abstrakte DenkerInnen werden hingegen im westlichen Schulsystem bevorzugt.

Im folgenden fassen wir einige wenige kommunikative Präferenzen zusammen, die sich auch in der Grammatik bzw. den Redewendungen der verschiedenen Weltsprachen spiegeln: Diese betreffen die Direktheit der Kommunikation, den impliziten Anteil am Gesagten bzw. Gemeinten, den Standardisierungsgrad (Redewendungen versus ad hoc Formulierungen) der Kommunikation, die inhaltliche Dichte im Vergleich zur Beziehungsorientierung der Formulierungen und die Orientierung am Ich oder Gegenüber. Nach House lassen sich auf dieser Basis z.B. Deutsche Sprache und Englische Sprache unterscheiden (vgl. Tab. 7.3):

Tab. 7.3   Sprachstilunterschiede zw. Deutsch und Englisch nach House (vgl. House 1996 und Schugk 2004, 75)

Merkmal	Deutsch	Englisch	Auswirkung
(In)Direktheit	Direkt	Indirekt	Wechselseitige Irritation als unhöflich bzw. unpräzise und ineffizient
Explizitheit	Hoch	Niedrig(er)	Wechselseitige Irritation als belehrend bzw. geheimniskrämerisch
Standards	Wenige	Viele Redewendungen	Ad hoc Formulierungen sind riskanter, Konventionen schützen
Inhaltsorientierung	Dicht	Gemäßigt, beziehungsstützende Konversation	Wechselseitiges Erleben des Vernachlässigens der Beziehung bzw. der Sache
Selbst-/Fremorientierung	Ich	Gegenüber	Geringere soziale Geschmeidigkeit der am Ich-orientierten Kommunikatteure

Verstehen gibt es nicht, höchstens Respekt schreibt Sten Nadolny in seinem Buch „Selim oder die Gabe der Rede". Dies gilt ganz besonders für den interkulturellen Kontext, der auf allen drei Ebenen der Kommunikation, der verbalen, paraverbalen und der Ebene der Körpersprache reichlich Anlässe für zusätzliche Missverständnisse bietet. Wir sind hier insbesondere auf persönliche und mündliche Kommunikation im Kontext von Dyaden bzw. kleineren Gruppen eingegangen. Schriftliche und insbesondere virtuelle Kommunikation kennt ihre eigenen Gesetzmäßigkeiten und schafft Ausgleiche für die fehlende non-verbale Ebene. Dieser Bereich muss hier aus Platzgründen ausgespart bleiben.

7.4   Multikulturelle Teams

„Your culture, my culture, our opportunity."
(Motto des SIETAR Europa Kongresses, Sept. 2005)

Im Sport oder bei grenzüberschreitenden Kulturproduktionen sind multikulturelle Teams keine Seltenheit. Durch die zunehmende internationale Vernetzung von Unternehmen und damit einhergehende grundlegende Veränderungen in der Arbeitswelt hat diese Form der Gruppenzusammensetzung auch in der Privatwirtschaft an Bedeutung gewonnen. Die Verbreitung und Entwicklung von Kommunikationstechnologien ermöglicht eine verstärkte Zusammenarbeit von Projektgruppen im virtuellen Bereich. Ein Phänomen der letzen Jahrzehnte ist der heimische Multikulturalismus – nicht nur in Ländern, die aus unterschiedlichen sprachlichen und kulturellen Gruppen zusammengesetzt sind, wie z.B. die Schweiz (Deutsche, Franzosen, Italiener und Rätoromanen) oder Singapur (Chinesen, Malaien, Inder und Eurasier). Die zunehmende Immigration in Europa hat auch in Österreich zu einer Erhöhung der Anzahl fremdländischer SchülerInnen, Studierender und Arbeitssuchender geführt. Im wirtschaftlichen Bereich erfordert dies eine intensive Auseinandersetzung mit multikulturellen Arbeitskräften, mittlerweile auch dann, wenn die Geschäftstätigkeit des Unternehmens nicht primär auf Auslandsmärkte ausgerichtet ist.

7.4.1   Begriffsabgrenzung

Ein **Team** bezeichnet grundsätzlich einen Zusammenschluss von mehreren Personen zur Lösung einer bestimmten Aufgabe bzw. zur Erreichung eines bestimmten Ziels. *„Das Team zeichnet sich durch eine voneinander abhängige Zusammenarbeit für die Zielerreichung aus"* (Canney Davison & Ward 1999, 17). Dies unterscheidet ein Team von einer **Gruppe** oder **Arbeitsgruppe**, bei der ein solches Ziel nicht unbedingt vorhanden sein muss. *„Anders als Teams, begnügen sich Arbeitsgruppen mit der Summe der individuellen Bestleistungen"* (Katzenbach & Smith 1993, 17).

In Bezug auf die Zusammensetzung wird eine noch differenziertere Unterscheidung von Teams und Gruppen getroffen:

Abb. 7.11   Zusammensetzung von Teams und Gruppen

Homogene Zusammensetzung: Alle Gruppenmitglieder haben einen gemeinsamen Hintergrund und begreifen, interpretieren und bewerten die Welt im Allgemeinen ähnlich. Ein Beispiel wären männliche österreichische Bankangestellte, die homogen in Bezug auf Geschlecht, Kultur und Arbeit sind.

Token Zusammensetzung: Bis auf ein Mitglied haben alle Gruppenmitglieder denselben Hintergrund. In einer Gruppe deutscher Anwälte wäre in diesem Sinne eine amerikanische Anwältin das Token Mitglied. Unterschiedliche Situationen werden vom Token Mitglied anders gesehen und bewertet als von den deutschen KollegInnen.

Bikulturelle Zusammensetzung: In bikulturellen Gruppen repräsentieren zwei oder mehrere Mitglieder eine andere Kultur. Ein Beispiel dafür wäre eine 50:50 Partnerschaft zwischen österreichischen und japanischen Geschäftsleuten. Aufgabe der Gruppe ist es, die beiden unterschiedlichen Kulturen wahrzunehmen und die unterschiedlichen Perspektiven zu integrieren.

Multikulturelle Zusammensetzung: Wie bereits im Abschnitt 2.1.1 erläutert, bezieht sich der Zusatz multikulturell auf Menschen unterschiedlicher Herkunft, wobei sich die Unterschiede insbesondere auf Nationalität, Sprache, Religion oder Ethnie beziehen. Ein unterschiedlicher kultureller Hintergrund kann dazu führen, dass ein und derselbe Sachverhalt grundsätzlich unterschiedlich wahrgenommen, interpretiert und evaluiert wird. In multikulturellen Teams findet man drei oder mehrere VertreterInnen verschiedenster Nationen und Kulturen, wie z.B. bei den Vereinten Nationen. Wie bei der bikulturellen Zusammensetzung müssen alle in der Gruppe vorkommenden Kulturen wahrgenommen und integriert werden.

Die Zusammensetzung von Teams kann bewusst erfolgen, um unterschiedliche Interessen und unterschiedliches Wissen zu integrieren. Häufiger ergibt sie sich vermutlich aus der kulturellen Diversität des nach Verfügbarkeit oder Spezialisierungserfordernissen rekrutierten Personals (vgl. Zeutschl & Thomas, 1998).

Zwei Fragen sind für die Teamarbeit in Unternehmen von Interesse: Die Frage, wie eine Gruppe mehr oder minder zufällig zusammen gewürfelter Personen sich zu einem Team formen kann, also die Entwicklungsstadien von Teams und die Frage, wie effektiv und effizient Teams unterschiedlicher Zusammensetzung jeweils arbeiten.

7.4.2   Entwicklungsstadien von Teams

Teamarbeit erbringt auch im homogenen kulturellen Kontext nicht voraussetzungslos Synergien, bzw. funktioniert nicht jede Ansammlung von Personen um eine Aufgabe bereits als Team, geschweige denn als Hochleistungsteam.

Merkmale eines funktionierenden Teams sind eine möglichst klare, geteilte Zielsetzung und Aufgabe, eine Verständigung über Regeln der Zusammenarbeit und die Einigung über eine gemeinsame Vorgehensweise zum Zweck der Zielerreichung. Diese Merkmale sind keine a prioris, sondern werden in einem revolvierenden Teambildungsprozess entwickelt, für den von unterschiedlichen AutorInnen ähnliche Phasen vorgeschlagen werden (vgl. u.a. Tuckman 1965 oder Hendrich 1999):

- **Forming** oder Orientierungsphase: Diese Phase ist durch leichte Anspannung der Teammitglieder und den vorsichtigen Umgang untereinander gekennzeichnet. Um Konflikte zu vermeiden, zeigen sich die einzelnen Teammitglieder noch nicht so, wie sie wirklich sind. Für die Phase sind Neugierde und Informationsaustausch charakteristisch. Das Ende dieser Phase ist erreicht, wenn das Team eine gewisse Vertrautheit erreicht hat. In der Formingphase liegt ein hohes Maß an Unsicherheit vor, da weder die neue Aufgabe noch die anderen Teammitglieder bekannt sind.
- **Storming**: In dieser Phase werden Konflikte ausgetragen. Die Ziele des Teams und die Beziehung der Teammitglieder zueinander werden geklärt. Charakteristisch sind die zunehmende Konfliktbereitschaft, emotionale Übersteuerung und die Tatsache, dass sich Meinungen zu polarisieren beginnen. Die Lösung von Konflikten ermöglicht den Abbau von Spannungen zwischen den Teammitgliedern. Wenn Spannungen nicht offen ausgetragen und damit gemildert werden, ziehen sie unterschwellig Energie von der Sachaufgabe ab, deshalb kommt dieser Phase eine wichtige Funktion zu. Die Art der Konfliktaustragung unterscheidet sich zwischen Kulturen allerdings deutlich.
- **Norming**: Die Phase des „Norming" ist geprägt von hoher Akzeptanz, starker Identifikation und großem Zusammenhalt. Teamnormen und Verhaltensregeln werden festgelegt, Aufgabenstellung und Verantwortungsbereiche innerhalb des Teams klar definiert. Die Bewältigung dieser Phase führt zu einer besseren Organisation und zu einem stärkeren Zusammenhalt innerhalb des Teams.
- **Performing**: Tuckman zufolge kann erst in diesem Stadium die eigentliche Arbeitsphase beginnen. Erst durch die Bewältigung von Konflikten und den verstärkten Zusammenhalt des Teams ist es möglich, richtig effizient zu arbeiten. Die Teammitglieder kennen sich nun so gut, dass sie problemlos zusammenarbeiten und sich gegenseitig vertrauen. Die gesamte Energie kann für die Arbeitserfüllung und den langfristigen Gruppenerfolg aufgewendet werden. Eine hohe Loyalität, Moral und Identifizierung mit dem Team kennzeichnen diese Endphase.
- **Adjourning**: In der letzten Phase des Lebenszyklus wird das Team aufgelöst. Die einzelnen Teammitglieder sind stolz das Ziel erreicht zu haben, und Teil eines erfolgreichen Teams gewesen zu sein. Mit gutem Gefühl können neue Aufgaben wahrgenommen werden.

Einen vereinfachten Ansatz zur Teambildung verfolgt Adler (Adler 2002, 150f) mit den drei Phasen: entry, work und action.

- **Entry**: Die Entry Phase dient dem Aufbau des gegenseitigen Verhältnisses und Vertrauens der Teammitglieder zueinander. Probleme entstehen in dieser Phase, wenn die Mitglieder eines Teams sowohl aus aufgaben- als auch aus beziehungsorientierten Kulturen stammen. Deutschland, die Schweiz oder die USA gelten etwa als aufgabenorientiert; mediterrane, lateinamerikanische oder asiatische Länder sind hingegen oft beziehungsorientiert.
- **Work**: Diversität ermöglicht in dieser Phase die Schaffung neuer Perspektiven, die bei der Suche nach alternativen Lösungen nützlich ist. Gut gemanagte Diversität kann in diesem Stadium stimulierend sein.
- **Action**: Hier entscheidet das Team, was zu tun ist und wie etwas zu erfolgen hat. Man einigt sich auf Alternativen, die am besten und effizientesten erscheinen.

Dieser Prozess benötigt im multikulturellen Kontext mit hoher Wahrscheinlichkeit in den ersten drei Schritten bzw. im ersten Schritt bei Adler mehr Zeit.

Die beiden McKinsey Berater Katzenbach & Smith haben sich in ihrem Buch über Hochleistungsteams zusätzlich Gedanken gemacht, wie man Synergien der Zusammenarbeit in einer Gruppe weiter steigern kann. Für Hochleistungsteams sind nach ihren an Hand von Fallbeispielen geschilderten Erfahrungen zwei weitere Merkmale typisch:

- Mitglieder von Hochleistungsteams haben Spaß und Freude am gemeinsamen Tun und
- treten persönlich für einander ein („they care for each other"), was eine sehr flexible Arbeitsteilung ermöglicht.

Wenn diese und die Teambedingungen nicht gegeben sind, entspricht das Resultat der Zusammenarbeit lediglich der Summe der Einzelleistungen. Allerdings sind auch „negative Synergien" vorstell- und beobachtbar: Teammitglieder, die sich durch Missverständnisse bzw. Intrigen gegenseitig in ihrer Leistung so behindern, dass die Gruppenleistung geringer ausfällt als die Summe der Einzelleistungen. Die idealtypischen Situationen des Zusammenwirkens einzelner Personen im Dienste einer Aufgabe sind in Abb. 7.12 verbildlicht.

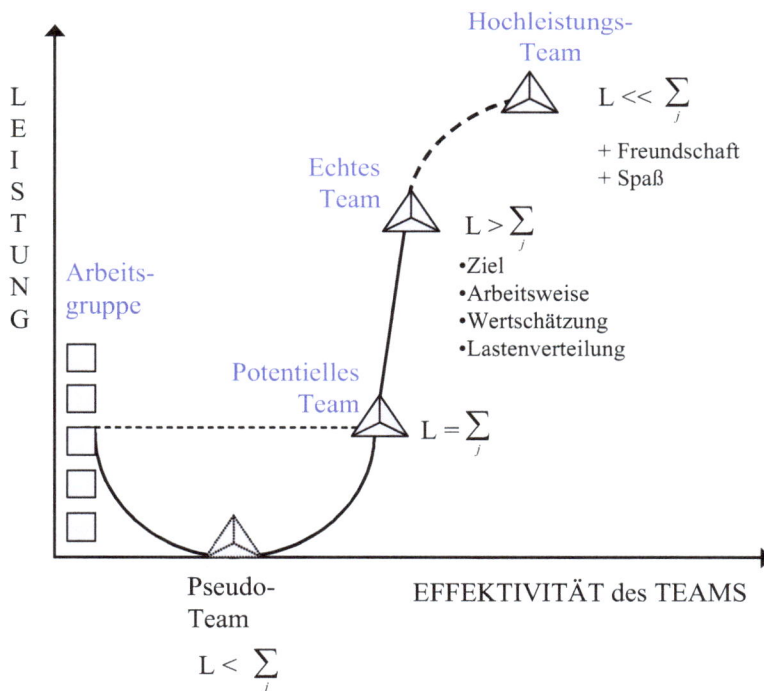

Abb. 7.12   Arbeitsgruppen und Teams (in Anlehnung an Katzenbach & Smith 1997)

7.4.3 Leistungsstärke unterschiedlich zusammengesetzter Teams

Fragen der Über- bzw. Unterlegenheit von Team- bzw. Einzelleistungen wurden und werden in der Literatur zyklisch einseitig zu Lasten der einen oder anderen Sichtweise gestellt, was im Übergang jeweils relativ heftige Gegenpositionen auf den Plan ruft. Eine gute Übersicht über Studien zur Leistung unabhängig entscheidender vieler Einzelner im Vergleich zu Gruppen bzw. Teams hat Surowiecky in seinem Buch „The Wisdom of Crowds" (vgl. Surowiecky 2004) zusammengestellt. Dort wird die – als grob gestellte – nicht besonders fruchtbare Frage nach der Leistung von Teams ausreichend differenziert, weshalb wir sie hier nicht weiter verfolgen.

Wir greifen sie als Thesen über den Leistungsvergleich homogener und heterogener Teams wieder auf, wobei Argumente und Studienergebnisse zu interdisziplinären Teams ähnlich ausfallen wie jene zu inter- respektive multikulturellen Teams im Sinne ethnischer oder nationaler Unterschiede:

Hypothese 1: Es gibt keine signifikanten Leistungsunterschiede zwischen homogenen und heterogenen Teams. Hier wird ein gemeinsamer, durch die Aufgabe gesteuerter professioneller Standard unterstellt, nach dem alle vorgehen, ohne dass in Teambildung gesondert investiert werden müsste. Uns sind keine Studien bekannt, die diese Hypothese stützen.

Hypothese 2: Heterogene Teams leisten signifikant schlechter als homogene Teams. Diese These basiert auf der Begründung, dass unterschiedliche „Sekundärtugenden des Arbeitslebens", unterschiedliche Kommunkations- und Problemlösungsstile und nicht zuletzt das Problem einer nuancierten Verständigung in einer gemeinsamen Arbeitssprache das Team lange in den ersten drei Phasen des Teambildungsprozesses gefangen halten bzw. immer wieder in diese zurückfallen lassen. Tatsächlich bestätigen Studien über Projektgruppen diese Hypothese (vgl. Watson et al. 1993 und Kochan et al. 2002).

Hypothese 3: Heterogene Teams erbringen insbesondere bezogen auf die Kriterien Flexibilität, Kreativität, Innovation bessere Leistungen als homogene Teams. Hier wird zwar ein erhöhter Zeitaufwand für die Teambildung anerkannt, dann jedoch auf produktive Wirkungen von Diversität gesetzt: Quer- bzw. Aus-dem-Rahmen-Denken, Experimentieren und unerwartete Kombinationen aus der im Team vorhandenen Vielfalt von Ideen, Verfahrensweisen und Problemsichtweisen sind in diversen Teams wahrscheinlicher. Auch für diese These gibt es eine Vielzahl empirischer Belege (vgl. Watson et al. 1993; Ng & Tung 1998 und Kochan et al. 2002).

Der Widerspruch ist auflösbar, wenn die Erfolgsbedingungen von Teamarbeit einbezogen werden. Diese betreffen das gesellschaftliche und organisatorische Umfeld, die Teamorganisation, die Gruppendynamik und interkulturelle Kompetenz der Teammitglieder.

Umfeldfaktoren:
- Positives Image der beteiligten Kulturen
- Ideal multikulturelle Kooperation; Teil der Organisationskultur
- Managementunterstützung

Organisation:
- Klare Aufgabe/Zielsetzung
- Zeit/Raum für Teambildung
- Moderation
- Ausgewogene Machtverhältnisse

Leistung multikultureller Teams

Interkulturelle Fähigkeiten:
- Lernbereitschaft; Offenheit
- Kulturbewusstheit
- Empathie

Gruppendynamik:
- Gegenseitige Anerkennung und Wertschätzung
- Frühzeitiges Ansprechen latenter Konflikte
- Klärung zentraler Arbeitsbegriffe (Übersetzung und Rückübersetzung)
- Entdeckung und Erforschung von Gemeinsamkeiten

Abb. 7.13   Einflussfaktoren auf die Teamleistung (modifiziert nach Zeutschel & Thomas, Internet 1998)

Damit wird die empirische Frage zu einer für Managementinterventionen relevanten Frage. Wenn multikulturelle Teams zunehmend zu einem erwartbaren Phänomen werden, geht es nicht mehr um die Frage, ob sie besser oder schlechter arbeiten als homogene Teams, sondern darum jene Bedingungen zu stützen, unter denen eine bessere Leistung zu erwarten ist: alle in Abb. 7.13 genannten Einflussfaktoren lassen sich durch kluges Management ihrerseits beeinflussen, sodass die Vorteile multikultureller Teams zum Tragen kommen können:

Vorteile multikultureller Teams:
Internationalisierung von Unternehmen: Der Vorteil einer multikulturellen Zusammensetzung hängt stark von der Strategie des jeweiligen Unternehmens ab. Je nach Internationalisierungsgrad kann der Nutzen kultureller Unterschiede für ein Unternehmen variieren: Für Unternehmen, die sich auf den Heimmarkt konzentrieren, spielen kulturelle Unterschiede eine weniger bedeutende Rolle. Anders hingegen für Unternehmen die auf Auslandsmärkte exportieren bzw. globale Unternehmen. Hier ist der Einfluss unterschiedlicher Kulturen erheblich. Insbesondere globale Unternehmen benötigen zur Strategieplanung ein ausgeprägtes Verständnis für kulturelle Vorgänge.

Ausnutzen kulturell unterschiedlicher Denkweisen und Problemlösungszugänge: Mehr Alternativen, mehr Lösungen und mehr (kulturell geprägte) Erfahrungen unterliegen weniger den Gefahren des Gruppendenkens – der vorschnellen Einstimmigkeit, die in homogenen Gruppen vorkommt – und erlauben eine größere Kreativität und meist auch höhere Effektivität als eine homogene Gruppenzusammensetzung. Ebenso trägt die Vereinigung komplementärer Fähigkeiten und unterschiedlichster Perspektiven im Sinne einer ganzheitlichen Auffassung zur Problemlösung bei. Größere Flexibilität im Arbeitsablauf, der nicht zu vernachlässigende Spaßfaktor sowie das Knüpfen internationaler Kontakte sind weitere Vorteile einer multikulturellen Gruppenzusammensetzung. Die Multikulturalität eines Teams kann auch zu mehr Toleranz unter Teammitgliedern führen. Verständnis für die Andersartigkeit der KollegInnen erlaubt mehr Freiraum und weniger zeitliche Beschränkungen.

Dem stehen allerdings auch Nachteile entgegen:
Eine höhere Effizienz und Kreativität geht oft zu Lasten der Zeit. Viele unterschiedliche Meinungen und Perspektiven ermöglichen zwar die Erarbeitung völlig neuer Lösungen, sind dafür aber zeitaufwendiger. Des Weiteren sind Misstrauen, Abneigung und Stereotypisierung Auslöser für Konflikte. Ursachen dafür findet man in unterschiedlichen Erwartungen der Teammitglieder sowie in Kommunikations- und Koordinationsproblemen. Insbesondere die Wahl einer Arbeitssprache, die oft abweichend von der Muttersprache ist, und der damit verbundene Mangel an sprachlicher Genauigkeit bereiten Schwierigkeiten. Die Folge sind Missverständnisse, Vertrauensverlust und mehr Stress im interkulturellen Umgang, der sich wiederum in mehr Spannungen und abnehmender Arbeitsleistung äußern kann. Koordinationsprobleme entstehen bei großen geographischen Distanzen, aber auch bei unterschiedlichem Zeit- und Raumempfinden der Teammitglieder (vgl. dazu Kapitel 3).

Zusammenfassend lässt sich festhalten, dass multikulturelle Zusammenarbeit von um eine Aufgabe bzw. Zielsetzung versammelten Personen

- sich nicht von selbst einstellt, sondern bewusst herbeigeführt respektive ermöglicht werden muss;
- dann überlegene Ergebnisse erzielt, wenn Aufgaben innovativen Charakters zu erledigen sind und wenn der Teambildung ausreichend Zeit und Raum gegeben wird;
- sich schneller und besser einstellt, wenn die beteiligten Personen interkulturell kompetent sind.

7.5   Zusammenfassung

Menschen interessieren sich in der Regel für Menschen, deshalb treffen kulturelle Fragen an sich auf Aufmerksamkeit und faszinieren in ihrem Potenzial, mehr über sich selbst und andere zu erfahren. Im Kontext internationaler Politik und Geschäftätigkeit stellt sich allerdings nicht nur die Frage nach der Feststellung von Gemeinsamkeiten und Unterschieden, sondern auch und vor allem jene nach der Wirkung derselben auf ökonomische Zielvariablen.

Quer über alle in diesem Buch zitierten Studien lassen sich zwei Typen von Hypothesen zur Wirkung von Kultur im internationalen Geschäft erkennen, die in ihrer einfachen und extremen Form beide nicht bestätigt werden konnten. Zum einen wird von positiven Zusammenhängen ausgegangen. Kulturunterschiede wirken sich positiv auf ökonomische und politische

Zielsetzungen aus und stellen auf der persönlichen Ebene eine Quelle der Selbsterkenntnis und Bereicherung dar. Zum anderen wird auf die Gefahr eines negativen Zusammenhangs verwiesen: Kulturunterschiede mindern bzw. gefährden den Grad der ökonomischen und politischen Zielerreichung: Sie erhöhen Kosten, mindern Erträge, führen zu Rechtsstreitigkeiten und im Extremfall sogar zu gewaltsamen Auseinandersetzungen – dies allerdings nur dann, wenn die Umstände das Entstehen von Missverständnissen begünstigen. Eine wesentliche Variable im Bereich der Umstände ist die interkulturelle Kompetenz der Beteiligten. Ist sie vorhanden, neigt sich die Wagschale zugunsten der ersten Hypothese: Kulturunterschiede fördern den Grad der ökonomischen und politischen Zielerreichung.

Dieses Buch handelte von interkultureller Zusammenarbeit und den Wirkungen von Kulturunterschieden wie sie in der folgenden Abb. 7.14 nochmals zusammengefasst sind:

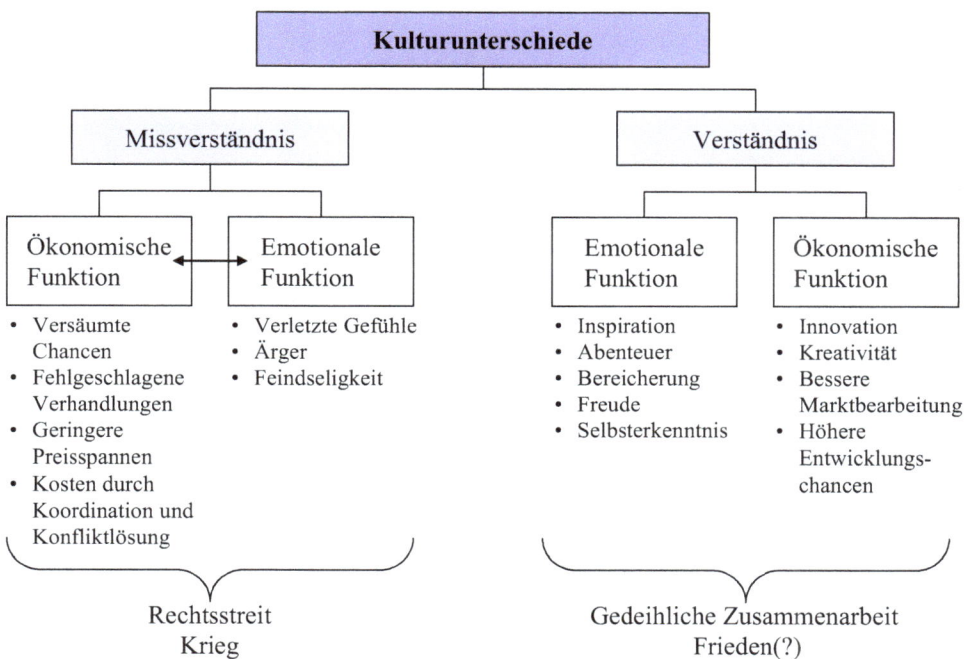

Abb. 7.14   Wirkungen von Kulturunterschieden

Wir sehen es als kleinen Schritt auf einer Reise, die Sie begonnen haben, lange ehe sie das Buch in die Hände bekamen. Diese Reise vermittelt die Erkenntnis, dass viel von dem, was wir für universell hielten, „nur" speziell für eine bestimmte Gruppe oder Kultur gilt und dass …

> *„[...] our most cherished instincts don't travel very well, that what is expected and understood in one culture may be shocking and incomprehensible in another."*
> (Storti 1994, 2)

Damit diese Erkenntnis für Sie praktikabel wird, teilen wir zum Abschluss dieses Abschnitts noch etwas typisch Amerikanisches mit Ihnen (wörtlich entnommen aus Storti 1994, 129ff): Eine Checklist von „Do's", von praktischen Tipps, welche Haltungen Sie Kulturunterschieden gegenüber einnehmen können.

Lesson One

Don't assume sameness. We all do it all the time, of course. Indeed, we have to or it would be hard to function in the world. Nevertheless, when you go abroad or meet people from abroad, try to entertain the notion that they might be very different from you. If it turns out they aren't, all the better; if it turns out they are, score for your side.

Lesson Two

What you think of normal or human behavior may only be cultural. A lot of behavior is universal, of course, and doesn't differ from country to country, but not all. Before you project your norms onto the human race, consider that you might be wrong.

Lesson Three

Familiar behaviors may have different meanings. The same behavior – saying yes, for example – can exist in different cultures and not mean the same thing, just because you've recognized a given behavior, don't assume you have therefore understood it.

Lesson Four

Don't assume that what you meant is what was understood. You can be sure of what you mean when you say something, but you can't be sure how this is understood by someone else. Check for signs that the other person did or did not understand you.

Lesson Five

Don't assume that what you understood is what was meant. You are obliged to hear what others say through the medium of your own experience. You know what those words normally mean, but whose norms are we following here: yours or the foreigner's? If they are the foreigner's, do you know what they are?

Lesson Six

You don't have to like or accept „different" behavior, but you should try to understand where it comes from. You may never get used to some of the things foreigners do (even as they are occasionally put off by you), but it can't hurt to try to figure out why they behave in such irritating ways. Once you realize, for example, that the reason Hispanics use go-betweens is because they don't want to hurt your feelings, you may be able to make your peace with that behavior. Or at least you may not react so strongly to it. In other cases, even when you know the cultural explanation for a certain behavior, you may still not like it. Fine. But what have you lost by trying to understand?

Lesson Seven

Most people behave rationally; you just have to discover the rationale. Foreigners aren't actually acting this way just to get your goat. This is really how they are. They come by their crazy norms the same way you come by yours: through the process of cultural conditioning. You may not think much of a particular bit of irritating behavior, but can you really say it isn't legitimate?

Stortis Einsichten sind nicht neu. Aufgeschlossenen BeobachterInnen des Kolonialzeitalters war bereits klar, dass ein Hauptproblem interkultureller Begegnungen im Ethnozentrismus liegt, also in der Beurteilung von „Anderen" nach den Maßstäben des „Eigenen". Lassen wir abschließend einen der großen Schriftsteller zu Wort kommen, der als Brite Erfahrungen in Indien sammelte:

> *„What I say is this and this I don't say to all Englishmen. God made us different –*
> *you and I, and your fathers and my fathers. For one thing we have different standards*
> *of honesty and speaking the truth. That is not our fault, because we are made so [...]*
> *And look now what do you do? You come and judge us by your own standards. "*
> (Rudyard Kipling, „East and West" in Storti 1994, 87)

8 Ausblick: Die Zukunft der Kulturforschung und der Entwicklung von Kulturen

Das in der Einleitung erörterte gewachsene Interesse an Kulturunterschieden jenseits der Anthropologie und die vermehrte Begegnung und Vernetzung von Angehörigen verschiedener Kulturen werfen die Frage auf, ob nationale bzw. ethnische Grenzziehungen auch künftig für die Bestimmung und Wirksamkeit von Unterschieden maßgeblich sein werden. Schon tauchen Anekdoten der Art auf, dass sich AmerikanerInnen bei der Begrüßung kulturgeschult verbeugen, während ihre nicht minder kulturgeschulten japanischen PartnerInnen ihnen auf die Schulter klopfen. Wir haben darüber hinaus in diesem Buch kurz auf die Gruppe von Personen verwiesen, die an Standorten internationaler Organisationen in einer permanent multikulturellen Umgebung arbeiten und daraus eine eigene Mischkultur entwickeln, wie dies auch im folgenden Zitat über die Londoner Musikszene zum Ausdruck kommt: *„Globalization is what happens when young London musicians of English, Caribbean and Indian descent begin to create new cross-rhythms of black reggae, white trance and Hindi rap.“* (Wiseman 1998, 14)

Handelt es sich beim Interesse an interkulturellen Fragen vielleicht nur um ein Übergangsphänomen? Diesen Aspekt wollen wir zuletzt noch kurz beleuchten, in dem wir einerseits prüfen, ob in der Managementliteratur eine Verschiebung oder (leicht)geänderte Akzentuierung des Themas erkennbar wird, und ob im Feld globaler Wirtschaftsbeziehungen Entwicklungen in Richtung kultureller Konvergenz zu beobachten sind. Bezüglich des ersten Aspekts lohnt sich ein Blick auf das Konzept „Diversity Management", das unserer Ansicht nach sowohl enger als auch weiter gefasst ist als interkulturelles Management. Es ist weiter gefasst, weil es seine Wurzeln in der Gleichstellungsproblematik findet und daher ursprünglich stark auf „Gender" und Minoritäten aus Sicht der Hautfarbe fokussierte. Diese Unterschiedslinien werden im interkulturellen Management kaum bearbeitet. Es erscheint uns andererseits enger gefasst, weil es einen Schwerpunkt auf den Umgang mit Unterschieden legt und sich weniger mit deren Entstehung, Erklärung und Verstehen befasst. Im Folgenden stellen wir die Grundlinien des Ansatzes „Diversitätsmanagement" vor.

8.1   Diversitätsmanagement

In den 90er Jahren des 20. Jahrhunderts entwickelte sich in den USA eine neue Akzentuierung der alten interkulturellen Anliegen, die unter dem Begriff Diversitätsmanagement (Diversity Management) vor allem in großen Konzernen auch Form annahm (vgl. Dietz & Petersen 2006).

Unter Diversity Management ist ein Ansatz der Unternehmensführung zu verstehen, der auf die Berücksichtigung und Förderung der Unterschiedlichkeit bzw. Vielfalt der Belegschaft zielt. Nach Cox umfasst Diversity Management die Planung, Organisation, Durchführung und Evaluierung aller Maßnahmen, die sich darauf beziehen, Vorteile aus Unterschiedlichkeit zu fördern und Nachteile aus Unterschiedlichkeiten zu mindern: *„[...] planning and implementing organizational systems and practices to manage people so that the potential advantages of diversity are maximized while its potential disadvantages are minimized."* (Cox 1993, 11)

Mit dieser Zielsetzung ist eine wesentliche dialektische Spannung im internationalen Management angesprochen, nämlich die Synthese zwischen Vereinheitlichung (Homogenität) und Differenzierung (Heterogenität). Einerseits soll eine entsprechende Unternehmenskultur Belegschaften in Bezug auf ein „am gemeinsamen Strang Ziehen" in ihren Verhaltensweisen und womöglich auch in den darunter liegenden Haltungen kostenschonend an einen Standard anpassen, andererseits erscheint Unterschiedlichkeit erstens als real existierendes Faktum, dem man sich stellen muss, und zweitens sogar als potentielle Quelle von Wettbewerbsvorteilen. Akademisch wurde das Forschungsgebiet „Diversity Management" rasch ausdifferenziert, einerseits an Hand der Zieldimension, andererseits bezüglich der Art von Unterschieden, die in Beobachtungen einbezogen werden.

8.1.1   Arten von Diversität

Coxs Definition zielt auf die Wirkung von Diversität, ohne das Konzept selbst zu verfeinern. Es kann gemäß der Arten von Unterschieden weiter aufgegliedert werden in einerseits sicht- und erkennbare Unterschiede und andererseits tiefer liegende kulturelle Werthaltungen und Einstellungen, die nicht unmittelbar erschlossen werden können.

Diversitätsmerkmale der sicht- bzw. nachvollziehbaren Art sind z.B. Alter, Geschlecht, ethnische Zugehörigkeit, Religionsbekenntnis und formale Bildung. Sie liegen den meisten empirischen Studien zugrunde. Tiefer liegende Diversitätsmerkmale wären zum Beispiel sexuelle oder politische Orientierungen. Nach der Definition von Hays-Thomas ist eine Erfassung fein gegliederter Unterschiede dann sinnvoll, wenn die Unterschiede zu verschiedenen Perspektiven und Annäherungsweisen an Aufgabenstellungen führen, die ihrerseits Auswirkungen auf den Erfolgsbeitrag der jeweiligen Aufgaben aufweisen (Hays-Thomas 2004). Die Unterscheidung zwischen *surface-level diversity* und *deep-level diversity* hat sich in der Literatur jedenfalls durchgesetzt, obwohl die Frage nach der Auswirkung noch ungeklärt ist.

8.1.2 Ziele von Diversitätsmanagement

Die Ziele von Diversitätsmanagement können eher defensiv, im Sinne der Abwehr bzw. Minderung von Nachteilen oder proaktiv im Sinne der Schaffung von Vorteilen des Lernens und der Innovation ausgerichtet sein. Eine von Hays-Thomas vorgeschlagene Gliederung erfasst die möglichen Extensionen von Diversity Management als:

Diskriminierungs- und Fairness-Paradigma: Dieser Zugang kommt aus der Rechtsordnung bzw. der Änderung gesellschaftlicher Wertorientierungen und kann auf eine Tradition der Gleichbehandlungsanstrengungen insbesondere der Geschlechter und von Menschen unterschiedlicher Hautfarbe zurückgreifen. Es geht darum, gleich zu behandeln, gleiche Chancen bereit zu stellen und dies im Falle von Rechtsstreitigkeiten bzw. im Zuge öffentlicher Ausschreibungen auch nachweisen zu können. Die Schlagworte *Equal Opportunity*, *Positive Action*, *Gender Mainstreaming* fallen unter diese Kategorie.

Zugangs- und Legitimitäts-Paradigma: Hier geht es darum, in der Belegschaft ein repräsentatives Abbild der bearbeiteten Märkte zu schaffen, um dadurch eine entsprechende Passung mit der Umwelt herzustellen: Diese „Lösung" geht von der Annahme aus, dass KundInnen den Kontakt zu „ihresgleichen" präferieren, die empirisch nicht eindeutig bestätigt werden konnte (vgl. Dietz & Peterson 2006). Ferner isoliert sie die MinoritätenvertreterInnen in der Organisation tendenziell voneinander, so dass die Potenziale des dritten Paradigmas unerschlossen bleiben.

Lern- und Effektivitäts-Paradigma: Durch unterschiedliche Zugänge zu Aufgaben und Problemlösungen ist es – zumindest theoretisch – möglich, dass alle MitarbeiterInnen lernen und dass dadurch die Innovationsfähigkeit einer Organisation auf allen drei Dimensionen der Innovation (Produkte, Prozesse, soziale Beziehungen) verbessert wird. Diese Zielsetzung kommt im dritten Paradigma zum Ausdruck, wobei Einigkeit unter den AutorInnen dahingehend besteht, dass sich Lern- und Innovationswirkungen nicht von selbst einstellen. Daher erfährt der dritte Zugang bei vielen AutorInnen eine normative Wende im Sinne der Betonung seiner Wünschbarkeit (vgl. u.a. Cox 2001).

8.1.3 Wirkung von Diversität

Wie schon im Zuge der empirischen Ergebnisse über die Leistung interkultureller Teams hervorgehoben, ist der Nachweis einer direkten positiven oder negativen Erfolgsbeziehung von Unterschiedlichkeit nicht möglich. Dies zeigt sich auch in der Diversitätsforschung, die ähnlich ambivalente Ergebnisse hervorbringt und ihrerseits auf die Notwendigkeit verweist, organisatorische Faktoren als Moderatoren des Zusammenhangs heranzuziehen.

Zusammenfassend lässt sich festhalten, dass Diversitätsmanagement große Überschneidungen mit interkulturellem Management aufweist, und ursprünglich aus dem Anti-Diskriminierungs-Recht hervorgegangen ist. Daher weist es einen höheren Institutionalisierungs- und Formalisierungsgrad auf als das weitere und diffusere Gebiet „Inter- bzw. multikulturelles Management" und schließt vorrangig andere Unterscheidungen ein als nur jene nach nationaler resp. ethnischer Zugehörigkeit. Gleichzeitig stellt es im Vergleich zu diesem auch eine Verengung auf jene Aspekte dar, die operationalisier- und messbar sind und sich damit gut in ein klassisches Verständnis von Management als Abfolge von Zielsetzungen, als Ausdruck der Überwindungen zwischen einem gewünschten Soll- und einem sauber dokumentierten Istzustand, als Ausdruck von Maßnahmenplanungen und -umsetzungen und von Ergebnismessungen und ihrer Evaluierung fügen. Im deutschen Sprachraum wird aktuell – einmal mehr – das amerikanische Vorbild imitiert und vermehrt auf Diversity Management abgestellt, was Probleme der Übertragbarkeit zwischen verschiedenen Kontexten mit sich bringt. Ferner wird mit der Wahl eines neuen Leitbegriffs, die sich möglicherweise mehr an Differenzierungsbedürfnissen der ForscherInnen und BeraterInnen als am Bedarf der Praxis orientiert, eine Neuerfindung des Rades wahrscheinlich. Dies zeigt sich am Bemühen, empirische Studien so anzulegen, dass direkte Wirkungseffekte nachgewiesen werden können – ein Zugang, an dem zuvor schon die interkulturelle Forschung gescheitert ist.

Die Abb. 8.1 fasst das Feld Diversity Management zusammen.

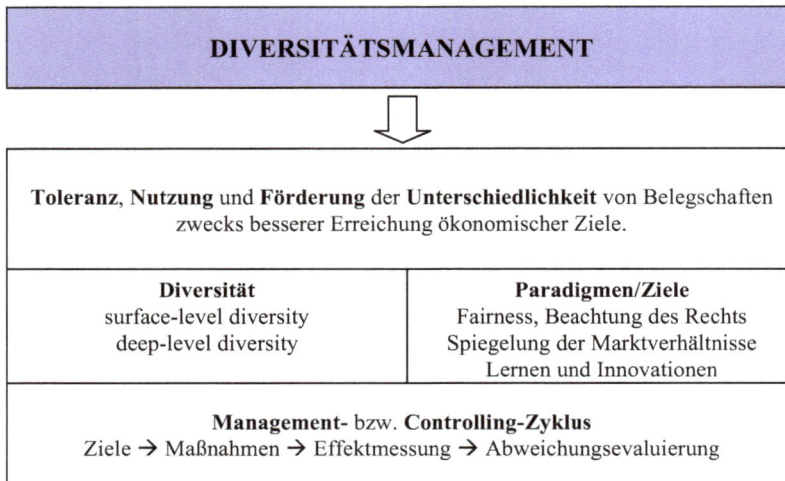

DIVERSITÄTSMANAGEMENT

Toleranz, **Nutzung** und **Förderung** der **Unterschiedlichkeit** von Belegschaften zwecks besserer Erreichung ökonomischer Ziele.

Diversität	**Paradigmen/Ziele**
surface-level diversity	Fairness, Beachtung des Rechts
deep-level diversity	Spiegelung der Marktverhältnisse
	Lernen und Innovationen

Management- bzw. **Controlling-Zyklus**
Ziele → Maßnahmen → Effektmessung → Abweichungsevaluierung

Abb. 8.1   Diversitätsmanagement

8.2   Konvergenz und Divergenz

Wie schon im ersten Kapitel ausgeführt, stellt sich die Frage nach der Entwicklung von Kulturen unter dem Einfluss einer Welt mit schwindenden Distanzen und mit einer näherungsweisen Ubiquität von Informationsmedien. Da ForscherInnen ihrerseits zur Kategorie der mobilen Wissensarbeiter gehören, die zunehmend vernetzt in multikulturellen Kontexten arbeiten, erfahren sie selbst sowohl Annäherungen von Kulturen als auch die Remanenz ihrer tiefer liegenden Wertstrukturen.

Sind Kulturunterschiede also ein Phänomen mit abnehmender Bedeutsamkeit für die Art und Weise, wie Geschäfte betrieben werden? Oder stimmt die Erwartung jener AutorInnen, die argumentieren, dass nur noch aus dem kulturellen Erbe Alleinstellungsmerkmale im internationalen Wettbewerb zu gewinnen seien?

Betrachten wir kurz, was für eine Annäherung von Kulturen auf der Ebene von Artefakten aber auch von Werten und Normen spricht. Welche Argumente führen VertreterInnen einer kulturellen Konvergenzthese ins Treffen?

Je nach metatheoretischem Hintergrund wird entweder von einem historisch mehr oder minder determinierten Entwicklungsmodell ausgegangen, das in eine „Kultur der Moderne" mündet oder es wird an der Oberfläche empirisch beobachtbaren Verhaltens Konvergenz wahrgenommen, was i.d.R. bedeutet, dass „westliche ForscherInnen eine Anpassung an westliche Kulturmuster zu erkennen glauben. Bereits 1983 vertrat Theodore Levitt die These, dass sich die Nachfrage nach Gütern weltweit angleiche (vgl. Levitt 1983, 92–102). Als Begründung für diese Konvergenzthese, die in Folge zur Angleichung unterschiedlicher Weltkulturen führen kann, wird auf das kommunikations- und verkehrstechnische Zusammenwachsen der Welt, das uniforme Angebot und Verhalten globaler Unternehmen sowie die Zunahme supranationaler Zusammenschlüsse verwiesen. Daraus leite sich die Angleichung von Lebensstilen ab: Der Kulturtransport erfolge über die Medien (vgl. die weltweite Vermarktung von Walt Disney Produktionen), über zunehmend homogene Ge- und Verbrauchsgüter und die Notwendigkeit, in der Arbeitswelt nach weltweit ausgetauschten und optimierten Effizienzkriterien zu funktionieren, wobei Migration und Arbeitsmärkte für SpezialistInnen dafür sorgten, dass Belegschaften zunehmend multikulturell besetzt seien.

Die kosmopolitische Kultur der MitarbeiterInnen supra- und internationaler Organisationen und großer multinationaler Unternehmen sowie die Luxuskultur der „oberen Zehntausend", die jeweils ähnliche Sportarten betreiben, ihre Kinder in denselben Privatschulen international bilden lassen, viel reisen und ähnliche Güter verwenden, könnten als empirischer Hinweis auf das Zutreffen der Konvergenzthese gelten. Ähnlich wird argumentiert, dass die Jugendlichen auf der ganzen Welt sich in Kleidung, Freizeitverhalten und Produktpräferenzen immer mehr aneinander anlehnen. Aber auch angesichts der Angleichung von Gesetzgebung und Wirtschaftsordnungen im Rahmen der Europäischen Union lässt sich die Frage nach zukünftigen landeskulturellen Unterschieden stellen.

Levitts Konvergenzthese ist widersprochen worden, wie wir vorne schon ausgeführt haben. Im Kontext der Frage nach kultureller Konvergenz wirkt das Argument, dass das Konsumverhalten nur als Oberflächenphänomen gelten kann, das keine ausreichende Auskunft über darunter liegende Schichten von Kultur gibt. Ferner ist Konvergenz nur die eine Seite einer individualpsychologisch und soziologisch nachweisbaren gegenläufigen Bewegung. Neben dem Bedürfnis nach Nähe, Anpassung und Zugehörigkeit zeichnet Menschen auch ein Bedürfnis nach Distanz, Andersartigkeit und Abgrenzung aus (vgl. Riemann 1979). Dieses Bedürfnis nährt auf Basis von Divergenzbestrebungen neue Unterschiede zwischen Gruppen, die sich – insbesondere, wenn Gruppen sich gegeneinander abschirmen – verstärken. In der Welt sind neue Differenzierungs- und Abgrenzungstendenzen zu beobachten, die sich auch in Produkten äußern: eine vom Islam inspirierte Damenmode im Maghreb, basischristliche Literatur in den USA, um nur einige neu entstandene Differenzen zu nennen (Divergenzthe-

se). Breite Schichten der Bevölkerung sind vermutlich noch wenig vom Reise-, Luxusgut-
und Fernsehboom betroffen, für sie dürfte eher die Divergenzthese zutreffen.

Überlegungen darüber, welche Tendenz tatsächlich stärker zum Tragen kommt, haben noch
nichts mit der Frage nach der Wünschbarkeit dieses Zustandes zu tun (Was sollte der Fall
sein?). Sehen wir uns daher im nächsten Punkt kurz an, wie sich Konvergenz, wie Divergenz
auf das Wirtschaftsleben auswirken (vgl. Tab. 8.1).

Tab. 8.1   Kulturkonvergenz und Kulturdivergenz im Management (Barmeyer 2003, 38)

	Konvergenz	**Divergenz**
Aussage	Abnahme bzw. Angleichung kulureller Unterschiede	Zunahme bzw. Beständigkeit kultureller Unterschiede
Konsequenz	kulturelle Homogenität	kulturelle Heterogenität
VertreterInnen	UniversalistInnen	KulturalistInnen
Internationales Management	Management existiert unabhängig vom kulturellen Umfeld	Management ist geprägt vom kulturellen Umfeld
Gefahren	Negierung des Einflussfaktors Kultur kann zu interkulturellen Missverständnissen und Problemen führen	Überbewertung des Einflussfaktors Kultur kann zu einseitigen nachträglich vorgeschobenen Erklärungsmustern führen

Die Auswirkungen von Konvergenz und Divergenz sind vom wirtschaftlichen Standpunkt
(Auswirkung auf Kosten-Nutzen-Bilanzen) nicht eindeutig.

Träfe die Konvergenzthese zu, würde dies

* geringere Komplexität
* geringere Koordinationskosten wegen
* geringerer Kommunikationsbarrieren
* weniger Fehler aufgrund von Missverständnissen
* eventuell größere Gruppenkohäsion

bedeuten. Businesspraktiken würden leichter allgemein akzeptiert, Führungsstile könnten
einheitlich gestaltet werden, Teams hätten eine gemeinsame Basis, da das Management auf
universellen Werten basiert. Dies würde bedeuten, dass kollektiv angenommene und gelebte
Wertvorstellungen der MitarbeiterInnen den Erfolg eines Unternehmens bestimmen, gleichzeitig aber auch der Einfluss unterschiedlicher Landeskulturen durch eine Überbewertung
einer globalen, universellen Unternehmenskultur vernachlässigt würde.

Zudem wäre diese Einheitlichkeit sehr wahrscheinlich innovationsfeindlich. Wenn alle das
Gleiche denken, fällt keinem mehr etwas auf, geschweige denn ein. Divergenz könnte demgegenüber folgende Vorteile entfalten (besonders wenn „richtig", d.h. mit positiver Akzeptanz mit ihr umgegangen wird):

- mehr Kreativität und Innovation (durch Kenntnis von unterschiedlichen Hintergründen, unterschiedlichen Problemsichten, unterschiedlichen Arten, nach Problemlösungen zu suchen);
- besseres Marketing, weil unterschiedliches Konsumverhalten besser verstanden wird bzw. konkretes Wissen über die Umstände von Raum und Zeit (vgl. Hayek 1945, 519f) in den Prozess einfließt;
- besseres Problemlösen bei schlecht strukturierten Aufgaben wegen eines höheren Reflexionsgrades auf Basis einer Selbstverständlichkeiten in Frage stellenden Verschiedenartigkeit;
- höhere organisatorische Flexibilität durch unterschiedliche, nebeneinander bestehende Geschäftspraktiken und Organisationsweisen;
- höhere Attraktivität als ArbeitgeberIn für MitarbeiterInnen, die ihre eigene Identität erweitern, aber nicht aufgeben wollen.

Empirische Belege wären hier die Zeitung USA Today und der Sender CNN, deren sehr heterogener Redaktionsstab für ihren anhaltenden Erfolg ausschlaggebend sein soll, sowie der relativ höhere Innovationsgrad jener Firmen, die Diversität betonen und ausdrücklich nicht diskriminieren. Minderheiten zu beschäftigen, hat den Vorteil, aus dieser Gruppe die jeweils Besten zu bekommen, zudem haben sich Minoritäten (zwangsläufig) immer schon auf das Leben (Denken, Tun) in der Mehrheitskultur einstellen müssen. Von ihnen dürfen also flexibleres Denken, höhere Ambiguitätstoleranz und größere interkulturelle Sensibilität erwartet werden. Diversität kann aber auch zu Konflikten und zu Schwierigkeiten führen, eine einheitliche Business-Philosophie zu leben. Ihre Nachteile entsprechen den Vorteilen der Konvergenz.

Die unterschiedliche Meinung in der Forschung, ob gesellschaftliche Entwicklungen eher in Richtung Konvergenz oder Divergenz tendieren, soll mithilfe der Zuordnung der zuvor besprochenen Manifestationen von Kultur zu lösen versucht werden. Kulturelle Homogenität und eine zunehmende Kulturkonvergenz lässt sich bei den kulturellen Praktiken (Symbole, Helden und Rituale) feststellen, wogegen die kulturelle Heterogenität bzw. Kulturdivergenz eher im Bereich der Werte anzutreffen sind (vgl. Barmeyer 2000, 38). Ein gewisser Homogenisierungsgrad ist demnach auf der sichtbaren Ebene zu verfolgen, die unsichtbare Werteebene bleibt heterogen. Diese Resistenz der Werteebene lässt sich bei interkulturellen Beziehungen, eigenen Erfahrungen, aber auch institutionell verankerten Ausbildungssystemen nachvollziehen. Umgelegt auf Unternehmen zeigt sich, dass sich formale Strukturen mit zunehmender Internationalisierung angleichen, das Verhalten der MitarbeiterInnen jedoch weiterhin kulturspezifisch geprägt bleibt (vgl. Barmeyer 2000, 39).

In diesem Sinn sind wir überzeugt, dass die Beschäftigung mit Inter- und Multikulturalität bzw. Diversität auch künftig ein Anliegen und eine notwendige, wenngleich nicht hinreichende Erfolgsbedingung internationaler Geschäftätigkeit bilden wird. Wenn Sie im Verlauf der Lektüre auch viel erfahren haben, was hilft Kultur(en) zu verstehen, werden Sie möglicherweise immer noch nicht in der Lage sein, Kultur scharf zu definieren. Wir schließen unsere Ausführungen mit einem Hinweis darauf, dass eine solche Schließung weder erforderlich, noch wünschenswert ist.

„Kultur als Forschungsfeld zu begreifen, verlangt nicht, Kultur zu definieren. Im Gegenteil: Es verlangt die Einsicht, dass es unergiebig ist, immer neue Definitionsversuche von Kultur in rein theoretischer Diskussion gegeneinander abzuwägen. ‚Kultur' kann den Kulturwissenschaften kein scharf ausgegrenzter, analytischer Begriff sein, sowenig wie die Psychologen ‚Psyche' oder die Biologen ‚Leben' präzis bestimmen können [...]." (Gerndt 1981, 11)

Literaturverzeichnis

Adler, Nancy J. (2002). International Dimensions of Organizational Behavior. Fourth Edition. South-Western, Thomson Learning. Cincinnati, OH.

Adorno, Theodor W. et al. (1950). The Autoritarian Personality. Harper and Row. New York.

Aiginger, Karl (2006/2007). Konjunkturgespräche Steiermark 2006 und 2007. Wirtschaftsforschungs-institut. Wien.

Albrecht, Maryann H. [Ed.] (2001). International HRM. Managing Diversity in the Workplace. Blackwell Publishers. Oxford.

Alston, Jon P. (1989). Wa, Guanxi, and Inhwa: Managerial Principles in Japan, China, and Korea. In: Business Horizons March-April 1989, 26–31.

Apfelthaler, Gerhard (1999). Interkulturelles Management. Die Bewältigung kultureller Differenzen in der internationalen Unternehmenstätigkeit. MANZ Verlag Schulbuch. Wien.

Argyris, Chris (1997). Wissen in Aktion: eine Fallstudie zur lernenden Organisation. Klett-Cotta. Stuttgart.

Argyris, Chris (1999). Why Individuals and Organizations have difficulty in double-loop learning. In: On Organizational Learning. Blackwell Publishers. Oxford, 67–91.

Argyris, Chris; Schön, Donald A. (1999). Die Lernende Organisation: Grundlagen, Methode, Praxis. Klett-Cotta. Stuttgart.

Aristoteles (2003). Nikomachische Ethik. Reclam. Stuttgart.

Arlacchi, Pino (2000). Ware Menschen – der Skandal des modernen Sklavenhandels. Piper. München.

Bacon, Francis (1515–1626). Internet: http://www.korfftext.de/der_tipp/zitate3.html#natur, November 2006.

Baden-Fuller, Charles; Grant, Robert M. (2004). A Knowledge Accessing Theory of Strategic Alliances. In: Journal of Management Studies 41(1), 61–84.

Bandura, Albert (1962). Social Learning through Imitation. University of Nebraska Press. Lincoln, NE.

Barmeyer, Christoph I. (2000). Interkulturelles Management und Lernstile. Studierende und Füh-rungskräfte in Frankreich, Deutschland und Quebec. Campus Verlag. Frankfurt am Main/New York.

Bartlett, Christopher A.; Ghoshal, Sumantra (1998). Managing across borders. The transnational solution. Random House Business Books. London.

Bauman, Zygmunt (1997). Globalization: The Human Consequences. Columbia University Press. New York.

Baxant, Ladislava; Rathmayr, Renate; Schulmeisterová, Magda (1995). Verhandeln mit tschechischen Wirtschaftspartnern. Gesprächs- und Verhandlungsstrategien für die interkulturelle Geschäftspraxis. Service Fachverlag. Wien.

Beck, Ulrich (1997). Was ist Globalisierung? Irrtümer des Globalismus – Antworten auf Globalisierung. 3. Auflage. Suhrkamp. Frankfurt am Main.

Bendt, Antje (2000). Wissenstransfer in multinationalen Unternehmen. Gabler Verlag. Wiesbaden.

Bennett, Milton J. (1993). Towards Ethnorelativism: A Developmental Model of Intercultural Sensitivity. In: Paige, Michael R. [Ed.] (1993): Education for the Intercultural Experience. Intercultural Press. Yarmouth, ME, 21–71.

Bennett, Milton J.; Castiglioni, Ida (2002). The Development of Ethnophysiological Empathy. Sietar Congress Vienna, April 2002.

Berg-Schlosser, Dirk; Stammen, Theo (2003). Einführung in die Politikwissenschaft. Beck Verlag. München.

Bergemann, Niels; Sourisseaux, Andreas L.J. [Hrsg.] (2003). Interkulturelles Management. 3 Auflage. Springer-Verlag. Berlin.

Biesterfeldt, Christopher (2002). Critical Incidents und Kulturassimilator – Eine Form des Erzählens als Lernmethode in interkulturellen Trainings. Verlag Neue Wirtschafts-Briefe. Herne/Berlin.

Binder, Michaela; Fuchs, Manfred; Hirt, Christian (2005). Organizational learning approaches and implications for a conceptual model of cross-cultural learning. Proceedings, International Conference on Cross-Cultural Learning Styles, October 2005, Singapore (ISBN 981-210-461-5).

Black, Stewart J.; Mendenhall, Mark; Oddou, Gary (1991). Toward a comprehensive model of international adjustment: An integration of multiple theoretical perspectives. In: Academy of Management Review 16, 291–317.

Blom, Herman; Meier, Harald (2002). Interkulturelles Management. Interkulturelle Kommunikation. Internationales Personalmanagement. Diversity-Ansätze im Unternehmen. Verlag Neue Wirtschafts-Briefe. Herne/Berlin.

Bochner, Stephen (1982). The Social Psychology of Cross-Cultural Relations. In: Bochner, Stephen [Eds.]: Cultures in contact: Studies in cross-cultural interaction. Pergamon Press. New York.

Böning, Uwe [Hrsg.] (2000). Interkulturelle Business-Kompetenz. Geheime Regeln beachten und unsichtbare Barrieren überwinden. Frankfurter Allgemeine Zeitung Verlagsbereich Buch. Frankfurt am Main.

Bolten, Jürgen (2000). Interkultureller Trainingsbedarf aus der Perspektive der Problemerfahrungen entsandter Führungskräfte. In: Götz, Klaus [Hrsg.]: Interkulturelles Lernen/Interkulturelles Training. Managementkonzepte, Band 8. Rainer Hampp Verlag. München, Mering, 61–80.

Bourdieu, Pierre (1986). The Forms of Capital. In: Handbook of Theory and Research for the Sociology of Education, edited by John G. Richardson. Greenwood Press. New York, 241–58.

Bourdieu, Pierre (1998). Vom Gebrauch der Wissenschaft. Für eine klinische Soziologie des wissenschaftlichen Feldes. UVK. Konstanz (frz. Fassung: 1997).

Brislin, Richard W. (1995). The Culture-General Assimilator. In: Fowler, Sandra M.; Mumford, Monica G. [Eds.]. Intercultural Sourcebook – Cross-Cultural Training Methods Vol.1. Intercultural Press. Yarmouth, 169–178.

Brislin, Richard W.; Yoshida, Tomoko (1994). Intercultural Communication Training – An Introduction. Communicating effectively in Multicultural Contexts. Volume 2. Sage. Thousand Oaks, CA et al.

Brislin, Richard W.; Yoshida, Tomoko [Eds.] (1994). Improving Intercultural Interactions – Modules for Cross-Cultural Training Programs. Multicultural Aspects of Counseling Series. Volume 3. Sage. Thousand Oaks, CA et al.

Bryan, Lowell; Farrell, Diana (1996). Market Unbound: Unleashing Global Capitalism. John Wiley and Sons. New York.

Bryan, Lowell; Farrell, Diana (1997). Der entfesselte Markt. Die Befreiung des globalen Kapitalismus. Wirtschaftsverlag Carl Ueberreuter. Wien/Frankfurt am Main.

Buchanan, James M. (1965). Ethical Rules, Expected Values and Large Numbers. In: Ethics, Vol. 76, 1–13.

Bullion von, Constanze (2005). "Ehrenmord". In den Fängen einer türkischen Familie. In: Süddeutsche Zeitung online vom 25.2.2005: http://www.sueddeutsche.de/ausland/artikel/506/48458, Februar 2007.

Business Decisions (2006). China – The Great Adventure:
http://www.businessdecisions.com.au/index.php?module=pagesetter&func=viewpub&tid=5&pid=27, Februar 2007.

Cairncross, Frances (2001). The Death of Distance. How the Communications Revolution will change our Lives. Texere. London.

Caliguri, Paula M. (2000). Selecting Expatriates for Personality Characteristics: A Moderating Effect of Personality on the Relationship Between Host National Contact and Cross-Cultural Adjustment. In: Management International Review 40(1), 61–80.

Calori, Robert; Sarnin, Philippe (1991). Corporate culture and economic performance: a French study. In: Organization Studies 12(1), 49–74.

Canney Davison, Sue; Ward, Karen (1999). Leading International Teams. Mcgraw-Hill Professional. New York.

Carlile, Paul. R. (1997). Transforming knowledge in product development: Making knowledge manifest through boundary objects. Unpublished dissertation. University of Michigan.

Carlile, Paul. R. (2002). A Pragmatic View of Knowledge and Boundaries: Boundary Objects in New Product Development. In: Organization Science. Vol. 13(4), 442–455.

Carlile, Paul R. (2003). Transferring, translating and transforming: an integrative framework for managing knowledge across boundaries. Working paper. MIT Sloan School of Management. Boston.

Castells, Manuel (2001). The Internet Galaxy. Reflections on the Internet, Business and Society. Oxford University Press. New York.

Centre for Intercultural Learning – Zentrum für Interkulturelles Lernen (2005). Foreign Affairs and International Trade Canada: http://www.intercultures.ca/, Dezember 2006.

Champoux, Joseph E. (1999). Film as a Teaching Ressource. In: Journal of Management Inquiry Vol. 8, No. 2, June 1999, 206–217.

Clifford, James (1994). Diasporas. In: Cultural Anthropology 9, No. 3, 302–338.

Cohen, Wesley M.; Levinthal, Daniel A. (1990). Absorptive Capacity: A New Perspective on Learning and Innovation. In: Administrative Science Quarterly 35, 128–152.

Collins, James C.; Porras, Jerry I. (2005). Built to last. Successful habits of visionary companies. 10th anniversary ed. Random House Business Books. London.

Cox, Taylor (1993). Cultural Diversity in Organizations: Theory, Research and Practice. Berrett-Koehler. San Francisco.

Cox, Taylor Jr. (2001). Creating the multicultural organization: a strategy for capturing the power of diversity. 1. ed. Jossey-Bass. San Francisco.

Crane, Andrew; Matten, Dirk (2004). Business ethics. A EUROPEAN PERSPECTIVE: Managing Corporate Citizenship and Sustainability in the Age of Globalization. Oxford University Press. Oxford/New York.

D'Aveni, Richard A. (1995). Hyperwettbewerb. Strategien für die neue Dynamik der Märkte. Campus Verlag. Frankfurt am Main.

Deal, Terrence; Kennedy, Allan (1982). Corporate Cultures – The rites and rituals of corporate life. Addison-Wesley Publishing. Boston, MA.

Deal, Terrence; Kennedy, Allan (1987). Unternehmenserfolg durch Unternehmenskultur. Rentrop. Bonn.

Demorgon, Jacques; Molz, Markus (1996). Bedingungen und Auswirkungen der Analyse von Kultur(en) und interkulturellen Interaktionen. In: Thomas, Alexander [Hrsg.]: Psychologie interkulturellen Handelns. Hogrefe. Göttingen [u.a.], 43–86.

Denison, Daniel. R.; Mishra, Aneil K. (1995). Toward a theory of organizational culture and effectiveness. In: Organization Science Vol.6(2), 204–223.

Derrida, Jaques (1988). Randgänge der Philosophie. 1. dt. Ausgabe. Passagen-Verlag. Wien.

Die Zeit (1997). Entwurf für eine Allgemeine Erklärung der Menschenpflichten. Die Zeit 41. 3.10.1997, 18f.

Dierkes, Meinolf; Rosenstiel von, Lutz; Steger, Ulrich [Hrsg.] (1993). Unternehmenskultur in Theorie und Praxis. Konzepte aus Ökonomie, Psychologie und Ethnologie. Campus Verlag. Frankfurt am Main.

Dietz, Jörg; Petersen, Lars-Eric (2006). Diversity Management. In: Stahl, Günter K; Björkmann, Ingmar [Eds.]: Handbook of Research in international Human Resource Management. Edward Elgar Publishing Ltd. Camberly, 223–243.

Douglas, Mary (1992). Risk and Blame: Essays in Cultural Theory. Routledge. Taylor & Francis Group. London.

Doz, Yves; Santos, Jose; Williamson, Peter (2001). From Global to Metanational. How Companies Win in the Knowledge Economy. Harvard Business School Press. Boston, Mass.

Dreher, Jochen (2005). Interkurelle Arbeitswelten. Produktion und Management bei Daimler Chrysler. Campus Verlag. Frankfurt am Main/New York.

Driel van, Barry (2000). Intercultural Education. Newsletter Outsider 54:
http://www.minorityrights.org/Outsiders/outsider_article.asp?ID=17, June 2006.

Dülfer, Eberhard (2001). Internationales Management in unterschiedlichen Kulturbereichen. Oldenbourg. München, Wien.

Eco, Umberto (1993). Platon im Striptease-Lokal. Parodien und Travestien. dtv Deutscher Taschenbuchverlag. München.

Eibl-Eibesfeldt, Irenäus (1988). Der Mensch – das riskierte Wesen – Zur Naturgeschichte menschlicher Unvernunft. Piper. München [u.a.].

Elashmawi, Farid; Harris, Philip R. (1998). Multicultural Management 2000 – Essential Cultural Insights for Global Business Success. The MCD Series, Managing Cultural Differences. 2nd revised edition. Gulf Publishing Company. Houston, TX et al.

Emmison, Michael; Frow, John (1998). Information Technology as Cultural Capital. In: Australian Universities Review, Issue 1/1998, 41–45.

Etzioni, Amitai (1964). Modern Organizations. Prentice Hall. Upper Saddle River, NJ.

FAZ Frankfurter Allgemeine Zeitung (2004). Daimler-Chrysler-Welt AG Ade: Business Dossiers 27.04.2004.

Ferraro, Gary P. (2002). The cultural dimensions of international business. Prentice Hall, Pearson Education. Upper Saddle River, NJ.

Feyerabend, Paul K. (1975). Against method. Outline of an anarchistic theory of knowledge. NLB. London.

Fink, Gerhard; Meierewert, Sylvia [Hrsg.] (2001). Interkulturelles Management. Österreichische Perspektiven. Springer-Verlag. Wien.

Fink Gerhard; Nový, Ivan; Schroll-Machl, Sylvia (2001). Tschechische, österreichische und deutsche Kulturstandards in der Wirtschaftskooperation. In: Fink, Gerhard; Meierewert, Sylvia [Hrsg.]: Interkulturelles Management. Österreichische Perspektiven. Springer-Verlag. Wien, 167–184.

Fischer, Katrin; Thomas, Alexander; Dünstl, Sonja (2007). Beruflich in Polen. Trainingsprogramm für Manager, Fach- und Führungskräfte. Vandenhoeck & Ruprecht. Göttingen.

Fisher, Roger; Ury, William; Patton, Bruce (1991). Getting to Yes: Negotiating Agreement without Giving in. 2nd edition. Penguin Books. New York.

Feichtinger, Claudia; Langer, Josef; Meierewert, Sylvia (2001). Österreichs Wirtschaftsbeziehungen zu Slowenien – Begegnung mit einer anderen Kultur? In: Fink, Gerhard; Meierewert, Sylvia [Hrsg.]: Interkulturelles Management. Österreichische Perspektiven. Springer-Verlag. Wien, 75–96.

Förster von, Heinz (1993). KybernEthik. Merve-Verlag. Berlin.

Fortgang, Ron S.; Lax, David A.; Sebenius, James K. (2003). Negotiating the Spirit of the Deal. In: Harvard Business Review. February 2003, 66–76.

Foucault, Michel (1987). Von der Subversion des Wissens. Fischer. Frankfurt am Main.

Foucault, Michel (2002). Archäologie des Wissens. Suhrkamp. Frankfurt am Main.

Fox, Jonathan (2003). State Failure and the Clash of Civilizations: An Examination of the Magnitude and Extent of Domestic Civilizational Conflict from 1950 to 1996. In: Australien Journal of Political Science Vol. 38(2), 195–213.

Freeman, Derek (1983). Margaret Mead and Samoa: The Making and Unmaking of an Anthropological Myth. Harvard University Press. Cambridge, MA.

Friedman, Milton (1970). The Social Responsibility of Business is to Increase Its Profits. In: Time Magazine. September 13, 1970. New York.

Friedman, Thomas L. (2005). The World is Flat. A Brief History of the Twenty-first Century. Farrar, Strauss and Giroux. New York.

Fries, Susan (2002). Cultural, Multicultural, Cross-Cultural, Intercultural: A Moderator's Proposal: http://www.tesol-france.org/New/archives.html, June 2006.

Fromm, Erich (1976). To Have or to Be? Harper Collins Publishers. New York.

Furnham, Adrian; Bochner, Stephen (1986). Culture Shock – Psychological reactions to unfamiliar environments. Routledge. London, New York.

Gabriel, Yannis (2000). Storytelling in organizations: Facts, fictions, fantasies. Oxford University Press. Oxford.

Galtung, Johan (1981). Structure, Culture and Intellectual Style. An Essay Comparing Saxonic, Teutonic, Gallic and Nipponic Approaches. In: Social Science Information 20(6), 817–856.

Gannon, Martin J. (1994). Understanding Global Cultures. Metaphoric Journeys through 17 countries. Sage Publications. Thousand Oaks, CA.

Gannon, Martin J. (2001). Working Across Cultures. Applications and Exercises. Sage Publications. Thousand Oaks, CA.

Gannon, Martin J. (2004). Understanding Global Cultures. Metaphorical Journeys Through 28 Nations, Clusters of Nations, and Continents. 3rd Edition. Sage Publications. Thousand Oaks, CA.

Geertz, Clifford (1973). Thick description. Toward an interpretative theory of culture. In: The interpretation of cultures. Selected essays. Basic Books. New York, 3–30.

Geertz, Clifford (1983). Dichte Beschreibung. Beiträge zum Verstehen kultureller Systeme. Suhrkamp Taschenbuch Wissenschaft. Frankfurt am Main.

Gerndt, Helge (1981). Kultur als Forschungsfeld: Über volkskundliches Denken und Arbeiten. Beck Verlag. München.

Giddens, Anthony (1995). Soziologie. Erste deutsche Auflage. Nausner&Nausner. Graz-Wien.

Götz, Klaus [Hrsg.] (2000). Interkulturelles Lernen/Interkulturelles Training. Managementkonzepte, Band 8. 2. verb. Auflage. Rainer Hampp Verlag. München, Mering.

Goffmann, Erving (1981). Forms of Talk. University of Pennsylvania Press. Philadelphia.

Goleman, Daniel (1996). Emotionale Intelligenz. Griese Hanser. München [u.a.].

Gray, John (1998). False dawn. The delusions of global capitalism. Granta Books. London.

Greider, William (1997). One World, Ready or Not. The Manic Logic of Global Capitalism. Simon & Schuster. New York.

Grünhage-Monetti, Matilde [Hrsg.] (2006). Interkulturelle Kompetenz in der Zuwanderungsgesellschaft. Fortbildungskonzepte für kommunale Verwaltungen und Migrantenorganisationen. Perspektive Praxis. W. Bertelsmann Verlag. Bielefeld.

Gudykunst, William B.; Guzley, Ruth M.; Hammer, Mitchell R. (1996). Designing Intercultural Training In: Landis, Dan; Bhagat, Rabi [Eds.]: Handbook of Intercultural Training. 2nd edition. Sage. Thousand Oaks, CA, 61–80.

Gupta, Antil K.; Govindarjan, Vijay (1991). Knowledge Flows and the Structure of control within Multinational Corporations. In: Academy of Management Review 16, 768–792.

Hall, Edward T. (1977). Beyond Culture. Anchor Books, Doubleday. New York, NY et al.

Hall, Edward T.; Hall, Mildred Reed (1990). Understanding cultural differences – Keys to success in West Germany, France, and the United States. Intercultural Press. Yarmouth, ME.

Hall, Edward T.; Hall, Mildred Reed (2001). Key Concepts: Underlying Structures of Culture. In: Albrecht, Maryann H. [Ed.]. International HRM. Managing Diversity in the Workplace. Blackwell Publishers. Oxford, 24–40.

Hall, Patricia H.; Gudykunst, William B. (1989). The relationship of perceived ethnocentrism in corporate cultures to the selection, training, and success of international employees. In: International Journal of Intercultural Relations 13(2), 183–201.

Hamel, Gary (1991). Competition for Competence and Inter-Partner Learning Within International Strategic Alliances. In: Strategic Management Journal 12 (Summer Special Issue), 83–103.

Hampden-Turner, Charles; Trompenaars, Fons (2000). Building Cross-Cultural Competence. Yale University Press. New Haven, MS et al.

Hannerz, Ulf (1997). Flows, Boundaries and Hybrids: Keywords in Transnationsl Anthroplogy: http://www.transcomm.ox.ac.uk/working_papers.htm, Dezember 2006.

Harris, Philip R.; Moran, Robert T. (1991). Managing Cultural Differences. The MCD series, Managing Cultural Differences. 3rd reviewed edition. Gulf Publishing Company. Houston, TX et al.

Hayek von, Friedrich (1945). The Use of Knowledge in Society. In: American Economic Review 35, No. 4 (Sept), 519–530.

Hays-Thomas, Rosemary (2003). Why now? The contemporary focus on managing diversity. In: Stockdale, Margaret S.; Crosby, Faye J. [Eds.]: The Psychology and Management of Workplace Diversity. Blackwell Publishing. Oxford, 3–30.

Held, David; McGrew, Anthony (2002). Globalization/anti-globalization. Polity. Oxford.

Hendrich, Fritz (1999). Die vier Energien des Führens. Menschenführung mit der Kraft der Elemente. Signum Verlag. Wien.

Hirsch, Klaus (2003). Reintegration von Auslandsmitarbeitern. In: Bergemann, Niels; Sourisseaux, Andreas L.J. [Hrsg.]: Interkulturelles Management. 3 Auflage. Springer-Verlag. Berlin, 417–430.

Hirt, Christian (2004). International Human Resource Management Strategies Emerging from Global Integration and Local Differentiation. In: Haak, René; Tachiki, Dennis S. (2004). Regional Strategies in a Global Economy. Multinational Corporations in East Asia. Monographien Band 38. Deutsches Institut für Japanstudien. Iudicum. München, 231–248.

Hofstede, Geert (1980). Culture's Consequences: International Differences in Work-Related Values. Sage Publications. Newbury Park, CA.

Hofstede, Geert (1982). Culture's Consequences – International Differences in Work-Related Values. Cross-Cultural Research and Methodologies Series, Vol. 5. Sage Publications. Newbury Park, CA.

Hofstede, Geert (1991). Cultures and Organizations. Intercultural cooperation and its importance for survival. Software of the mind. Harper Collins. London.

Hofstede, Geert (1993). Interkulturelle Zusammenarbeit: Kulturen – Organisationen – Management. Gabler Verlag. Wiesbaden.

Hofstede, Geert (1997). Cultures and Organizations – Software of the mind – Intercultural Cooperation and its Importance for Survival. McGraw Hill. New York, NY et al.

Hofstede, Geert (2001). Lokales Denken, Globales Handeln. dtv Deutscher Taschenbuchverlag. München.

Hofstede, Geert; Bond, Michael H. (1988). The Confucius connection: from cultural roots to economic growth. In: Organizational Dynamics 16(4), 5–21.

Homann, Karl (2004). Gesellschaftliche Verantwortung der Unternehmen. In: Schneider, Ursula; Steiner, Peter [Hrsg.]: Betriebswirtschaftslehre und gesellschaftliche Verantwortung. Mit Corporate Social Responsibility zu mehr Engagement. Gabler Verlag. Wiesbaden, 1–16.

Homann, Karl; Blome-Drees, Franz (1992). Wirtschafts- und Unternehmensethik. Vandenhoeck & Ruprecht. Göttingen.

House, Juliane (1996). Zum Erwerb interkultureller Kompetenz im Unterricht des Deutschen als Fremdsprache. In: Zeitschrift für interkulturellen Fremdsprachenunterricht 1996, 1–19.

House, Robert J.; Hanges, Peter J.; Javidan, Mansour; Dorfman, Paul; Gupta, Vipin [Eds.] (2004). GLOBE, Cultures, Leadership and Organizations. GLOBE Study of 62 Societies. Sage Publications. Newbury Park, CA.

Hughes-Weiner, Gail (1986). The Learning-How-to-Learn Approach to Cross-Cultural orientation. International Journal of Intercultural Relations 10. No 4, 485–505.

Huntington, Samuel (1993). The Clash of Civilizations. In: Foreign Affairs 72(3), 22–49.

Huntington, Samuel (1996). Kampf der Kulturen. The Clash of Civilizations. Die Neugestaltung der Weltpolitik im 21. Jahrhundert. Goldman Verlag. München, Wien.

Inglehardt, Ronald (1977). The Silent Revolution: Changing Values and Political Styles Among Western Publics. Princeton University Press. New Jersey.

Inglehart, Ronald (1998). Human Values and Beliefs: A Cross-cultural Sourcebook. Ann Arbor. University of Michigan Press.

Inkpen, Andrew C.; Crossan, Mary M. (1995). Believing Is Seeing: Joint Ventures and Organizational Learning, Journal of Management Studies 32, 595–618.

Internet: Chruschtschow: http://de.wikipedia.org/wiki/Nikita_Sergejewitsch_Chruschtschow, Oktober 2006.

Internet: Clean Clothes Campaign: http://doku.cac.at/cleanclothesverhaltenskodex.pdf, Dezember 2006.

Internet: Great Place to Work Institute: http://greatplacetowork-europe.com/great/graphs.php, März 2007.

Internet: Hofstede, Geert: Geert Hofstede TM Cultural Dimensions: http://www.geert-hofstede.com, Dezember 2006.

Internet: Japanese Some useful expressions in Japanese: http://www3.ocn.ne.jp/~romisdg/bj/ue.html, Dezember 2006.

Internet: Journeys in Film: http://journeysinfilm.org, August 2006.

Internet: Metcalfes Gesetz: http://www.isc.org/ds/hosts.html, November 2006.

Internet: Paradoxing: http://www.paradoxing.com/article/index2.html, Februar 2007.

Internet: Pearson Performance Solutions. Human Capital Management Solutions. Cross Cultural Adaptability Inventory (CCAI):
http://www.pearsonps.com/Solutions/PerformanceManagement/OrganizationalSurveys/CCAI, Dezember 2006.

Internet: Pupilvision: http://www.pupilvision.com/schoolmap/outlinemaps/world1.jpg, Februar 2007.

Internet: Weltethos: www.weltethos.org, Dezember 2006.

Jacobs, Paul; Landau, Saul (1971). To Serve the Devil. Vintage Books. New York.

Jacques, Elliott (1951). Changing culture of the factory. Routledge. Taylor & Francis Books. London.

Jessen, Jens (2003). Stammtisch Europa. Hier weiß jeder gegen jeden irgendetwas: Hundert nationale Vorurteile, auf einem Bierdeckel notiert, ergeben die Quersumme null. In: Die Zeit, 17.7.2003, Nr. 30: http://www.zeit.de/2003/30/Europa, August 2006.

Johanson, Jan; Vahlne, Jan-Erik (1977). The Internationalization Process of the Firm – A Model of Knowledge Development and Increasing Foreign Market Commitments. In: Journal of International Business Studies Vol. (1), 23–32.

Kanter, Rosabeth (1997). Weltklasse: Im globalen Wettbewerb lokal triumphieren. Überreuter. Wien.

Karmasin, Helene; Karmasin, Matthias (1997). Cultural Theory: ein neuer Ansatz für Kommunikation, Marketing und Management. Linde Verlag. Wien.

Kasper, Helmut (1987). Organisationskultur. Über den Stand der Forschung. Service, Fachverlag an der Wirtschaftsuniversität Wien. Wien.

Katzenbach, Jon R.; Smith, Douglas K. (1993 und 1997). The Wisdom of Teams. Creating the High-Performance Organization. Mc-Graw Hill. New York.

Kaufer, Erich (1980). Industrieökonomik. Eine Einführung in die Wettbewerbstheorie. Vahlen. München.

Keller von, Eugen (1982). Management in fremden Kulturen. Ziele, Ergebnisse und methodische Probleme der kulturvergleichenden Managementforschung. Veröffentlichungen der Hochschule St. Gallen für Wirtschafts- und Sozialwissenschaften. Schriftenreihe Betriebswirtschaft 10. Haupt. Bern, Stuttgart.

Kets de Vries, Manfred F.R. (1998). Führer, Narren und Hochstapler. Essays über die Psychologie der Führung. Klett-Cotta. Stuttgart.

Kieser, Alfred; Nicolai, Alexander (2002). Trotz eklatanter Erfolglolsigkeit: Die Erfolgsfaktorenforschung weiter auf Erfolgskurs. In: Die Betriebswirtschaft (DBW) Jg. 62, Heft 6, 579–596.

Kirkman, Bradley L.; Lowe, Kevin; Gibson, Cristina B. (2006). A quarter century of Culture's Consequences: a review of empirical research incorporation Hofstede's cultural values framework. In: Journal of International Business Studies 37, 285–320.

Kluckhohn, Florence; Strotdbeck, Fred (1961). Variations in value orientations. Row Peterson [u.a.]. Evanston, IL.

Koch, Claus (1995). Die Gier des Marktes – Die Ohnmacht des Staates im Kampf der Weltwirtschaft. Hanser Verlag. München.

Kochan, Thomas; Bezrukova, Katerina; Ely, Robin; Jackson, Susan; Joshi, Aparna; Jehn, Karen; Leonard, Jonathan; Levine, David; Thomas, David (2002). The Effects of Diversity on Business Performance: Report of the Diversity Research Network. MIT Sloan School of Management Working Paper. November 2002. Cambridge.

Kövary, Georg (1987). Ein Ungar kommt selten allein. Paul Neff Verlag. Wien.

Kolb, David A. (1976). The Learning Style Inventory: Technical Manual. McBer. Boston, MA.

Konradt, Udo (2000). Hypermediale Lernsysteme zum Training interkulturellen Managements. In: Götz, Klaus [Hrsg.]: Interkulturelles Lernen/Interkulturelles Training. Managementkonzepte, Band 8. 2. verb. Auflage. Rainer Hampp Verlag. München, Mering, 81–95.

Korten, David C. (1999). The Post-Corporate World. Life After Capitalism. Berrett-Koehler Publishers. San Francisco.

Kotter, John P.; Heskett, James L. (1992). Corporate Culture and Performance. 1. Ausgabe. Free Press. New York.

Kroeber, Alfred L.; Kluckhohn, Clyde (1952). Culture. A Critical Review of Concepts and Definitions. Vintage Books. New York, NY.

Kutschker, Michael; Schmid, Stefan (2002). Internationales Management. Oldenbourg. München, Wien.

Kühlmann, Torsten M.; Stahl, Günter K. (1998). Anforderungen an Mitarbeiter in internationalen Tätigkeitsfeldern. In: Personalführung 11/98, 44–55.

Küsters, Elmar A. (1998). Episoden des Interkulturellen Managements. Grundlagen der Selbst- und Fremdorganisation. Deutscher Universitäts-Verlag. Wisebaden.

La Brack, Bruce (1993). The Missing Linkage: The Process of Integrating Orientation and Reentry. In: Paige, Michael [Ed.]. Education for the Intercultural Experience. Intercultural Press. Yarmouth, ME, 241–279.

Landis, Dan; Bhagat, Rabi [Eds.] (1996). Handbook of Intercultural Training. Sage. Thousand Oaks, CA.

Langenscheidt Online Fremdwörterbuch: http://www.langenscheidt.de/?fremdwb=kultur, Dezember 2006.

Leonard-Barton, Dorothy (1995). Wellsprings of knowledge: Building and Sustaining the Sources of Innovation. Harvard Business School Press. Boston.

Levitt, Theodore (1983). The Globalization of Markets. In: Harvard Business Review. May-June, 92–102.

Lipman, Dough (1999). Improving your Storytelling. Beyond the Basics for All Who Tell Stories in Work or Play. August House Publishers. Little Rock.

Luft, Joseph; Ingham, Harry (1955). The Johari window, a graphic model of interpersonal awareness. In: Proceedings of the Western training laboratory in group development. Los Angeles: UCLA.

Luhmann, Niklas (1984, 1996). Soziale Systeme. Grundriss einer allgemeinen Theorie. Suhrkamp. Frankfurt am Main, 191ff.

Luostarinen, Reijo (1980). Internationalization of the Firm. The Helsinki School of Economics. Helsinki.

Luttwak, Edward (1999). Turbo-Capitalism. Winners and Losers in the global Economy. Harper Collins Publishers. New York.

Madsen, Tage K.; Servais, Per (1997). The Internationalization of Born Globals: an Evolutionary Process? In: Business Review. Vol. 6 (6), 561–583.

Malik, Fredmund (2005). Ist Management kulturabhängig? In: www.manager-magazin.de/Koepfe/artikel/0.2828. 34345600.html, Juli 2006.

Mayer, Ruth (2005). Diaspora. Eine kritische Begriffsbestimmung. Transcript Verlag. Bielefeld.

McGregor, Douglas (1960). The Human Side of Enterprise. McGraw-Hill. 11. print. 1984. Auckland et al.

Mead, Richard (1994, 1998). International Management: cross cultural dimensions. Blackwell Publishers. Cambridge, MA.

Meierewert, Sylvia (2001). Tschechische Kulturstandards aus der Sicht österreichischer Manager. In: Fink, Gerhard; Meierewert, Sylvia [Hrsg.]: Interkulturelles Management. Österreichische Perspektiven. Springer-Verlag. Wien, 97–110.

Meierewert, Sylvia; Horváth-Topcu, Katalin (2001). Kulturstandards im Vergleich: Österreich und Ungarn. In: Fink, Gerhard; Meierewert, Sylvia [Hrsg.]: Interkulturelles Management. Österreichische Perspektiven. Springer-Verlag. Wien, 111–124.

Michalitsch, Gabrielle (2006). Die neoliberale Domestizierung des Subjekts. Von den Leidenschaften zum Kalkül. Campus Verlag. Franfurt am Main.

Min, Chen (1995). Asian Management Systems. Chinese, Japanese and Korean Styles of Business. Thunderbird/Routledge. New York.

Mintzberg, Henry; Ahlstrand, Bruce; Lampel, Joseph (1999). Strategy Safari. Eine Reise durch die Wildnis des strategischen Managements. Ueberreuter Verlag. Wien.

Mitchell, Charles (2002). Interkulturelle Kompetenz im Auslandsgeschäft entwickeln und einsetzen. Deutscher Wirtschaftsdienst. Köln.

Mog-Sidor, Karolina (2006). Japans Umgang mit der eigenen Geschichte: Der Nanjing Zwischenfall. Magisterarbeit. Philosophische Fakultät III. Humboldt Universität. Berlin.

Molcho, Samy (1983). Körpersprache. Mosaik Verlag. München.

Moore, Karl; Birkinshaw, Julian (1998). Managing Knowledge in Global Service Firms: Centers of Excellence. In: Academy of Management Executive 12, 81–92.

Morgan, Lewis H. (1987). Die Urgesellschaft. Auflage: Reprint d. Ausg. Stuttgart 1908. Promedia Verlagsges. mbH. Wien.

Müller, Bernd-Dietrich (1993). Interkulturelle Kompetenz. Annäherung an einen Begriff. In: Jahrbuch Deutsch als Fremdsprache 19, 63–76.

Müller, Harald (1998). Das Zusammenleben der Kulturen. Ein Gegenentwurf zu Huntington. Fischer. Frankfurt am Main.

Müller, Stefan; Gelbrich, Katja (2004). Interkulturelles Marketing. Verlag Franz Vahlen. München.

Nadolny, Sten (1990). Selim oder Die Gabe der Rede. Piper Verlag. München.

Naisbitt, John; Aburdene, Patricia (1990). Megatrends 2000. 10 Perspektiven für den Weg ins nächste Jahrtausend. Econ Verlag. Düsseldorf.

Negroponte, Nicholas (1995). Being digital. Alfred A. Knopf Inc. New York.

Ng, Eddy S.W.; Tung, Rosalie L. (1998). Ethno-cultural diversity and organizational effectiveness: a field study. In: The International Journal of Human Resource Management 9:6. Dezember 1998, 980–995.

Noelle-Neumann, Elisabeth; Schulz, Winfried; Wilke, Jürgen (1989). Das Fischer Lexikon Publizistik/Massenkommunikation. Fischer Taschenbuch Verlag. Frankfurt am Main.

Nonaka, Ikujiro; Konno, Noboru (1998). The Concept of 'Ba': Building a Foundation for Knowledge Creation. In: California Management Review, Spring 98, Vol. 40 Issue 3, 40–54.

Nonaka, Ikujiro; Takeuchi, Hirotaka (1995). The knowledge-creating company: how Japanese companies create the dynamics of innovation. Oxford University Press. Oxford et al.

Oberg, Kalvero (1960). Cultural shock: adjustment to new cultural environments. In: Practical Anthropology 1960, Bd. 7, 177–182.

Ohmae, Kenichi (1985). Macht der Triade: Die neue Form weltweiten Wettbewerbs. Gabler Verlag. Wiesbaden.

O'Reilly, Charles A.; Chatman, Jennifer; Caldwell, David F. (1991). People and organizational culture: a profile comparison approach to assessing person-organization fit. In: Academy of Management Journal Vol. 34(3), 487–516.

Ott, Martin (2000). Alles verstanden – Nichts begriffen? – 'Global Players' zwischen Kultur und Konflikt. In: Götz, Klaus [Hrsg.]: Interkulturelles Lernen/Interkulturelles Training. Managementkonzepte, Band 8. Rainer Hampp Verlag. München, Mering, 235–253.

Paige, Michael R. [Ed.] (1993). Education for the Intercultural Experience. Intercultural Press. Yarmouth, ME.

Paige, Michael; Martin, Judith (1996). Ethics in Intercultural Training. In: Landis, Dan; Bhagat, Rabi S. [Eds.]: Handbook of Intercultural Training. Sage. Thousand Oaks, CA, 35–60.

Pammesberger, Michael (2004). Festung Europa begrüßt die Erweiterung. In: Kurier, April 2004. (Karikaturen abgedruckt mit Erlaubnis des Karikaturisten).

Pascale, Richard; Athos, Anthony (1982). The Art of Japanese Management. Warner Communications Co. New York, NY.

Perlmutter, Howard V. (1969). The Tortuous Evolution of the Multinational Corporation. In: Columbia Journal of World Business Vol. 4, Issue 1, 9–18.

Peters, Thomas J.; Waterman, Robert H. (1983). In Search of Exellence. Lessons from Americas Best-Run Companies. Harper & Row Publishers. New York.

Peters, Thomas J.; Waterman, Robert H. (2003). Auf der Suche nach Spitzenleistungen. Was man von den bestgeführten US-Unternehmen lernen kann. Moderne Verlagsges. MVG. Landsberg.

Picot, Arnold; Reichwald, Ralf; Wigand, Rolf T. (1996). Die grenzenlose Unternehmung. Information, Organisation und Management. Gabler Verlag. Wiesbaden.

Podsiadlowski, Astrid (2004). Interkulturelle Kommunikation und Zusammenarbeit. Verlag Franz Vahlen. München.

Porter, Michael E. (1985). Competitive advantage. Creating and sustaining superior performance. Free Press. New York.

Porter, Michael E. (1995). Wettbewerbsstrategie: Methoden zur Analyse von Branchen und Konkurrenten. 8. Auflage. Campus Verlag. Frankfurt am Main.

Probst, Gilbert; Raub, Steffen; Romhardt, Kai (1998). Wissen Managen. Wie Unternehmen ihre wertvollste Ressource optimal nutzen. 2. Aufl. Gabler Verlag. Wiesbaden.

Reich, Robert B. (1993). Die neue Weltwirtschaft. Das Ende der nationalen Ökonomie. Ullstein. Frankfurt am Main.

Rentzsch, Hans-Peter (1999). Erfolgreich verhandeln im weltweiten Business. Verhalten, Taktik und Strategie für internationale Meetings und Präsentationen. Gabler Verlag. Wiesbaden.

Ricardo, David (1971). On the Principles of Political Economy and Taxation. Penguin. Harmondsworth.

Riemann, Fritz (1999). Grundformen der Angst. Eine tiefenpsychologische Studie. Reinhardt. München.

Ronen, Simcha; Shenkar, Oded (1985). Clustering Countries on Attitudinal Dimensions: A Review and Synthesis. In: Academy of Management Review 10, 435–454.

Rosenstiel von, Lutz (1993). Unternehmenskultur – einige einführende Anmerkungen. In: Dierkes, Meinolf; Rosenstiel von, Lutz; Steger, Ulrich [Hrsg.]: Unternehmenskultur in Theorie und Praxis. Konzepte aus Ökonomie, Psychologie und Ethnologie. Campus Verlag. Frankfurt am Main, 8–22.

Rothlauf, Jürgen (1999). Interkulturelles Management: Mit Beispielen aus Vietnam, China, Japan, Russland und Saudi-Arabien. Oldenbourg. München, Wien.

Safran, William (1991). Diasporas in Modern Societies. Myths of Homeland and Return. In: Diaspora I.I, 83–89.

Salacuse, Jeswald W. (1991). Making Global Deals. Mifflin Comp. Boston.

Salacuse, Jeswald W. (1992). International erfolgreich verhandeln. Campus Verlag. Frankfurt am Main.

Samuelson, Paul A. (1948). Economics: An Introductory Analysis. McGraw-Hill. New York.

Sanyal, Rajib N. (2001). International Management: A Strategic Perspective. Prentice Hall. Upper Saddle River, NJ.

Schein, Edgar (1985). Organizational Culture and Leadership. Jossey-Bass. San Francisco, CA.

Schein, Edgar (1995). Unternehmenskultur: ein Handbuch für Führungskräfte. Campus Verlag. Frankfurt am Main.

Scheitlin, Victor (1971). Betriebsklima und moderne Führungspraxis. Taylorix-Wirtschafts-Taschenbücher. Band 15. Zürich.

Scherm, Ewald (1999). Internationales Personalmanagement. Oldenbourg. München, Wien.

Schleicher, Stefan (1999). Globalisierung – wird die Integration der Weltwirtschaft weiter zunehmen? In: Geld statt Arbeit. Die Träume der Finanzwirtschaft. Anleitungen zum Aufwachen. Föhrenbergkreis-Broschüre. IWIP [Hrsg.]. Wien.

Schmidt, Artur P. (2001). Return on Knowledge. Die Wirksamkeit unterschiedlicher Netzwerkstrukturen. In: GDI_Impuls 3/01– Vierteljahresschrift für Entscheidungsträger in Wirtschaft und Gesellschaft: http://www.wissensnavigator.com/download/Returnonknowledge.pdf, Februar 2007, 45–51.

Schmidt, Manfred G. (2004). Wörterbuch zur Politik. Kröner Verlag. Stuttgart.

Schmidbauer, Wolfgang (1998). Die Angst vor Nähe. 9. Auflage. Rowohlt Tb. Reinbek bei Hamburg.

Schneider, Susan C.; Barsoux, Jean-Louis (2003). Managing Across Cultures. 2nd edition. Pearson Education. Harlow.

Schneider, Ursula (1986). Unternehmenskultur. Skriptum. Leopold-Franzens-Universität Innsbruck.

Schneider, Ursula (1991). Kultur-Konflikt-Koordination: Zum Prozess der Kulturentwicklung in einer Produktivgenossenschaft. In: Dülfer, Eberhard: Organisationskultur: Phänomen-Philosphie-Technologie. Poeschel Verlag. 2. erw. Auflage. Stuttgart, 273–283.

Schneider, Ursula (1994). Mitarbeitertrainings unter der Lupe: Zum Sinn und Unsinn betrieblicher Weiterbildung. Manz-Gabler. Wien-Wiesbaden.

Schneider, Ursula (1995). Internationalisierungsstrategien – Bluttransfusion für den siechen Patienten Strategische Planung. In: Jarmai, Heinz/Beratergruppe Neuwaldegg [Hrsg.]: Strategie: Jazz oder Symphonie? Aktuelle Beispiele strategischer Improvisation. Service Fachverlag. Wien, 65–84.

Schneider, Ursula [Hrsg.] (1996). Wissensmanagement: Die Aktivierung des intellektuellen Kapitals. 1. Aufl. Frankfurter Allgemeine Zeitung, Verl.-Bereich Wirtschaftsbücher. Frankfurt am Main.

Schneider, Ursula (1996a). Management in der wissensbasierten Unternehmung. Das Wissensnetz in und zwischen Unternehmen knüpfen. In: Schneider, Ursula [Hrsg.]: Wissensmanagement. Die Aktivierung des intellektuellen Kapitals. FAZ Verlag. Frankfurt am Main, 13–48.

Schneider, Ursula (1997). Globalisierung – Ein Etikett für einen Prozess des Umbruchs. In: Wirtschaftspolitische Blätter Nr. 4. Österreichischer Wirtschaftsverlag. Wien, 431–438.

Schneider, Ursula (2001). Die 7 Todsünden im Wissensmanagement: Kardinaltugenden für die Wissensökonomie. 1. Auflage. Frankfurter Allg. Buch. Frankfurt am Main.

Schneider, Ursula (2001a). Innovation in der Wechselwirkung der Kulturen. Stellenwert und Spannungsfelder von Innovation. In: ARC Austrian Research Centers GmbH [Hrsg.]: It's T.I.M.E. – Technology, Innovation, Management, Engineering. Interdisziplinäres Journal für die angewandten Wissenschaften. Ausgabe 2/2001, 69–72.

Schneider, Ursula (2003). Die Institutionalisierungsproblematik in Wissensnetzwerken. In: Graggober, Marion; Ortner, Johannes; Sammer, Martin [Hrsg.]: Wissensnetzwerke. Konzepte, Erfahrungen und Entwicklungsrichtungen. DUV. Wiesbaden, 43–71.

Schneider, Ursula (2006). Das Management der Ignoranz: Nichtwissen als Erfolgsfaktor. 1. Aufl. Dt. Univ.-Verl. Wiesbaden.

Schneider, Ursula; Binder, Michaela; Hirt, Christian (2003). Interkulturelles Management. Skriptum Servicebetrieb ÖH-Uni Graz. Institut für Internationales Management. Karl Franzens Universität Graz.

Schneider, Ursula; Koch, Günther (1999). Modell und Indikatorensteinbruch für eine Wissensbilanz ARCS. Graz, Seibersdorf.

Schneider, Ursula; Steiner, Peter (2004). Betriebswirtschaftslehre und gesellschaftliche Verantwortung. Mit Corporate Social Responsibility zu mehr Engagement. Gabler Verlag. Wiesbaden.

Schneider, Ursula; Walczuch, Rita (1996). Multikulturelles Management. Skriptum. Institut für Internationales Management. Karl Franzens Universität. Graz.

Schreyögg, Georg (1999). Organisation: Grundlagen moderner Organisationsgestaltung; mit Fallstudien. 3. Auflage. Gabler Verlag. Wiesbaden.

Schroll-Machl, Sylvia; Nový, Ivan (2002). Beruflich in Tschechien. Trainingsprogramm für Manager, Fach- und Führungskräfte. Vandenhoeck & Ruprecht. Göttingen.

Schugk, Michael (2004). Interkulturelle Kommunikation. Kulturbedingte Unterschiede in Verkauf und Werbung. Verlag Franz Vahlen. München.

Schulz von Thun, Friedemann (1996). Miteinander reden. Bd. 1. Störungen und Klärungen. Rowohlt Taschenbuch Verlag. Reinbek bei Hamburg.

Scollon, Ronald; Wong-Scollon, Suzanne (1994). Intercultural Communication. A Discourse Approach. Blackwell. Oxford and Cambridge, MA.

Seelye, Ned H.; Seelye-James, Alan (1996). Culture clash: managing in a multicultural world. NTC Business Books. Lincolnwood/Chicago.

Seligman, Martin E.P.; Petermann Franz (2000). Erlernte Hilflosigkeit. 2. Auflage. Verlagsgruppe Beltz. Weinheim.

Sennett, Richard (1998). The Corrosion of Character: The Personal Consequences of Work in the New Capitalism. W W Norton & Co Ltd. New York.

Sennett, Richard (2000). Der flexible Mensch. Die Kultur des neuen Kapitalismus. 7. Auflage. Goldmann. München.

Simmons, Annette (2002). The Story Factor: Inspiration, Influence and Persuasion Through the Art of Storytelling. Perseus Books. London.

Simonin, Bernard (1999). Ambiguity and the Process of Knowledge Transfer in Strategic Alliances. In: Strategic Management Journal 20, 595–623.

Smircich, Linda (1983). Concepts of Culture and Organizational Analysis. In: Administrative Science Quarterly 28, 339–358.

Spengler, Oswald (1918). Der Untergang des Abendlandes: Umrisse einer Morphologie der Weltgeschichte. 1. Band. Braumüller. Wien.

Spengler, Oswald (1922). Der Untergang des Abendlandes: Umrisse einer Morphologie der Weltgeschichte. Band 2. Beck. München.

Spinks, Nelda; Wells, Barron (1997). Intercultural communication: a key element in global strategies. In: Career Development International 2(6). MCB University Press, 278–292.

Stahl, Günter K; Björkmann, Ingmar [Eds.] (2006). Handbook of Research in international Human Resource Management. Edward Elgar Publishing Ltd. Camberly.

Stemplinger, Michaela; Haase, Sandra; Thomas, Alexander (2005). Beruflich in der Slowakei. Trainingsprogramm für Manager, Fach- und Führungskräfte. Vandenhoeck & Ruprecht. Göttingen.

Stockdale, Margaret S.; Crosby, Faye J. [Eds.] (2003). The Psychology and Management of Workplace Diversity. Blackwell Publishing. Oxford.

Storti, Craig (1994). Cross-Cultural Dialogues. 74 Brief Encounters with Cultural Difference. Intercultural Press. Yarmouth, ME.

Storti, Craig (1999). Figuring foreigners out. A practical guide. Intercultural Press. Boston.

Streicher, Martin (2006). Beyond Cultural Dimensions. Eine interkulturelle Studie in Zentral- und Osteuropa. Universität Graz.

Surowiecki, James (2004). The Wisdom of Crowds: Why the Many Are Smarter than the Few and How Collective Wisdom Shapes Business, Economies, Societies, and Nations. Doubleday. New York.

Süddeutsche Zeitung (2002). Souveränität wird vererbt. Eine neue Studie will erklären, warum Top-Führungskräfte fast nie aus Arbeiterfamilien stammen. 31.8./1.9.2002.

Szalay, Györgyi (2002). Arbeit und Kommunikation in deutsch-ungarischen Teams. In: inter culture journal: online-Zeitschrift für Interkulturelle Studien. Ausgabe 1/2002: www.interculture-journal.com, September 2006.

Tannen, Deborah (1989). Talking Voices: repetition, dialogue and imagery in conversational discourse. Cambridge University Press. Cambridge, MA.

Tannen, Deborah (1990). You Just Don't Understand: Women and Men in Conversation. William Morrow. New York.

Tannen, Deborah (1994). Talking from 9 to 5. Women and Men in the Workplace: Language, Sex and Power. Hearst. New York.

Teece, David J.; Pisano, Gary; Shuen, Amy (1997). Dynamic Capabilities and Strategic Management. In: Strategic Management Journal 18 (7), 509–533.

The Group of Lisbon (1996). Limits to Competition. MI Press. Cambridge, Mass.

Thomas, Alexander [Hrsg.] (1996). Psychologie interkulturellen Handelns. Hogrefe. Göttingen [u.a.].

Thomas, Alexander (2001). Interkulturelle Kompetenz in der internationalen wissenschaftlichen Zusammenarbeit. In: Fink Gerhard; Meierewert Sylvia [Hrsg.]: Interkulturelles Management. Österreichische Perspektiven. Springer-Verlag. Wien, 219–236.

Thomas, Alexander (2006). Die Bedeutung von Vorurteil und Stereotyp im interkulturellen Handeln. In: inter culture journal: online-Zeitschrift für Interkulturelle Studien. Jahrgang 5, Ausgabe 2, 3–20: www.interculture-journal.com, November 2006.

Thomas, Alexander; Kinast, Eva-Ulrike; Schroll-Machl, Sylvia (2000). Entwicklung interkultureller Handlungskompetenz von international tätigen Fach- und Führungskräften durch interkulturelle Trainings. In: Götz Klaus [Hrsg.]: Interkulturelles Lernen/Interkulturelles Training. Managementkonzepte, Band 8. Rainer Hampp Verlag. München, Mering, 97–124.

Thomas, Alexander; Hagemann, Katja; Stumpf, Siegfried (2003). Training interkultureller Kompetenz. In: Bergemann, Niels; Sourisseaux, Andreas L.J. [Hrsg.]: Interkulturelles Management. 3 Auflage. Springer-Verlag. Berlin, 237–272.

Thomas, Alexander; Scheuermeyer, Mona (2006). Beruflich in Kanada. Trainingsprogramm für Manager, Fach- und Führungskräfte. Vandenhoeck & Ruprecht. Göttingen.

Thurow, Lester C. (1996). Die Zukunft des Kapitalismus. Metropolitan Verlag. Düsseldorf, München.

Tichy, Noel M. (1995). Regieanweisung für Revolutionäre: Unternehmenswandel in drei Akten. Campus Verlag. Frankfurt am Main.

Toynbee, Arnold J. (1957). A Study of History. Oxford Univ. Press. Oxford.

Triandis, Harry C. (1995). Culture-Specific Assimilators. In: Fowler, Sandra M.; Mumford, Monica G. [Hrsg.]. Intercultural Sourcebook – Cross-Cultural Training Methods Vol.1. Intercultural Press. Yarmouth, 179–186.

Trimpop, Rüdiger; Meynhardt, Timo (2000). Interkulturelle Trainings und Einsätze: Psychische Kompetenzen und Wirkungsmessungen. In: Götz, Klaus [Hrsg.]: Interkulturelles Lernen/Interkulturelles Training. Managementkonzepte, Band 8. Rainer Hampp Verlag. München, Mering, 187–220.

Trompenaars, Fons; Hampden-Turner, Charles (1997). Riding the waves of Culture – Understanding Cultural Diversity in Business. Nicholas Brealey Publishing. London.

Tuckman, Bruce W. (1965). Developmental sequence in small groups. In: Psychological Bulletin 63, 384–399.

Tully, Shawn (1994). America's Best Wealth Creators. In: Fortune 12, November 28, 143–162.

Tung, Rosalie L. (1987). Expatriate Assignments: Enhancing Success and Minimizing Failure. In: Academy of Management Executive 1(2), 117–126.

UBS (2007). Internet: www.ubs.com/, Jänner 2007.

Ulrich, Peter (1977). Die Großunternehmung als quasi-öffentliche Institution. Eine politische Theorie der Unternehmung. Poeschel. Stuttgart.

Usunier, Jean-Claude (2000). Marketing Across Cultures. Prentice Hall Europe. Harlow.

Veblen, Thorstein (1934). The Intellectual Pre-Eminence of Jews in Modern Europe. In: Essays in our Changing Order. Edited by Leon Ardzrooni. Viking Press. New York, xviii, 472.

Vester, Frederic (1999). Unsere Welt – ein vernetztes System. dtv Deutscher Taschenbuchverlag. München.

Wallerstein, Immanuel, M. (1983). Historical Capitalism. Verso Publication. London.

Walther, Herbert (2006). Neoliberale Utopie und Wirklichkeit. Wirtschaft und Gesellschaft (1), 13–45.

Ward, Coleen; Bochner, Stephen; Furnham, Adrian (2001). The Psychology of Culture Shock, 2. Auflage. Routledge. Taylor & Francis Group. Oxford.

Watson, Warren E.; Kumar, Kamalesh; Michaelsen, Larry K. (1993). Cultural Diversity's Impact on Interaction Process and Performance: Comparing Homogeneous and Diverse Task Groups. In: Academy of Management Journal Vol 36(3), 590–602.

Watzlawick, Paul; Beavin, Janet H.; Jackson, Don D. (1969). Menschliche Kommunikation: Formen, Störungen, Paradoxien. Huber Verlag. Bern.

Weaver, Gary R. (1986). Understanding and Coping with Cross-Cultural Adjustment Stress. In: Paige, Michael R. [Ed.]: Cross-Cultural Orientation, New Conceptualizations and Applications. University Press of America. Lanham, MD.

Weaver, Gary R. (1993). Understanding and Coping with Cross-Cultural Adjustment Stress. In: Paige, Michael R. [Ed.]: Education for the Intercultural Experience. Intercultural Press. Yarmouth, ME, 137–167.

Weber, Renée ; Crocker, Jennifer (1983). Cognitive processes in the revision of stereotypic beliefs. In: Journal of Personality and Social Psychology 45(5), 961–977.

Weick, Karl E. (1995). Sensemaking in Organizations. Sage Publications. Thousand Oaks, CA et al.

Weinand, Frank (1999). Kulturbewußtes Personalmanagement. Europäische Hochschulschriften Reihe 5. Bd. 2561. Peter Lang. Frankfurt am Main.

Wever, Ulrich A. (1992). Unternehmenskultur in der Praxis. Erfahrungen eines Insiders bei zwei Spitzenunternehmen. Campus Verlag. 3. Auflage. Frankfurt am Main.

Wichterich, Christa (1998). Die Globalisierte Frau. Berichte aus der Zukunft der Ungleichheit. Rowolth Verlag. Reinbek bei Hamburg.

Wilson, Dominic; Purushothaman, Roopa (2003). Dreaming With BRICs: The Path to 2050. In: Global Economics Paper No: 99: http://www2.goldmansachs.com/insight/research/reports/99.pdf , November 2006.

Wiseman, John (1998). Global nation? Australia and the politics of globalization. Cambridge University Press. Melbourne.

Womack, James P.; Jones, Daniel T.; Roos, Daniel (1990). The Machine that changed the World. Macmilan. New York.

Zalucki, Michaela (2006). Eine Expedition durch den Dschungel der Kulturkonzepte. In: Grünhage-Monetti, Matilde [Hrsg.]: Interkulturelle Kompetenz in der Zuwanderungsgesellschaft. Fortbildungskonzepte für kommunale Verwaltungen und Migrantenorganisationen. Perspektive Praxis. W. Bertelsmann Verlag. Bielefeld, 19–27.

Zeutschel, Ulrich; Thomas, Alexander (1998). Zusammenarbeit in multikulturellen Teams. In: Barske, Heiko; Gerybadze, Alexander; Hünninghausen, Lars; Sommerlatte, Tom [Hrsg.]: Innovationsmanagement (Lose Blattsammlung). Symposion Publishing (Gabler Wirtschaftspraxis). Düsseldorf.

Zeutschel, Ulrich; Thomas, Alexander (1998). Zitiert nach Internet, www.innovation-aktuell.de/15960201.htm, November 2006.

Stichwortverzeichnis

A

Affektive Kulturen 102, 137
Akkulturationsstrategien 175, **183**, 184, 185
Alters- bzw. Generationenkultur 68
Ambiguitätstoleranz 137, **151**, 152, 193, 293
Artefakte VIII, 50, 52, 57, 58, 60, 71, 199,
    211, **213**, 214, 239

B

Basisannahmen 52, 57, 68, 197, **214**, 239

C

Chinese Family Business **237**
Clash of Cultures 30
Corporate Identity 223
Critical Incident 171, 185, 186, 187, 189, 296

D

Deep-level diversity 288
Diasporakulturen 66
Dichte Beschreibung 50
Diffuse Kulturen 103
Dimensionen 21, 64, 68, 74, 76, **85**, 88, 94,
    95, 98, 99, 107, 108, 109, 120, 123, 124,
    126, 137, 177, 191, 217, 218, 219, 237,
    257, 267, 289
    Hall & Hall 88
    Hofstede 95
    Kluckhohn & Strodtbeck 85
    Trompenaars & Hampden-Turner 99
Diskriminierung 147, 154, 162, 164, 235
Divergenz 158, **290**, 292, 293
Diversitätsmanagement 287, 288, 289, 290

E

Einfühlungsvermögen 138, 152, 193, 257
Emotionale Intelligenz 136
Empathie 73, 136, 137, 148, **152**, 153, 168
Empfänger 91, **270**
Entwicklungs- und Schwellenländer 6, 35
Equal Opportunity 289
Erfolgsfaktorenforschung 210, 303
Established Presence 256
Ethnie **61**, 63, 65
Ethnorelativismus 166, 168
Ethnozentrismus 77, 87, 137, 139, 166, 173,
    285
Expatriate Erfolg 256
Expatriierung 77, 241, 242, 258
    Auswahl 243
    Debriefing 252
    Einsatzphase 246
    Orientierungs- bzw. Vorbereitungsphase
      245
    Rekrutierung 243
    Rückkehrphase 252

F

Femininität **96**, 118, 121, 133
Fordismus 1, 26
Führungskonzepte 244
    ethnozentrisch 245
    geozentrisch 245
    polyzentrisch 245
    regiozentrisch 245

G

Gender Mainstreaming 289
Genre 114

Gesellschaftssystem 58, 61

Gesicht 115

Globale Unternehmen 23, **38**, 39, 281

Globalisierung VII, VIII, 1, 2, 3, 4, 5, 6, 7, 9,
   10, 11, 16, 17, 21, 22, 34, 35, 36, 44, 67,
   180, 296, 307, 308
   Triebkräfte 1, 7, 8, 13, 16, 34

Globalisierungsvorteile 36

Glokalisierung 5

GRID 108

GROUP 108

Gruppe 276

H

Harvard Verhandlungskonzept 259

Helden 54, **55**, 56, 68, 250, 293

High-Context **89**

Höflichkeits-Strategien 116

Hybridisierung 44

I

Identitätsverhärtung 139, 145

Identitätsverlust 139

Individualismus 85, **95**, 99, 101, 109, 121,
   129, 131, 133

Inner-directed Kulturen 106, 107, 121

Integrierte Leistungserstellung 35

Interkulturalität VII, 1, 41, 44, 176, 177

Interkulturelle Handlungskompetenz 148

Interkulturelle Kommunikation 265, 272, 306,
   309

Interkulturelle Kompetenz **135**, 137, 142,
   150, 242, 300, 305, 310, 312
   Profil 150

Interkulturelle Räume 40

Interkulturelle Werte-Kompetenz 145

Interkulturelles Bewusstsein **138**, 141

Interkulturelles Lernen 124, 125, 130, 172,
   296, 297, 300, 304, 306, 310, 311

Interkulturelles Training 174, 180, 296, 300,
   304, 306, 310, 311

Interkulturelles Verhandeln 259

Internationale Arbeitsteilung 5, 12, 35

Internationale Unternehmen **38**

Internationalisierungsstrategie 239

K

Kampf der Kulturen 1

Kollektivismus 85, 87, **95**, 109, 121, 126,
   129, 131, 133

Kommunikation 265
   Modelle 270
   non-verbal 272, 273, 274
   verbal 122, 268, 272, 273, 274

Kommunikationsaxiome 266

Kompetenz V, VIII, 3, 36, 103, 135, 136,
   137, 138, 140, 142, 144, 148, 152, 162,
   171, 174, 181, 183, 185, 199, 243, 246,
   275, 280, 283, 296, 302, 310
   Emotionale 137
   Fachkompetenz 136
   Fragebögen 191
   Individuelle 136
   Interkulturelle 191
   Internationale 136
   Kognitive 137
   Konative 137
   Soziale 136

Kontaktfreundigkeit 151

Kontext IX, 1, 22, 33, 40, 44, 58, 65, 77, 78,
   89, 90, 94, 106, 112, 113, 114, 117, 120,
   130, 137, 141, 144, 145, 146, 169, 200,
   202, 204, 205, 216, 217, 240, 263, 266,
   267, 270, 275, 277, 279, 282, 291
   High-Context 89, 90, 92, 121, 122, 125,
      133, 259, 263, 268
   Low-Context 75, 89, 90, 122, 133, 259,
      263, 268

Konvergenz VII, IX, 8, 9, 16, 21, 29, 30, 36,
   41, 287, 290, 291, 292, 293

Konvergenz der Lebensstile 16, 29, 41

Konzepta 56, 57

Korruption 129, 145

Kreative Generalisierungen 156, 165

Kreolisierung 44

Kritische Begebenheiten 74

Kultur
   egalitär 111
   fatalistisch 112
   Funktionen 48
   hierarchisch 110

individualistisch 111
  Professionelle 67
  Regionale 66
Kultur Eins 52, 53
Kultur Zwei 52, 53
Kulturassimilator 171, 178, **185**, 186
Kulturbegriff
  kognitive Anthropologie 49
  normativ bzw. behavioristisch 49
  symbolisch 49
Kulturelle Cluster 62
Kulturelle Distanz 159
Kulturelle Metapher 74
Kultureller Relativismus 45
Kulturelles Kapital 234, 235, 236
Kulturentwicklung IX, 221, 233, 240, 308
Kulturschock 74, 175, 248, **249**, 250, 251, 252, 253, 254, 255
  Adjustment 250
  Crisis 250
  Honeymoon Stage 250
  Recovery 250
Kulturstandards 45, 74, 77, 124, 126, 185, 186, 299, 305

L

Leistungsorientierte Kulturen 66, 103, 133
Lernen
  doppelschleifig 197
  einschleifig 197
Lokale Anpassung 36, 40
Lokalisierungsvorteile 36, 38
Low-Context **89**

M

Machtdistanz 76, 78, 85, **95**, 96, 109, 121, 126, 127, 129, 131, 202, 217, 218, 230, 259
Maskulinität **96**, 118, 121, 126, 130, 131, 133
Medium 266
Menschenpflichten 147
Menschenrechte 78, 147
Metanationale Unternehmung 39, 40, 195, 201
Monochrone Zeit 93

Multikulturalität VIII, **1**, 40, 43, 44, 64, 65, 282, 293
Multikulturelle Teams 276
  Nachteile 282
  Vorteile 281
Multinationale Unternehmen **38**, 201, 233
Muttergesellschaft 38, 201, 233, 245

N

Nationalstaaten 1, 2, 15, 16, 21, 22, 35, 63, 64, 65, 66
Neutrale Kulturen 102, 259
Non-verbale Ebene 266
Normen VIII, 14, 36, 45, 47, 50, 52, **55**, 56, 57, 58, 67, 68, 74, 77, 82, 95, 151, 163, 165, 178, 181, 183, 184, 186, 213, 214, 216, 225, 227, 291

O

Organisationale Subkultur 67
Organisationskultur 32, **67**, 202, 209, 210, 217, 221, 224, 236, 237, 239, 303, 308
Outer-directed Kulturen 106, 107

P

Paraverbale Ebene 266
Partikularismus 99, **100**, 121, 125, 129, 131
Perzepta 56, 57
Pflicht- und Akzeptanzwerte 146
Pionierphase 255
Polychrone Zeit 93
Postfordismus 1, 24, 26
Postmaterialistische Orientierung 146

R

Religion 10, 31, 33, 48, 56, 58, 62, 64, 66, 146, 227, 254, 264, 277
Reverse Culture Shock 252, 255
Rituale 47, 51, 54, 55, 56, 57, 68, 111, 229, 250, 264, 293

S

Selbsterfüllende Prophezeiung 164
Selektive Wahrnehmung 164
Sender 91, 270

Shareholder Value Orientierung 16, 26, 27,
    28
Skript 114
Sozial-ökologische Mindeststandards 145
Spezifische Kulturen 103
Sprache 23, 33, 43, 46, 47, 51, 55, 56, 57, 58,
    60, 61, 62, 63, 64, 66, 71, 85, 90, 91, 112,
    113, 115, 116, 121, 125, 153, 159, 168,
    175, 200, 213, 227, 234, 249, 250, 257,
    266, 268, 271, 273, 275, 277
Standortwettbewerb 16, 21, **23**
Stereotyp 64, 156, 158, 162, 163, 164, 165,
    167, 178, 180, 185, 310
    Direkte Autostereotype 158
    Entstehung 163
    Fremdstereotype 158
    Projizierte Autostereotype 158
strategische Kompetenz
    Strategische 136
Surface-level diversity 288
Symbole VII, 46, 47, 49, 51, 54, 55, 56, 65,
    68, 71, 77, 82, 88, 151, 183, 204, 206, 214,
    220, 223, 250, 293

T
Team 276
    bikulturell 277
    Entwicklungsstadien 277
    heterogen 280
    homogen 277, 280
    multikulturell 277
    Token 277
Thick Descriptions 74
Tochtergesellschaft 196, 201
Transkulturalität VIII, 44
Transnationale Unternehmen 1, 35, **38**, 39,
    40, 146, 195

U
Universalismus 27, 99, **100**, 125, 273
Unsicherheitsvermeidung 75, 76, **97**, 98, 109,
    121, 126, 127, 128, 129, 131, 133, 191,
    217, 218
Unternehmensethik 145, 222, 223, 302

Unternehmenskultur IX, 39, 52, 67, 181, **209**,
    210, 211, 212, 219, 220, 223, 225, 230,
    231, 232, 233, 236, 237, 288, 292, 298,
    307, 308, 312
Unternehmensphilosophie 221
Unvoreingenommenheit **151**

V
Verbale Ebene 266
Verhalten
    kulturgebunden 71
    personengebunden 71
    universell 71
Verhaltensflexibilität **151**, 193
Verhandlungsort 261, 263, 265
Verhandlungszeitpunkt 261
Vorurteil 162, 310

W
Wachstumsphase 255
Wandel der Kulturdimensionen 123
    Polen 130
    Slowakei 127
    Slowenien 126
    Tschechische Republik 128
    Ungarn 124
Weltethos 147, 303
Werte VIII, 22, 29, 31, 45, 47, 50, 51, 52, 54,
    55, 56, 58, 61, 66, 67, 68, 71, 74, 77, 81,
    82, 95, 96, 97, 100, 101, 106, 112, 125,
    126, 127, 128, 130, 137, **143**, 144, 145,
    146, 147, 148, 151, 166, 168, 176, 178,
    181, 183, 184, 186, 197, 200, 206, 207,
    211, 212, 213, 214, 215, 216, 220, 225,
    227, 229, 236, 237, 238, 239, 250, 264, 293
    Funktion 144
Werte-Imperialismus 112, 146
Werte-Relativismus 146
Wertschöpfungstiefe 24, 25, 35
Wissen V, 39, 40, 47, 49, 51, 71, 82, 89, 90,
    105, 135, 136, 137, 143, 145, 152, 153,
    158, 168, 172, 177, 178, 191, 195, 196,
    199, 200, 201, 202, 204, 205, 234, 237,
    252, 255, 263, 274, 277, 293, 295, 307
    explitites 199

implizites 199
Transformation 204
Translation 204
Wissensbasierte Wirtschaft 35
Wissenstransfer 201, 204
    Barrieren 201

Z

Zeitorientierung (Confucian Dynamism) 97
Zeitverständnis
    Hall & Hall 93, 133
    Hofstede 97

Kluckhohn & Strodtbeck 88
    Trompenaars & Hampden-Turner 105
Zielorientierung 151
Zivilisationen 30, 31, 32, 33, 34, **62**, 63
Zusammenprall der Kulturen 30
Zuschreibungsorientierte Kulturen 103, 133
Zwiebeldiagramm 54

www.ingramcontent.com/pod-product-compliance
Lightning Source LLC
Chambersburg PA
CBHW051928190326
41458CB00026B/6438

Grundriß
der Funktechnik

in gemeinverständlicher Darstellung

von

Dr. Franz Fuchs

Wissenschaftlicher Mitarbeiter am Deutschen Museum

24. verbesserte Auflage

Mit 340 Bildern

München und Berlin 1944
Verlag von R. Oldenbourg

Vorwort zur 20. Auflage.

Dieses Buch ist vor 21 Jahren aus Vorträgen über Funkentelegraphie entstanden, die ich während des Krieges an Funker und Flieger zu halten hatte. Es wurde als Hilfsbuch zum technischen Unterricht beim Heer und bei der Marine vorzugsweise verwendet. Nach dem Kriege hat es Rundfunkhörern und Funkfreunden zur Einführung in die Funktechnik gedient.

Entsprechend der stürmischen Entwicklung der Funktechnik mußte das Buch von Auflage zu Auflage ergänzt und umgearbeitet werden, wodurch mit der Zeit die Übersichtlichkeit etwas litt. Dies veranlaßte mich, die wichtigsten Teile des Buches vollständig neu zu schreiben; andere Kapitel wurden überarbeitet und neu gegliedert. Dem Lehrzwecke des Buches entsprechend wurde die Darstellung grundlegender physikalischer Vorgänge, dem neuesten Stande der Funktechnik entsprechend, vertieft. So wurde die Arbeitsweise der Zwei- und Mehrpolröhren an Hand von Kennlinien und Rechenbeispielen eingehender dargestellt. Die Wirkungsweise des fremderregten Senders, die Schaltungen neuzeitlicher Empfänger und Verstärker, der Röhrenwellenmesser, die Richt- und Rundstrahlantennen, die neuen Antriebssysteme und Abstrahlvorrichtungen des Lautsprechers, die Funkpeilung sind aufgenommen worden. Trotz der vielfachen Ergänzungen und Erweiterungen ist es durch gründliche Ausmerzung alles Überholten (Funken-, Lichtbogen- und Maschinensender) gelungen, das Buch auf dem alten Umfang zu erhalten.

Da der drahtlosen Telephonie neben der Telegraphie ein immer größerer Raum zugemessen werden mußte, war auch eine Änderung des Titels notwendig.

Beim Entwurf der vielen neuen Zeichnungen und beim Lesen der Korrekturen wurde ich durch Herrn Karl Dirnagl bestens unterstützt, wofür ich ihm auch an dieser Stelle meinen Dank aussprechen möchte.

München, im Februar 1936.

Franz Fuchs.

1*

Inhalt.

A. Gleichstrom.

Seite

1. Spannung 11
2. Stromstärke 11
3. Leitungswiderstand . . . 12
4. Ohmsches Gesetz 12
5. Schaltung von Elementen . 13
6. Stromverzweigung . . . 14
   a) Spannungsteiler . . . 14
   b) Wheatstonesche Brücke . . 14
   c) Schaltung von Widerständen . 15
7. Wärmewirkung und elektrische Leistung 15
8. Chemische Wirkung 16
9. Theorie der Ionen und Elektronen 16
10. Akkumulator 17
    a) Blei-Akkumulator . . . 17
    b) Nickel-Eisen-Akkumulator . 18
11. Magnetische Kraftlinien . . . 18
12. Elektromagnetismus . . . 19
    a) Magnetfeld des Stromes . . 19
    b) Ablenkung der Magnetnadel . 19
    c) Stromspule 19
    d) Magnetische Feldstärke . . 20
13. Magnetische Induktion . . . 20
    a) Ringelektromagnet . . . 20
    b) Feldlinien und Induktionslinien . . 20
    c) Magnetisierungskurven . . 21
    d) Streuung (Stabelektromagnet) 23
14. Stromleiter im Magnetfeld . . 24
15. Induktion 24
    a) Grundversuch 24
    b) E.M.K. der Induktion . . 25
    c) Weitere Induktionsversuche . 25
    d) Wirbelströme 26
16. Funkeninduktor 26
17. Elektrische Meßinstrumente . . 27
    a) Dreheiseninstrumente . . 27
    b) Drehspulinstrumente . . 27
    c) Hitzdrahtinstrumente . . 28
    d) Eichung 28
18. Selbstinduktion (Induktivität) . . 29
    a) E.M.K. der Selbstinduktion . 29
    b) Induktionsfreie Wicklung . . 30

Seite

c) Schaltung von Selbstinduktionen 30
d) Berechnung von Selbstinduktionen 30
e) Messung von Selbstinduktionen 31

B. Wechselstrom.

19. Erzeugung, Periode, Frequenz, Phase 32
20. Wechselstrommaschinen . . . 34
    a) Wechselpoltype . . . 34
    b) Gleichpoltype 34
21. Gleichstrommaschine 35
22. Induktiver Widerstand (Drossel) . 36
23. Stromverdrängung 37
24. Kapazität 38
25. Kondensatoren 38
    a) Aufladung 38
    b) Kapazität 38
    c) Spannungsfestigkeit . . . 39
    d) Schaltung 39
26. Das elektrische Feld 39
27. Kapazitätsmessung 40
28. Kapazitiver Widerstand . . . 41
29. Induktivität und Kapazität im Wechselstromkreis 42
    a) Hintereinander geschaltet . . 42
    b) Parallelgeschaltet . . . 42
30. Drossel- und Kondensatorketten . 43
31. Transformatoren 44
    a) Kern- und Manteltransformator 44
    b) Unbelasteter Transformator . 45
    c) Belasteter Transformator . 46
    d) Verluste in Transformatoren und Drosseln 47
32. Mikrophon und Telephon . . 48
33. Mikrophone zur Senderbesprechung 49
    a) Reißmikrophon 49
    b) Kondensatormikrophon . . 50
    c) Bändchenmikrophon . . . 50

Seite

34. Lautsprecher-Antriebsysteme . . 51
   a) elektromagnetisch 51
   b) elektrodynamisch 52
   c) elektrostatisch 53
35. Lautsprecher-Abstrahlvorrichtun-
   gen 54
   a) Großflächenmembran . . . 54
   b) Schallwand 54
   c) Schalltrichter 55
   d) Rundstrahler (Pilz) . . . 55

**C. Elektrische Schwingungen
und Wellen.**

36. Geschlossener Schwingungskreis . 56
37. Nachweis der Schwingungen . . 57
38. Schwingungsdauer und Frequenz. 58
39. Dämpfung der Schwingungen. . 58
40. Aperiodische Entladung . . . 59
41. Dämpfungsursachen 59
   a) Stromwärme 60
   b) Dielektrische Verluste . . . 60
   c) Wirbelströme 61
   d) Strahlung 61
   e) Übergangswiderstände . . . 61
42. Offener Schwingungskreis (Dipol) 61
43. Elektrische Wellen. 62
   a) Nachweis 62
   b) Frequenz, Wellenlänge und
      Geschwindigkeit 62
   c) Mechanismus der Ausbreitung 63
44. Grund- und Oberschwingungen . 65
45. Verlängerung und Verkürzung
   der Welle eines Dipols . . . 65
   a) Verlängerung durch Endkapa-
      zitäten 65
   b) Verlängerung durch Spule. . 66
   c) Verkürzung durch Konden-
      sator 66
46. Spulen im Schwingungskreis . 67
   a) Zylinderspulen 67
   b) Kapazitätsarme Spulen. . 67
   c) Spulen mit schwachem Außen-
      feld; Kapselung. . . . 68
   d) Stetig veränderbare Spulen . 68
47. Kondensatoren im Schwingungskreis. 69
   a) Feste Kondensatoren . . . 69
   b) Drehkondensatoren . . . 70
   c) Trimmer 71
   d) Differentialkondensator . . 71
48. Elektrolytkondensator 71

Seite

D. Resonanz.

49. Mechanische Resonanz . . . 73
   a) von Stimmgabeln 73
   b) von Pendeln 73
   c) Zerlegung der Schwebung . 74
   d) Stoßerregung 74
50. Elektrische Resonanz in loser
   Kopplung 74
51. Kopplungsarten 75
   a) induktiv 75
   b) galvanisch 75
   c) kapazitiv 76
52. Wellen- oder Frequenzmesser . 76
   a) Aufbau 76
   b) Wellenmesser als Empfänger . 77
   c) Wellenmesser als Sender . . 77
53. Resonanzkurve und Dämpfungsmessung 78
54. Resonanz in enger Kopplung . . 79
   a) Kopplungswellen 79
   b) Stoßerregung 80
55. Eichung des Wellenmessers . . 80
56. Messung von Kapazität und Induktivität, Fluchtentafel . . . 81
   a) durch Zusammenschalten mit
      bekanntem C oder L . . . 82
   b) durch Ersatzschaltung . . . 83

E. Antennen.

57. Geerdete Antennen 85
   a) Eindrahtantenne 85
   b) T-Antenne 85
   c) Schirmantenne 86
   d) Reuse 86
   e) Behelfsantenne 86
58. Erdung und Gegengewicht . . 86
   a) Erdung eines Schiffes . . . 87
   b) Erdung im freien Gelände . 87
   c) Gegengewicht 87
   d) Erdungsschalter 87
   e) Abschirmung der Antennen-
      zuleitung 88
59. Dipolantennen 88
   a) in Grundschwingung . . . 88
   b) in harmonischer Schwingung . 89
   c) mit Speiseleitung 89
   d) mit verminderter Steilstrah-
      lung 90
   e) im Flugzeug und Luftschiff . 90
   f) Erdantennen 91

		Seite
60.	Richtstrahlantennen	91
	a) Vielfach Antenne	91
	b) Reflektor-Antenne	92
	c) Richtsendeanlage	92
61.	Rahmenantenne	93
	a) Aufbau	93
	b) Richtwirkung	93
	c) Seitenbestimmung durch Hilfsantenne	94
62.	Kapazität der Antenne	95
63.	Eigenwelle der Antenne	97
64.	Ausstrahlung der Sendeantenne	
	a) Effektivhöhe	97
	b) Dämpfung	99
	c) Widerstand	99
65.	Energieaufnahme der Empfangsantenne	101
66.	Verlust im Zwischenraum	102
	a) Absorption der Bodenwellen	103
	b) Ausbreitung und Absorption der Raumwellen	104
	c) Entstehung des Schwunds	106

F. Zweipolröhre.

		Seite
67.	Entladung zwischen kalten Polen	107
68.	Erklärung des Entladungsvorganges	108
69.	Entladung zwischen einem kalten und einem glühenden Pol	110
	a) Nachweis des Anodenstromes	110
	b) Emission der Kathode	111
	c) Kathodenheizung	112
	d) Anodenstrom und -spannung	113
	e) Emission bei schlechtem Vakuum	114

G. Drei- und Mehrpolröhren.

		Seite
70.	Dreipolröhre	116
	a) Aufbau	116
	b) Stromkreise	116
71.	Röhrenkennlinien	117
	a) Aufnahme der Kennlinie für den Anodenstrom	117
	b) Zusammenhang der Kennlinien	118
	c) Kennlinie für den Gitterstrom	118
	d) Steilheit (S)	119
	e) Durchgriff (D)	119
	f) Innnenwiderstand (R_i)	121
	g) Beziehung zwischen S, D und R_i	121
	h) Arbeitskennlinie	122
72.	Röhre als Verstärker	123
	a) Stromverstärkung	123

		Seite
	b) Spannungsverstärkung	124
	c) Leistungsverstärkung	125
73.	Mehrpolröhren	126
	a) Anodenrückwirkung	126
	b) Schirmgitter	127
	c) Bremsgitter	127
	d) Fünfpolröhre	128
	e) Sechspolröhre	128
	f) Achtpolröhre	129
	g) Sechspol-Dreipolröhre	130
	h) Stahlröhren	130

H. Netzanschluß.

		Seite
74.	Gleichrichter	131
	a) Röhrengleichrichter	131
	b) Glimmlichtgleichrichter	132
	c) Kupferoxydgleichrichter	133
	d) Selengleichrichter	134
75.	Schaltung der Netzgeräte	134
	a) Einwegschaltung	134
	b) Doppelwegschaltung	134
	c) Siebkette	135
	d) Spannungsversorgung bei Mehrröhrengeräten	135
76.	Heizschaltung der Röhren	136
	a) Wechselstromheizung	136
	b) Gleichstromheizung	137
	c) Allstromheizung	137

I. Röhrensender.

		Seite
77.	Röhre als Schwingungserzeuger	
	a) Meißner Rückkopplung	138
	b) Weitere Rückkopplungsschaltungen	140
	c) Dynatronschaltung	141
78.	Schwingungssteuerung durch Kristalle	141
	a) Schwingender Quarz	141
	b) Kristallgesteuerte Röhrenschwingungen	142
	c) Frequenzkontrolle durch Kristalle	143
	d) Frequenzverdopplung	143
79.	Schwingungen 1. und 2. Art	144
80.	Wirkungsgrad des Röhrensenders	146
	a) Energieumformung	146
	b) Berechnung des Wirkungsgrades	147
	c) Über- und unterspannter Zustand	148
	d) Einfluß der Arbeitsweise der Röhre	148
	e) Graphische Veranschaulichung	149

Seite

81. Die Schwingungsarten des Senders 150
82. Modulationsschaltungen . . . 152
   a) durch Mikrophon in der An-
     tenne 152
   b) Gitterspannungsmodulation . 153
   c) Gittergleichstrommodulation . 153
   d) Anodenspannungsmodulation . 154
83. Frequenzmessungen am Sender . 154
   a) durch Energieentzug . . . 154
   b) durch Überlagerung mit einem
     Röhren-Meßkreis 154
84. Selbsterregter Telegraphiesender 156
85. Fremderregter Telephoniesender . 158
86. Quarzgesteuerter Kurzwellensender 160
87. Rundfunksender 162

K. Empfangsgleichrichter.

88. Kristalldetektor 165
89. Röhre als Empfangs-Gleichrichter 166
   a) Zweipolröhre (Diode) . . . 166
   b) Anodengleichrichter . . . 167
   c) Gittergleichrichter (Audion) . 167
90. Audion mit Rückkopplung . . 169
   a) Wirkung der Rückkopplung . 169
   b) Regelung der Rückkopplung . 170

L. Verstärkerschaltungen.

91. NF-Verstärker 173
   a) Spannungsverstärker . . . 173
   b) Endverstärker 175
   c) Fünfpolendröhre 176
   d) Gegentaktverstärker. . . 177
   e) B-Verstärker 178
92. HF-Verstärker 179
   a) Schädliche Kapazitäten und
     Kopplungen 179
   b) Nicht abgestimmte und abge-
     stimmte HF-Verstärkung . . 180

Seite

   c) Sperrkreiskopplung . . . 181
   d) Trennschärfe und Verstärkung 182
   e) Bandfilter 183
93. Verzerrung und Entzerrung . . 184
   a) Frequenzverzerrung . . . 184
   b) Formverzerrung 186
   c) Klirrfaktor 186

M. Empfänger.

94. Detektorempfänger 188
   a) Einkreisempfänger 188
   b) Zweikreisempfänger . . . 188
95. Einkreis-Zweiröhrenempfänger . 190
96. Zweikreis-Dreiröhrenempfänger . 191
97. Überlagerungsempfänger . . . 192
   a) Telegraphieempfang . . . 192
   b) Telephonieempfang . . . 193
98. Selbsttätige Schwundregelung . 195
   a) Regelröhre 195
   b) Regelschaltung 196
99. Vierröhrensuper 196
100. Kurzwellenempfänger 198
   a) Aufbau 198
   b) Bandabstimmung 198
   c) Schaltung 200
101. Empfänger-Eichungen 201
   a) mit Wellenmesser in Summer-
     schaltung 201
   b) mit Absorptionskreis . . . 202
   c) durch Überlagerung mit Rund-
     funkwellen 202
   d) durch Überlagerung mit Röh-
     ren-Meßkreis 203
102. Funkpeilung 203
   a) Fremdpeilung 203
   b) Eigenpeilung 204
   c) Mischpeilung 205
   d) Tastpeiler 206

Funktechnische Schaltzeichen.

	Galvanisches Element
	Gleichstrommaschine
	Wechselstrommaschine (Niederfrequenz)
	Wechselstrommaschine (Hochfrequenz)
	Meßgerät A = Ampere, V = Voltmeter
	Fester ⎫ Drahtwider- / Regelbarer ⎭ stand
	Nichtmetallischer ⎫ Wider- / Induktionsfreier ⎭ stand
	Feste ⎫ Selbstinduk- / Angezapfte ⎭ tionsspule
	Kerndrossel
	Kerntransformator
	Lufttransformator
a fester / b regelbarer ⎭ Kondensator	
a Kreuzung ⎫ von Lei- / b Verbindung ⎭ tungen	

	Differentialkondensator
	Mikrophon
	Telephon u. Lautsprecher
	Detektor
	Zweipolröhre (Einweggleichrichter)
	Doppelzweipolröhre (Doppelweggleichrichter)
	Dreipolröhre
	Fünfpolröhre (Pentode)
	Einpoliger ⎧ Ausschalter ⎩ Umschalter
	Taster
	Sicherung
	Glühlampe
a Offene / b Rahmen- ⎭ Antenne	
α ⎓ b ⎓	a Erdung / b Gegengewicht

Abkürzungen.

Formelzeichen.

U Spannung
J Stromstärke
R Widerstand
ϱ (spr. roh) spezifischer Widerstand
W Energie
N Leistung
Q Elektrizitätsmenge
C Kapazität
ε (spr. epsilon) Dielektrizitätskonstante
𝔈 Elektr. Feldstärke
𝔥 Magnet. Feldstärke
Φ (spr. Phi) Induktionsfluß
μ (spr. müh) magnet. Permeabilität
L Induktivität
M Gegeninduktivität
η (spr. äta) Wirkungsgrad
λ (spr. lambda) Wellenlänge
f Frequenz
ω (spr. omega) Kreisfrequenz
T Schwingungsdauer
d Dämpfungsdekrement
φ (spr. phi) Phasenwinkel
c Fortpflanzungsgeschwindigkeit der elektr. Wellen

s Sekunde
δ (spr. delta) Verlustwinkel
π (spr. pi) Kreiskonstante $= 3,14 \ldots$
e Basis des natürl. Logarithmensystems $= 2,71 \ldots$

Elektrische Maßeinheiten.

A Ampere
V Volt
Ω, (spr. omega) Ohm
W Watt
F Farad
Hy Henry
Hz Hertz

Zehner-Potenzen.

1 Megohm (MΩ) $= 10^6 \, \Omega = 1\,000\,000 \, \Omega$

1 Kilowatt (kW) $= 10^3 \, W = 1000 \, W$

1 Milliampere (mA) $= \dfrac{1}{10^3} \, A = \dfrac{1}{1000} \, A$

1 Mikrovolt (μV) $= \dfrac{1}{10^6} \, V = \dfrac{1}{1000000} \, V$

1 Picofarad (pF) $= \dfrac{1}{10^{12}} \, F$

$\qquad = \dfrac{1}{1\,000\,000\,000\,000} \, F$

A. Der Gleichstrom und seine Wirkungen.

Stellt man Zink und Kohle in eine Salzlösung, so wird das Zink negativ, die Kohle positiv elektrisch. Beide Platten zeigen eine Spannung, welche durch die an den Berührungsflächen der Platten und der Flüssigkeit wirkende elektromotorische Kraft (E.M.K.) hervorgerufen wird. Die Spannung des Zink-Kohleelementes beträgt je nach der verwendeten Flüssigkeit 1...1,5 Volt.

Bei den Trockenelementen der Taschenlampen- und Anodenbatterien steht in einem Zinkzylinder ein Kohlestab, der von einer mit Salmiaklösung angefeuchteten Gallertmasse umhüllt ist. Ein frisches Trockenelement hat 1,5 V Spannung.

Verbindet man die Enden der beiden Platten, die Pole des Elementes, durch einen Kupferdraht, so fließt infolge der Spannung ein dauernder Strom von Elektrizität, ein Gleichstrom durch den Draht.

In der Technik nimmt man die Stromrichtung als vom positiven zum negativen Pol gehend an. Die Stärke des Stromes entspricht der in der Sekunde durch den Draht fließenden Elektrizitätsmenge. Sie läßt sich beim Durchgang des Stromes durch eine Salzlösung bestimmen, da mit der Elektrizität eine bestimmte Menge des durch den Strom zersetzten Salzes wandert und an den Zuleitungsdrähten ausgeschieden wird. So scheidet z. B. ein Strom von 1 Ampere in der Minute aus einer Kupfervitriollösung 19,8 mg Kupfer, aus einer Silberlösung 67 mg Silber aus.

Jeder Draht setzt dem Strom einen Widerstand entgegen, der in Ohm gemessen wird. 1 Ω

1. Spannung des offenen Elementes
Maßeinheit: Volt (V)
1 Millivolt (mV) = 0,001 V
1 Mikrovolt (μV) = 0,000 001 V

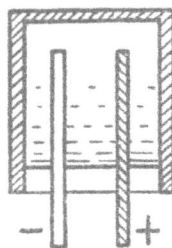

2. Stromstärke des geschlossenen Elementes
Maßeinheit: Ampere (A)
1 Milliampere (mA) = 0,001 A

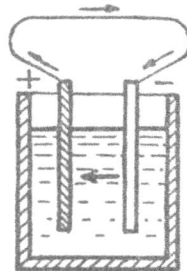

**3. Elektrischer Leitungs-
widerstand**
Maßeinheit: Ohm (Ω)
1 Million Ω = 1 Megohm
($M\Omega$)

$$R = \varrho \times \frac{l}{F}$$

Spezif. Widerstand:
Silber 0,016
Kupfer 0,017
Aluminium 0,029
Eisen . . . . . 0,09—0,15
Konstantan 0.49
Nickelin 0,42
Kohle 50

Beispiel: Der Widerstand
von 60 m Kupferdraht von
1 mm² Querschnitt ist:
$R = 0,017 \cdot 60\,\Omega$
$= 1,02\,\Omega$

4. Ohmsches Gesetz

$$I_{Ampere} = \frac{U\,(Volt)}{R\,(Ohm)}$$

$$R_{Ohm} = \frac{U\,(Volt)}{I\,(Ampere)}$$

$$U_{Volt} = I_{Ampere} \times R_{Ohm}$$

ist der Widerstand einer Drahtspule (z. B. von 45 m Kupferdraht von 1 mm Stärke), in welcher beim Anlegen einer Spannung von 1 V ein Strom von 1 A fließt. Ist die Länge eines Drahtes l m, der Querschnitt F mm², der spezifische elektrische Widerstand (d. i. der Widerstand eines Drahtstückes von 1 m Länge und 1 mm² Querschnitt) $= \varrho$, so ist der Widerstand R des Drahtes:

Flüssigkeiten bieten dem Strom einen bedeutend größeren Widerstand. Er ist z. B. für 5 prozentige Schwefelsäure 1000 mal so groß wie für Kohle.

Der Widerstand von Drähten aus reinem Metall nimmt mit der Temperatur zu, und zwar für je 10⁰ bei Eisen um 6⁰/₀, bei Kupfer um 4⁰/₀. Der Widerstand der Kohle nimmt dagegen bei gleicher Temperaturzunahme um 0,2...0,3⁰/₀ ab. Der Metallfaden einer Glühlampe oder Elektronenröhre hat daher im kalten Zustand einen 6...8 mal geringeren Widerstand als beim Glühen. Dagegen bleibt der Widerstand bestimmter Legierungen, z. B. von Nickelin, Manganin, Konstantan, bei Temperaturänderung konstant. Derartige Drähte, die gleichzeitig einen hohen spezifischen Widerstand haben, werden daher hauptsächlich zu Vorwiderständen verwendet.

Anwendung: Langsames Anheizen von Senderöhren, Widerstandsthermometer.

I. Der durch einen Draht fließende Strom I ist um so größer, je größer die an den Enden des Drahtes angelegte Spannung U und je kleiner der Widerstand des Drahtes R ist.

II. Der Widerstand R eines Drahtes ist gleich dem Quotienten aus der angelegten Spannung U und der durchfließenden Stromstärke I.

III. Die Klemmspannung U an den Enden eines Drahtes R ist gleich dem Produkte aus der durchfließenden Stromstärke und dem Widerstand des Drahtstückes.

Rechenbeispiele:

1. Ein Akkumulator mit zwei Zellen (Spannung $U = 4$ V, innerer Widerstand $R_i = 0,04\,\Omega$) wird an eine Drahtspule $R_a = 7,96\,\Omega$ angeschlossen. Die in der Spule fließende Stromstärke J_1 ist dann:

$$I_1 = \frac{U}{R_a + R_i} = \frac{4\text{ V}}{8\,\Omega} = 0,5\text{ A}$$

2. Ein Akkumulator ($R_i = 0,06\,\Omega$) wird versehentlich durch einen dicken Kupferdraht von $R = 0,04\,\Omega$ „kurzgeschlossen", es entsteht die Stromstärke I_2.

$$I_2 = \frac{4\text{ V}}{0,1\,\Omega} = 40\text{ A}$$

Durch die bei Kurzschluß entstehenden hohen Stromstärken werden die Akkumulatorenplatten zerstört, weshalb „Kurzschluß" zu vermeiden ist.

3. An einen Verbrauchsapparat von 10 Ω Widerstand ist der obige 4-V-Akkumulator angeschlossen.

Wieviel Widerstand R_1 muß man vorschalten, damit 0,1 A durch den Verbrauchsapparat fließt? Man berechnet zunächst den Gesamtwiderstand R des Stromkreises; dieser ist:

$$R = \frac{U}{1} = \frac{4\text{ V}}{0,1\text{ A}} = 40\,\Omega$$

Dann ist der gesuchte Vorwiderstand:

$$R_1 = 40 - 10 = 30\,\Omega$$

4. An das 110-V-Gleichstromnetz soll eine Bogenlampe angeschlossen werden, die bei 40 V Spannung einen Strom von 20 A durchläßt. Man soll den zur Vernichtung von 70 V erforderlichen Vorschaltwiderstand berechnen. Es ist:

$$R = \frac{70\text{ V}}{20\text{ A}} = 3,5\,\Omega$$

5. Durch einen Widerstand $R_a = 100\,000\,\Omega$ fließt ein Strom von $I = 0,02$ mA. Wie groß ist der Spannungsabfall U vom Anfang zum Ende des Widerstandes?

$$U = I \cdot R_a$$
$$= \frac{0,02}{1000} \cdot 100\,000 = 2\text{ V}$$

a) Hintereinanderschaltung ist die Verbindung des negativen Poles des ersten Elementes mit dem positiven des zweiten, des negativen Poles des zweiten mit dem positiven des dritten Elementes usw. Die Spannungen der einzelnen Elemente addieren sich, jedoch vergrößert sich auch der innere Widerstand des Stromkreises. (Vorteilhaft, wenn äußerer Widerstand groß ist.)

b) Parallelschaltung ist die Verbindung aller positiven Pole einerseits und aller negativen

5. Schaltung von Elementen

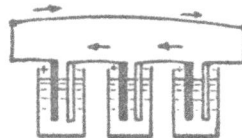

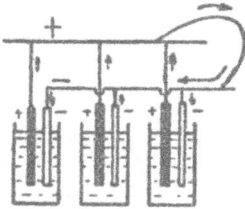

6. Stromverzweigung
(G. Kirchhoff)

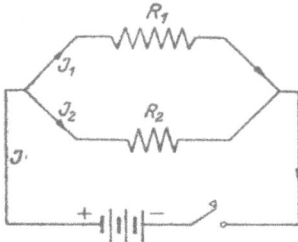

Es ist: $I = I_1 + I_2$

$$\frac{I_1}{I_2} = \frac{R_2}{R_1}.$$

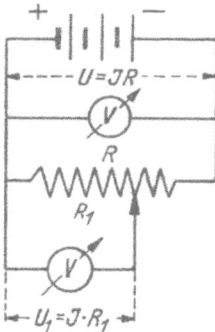

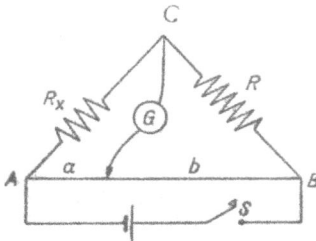

$$R_x = R \cdot \frac{a}{b}.$$

Pole andererseits. Sie läßt die Spannung auf der Höhe eines Elementes, verkleinert aber den inneren Widerstand. (Vorteilhaft, wenn der äußere Widerstand klein ist.)

An jedem Verzweigungspunkt ist die Summe der zufließenden Stromstärken gleich der Summe der abfließenden. In parallel geschalteten Zweigen verhalten sich die Stromstärken umgekehrt wie die Widerstände. An in Reihe geschalteten Widerständen verhalten sich die Spannungen wie die Widerstände.

a) Spannungsteiler. Die Pole eines Elementes werden durch einen hohen, mit Gleitkontakt versehenen Widerstand verbunden, durch welchen dauernd ein schwacher Strom fließt. Die Spannung des Elementes verteilt sich auf den gesamten Widerstand. Schließt man an zwei Punkten des Widerstandes, z. B. an das eine Ende desselben und an den Gleitkontakt an, so ist die abgezweigte Spannung um so kleiner, je kleiner der zwischen den Abzweigpunkten liegende Widerstand ist. Auf diese Weise kann man Spannungen äußerst fein einregeln. Wird der abgegriffene Widerstandszweig belastet, so ist zu berücksichtigen, daß durch ihn nicht nur der Dauerstrom I, sondern auch der zusätzliche Belastungsstrom fließt.

b) Die Wheatstonesche Brückenschaltung dient zur genauen Vergleichung und Messung von Widerständen. Der Strom eines Elementes E kann sowohl über einen dünnen Meßdraht AB wie auch über die zusammengeschalteten Widerstände R_x und R fließen. Von dem Anschlußpunkte C zwischen den beiden Widerständen läuft nach einem auf dem Meßdraht gleitenden Kontakt K der sog. Brückendraht, der ein Galvanometer G enthält. Bei der Messung verschiebt man den Kontakt so lange, bis die Brücke stromlos ist. Dann folgt aus dem Kirchhoffschen Gesetz:

Bei der Messung von Flüssigkeitswiderständen muß man zur Verhinderung der elektrolytischen

Zersetzung rasch wechselnde Ströme, wie sie z. B. ein Induktor mit Hammerunterbrecher liefert, zuführen; in die Brücke wird dann statt eines Galvanometers ein Telephon eingeschaltet.

c) Schaltung von Widerständen. Schaltet man zwei Widerstände R_1 und R_2 hintereinander, so ist der Gesamtwiderstand:

$$R = R_1 + R_2$$

Ist R_1 groß, R_2 klein, so kommt bei Hintereinanderschaltung hauptsächlich der größere Widerstand in Betracht. Wenn man die Widerstände parallel schaltet, dann berechnet sich der Gesamtwiderstand wie folgt:

$$\frac{1}{R} = \frac{1}{R_1} + \frac{1}{R_2}$$

$$R = \frac{R_1 R_2}{R_1 + R_2}$$

Wenn jetzt R_1 groß und R_2 klein ist, so ist für den Gesamtwiderstand der kleine Widerstand ausschlaggebend.

z. B. $R_1 = 100\ \Omega$, $R_2 = 1\ \Omega$

Anwendung: Berechnung von Nebenschlüssen für Meßinstrumente.

$$R = \frac{100 \cdot 1}{101} = 0,99\ \Omega$$

Der elektrische Strom ruft an jedem Punkte seiner Bahn durch die Reibung der Elektronen an den Metall-Ionen Wärme hervor. Die in der Sekunde erzeugte Wärmemenge wächst mit dem Quadrat der Stromstärke I^2 und dem Widerstand R des durchflossenen Drahtstückes, d. h. mit der verbrauchten Leistung N, die in Watt gemessen wird.

7. Wärmewirkung und Leistung des Stromes
Maßeinheit: Watt (W)
1000 W = 1 Kilowatt (kW)

Nach dem Ohmschen Gesetz läßt sich $I^2 \cdot R$ umformen in:
d. h. die Leistung des Stromes ist gleich dem Produkt Stromstärke mal Spannung und wird in Voltampere oder Watt gemessen. Die Wattzahl findet sich auf jedem Verbraucher (Glühlampe, Heizkörper, Röhre) neben der Spannung angegeben.

$$N = I \cdot R \times I$$
$$= U \times I$$

$$1\ W = 1\ V \times 1\ A$$

Zur Leistungsmessung braucht man also ein Volt- und ein Amperemeter oder ein Wattmeter, deren Schaltung umstehend angegeben ist.

An die Gleichstrommaschine M von 110 V sind zwei Glühlampen angeschlossen; es soll die Spannung, die durchgehende Stromstärke und der Wattverbrauch der Lampen gemessen werden.

Das Amperemeter A ist in den Hauptstromkreis geschaltet, das Voltmeter V mit seinem hohen

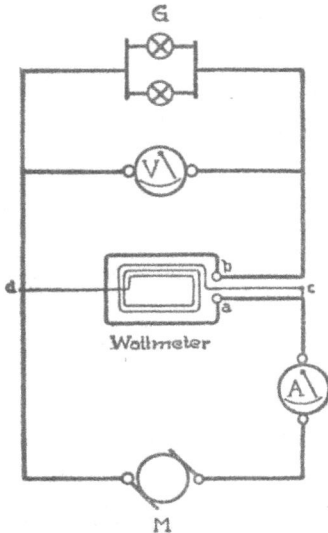

1 kW = 1,36 PS
1 PS = 0,736 kW
$A = N \cdot t$

8. Chemische Wirkung
(Elektrolyse)

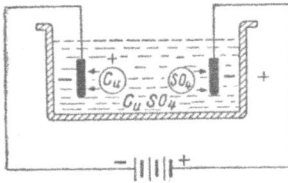

9. Die Theorie der Ionen
und Elektronen

Widerstand befindet sich im Nebenschluß, das Wattmeter liegt mit seiner festen Stromspule *a b* im Hauptstromkreis, mit seiner beweglichen Spannungsspule *c d* im Nebenschluß. Zeigt das Voltmeter 110 V, das Amperemeter 0,5 A an, so steht das Wattmeter auf 55 W.

Kostet die Kilowattstunde 50 Pf., so kostet das zehnstündige Brennen der beiden Lampen:

$$\frac{55 \cdot 10 \cdot 50}{1000} = 27{,}5 \text{ Pfennig}.$$

Zur Umrechnung der elektrisch in Kilowatt gemessenen Leistung in die mechanisch in Pferdestärken (PS) gemessene Leistung, dient die Beziehung:

Die in der Stunde verrichtete Arbeit *A* des elektrischen Stromes ist die Kilowattstunde (kWh). Sie wird durch den Elektrizitätszähler gemessen.

Schickt man den elektrischen Strom durch eine Salzlösung (z. B. Kupfervitriol), so findet an den Zuleitungsdrähten (Polen) eine ch e m i s ch e Z e r s e t z u n g der betreffenden Lösung statt. Dabei scheidet sich am n e g a t i v e n Pol das M e t a l l (z. B. Kupfer), am positiven der Säurerest des Salzes ab.

Taucht man die zwei Zuleitungsdrähte eines Elementes in Brunnenwasser, so zeigt sich am negativen Pole eine lebhafte Gasentwicklung (Wasserstoff), während am positiven Pole nur geringe Gasbildung (Sauerstoff) zu beobachten ist. Dies ist e i n M i t t e l, um die Pole einer Stromquelle, z. B. d e r N e t z l e i t u n g, zu ermitteln.

A n w e n d u n g e n : galvanische Vernickelung, Versilberung usw., Akkumulator, elektrolytischer Kondensator, Polprüfpapier.

Zur Erklärung dieses Vorganges nimmt man an, daß die Elektrizität aus einzelnen Teilchen besteht, welche in Flüssigkeiten mit den chemischen Atomen verbunden sind. Die geladenen Atome, die Ionen, wandern in der Flüssigkeit nach den Polen entgegengesetzten Vorzeichens, wo sie ihre

Ladung abgeben und als neutrale chemische Atome in Erscheinung treten. In Flüssigkeiten benützt also die Elektrizität die materiellen Atome als Träger. In metallischen Leitern dagegen bewegen sich die Elektrizitätsteilchen ohne materiellen Träger, und zwar sind diese „Elektronen" negativ elektrisch. Die Masse eines Elektrons ist 1800 mal kleiner als die des Wasserstoffatoms.

In einem Draht befinden sich zwischen den raumgitterförmig angeordneten positiven Metallionen zahlreiche leichtbewegliche Elektronen, die sich beim Anlegen einer Spannung zum positiven Drahtende bewegen. Die Richtung des Elektronenstromes ist also der „technischen Stromrichtung" (S. 11), die man aus historischen Gründen beibehalten hat, gerade entgegengesetzt.

Die Elektronen bilden zugleich die wichtigsten Bausteine des chemischen Atoms, indem um den positiven Kern, der die Masse des Atoms enthält, gerade so viele Elektronen kreisen, daß das System nach außen neutral wirkt. Verliert ein neutrales Atom, etwa durch Stoß, ein Elektron, so entsteht ein positives Ion; schließt sich ein Elektron einem neutralen Atom an, so bildet sich ein negatives Ion. Die Ionen bilden sich durch verschiedene Mittel in Flüssigkeiten und Gasen, wo sie die Elektrizitätsleitung ermöglichen.

Sauerstoffatom

a) Der Bleiakkumulator besteht aus zwei in verdünnte Schwefelsäure getauchten Bleiplatten A und B, die sich mit einer dünnen Schicht von Bleisulfat überziehen. Schickt man den Strom einer Batterie E von der Platte A durch die Schwefelsäure zur Platte B, so verwandelt sich durch die Zersetzung der Schwefelsäure das Bleisulfat an der positiven Platte A in braunes Bleisuperoxyd, an der negativen Platte B in graues, schwammiges Blei. Unter starker Gasentwicklung zeigen beide Platten schließlich eine Spannung von ca. 2,7 V, worauf der Ladestrom abgeschaltet wird. Ver-

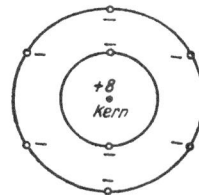

10. Akkumulator

Ladung[1])
+ Platte:
$Pb SO_4 + SO_4'' + 2 H_2O =$
$Pb O_2 + 2 H_2SO_4$
—Platte:
$Pb SO_4 + H_2'' =$
$Pb + H_2SO_4$

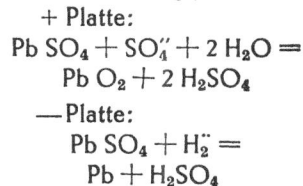

[1]) $H_2'' =$ positives zweiwertiges H Ion.
$SO_4'' =$ negatives zweiwertiges SO_4 Ion.

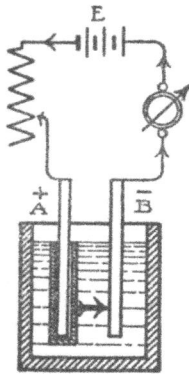

Entladung
+ Platte:
$$Pb\,O_2 + H_2SO_4 + H_2^{\cdot\cdot} =$$
$$Pb\,SO_4 + 2\,H_2O$$
—Platte:
$$Pb + SO_4'' = Pb\,SO_4$$

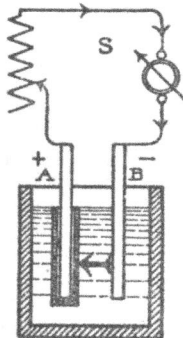

11. Magnetische Kraftlinien

bindet man nunmehr die beiden Platten durch einen Schließungsdraht S, so fließt ein Strom von der Platte A zur Platte B. Dieser Entladungsstrom ist von entgegengesetzter Richtung wie der Ladestrom und bildet das Bleisuperoxyd und das Blei wieder in Bleisulfat zurück. Die Spannung stellt sich im Betrieb auf 2 V ein; sinkt sie auf 1,8 V, so muß der Akkumulator frisch geladen werden.

b) Beim Nickel-Eisenakkumulator stehen zwei dünne mit Röhren oder Taschen versehene Stahlblechgitter, von denen das eine mit Eisenoxyd, das andere mit Nickeloxyd gefüllt ist, in Kalilauge. Beim Laden bildet sich Nickelsuperoxyd und Eisen, es entsteht ein Spannungsunterschied von 1,2 V.

c) Das Laden eines Akkumulators erfolgt am einfachsten durch Anschluß an die Lichtleitung (Gleichstrom) unter Vorschaltung von Widerständen oder Glühlampen. Zur Berechnung des für die vorgeschriebene Ladestromstärke geeigneten Lampenwiderstandes beachte man, daß bei 220 V eine Metallfadenlampe von 25, 40, 60, 75 und 100 W 0,11, 0,18, 0,27, 0,34 und 0,45 A braucht. Bei 110 V Spannung geht der doppelte Strom durch die Lampen.

d) Die Amperestundenzahl. Der einem Akkumulator bei der Entladung zu entnehmende Höchststrom ist durch die Oberfläche und Zahl der Platten bestimmt; er darf nur eine bestimmte Anzahl von Stunden, nämlich bis zur Entladung entnommen werden. Die Aufnahmefähigkeit des Akkumulators ist bestimmt durch die Elektrizitätsmenge = dem Produkt: Höchststrom mal Entladungszeit und wird in Amperestunden (Ah) gemessen. Entnimmt man dem Akkumulator einen kleineren Strom, so kann die Entladungszeit entsprechend länger dauern.

Bedeckt man einen Magneten mit einem Blatt Papier und streut Eisenfeilspäne darauf, so ordnen sich die regellos auffallenden Späne in Richtung der magnetischen Kraftlinien an. Beim Stabmagneten treten die Kraftlinien vom Nordpol aus, gehen in krummen Linien zum Südpol über und schließen sich im Innern des Magneten. Am dichtesten sind die Kraftlinien an den Polen, wo auch die Stärke des Feldes am größten ist.

Bringt man ein Stück weiches Eisen vor die Pole eines Hufeisenmagneten, so wird es durch Gleichrichtung der das Eisen zusammensetzenden Molekularmagnete selbst magnetisch. Dem Nordpol des Magneten gegenüber bildet sich ein Südpol, dem Südpol gegenüber ein Nordpol aus. Die magnetisierten Enden des Ankers senden selbst Kraftlinien aus und verstärken das magnetische Kraftfeld. Die Kraftlinien werden um so dichter, je näher das Eisen dem Magneten gebracht wird. Liegt der Anker unmittelbar auf den Polen, so gehen fast alle Kraftlinien innerhalb des Ankers über, wir erhalten einen geschlossenen Magneten.

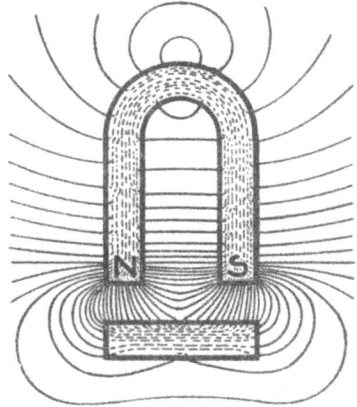

12. Elektromagnetismus

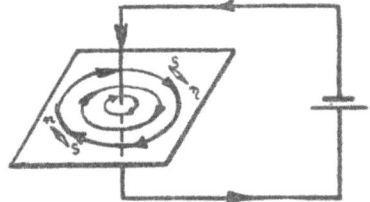

a) Das Magnetfeld des Stromes. Jeder stromdurchflossene Draht erzeugt ein magnetisches Feld, in welchem sich eine Magnetnadel senkrecht zur Stromrichtung zu stellen sucht. Die magnetischen Kraftlinien sind konzentrische Kreise, die senkrecht zur Strombahn stehen. Ein Korkzieher, der sich im Sinne der Kraftlinien dreht, verschiebt sich in der Richtung des Stromes. (Korkzieherregel.)

b) Die Ablenkung der Magnetnadel. Führt man einen Stromleiter waagrecht über eine Magnetnadel, so wird diese abgelenkt nach der Ampereschen Schwimmerregel: Für eine mit dem Strome schwimmende Figur, welche die Magnetnadel ansieht, schlägt der Nordpol nach der linken Seite aus.

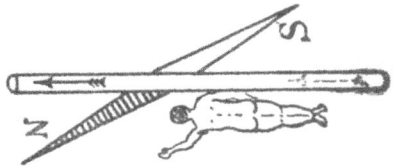

Auch die magnetischen Kraftlinien eines Stromleiters kann man durch Eisenfeilspäne auf Papier sichtbar machen. In der Ebene des Drahtes ordnen sich die Späne zu kurzen Querlinien, senkrecht zum Draht in konzentrischen Kreisen an.

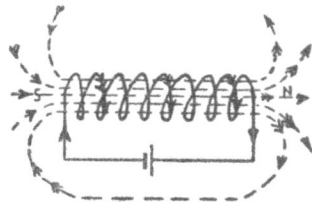

c) Die Stromspule. Eine in engen Windungen gewickelte Spule erzeugt ein Kraftfeld,

2*

das dem eines Stabmagneten entspricht. An den beiden Enden, den Polen, treten die Kraftlinien büschelförmig aus bzw. ein.

d) **Die magnetische Feldstärke** $\mathfrak{H}$ einer Spule wird gemessen durch die Amperewindungszahl je cm Länge, $\left(\dfrac{Aw}{cm}\right)$ das ist das Produkt aus Stromstärke I und der auf den cm der Spulenlänge l treffenden Windungszahl W. Es ist:

$$\mathfrak{H} = \frac{I \cdot W}{l} \; \frac{Aw}{cm}$$

Hohe Feldstärken werden durch große Stromstärken und hohe Windungszahlen erzeugt.

Neben der Amperewindungszahl ist als Maß der Feldstärke das „Orsted" in Gebrauch. Es ist:

$$1 \, \frac{Aw}{cm} = 1{,}256 \; \text{Orsted}$$

Beträgt der Querschnitt der Spule F cm², so ist der gesamte Kraftfluß:

$$\Phi = F \cdot \mathfrak{H}$$

z. B. Toroid
$$W = 800, \quad I = 0{,}5 \, A$$
$$l = 31{,}4, \quad F = 5 \, \text{cm}^2$$
$$\mathfrak{H} = \frac{1{,}256 \cdot 800 \cdot 0{,}5}{31{,}4}$$
$$= 16 \; \text{Orsted}$$
$$\Phi = 5 \cdot 16 = 80$$

Die so berechnete Feldstärke herrscht bei einer Zylinderspule nur in der Mitte der Spule, sie nimmt infolge der Streuung der Kraftlinien nach den Enden zu etwa auf die Hälfte ab.

Biegt man jedoch eine dicht gewickelte Drahtspule zu einem Ring (Toroid) zusammen, so findet keine Streuung statt. Die Kraftlinien laufen kreisförmig im Innern des Ringes, die Feldstärke ist an jedem Punkt gleich groß. (Spule mit geringem Außenfeld.)

13. Die magnetische Induktion

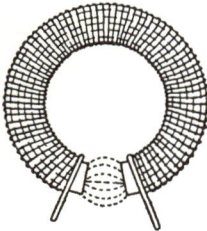

a) **Der Ring-Elektromagnet.** Wickelt man einen Draht über einen Ring aus weichem Eisen, so steigt bei gleicher Erregung die Kraftliniendichte im Innern des Kernes auf das 2000…10 000-fache. Diese Steigerung der Kraftlinienzahl entsteht dadurch, daß die von Strömen umflossenen Molekularmagnete des Eisens unter dem Zwange des magnetischen Feldes sich ausrichten und dadurch zu dem äußeren Feld des Stromes noch ein inneres Feld hinzufügen.

b) **Feldlinien und Induktionslinien.** Man unterscheidet die im Eisen induzierten Kraftlinien als „Induktionslinien" von den in der leeren Spule befindlichen „Feldlinien". Die Dichte der Induktionslinien ist:

$$\mathfrak{B} = \mu \mathfrak{H}$$

μ ist die magnetische Leitfähigkeit oder Permeabilität. Sie hängt von der Eisensorte und der Erregung ab. $\mathfrak{B}$, das Maß der magnetischen Induktion wird in Gauß gemessen.

Wird z. B. obiges Toroid auf einen Eisenring von der Permeabilität $\mu = 300$ gewickelt, so ist die magnetische Induktion:

$$\mathfrak{B} = 300 \cdot 16$$
$$= 4800 \text{ Gauß}$$

In Luft ist $\mu = 1$, also:

$$\mathfrak{B} = \mathfrak{H}$$

d. h. es besteht kein Unterschied zwischen den Feldlinien und Induktionslinien.

c) Die Magnetisierungskurve. Einen tieferen Einblick in die magnetischen Eigenschaften des Kernmaterials bietet die Magnetisierungskurve. Zu ihrer Aufnahme läßt man den Erregerstrom von Null an langsam ansteigen und wieder fallen und stellt die zu verschiedenen Stromwerten bzw. Amperewindungszahlen gehörige magnetische Induktion graphisch dar. Im allgemeinen verläuft die Magnetisierungskurve so, daß die magnetische Induktion $\mathfrak{B}$ mit zunehmender Erregung zuerst rasch und dann langsam ansteigt, bis die Sättigung, d. h. die Gleichrichtung aller Molekularmagnete erreicht ist. Geht man dann mit dem Magnetisierungsstrom auf Null zurück, dann verschwindet der Magnetismus des Eisens nicht ganz, weil nur ein Teil der Molekularmagnete in die ungeordnete Lage zurückkehren kann. Dieser zurückbleibende Magnetismus, die Remanenz, kann erst durch ein entgegengesetzt gerichtetes Feld bestimmter Stärke (die Koerzitivkraft) wieder aufgehoben werden.

Das unterschiedliche magnetische Verhalten von verschiedenen Eisen und Stählen ist durch umstehende Magnetisierungskurven veranschaulicht:

Kurve I. Weiches Eisen. Bei geringer Erregung von 1...5 $\frac{\text{Aw}}{\text{cm}}$ wird eine hohe magnetische Induktion (16000 Gauß) erreicht, die bei 150 $\frac{\text{Aw}}{\text{cm}}$ in die Sättigung (21500 G.) übergeht. Beim Zu-

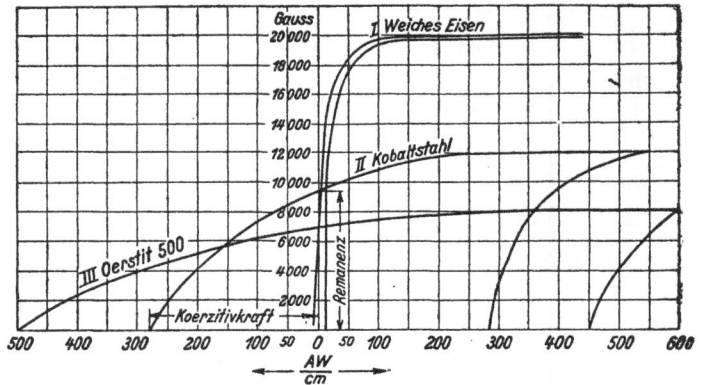

rückgehen des Erregerstromes auf Null sinkt die Induktion auf 7000 G. Die Remanenz ist sehr labil, denn sie kann nicht nur durch die geringe Koerzitivkraft von $0,5 \frac{Aw}{cm}$, sondern auch durch die stets vorhandenen schwachen gegenmagnetischen Felder vernichtet werden. Infolgedessen ist die wirklich zurückbleibende Induktion bedeutend kleiner als die Remanenz.

Bei Transformatorenblechen wurde durch Beimengung von Aluminium, Nickel, Kupfer usw. die Steilheit des Anstiegs der Magnetisierungskurven bei schwächster Erregung $(0,1...0,5 \frac{Aw}{cm})$ erhöht und gleichzeitig die Koerzitivkraft erniedrigt. Dadurch kann die magnetische Induktion der Erregung nahezu trägheitslos folgen; die Verluste durch Ummagnetisierung (Hysteresis) sind gering. Da die magnetische Leitfähigkeit nur im gradlinigen Teil der Magnetisierungskurve konstant ist, darf man z. B. mit Transformatorenblechen zur Vermeidung von Verzerrungen nur in diesem Gebiete arbeiten.

Kurve II. Kobaltstahl. Hier wird erst bei hoher Erregung $(300 \frac{Aw}{cm})$ eine merkliche magnetische Induktion und erst bei $550 \frac{Aw}{cm}$ die Sättigung (12000 G.) erreicht. Die Remanenz liegt etwas oberhalb derjenigen des Weicheisens (bei

9000 G.), dagegen ist die Koerzitivkraft etwa 400 mal größer (280 $\frac{Aw}{cm}$). Die wirklich zurückbleibende Induktion ist daher etwa 400 mal größer als die des Weicheisens.

Kurve III. Edelstahl (Oerstit 500). Durch Zusätze von Aluminium und Nickel ist es gelungen, bei einer Remanenz von 7000 G. die Koerzitivkraft auf 400...500 $\frac{Aw}{cm}$, durch Zusätze von Kobalt und Titan auf 580...625 $\frac{Aw}{cm}$ zu erhöhen. Die je Volumeneinheit magnetisch gespeicherte Energie konnte damit auf den 1,5 fachen Wert jener des Kobaltstahles gesteigert werden. Mit diesen Edelstählen werden in den Dauermagnetlautsprechern Kraftfelder bis 18000 G. erzeugt.

Magnet. Eigenschaften verschiedener Werkstoffe.

Werkstoff	$\mu_{Anf.}$	μ_{max}	Sättigg. $\mathfrak{B}_{max}$	Remanenz in G	Koerzitivkraft in $\frac{Aw}{cm}$
Walzeisen unter 1,7 % C	400 ...500	7000 ...8500	21500	7000 ...10300	0,5
Transformatorenblech 4 % Si	400 ...800	4000 ...8000	20000	6000 ...8000	0,4...0,6
Permalloy 78,5 % Ni	6000	60000... 140000	10500		0,02 ...0,05
Kobaltstahl 35 % Co	—	—		8500 ...9500	180...280
Oerstit 700 Al-Ni-Co	—	—	—	5800 ...7000	580...625

d) Streuung. Schneidet man den Eisenring auf, so daß ein Luftspalt von 1...2 mm entsteht, so verringert sich durch die Streuung der Kraftlinien in Luft der Kraftfluß auf $^1/_2$...$^1/_3$. An den gegenüberstehenden Enden liegen die Pole des Elektromagneten, zwischen denen die aus dem Eisen quellenden Kraftlinien übergehen.

Mit Vergrößerung des Luftweges nimmt die Streuung zu; sie ist am größten bei einem stabförmigen Elektromagneten, dessen Kraftfluß nur noch $1/_{25}$ von demjenigen eines geschlossenen Ringes beträgt. Hieraus geht hervor, weshalb man bei allen Anwendungen des Elektromagneten möglichst geschlossene Eisenkerne verwendet.

Anwendung: Elektromagnete, Drosseln, Dreheiseninstrumente, Transformatoren, Selbstunterbrecher.

14. Stromleiter im Magnetfeld

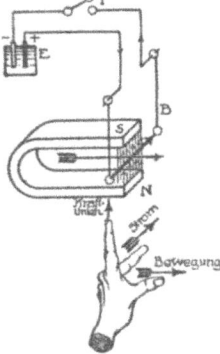

Zwischen den Polen N und S eines Magneten hängt ein bewegliches Metallband *B*, dessen Enden an die Pole des Elementes *E* angeschlossen sind. Sowie der Strom durch Drücken der Taste *T* geschlossen wird, erfährt das Band einen Bewegungsantrieb senkrecht zur Richtung der Kraftlinien. Die Richtung des Bewegungsantriebes bestimmt man aus der Richtung der Kraftlinien und des Stromes nach der linken Handregel: Hält man den Zeigefinger der linken Hand in Richtung der magnetischen Kraftlinien, den Mittelfinger in Richtung des Stromes, so gibt der ausgespreizte Daumen die Richtung an, nach welcher das stromdurchflossene Drahtstück abgelenkt wird.

Anwendung: Elektromotor, Drehspulgeräte, dynamischer Lautsprecher.

15. Induktion

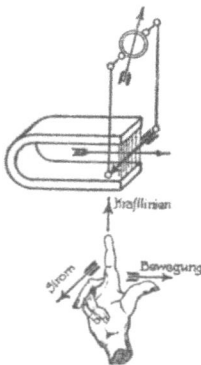

Grundversuch: Man schaltet das Element im vorigen Versuch ab und schließt die Enden des Bandes an ein Galvanometer an. Bewegt man das Band senkrecht zu den Kraftlinien aus dem Magnetfeld heraus, so zeigt das Galvanometer einen Stromstoß, den sog. Induktionsstrom, an. Wird das Band wieder in das Magnetfeld hineinbewegt, so entsteht ein entgegengesetzter Stromstoß.

Anwendung: Generator, Telephon, Bändchen-Mikrophon.

Die Richtung des Induktionsstromes bestimmt man aus der Richtung der Kraftlinien und der Bewegung nach der rechten Handregel: Hält man den Zeigefinger der rechten Hand in Richtung der magnetischen Kraftlinien, den ausgespreizten Daumen in Richtung der Bewegung des Drahtstückes, so gibt der zur Handfläche senkrecht stehende Mittelfinger die Richtung des erzeugten Induktionsstromes an. Aus der Gegensätzlichkeit der rechten und linken Handregel folgt, daß der bei Bewegung eines Leiters induzierte Strom gerade umgekehrt verläuft wie jener Strom, der diese Bewegung elektromagnetisch hervorrufen würde, d. h. wir müssen bei Erzeugung eines Induktionsstromes gegen die elektromagnetischen Kräfte des Feldes Arbeit leisten (Lenzsches Gesetz).

b) die E.M.K. der Induktion U_i ist um so größer, je stärker das Magnetfeld ist und je schneller man die Leiterschleife durch das Feld bewegt, d. h. je größer die Zahl Φ der in der Sekunde geschnittenen Kraftlinien ist. Werden in der Sekunde $10^8 = 100$ Millionen Kraftlinien geschnitten, so entsteht an den Enden des Drahtes gerade 1 V Spannung. Bewegt sich der Leiter in der Zeit t gleichförmig durch das Feld, so ist:

$$U_i = \frac{\Phi}{t} \cdot \frac{1}{10^8} \text{ V}$$

Beispiel: $\mathfrak{B} = 10\,000$
$$F = 250 \text{ cm}^2$$
$$t = 0,05 \text{ s}$$
$$U_i = \frac{25 \cdot 10^5}{5 \cdot 10^{-2} \cdot 10^8}$$
$$= \frac{5}{10}$$
$$= 0,5 \text{ V}$$

Die Entstehung der Induktionsspannung läßt sich so erklären, daß unter dem Einfluß des sich ändernden Magnetfeldes die im Draht sitzenden Elektronen einen Bewegungsantrieb erhalten, so daß am negativen Ende ein Überschuß, am positiven Ende ein Mangel von Elektronen eintritt.

Die Induktionsspannung läßt sich bedeutend steigern, wenn man statt einer, mehrere Windungen im Magnetfeld bewegt. Die in den einzelnen hintereinander liegenden Windungen induzierten Spannungen summieren sich ähnlich den Spannungen hintereinander geschalteter Elemente.

Eine weitere Steigerung der Spannung wird durch Füllen der Induktionsspule mit weichem Eisen und die damit bewirkte Erhöhung des Kraftflusses erzielt.

c) Weitere Induktionsversuche. I. Anstatt die Spule dem Magneten, kann man auch den Magneten der ruhenden Spule nähern, um einen Induktionsstrom zu erzeugen. Beim raschen Ent-

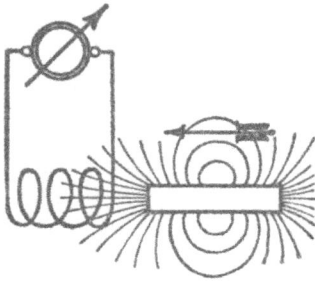

fernen entsteht ein Induktionsstrom von entgegengesetzer Richtung.

II. Der in der Spule ruhende Magnet ruft keinerlei Induktionswirkung hervor; nähert man jedoch dem Magneten ein Stück weiches Eisen oder entfernt es von ihm, so entsteht durch die Änderung der Feldstärke ein Induktionsstrom (Prinzip des Bell Telephons).

III. Befinden sich neben- oder ineinander zwei ruhende Drahtspulen, so wird beim Ein- oder Ausschalten eines Stromes in der ersten (primären) Spule, durch das Entstehen bzw. Verschwinden des Kraftfeldes, in der zweiten (sekundären) Spule ein Induktionsstrom erzeugt.

d) Wirbelströme. Auch in Scheiben, Zylindern usw., die sich im Magnetfeld drehen, oder die in einem magnetischen Wechselfeld ruhen, werden Ströme induziert, die man Wirbelströme nennt. Da sich ihre Energie z. B. bei den Ankern von Dynamomaschinen in nutzlose Wärme umsetzt, sucht man ihr Zustandekommen durch Unterteilung der Eisenkerne in einzelne Lamellen und Verwendung von Transformatorenblech, welches durch Legierung mit Silizium einen höheren spezifischen Widerstand besitzt, zu verhindern.

16. Funkeninduktor

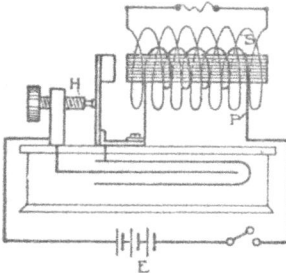

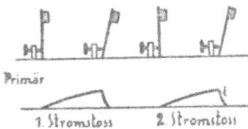

Der Funkeninduktor dient dazu, einen Strom von geringer Spannung und großer Stärke in einen Strom von hoher Spannung und geringer Stärke zu verwandeln. Er besteht aus einer Primärspule P mit wenigen Windungen eines dicken Drahtes, die ein Bündel weicher Eisendrähte enthält. Vor dem Eisenkern befindet sich ein Selbstunterbrecher H (Wagnerscher Hammer), durch welchen der Strom des Elementes E ständig geschlossen und unterbrochen wird. Über der Primärspule liegt eine Sekundärspule S aus vielen Windungen eines dünnen Drahtes. Bei jedem Öffnen und Schließen des primären Stromes entsteht in der sekundären Spule durch Induktion ein Stromstoß wechselnder Spannung. Sorgt man dafür, daß durch einen dem Unterbrecher parallel liegenden

Kondensator der Unterbrechungsfunke gelöscht wird und dadurch das Öffnen des Stromes schneller erfolgt als das Schließen, so ist die Öffnungsspannung größer als die Schließungsspannung. Man entnimmt dem Funkeninduktor einen stark unsymmetrischen Wechselstrom.

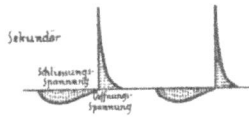

17. Elektrische Meßinstrumente

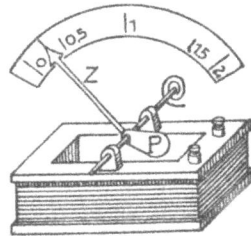

a) Dreheiseninstrumente. Innerhalb einer Drahtspule befindet sich ein drehbares, mit Zeiger Z versehenes Weicheisenplättchen P, das um so mehr in den Hohlraum der Spule hineingezogen wird, je stärker der durchfließende Strom ist. Die Einstellung des Zeigers kommt zustande, wenn die ablenkende elektromagnetische Kraft durch die entgegengesetzt wirkende Schwerkraft aufgehoben wird. Da bei einem Stromwechsel das Feld der Spule und der induzierte Magnetismus im Eisen gleichzeitig ihre Richtung wechseln, so können diese Instrumente auch zur Messung von Wechselstrom verwendet werden.

b) Drehspulinstrumente. Diese beruhen darauf, daß eine stromdurchflossene Drahtspule sich innerhalb eines Magnetfeldes senkrecht zu den Kraftlinien zu stellen sucht. Das Instrument enthält als wesentlichen Bestandteil eine auf ein Aluminiumrähmchen gewickelte Drahtspule D, die zwischen den Polen eines Stahlmagneten leicht drehbar gelagert und mit einem Zeiger Z verbunden ist. Die Zu- und Ableitung des Stromes erfolgt durch je eine feine Spiralfeder a und b, welche gleichzeitig die Gegenkraft zur Abbremsung des Zeigers erzeugt. Um die ablenkende Kraft auf die Spule zu vergrößern und gleichmäßig zu verteilen, bildet man die Polschuhe als Halbzylinder aus und bringt in den Hohlraum einen feststehenden Weicheisenkern, der bis auf einen schmalen Luftspalt in die zylindrische Bohrung der Polschuhe paßt. In diesem Luftspalt dreht sich die stromdurchflossene Spule. Die Drehspulinstrumente sind vom Erdfeld unabhängig, ihre Teilung ist gleichmäßig; ihre Empfindlichkeit geht bei Zeigerinstrumenten bis 10^{-7} A, bei Verwen-

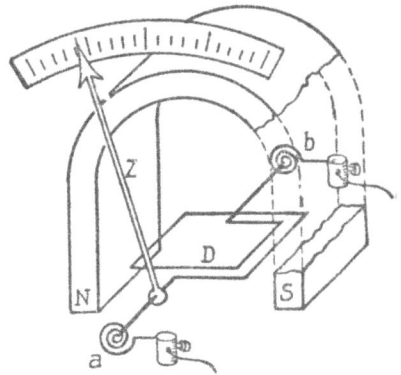

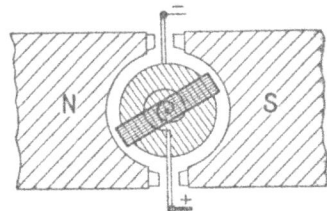

dung von Lichtzeigern (Spiegelgalvanometern) bis 10^{-9} A. Sie können unmittelbar nur zur Messung von Gleichstrom, in Verbindung mit einem Gleichrichter, z. B. Detektor (S. 165), auch für Wechselstrom verwendet werden.

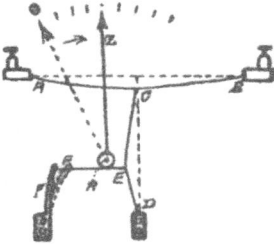

c) **Hitzdrahtinstrument.** Der dünne Hitzdraht AB wird beim Durchgehen des Stromes erwärmt und ausgedehnt. Die Ausdehnung überträgt sich über den Brückendraht CD und den Faden EF auf die Rolle R, wobei der an der Rolle befestigte Zeiger Z nach rechts ausschlägt. Das ganze Drahtsystem ist durch die Feder F gespannt. Das Instrument kann nach A oder V geeicht werden. Da die Erwärmung des Drahtes von der Stromrichtung unabhängig ist, kann das Hitzdrahtinstrument auch für Wechselstrom verwendet werden.

d) **Eichung.** Der nach A oder mA geeichte Strommesser, der einen kleinen Widerstand besitzt, wird in den Hauptstromkreis gelegt.

Will man mit dem Strommesser Spannungen messen, so schaltet man einen Widerstand R vor und schreibt an die Skala die aus dem Produkt Stromstärke mal Widerstand berechnete Voltzahl an. Je größer der Vorwiderstand ist, um so größer ist der Meßbereich des Instrumentes. Je Volt Meßbereich beträgt bei guten Instrumenten der Vorwiderstand 300...1000 Ω. Der Spannungsmesser wird wegen seines hohen Widerstandes stets in den Nebenschluß gelegt.

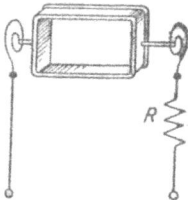

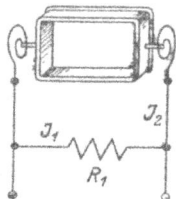

Zum Messen starker Ströme kann man die dünnen Drehspulen oder Hitzdrähte nicht unmittelbar in den Stromkreis schalten, da sie nur eine geringe Belastung vertragen. Man muß dann eine Stromverzweigung anwenden, indem man zu dem Instrument einen geringeren und höher belastbaren Widerstand R_1 nebenschaltet. Verhält sich der Widerstand des Instrumentes zu dem des Nebenwiderstandes wie 9 : 1, so fließt (S. 14) durch das Instrument nur der 9. Teil des Zweigstromes I_1, also der 10. Teil des Gesamtstromes I. Man muß

$I \times R = U$
z. B. $R = 200\ \Omega$
$I = 0{,}05$ A
$U = 200 \times 0{,}05$
$= 10$ V

daher die Ablesungen der Teilungen mit 10 multiplizieren. Durch einen Nebenwiderstand, der nur
den 99. Teil des Widerstandes des Instrumentes
beträgt, wird der Meßbereich des Strommessers
auf das 100 fache gesteigert.

In ähnlicher Weise kann man durch Änderung
der Vorwiderstände eines Spannungsmessers den
Meßbereich ändern.

In der Funktechnik werden zum Messen an
Röhren oder Empfängern besonders handliche
Geräte mit zehn Meßbereichen für Stromstärke
und Spannung gebraucht. Beim „Mavometer"
werden die ansteckbaren Vor- und Nebenwider-
stände ausgetauscht, während sie im „Multavi"
und dem „Gleichstrom-Vielfachmesser"
umschaltbar eingebaut sind. Die Instrumente werden auch mit Trockengleichrichter (S. 133) zur
Messung von Wechselstrom eingerichtet.

a) E.M.K. der Selbstinduktion. Wenn der
Strom in einem Leiter verstärkt oder geschwächt,
eingeschaltet oder unterbrochen wird, so ruft das
sich ändernde Magnetfeld eine E.M.K. in dem
Stromleiter selbst hervor. Diese wirkt der Änderung des Stromes stets entgegen, d. h. sie ver-
zögert das Anwachsen bzw. Abnehmen der Stromstärke. Wird der Strom unterbrochen, so tritt an
den Enden des Drahtes die Öffnungsspannung
auf, die einen Öffnungsfunken hervorrufen kann.
Die E.M.K. der Selbstinduktion hängt von der
Änderung der Stromstärke in der Sekunde sowie von dem sich aus Form und Anzahl der
Drahtwindungen ergebenden Selbstinduktions-
koeffizienten L ab:

Nimmt die Stromstärke zu $I_2 > I_1$, so ist U_i
negativ, bei abnehmendem Strom $I_2 < I_1$ ist U_i
positiv; die E.M.K. der Selbstinduktion wirkt also
stets der Änderung des erzeugenden Stromes entgegen. Die Einheit des Selbstinduktionskoeffizien-
ten besitzt eine Spule, in der bei Änderung der
Stromstärke um 1 A je s die E.M.K. von 1 V entsteht; sie heißt „Henry". Neben dieser sehr

18. Selbstinduktion
(Induktivität)
Maßeinheit: Henry (Hy)
1 Henry (Hy) $= 10^9$ cm
1 Millihenry (mHy)
$= 10^6$ cm
1 Mikrohenry (μH)
$= 1000$ cm
1 cm $= 10^{-9}$ Hy

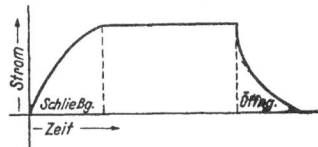

$$U_i^- = L \cdot \frac{I_1 - I_2}{t}$$

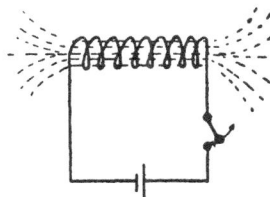

großen Einheit ist noch die „cm-Selbstinduktion" in Gebrauch.

Durch Einbau eines Eisenkerns wird die Induktivität einer Spule entsprechend der Zunahme des Kraftflusses erhöht.

b) **Induktionsfreie Wicklung**: Soll eine Spule z. B. zur Herstellung eines Normalwiderstandes induktionsfrei werden, so knickt man den Draht in der Mitte und wickelt ihn zweifädig auf. Da Hin- und Rückleitung dann unmittelbar nebeneinander liegen, heben sich die magnetischen Felder auf. Statt dieser „Bifilarwicklung" wird häufig auch die „Mäanderwicklung" verwendet.

Mäanderwicklung

c) **Schaltung von Selbstinduktionen.** Schaltet man zwei sich gegenseitig nicht beeinflussende Spulen hintereinander, so addieren sich ihre Induktivitäten; bei Parallelschaltung berechnet sich die Gesamtinduktivität L aus den Teilwerten L_1 und L_2 nach der Formel:

$$\frac{1}{L} = \frac{1}{L_1} + \frac{1}{L_2}$$

Die Selbstinduktion zweier gleich großer parallel geschalteter Spulen ist also die Hälfte der Selbstinduktion einer Spule allein.

Werden zwei Spulen ineinander gesteckt oder gedreht, so findet keine einfache Addition der Selbstinduktionen statt, sondern man erhält bei gleichem Windungssinn höhere Werte bis zu $0,8 \cdot L_1 \cdot L_2$.

d) **Berechnung von Selbstinduktionen.** Die Selbstinduktion einer einlagigen Zylinderspule kann ziemlich genau berechnet werden nach der Formel:

$$L_{cm} = f \cdot \frac{\pi^2 \, w^2 \cdot D^2}{l}$$

Beispiel:
$w = 100$,
$l = 9 \, cm$
$D = 6 \, cm$
$\frac{l}{D} = 1,5$;
$f = 0,77$ (Tafel)

$$L_{cm} = \frac{0,77 \cdot 10 \cdot 100^2 \cdot 6^2}{9}$$
$$= 308\,000 \, cm$$

Hierin bedeutet:

f den Formfaktor der Spule,
w die Windungszahl,
l die Spulenlänge in cm,
D den Spulendurchmesser in cm,
$\pi^2 = (3,14)^2 \sim 10$.

Der Formfaktor hängt von den Größenverhältnissen der Spule ab und ergibt sich aus nachstehender Kurventafel.

Kurventafel zur Ermittlung des Formfaktors einer Spule.

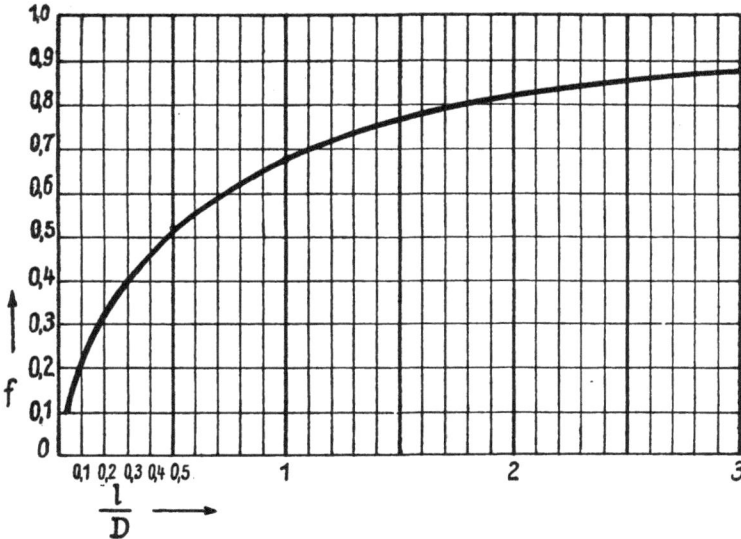

e) Messung von Selbstinduktionen.
Die Vergleichung der Selbstinduktion von Spulen kann ebenso wie die von Widerständen in der Brückenschaltung mit Induktor-Erregung vorgenommen werden. Da indessen die Spulen neben den induktiven auch Ohmsche Widerstände besitzen, so muß man auch deren Einfluß auf die Stromverteilung durch Einschaltung entsprechender Zusatzwiderstände ausgleichen. Die Meßanordnung enthält daher zwei Meßdrähte: den einen *AB*, um die scheinbaren Widerstände $2\pi fL$ (s. S. 36) der gesuchten und der Normal-Selbstinduktion auszugleichen, und einen zweiten sehr dünnen Meßdraht *CD*, der zur Ausgleichung der Ohmschen Widerstände der beiden Selbstinduktionen dient.

Bei Ausführung der Messung verschiebt man nach Einschalten des Induktors (Schalter *S*) zunächst den Schiebekontakt K_1 auf dem Meßdraht *AB*, bis der Ton im Telephon schwach wird (erster Kleinstwert), alsdann verschiebt man den Kontakt K_2 auf dem Meßdraht *CD*, bis man einen zweiten, schärferen Kleinstwert des Tones gefunden hat. Es ist dann:

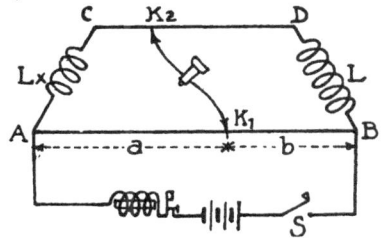

$$L_s = L \cdot \frac{a}{b}$$

B. Der Wechselstrom und die elektrischen Maschinen.

19. Erzeugung des
Wechselstromes

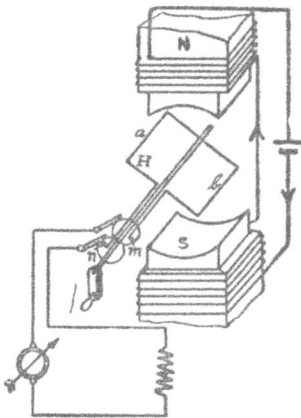

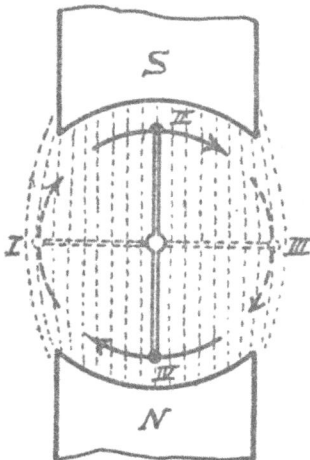

Wird eine Drahtschleife H zwischen den Polen N, S eines Elektromagneten gedreht, so werden die magnetischen Kraftlinien von den zur Drehachse parallelen Drahtstücken a und b geschnitten. Bei gleichmäßiger Drehung nimmt die Zahl der geschnittenen Kraftlinien periodisch zu und ab. Dadurch entsteht an den Enden der Schleife H, welche zu zwei voneinander isolierten Schleifringen m und n führen, eine Induktionsspannung, welche periodisch zu- und abnimmt. Die Spannung besitzt ihren kleinsten Wert, wenn die Schleifenebene senkrecht zu den Kraftlinien steht und die Drahtstücke a und b sich nahezu parallel zu den Kraftlinien bewegen (I und III), ihren größten Wert, wenn sie parallel zu den Kraftlinien steht und die Drahtstücke a und b die Kraftlinien senkrecht durchschneiden (II und IV).

Da ferner das Drahtstück a die Kraftlinien auf dem Wege von I nach III von links nach rechts, von III nach I jedoch von rechts nach links durchschneidet, so muß nach Nr. 15 die Induktionsspannung in den Punkten I und III ihre Richtung ändern.

Verbindet man die Enden der Schleife durch einen Schließungsdraht, so fließt in demselben ein Strom von periodisch veränderlicher Stärke und Richtung (Wechselstrom). Die Periode T des Wechselstromes ist die Zeit, in der sich ein bestimmter Strom- oder Spannungswert wiederholt. Die Zahl der Perioden in der Sekunde heißt die Frequenz f und wird in „Hertz" gemessen. Dreht sich z. B. die Schleife in dem zweipoligen

Magnetfeld zehnmal in der Sekunde herum, so ist die Frequenz $f = 10$ Hz.

Die Zahl der Perioden in $2\,\pi$ ($= 6,28$) s heißt die Kreisfrequenz und wird mit ω bezeichnet.

$$\omega = 2\,\pi\,f$$

Die Frequenzbereiche teilt man ein in:

Niederfrequenz (NF) . . . . 50...10 000 Hz
Mittelfrequenz . . . . 10 000...100 000 Hz
Hochfrequenz (HF) . . . . . über 100 000 Hz.

Der gezeichnete Verlauf der Augenblickswerte eines Wechselstromes oder einer Wechselspannung zwischen den positiven und negativen Scheitelwerten I_m, U_m läßt sich mit dem Oszillographen oder der Braunschen Röhre verfolgen.

Der effektive Wert der Stärke I_{eff} eines Wechselstromes gibt den Gleichstrom an, der dieselbe „Leistung" z. B. als Widerstandswärme erzeugt wie der Wechselstrom. Er kann ebenso wie die effektive Spannung durch ein Hitzdrahtinstrument oder durch ein Drehspulinstrument mit vorgeschaltetem Gleichrichter gemessen werden. Zwischen den effektiven und Scheitelwerten besteht die Beziehung:

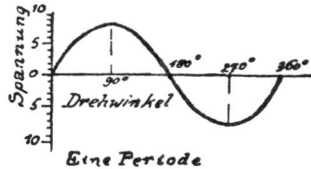

$$I_{eff} = \frac{I_m}{\sqrt{2}} = 0,7\,I_m$$

$$U_{eff} = \frac{U_m}{\sqrt{2}} = 0,7\,U_m$$

Der Phasenunterschied. Verlaufen in einem Drahte zwei Wechselströme gleicher Frequenz und erreichen sie ihre Scheitelwerte gleichzeitig, so nennt man sie phasengleich. Die Stromwerte addieren sich zu jeder Zeit. Erreichen die Wechselströme ihre Scheitelwerte zu verschiedener Zeit, so treten Zeitabschnitte ein, wo die Ströme entgegengesetztes Vorzeichen haben und sich schwächen. Sind die Perioden beider Ströme gleich, so erhält man als ihre Summe wieder einen sinusförmigen Wechselstrom, dessen Phase gegen die Phase der Teilströme verschoben ist und der andere Scheitelwerte hat. Man mißt den Phasenunterschied durch den Phasenwinkel φ. Ist $\varphi = 180^0$, so heben sich zwei gleichstarke Wechselströme I_1 und I_2 auf.

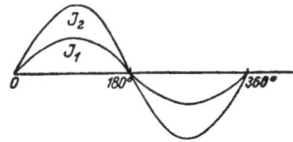

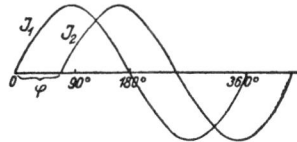

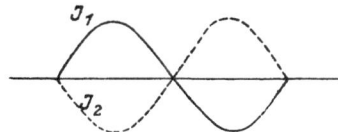

Auch zwischen Strom und Spannung desselben Wechselstromes kann eine Phasenverschiebung eintreten (S. 37 und 41).

$$N = I_{eff} \cdot U_{eff} \cdot \cos \varphi$$

20. Wechselstrommaschinen

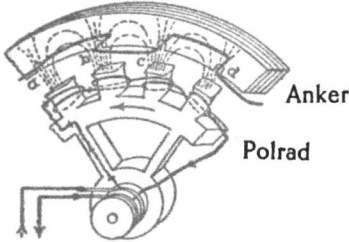

Anker

Polrad

$$f = \frac{n}{60} \cdot \frac{p}{2} \cdot$$

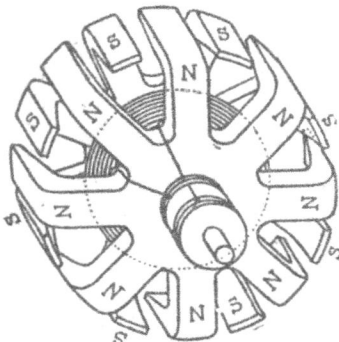

Wechselpolrad

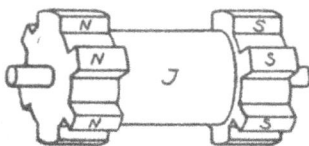

Gleichpolrad

Zur Berechnung der Leistung N muß man dann das Produkt $I_{eff} \cdot U_{eff}$ mit dem Leistungsfaktor $\cos \varphi$ multiplizieren.

Um bei Erzeugung von Wechselstrom von höherer Periodenzahl nicht auf zu hohe Umlaufgeschwindigkeiten zu kommen, baut man Maschinen mit mehreren Polpaaren.

Man ordnet die Pole auf einem Polrad an und legt die Wicklungen so, daß die Pole abwechselnd nord- bzw. südmagnetisch werden. Die Drahtwindungen, in welchen der Wechselstrom induziert werden soll, sind den Polen dicht gegenüber in die Nuten eines aus Eisenblech zusammengesetzten Ringes (Anker) gelegt. So oft sich 2 Pole des Polrades an einer Ankerwindung a, b, c, d vorbeibewegen, entsteht durch das Schneiden der Kraftlinien eine Periode des Wechselstromes.

Bei einer Umdrehung entstehen dann so viele Perioden, als Polpaare vorhanden sind. Ist die Drehzahl der Maschine n, die Polzahl p, so ist die Frequenz:

Der technische Wechselstrom hat 50 Perioden, während zur Tonmodulation von Röhrensendern Wechselströme von 500 Hz verwendet werden.

Es kommen folgende zwei Typen von Wechselstrommaschinen in Betracht:

a) Wechselpoltype. Die auf dem Eisenkörper (Induktor) sitzenden Polhörner sind gegeneinander versetzt und klammerartig nach innen gebogen. Der Eisenkörper besitzt nur eine Wicklung für den Erregerstrom, so daß die von einem Rande ausgehenden Polhörner alle nord-, die anderen alle südmagnetisch werden. Der Erregerstrom wird über Bürsten und Schleifringe zugeführt.

b) Gleichpoltype (Induktormaschinen). Der durch eine fest im Gehäuse liegende Erregerwicklung F magnetisierte Induktor J aus weichem Eisen läuft an den Polen des Ankerringes vorbei. So oft sich die Pole des Induktors und Ankers gegenüberstehen, tritt durch magnetischen Schluß eine Verstärkung des Feldes im Anker ein, wodurch in den eingebetteten Windungen *A* ein Induktionsstrom entsteht.

Der Erregerstrom wird von einer Gleichstrommaschine geliefert, die meist auf derselben Achse wie die Wechselstrommaschine läuft. Durch einen vorgeschalteten Widerstand kann die Stärke der Erregung und damit die Spannung der Wechselstrommaschine geregelt werden.

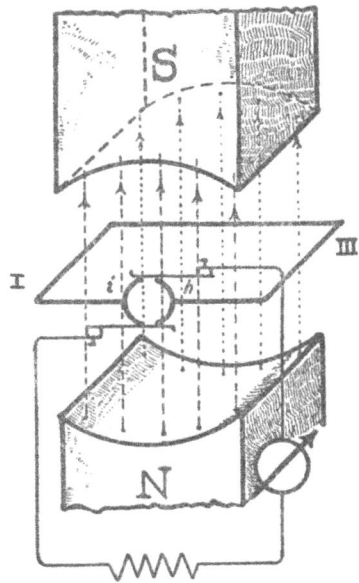

21. Gleichstrommaschine

Zur Gleichrichtung des Wechselstromes werden die Enden der im Magnetfelde sich drehenden Drahtschleife zu zwei voneinander isolierten Ringhälften *i* und *h*, dem Kommutator (Stromwender), geführt. Auf diesem liegen zwei Kontaktfedern so auf, daß sie im Augenblick des Stromwechsels *I* und *III* von einem auf den andern Halbring übergehen. Verbindet man die beiden Federn durch einen Draht, so fließt in demselben ein Strom gleicher Richtung, dessen Stärke regelmäßig zu- und abnimmt, ein sog. Wellenstrom. Diese Stromschwankungen werden praktisch dadurch ausgeglichen, daß man mehrere sich kreuzende Drahtschleifen, einen Trommelanker, verwendet, dessen Enden zu einem mehrteiligen Kollektor geführt werden.

Bei den praktischen Ausführungen der Gleichstrommaschine sind die Feldpole in einem ringförmigen Gehäuse aus Gußeisen angebracht. Der Anker besteht aus einer zylindrischen Trommel, die sich aus einzelnen Blechscheiben zusammensetzt. Die magnetischen Kraftlinien gehen dann in großer Dichte durch den Anker vom Nord- zum Südpol über. Die fortlaufenden Drahtwindungen werden so in die Nuten des Ankers gelegt, daß die induzierte E.M.K. in sämtlichen Windungen sich addiert (sog. Trommelwicklung). Die E.M.K. drückt die im Draht sitzenden Elektronen nach der einen Kommutatorhälfte und lädt diese negativ, während sie die andere Hälfte durch Absaugen von Elektronen positiv macht.

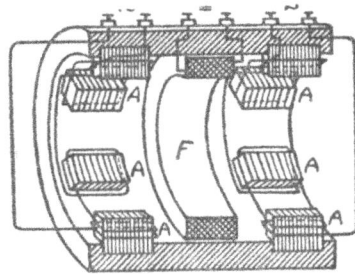

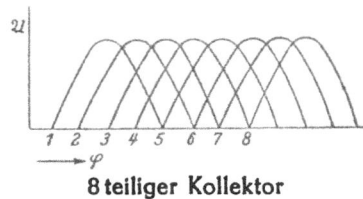

8 teiliger Kollektor

Zur Erregung der Feldmagnete führt man den im Anker induzierten Strom durch die Magnetwicklungen. Werden die Feldmagnete das erstemal durch Elementstrom erregt, so genügt der remanente Magnetismus, um den Vorgang der Stromerzeugung einzuleiten. Bei Drehung des Ankers entsteht zuerst ein ganz schwacher Ankerstrom, der den Magnetismus des Feldes verstärkt. Das verstärkte Feld induziert wieder einen stärkeren Ankerstrom, und so steigert sich Ursache und Wirkung, bis nach kurzer Zeit die Feldmagnete gesättigt sind (dynamo-elektrisches Prinzip von Werner Siemens 1866).

Zur Speisung von kleinen und mittleren Röhrensendern werden Gleichstrommaschinen verwendet, die Spannungen von 400...2000 V bei 100...500 W Leistung liefern. Häufig liefert eine zweite Ankerwicklung die Heizspannung für die Röhren.

Schickt man Wechselstrom durch eine Drahtspule mit Eisenkern, eine Drosselspule, so wird die Stromstärke nicht allein durch den Ohmschen Widerstand R der Spule, sondern auch durch die induktive Gegenspannung geschwächt. Die Spule setzt dem Wechselstrom einen induktiven Widerstand R_L entgegen, der um so größer ist, je größer ihre Induktivität L und je höher die Kreisfrequenz ω des Wechselstromes ist.

R_L setzt sich mit dem Ohmschen Widerstand R zu dem Scheinwiderstand $\Re$ zusammen nach der Formel:

Das Ohmsche Gesetz lautet dann:

Während also eine mit dickem Kupferdraht gewickelte Spule dem Gleichstrom nur einen geringen Ohmschen Widerstand bietet, setzt sie einem Wechselstrom einen hohen mit der Frequenz steigenden Widerstand entgegen, der schließlich den Wechselstrom vollkommen abzudrosseln vermag.

In Schaltungen, in denen gleichzeitig Gleich- und Wechselstrom fließt, wirkt die Drosselspule

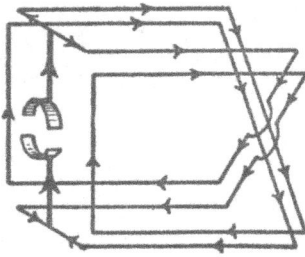

Trommelwicklung

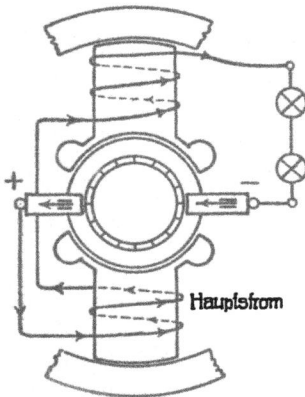

22. Induktiver Widerstand

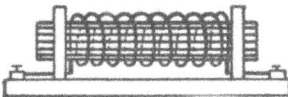

$$R_L = \omega \cdot L$$
$$= 2\pi f \cdot L$$

$$\Re = \sqrt{R^2 + R_L^2}$$

$$I = \frac{U_0}{\sqrt{R^2 + (\omega L)^2}}$$

Beispiel: Kerndrossel
$R = 1\,\Omega$, $L = 0{,}5$ Hy
für $f = 50$ $R_L = 157\,\Omega$
für $f = 500$ $R_L = 1570\,\Omega$

als Durchlaß für den Gleichstrom und als Sperre für den Wechselstrom.

Hierbei ist zu beachten, daß der Eisenkern der Drossel durch den Gleichstrom magnetisch stark belastet wird. Der Arbeitspunkt kommt dadurch der Sättigung nahe, die Induktivität wird verringert (vgl. Kurve). Man muß daher die Eisenquerschnitte der Drosseln um so größer wählen, je stärker die Gleichstrombelastung ist. Auch durch Luftspalte kann man erreichen, daß die magnetische Vorbelastung vom Sättigungspunkt möglichst weit entfernt bleibt.

Der große Vorteil der Drossel bei Verminderung einer Wechselspannung gegenüber einem Ohmschen Widerstand liegt darin, daß sie bei ihrem geringen Gleichstromwiderstand fast keine Energie durch Stromwärme verzehrt. Ihre Wirkung beruht auf der Phasenverschiebung.

Der Strom J bleibt nämlich in der Phase hinter der primären Spannung um so mehr zurück, je größer die Induktivität L und je höher die Kreisfrequenz ω ist. Ist der Ohmsche Widerstand der Spule R, so berechnet sich die Phasenverschiebung φ aus:

Die Leistung des Wechselstroms nimmt infolge der Phasenverschiebung zeitweise negative Werte an — die Drossel gibt Arbeit an das Netz ab — wodurch sich ihr Gesamtwert verringert.

Der induktive Widerstand macht sich bei hochfrequenten Wechselströmen auch schon bei geraden Drähten bemerkbar. Ein 2 mm starker Kupferdraht hat z. B. für $f = 6 \cdot 10^5$ Hz den siebenfachen Widerstand wie für Gleichstrom.

Diese Widerstandserhöhung erklärt sich aus der Stromverdrängung. Im Innern des Drahtes, wo sich die magnetische Feldwirkung summiert, ist der induktive Widerstand am größten. Die Stromlinien drängen daher nach der Oberfläche, wo sie den geringsten Widerstand finden. An der Stromführung beteiligt sich also nicht mehr der ganze Querschnitt des Drahtes, sondern nur die äußere Schicht (Hautwirkung).

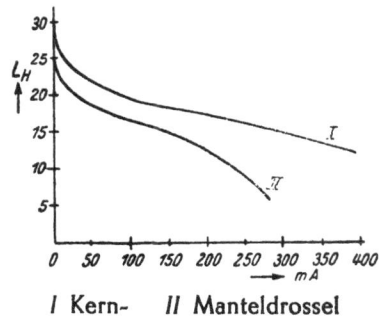

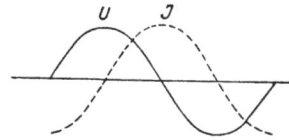

I Kern- II Manteldrossel

$$\operatorname{tg} \varphi = \frac{L\,\omega}{R}$$

23. Stromverdrängung (Hautwirkung)

Für hohe Frequenzen leitet ein Rohr ebenso gut wie ein Draht von gleichem Durchmesser (HF-Litze S. 60).

24. Kapazität

Maßeinheit: Farad (F)

$1\ F = 9 \cdot 10^{11}$ cm

$1\ \mu F = 9 \cdot 10^{5}$ cm

$1\ \mu\mu F = 1\ pF = 0,9$ cm

$1\ cm = 1,11 \cdot 10^{-6}\ \mu F$

$$C = \frac{Q}{U}$$

$$U = \frac{Q}{C}$$

Die Kapazität C oder das elektrische Fassungsvermögen eines Leiters ist gleich dem von seiner Größe sowie von der Natur des umgebenden Isolators abhängigen Verhältnis der aufgebrachten Elektrizitätsmenge Q und der erzeugten Spannung U. Je größer die Kapazität C eines Leiters ist, um so geringer wird die durch eine bestimmte Ladung Q erzeugte Spannung.

Die elektrostatische Einheit der Kapazität besitzt eine Kugel von 1 cm Radius; sie heißt „cm-Kapazität". Die praktische Einheit ist das Farad (genannt nach Faraday); sie entspricht der Kapazität eines Leiters, auf dem die Einheit der Elektrizitätsmenge, das Coulomb, die Spannung von 1 V hervorruft.

In der Funktechnik rechnet man nach Millionstel Farad (Mikrofarad μF), nach Billionstel Farad (Mikromikrofarad $\mu\mu F$ oder Picofarad pF) oder nach der „cm-Kapazität".

Die Kapazität von freischwebenden Ballonen zählt nur einige 1000 cm.

25. Kondensatoren

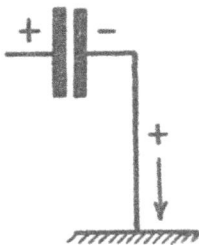

a) Die Aufladung. Zur Aufspeicherung größerer Elektrizitätsmengen auf kleinem Raum dienen die Kondensatoren. Sie bestehen aus zwei durch Luft, Glas, Glimmer, Lackpapier usw. getrennten Metallbelägen. Verbindet man einen Belag mit der Erde und lädt den freien Belag z. B. positiv auf, so wird ein großer Teil der Ladung durch die in dem geerdeten Belag erregte negative Influenzelektrizität gebunden; es kann daher bei gleichbleibender Spannung eine bedeutend größere Ladung auf den Belag gebracht werden.

b) Die Kapazität C eines Plattenkondensators von der Oberfläche F_{qcm}, dem Plattenabstand d_{cm} und der Zwischenschicht- oder Dielektrizitätskonstante ε ist:

$$C = \frac{\varepsilon \cdot F_{qcm}}{4\ \pi \cdot d_{cm}}$$

Die Konstante ε ist für Luft = 1, Glas 3...8, Glimmer 6...8, Porzellan 5...6 (vgl. Tabelle S. 60).

Besitzt der Kondensator m Platten, so ist die Kapazität:

$$C = \frac{\varepsilon\,(m-1)\,F_{qcm}}{4\,\pi \cdot d_{cm}}$$

c) Die Spannungsfestigkeit gibt an, mit welcher Spannung ein Kondensator belastet werden kann, ohne daß er durchschlägt. Sie hängt von der Spannungsfestigkeit und Dicke des Dielektrikums ab und kann so für verschiedene Belastungen bemessen werden. Die höchste Spannungsfestigkeit besitzen Glas- und Ölkondensatoren, es folgen Glimmer, keramische Isolierstoffe und paraffiniertes Papier.

Die Spannungsfestigkeit soll über der höchsten im Betriebe auftretenden Spitzenspannung liegen.

d) Schaltung von Kondensatoren.

I. Parallelschaltung. Die Oberflächen der Belege addieren sich, die Kapazität wird vergrößert. Jeder einzelne Kondensator bleibt durch die volle Spannung belastet.

$$C = C_1 + C_2$$

II. Hintereinanderschaltung. Die Kapazität von zwei bzw. n gleich großen, hintereinander geschalteten Kondensatoren ist nur die Hälfte bzw. der n. Teil der Kapazität eines Kondensators; die Durchschlagsfestigkeit ist dagegen zwei- bzw. n-mal so groß, da der einzelne Kondensator nur von der halben bzw. dem n. Teil der Gesamtspannung belastet wird.

Sind die Kondensatoren C_1 und C_2 verschieden groß, so berechnet sich die Gesamtkapazität C nach der Formel:

$$\frac{1}{C} = \frac{1}{C_1} + \frac{1}{C_2} \text{ oder}$$

$$C = \frac{C_1 \cdot C_2}{C_1 + C_2}.$$

Die Gesamtkapazität zweier hintereinander geschalteter Kondensatoren ist kleiner wie die Kapazität des kleineren Kondensators.

Zwischen den Belägen eines Kondensators befindet sich ein elektrisches Feld, dessen Gefüge durch die elektrischen Kraftlinien veranschaulicht

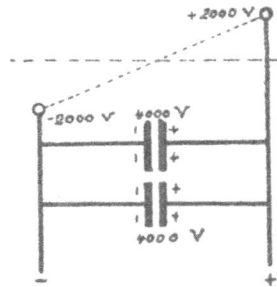

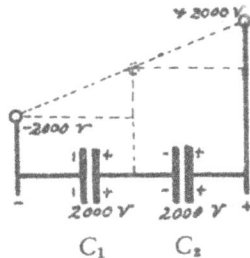

26. Das elektrische Feld

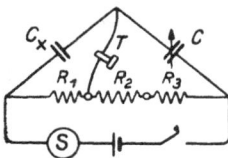

$$W_2 = \frac{1}{2} L\, I^2$$

$$W_1 = W_2$$

27. Kapazitätsmessung

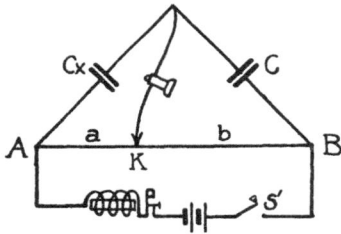

$$\frac{1}{C_x} : \frac{1}{C} = a : b \quad \text{oder}$$

$$C : C_x = a : b$$

$$C_x = C \cdot \frac{b}{a}$$

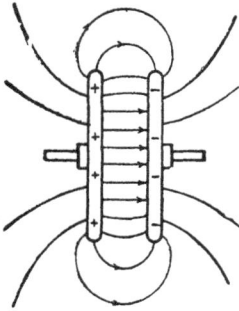

wird. Die Kraftlinien beginnen und enden an der Oberfläche der Leiter, wo sich die positiven und negativen Ladungen befinden.

Die zur Aufladung des Kondensators C auf die Spannung U aufzuwendende Arbeit W_1 ist:

$$W_1 = \frac{1}{2} C\, U^2$$

sie steckt im elektrischen Feld.

Bei Entladung des Kondensators durch Verbindung der beiden Beläge über einen Draht oder eine Spule von der Induktivität L entsteht ein Stromstoß I; dieser erzeugt ein magnetisches Feld von der Energie:

Sieht man von den Verlusten ab, so ist:

Da eine Kapazität, wenn sie vom Wechselstrom durchflossen ist, einen bestimmten, von der Größe der Kapazität abhängigen, scheinbaren Widerstand $\dfrac{1}{\omega \cdot C}$ besitzt, so kann man Kapazitäten in der Wheatstoneschen Brückenschaltung vergleichen. Man legt die unbekannte Kapazität C_x und die Normalkapazität C in die beiden Brückenzweige; an den Meßdraht AB schließt man eine Wechselstromquelle in Gestalt eines Induktors an. Im Brückendraht liegt ein empfindliches Telephon. Die Messung besteht darin, daß man den Kontakt K am Brückendraht so lange verschiebt, bis der Ton im Hörer einen Kleinstwert erreicht.

Es ist dann:

Anstatt die Einstellung bei festem Vergleichskondensator durch Veränderung des Widerstandsverhältnisses $a : b$ zu bewirken, kann man auch das Widerstandsverhältnis festhalten und als Vergleichskondensator einen geeichten Drehkondensator verwenden. Man erhält dann die übliche Schaltung der Kapazitätsmeßbrücken.

Das Widerstandsverhältnis kann man durch Vertauschung des Anschlußpunktes zwischen den Widerständen R_1, R_2, R_3 usw. verschieden abstufen und erhält so verschiedene Meßbereiche der Brücke. Aus der Einstellung des Drehkondensators entnimmt man mit Hilfe von Eichkurven die gesuchten Kapazitätswerte.

Eine zweite Meßmethode für Kapazitäten, die man auch für Induktivitäten anwenden kann, ist auf S. 82 ff. beschrieben.

Schaltet man in einen Wechselstromkreis einen **Kondensator** ein, so werden dessen Beläge periodisch geladen und entladen. Im äußern Stromkreis fließt daher der Strom von einem zum andern Beleg hin und her. Den Effektivwert dieses Wechselstromes zeigt ein Hitzdrahtinstrument um so höher an, je größer die Kapazität des Kondensators und je größer die Zahl der Umladungen in der Sekunde, d. h. die Frequenz des Wechselstromes ist.

Der Kondensator ist daher für Wechselstrom scheinbar durchlässig und bietet ihm, infolge der Stauungen der Elektrizität im Kondensator, einen kapazitiven Widerstand R_c, der um so kleiner ist, je größer die Kapazität C des Kondensators und je höher die Kreisfrequenz $\omega = 2\pi f$ des Wechselstromes ist.

Hochfrequente Wechselströme gehen daher durch einen Kondensator **fast ungehemmt** hindurch. Der kapazitive Widerstand R_c setzt sich mit einem in Reihe liegenden Ohmschen Widerstand R zu dem Scheinwiderstand $\Re$ zusammen nach der Formel:

Das Ohmsche Gesetz lautet dann:

$$I = \frac{U}{\sqrt{R^2 + \left(\frac{1}{\omega \cdot C}\right)^2}} \cdot$$

Bei Schaltungen, in denen Gleich- und Wechselstrom in Verbindung stehen, kann durch einen Kondensator dem Gleichstrom der Weg versperrt werden, während der hochfrequente Wechselstrom übergehen kann.

Die Phasenverschiebung. Da der Strom in seinem Fließen nach dem Kondensator am wenigsten gehindert wird, wenn die Spannung an den Belegen noch klein ist, so eilt der Strom in

28. Kapazitiver Widerstand

$$R_c = \frac{1}{\omega \cdot C}$$

Beispiel:
$C = 1\,\mu\text{F} = 10^{-6}$ Farad
für $f = 500$ ist $R_c = 318\,\Omega$
„ $f = 50\,000$ ist $R_c = 3{,}18\,\Omega$

$$\Re = \sqrt{R^2 + R_c^2}$$

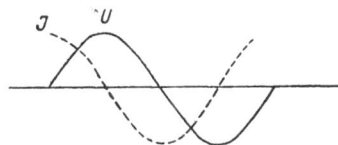

$$\text{tg } \varphi' = \frac{1}{R \cdot \omega C}$$

29. Induktivität und Kapazität im Wechselstromkreis; Resonanzerscheinungen

$$= \frac{U}{\sqrt{R^2 + \left(\omega \cdot L - \dfrac{1}{\omega \cdot C}\right)^2}}$$

$$I_{max} = \frac{U}{R}$$

$$\omega \cdot L = \frac{1}{\omega \cdot C} \quad \text{oder}$$

$$\omega^2 = 4\,\pi^2\,f^2 = \frac{1}{C \cdot L}$$

$$f = \frac{\omega}{2\,\pi} = \frac{1}{2\,\pi\,\sqrt{C \cdot L}}$$

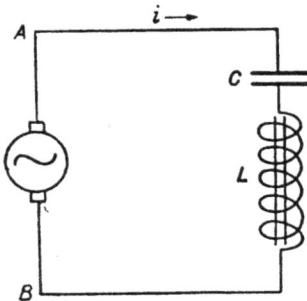

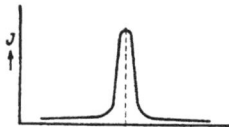

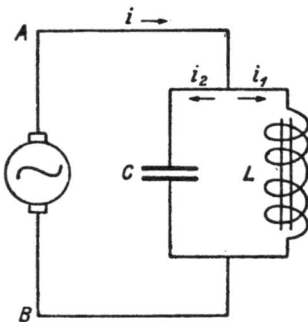

der Phase der Spannung um den Winkel φ' voraus. Bei verlustfreiem Kondensator ($\mathfrak{R}=0$) ist die Phasenverschiebung 90°.

a) **Spule und Kondensator liegen hintereinander.** Schließt man sie an eine Wechselstrommaschine an, so kommt außer dem Ohmschen Widerstand R nur die Differenz des induktiven und kapazitiven Widerstandes $\omega L - \dfrac{1}{\omega C}$ zur Wirkung. Das Ohmsche Gesetz lautet dann:

Wir sehen daraus, daß die Stromstärke I einen größten Wert:

annimmt, wenn der induktive gleich dem kapazitiven Widerstand ist; also wenn:

Wir erhalten dann eine bestimmte Beziehung zwischen der Frequenz f des Wechselstroms und den Größen C und L. Der rechts stehende Ausdruck für f stellt aber, nach S. 58, die Eigenfrequenz des aus C und L zusammengesetzten Schwingungskreises dar. Das Ansteigen der Stromstärke tritt also ein, wenn die Frequenz der aufgedrückten Wechselspannung f gleich der Eigenfrequenz des aus C und L zusammengesetzten Kreises ist.

Nach Überschreiten der Resonanzfrequenz f_r fällt die Stromstärke wieder steil ab; wir beobachten eine Resonanz, die sich daraus erklärt, daß im Resonanzpunkte die einander entgegenwirkenden Induktions- und Kapazitätsspannungen sich aufheben.

Gleichzeitig wird die Voreilung des Kapazitätsstromes durch die Nacheilung des Induktivitätsstromes aufgehoben. Der Gesamtstrom ist mit der Erregerspannung der Maschine in Phase.

In der Funktechnik wendet man diese Schaltung an, um aus einem Gemisch von Frequenzen einer bestimmten Frequenz einen besonders bequemen Weg zu bieten (Siebkreis).

b) **Spule und Kondensator liegen parallel.** Diese Schaltung bietet im Gegensatz zur vorigen dem Wechselstrom für eine bestimmte Frequenz einen besonders hohen Scheinwiderstand. Ist die Scheitelspannung der Stromquelle U_0, so beträgt der über die Induktivität gehende Teilstrom I_1:

$$I_1 = \frac{U_0}{\sqrt{R^2 + (\omega L)^2}}$$

der über den Kondensator C gehende Teilstrom I_2:

$$I_2 = U_0 \cdot \omega C$$

Die Teilströme liegen in der Phase um rund 180° auseinander und wirken in der Hauptleitung einander entgegen; der Gesamtstrom I ist:

und erreicht den Wert Null, wenn:

$$I = I_1 - I_2$$
$$I_1 = I_2$$

Ist R klein gegen ωL, so geht diese Bedingung über in:

$$\omega L = \frac{1}{\omega C}$$

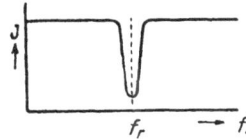

Man erhält also für die Resonanzfrequenz denselben Wert wie oben, nur bietet hier der Resonanzkreis dem Außenstrom nicht einen kleinsten, sondern einen größten Scheinwiderstand.

Der Kreis wirkt für die Resonanzfrequenz als Sperrkreis. Der Spannungsabfall an den Anschlußpunkten des Kreises erreicht einen Größtwert.

Bei kleinem Ohmschen Widerstand R stellt sich der Resonanzwiderstand des Kreises dar durch die Formel:

$$R_{res} = \frac{L}{C \cdot R}$$

Um eine wirksame Sperrung zu erzielen, muß R_{res} möglichst groß werden. Dies wird erreicht, wenn L groß, C und vor allem R möglichst klein gemacht wird.

Die aus Induktivität und Kapazität zusammengesetzten Sieb- und Sperrkreise dienen der Siebung bzw. Sperrung einer bestimmten Frequenz. In der Funktechnik ist es häufig nötig, ganze Frequenzbereiche ober- oder unterhalb einer gegebenen Frequenz zu sperren. Hierzu verwendet man die Kettenleiter, die aus zwei bis drei hintereinander geschalteten Gliedern bestehen.

Wir unterscheiden:

a) **Die Drosselkette**, die sich aus **zwei** gleichen, hintereinander geschalteten Drosseln L

Beispiel:
$U_0 = 500\ \text{V}$ $L = 10^{-2}\,\text{Hy}$
$\omega = 10^5$ $\omega L = 10^3\ \Omega$
$R = 40\ \Omega$ $C = 10^{-8}\,\text{F}$
$J_1 = \dfrac{500}{\sqrt{40^2 + 10^6}} = 0{,}48\ \text{A}$
$J_2 = 500 \cdot 10^{-3} = 0{,}5\ \text{A}$
$J = J_2 - J_1 \quad = 0{,}02\ \text{A}.$
$R_{res} = 25\,000\ \Omega$
$J = \dfrac{500}{25\,000} = 0{,}02\ \text{A}$

30. Drossel- und Kondensatorketten

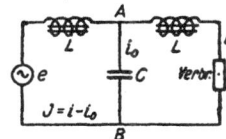

und einer den Kondensator C enthaltenden Brücke zusammensetzt.

Zur Vereinfachung der Rechnung nehmen wir an, daß der Ohmsche Widerstand der Schaltung, insbesondere der des Verbrauchers sehr klein ist. Ist die Kreisfrequenz des Wechselstromes ω, so ist der Scheinwiderstand der Gesamtschaltung:

$$\mathfrak{R} = \omega L \, (2 - \omega^2 \, L \cdot C)$$

Sind L und C konstant, so hängt $\mathfrak{R}$ noch von der Kreisfrequenz ω des Wechselstromes ab; $\mathfrak{R}$ wird zweimal gleich Null, nämlich für:

$$\omega = 0; \text{ und } \omega_k = \sqrt{\frac{2}{L \cdot C}}$$

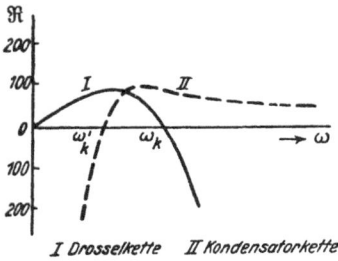

Wächst ω über ω_k hinaus, so nimmt R dauernd zu (Kurve I). Die Drosselkette sperrt also die hohen Frequenzen ab, während sie die unterhalb der kritischen Frequenz ω_k liegenden Frequenzen nur schwach abdämpft und den Gleichstrom ungeschwächt durchläßt. Man muß L und C einer Drosselkette so bemessen, daß die kritische Frequenz ω_k kleiner als die kleinste zu sperrende Frequenz ist.

Sollen z. B. bei einem Rundfunksender die Frequenzen über 4500 Hz durch eine Drosselkette gesperrt werden, so nimmt man für eine sichere Sperrung $\omega_k = 25\,000$, was $f = 4000$ Hz entspricht. Wählt man z. B. die Kapazität $C = 0{,}02 \; \mu$F, so berechnet sich L aus der Formel für ω_k zu:

$$25 \cdot 10^3 = \sqrt{\frac{2 \cdot 10^6 \cdot 10^2}{2 \cdot L}}$$

$$\sqrt{L} = \frac{10}{25} = 0{,}4$$

$$L = 0{,}16 \; \text{Hy}$$

b) Die Kondensatorkette enthält in der Hauptleitung zwei hintereinander liegende Kondensatoren C und in der Brücke eine Drossel L. Hier ergibt sich wie oben unter der Annahme $R = 0$ für den Scheinwiderstand der Schaltung:

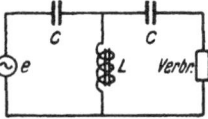

$$\mathfrak{R} = - \frac{1}{\omega C} \left(1 - \frac{1}{\omega^2 \, L \cdot C} \right)$$

Für Gleichstrom $\omega = 0$ wird $\mathfrak{R}$ unendlich groß, dagegen wird $\mathfrak{R}$ gleich Null für:

$$\omega_k' = \frac{1}{\sqrt{2 \, L \cdot C}}$$

Den größten Wert erreicht $\mathfrak{R}$ für:

$$\omega = \sqrt{\frac{3}{2 \, L \cdot C}}$$

darüber hinaus nimmt $\mathfrak{R}$ allmählich wieder ab (Kurve II). Die Kondensatorkette sperrt also die Frequenzen unterhalb der kritischen Frequenz und läßt die hohen Frequenzen durch; ihre Wirkung ist also der der Drosselkette gerade entgegengesetzt.

31. Transformatoren (Spannungswandler)

a) Kern- und Manteltransformator. Der Transformator besteht aus zwei über einen geschlossenen Eisenkern gebrachten Wicklungen. Je nach der Anordnung der Eisenkerne unterscheidet man Kern- und Manteltransformatoren. Um die Streuungsverluste möglichst klein zu halten, legt man die primäre und sekundäre Wicklung möglichst dicht übereinander (sog. Röhrenwicklung) oder man setzt abwechselnd primäre und sekundäre Spulen auf den Eisenkern (Scheibenwicklung).

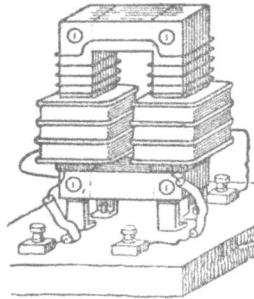

Kerntransformator

In den Empfängern und Netzgeräten finden Transformatoren im Eingang und Ausgang sowie zur Kopplung von Verstärkerstufen vielseitige Anwendung. Da die Kopplungstransformatoren einen hohen induktiven Widerstand haben sollen, gibt man ihrer Eingangsseite eine hohe Windungszahl; ihrer Steigerung ist durch die gleichzeitig anwachsende Kapazität der Wicklungen (S. 67) eine Grenze gesetzt. Man geht aus diesem Grunde über ein Übersetzungsverhältnis von 1 : 3...1 : 6 nicht hinaus. Durch großen Querschnitt des geschlossenen Eisenkerns und Verwendung von Transformatorenblech hoher Permeabilität (Nickeleisen, Permalloy) kann die Induktivität des Transformators auf 100...200 Hy erhöht werden. Bei der tiefsten Frequenz von 50 Hz würde der Transformator einen induktiven Widerstand von 30 000...60 000 Ω besitzen. Die Eigenkapazität der Wicklungen beträgt etwa 60...80 cm.

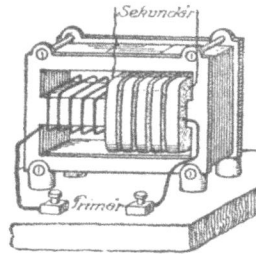

Manteltransformator

Der Ausgangstransformator dient zur Übertragung der Endleistung an den Lautsprecher. Er muß der größeren Leistung entsprechend bemessen werden, d. h. die Windungen müssen aus dickerem Draht gewickelt werden und der Eisenquerschnitt muß größer sein.

b) Der unbelastete Transformator. Legt man an die primäre Wicklung eine Wechselspannung U_p, so erzeugt diese im Eisen einen periodisch verlaufenden magnetischen Kraftfluß, der in der zweiten Wicklung eine sekundäre Wechselspannung U_s induziert. Bei gleichem Kraftfluß verhält sich die Ausgangs- zur Eingangs-

$$\frac{U_s}{U_p} = \frac{w_s}{w_p} = \ddot{u}$$

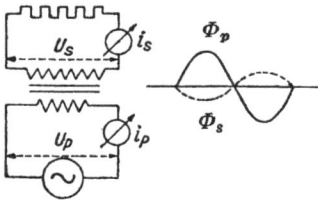

$$\frac{I_s}{I_p} = \frac{1}{\ddot{u}}$$

$$I_p = I_s \cdot \ddot{u}$$

$$I_s = \frac{U_s}{R} = \frac{U_p}{R} \cdot \ddot{u}$$

$$I_p = \frac{U_p}{R} \cdot \ddot{u}^2 = \frac{U_p}{\dfrac{R}{\ddot{u}^2}}$$

Beispiel: $U_p = 110$ V

$$\ddot{u} = 3$$

$$R = 9000 \ \Omega$$

$$I_p = \frac{110}{\dfrac{9000}{9}} = 0{,}11 \ \text{A}$$

$$U_p \cdot I_p = U_s \cdot I_s$$

spannung wie die Windungszahlen. Man kann daher durch Wahl des Übersetzungsverhältnisses $\ddot{u}$ eine Wechselspannung beliebig hinauf- oder herabsetzen.

Für hohe Ausgangsspannungen müssen die Windungen der Sekundärspule sorgfältig gegeneinander und gegen den Eisenkern isoliert werden (Einbettung in Öl).

c) Der belastete Transformator.
Schließt man die Ausgangsklemmen des Transformators über einen Widerstand R, so fließt ein sekundärer Wechselstrom I_s, der in dem Kern einen entgegengesetzt verlaufenden Kraftfluß Φ_s erzeugt und deshalb den primären Kraftfluß Φ_p bzw. die Induktivität des Transformators schwächt; der Primärstrom steigt infolge der Belastung an, bis der ursprüngliche Kraftfluß hergestellt ist.

Die Stromstärken I_s und I_p verhalten sich dann umgekehrt wie die Spannungen:

Berechnet man die sekundäre Stromstärke I_s nach dem Ohmschen Gesetz, so ergibt sich eine wichtige Beziehung für die Rückwirkung der Belastung auf den Primärkreis. Es ist:

Setzt man diesen Wert in obige Gleichung für I_p ein, so erhält man:

Man erhält also den Primärstrom, indem man die Primärspannung U_p durch einen Widerstand teilt, der gleich dem Belastungswiderstand R, dividiert durch das Quadrat des Übersetzungsverhältnisses $\ddot{u}^2$ ist. Für die Wechselstromquelle ist es also gleichgültig, ob man die Ausgangsseite eines Transformators mit R oder die Eingangsseite mit $\dfrac{R}{\ddot{u}^2}$ belastet. Von dieser Beziehung macht man Anwendung bei der Anpassung von Lautsprechern an eine Röhre (S. 176).

Bildet man in jedem Kreise die Produkte aus Strom und Spannung, so sind diese einander gleich, d. h.

Die von der Eingangsseite aus dem Netz aufgenommene Leistung wird — von den Verlusten

abgesehen — an die Ausgangsseite wieder abgegeben.

d) Die Verluste in Transformatoren und Drosseln.

I. Die **Kupferverluste** sind verursacht durch die Stromwärme in den Wicklungen; sie können durch einen der Belastung angepaßten Drahtquerschnitt klein gehalten werden. Ist der Widerstand der Wicklung R, die effektive Stromstärke I_{eff}, so ist der Kupferverlust:

$$A = I_{eff}^2 \cdot R \; Watt$$

II. Die **Eisenverluste** setzen sich zusammen aus den Wirbelstromverlusten (S. 26) und den Verlusten der Ummagnetisierung (Hysteresis). Letztere werden durch die Arbeit des Herumdrehens der Molekularmagnete während jeder Periode verursacht; die verzehrte Energie setzt sich in nutzlose Wärme um. Die Eisenverluste hängen von der Stärke der Magnetisierung und der Frequenz des Wechselstromes ab und können durch Zusammensetzung der Eisenkerne aus Paketen von hochwertigem Transformatorenblech für mittlere Frequenzen (bis 10 000 Hz) klein gehalten werden.

Für HF würden jedoch die Eisenverluste in Transformatorenblech erhebliche Werte annehmen, weshalb man bei HF-Transformatoren meist auf den Kern verzichtet (sog. Lufttransformatoren). Neuerdings verwendet man vielfach ein aus Eisenpulver mit Isolierlack und Papier zusammengepreßtes Kernmaterial (Ferrocart, Sirufer), das zwar eine geringere Permeabilität ($\mu = 5 \ldots 12$), jedoch erheblich kleinere Verluste als Eisen besitzt. Die Eisenverluste des eingebrachten Kerns können daher durch die gleichzeitige Abnahme der Kupferverluste (Verringerung der Windungszahl) nahezu aufgehoben werden; die Gesamtverluste einer Kernspule sind also nicht größer wie die einer Luftspule gleicher Induktivität. Ein wesentlicher Vorteil der Kernspulen liegt in den kleineren Ausmaßen und der geringeren Streuung.

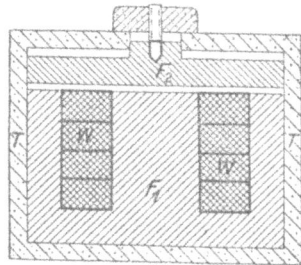

F_1 Ferrocartkern
F_2 verstellbarer Anker
W Wicklungen
T Trolitulgehäuse

Die Spulen und Transformatoren werden je nach der Kernform als Ring-, Topf- und Mantelspule gefertigt. Meist sind sie mit einem einstellbaren Luftspalt zur Änderung der Induktivität ausgerüstet und in ein Gehäuse aus Isolierstoff (Trolitul) eingebaut. Die Eigenkapazität der Spulen läßt sich durch Unterteilung derselben in einzelne Scheiben herabsetzen.

32. Mikrophon und Telephon

Um die Sprache elektrisch zu übertragen, müssen die beim Sprechen erregten Schallwellen zunächst durch das Mikrophon in Stromschwankungen umgewandelt werden; die sprachmodulierten Ströme werden über eine Drahtleitung zu der Empfangsstelle geleitet, wo sie durch das Telephon wieder in hörbare Schallwellen zurückverwandelt werden.

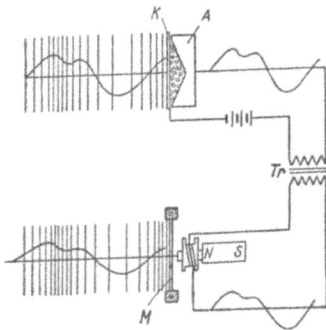

a) Das Mikrophon. Einem Kohleblock mit konischer oder rillenförmiger Ausbohrung A steht eine durch Hartgummi isolierte dünne Kohlenplatte K nahe gegenüber. Der Zwischenraum ist zu $^2/_3$ mit Kohlekörnern gefüllt. Beträgt der Widerstand des Mikrophons z. B. 200 Ω, so fließt beim Anlegen einer Elementspannung von 20 V ein Strom von 100 mA durch. Beim Sprechen gegen die Kohleplatte werden die Kohlekörner im Takt der auftretenden Schallwellen zusammengepreßt oder gelockert. Hierdurch ändert sich in genau entsprechender Weise der Widerstand der Kohlekörner und damit die Stärke des durchfließenden Stromes. Diese Stromschwankungen werden über einen Übertrager Tr und die Sprechleitung in das Empfangstelephon geschickt.

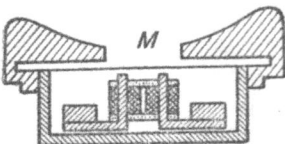

b) Das Telephon. Auf dem Pol eines Stahlmagneten sitzt ein Weicheisenkern mit Drahtspule; dicht vor dem Eisenkern befindet sich eine dünne Eisenmembran M, die durch den Stahlmagneten dauernd etwas angezogen (vorgespannt) wird. Fließt durch die Spule ein Strom, so wird je nach seiner Richtung die magnetische Anziehungskraft gestärkt oder geschwächt, die Eisenmembran stärker angezogen oder losgelas-

sen. Schickt man die ankommenden Mikrophonströme in die Telephonspule, so werden der Membran genau die Schwingungen aufgezwungen,
welche die Kohlemembran des Mikrophons aus-
führt. Diese Schwingungen übertragen sich durch
die Luft auf das an die Hörmuschel des Telephons
gepreßte Ohr, wo sie als Sprache gehört werden.

An die Mikrophone, welche zur Besprechung
eines Rundfunksenders dienen sollen, müssen hinsichtlich Empfindlichkeit und verzerrungsfreier
Umwandlung der Tonfrequenzen höhere Anforderungen gestellt werden als an das Mikrophon des
gewöhnlichen Fernsprechers. Von den zahlreichen
Sonderkonstruktionen seien hier das Reisz-Mikrophon, das Bändchen- und das Kondensatormikrophon gekennzeichnet.

33. Mikrophone zur Senderbesprechung

a) Das Reisz-Mikrophon. In einer quadratischen Vertiefung eines Marmorblocks B von
rd. 10 cm Seitenlänge befindet sich eine 1...2 mm
dicke Schicht von Kohlepulver S, an welche bei a
und b die Betriebsspannung von 20 V angeschlossen ist. Das lose zusammenhängende Pulver ist
aus Körnern verschiedener Größe zusammengesetzt und durch eine dünne, schwach gespannte
Gummimembran oder ein dünnes Glimmerblätt-
chen abgeschlossen.

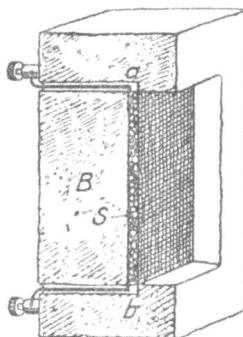

Die auf die eigenschwingungsfreie Membrane
auftreffenden Schallwellen verändern den Druck
und damit den Widerstand des Pulvers, wodurch
die Änderungen des Mikrophonstromes ohne Bevorzugung einzelner Frequenzen durch Eigenschwingungen hervorgerufen werden. Auch die
verschiedene Korngröße wirkt günstig auf den
Frequenzgang. Da der Strom quer zum einfallenden Schallstrahl auf einem längeren Wege das
Kohlepulver durchfließt, ist die Widerstandsände-
rung und damit die Empfindlichkeit erhöht. Auch
das ständige Rauschen, das durch kleine Ent-
ladungsfünkchen zwischen den einzelnen Kohlekörnern verursacht wird, ist durch die Verringerung der Stromdichte und durch die Verlänge-

rung des Stromweges weitgehend unterdrückt. Um das Klirren zu vermeiden, darf die Schallquelle nicht zu nahe am Mikrophon stehen. Zur Abdämpfung von Erschütterungen, gegen die das Mikrophon empfindlich ist, wird dieses in einem Ring federnd aufgehängt.

$$1 \, \mu B = \frac{750}{10^6} = \frac{0,75}{10^3} \, \text{mm Hg}$$

Die Empfindlichkeit des Mikrophons ist die Spannung, die an den Klemmen auftritt, wenn der Schalldruck 1 Mikrobar (μB) die Membran trifft; sie beträgt bei guten Mikrophonen $\frac{1 \, \text{mV}}{\mu B}$.

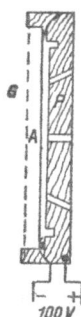

b) **Das Kondensatormikrophon** stellt einen Plattenkondensator dar (S. 38), der von einer Metallplatte P und einer in 0,02 mm Abstand zwischen zwei sehr dünnen Seidenmembranen befindlichen Aluminiumfolie A gebildet wird. Zur Ausschaltung von Resonanzschwingungen der zwischen den Belegen eingeschlossenen Luft, besitzt die feststehende Platte Kanäle, durch welche die Luft leicht hin- und herströmen kann. Die beiden Beläge werden über einen hohen Widerstand auf einer Spannung von 100...200 V gehalten. Spricht man durch die Schutzgaze G gegen die Membran, so nähert bzw. entfernt sich diese von der Metallplatte und ändert damit die Kapazität des Kondensators im Takte der Schallschwingungen. Da die Spannung fest ist, schwankt der Lade- bzw. Entladestrom; an den Enden des eingeschalteten Widerstandes entsteht eine Wechselspannung von im Mittel 0,5 mV, die an das Gitter der unmittelbar angebauten Verstärkerröhre gelegt wird. Da die Eigenschwingung der stark gespannten Membran über der oberen Hörbarkeitsgrenze ($f = 20\,000$ Hz) liegt, werden auch die höchsten Frequenzen unverzerrt wiedergegeben. Gegen mechanische Erschütterungen ist das Kondensatormikrophon unempfindlich, so daß eine federnde Aufhängung nicht erforderlich ist. Die Kapazität des Kondensatormikrophons beträgt rund 400 cm.

c) **Das Bändchenmikrophon von Siemens.** Zwischen den Polen eines kräftigen

Elektromagneten ist ein mit Querriffelung versehenes Duraluminiumbändchen *AB* von etwa 3 mm Breite und 0,002 mm Dicke angebracht. Die Eigenschwingungen des schwach gespannten Bändchens liegen bei 10...15 Hz, also nahe an der untern Hörbarkeitsgrenze und stören nicht mehr. Bei Besprechung des Bändchens führt es Schwingungen aus, wodurch an dessen Enden durch Induktion eine Wechselspannung von etwa 0,2 mV erzeugt wird, die nach entsprechender Verstärkung zur Steuerung des Senders verwendet werden kann.

Der Lautsprecher wandelt die tonmodulierten Stromschwingungen wieder in hörbare Luftschwingungen um. Er besteht aus einem Antriebsystem, in welchem die Umwandlung der elektrischen in mechanische Schwingungen vor sich geht und der Membran, welche die mechanischen Schwingungen unmittelbar oder durch einen Trichter als Schallwellen abstrahlt.

Die Antriebsysteme teilt man je nach der verwendeten Wirkung des elektrischen Stromes oder der Spannung ein in elektromagnetische, elektrodynamische und elektrostatische.

a) Das elektromagnetische Antriebsystem beruht auf der Kräftewirkung zwischen Magnetpolen. Wir unterscheiden Systeme mit und ohne Vorspannung des Ankers.

Bei den vorgespannten Systemen sitzt wie beim Telephon auf dem Pol eines Stahlmagneten ein Weicheisenkern mit Spule *E*. Dem Magnetkern gegenüber ist eine eiserne Feder *F* angebracht, die mit einer Kegelmembran *M* in Verbindung steht. Die Feder ist durch die Anziehungskraft des Stahlmagneten dauernd angezogen und dadurch vorgespannt. Fließt in der Spule *E* ein Strom, so wird je nach dessen Richtung die magnetische Anziehungskraft verstärkt oder geschwächt, die Feder angezogen oder losgelassen. Schickt man tonmodulierte Stromschwingungen in die Spule, so führt die Feder Schwingungen von der gleichen Frequenz und Form aus.

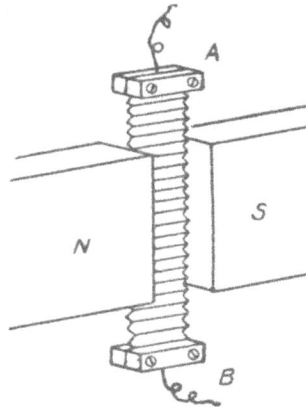

34. Lautsprecher-Antriebsysteme

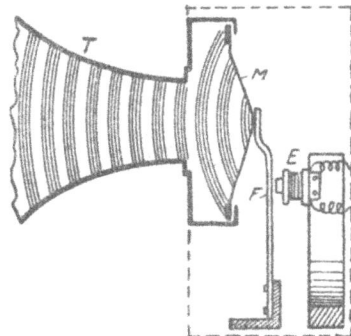

Da die magnetische Anziehungskraft sich nur bei kleinen Schwingweiten im selben Verhältnis mit der Stromstärke ändert, arbeitet dieses System nur bei kleinen Leistungen verzerrungsfrei.

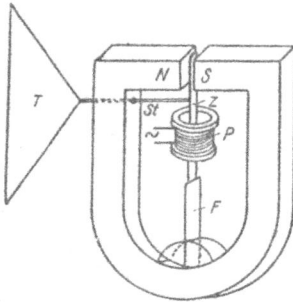

Bei den vorspannungsfreien Antriebsystemen befindet sich die von einer Feder F getragene Eisenzunge Z zwischen den Polen N und S eines Stahlmagneten. Die Feder ist, solange die sie umgebende Spule stromlos ist, entspannt. Schickt man hingegen Sprechströme in die Spule, so gerät die Zunge in Schwingungen, die sich durch den Stift St auf die Kegelmembran übertragen. Innerhalb kleiner Schwingungsweiten erfolgt die Wiedergabe verzerrungsfrei.

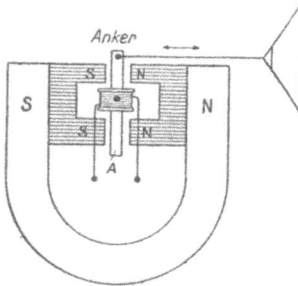

Zur Erzielung einer höheren Leistung verwendet man vier Magnetpole, zwischen denen sich ein von einer Spule umgebener Weicheisenkern A befindet, der sich um seinen Mittelpunkt drehen kann. Da auf den Anker bei gleichem Spulenstrom die doppelte Anziehungskraft wirkt, kann bei gleicher Schwingungsweite auch eine größere Kraft auf die Kegelmembran übertragen werden. Bei starken Schwingungen ändert sich der Abstand des Ankers von den Polen mitunter beträchtlich, was infolge der quadratischen Zu- oder Abnahme der Anziehungskraft bei Annäherung und Entfernung zu Verzerrungen führt.

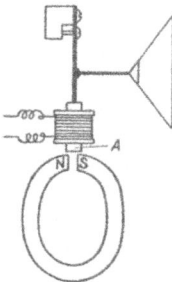

Man hat diesen Mangel behoben im Freischwinger, bei welchem der federnd aufgehängte Eisenanker A über den Polschuhen des Magneten frei schwingt. Hierdurch ist die Änderung des Ankerabstandes von den Polen verringert und damit die Wiedergabe auch bei großen Schwingweiten nahezu unverzerrt. Die Verringerung der Anziehungskraft durch den größeren Abstand des Ankers von den Polen hat man durch Verwendung hochwertiger Magnetstähle (Örstit 700 und 900) ausgleichen können.

b) Das elektrodynamische Antriebsystem beruht auf der elektrodynamischen Kraft, die eine bewegliche, stromdurchflossene Spule in

einem kräftigen Magnetfeld erfährt. Die Ablenkkraft nimmt bei festem Magnetfeld mit der Stärke
des Spulenstromes auch bei großen Schwingungsweiten in gleichem Maße zu; die Schwingungsform
entspricht also getreu der Stromform, die Wiedergabe erfolgt verzerrungsfrei. Da die Ablenkkraft
um so größer ist, je stärker das Magnetfeld wirkt,
verwendet man zur Felderzeugung Elektromagnete
oder kräftige Dauermagnete aus hochwertigem
Stahl. Man unterscheidet danach f r e m d e r r e g t e
und D a u e r m a g n e t -Lautsprecher. Die wirk-
samste Ausführungsform des elektrodynamischen
Antriebsystems stellt der T a u c h s p u l e n l a u t -
s p r e c h e r dar. Am Halse einer Kegelmembran ist
eine dünne und leichte Spule befestigt, die in einen
1...1,5 mm breiten ringfömigen Luftspalt eines
Topfelektromagneten NS eintaucht. Die Spule wird
durch eine aus Isolierstoff hergestellte leichte Feder
(die Spinne) zentriert und damit am Herausspringen
aus dem Luftspalt verhindert. Wird der Elektromagnet durch Batterie- oder Netzstrom erregt und
die Spule von Sprechströmen durchflossen, so erfährt sie senkrecht zu den magnetischen Kraftlinien einen Bewegungsantrieb, der sie mit der
Membran in Schwingungen versetzt. Die Schwingungsweite der Spule ist innerhalb des Feldes
nicht begrenzt. Der fremderregte dynamische
Lautsprecher ist hauptsächlich als Großlaut-
sprecher, bei welchem die Abgabe von Schall-
leistungen bis 60 W gefordert wird, ausgebildet
worden.

Als Zimmerlautsprecher hat der dynamische
Dauermagnetlautsprecher größte Verbreitung gefunden. Durch Verwendung hochwertiger Stahl-
sorten (Aluminium-Nickellegierung) ist die Schall-
leistung eines dynamischen Dauermagnetlaut-
sprechers bis auf 20 W zu steigern.

c) D e r e l e k t r o s t a t i s c h e L a u t s p r e c h e r
(H. Vogt). Die aus einer Leichtmetallegierung
hergestellte Membran M von 0,04 mm Dicke und
20...30 cm Durchmesser ist sorgfältig isoliert zwischen zwei nahe nebeneinander stehenden gitter-

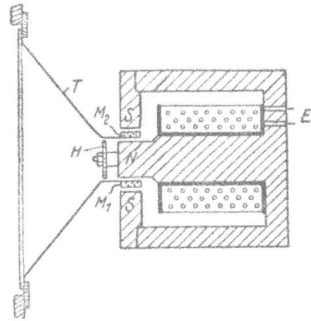

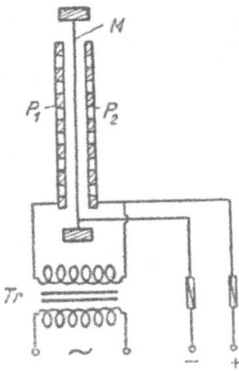

35. Lautsprecher-Abstrahl-vorrichtungen

förmigen Metallplatten P_1 und P_2 befestigt. Diese Membran erhält gegen die festen Belege über zwei hohe Widerstände eine Vorspannung von etwa 1000 V. Werden nunmehr die Sprechspannungen über einen Transformator den beiden feststehenden Belegen zugeführt, so gerät die Membran durch die elektrostatischen Anziehungs- bzw. Abstoßungskräfte als ganzes in Schwingung; die erzeugten Schallwellen dringen durch die Gitteröffnungen der festen Belege nach außen. Die Lautstärke kann bei festem Plattenabstand durch die Vorspannung geregelt werden. In der Wiedergabe werden die hohen Frequenzen bevorzugt.

a) Die Großflächenmembran. Die Übertragung der Schwingungen des Antriebsystems auf die Luft erfolgt durch die aus dünnster Pappe, Ölpapier oder Aluminium gefertigte Kegelmembran. Diese ist bei dem elektromagnetischen Lautsprecher mit der Spitze an dem Stößel des Antriebsystems befestigt, während ihr äußerer Rand frei oder durch eine weiche Auflage gehalten ist. Die Membran kann sich daher als Ganzes kolbenartig bewegen. Um zu verhindern, daß sich die Membran bei hohen Tönen unterteilt, d. h. nur in ihrem mittleren Teil schwingt, hat man sie in ihrem oberen Teil durch steileren Abfall versteift. Man erhält dann eine nicht abwickelbare Fläche (Nawi-Membran). Je kleiner die Membran ist, um so besser gibt sie die hohen Frequenzen wieder; andererseits nimmt die Schalleistung mit der Größe der Membran zu. In den gewöhnlichen Lautsprechern wählt man eine mittlere Membrangröße von 10...15 cm Durchmesser. Im Hochtonlautsprecher, der nur Frequenzen von 3000...10000 Hz wiedergibt, befindet sich eine Membran von rd. 4 cm Durchmesser.

b) Die Schallwand. Um zu verhindern, daß die auf der Vor- und Rückseite der Membran gleichzeitig entstehenden Verdichtungen und Verdünnungen der Luft sich wieder ausgleichen, baut man die Membran in die Öffnung einer Schallwand ein. Hierdurch wird nicht nur die Lautstärke erhöht, sondern durch das Hervorheben der tiefen Töne der Klang weich und angenehm. Die Strahlung erfolgt vorwiegend in der Richtung senkrecht zur Wand.

c) Der Schalltrichter stellt das älteste Mittel zur Richtung der Schallstrahlung dar. Die ursprünglich verwendeten Trichter aus dünnem Blech verursachten durch Eigenschwingungen des eingeschlossenen Luftkörpers und Klirren der Wandung Verzerrungen. Diese Nachteile wurden durch Verwendung von schalltotem Material (Gips, Beton) in kräftigen Wandstärken, sowie durch die Exponentialform weitgehend behoben, so daß auch heute noch der Trichter bei Großlautsprechern im Freien oder in Theatern verwendet wird.

d) Der Rundstrahler (Pilzlautsprecher). Der Schall wird von der Membran nach oben gegen eine pilzförmige Fläche geworfen und von dieser schräg nach unten nach allen Seiten abgestrahlt; er füllt somit nur einen begrenzten Kegel mit Schall aus.

Der Rundstrahler ist besonders im Freien zur echofreien Schallversorgung zweckmäßig, wo eine größere Anzahl von Lautsprechern in 70...100 m Abstand aufgestellt wird.

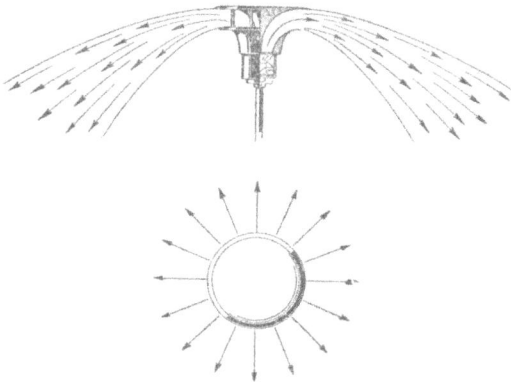

Schallausbreitung beim Rundstrahler von Telefunken.

C. Elektrische Schwingungen und Wellen.

36. Geschlossener
Schwingungskreis

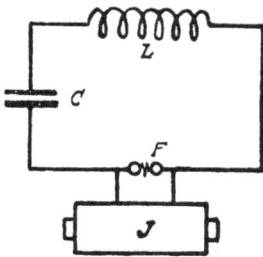

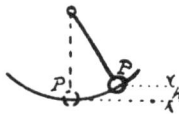

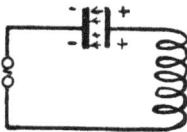

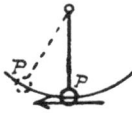

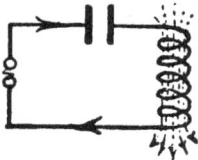

Zur Erzeugung der für die Funktechnik erforderlichen Wechselströme hoher Frequenz benutzt man den aus Kondensator und Spule zusammengesetzten geschlossenen Schwingungskreis. Die Erregung derselben kann durch Funken, Lichtbogen, Hochfrequenzmaschine und Elektronenröhre erfolgen. Obwohl die Funkenerregung heute nur im Laboratorium z. B. zur Erzeugung kleinster Wellen (4...10 mm) angewendet wird, soll sie hier wegen ihrer Anschaulichkeit der Erläuterung des Schwingungsvorganges zugrunde gelegt werden.

Die in den Kreis geschaltete Funkenstrecke ist an einen Funkeninduktor I angeschlossen, durch welchen der Kondensator so lange aufgeladen wird, bis ein Funke überspringt.

Die Entladung des Kondensators beim Überspringen des Funkens erfolgt durch Schwingungen, die von ähnlicher Natur sind wie die Schwingungen eines Pendels.

I a) Das auf die Höhe h gehobene Pendel fällt beim Loslassen mit zunehmender Geschwindigkeit in seine tiefste Lage.

I b) Der auf die Spannung ($+ U$) aufgeladene Kondensator wird beim Überspringen des Funkens entladen, wobei ein Strom von zunehmender Stärke entsteht.

II a) Das Pendel kommt in der tiefsten Lage mit größter Geschwindigkeit an und steigt infolge seiner Trägheit auf der andern Seite wieder in die Höhe.

II b) Der Strom erlangt seine größte Stärke im Augenblick der Kondensatorentladung und wird durch die Trägheit des Magnetfeldes fortgesetzt, wodurch der Kondensator entgegengesetzt (— U) aufgeladen wird.

III a) Das auf der Höhe h angelangte Pendel fällt mit zunehmender Geschwindigkeit wieder in seine tiefste Lage zurück.

III b) Der entgegengesetzt geladene Kondensator entlädt sich wieder, wobei ein Strom von zunehmender Stärke entsteht.

IV a) Das Pendel erreicht seine tiefste Lage mit größter Geschwindigkeit und steigt infolge seiner Trägheit wieder in seine Anfangslage h zurück.

IV b) Der Strom erlangt im Augenblick der Kondensatorentladung seine größte Stärke und setzt sich durch die Trägheit des Magnetfeldes fort. Der Kondensator wird wieder im ursprünglichen Sinne (+ U) aufgeladen.

Diesen Vorgang nennt man eine elektrische Schwingung. Beim Pendel setzt sich fortwährend das erlangte Fallbestreben in Geschwindigkeit, die Geschwindigkeit wieder in Fallbestreben usw. um. Bei der elektrischen Schwingung setzt sich die Kondensatorladung (elektrisches Kraftfeld) in Strom (magnetisches Kraftfeld), der Strom wieder in Kondensatorladung usw. um.

Mit dem Zu- und Abnehmen des Stromes nimmt auch die Helligkeit des Funkens stetig zu und ab. Der Helligkeitswechsel geht aber so schnell vor sich, daß man ihn mit bloßem Auge nicht wahrnehmen kann. Photographiert man aber den Funken F in einem sich schnell drehenden Spiegel S, so wird er auf der Platte P zu einem Lichtband auseinandergezogen, das aus einer Reihe einzelner heller und dunkler Streifen besteht. Aus der Drehzahl des Spiegels, der Streifenbreite und dem Abstand des Funkens vom Spiegel berechnet man die Schwingungsdauer. Diese ergab sich je nach der Zahl der verwendeten L e i d n e r Flaschen und Drahtspulen zu ein Zehntausendstel bis ein Hunderttausendstel Sekunde.

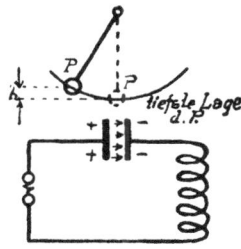

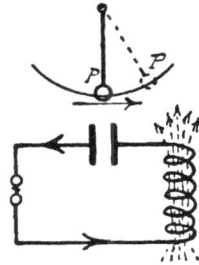

37. Nachweis der elektr. Schwingungen
B. W. Feddersen 1857

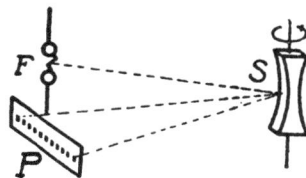

38. Schwingungsdauer und Frequenz

$$T_{sek} = 2\pi \sqrt{C_{Farad} \cdot L_{Henry}}$$

$$= \frac{2\pi}{3 \cdot 10^{10}} \cdot \sqrt{C_{cm} \cdot L_{cm}}$$

$$f = \frac{1}{T} = \frac{1}{2\pi \sqrt{C_F \cdot L_H}}$$

$$\omega = 2\pi f = \frac{1}{\sqrt{C_F \cdot L_H}}$$

z. B.: $L = 20\,000$ cm

$C = 1\,800$ cm

$T = 1,25$ Millionstel Sek.

$f = 800$ kHz

39. Dämpfung der Schwingungen

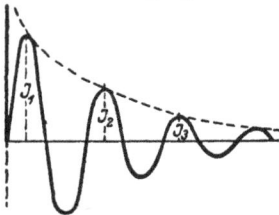

$$\frac{l_1}{l_2} = \frac{l_2}{l_3} = \gamma$$

$\frac{l_1}{l_2}$	$d = \log nat \frac{l_1}{l_2}$
$\frac{271}{100}$	1
$\frac{200}{100}$	0,7
$\frac{123}{100}$	0,2
$\frac{106}{100}$	0,05
$\frac{101}{100}$	0,01
$\frac{100,5}{100}$	0,005

Die Dauer der Pendelschwingung ist um so größer, je länger das Pendel ist, und zwar wird sie 2-, 3-, 4mal so groß, wenn das Pendel 4-, 9-, 16mal so lang wird.

Die Dauer der elektrischen Schwingungen ist um so größer, je größer die Kapazität und die Induktivität ist, und zwar wird die Schwingungsdauer 2- bzw. 3mal so groß, wenn die Kapazität o d e r Induktivität 4mal bzw. 9mal so groß wird.

Man kann die Schwingungsdauer T und ihren Kehrwert, die Frequenz $f = \frac{1}{T}$ aus der Thomsonschen Schwingungsformel berechnen, die je nach den Einheiten, in welchen man C und L mißt, verschiedene Zahlenfaktoren erhält.

$2\pi = 6,28$ ist der Umfang eines Kreises vom Radius Eins.

An die 1. Schwingung schließt sich die 2., 3., 4. usw. an, bis infolge der Energieverluste die Schwingungen ganz erlöschen. Wir erhalten einen Zug an Stärke abnehmender oder gedämpfter Schwingungen.

Die Dämpfung der Schwingungen erfolgt stets so, daß das Verhältnis zweier aufeinanderfolgender Schwingungsweiten (Amplituden) gleich bleibt.

Es ist also:

Die Berührungskurve der Wellenscheitel ist dann eine Exponentialkurve, die um so steiler abfällt, je größer die Dämpfung ist. Man kann das Amplitudenverhältnis durch Aufzeichnung der Schwingungen in der Braunschen Röhre ermitteln.

Für die Rechnung und Messung ist es zweckmäßiger, an Stelle des Amplitudenverhältnisses dessen natürlichen Logarithmus zu verwenden, wie er nebenstehend für einige Amplitudenverhältnisse angegeben ist. Dieses logarithmische Dämpfungsdekrement d kann man ohne Kenntnis des Schwingungsverlaufs aus den Bestimmungsstücken des Schwingungskreises C, L und R berechnen oder durch Aufnahme der Resonanzkurve (S. 78) messen.

Die Rechnung ergibt:

Bleiben C und L des Kreises konstant, so nimmt d mit dem Verlustwiderstand R des Kreises zu.

$$d = \pi \cdot R \sqrt{\frac{C_F}{L_H}}$$

Der hohe Widerstand der Funkenstrecke in den alten Sendern verursachte ein Dämpfungsdekrement von 0,1; nach 50 Schwingungen ist dann die Amplitude auf den 150. Teil ihres Anfangswertes heruntergegangen, d. h. die Schwingungen sind praktisch erloschen. Verlustarme Empfangskreise dürfen höchstens ein Dekrement von 0,008, Kreise mit künstlicher Entdämpfung durch Rückkopplung (S. 169) ein Dekrement von 0,002 besitzen. Das Erlöschen findet dann erst nach 625 bzw. 2500 Schwingungen statt.

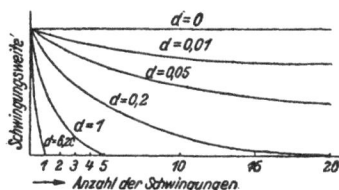

Die Dämpfung eines schwingenden Systems kann so groß sein, daß schon innerhalb der ersten Halbschwingung die ganze Energie in Wärme verwandelt wird. In diesem Falle können keine Schwingungen entstehen; der Energieausgleich erfolgt nichtperiodisch oder aperiodisch.

40. Aperiodische Entladung

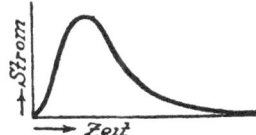

Ein Pendel, welches z. B. in Öl aus seiner Ruhelage gebracht wird, kehrt langsam in seine Ruhelage zurück, ohne darüber hinauszupendeln. Die aperiodische Entladung tritt im Schwingungskreis ein, wenn der Ohmsche Widerstand des

Kreises $R \gtrless 2\sqrt{\frac{L}{C}}$ ist; das Dämpfungsdekrement

wird dann:

$$d \gtrless 2\pi$$

Mit dem Aufhören der Schwingungen verliert der Funke sein Leitvermögen, der Schwingungskreis ist unterbrochen. Der Kondensator wird von neuem aufgeladen, bis wieder ein Funke übergeht. Gehen in der Sekunde fünfzig Funken über, so erhält man fünfzig gedämpfte Schwingungszüge.

41. Die Dämpfungsursachen

Beim Pendel liegt die Ursache der Dämpfung in der Reibung im Aufhängepunkt sowie im Luftwiderstand. Bei den elektrischen Schwingungen sind die Verlustquellen:

a) Die **S t r o m w ä r m e** in sämtlichen Leitungsteilen, welche Ohmschen Widerstand bieten. Diese Verluste betragen im Bereiche mittlerer Wellen etwa 80% der Gesamtverluste. Das Ansteigen des Widerstandes für HF-Ströme durch den Hauteffekt (S. 37) kann man bei Sendern durch Spulen aus Kupferbändern oder Rohren, bei Empfängern durch Verwendung von Litzendraht klein halten. Die HF-Litze besteht aus einem Bündel (5...30) einzelner lackisolierter Drähte von 0,03...0,1 mm $\emptyset$, die so verflochten sind, daß jeder Einzeldraht einmal im Innern nahe der Achse und dann wieder an der Oberfläche des Bündels verläuft.

Die Erwärmung der Elektroden und der Luft der Funkenstrecke stellt die hauptsächlichste Dämpfungsursache in den Funkensendern dar.

b) Die **d i e l e k t r i s c h e n** Verluste in der Zwischenschicht des Kondensators und in der Spulenisolation. Sie werden verursacht durch die rasche Umpolarisation des Dielektrikums und die hierbei zu leistende Arbeit der Elektronenverlagerung. Die Verlustleistung N nimmt mit dem Quadrat der angelegten Spannung U^2 und der Kreisfrequenz ω zu; sie hängt außerdem von dem Verlustfaktor tg δ des Isolators ab:

δ ist dabei der Winkel, um welchen sich der Phasenunterschied des Stromes gegen die Spannung von 90° unterscheidet (S. 41).

δ liegt für Quarz unter 1', für Porzellan bei 20'.

Aus nebenstehender Tabelle ersieht man, daß der Verlustfaktor der keramischen Isolierstoffe (Calan, Frequenta usw.) erheblich niedriger liegt wie bei den bisher verwendeten Isolierstoffen Hartgummi, Pertinax usw. Sie werden daher heute zum verlustarmen Aufbau von Kondensatoren und Spulen für Schwingungskreise bevorzugt. Bemerkenswert ist ferner die hohe Dielektrizitätskonstante ε von Condensa und Kerafar, welche zum Aufbau spannungsfester Kondensatoren dienen.

z. B.: Widerstand von 10 m Kupferdraht von 0,5 mm $\emptyset$ 1,2 Ω für Gleichstrom 2,5 Ω bei $f = 10^6$ Hz

$$N = U^2 \cdot \omega \, \text{tg} \, \delta$$

Isolator	ε	tg δ in 10^{-4} für $f =$ 1000 k Hz
Quarz . . .	3.8...4.7	1.0
Glimmer . .	6...8	1.6
Glas	6...8	5.3
Porzellan .	5.4...6	55
Hartgummi .	2...3	65
Papier . . .	1.2...1.3	145
Pertinax . .	5.4	220
Calit	6.5	3.8
Calan . . .	6.5	3.2
Frequenta .	5.6...6.1	5.0
Trolitul . . .	2.1...2.5	1.4
Condensa .	40...50	8.0
Condensa C	80...100	6.0
Kerafar R .	80	10...15

Da die dielektrischen Verluste bei hohen Frequenzen schneller zunehmen als die Verluste durch Hautwirkung, so verwendet man für Frequenzen über 10^4 kHz keine Litze mehr, sondern blanke oder lackisolierte Volldrähte.

c) Die Wirbelströme, die in allen im Felde liegenden Metallteilen induziert werden. Die Anordnung des Schwingungskreises ist daher so zu treffen, daß größere Metallmassen von dem magnetischen Kraftfeld der Spule nicht geschnitten werden. Auch durch Verwendung von Kernspulen oder von Ringspulen (S. 47 u. 68) können infolge ihres geringeren Außenfeldes die Wirbelstromverluste klein gehalten werden.

d) Die Strahlung. Im Bereiche langer und mittlerer Wellen sind die Verluste beim geschlossenen Schwingungskreis unbedeutend. Wenn jedoch an den Schwingungskreis freiendigende Leitungsdrähte angeschlossen sind, können diese, insbesondere bei kurzen Wellen, erhebliche Strahlungsverluste hervorrufen.

e) Die Übergangswiderstände an Lötstellen, Abgriffen. Die Verluste durch Oberflächenleitung und Sprühen sind durch sorgfältigen Bau in engen Grenzen zu halten.

Die Fernwirkung des geschlossenen Schwingungskreises ist für mittlere und lange Wellen gering, denn:

die elektrischen Kraftlinien gehen zwischen den Platten des Kondensators unmittelbar über und können nicht in den Raum austreten.

Die magnetischen Kraftfelder in zwei gegenüberliegenden Leitungsdrähten des Kreises sind entgegengesetzt gerichtet und heben sich in ihrer Fernwirkung auf.

Das Strahlungsvermögen des geschlossenen Schwingungskreises wird erhöht, sobald man die Kondensatorplatten voneinander trennt. Je weiter man die Platten entfernt, um so größer wird die Streuung der Kraftlinien und damit die Fernwirkung des Schwingungskreises. Im Grenzfall er-

42. Offener Schwingungskreis

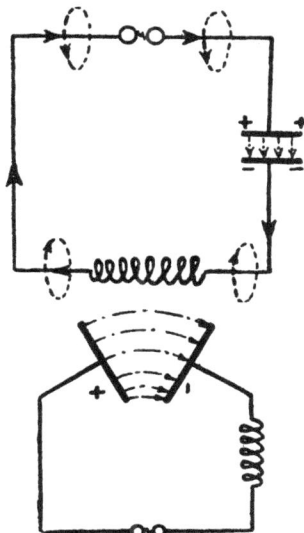

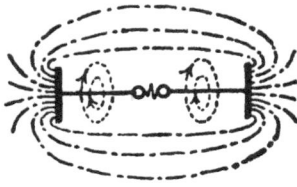

43. Elektrische Wellen

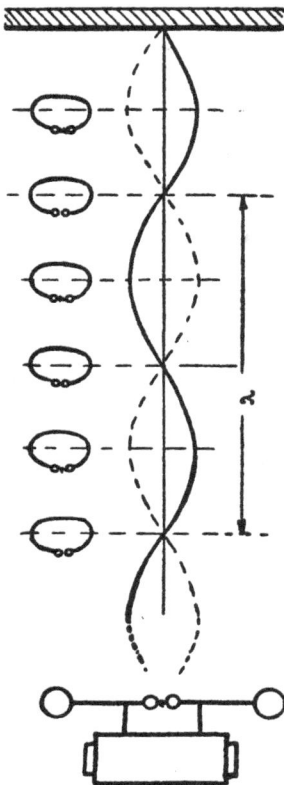

halten wir den **offenen Schwingungskreis** oder **Dipol**, der aus einer Funkenstrecke mit zwei geraden, an den Enden mit Kapazitätsflächen versehenen Drähten besteht. Der Dipol strahlt kräftig, denn die elektrischen Kraftlinien können sich weit im Raume ausbreiten, die magnetischen Kraftlinien sind in allen Teilen der Leitung gleichgerichtet und verstärken sich in ihrer Fernwirkung.

a) **Nachweis (Heinrich Hertz 1886...89).** Der Dipol wurde mit einem Funkeninduktor verbunden. Als Empfänger für die Wellen wurde ein Draht verwendet, der zu einem Ringe so weit zusammengebogen war, daß die Enden nur noch durch einen kleinen Abstand von rd. $1/_5$ mm getrennt waren. Der Ring war mit Siegellack isoliert an einem Stativ befestigt. Brachte man diesen Drahtring (Resonator) dem arbeitenden Sender (Oszillator) in einiger Entfernung gegenüber, so zeigte sich die durch den Raum übertragene Energie durch Fünkchen zwischen den Enden des Ringes an.

Um die Länge der von dem Sender ausgehenden Wellen messen zu können, erzeugte man **stehende elektrische Wellen** im Raume. Gegenüber dem Dipol wurde in etwa 13 m Entfernung eine große Zinkwand angebracht, die zur Erde abgeleitet war. Während der Sender Wellen aussandte, wurde mit dem Drahtring das Feld abgetastet. Dabei fand man in gleichen Abständen von etwa 2 m Punkte, an denen **keine** Fünkchen auftraten, es waren dies die **Knotenpunkte.** Dazwischen waren Punkte, wo besonders kräftige Fünkchen auftraten, es waren die **Schwingungsbäuche.** Damit waren **stehende elektrische Wellen** im Raum nachgewiesen. Die **Länge** der Wellen war gleich dem **doppelten** Abstand zweier aufeinanderfolgender Knoten, also im vorliegenden Fall gleich 4 m.

b) **Frequenz, Wellenlänge und Geschwindigkeit.** Zwischen der Frequenz f und der durch die Schwingungen erregten Welle besteht die Beziehung, daß die Wellen um so länger werden, je kleiner die Frequenz f ist. Ist c die feste Fortpflanzungsgeschwindigkeit der Wellenbewegung, so besteht die Beziehung:

$$\lambda = \frac{c}{f}$$

Aus dieser Beziehung läßt sich die Geschwindigkeit c der elektrischen Wellen aus λ und f berechnen. Es ist:

$$c = \lambda \cdot f$$

Zur Erzeugung von Wellen von 400 cm Länge ist z. B. ein Dipol erforderlich, dessen Frequenz 75 000 000 Hz beträgt. Hieraus folgt:

$$c = 4 \cdot 75 \cdot 10^6 = 3 \cdot 10^{10}\ \frac{cm}{s}$$
$$= 300\,000\ \frac{km}{s}$$

Es ist dies die gleiche Geschwindigkeit, mit der sich die Lichtwellen im freien Raum fortpflanzen. Damit ist bewiesen, daß die Lichtwellen wesensgleich sind mit den elektrischen Wellen. Sie unterscheiden sich nur durch ihre Länge, indem nämlich die für unser Auge als Licht und Farbe wahrnehmbaren elektrischen Wellen nur 4...7 Zehntausendstel mm lang sind, wogegen in der Funkentelegraphie Wellen von 30 cm bis zu 30 km Länge verwendet werden.

Setzt man in obige Formel für λ den in Nr. 38 aus C und L berechneten Wert für f und den in cm/s ausgedrückten Wert für c ein, so erhält man:

$$\lambda_{cm} = 2\,\pi\,\sqrt{C_{cm} \cdot L_{cm}}$$

Nebenstehende Tabelle zur Umrechnung von Wellenlängen in Frequenzen kann von links nach rechts oder von rechts nach links gelesen werden. Die 10-m-Welle entspricht z. B. der Frequenz 30 000 kHz oder die 30 000-m-Welle der Frequenz 10 kHz.

Wellenlänge in m →	Frequenz in kHz
Frequenz in kHz ←	Wellenlänge in m
10	30 000
20	15 000
40	7 500
80	3 750
100	3 000
300	1 000
500	600
800	375
2 000	150
4 000	75
5 000	60
10 000	30

c) Mechanismus der Wellenausbreitung im Raume. Von den in der Umgebung eines Dipols entstehenden magnetischen und elektrischen Kraftlinien schnürt sich im Takte der Schwingungen ein Teil ab, der sich als geschlossenes Bündel im Raume ausbreitet. Die Abschnürung und Fortpflanzung der elektrischen Kraftlinienbündel geht in folgenden vier Phasen vor sich:

1. Viertel. Der aufgeladene Dipol ist von einem elektrischen Kraftfeld umgeben. Beim Über-

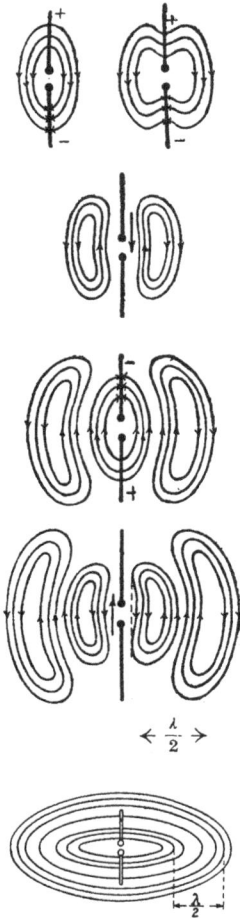

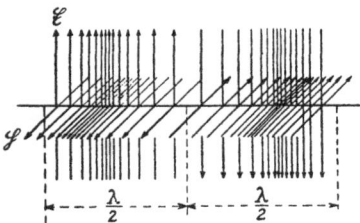

gehen des Funkens ziehen sich die Kraftlinien zusammen; es schnürt sich ein geschlossenes Kraftbündel ab.

2. Viertel. Der Dipol ist entladen; das erste Kraftlinienbündel hat sich abgelöst. Der abwärts fließende Entladestrom wird durch die Induktivität des Dipols fortgesetzt. Der Dipol lädt sich umgekehrt, ein neues, dem ersten entgegengesetztes elektrisches Kraftfeld baut sich auf.

3. Viertel. Das neue elektrische Kraftfeld hat seine größte Ausdehnung und beginnt sich wieder abzuschnüren. Das ursprüngliche Kraftlinienbündel hat sich vergrößert und weiter entfernt.

4. Viertel. Der Dipol ist wieder entladen; das neue Kraftlinienbündel hat sich vollkommen abgelöst. Der Abstand zwischen den Mitten zweier aufeinanderfolgender Kraftbündel ist die halbe Wellenlänge $\left(\dfrac{\lambda}{2}\right)$. Während der Dipol sich durch den aufwärts fließenden Strom von neuem auflädt, baut sich das elektrische Kraftfeld im ursprünglichen Sinne auf.

Mit den elektrischen Kraftlinien schreiten gleichzeitig die magnetischen Kraftlinien in konzentrischen Ringen von wellenförmig zu- und abnehmender Dichte fort.

Schwingt der Dipol weiter, so lösen sich weitere Bündel elektrischer und magnetischer Kraftlinien ab, die sich im Raume mit Lichtgeschwindigkeit fortpflanzen und die elektromagnetischen Wellen bilden.

Die elektrischen Kraftlinien laufen der Dipolachse parallel, während die magnetischen zu ihm senkrecht stehen. Beide Kraftfelder stehen senkrecht zur Strahlrichtung.

Während in der Nähe des Senders die elektrischen und magnetischen Kraftfelder ihre Höchstwerte abwechselnd durchlaufen, gehen sie in größerer Entfernung, wo die Änderung des magnetischen Feldes mit der Ausbildung eines elektrischen Feldes verknüpft ist, gleichzeitig durch ihre Höchstwerte bzw. durch die Werte Null hindurch. Ein von den Wellen durchzogenes Raumstück ist also im Takte der Schwingungen von gleichzeitig zu- und abnehmenden elektrischen und magnetischen Kraftfeldern erfüllt.

Für einen Dipol ohne Endkapazität ist die Wellenlänge der Grundschwingung rd. viermal so groß wie die Senderhälfte *l*. Da sich die Welle im Draht langsamer ausbreitet als in Luft, ist sie im Draht kürzer wie in Luft. Der Dipol ist deshalb auf rd. 0,95 zu verkürzen.

Bei der Schwingungserregung eines Dipols können neben der Grundschwingung auch Oberschwingungen auftreten, deren Wellenlänge nach dem Gesetze 2 *l*, $^4/_3$ *l*, *l*, $^4/_5$ *l* usw. abnimmt.

Während im geschlossenen Schwingungskreis die mittlere Stromstärke an allen Stellen den gleichen Wert besitzt, ist dies im offenen Kreis nicht der Fall.

In der Nähe der Funkenstrecke ist nämlich der Strom am größten (Strombauch), nach den Enden zu nimmt die Stromstärke allmählich ab und wird an den Enden selbst gleich Null (Stromknoten). Von dieser Stromverteilung kann man sich überzeugen, wenn man an verschiedenen Stellen eines horizontal ausgespannten Dipols ein Hitzdrahtamperemeter einschaltet.

Die Spannung verteilt sich umgekehrt; an den Enden liegen die Spannungsbäuche. Dort kann man die größten Funken ziehen. In der Mitte liegt der Spannungsknoten. Die Strom- und Spannungsverteilung im offenen Sender entspricht einer stehenden elektrischen Welle.

a) Verlängerung durch Endkapazitäten. Bringt man an den beiden Enden des Dipols Platten oder Kugeln zur Vergrößerung der Kapazität an, so wird die Schwingung verlangsamt und die Welle verlängert.

Sind die beiden Endkapazitäten gleich groß, so bleibt der Strombauch in der Mitte. Rückt man

44. Grund- und Oberschwingungen
$\lambda = 4\,l$

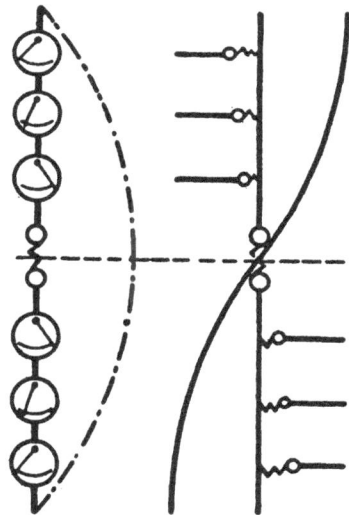

45. Verlängerung und Verkürzung der Welle eines Dipols

5

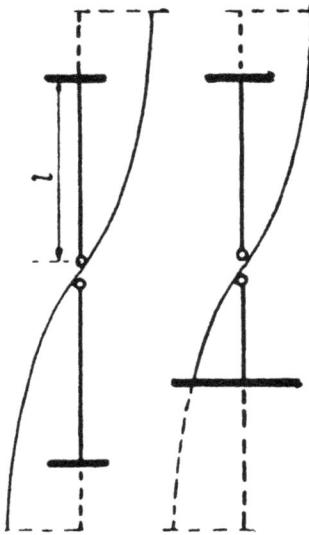

eine Kapazität näher an die Funkenstrecke heran, so muß man sie entsprechend vergrößern, damit der Strombauch in der Mitte bleibt. Befindet sich schließlich die Kapazität ganz nahe an der Funkenstrecke, so muß sie sehr groß gemacht werden, damit die Grundschwingung der oberen Senderhälfte bestehen bleibt. Als solche große Kapazität kann z. B. der gutleitende Erdboden oder ein isoliertes, über dem Erdboden gespanntes Drahtnetz (sog. Gegengewicht) dienen. Man kann also die eine Hälfte des Dipols durch eine Erdung ersetzen, ohne daß sich dabei die Grundschwingung ändert. (Anwendung bei der geerdeten Antenne S. 85.)

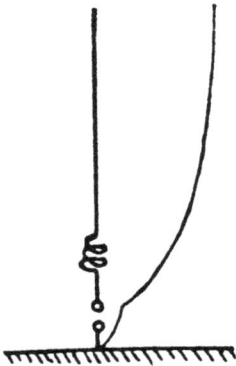

b) Verlängerung durch Spule. Schaltet man in den Strombauch der Antenne eine Spule, so wird ihre Induktivität und damit die Welle vergrößert. Die Einschaltung der Spule hat dieselbe Wirkung wie eine Verlängerung der Antenne; man nennt diese Spulen daher auch Verlängerungsspulen.

Indessen wird durch die eingeschalteten Spulen das Strahlvermögen der Antenne beeinträchtigt, da:

I. die Stromstärke infolge des vergrößerten Ohmschen Widerstandes kleiner wird;

II. die im Strombauch liegende Spule nur eine geringe Strahlung besitzt;

III. die hauptsächlich in der Spule ansteigende Spannung Anlaß zu Sprüh- und Isolationsverlusten gibt.

Aus diesen Gründen geht man im Bereich mittlerer und langer Wellen auf der Sendeseite über eine 3...8 fache Verlängerung der Grundwelle nicht hinaus.

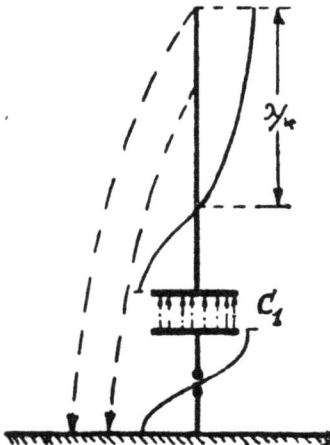

c) Verkürzung durch Kondensator. Schaltet man einen Kondensator C in der Nähe des Strombauches einer geerdeten Antenne ein, so wird die Gesamtkapazität verkleinert, die Wellenlänge also verkürzt. Die Verringerung der

Kapazität erklärt sich daraus, daß nunmehr zwei Kondensatoren hintereinander geschaltet sind, nämlich der Kondensator Antenne-Erde und der eingeschaltete Kondensator C (S. 39).

a) Die Zylinderspule aus versilbertem Kupferdraht oder Kupferrohr wird bei Sendern meist von zwei oder vier mit Kerben versehenen Holz- oder keramischen Stäben getragen. Von festen Kontakten oder von federnd aufsteckbaren Abgreifklammern können einzelne Windungen abgezweigt werden.

Die Zylinderspule wird für Kurzwellensender und -empfänger meist nur mit einer Halteleiste freitragend ausgeführt. Bei Kopplungen zweier Zylinderspulen empfiehlt es sich, die kleinere drehbar anzuordnen.

In Empfängern für mittlere Wellen werden die Zylinderspulen durch Aufwickeln einer Lage isolierten Drahtes (0,1...0,5 mm ϕ) auf einen Pertinax- oder Glimmerzylinder hergestellt. Besonders verlustarme Spulen erhält man durch Bewicklung eines Rippenrohres mit sternförmigem Querschnitt, das aus eingekerbten Pertinax- oder Glimmerstreifen zusammengesetzt ist. Neuerdings werden auch Spulenkörper in einem Stück aus Trolitul, Calit usw. hergestellt.

b) Kapazitätsarme Spulen. Die Kapazität der Spule bildet für HF einen kapazitiven Nebenschluß, der den Scheinwiderstand der Spule herabgesetzt oder im Schwingungskreis als unerwünschte Parallelkapazität wirkt. Man arbeitet daher besonders bei mehrlagigen Spulen mit kapazitätsarmen Wicklungen. Mehrlagige Zylinderspulen werden nach nebenstehendem Schema kapazitätsarm gewickelt. Ferner kann der Abstand benachbarter Windungen durch kreuzweise Führung des Drahtes über die Stifte einer Schablone vergrößert und dadurch die Spulenkapazität verringert werden. Je nach der Anordnung der Stifte erhält man die Korbboden-, Korbmantel-, die Waben- und die Kreuzwickelspule.

46. Spulen im Schwingungskreis

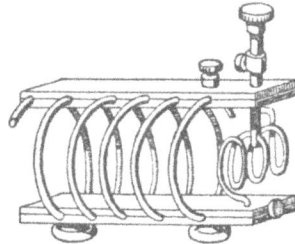

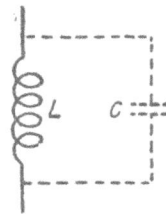

5*

c) **Spulen mit schwachem Außenfeld**
und dadurch verringerter Kopplungsfähigkeit. Von
außen einwirkende Kraftfelder, z. B. durch die
Welle des Ortssenders, vermögen in derartigen
Spulen praktisch keinen Strom zu induzieren, da
sich die auftretenden Induktionsspannungen aufheben. Wir unterscheiden:

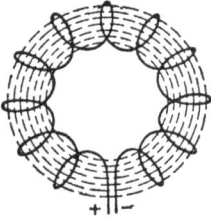

I. die **Ringspule**, bei welcher eine zylinder-
förmige Wicklung ringförmig zusammengebogen
ist, so daß die Wicklungsenden an der gleichen
Stelle nach außen führen (S. 20).

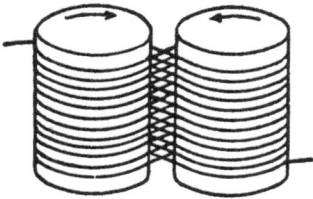

II. Die **Doppel- oder Achterspulen** bestehen aus zwei nebeneinander stehenden Zylin-
derhülsen, deren Wicklungen in Achterform um
die beiden Spulenkörper gelegt werden, so daß
die Streuung der Kraftfelder vermindert wird. Soll
eine Doppelspule als Transformator verwendet
werden, so erhält nur die erste Spule eine Primärspule, während die zweite Spule leer bleibt.

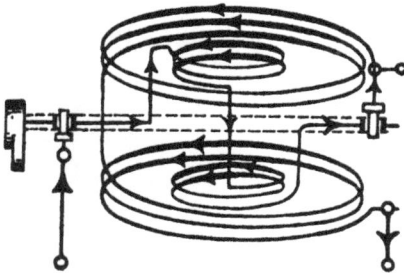

d) **Stetig veränderbare Spulen** (Variometer) beruhen auf der Anwendung zweier gegeneinander verstellbarer Spulen. Das Zylindervario-
meter besteht aus zwei ineinander liegenden
Zylinderspulen, von welchen die kleinere sich
innerhalb der größeren drehen läßt. Stehen die
beiden hintereinander geschalteten Spulen senkrecht zueinander, so besitzt die Gesamtinduktivität
einen Mittelwert. Dreht man die innere Spule so
in die äußere, daß die Wicklungen im gleichen
Sinne laufen (a), so erhält man den größten Wert
der Selbstinduktion, dreht man zurück, bis beide
Spulen wieder ineinander liegen und ihre Wicklungen entgegengesetzt verlaufen, so ergibt sich
ihr kleinster Wert (b).

Um einen möglichst großen Bereich mit einem
Variometer bestreichen zu können, muß der Luftspalt zwischen der inneren und äußeren Wicklung
möglichst klein gemacht werden. Man erreicht
dies, indem man die Spulen auf eine Kugelkalotte
wickelt (Kugelvariometer). Die Variometer sind

a) größte Selbstinduktion

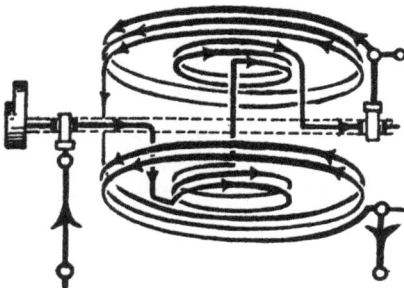

b) kleinste Selbstinduktion

bei Kleinhaltung der Eigenkapazität in Sendern
für Wellen bis 15 m verwendbar.

a) Feste Kondensatoren werden gewöhnlich aus Stanniolbelegen zusammengesetzt, welche
durch eine isolierende Zwischenschicht voneinander getrennt sind. Durch Aufeinanderlegen
mehrerer Beläge, die abwechselnd rechts oder
links verbunden werden, kann man hohe Kapazitäten auf kleinem Raum zusammenbringen. Je
nach der Art des verwendeten Dielektrikums
unterscheidet man:

Papierkondensatoren mit geöltem oder
paraffiniertem Papier als Zwischenschicht, die
häufig auch aus Bändern von Stanniol mit Papier
gewickelt werden (Wickelkondensatoren).

Glimmerkondensatoren. Hier werden
Metallfolien und Glimmer abwechselnd aufeinander geschichtet und zusammengepreßt.

Neuerdings werden die Silberbelege auch
direkt auf den Glimmer aufgebrannt. Die feuer-
versilberten Glimmerplättchen lassen sich
als flache Pakete in Isolierwannen aus Calit oder
in Röhrenform (Rollglimmer-Kondensatoren) mit eingelöteten Anschlußklemmen herstellen.

Luftkondensatoren mit feststehenden
Platten werden wegen ihrer geringen dielektrischen Verluste als Blockkondensatoren bei Kurzwellenschaltungen vielfach benützt.

Kondensatoren mit keramischen Isolierstoffen (Calit, Calan, Condensa...). Wegen
der hohen Dielektrizitätskonstante kann man (s.
S. 38) die Zwischenschicht dicker machen und so
Kondensatoren hoher Spannungsfestigkeit auf
kleinsten Raum zusammenbauen. Sie werden mit
aufgebrannten Silberbelegen in Platten-, Röhren-
und Hütchenform für Kapazitäten von 3...3500 cm
hergestellt. Ihre Spannungsfestigkeit liegt für
Empfängerkondensatoren bei 1500 V und für
Senderkondensatoren bei 18 000 V.

47. Kondensatoren im
Schwingungskreis

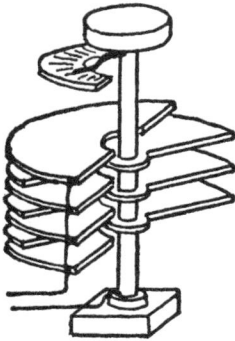

b) **Drehkondensatoren** stellen den veränderlichen Teil im Empfangsschwingungskreis dar. Sie bestehen aus einem Satz feststehender Messing- oder Aluminiumplatten (dem Stator) und einem Satz um eine Achse drehbarer Platten (dem Rotor). Je mehr der Rotor in den Stator hineingedreht wird, um so größer wird die Kapazität des Kondensators. Die 180 Grade umfassende Halbdrehung des Knopfes wird jetzt allgemein in 100 Teile eingeteilt. Zur Einstellung kleinster Kapazitätsunterschiede dient die **Feinstellung**.

Das Gesetz der Zunahme der Kapazität mit dem Drehwinkel ist durch die Randkurve der Platten bestimmt. Wir unterscheiden danach:

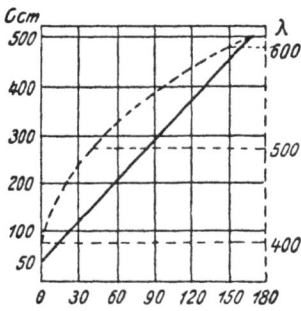

I. Die **Kreisplatten-Kondensatoren**, bei welchen die Kapazität proportional mit dem Drehwinkel φ zunimmt, was sich graphisch durch eine Gerade darstellt. Schaltet man den Kondensator mit einer Spule zu einem Schwingungskreis zusammen, so nimmt die Wellenlänge λ des Kreises nach einer Kurve (nach oben gekrümmte Parabel) mit dem Drehwinkel φ des Kondensators zu. Da die Kurve anfänglich sehr steil verläuft, drängen sich die Wellen im Bereich der kleinen Drehwinkel stärker zusammen, so daß eine scharfe Einstellung dort schwierig ist.

II. Der **wellengleiche** Kondensator ergibt durch die Nierenform (*b*) der Platten mit einer beliebigen Induktivität zusammengeschaltet, eine geradlinige Zunahme der Wellenlänge mit dem Drehwinkel.

III. Der **frequenzgleiche** Kondensator, welcher Platten mit etwas spitzeren Randkurven (*a*) besitzt, liefert mit einer bestimmten Induktivität eine Frequenzgerade bei stetiger Drehung des Rotors. Stationen mit gleichem Frequenzabstand (z. B. Rundfunksender) verteilen sich demnach gleichmäßig auf die Gradeinteilung des Kondensators.

Glimmerdrehkondensatoren werden wegen der geringen Abmessungen vielfach in

Plattenformen

Kreisplatten-
Kondensatoren
gerade Kapazitätskurve

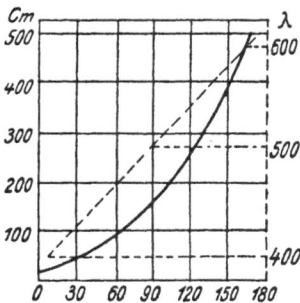

Nierenplatten-
Kondensatoren
gerade Wellenlängenkurve

Sperrkreisen und als Rückkopplungskondensatoren verwendet. Wegen der höheren dielektrischen Verluste sind sie jedoch zu Abstimmkreisen nicht geeignet.

Gekoppelte Kondensatoren. Bei Mehrkreisempfängern setzt man zwei oder drei Rotoren auf dieselbe Achse und schirmt die Kondensatoren durch eine geerdete Metallwand gegeneinander ab.

c) Trimmer oder Quetschkondensatoren. Bei diesen wird die Kapazität durch mehr oder weniger starkes Zusammenpressen (Quetschen) zweier durch Glimmer G getrennter Beläge (A und B) verändert. Es lassen sich dadurch mit Belegflächen von einigen cm² Fläche Kapazitätsänderungen von 10...300 cm hervorrufen. Diese Trimmer werden zum Abgleichen von Schwingungskreisen oder zur Antennenkopplung vielfach verwendet.

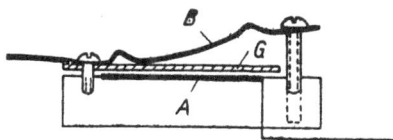

d) Der Differentialkondensator mit zwei festen Plattensätzen (Stator A und B) und einem beweglichen Plattensatz (Rotor C) hat die Eigenschaft, daß beim Drehen die Kapazität zwischen Rotor und Stator A genau so viel zunimmt, wie die Kapazität zwischen Rotor und Stator B abnimmt. Schaltet man beide Statoren parallel, so bleibt die gemeinsame Kapazität bei Drehung des Rotors unverändert.

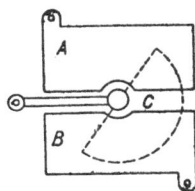

Anwendung: Kapazitive Antennenkopplung.

Der Elektrolytkondensator besteht aus einem Aluminium- und einem Stanniolbelag mit zwischenliegenden Papier- oder Leinwandstreifen, die so um einen Aluminiumstab gewickelt sind, daß der Aluminiumstreifen mit dem Stab, der Stanniolstreifen mit dem umschließenden Becher verbunden ist. Die Leinwand wird mit einer Lösung von Borax und Natriumperborat getränkt. Eine andere Ausführung des Elektrolytkondensators, bei welcher ein spiralförmig aufgewickelter Aluminiumstreifen den positiven, der verkupferte

48. Der Elektrolytkondensator

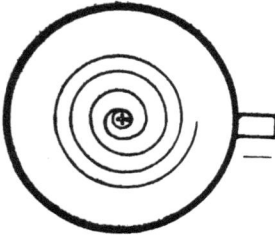

Metallbecher den negativen Beleg bildet, ist nebenstehend dargestellt.

Schließt man den Stab an eine positive, die Becherwand an eine negative Spannung, so überzieht sich der Aluminiumbelag mit einer dünnen Schicht von Aluminiumoxyd, die als Dielektrikum wirkt. Nach 24 stündlichem Stromdurchgang sind die Belege formiert, die Zelle wirkt für die angeschlossene Gleichspannung als Kondensator. Da die Belege sowie die Zwischenschicht sehr dünn sind, kann man hohe Kapazitäten bis 5000 μF mit Elektrolytkondensatoren herstellen. Sie eignen sich besonders in Netzanschlüssen zur Glättung des Gleichstromes. Ein Vorteil dieser Kondensatoren gegenüber den „statischen" Kondensatoren ist der, daß sie sich beim Durchschlagen durch Bildung einer neuen Oxydschicht regenerieren können.

D. Resonanz.

a) Resonanz zweier gleichgestimmter Stimmgabeln A und B (lose Kopplung). Schlägt man Stimmgabel A an, so fängt allmählich auch die Gabel B an zu schwingen, was durch die Bewegung des Pendelchens sichtbar wird.

Die von A ausgehenden schwachen Stöße pflanzen sich in der Luft fort und treffen auf B. Jeder Stoß erteilt der Stimmgabel eine äußerst geringe Bewegung, die einzeln nicht wahrgenommen werden kann. Da aber in der Sekunde einige hundert Stöße genau in dem Takte auftreffen, dem die Stimmgabel B folgen kann, so verstärken sie sich gegenseitig, bis schließlich B in merkliche Schwingung gerät und tönt. Diese Übertragung der Schwingungen nennt man Mittönen oder Resonanz.

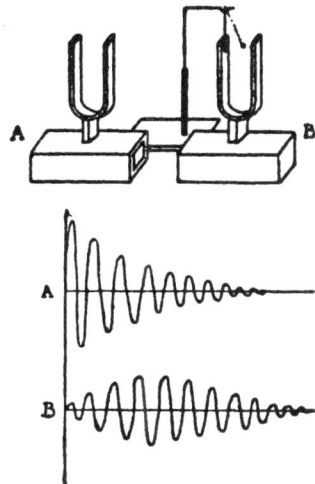

Sobald man B verstimmt, z. B. durch Ankleben von Wachs, ist B nicht mehr imstande, im Takte der von A ausgehenden Stöße zu schwingen, es findet keine Summierung der Stöße statt, die Stimmgabel bleibt in Ruhe.

Damit eine kräftige Resonanzwirkung auftritt, müssen die Schwingungen von A möglichst lang anhalten, also schwach gedämpft sein. Die von A nach B übertragene Energie ist so klein, daß kein Rückschwingen von B nach A stattfindet. Eine derartige Einwirkung zweier schwingungsfähiger Systeme bezeichnet man als lose Kopplung.

b) Resonanz zweier gleich langer Feder-pendel P und Q, die an einer Schnur aufgehängt sind (feste Kopplung). Versetzt man P in Schwingung, so fängt allmählich Q an mitzuschwingen, wobei die Schwingungen von P abnehmen und in

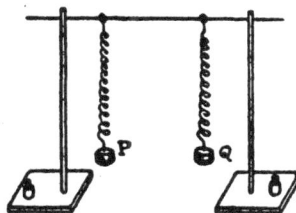

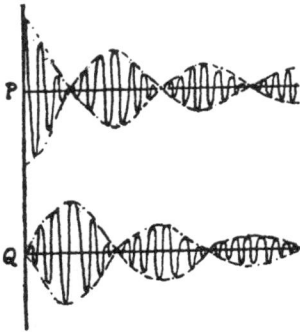

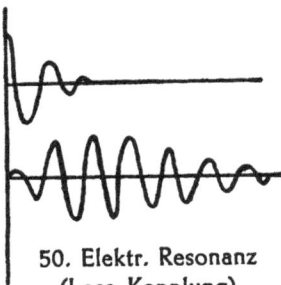

$$f_s = f_2 - f_1$$

Beispiel: $f_1 = 20$
$f_2 = 22$
$f_s = 2$

50. Elektr. Resonanz
(Lose Kopplung)

dem Augenblick aufhören, in welchem Q seine größte Bewegung erreicht hat. Von nun an übertragen sich die Schwingungen von Q wieder auf P zurück, bis Q zur Ruhe kommt. Die Energie pendelt zwischen P und Q so lange hin und her, bis die Schwingungen der Dämpfung erlöschen. Jedes der beiden Pendel führt dabei Schwebungen, das sind Schwingungen von stetig zu- und abnehmender Stärke, aus. Man nennt diese Einwirkung zweier schwingender Systeme enge oder feste Kopplung.

Der Übergang der Bewegung von einem Pendel zum andern erfolgt um so rascher, je fester die Kopplung ist, d. h. je näher die Aufhängepunkte der Pendel rücken.

c) Zerlegung der Schwebung. Jede Schwebung kann durch Zusammenwirken zweier wenig verschiedener Einzelschwingungen erzeugt werden, z. B. in der Akustik durch zwei verstimmte Pfeifen, bei welchen sich die Schwebung dem Ohr durch ein gleichmäßiges Zu- und Abnehmen der Lautstärke bemerkbar macht. Umgekehrt läßt sich jede Schwebung in zwei verschiedene Einzelschwingungen zerlegen, deren Unterschied um so größer ist, je rascher die Schwebungen folgen. Die Zahl der Schwebungen in der Sekunde f_s ist gleich der Differenz der beiden sich überlagernden Schwingungszahlen f_1 und f_2.

d) Stoßerregung. Wenn man das Pendel P, nachdem es das erstemal seine Schwingungsenergie auf Q übertragen hat, festhält, schwingt Q in seiner Eigenschwingung mit schwacher Dämpfung weiter. Pendel P diente also nur dazu, um die Schwingungen von Q anzustoßen.

Die Erscheinungen der Resonanz lassen sich auch mit elektrischen Schwingungskreisen hervorrufen. Der primäre Kreis I mit festem Kondensator C_1 und Spule L_1 wird durch Funkeninduktor erregt. Der sekundäre Kreis III mit Spule L_2 und Drehkondensator C_2 besitzt einen Hitzdraht-Strommesser A zum Anzeigen der aufgenommenen

Schwingungsenergie. Die in I erregten Schwingungen übertragen sich durch Induktion von der Spule L_1 auf L_2 und regen in II Schwingungen an. Diese erzwungenen Schwingungen sind bei beliebiger Einstellung des Kondensators C_2 so schwach, daß sie der Strommesser nicht anzeigen kann.

Macht man aber durch Regelung des Drehkondensators C_2 die Eigenschwingung von II gleich der von I, so summieren sich in II die von I übertragenen Stöße zu einem größten Wert, den das Hitzdrahtinstrument anzeigt (Resonanz). Die Bedingung der elektrischen Resonanz heißt:

Aus dieser Gleichung läßt sich eine Größe, z. B. C_2, ermitteln, wenn die drei übrigen C_1, L_1 und L_2 bekannt sind.

Die Kopplung, das ist die elektrische Verbindung der beiden in Resonanz befindlichen Kreise, wird als induktive, galvanische und kapazitive Kopplung angewandt.

a) Bei der induktiven Kopplung, wie sie im vorigen Versuche verwendet wurde, wirkt die Strombahn des primären Kreises durch das magnetische Kraftfeld auf den sekundären Kreis, sie ist also um so fester, je mehr Kraftlinien des Kreises I den Kreis II schneiden. Der Kopplungsgrad ist: darin ist M das Maß der gegenseitigen Induktion der Kreise I und II; es wird durch die Windungszahlen und den Abstand der Spulen L_1 und L_2 bestimmt.

b) Die galvanische Kopplung wird durch einen beiden Kreisen gemeinsamen Ohmschen Widerstand R hergestellt.

Die Übertragung der Energie von Kreis I auf Kreis II wird hier durch die Spannung an den Enden des Widerstandes bewirkt. Widerstände von einigen Zehnteln Ohm genügen meist zur optimalen Kopplung. Da durch den Ohmschen Widerstand jedoch eine unerwünschte Zusatzdämpfung bewirkt wird, verwendet man die Widerstandskopplung zwischen Schwingungskreisen selten.

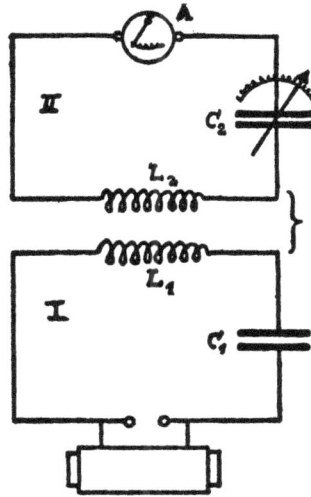

$$T_1 = T_2, \text{ oder:}$$
$$2\,\pi\,\sqrt{C_1 \cdot L_1} = 2\,\pi\,\sqrt{C_2 \cdot L_2}$$
$$C_1 \cdot L_1 = C_2 \cdot L_2$$

51. Kopplungsarten

$$k = \frac{M}{\sqrt{L_1 \cdot L_2}}$$

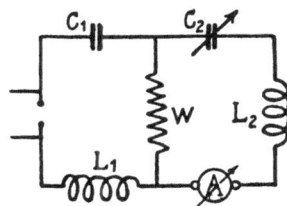

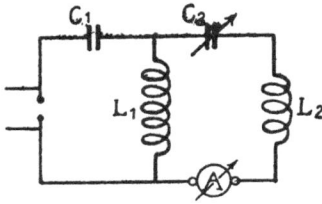

$$k = \sqrt{\frac{L_1}{L_2}} \text{ oder da:}$$

$$L_1 C_1 = L_2 \cdot C_2$$

$$k = \sqrt{\frac{C_2}{C_1}}$$

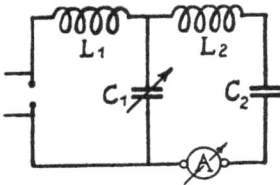

52. Wellen- oder Frequenzmesser

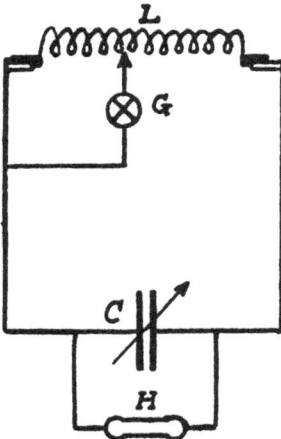

Eine Verbindung einer induktiven und galvanischen Kopplung erhält man, wenn man statt des gemeinsamen Widerstandes einen Teil oder die ganze Spule L_1 des Kreises I zur Kopplung verwendet. Es ist dann $M = L_1$.

Für den Fall, daß die ganze Spule des Kreises I eingeschaltet wird, ergibt sich für den Kopplungsfaktor die einfache Formel:

Aus der Formel sieht man, daß die Kopplung fester wird, wenn man C_2 auf Kosten von L_2 vergrößert.

c) Bei der kapazitiven Kopplung vermitteln die elektrischen Kraftlinien eines beiden Kreisen gemeinsamen Kondensators C_1 die Wechselwirkung zwischen Primär- und Sekundärkreis. Sie wird um so fester, je kleiner der gemeinsame Kondensator C_1 bzw. je größer dessen kapazitiver Widerstand ist.

a) Aufbau. Der Wellenmesser ist ein aus einer verlustarmen Spule und einem ebensolchen Drehkondensator C bestehender Schwingungskreis, der für die einzelnen Stellungen des Kondensators nach Wellenlängen oder Frequenzen geeicht ist. Durch Auswechslung der Spule des Wellenmessers erhält man verschiedene Meßbereiche. Die Spulen müssen so gewählt sein, daß sich die einzelnen Meßbereiche überlappen. Die zu den verschiedenen Spulen L_1, L_2 usw. und den abgelesenen Kondensatorgraden gehörigen Wellenlängen bzw. Frequenzen werden aus einer Kurventafel entnommen.

Zur Messung kleinster Wellenunterschiede (z. B. bei kurzen Wellen) legt man dem Drehkondensator einen festen, sog. Bandkondensator (S. 198) parallel.

Die Wellenmessung beruht auf der Resonanz, wobei der Meßkreis zur Bestimmung der Welle eines Senders als Empfänger, zur Bestimmung der Welle eines Empfängers als Sender arbeiten muß.

b) **Der Wellenmesser als Empfänger** ist zur Feststellung der Resonanz mit einem Anzeigegerät (Indikator) versehen.

Als Indikator kann man ein an einige Windungen der Spule angeschaltetes Glühlämpchen G, ein Hitzdrahtinstrument oder ein parallel zum Drehkondensator liegendes Heliumröhrchen H verwenden. Da die genannten Indikatoren durch Energieverbrauch den Meßkreis dämpfen, verwendet man für genauere Messungen den Detektor (S. 165), der mit Koppelspule und einem Telephon oder mit einem Drehspulgalvanometer von 10^{-7} A Empfindlichkeit zu einem aperiodischen Kreis zusammengeschaltet wird. Zur Messung der Welle eines Senders koppelt man diesen lose mit der Spule des Meßkreises und dreht den Meßkondensator durch, bis das Anzeigegerät die Resonanz durch den Größtwert des Stromes im Galvanometer oder der Lautstärke im Telephon angibt. Aus der abgelesenen Einstellung des Drehkondensators ermittelt man aus dem Kurvenblatt die gesuchte Wellenlänge.

c) **Der Wellenmesser als Sender.** Will man die Welle eines nicht schwingenden Kreises messen, so muß der Meßkreis zu Schwingungen erregt werden, was am einfachsten durch den Summer geschieht.

Der Summer S liegt mit Element E und Taste T parallel zum Kondensator des Wellenmessers. Bei jeder Schließung des Summers bildet sich innerhalb der Spule ein starkes Magnetfeld aus, dessen Energie sich nach Unterbrechung des Summers über den Kondensator in gedämpfte Schwingungen umsetzt.

Zur Messung der Welle erregt man den Empfangskreis II durch den Wellenmesser in Summerschaltung und koppelt den Detektorkreis mit Telephon an eine Schleife S des Empfangskreises. Während man am Telephon horcht, dreht man den Meßkondensator durch, bis man ein Anwachsen der Stärke des Summertones vernimmt. Die

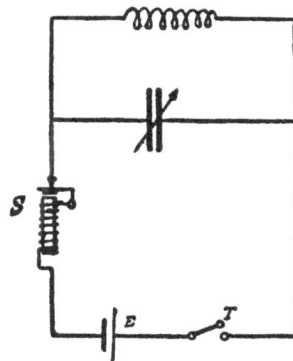

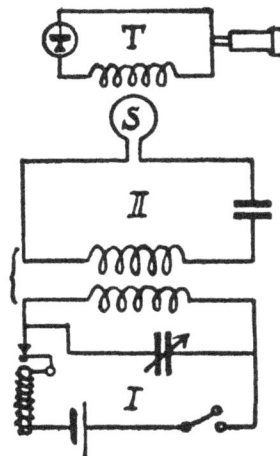

Einstellung auf die größte Lautstärke im Telephon entspricht der Resonanz zwischen I und II. Die am Wellenmesser abgelesene Welle ist die gesuchte Welle des Kreises II.

Die Genauigkeit des summererregten Wellenmessers ist wegen der Dämpfung der Schwingungen begrenzt; zu genaueren Messungen dient der Röhrenwellenmesser (S. 155).

a) Aufnahme der Resonanzkurve. Wenn man mit dem Wellenmesser die Welle eines primären Kreises I mißt, so setzt der Ausschlag des Hitzdrahtwattmeters oder des Galvanometers bereits vor Erreichung des Resonanzwertes ein und hört erst nach seiner Überschreitung wieder auf. Es beruht dies auf einer Energieübertragung bei unscharfer Resonanz. Je näher man an die Stelle der scharfen Resonanz kommt, um so mehr wird der Ausschlag des Meßgerätes zunehmen.

Bestimmt man für die am Wellenmesser abgelesenen Wellen nahe vor und nach der Resonanzlage die zugehörigen Energiewerte und stellt sie graphisch dar, so erhält man die Resonanzkurve.

b) Dämpfungsmessung. Der Verlauf der Resonanzkurve hängt wesentlich von den Dämpfungen in beiden Kreisen ab. Je geringer diese sind, um so steiler ist der Anstieg und Abfall der Kurve und um so größer ist der bei gleichstarker Erregung erreichte Resonanzwert. Man kann daher aus der Resonanzkurve das Dämpfungsdekrement d (S. 58) ermitteln, wenn dasjenige des Wellenmessers d_w bekannt ist.

Man bestimmt hierzu die Werte der Wellen vor und nach der Resonanzlage, für die das Wattmeter nur noch die Hälfte des Resonanzwertes anzeigt. Das Dekrement des Schwingungskreises ist dann:

Falls der Meßkreis nicht nach Wellenlängen geeicht ist, kann man statt der Wellen $\lambda_1, \lambda_2, \lambda_r$ die zugehörigen Kapazitätswerte C_1, C_2 und C_r des Kondensators ablesen. Es ist dann:

53. Resonanzkurve und Dämpfungsmessung

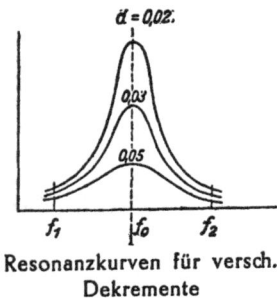

Resonanzkurven für versch. Dekremente

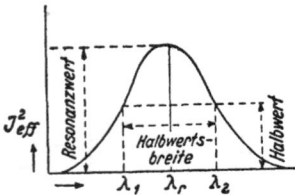

$$d = \pi \cdot \frac{\lambda_2 - \lambda_1}{\lambda_r} - d_w$$

$$d = \frac{\pi}{2} \cdot \frac{C_2 - C_1}{C_r} - d_w$$

Zur Messung der Dämpfung eines Empfangskreises verwendet man als Anzeigeinstrument
einen lose gekoppelten Galvanometerkreis, und
zur Erregung der Schwingungen einen Röhren-
kreis, der ungedämpfte Wellen liefert. Um den
Galvanometerkreis vor einer direkten Einwirkung
des Röhrensenders zu schützen, legt man ihre
Kopplungsspulen senkrecht zueinander. Die Messung des Dekrements wird wie oben durchgeführt,
nur muß man berücksichtigen, daß das Galvanometer den Resonanzstrom anzeigt. Man muß daher die beiderseitige Verstimmung so vornehmen,
daß der Strom auf den $\frac{1}{\sqrt{2}} = 0{,}71$ ten Teil sinkt.

I_{eff}^2 sinkt dann wie oben auf die Hälfte.

c) Die Halbwertsbreite. Nimmt man die
Resonanzkurven mit einem nach Frequenzen geeichten Wellenmesser auf, so ist näherungsweise:

$$d = \pi \frac{f_1 - f_2}{f_r}$$

Die Resonanzkurve ist dann gekennzeichnet
durch die Halbwertsbreite, d. i. der Frequenz-
unterschied $f_1 - f_2$ in halber Höhe des Resonanzwertes. Für eine feste Resonanzfrequenz ist die
Halbwertsbreite um so kleiner, je geringer die
Dämpfung ist. Andererseits wird bei gleicher
Dämpfung die Halbwertsbreite um so kleiner, je
kleiner die Resonanzfrequenz, d. h. je länger die
Resonanzwelle ist. Hierauf beruht die Erhöhung
der Trennschärfe beim Überlagerungsempfänger
(S. 194).

a) Bestimmung der Kopplungswellen.
Zwei Schwingkreise seien zunächst für sich allein
auf die gleiche Welle λ abgestimmt. Hierauf werden beide Kreise durch Nähern der Spulen eng
gekoppelt. Die Energie schwingt dann zwischen
den beiden Kreisen ähnlich wie bei den eng-
gekoppelten Pendeln hin und her; in jedem Kreise
treten Schwebungen auf, die sich in einem an den
Empfangskreis lose angekoppelten Wellenmesser
durch das Auftreten zweier Kopplungswellen λ_1
und λ_2 anzeigen. Die Resonanzkurve weist zwei
Höcker auf. Die beiden Kopplungswellen unter-

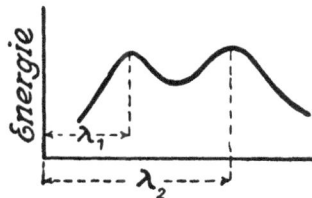

54. Elektr. Resonanz
in enger Kopplung

scheiden sich von der Eigenwelle der Kreise um
so mehr, je enger die Kopplung ist. Man kann
daher den Kopplungsgrad k (vgl. Nr. 51 auf S. 75)
aus dem Unterschied der Kopplungswellen und
der Eigenwelle ermitteln. Es ist nämlich: . . . . .

$$k = \frac{\lambda_2 - \lambda_1}{\lambda} \cdot 100\%$$

b) Stoßerregung. Das Zurückfluten der
Energie vom Sekundärkreis in den Primärkreis
bei enger Kopplung wird dadurch ermöglicht, daß
die Funkenstrecke, auch nach dem Erlöschen des
Funkens, infolge der Ionisierung der Luft ihre
Leitfähigkeit noch kurze Zeit beibehält. Sorgt man
aber dafür, daß die Funkenstrecke nach dem Abreißen des Funkens ihre Leitfähigkeit vollkommen
verliert (sog. Löschfunkenstrecke), so kann die
Energie von Kreis II nicht mehr nach Kreis I zu-
rückschwingen; sie ist vielmehr gezwungen, in der
Eigenschwingung des Kreises II auszuschwingen.
Kreis I diente dann nur dazu, die Schwingungen
in II anzustoßen (Stoßerregung).

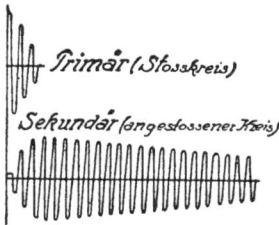

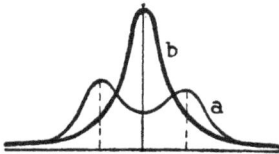

Versuch. Ein Primärkreis I mit einer Funkenstrecke von 0,5 mm Länge ist mit einem Sekundärkreis II eng gekoppelt. Die Resonanzkurve zeigt
zwei Höchstwerte (a). Verkleinert man hierauf
die Funkenstrecke auf 0,15 mm, so zeigt die
Resonanzkurve nur einen scharf ausgeprägten
Höchstwert (b) an für die Welle, die der Eigenschwingung von II entspricht.

55. Eichung des Wellen-
messers

Man erregt den zu eichenden Wellenmesser
mit dem Summer und koppelt lose mit dem Normalwellenmesser, der auf einen Detektorkreis
induziert. Hierauf stellt man den Normalwellenmesser durch Drehen am Kondensator auf verschiedene Wellen ein und sucht die Resonanzlage
des zu prüfenden Wellenmessers, die man durch
das stärkste Summergeräusch im Telephon erkennt. Um die Eichkurve zu erhalten, trägt man
die zu den einzelnen Wellen des Normalwellen-
messers gehörigen Kondensatoreinstellungen des
zu eichenden Wellenmessers in Koordinatenpapier
ein. Für jede Spule des Wellenmessers erhält man
eine andere Kurve.

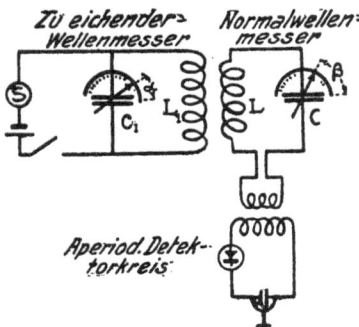

Das Eichverfahren ist wegen der Dämpfung der durch Summer erregten Schwingungen nicht sehr scharf. Eine genauere Eichung erhält man, wenn man zur Erregung beider Wellenmesser einen Röhrenmeßkreis I (S. 203) verwendet. Zur Resonanzanzeige muß dann in den Detektorkreis

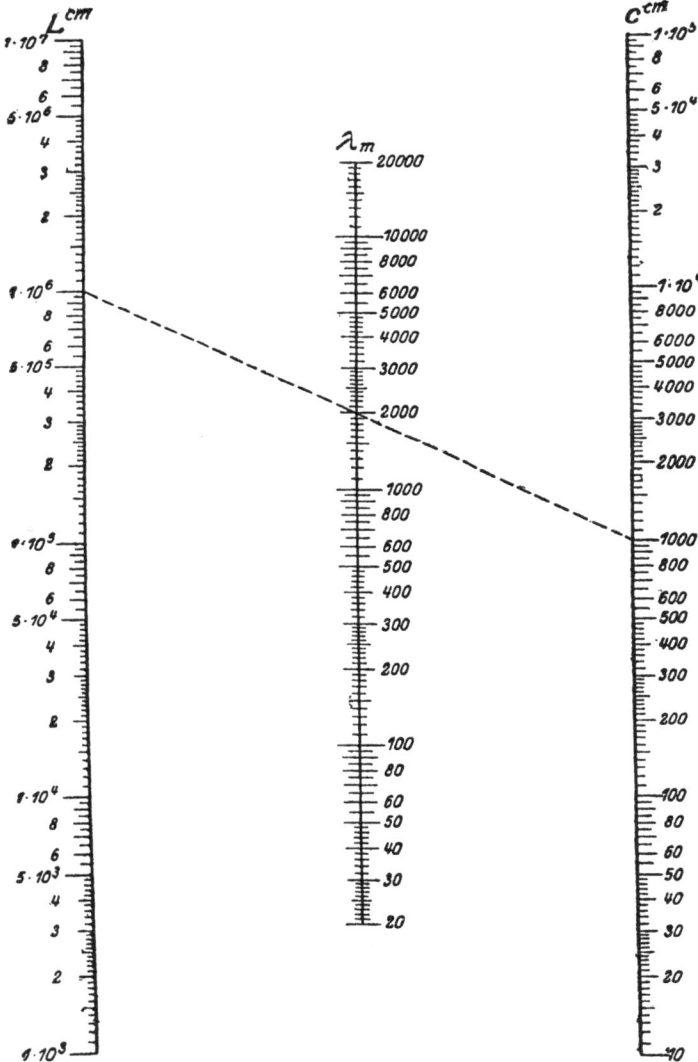

Fluchtentafel zur graphischen Ermittlung des Zusammenhanges von λ_m, L_{cm} und C_{cm}.

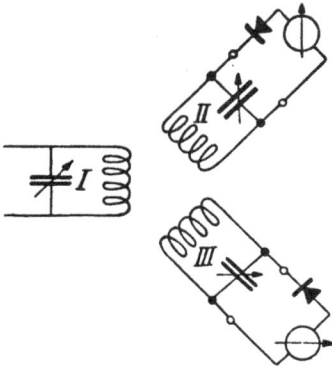

56. Messung von Kapazität
und Induktivität

Aus $\lambda_m = \dfrac{2\pi}{100} \sqrt{L_{cm} \cdot C_{cm}}$
folgt:

$$C_{cm} = 253 \cdot \dfrac{\lambda^2_m}{L_{cm}}$$

oder:

$$L_{cm} = 253 \cdot \dfrac{\lambda^2_m}{C_{cm}}$$

beider Wellenmesser ein Galvanometer gelegt werden. Während der Sender I eine feste Welle ausstrahlt, werden beide Wellenmesser in loser Kopplung mit diesem in Resonanz gebracht und die zu den Kondensatoreinstellungen des zu eichenden Wellenmessers II gehörigen Wellen am Normalwellenmesser III ermittelt. Um eine unmittelbare Beeinflussung der Wellenmesser aufeinander zu verhindern, stellt man ihre Spulenachsen senkrecht zueinander.

Über die Eichung durch Überlagerung mit Rundfunkwellen s. S. 202.

a) Durch Zusammenschalten mit bekanntem C oder L. Man schaltet unter Verwendung möglichst kurzer und dicker Verbindungsdrähte die gesuchte Kapazität C_x mit einer bekannten Selbstinduktion L, oder die gesuchte Selbstinduktion L_x mit einer Kapazität C zu einem Schwingungskreis zusammen und mißt die Welle λ.

Nach nebenstehenden Formeln berechnet man aus λ und L den gesuchten Wert für C, aus λ und C den Wert L.

Bei der Ausführung der Messung achte man darauf, daß die Kopplung zwischen Wellenmesser und Meßkreis möglichst lose ist.

Statt der Formeln kann man sich mit großem Vorteil der vorstehenden Fluchtentafel bedienen. Auf dieser sind die Werte C_{cm}, L_{cm} und λ_m auf drei parallelen Achsen so aufgetragen, daß drei zusammengehörige Werte der Kapazität, Selbstinduktion und Wellenlänge stets auf einer Geraden liegen. Sucht man also zum Beispiel zu den Werten $\lambda_m = 2000$ m und $L_{cm} = 1\,000\,000$ cm den zugehörigen Wert C_x, so braucht man nur die den gegebenen Werten von λ und L entsprechenden Punkte durch eine Gerade zu verbinden. Wo diese Gerade die C-Achse schneidet, liest man den Wert $C_x = 1000$ cm ab. Umgekehrt würde man durch Verbindung der Punkte $\lambda = 2000$ m und $C = 1000$ cm den zugehörigen Wert $L = 1\,000\,000$ cm finden.

Messung der Eigenkapazität von Spu-
len. Man schaltet die Spule L mit einem geeichten
Drehkondensator C zusammen, erregt den Kreis
durch einen Wellenmesser und liest bei verschiedenen Stellungen von C die zugehörigen
Werte λ ab. Stellt man die Quadrate der erhaltenen Wellenlängen in Abhängigkeit von den zugehörigen Kapazitätswerten graphisch dar, so erhält man eine Gerade. Würde die Spule keine
Kapazität besitzen, so müßte diese Gerade durch
den Anfangspunkt des Achsensystems gehen. Dies
ist jedoch nicht der Fall; die Gerade schneidet
vielmehr die waagrechte Achse im Punkt E. Die
Strecke OE stellt die gesuchte Eigenkapazität C_e
dar, während das aus der Senkrechten abge-
schnittene Stück OD das Quadrat der Eigenwelle
λ_e^2 der Spule angibt.

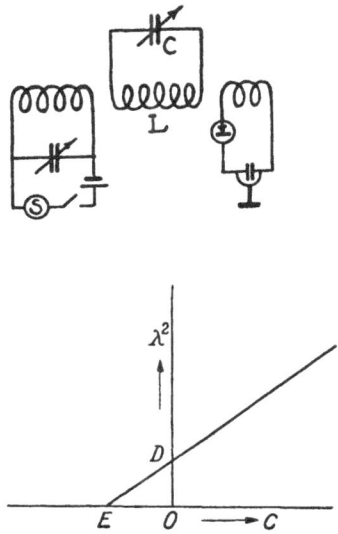

b) Durch Ersetzen der gesuchten Größe
C oder L durch eine bekannte, unter Beibehaltung der Welle des Schwingungskreises. Zur
Eichung eines Drehkondensators C_x mit Hilfe
eines Normaldrehkondensators C_n schließt man
die Enden einer Spule L_1 an die Mittelklemmen 1
und 2 eines doppelpoligen Umschalters. An die
Endklemmen 3 und 4 schließt man den zu vergleichenden und an die Klemmen 5 und 6 den
geeichten Drehkondensator. Man legt den Schalter zunächst so, daß der Normalkondensator C_n
mit einem kleinen Werte (z. B. 10^0) angeschlossen
ist, erregt den Meßkreis in loser Kopplung durch
einen Primärkreis CL und stellt C auf Resonanz.
Hierauf legt man den Schalter um und dreht unter
Beibehaltung der Einstellung von C am Kondensator C_x, bis wieder Resonanz eintritt.

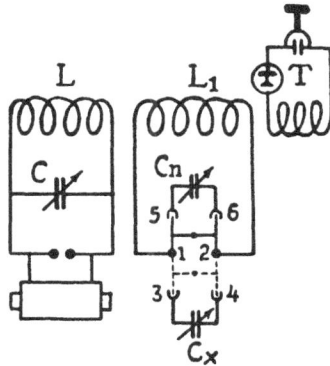

Es ist dann die eingestellte Kapazität von C_x
gleich der von C_n (bei 10^0). Indem man nun C_n
von 10^0 zu 10^0 weiterstellt und die Messung wiederholt, kann man schnell den Kondensator durch-
eichen.

Eichung einer Spule L_x mit Hilfe einer geeichten Spule L und eines geeichten Drehkonden-

$$L \cdot C_1 = L_x\, C_2$$
$$L_x = L \cdot \frac{C_1}{C_2}$$

sators. Man erregt den aus der Spule L und dem Kapazitätswert C_1 des Drehkondensators zusammengesetzten Kreis und stellt auf Resonanz ein. Hierauf ersetzt man die Spule L durch die zu messende Spule L_x und verstellt den Kondensator so, daß er mit dem unverändert gebliebenen Erregerkreis wieder in Resonanz kommt. Tritt dies bei dem Werte C_2 des Drehkondensators ein, ergibt sich L_x aus nebenstehender Formel:

E. Antennen.

Die Ausstrahlung und den Empfang der elektrischen Wellen ermöglicht der offene Schwingungskreis, der in der Antenne des Senders und Empfängers seine zweckmäßigste Form erhalten hat. Die wichtigsten Antennenformen sind: die geerdeten Antennen, Dipole und Schleifenantennen.

Die geerdete Antenne strahlt über die Erdoberfläche nach allen Richtungen gleich stark; die waagrechte Richtkennlinie ist also ein Kreis. Senkrecht nach oben ist ihre Strahlung gleich Null; in schräger Richtung nimmt sie bis zur Waagrechten zu, so daß die Punkte gleicher Feldstärke auf einem doppelten Halbkreis (senkrechte Richtkennlinie) liegen.

Die Hauptformen der geerdeten Antenne sind:

a) Die Eindrahtantenne (Marconi 1895) besteht aus einem senkrecht in die Höhe geführten Kupferdraht, der an einem Maste, am Gipfel eines Baumes usw. mit Isolierkette befestigt ist. Ihre Grundwelle ist: $\lambda_0 = 4 \cdot l$; sie schwingt dann in einer Viertelwelle. Der Strombauch liegt am Fuße der Antenne.

b) Die T-Antenne ist aus zwei oder mehreren zwischen zwei Masten an Isolierketten gespannten Drähten aufgebaut, die in der Mitte mit dem senkrecht nach abwärts führenden Zuführungsdraht verbunden sind. Sie wird für Land- und hauptsächlich für Schiffsstationen verwendet.

Eine Abart der T-Antenne stellt die L-Antenne dar, bei welcher die Zuführung an dem einen Ende der waagrecht gespannten Drähte angeschlossen ist.

57. Geerdete Antennen

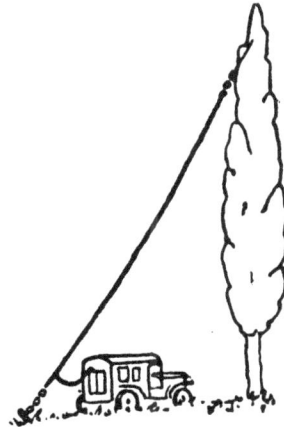

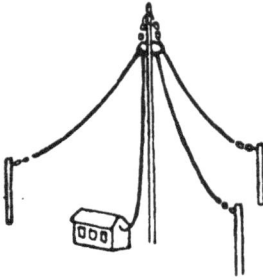

c) Die Schirmantenne wird aus mehreren Drähten gebildet, die von der Spitze eines Mastes strahlenförmig schräg nach unten laufen. Die Enden der Drähte sind durch Isolierketten an Stützmasten befestigt oder im Erdboden verankert. Vom Vereinigungspunkt der Antennendrähte geht senkrecht nach unten der Zuführungsdraht.

Bei fahrbaren Stationen erfolgt der Aufbau der Antenne mittels eines ausziehbaren Mastes. Die Strahlung dieser Antenne ist um so geringer, je weiter die Enden der einzelnen Schirmdrähte zur Erde herabgeführt werden.

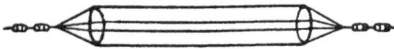

d) Die Reusenantenne wird aus vier bis acht parallel laufenden, am Umfang zweier Holz- oder Metallringe befestigten Drähten, hergestellt. Die entstehende Reuse wird mittels Isolierketten waagrecht oder senkrecht zwischen zwei Masten aufgehängt. Wegen der großen Kapazität und kleinen Induktivität kann man auch bei kleinen Ausmaßen eine ausreichende Energiemenge auf die Reuse bringen. Da ferner durch die Parallelschaltung der Drähte die Leiteroberfläche vergrößert wird — die Reuse wirkt als Rohr vom Durchmesser der Reifen —, bleiben die Hochfrequenzverluste sehr klein.

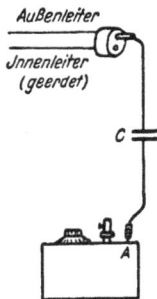

e) Behelfsantennen. Für den Rundfunkempfang innerhalb des Hauses genügt es, 20 bis 25 m Antennenlitze im Gang oder im Zimmer beliebig zu verspannen. Große Verbreitung hat hier die Lichtantenne gefunden, bei welcher die Antennenklemme des Empfängers über einen Kondensator C von 1000...2000 cm Kapazität und 3000 V Durchschlagsfestigkeit mit dem Außenleiter des Lichtnetzes verbunden wird. Bei den handelsüblichen Formen ist der Sperrkondensator unmittelbar in den Steckstift eingebaut.

Eine gute Erdung ist für die Ausbildung einer günstigen Stromverteilung und damit für die Strahlung wie für den Empfang von größter Wichtigkeit. Ausführung der Erdung bei verschiedenen Bodenverhältnissen:

58. Erdung und Gegengewicht

a) Die Erdung eines Schiffes läßt sich in einfacher Weise durch Verbindung des zu erdenden Poles mit dem metallenen Schiffskörper ausführen. Der Schiffskörper bietet den elektrischen Strömen infolge seiner innigen Berührung mit dem gutleitenden Meerwasser eine widerstandslose Ableitung dar.

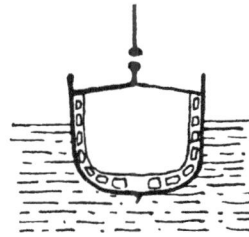

b) Erdung im freien Gelände. Bei feuchtem Boden (hochliegendes Grundwasser) senkt man um den Fußpunkt der Antenne herum mehrere Metallkörper (Platten, Netze, Rohre usw.) in das Grundwasser. Die Zuführungsdrähte zu den Metallkörpern laufen im Fußpunkt der Antenne zusammen.

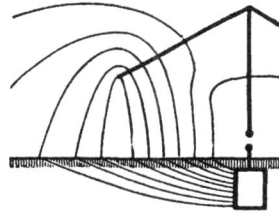

Bei trockenem Boden (tiefliegendes Grundwasser) würde das Eingraben einzelner Platten in den trockenen Boden zu einer großen Verdichtung der Kraftlinien und zu hohen Verlusten durch Erdströme führen. Man muß in diesem Falle ein strahlenartiges Drahtnetz in etwa $1/2$ Meter Tiefe eingraben, dessen Fläche größer ist als die senkrechte Projektion der Antenne auf den Erdboden. Durch Verbindung des Netzes mit einigen in das Grundwasser versenkten Metallplatten oder mit benachbarten Brunnen, Teichen, Gräben kann die Erdung verbessert werden.

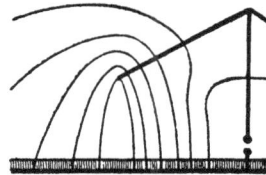

c) Das Gegengewicht wird aus mehreren radial verlaufenden Drähten in etwa $1/20$ der Antennenhöhe über dem Erdboden auf Isolierpfählen verspannt. Die Gegengewichtsdrähte sollen etwa doppelt so lang sein als die über ihnen liegenden Antennendrähte.

Gegengewichte mit sechs Drähten lassen sich schnell auf- und abbauen; sie eignen sich daher besonders für fahrbare Stationen. Bei festen Stationen werden Gegengewichte hauptsächlich über schlechtleitendem Boden verwendet.

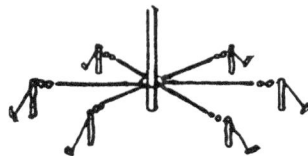

d) Erdungsschalter. Bei Hochantennen besteht die Möglichkeit, daß sich diese bei Gewittern auf hohe Spannungen aufladen, die vom isolierten Anschlußpunkt des Empfängers aus auf dem Wege des geringsten Widerstandes sich als Funke nach

Schlechte Erdung

Gute Erdung

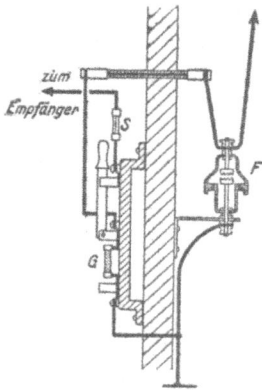

der Erde ausgleichen und dabei zünden können. Diese Blitzgefahr läßt sich dadurch beheben, daß man die Antenne, wenn man nicht empfängt, über einen Schalter dauernd erdet. Zum Schutze des Empfängers gegen Antennenaufladungen liegt außerhalb des Gebäudes zwischen Antenne und Erde eine Blitzschutzsicherung F.

Bei angeschaltetem Empfänger ist dieser außerdem durch eine Schmelzsicherung S vor Überspannungen geschützt, während eine zwischen Antenne und Erde liegende Glimmlampe G schwächere Antennenaufladungen zur Erde ableitet.

Als behelfsmäßige Erdung in der Stadt z. B. für den Rundfunkempfang genügt eine Verbindung mit der Gas- oder Wasserleitung.

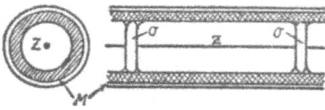

e) Durch die Abschirmung der Antennenzuleitung wird verhindert, daß die beim Betrieb elektrischer Geräte (Motore, Röntgenapparate usw.) entstehenden Störschwingungen auf die Antenne übergehen. Hierzu wird der Zuführungsdraht Z von einem Metallmantel M umgeben, der gegen den Antennendraht durch Isolierringe O abgestützt ist. Sobald die Zuführung aus dem „Störnebel" heraus ist, endigt die Antenne frei; das freie Stück fängt die HF-Energie auf und führt sie über die Schirmleitung dem gleichfalls geschirmten Empfänger zu. Selbstverständlich wird der nunmehr störungsfreie Empfang durch die kapazitive Spannungsteilung des Kabels geschwächt, was aber durch große Höhe der Antenne und erhöhte Verstärkung ausgeglichen werden kann.

59. Dipolantennen

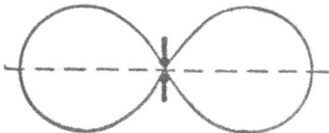

a) Der in der Grundschwingung erregte Dipol. Der ursprünglich von Hertz benutzte Dipol (S. 62) bildet noch heute die Grundform für die meisten im Kurzwellenverkehr verwendeten Antennen.

In der Grundschwingung strahlt der Dipol senkrecht zu seiner Achse am stärksten; in der Achse ist die Strahlung Null. Die Richtkennlinie in der Waagrechten ist daher ein Kreis, diejenige in der Senkrechten ein Doppelkreis.

Für Wellen unter 10 m, die nur das $1^1/_2$-fache der optischen Reichweite überbrücken, stellt man den Dipol auf hochgelegenen Punkten senkrecht auf. So befanden sich z. B. die für die Fernsehsendung auf Welle 7 m dienenden Dipole auf der Mastspitze des 138 m hohen Funkturms in Witzleben.

Für Wellen zwischen 10 und 100 m baut man den Dipol wegen der besseren Ausnützung der Raumstrahlung waagrecht auf. Auch hier ist eine hohe freie Lage günstig. Die Kopplung des Dipols mit dem Erregerkreis erfolgt durch 2...3 im Strombauch gelegene Windungen (Stromkopplung).

b) Der in harmonischen Schwingungen (Oberwellen) erregte Dipol. Die Hauptstrahlrichtung wird hier nach der Achse des Dipols um so mehr abgelenkt, je höher die Ordnungszahl der Harmonischen ist. Die flache und gerichtete Abstrahlung eines waagrecht gespannten Dipols ist bei Wellen unter 30 m vorteilhaft.

Durch Erregung einer Antenne von 53 m Länge in der 2., 3., 6. und 11. Harmonischen hat man z. B. die Möglichkeit, auf den für den Amateurverkehr freigegebenen Wellen von 80 m, 40 m, 20 m und 10 m zu senden. Man muß dann nur die Unterschiede der für die Harmonischen errechneten Längen gegenüber der wirklichen Drahtlänge durch die Abstimmittel ausgleichen und das Gegengewicht auf ein Viertel der verwendeten Wellenlänge bringen.

Bei Berechnung der Drahtlänge der Antenne muß man den Verkürzungsfaktor (S. 65) berücksichtigen. Dieser beträgt für lange Wellen 0,94...0,95, für kurze Oberwellen in langen Drähten 0,91.

c) Der Dipol mit Speiseleitung. Die Zuleitung vom Sender zum Dipol darf nur Energie übertragen und selbst nicht strahlen. Sie besteht aus zwei Paralleldrähten (Lecher-Leitung), die

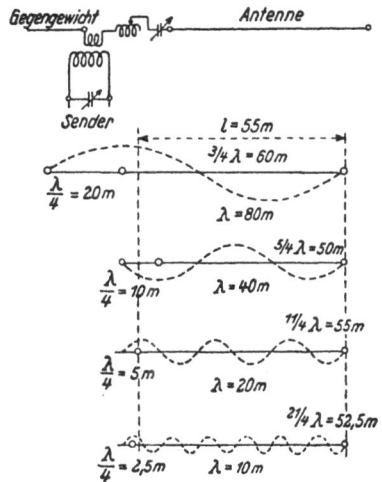

Beispiel:
in Luft: $^3/_4 \lambda = 60$ m
im Draht: $^3/_4 \lambda = 60 \cdot 0,95$
$= 57$ m

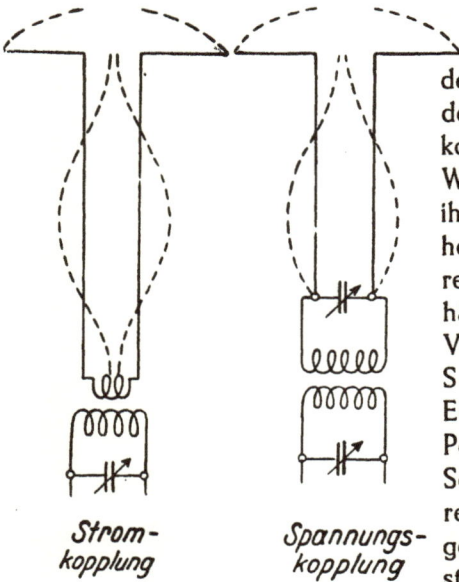

Strom-
kopplung

Spannungs-
kopplung

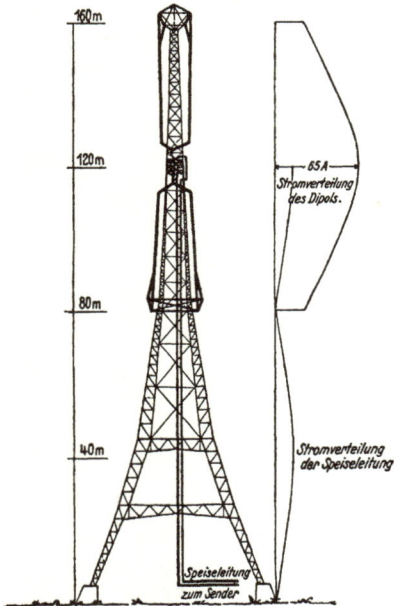

160 m

120 m

80 m

40 m

65 A
Stromverteilung
des Dipols.

Stromverteilung
der Speiseleitung

Speiseleitung
zum Sender

durch Isolierstützen in gleichem Abstand von 8...10 cm gehalten werden. Macht man die Länge der Zuleitung gleich einem geraden Vielfachen der Viertelwellenlänge, so kann man sie in Stromkopplung erregen. Es bilden sich dann stehende Wellen aus, die sich auf der Speiseleitung infolge ihrer entgegengesetzten Phase nach außen aufheben, während der in der Grundschwingung erregte Dipol strahlt. Erfordern die räumlichen Verhältnisse, daß die Speiseleitung ein ungerades Vielfaches der Viertelwelle wird, so muß man die Spannungskopplung anwenden. Die beiden Enden der Zuleitung werden hierbei zu den Polen des Kondensators eines abgestimmten Schwingungskreises geführt, der mit dem Erregerkreis gekoppelt ist. Es regen dann die abgenommenen Spannungsstöße die Antenne zu stehenden Schwingungen an.

d) Dipol mit verminderter Steilstrahlung (Münchener Sender). In der oberen Hälfte eines 163 m hohen Holzturmes ist ein 80 m langer, aus zwei mit Endkapazitäten versehenen Drähten bestehender Dipol aufgehängt. Die Drähte laufen in 120 m Höhe, das ist die Mitte des Dipols, in der Abstimmspule zusammen. Diese wird durch die Kopplungsspule der im Innern des Turmes aufsteigenden Speiseleitung erregt. Bei dieser Anordnung wird die Steilstrahlung des Dipols (zwischen 60° und 90°) durch das Zusammenwirken mit den von der Erde reflektierten Strahlen aufgehoben. Dies hat zur Folge, daß die von der Ionosphäre reflektierten Raumwellen (S. 104), die bei einer in der Grundschwingung erregten Marconiantenne bereits nach 80 km zurückkehren, erst bei 120 km auf die Erde treffen. Damit ist die nahschwundfreie Zone bedeutend erweitert.

e) Flugzeug- und Luftschiffantennen. Zum Senden und Empfangen auf langen Wellen (900...2000 m) wird die Schleppantenne verwendet. Sie besteht aus einem 70 m langen, an seinem Ende durch ein Eisengewicht (Antennenei) beschwerten Bronzeseil, das durch den Antennenschacht in die Luft abgehaspelt wird. Vor der Landung muß die Antenne mit der Haspel wieder eingezogen werden. Das frei herabhängende Seil nimmt unter dem Einfluß des Luftstromes parabelförmige Gestalt an, so daß die Effektivhöhe auf etwa 8 m verringert wird.

Beim Zeppelinluftschiff werden zur Erzielung größerer Reichweiten zwei 120 m lange Schleppantennen verwendet. Bei der Schleppantenne benützt man als Gegengewicht die unter sich verbundenen Metallteile des Flugzeugs bzw. Luftschiffs.

Für den Verkehr auf kurzen Wellen (12...80 m) wird die Dipolantenne bevorzugt, die entweder an der Flügelnase befestigt, oder mit Hilfe von kleinen Stützmasten über den Tragflächen (Querdipol) oder über dem Rumpf (Längsdipol) verspannt wird.

f) Die Erdantenne (Braun, Kiebitz) wird von zwei gleichlangen, auf Isolierpfählen in 1...2 m Höhe über dem Erdboden gespannten Drähten von 15...50 m Länge gebildet. Der Sender oder Empfänger wird in die Mitte zwischen die beiden Drähte geschaltet. Die Erdantenne strahlt und empfängt in Richtung der gespannten Drähte am stärksten, weshalb sie nach der Gegenstation ausgespannt werden muß.

Sie dienen der Bündelung von kurzen Wellen (15...60 m) in einer bestimmten Richtung und beruhen auf dem Zusammenwirken mehrerer regelmäßig angeordneter senkrechter und waagrechter Dipolantennen.

a) Die Vielfach-Antenne in Breitenstellung. Zwei im Abstand einer halben Wellenlänge in gleicher Phase schwingende senkrechte Eindrahtantennen summieren ihre Strahlung senkrecht in ihrer Verbindungsebene, während sie sich in dieser Ebene aufheben. Als Richtkennlinie ergibt sich ein Doppelkreis. Durch Zusammenwirken mehrerer gleichphasig schwingender Eindrahtantennen wird diese Richtwirkung erhöht, die Schärfe der Bündelung nimmt zu. So ergeben

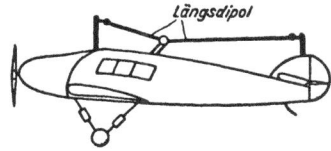

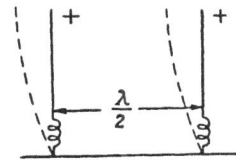

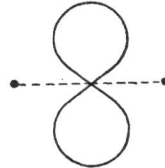

60. Richtstrahlantennen

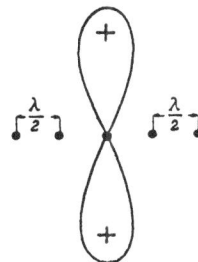

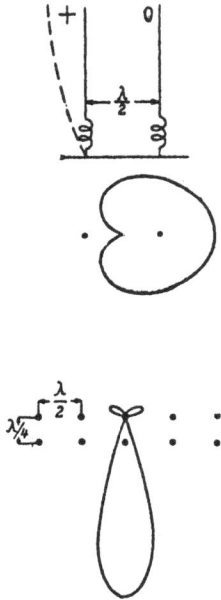

z. B. fünf in der Breite nebeneinander aufgestellte Antennen, die in gleicher Phase schwingen, die vorstehend gezeichnete Richtkennlinie in Tropfenform.

b) Der Reflektor. Zwei im Abstand einer Viertelwelle mit einem Phasenunterschied von 90⁰ schwingende Eindrahtantennen summieren ihre Wirkung in der Verbindungsebene nach der einen Richtung, während sie sich in der entgegengesetzten Richtung aufheben. Man erhält eine Herzkurve (Kardioide) als Richtkennlinie. Bei einer Mehrfachantenne werden die Reflektordrähte in einer Viertelwelle Abstand von den Strahldrähten parallel gespannt und durch Ankopplung besonderer Schwingungskreise in der richtigen Phase erregt. Es ist dadurch möglich, die Rückstrahlung bis auf etwa $^1/_{100}$ der Hauptstrahlung herabzudrücken.

Durch eine Umschaltvorrichtung können Strahl- und Reflektordrähte vertauscht werden, so daß man wahlweise nach entgegengesetzten Richtungen senden kann.

c) Die Richtsenderanlage mit 192 Dipolen (Telefunken) bezweckt eine Bündelung der Strahlung in senkrechter und waagrechter

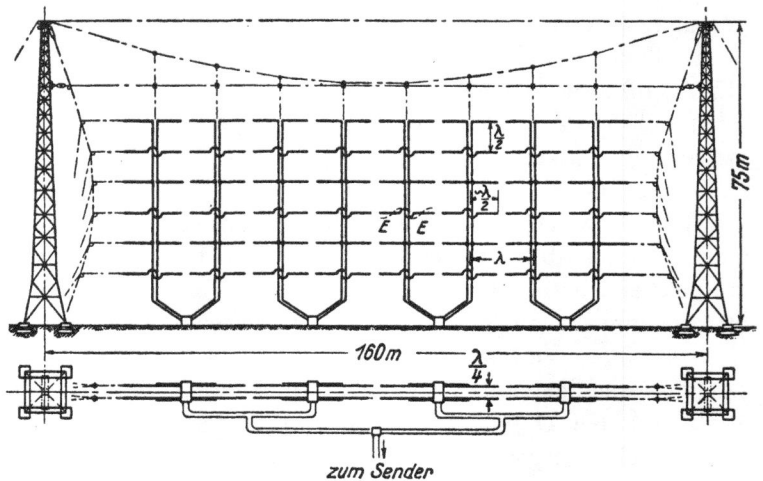

Richtsenderanlage (DFA) in Nauen, welche auf Welle 15,59 m mit New-York verkehrte.

Richtung. Die Bündelung in der Senkrechten wird durch sechs im Abstand einer halben Wellenlänge übereinander liegende waagrechte Dipole erreicht, welche durch zwei senkrecht hochgeführte Paralleldrähte gespeist werden. Durch Aufstellung von 16 solcher Dipolsysteme nebeneinander wird die Bündelung der Strahlung in der Waagrechten bewirkt. Das Reflektorsystem, welches im Abstand $\frac{\lambda}{4}$ hinter dem Antennensystem aufgestellt ist, wird gleichfalls über einen Transformator vom Sender gespeist.

a) **Aufbau.** Auf einem senkrecht stehenden, drehbaren, quadratischen oder kreisförmigen Holzrahmen von 0,5...1 m Durchmesser ist eine Drahtschleife aufgewickelt, die je nach der Länge der aufzunehmenden Welle 10...100 Windungen enthält. Die Rahmenantenne wird meist nicht geerdet; die Drahtenden werden unmittelbar zum Empfangskondensator geführt. Zum Empfang langer Wellen ist ein kleiner Rahmen mit vielen Windungen, zum Empfang kurzer Wellen ein großer Rahmen mit wenig Windungen vorteilhaft. Bei Verwendung eines Drehkondensators von 500 cm Höchstkapazität genügt zum Empfang der Rundfunkwellen ein Rahmen von 40...50 cm Kantenlänge mit zwölf Windungen in 0,5 cm Abstand.

b) **Richtwirkung.** Weist die Rahmenantenne auf die zu empfangende Station hin, so erreicht die Wellenfront die dem Sender zugekehrte senkrechte Kante *a* früher als die abgekehrte *b*. Die Spannungen, die durch das Schneiden der magnetischen Kraftlinien erregt werden, sind in beiden Kanten gleichlaufend, aber durch die Phasendifferenz in ihrer Größe verschieden. (Höchstwert der Empfangsstärke.)

Steht die Rahmenebene senkrecht zur Strahlrichtung, so werden die beiden senkrechten Kanten *a* und *b* von der ankommenden Welle gleichzeitig erreicht, die induzierten Spannungen sind gleich groß und heben sich auf. (Kleinstwert der Empfangsstärke.)

61. Rahmenantenne
(Ferd. Braun 1913.)

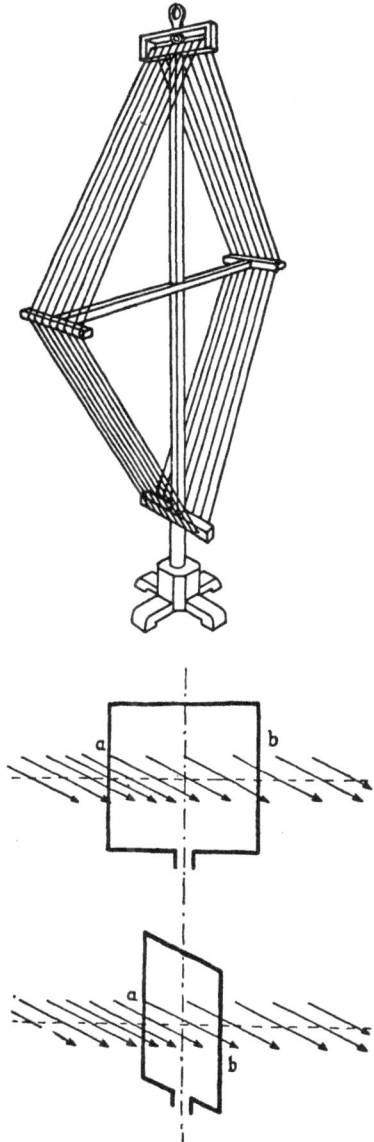

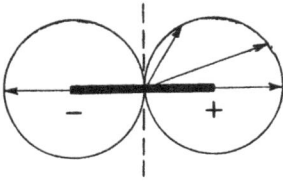

Die waagrechte Richtkennlinie der Rahmenantenne ist ein Doppelkreis, dessen Mittelpunkte in der Rahmenebene liegen. Da die Ströme in den beiden senkrechten Seiten des Rahmens entgegengesetzt fließen, sind die Kreise mit entgegengesetztem Vorzeichen bezeichnet. Die Länge des vom Mittelpunkt ausgehenden Richtstrahles entspricht der Induktionsspannung, die ein in der Strahlrichtung liegender Sender im Rahmen erzeugen würde. Die in der Rahmenebene liegenden Sender ergeben danach den stärksten, die senkrecht zu ihr liegenden den schwächsten Empfang.

Zum Empfang stellt man den Rahmen auf den Größtwert der Lautstärke, während zum Funkpeilen (S. 203) auf den schärfer begrenzten Kleinstwert eingestellt wird.

Durch den Wegfall der Erdverluste und die geringe Rückstrahlung ist die Verlustdämpfung des Rahmens klein. Die geringe Empfangsenergie des Rahmens gleicht man durch hohe HF-Verstärkung aus.

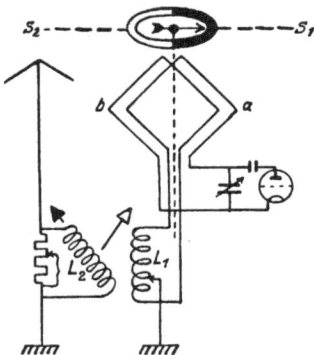

c) Die Seitenbestimmung des Rahmenempfangs. Bei Drehung des Rahmens hört man zwei um 180° auseinander liegende Minima, man erhält also zwei entgegengesetzte Peilungen. Welche von diesen richtig ist, kann aus dem Zusammenarbeiten mit einem zweiten entfernt liegenden Rahmen ermittelt werden, denn zwei Peilstrahlen können sich nur in einem Punkte — d. i. der Standort des Senders — schneiden.

Um mit einem Rahmen zu erkennen, auf welcher Seite der angepeilte Sender liegt, dreht man den Rahmen auf den Sender zu, so daß man lautesten Empfang erhält. Hierauf koppelt man eine ungerichtete Hilfsantenne mit der Kopplungsspule L_2 an die Spule L_1, des Rahmenkreises an. Je nach dem Kopplungssinn wird der Empfang lauter oder schwächer, indem sich einmal die Induktionsspannung der Hilfsantenne zu der des Rahmens addiert, im andern Falle von ihr subtrahiert. Durch Regelung des Kopplungsgrades

kann man den Empfang ganz zum Verschwinden
bringen. Aus der durch eine Farbe bezeichneten
Lage der Kopplungsspule bei verschwindendem
Empfang ermittelt man am Handrad des Peil-
rahmens die mit gleicher Farbe bezeichnete Seite,
auf der der Sender liegt. Wenn man den Rahmen
bei gleichbleibender Ankopplung der Hilfsantenne
um 180⁰ dreht, erhält man den Höchstwert des
Empfanges.

Zum Auslöschen des Rahmenempfanges muß
die Induktionsspannung der Hilfsantenne nach
Größe und Phase auf die Rahmenspannung ab-
geglichen werden. Zur Abgleichung der Phase
kann ein der Kopplungsspule parallel liegender
Widerstand dienen, während die Größe der Hilfs-
spannung vom Kopplungsgrad abhängt.

Im Kennlinienbild muß dann der der Hilfsantenne entsprechende Kreis den Doppelkreis der
Rahmenantenne gerade berühren. Unter Berücksichtigung, daß die Radien des einen Kreises der
Rahmenkennlinie positiv, die des andern negativ
gerechnet werden müssen, ergibt sich durch Zusammensetzung der Rahmen- und Hilfsantennen-
kennlinie die H e r z k u r v e , welche deutlich die
Einseitigkeit der Peilung des auf den Sender gerichteten Rahmens zum Ausdruck bringt. Auf eine
volle Umdrehung kommt dann nur ein Minimum,
bei welchem die Rahmenebene gegenüber der
Einstellung auf das Doppelminimum um 90⁰ ver-
dreht ist.

Die Kapazität der Antenne setzt sich zusammen aus der meist geringen Kapazität des
Zuleitungsdrahtes und derjenigen der Dachdrähte.
Die Kapazität der Dachdrähte gegen Erde ist um
so größer, je größer die umspannte Fläche und je
geringer ihr Abstand von der Erde ist. Man hat
daher die Möglichkeit, durch Verlängerung oder
Verkürzung der Dachdrähte, durch Änderung
ihrer Entfernung vom Boden, die Kapazität zu
ändern. Da der Grundwasserspiegel bei Regen-
wetter steigt, bei Trockenheit fällt, so ändert sich
damit auch die Kapazität der Antenne.

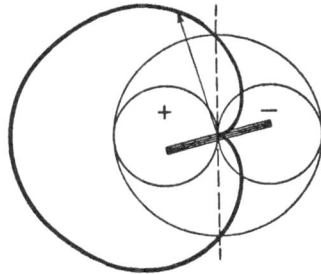

62. Die Kapazität der Antenne

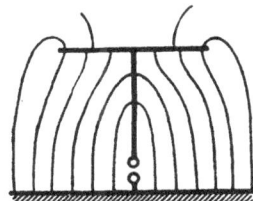

$$C_A = \frac{C_{ae} \cdot C_{ge}}{C_{ae} + C_{ge}}$$

Wird statt der Erde ein Gegengewicht verwendet, so liegen die Kondensatoren Antenne-Erde C_{ae} und Gegengewicht-Erde C_{ge} in Hintereinanderschaltung, so daß ihre Gesamtkapazität C_A verkleinert wird.

Je größer die Kapazität der Antenne ist, um so länger ist die Eigenwelle und um so mehr Energie kann die Antenne bei gleicher Spannungsbelastung aufnehmen.

So beträgt z. B. die Kapazität der großen Antenne in Nauen bei einer Betriebswelle von 18 km 53 300 cm, die der kleineren T-Antenne bei Welle 4,9 km nur 3900 cm. Eine Schiffsantenne für Welle 600 m hat etwa 1000 cm Kapazität.

Zur Berechnung der Antennenspulen zum Empfang eines bestimmten Wellenbereiches muß man die Kapazität der Antenne C_A kennen. Die Induktivität der Antenne ist bei kleinen Empfangsantennen gering und kann vernachlässigt werden.

Ist die in cm gemessene Antennenkapazität C_A bekannt und soll mit der Antenne eine Welle λ_m aufgenommen werden, so berechnet sich die Induktivität L der einzuschaltenden Spule nach der Formel:

$$L = 253 \cdot \frac{\lambda_m{}^2}{C_a}$$

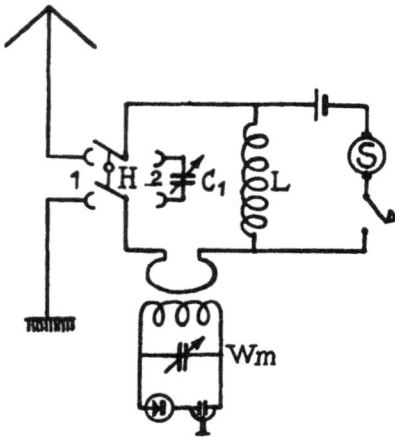

Da Strom und Spannung über eine schwingende Antenne sich nicht gleichmäßig verteilen, sind die für HF wirksamen Werte der Kapazität und Induktivität geringer als die mit Niederfrequenz gemessenen sog. statischen Werte. Zur Messung der Antennenkapazität schaltet man den Kondensator Antenne-Erde mit einer Spule L zu einem Schwingungskreis zusammen (Schalterstellung 1), erregt diesen durch den Summer S und mißt mit dem angekoppelten Wellenmesser W_m die Welle dieses Kreises. Hierauf schließt man durch Umlegen des Doppelschalters H statt der Antenne den geeichten Drehkondensator C_1 an L an, erregt wiederum durch den Summer S und stellt C_1 so ein, daß man bei unveränderter Stellung des Wellenmessers wieder Resonanz hat. Die Antennenkapazität C_a ist dann gleich der am Kondensator C_1 abgelesenen Kapazität.

Die Eigenwelle der Antenne ist die Welle, welche die Antenne ausstrahlt, wenn sie weder Spulen noch Kondensatoren enthält. Als Faustregel gilt, daß für Antennen, die nur aus 2...3 Drähten bestehen, die Eigenwelle das 4...5,5 fache der größten Drahtlänge, gemessen vom Anschlußpunkt der Antenne bis zum äußersten freien Drahtende, ist. Längere Wellen werden durch Einschalten von Verlängerungsspulen, kürzere durch Einschalten von Kondensatoren in die Antenne erzeugt. Die wirksamsten Wellen erhält man für Langwellen-Sendestationen bei $1^3/_4$...2 facher Verlängerung der Eigenwelle. Die kleinste durch Kondensator erzeugte Betriebswelle soll nicht unter $70^0/_0$ der Eigenwelle liegen.

Die Messung der Eigenwelle λ_0 kann erfolgen:

a) durch Erregung der Antenne mit Funkeninduktor und Messung der Welle an einer Meßschleife. Dieses Verfahren darf jedoch wegen der mit ihm verbundenen starken Strahlung der Antenne nicht angewendet werden;

b) durch Anstoßen der Eigenschwingungen der Antenne durch einen Wellenmesser in Summerschaltung. Der Wellenmesser wird solange stetig verändert, bis an einer zweiten in der Antenne liegenden Meßschleife mittels eines aperiodischen Detektorkreises die Resonanz zwischen Wellenmesser und Antennenkreis festgestellt wird. Hierauf liest man am Wellenmesser die Eigenwelle der Antenne ab.

Über die Messung mit Schwingaudion und Absorptionskreis s. S. 202.

Die Sendeantenne hat den Zweck, von der zugeführten Schwingungsenergie einen möglichst großen Teil auszustrahlen. Bei diesem Vorgang spielen die Effektivhöhe, die Dämpfung und der Antennenwiderstand eine wichtige Rolle.

a) Die Effektivhöhe bestimmt die Strahlung der Antenne. Sie ist etwas kleiner wie die geometrische Höhe der Antenne und hängt von

63. Eigenwelle der Antenne

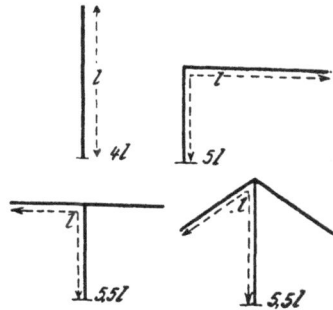

64. Ausstrahlung der Sendeantenne

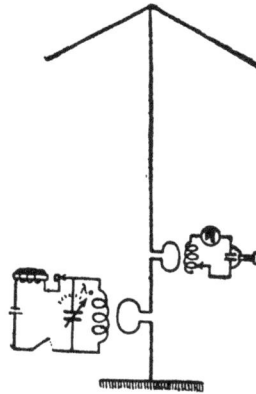

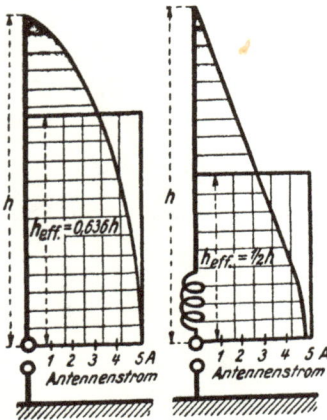

der Stromverteilung ab. Man ersetzt nämlich den in Wirklichkeit bis zur Spitze laufenden, allmählich abnehmenden Antennenstrom durch den nur bis zur Effektivhöhe laufenden gleichbleibenden Strom im Strombauch. Kennt man die Stromverteilung in der Antenne, so läßt sich die Effektivhöhe konstruieren, indem man die Höhe des Rechteckes (vertikal schraffiert) sucht, das bei gleicher Grundlinie (Stromstärke im Strombauch) denselben Inhalt hat wie die von der Stromverteilungskurve eingeschlossene (waagrecht schraffierte) Fläche. Es ergibt sich für die senkrechte Linearantenne, in welcher die Stromstärke nach einer Sinuslinie abnimmt: $h_{\mathrm{eff}} = 0{,}636\ h$.

Durch Einschalten einer Verlängerungsspule wird die Effektivhöhe der Linearantenne auf $0{,}5\ h$ vermindert. In gleicher Weise erhält man als Effektivhöhe der Schirmantenne:

$$h_{\mathrm{eff}} = 0{,}6 \ldots 0{,}9\ h.$$

In einer T-Antenne mit großer Endkapazität ist das obere Ende des Zuführungsdrahtes von nahezu derselben Stromstärke durchflossen wie der Fuß der Antenne, die Effektivhöhe ist gleich der geometrischen Höhe.

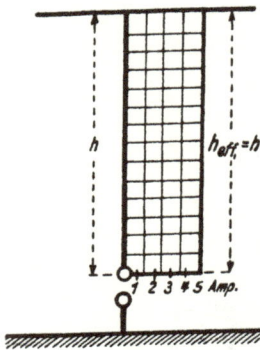

Ist die Stromverteilung, wie dies meistens der Fall ist, nicht bekannt, so muß man die Effektivhöhe indirekt durch Messung der Feldstärke $\mathfrak{E}$ ermitteln.

Eine in der Welle λ_m erregte, vom Strom I_A durchflossene Antenne von der Effektivhöhe h_1 erzeugt in r_m Entfernung die Feldstärke:

$$\mathfrak{E} = \frac{120 \cdot \pi}{r_{\mathrm{m}}} \cdot I_A \cdot h_1 \cdot \frac{1}{\lambda_{\mathrm{m}}} \left(\frac{V}{m} \right)$$

Da I_a, λ_m und r_m bekannt sind, kann h_1 durch Messung von $\mathfrak{E}$ berechnet werden.

Das Produkt $h_{\mathrm{eff}} \cdot I_A$, die sog. Meteramperezahl, kennzeichnet die Strahlwirkung der Antenne. Aus der Formel für $\mathfrak{E}$ sehen wir ferner den großen Einfluß der Wellenlänge λ auf die Fernwirkung einer Antenne. Je kürzer die Wellenlänge, um so größer ist bei gleicher Meteramperezahl die erzeugte Feldstärke.

b) Die Dämpfung. Die Schwingungen in einer Sende-Antenne sind infolge der Energieverluste im Luftdraht und der Erde (Verlustdämpfung), sowie infolge der Energieabgabe durch Strahlung (Nutzdämpfung) gedämpft. Die Ursachen der Verlustdämpfung sind:

I. Die Stromwärme in den Luftdrähten und Verlängerungsspulen. Bei Verwendung von 3...4 mm starken Kupferlitzen sowie von Spulen aus verlitzten Kabeln sind diese Verluste gering.

II. Stromwärme durch Induktionsströme in den der Antenne benachbarten Leitern, wie Haltetauen, Masten usw. Zur Verringerung dieser Verluste muß man die Leiter von der Erde isolieren, sowie durch isolierende Zwischenstücke unterteilen. Eiserne Maste müssen aus gleichem Grunde vom Erdboden isoliert werden.

III. Das Sprühen der Antenne und Überkriechen der Elektrizität über feuchte Isolatoren bei hoher Spannungsbelastung. Durch Vermeidung von Spitzen und scharfen Ecken sowie durch sorgfältige Isolierung können diese Verluste herabgedrückt werden.

IV. Die Stromwärme durch Erdströme kann bei schlechter Erdverbindung bedeutend sein. Die Erdung und das Gegengewicht müssen daher so ausgeführt sein, daß die elektrischen Kraftlinien im schlechtleitenden Erdboden einen möglichst kurzen Weg zurücklegen und sich auch nicht an einzelnen Punkten zusammendrängen.

Die Nutzdämpfung der Sendeantenne wird durch die Energieabgabe als Strahlung hervorgerufen. Sie nimmt mit der Effektivhöhe der Antenne zu und mit der Wellenlänge ab.

c) Der Antennenwiderstand. Die verschiedenen Ursachen der Verlustdämpfung wirken wie ein Ohmscher Widerstand R_v, der im Strombauch der Antenne liegt. Ebenso kann man sich die Strahlungsdämpfung durch den Strahlungswiderstand R_s ersetzt denken. Dieser kann aus der Effektivhöhe h_{eff} und der Wellenlänge λ, in

$$R_s = 1580 \left(\frac{h_{eff}}{\lambda}\right)^2 \text{Ohm}$$

z. B.: $h_{eff} = 50 \text{ m}$

λ	R_s
1000 m	3,8 Ω
400 m	24,7 Ω
100 m	39 Ω

$$R_A = R_v + R_s$$

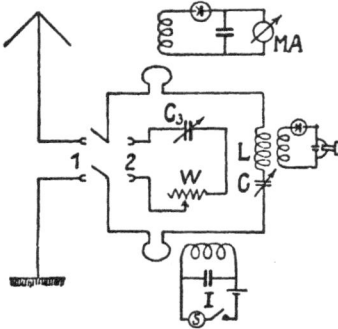

$$N_a = I_A{}^2 \cdot R_A$$

$$N_s = I_A{}^2 R_s$$

$$\eta = \frac{R_s}{R_A}$$

welcher die Antenne schwingt, berechnet werden. Es ist:

Wir erkennen wiederum die starke Abhängigkeit des Strahlungswiderstandes von der Wellenlänge, die auch durch nebenstehende Tabelle veranschaulicht ist. Für kurze Wellen (10...100 m) nimmt der Strahlungswiderstand so hohe Werte an, daß mit geringster Energie und bei Verwendung niedriger Antennen große Reichweiten erzielt werden können.

Der Gesamtwiderstand der Antenne:

läßt sich nach dem Verfahren der Vertauschung messen. Bei Schalterstellung 1 erregt man den an die Antenne angeschlossenen Schwingungskreis C L durch den Wellenmesser in Summerschaltung oder einen Röhrenwellenmesser I und stellt die Resonanz durch einen Detektorkreis mit Telephon oder Milliamperemeter MA fest. Dabei macht man die Kopplung so lose, daß die Höchstlautstärke gerade noch hörbar ist. — Hierauf schließt man bei Schalterstellung 2 an den Schwingungskreis C L eine k ü n s t l i c h e A n t e n n e, d. i. einen verlustfreien Kondensator C_3 und einen induktionsfreien Widerstand W an. Man schaltet zuerst einen kleinen Widerstandswert ein und bringt bei unveränderter Einstellung des Wellenmessers sowie des Schwingungskreises C L durch Drehen des Kondensators C_3 die künstliche Antenne in Resonanz. Im Telephon wird dann der Empfang sehr laut sein. Hierauf schaltet man so viel Widerstand dazu, bis die Höchstlautstärke gerade so hoch wie bei der ersten Messung wird. Der eingeschaltete Widerstand ist dann gleich dem gesuchten Antennenwiderstand; da dieser den Strahlungswiderstand enthält, ist er von der Wellenlänge abhängig.

Ist I_a der Antennenstrom, so ist die in der Antenne schwingende Leistung:

hievon wird als Strahlung abgegeben:

Der Strahlungswirkungsgrad der Antenne ist also bestimmt durch das Verhältnis:

Da sich der Strahlungswiderstand wegen der zu seiner Berechnung erforderlichen Effektivhöhe meist nicht genau ermitteln läßt, gibt man zur Kennzeichnung der Leistung eines Senders die in der Antenne verbrauchte Leistung N_a an.

Die Empfangsantenne wird aus dem elektromagnetischen Felde um so mehr Energie auffangen, je größer ihre Effektivhöhe und je kleiner ihre Gesamtdämpfung ist. Ist die Stärke des Feldes $\mathfrak{E}$, die Effektivhöhe h_{eff}, so ist die in der Antenne induzierte Spannung:

Durch diese Spannung wird der auf die einfallende Welle abgestimmte Empfangskreis in Schwingungen versetzt.

Die erforderlichen Eingangsspannungen betragen z. B. für einen Detektorempfänger 0,7 V, für ein Einkreisröhrengerät 7 mV, für einen Vierröhrensuper nur 5...10 μV.

Der im Empfangskreis fließende Strom ist: worin R der Leitungswiderstand des Empfängers, R_s der Strahlungswiderstand der Antenne ist.

Der Leitungswiderstand R des Empfängers setzt sich aus einem schädlichen und einem nützlichen Teil zusammen. Der schädliche Teil kann durch sorgfältige Isolierung der Luftdrähte, durch eine gute Erdung sowie durch Verwendung von Luftkondensatoren und verlustarmen Spulen als Abstimmittel klein gehalten werden. Den nützlichen Teil (Detektorwiderstand) sucht man durch Regelung der Kopplung möglichst groß zu machen.

Da die E.M.K. einer Empfangsantenne mit der Höhe einfach, der Strahlungswiderstand quadratisch ansteigt, gibt es für jede Welle eine günstigste Antennenhöhe; sie wird erreicht, wenn der Empfängerwiderstand R gleich dem Strahlungswiderstand R_s ist.

Durch die Strahlung der Empfangsantenne ist es bedingt, daß höchstens 50% der aufgefangenen Feldenergie dem Empfangsapparat zukommen, während der Rest als Strahlung an das Feld zurückgeht. Durch die Rückstrahlung wird das ur-

z. B. Reichssender München:

$$R_A = 24{,}52 \; \Omega$$
$$R_s = 21{,}552 \; \Omega$$
$$\eta = \frac{21{,}5}{24} = 90\%$$

65. Energieaufnahme der Empfangsantenne

$$U = \mathfrak{E} \cdot h_{\mathrm{eff}}$$

$$I = \frac{U}{R + R_s}$$

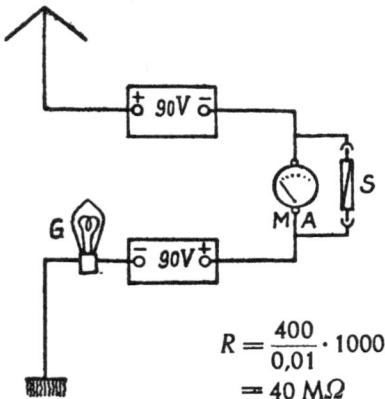

$$R = \frac{400}{0,01} \cdot 1000$$
$$= 40 \text{ M}\Omega$$

66. Verluste im
Zwischengelände

sprüngliche Feld verändert. Die Feldstärke vor
der Antenne wird vergrößert, hinter ihr geschwächt.
Die Antenne schattet das Feld gleichsam ab.

Zur Prüfung der Isolation verbindet man den
einen Pol einer oder mehrerer hintereinander geschalteter Anodenbatterien mit der Antenne, den
anderen mit der Erde und mißt mittels eines
Milliamperemeters MA den zur Erde fließenden
Strom I_A. Beträgt dieser Strom bei Verwendung
von 400 V Spannung z. B. 0,01 mA, so ist der
Isolationswiderstand:

Bei Ausführung der Prüfung empfiehlt es sich,
das Milliamperemeter zunächst kurz zu schließen
und eine Glühlampe einzuschalten. Erst wenn man
sich überzeugt hat, daß die Lampe dunkel bleibt,
löse man die Sicherung des Meßinstrumentes.

Die Reichweite eines Senders ist außer durch
seine Strahlungsleistung und die Energieaufnahme
des Empfängers wesentlich durch die Verluste im
Zwischenraum bestimmt.

Für die Beurteilung dieser Verluste ist grundlegend, daß ein Teil der Strahlung einer Antenne
sich längs der Erdoberfläche fortpflanzt, wobei sich
die elektrischen Kraftlinien auf den leitenden
Boden stützen; ein anderer Teil geht in geschlossenen Kraftlinienbündeln unmittelbar in den
Raum. Durch die Wahl der Antennenform und der
Erregung kann man die eine oder andere Aus-
breitungsart hervorheben; so liefert z. B. ein auf

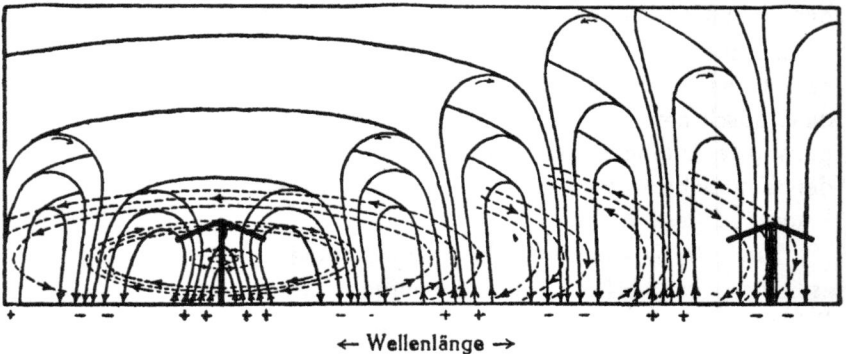

← Wellenlänge →
Die von einer Antenne ausgehenden Bodenwellen.
(Elektrische und magnetische Kraftfelder.)

der Spitze eines Turmes oder an einem Flugzeug angebrachter Kurzwellendipol überwiegend
R a u m s t r a h l u n g , während eine in der Grundwelle erregte geerdete Antenne hauptsächlich
B o d e n s t r a h l u n g abgibt.

Die Absorption im Zwischengelände und in
der Atmosphäre ist bei Boden- und Raumstrahlung grundsätzlich verschieden.

a) D i e A b s o r p t i o n d e r B o d e n w e l l e n
erfolgt so, daß die Strahlungsenergie mit der Entfernung, ähnlich wie bei einer gedämpften Schwingung (S. 58) nach einer Exponentialkurve abnimmt.

Die Abnahme hängt von der Leitfähigkeit des
Bodens ab, sie ist z. B. über Land 3...4 mal so groß
wie über Wasser.

Aus der Erfahrung hat man einen Absportions-
faktor α ermittelt, der in nebenstehenden Dämp-
fungsfaktor D eingesetzt, die Verminderung der
Feldstärke gegenüber dem oben berechneten
Werte angibt. Es muß also heißen:

α ist für Meerwasser 0,01, für den Erdboden
0,02, über der Großstadt 0,07. In nebenstehenden
Kurven ist das in der Formel enthaltene Dämp-
fungsgesetz graphisch dargestellt.

Die Bodenverluste hängen erfahrungsgemäß
auch von der Wellenlänge ab, sie sind für lange
Wellen geringer als für mittlere und kurze Wellen. Man sendet daher auf den Großstationen,
z. B. Nauen, zur Überbrückung großer Entfer-

$$D = e^{-\frac{\alpha\, r_m}{\sqrt{\lambda_m}}}$$

$$\mathfrak{E} = 377 \cdot \frac{J_A\, h_1}{r_m\, \lambda_m} \cdot e^{-\frac{\alpha\, r_m}{\sqrt{\lambda_m}}}$$

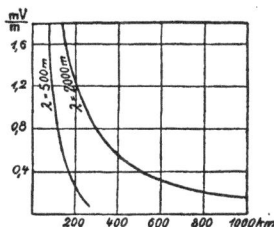

Abnahme der Feldstärken
bei Bodenwellen

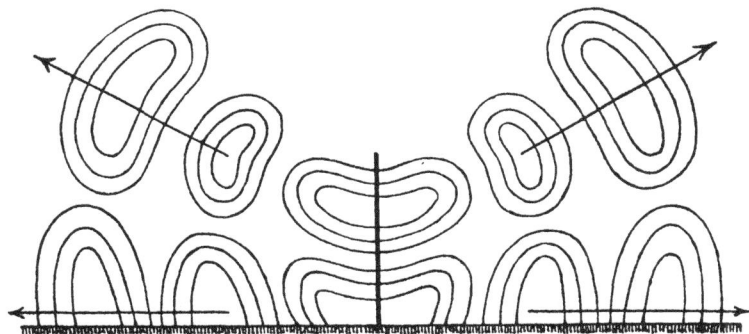

Die von einer in der 3. Harmonischen erregten Antenne ausgehenden
Boden- und Raumwellen. (E l e k t r i s c h e K r a f t f e l d e r .)

nungen (20000 km) mit langen Wellen von 6 bis 18 km und verwendet zur Ausstrahlung sehr hohe und weit ausgedehnte Antennen. In der Atmosphäre erfahren die langen Wellen auch bei Sonnenstrahlung nur eine geringe Schwächung, so daß man den Verkehr Tag und Nacht sicher durchführen kann.

Betriebsdaten von Nauen:
Generator-Leistung
$$A = 500 \text{ kW}$$
Frequenz $f_0 = 6000$
Ant.-Leistung $A = 400 \text{ kW}$
Ant.-Strom $J = 400 \text{ A}$
Sendewellen:
18 km ($f = 16670$ Hz)
13 km ($f_1 = 23080$ Hz)
Reichweite = 20000 km

Allerdings ist der Langwellenverkehr wegen der aufzuwendenden hohen Leistungen und der erforderlichen großen Antennenanlagen kostspielig und wird daher in neuerer Zeit immer mehr durch den Kurzwellenverkehr mit Richtstrahlantennen ersetzt.

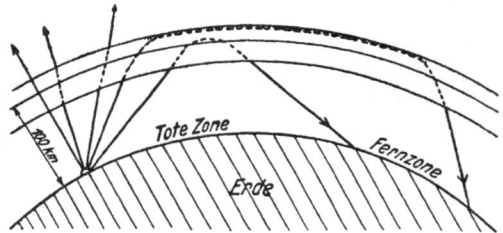

Betriebsdaten des
Amateur-Senders D 4 T K P
in München:
Anodenspannung 600 V
Ant.-Leistung 20 Watt
Ant.-Strom 0,25 A
Ant.-Länge 65 m
Sendewellen: 10, 20, 40
und 80 m
Reichweite 20000 km

b) Ausbreitung und Absorption der Raumwellen. Für die drahtlose Übertragung haben die kurzen Raumwellen unter 100 m wegen ihrer geringen Absorption in der Luft größte Bedeutung erlangt. Während die kurzen Bodenwellen schon in der Nahzone des Senders vollständig absorbiert werden, kehren die in den Raum abgestrahlten Wellen in großer Entfernung mit nur wenig geminderter Intensität wieder zur Erde zurück.

Es bildet sich dabei zwischen der Nahzone des Senders und den ersten reflektierten Strahlen eine tote Zone aus, in die überhaupt keine Wellen gelangen und wo daher kein Empfang möglich ist. Außerhalb dieser Zone erhält man einen kräftigen, mit wachsender Entfernung nur langsam abnehmenden Empfang.

Die abweichende Ausbreitung der kurzen Raumwellen findet ihre Erklärung in Reflexionen und Brechungen in 100 bzw. 200 km hohen Luftschichten, welche durch die Elektronenstrahlung der Sonne sowie durch die kosmische Ultrastrahlung ionisiert, d. h. durch Ionen und Elektronen leitfähig gemacht werden. Die Ionisierung dieser Schichten — nach ihren Entdeckern K e n e l l y - H e a v i s i d e - S c h i c h t e n genannt — erreicht um Mittag ihre größte Stärke, während sie nach Sonnenuntergang durch die Wiedervereinigung entgegengesetzter Ionen sinkt, ohne jedoch bei Nacht ganz zu verschwinden. Die Höhe der I o n o - s p h ä r e ist bei Nacht größer als am Tage.

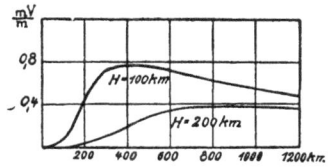

Abnahme der Feldstärke bei Raumwellen, die in 100 bzw. 200 km Höhe reflektiert werden

Der Strahlengang in der ionisierten Schicht hängt vom Ausstrahlwinkel, dem Konzentrationsanstieg und von der Wellenlänge ab. Während die steilen Strahlen durch die ionisierte Schicht in den Weltenraum treten und nicht mehr zurückkehren, werden die flacheren Strahlen von einem bestimmten Grenzwinkel an ganz in die Schicht hineingebogen und schließlich zur Erde zurückgeworfen.

Unter bestimmten Bedingungen läuft der Strahl in der Schicht sogar um die Erde herum, bevor er zur Erdoberfläche abgebeugt wird; man hört dann das Morsezeichen im Abstand von $1/7$ s, welche die Welle zur Umkreisung der Erde braucht, zum zweitenmal im Empfänger. Strahlen, die unterhalb des Grenzwinkels in die Schicht eindringen, werden durch totale Reflexion zur Erde zurückgeworfen.

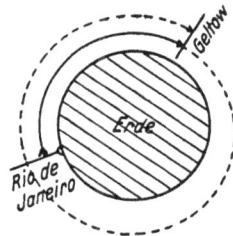

Umkreisung der Erde mit kurzen Wellen

Die Ablenkung der Wellen ist ferner um so stärker, je rascher die Konzentration in den übereinanderliegenden Schichten ansteigt. Da nun der Ionisationsanstieg bei Tag steiler ist als bei Nacht, wird die gleiche Welle bei Tag stärker abgelenkt und gelangt also früher zur Erde zurück als bei Nacht.

Der Radius der toten Zone bzw. die R e i c h - w e i t e ist daher bei Tag je nach der Welle 2- bis 10 mal kleiner als bei Nacht. Infolgedessen erfolgt frühmorgens das Einwandern der Stationen so, daß erst die entfernten und dann die nahe gelegenen Stationen hörbar werden, abends erfolgt das Auswandern in umgekehrter Reihenfolge; erst verschwindet der Empfang der näher liegenden, dann der der entfernten Stationen.

Die Verringerung der Reichweite bei Tage kann man durch Übergang auf eine kürzere Welle ausgleichen. Bei gleichem Ionisierungszustand erfährt nämlich die kürzere Welle eine geringere Abbeugung, sie kommt erst in größerer Entfernung zur Erde zurück. Hieraus erklärt sich auch, daß man zur Erzielung größter Reichweiten (20 000 km) Wellen von 15...50 m verwenden muß. Zur Überbrückung des Atlantik (6000 km) werden bei Tag Wellen von rd. 20 m, bei Nacht Wellen von 40...50 m verwendet, während für kontinentale Entfernungen (1000...3000 km) bei Tag Wellen von 40 m, bei Nacht Wellen von 80 m Länge benützt werden.

Da der Ionisationszustand auch dem Wechsel der Jahreszeiten und dem Fleckenzustand der Sonne unterworfen ist, muß man den hiedurch bedingten Ausbreitungsänderungen gleichfalls die Wellenlängen anpassen.

c) Die Entstehung des Schwunds (Fading). Im Bereich der mittleren Wellen (200 bis 600 m) bilden sich bei normaler Erregung der Antenne Raum- und Oberflächenwellen nahezu in gleicher Stärke aus. In größerer Entfernung vom Sender können dann beide Wellenarten zusammentreffen und sich je nach dem unterwegs erhaltenen Gangunterschied verstärken oder schwächen. Damit findet das insbesondere beim Rundfunk störende Abflauen der Lautstärke (Schwund) eine Erklärung.

Durch die Dipolantenne mit verminderter Steilstrahlung (S. 90) wurde die schwundfreie Zone erheblich erweitert.

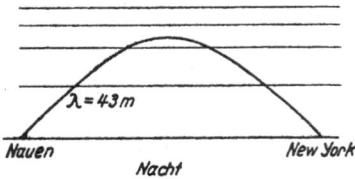

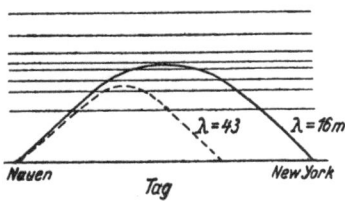

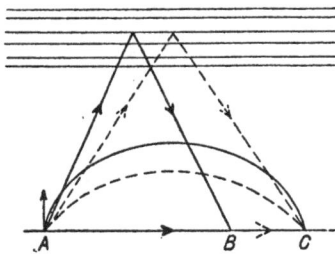

Entstehung des Schwunds

F. Die Zweipolröhre.

Die Luft ist für gewöhnlich ein Nichtleiter der Elektrizität, unter besonderen Umständen gestattet sie jedoch den Durchgang der elektrischen Entladung. So geht z. B. zwischen zwei 1 cm voneinander entfernten Polen beim Anlegen einer Spannung von rd. 30000 V eine leuchtende Funkenentladung über, oder wir erhalten zwischen zwei glühenden Kohlestäben bei 40 V Spannung einen hellen Lichtbogen in der Luft, der einen Strom von vielen Ampere tragen kann.

Noch auffallender und mannigfaltiger sind die Entladungserscheinungen im luftverdünnten Raume, die wir in zwei Gruppen einteilen können, nämlich in die Entladungsvorgänge zwischen kalten und die zwischen einem kalten und einem glühenden Pol.

In die Entladungsröhre R sind zwei Zuleitungsdrähte oder Pole A und K eingeschmolzen, an welche ein Funkeninduktor I, der einige Tausend V Gleichspannung liefert, angelegt wird. Der positive Pol heißt Anode A, der negative Kathode K. Die Röhre ist durch Glasschliff mit einer Luftpumpe P verbunden und kann so allmählich leer gepumpt werden.

Während sich anfänglich (bei Atmosphärendruck d. i. 760 mm Quecksilbersäule) überhaupt keine sichtbare Entladung zeigt, werden bei steigender Luftverdünnung folgende Erscheinungen bemerkbar:

a) 10 mm Druck: zwischen den Polen treten dünne violette Funken auf;

b) 4 mm Druck: die Funken verbreitern sich zu einer rötlichen Lichtsäule, welche bis auf

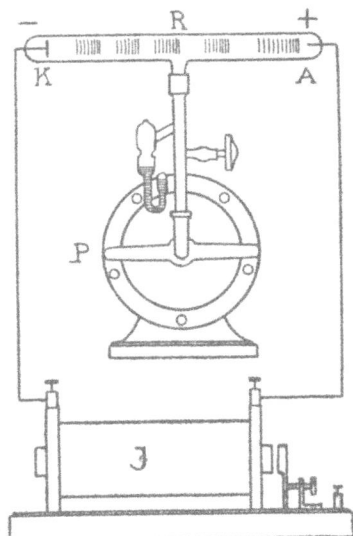

67. Die Entladung zwischen kalten Polen

einen vor der Kathode gelegenen Dunkelraum die ganze Röhre ausfüllt;

c) 0,5 mm Druck: das positive Licht zerfällt in
helle und dunkle Schichten;

d) 0,2 mm Druck: das positive Licht zieht sich
allmählich zurück. Aus der Kathode treten
Strahlen, welche das Glas zur Fluoreszenz
erregen (Kathodenstrahlen);

e) 0,01...0,001 mm Druck: die Kathodenstrahlen bringen die ganze Röhrenwand zum
Leuchten.

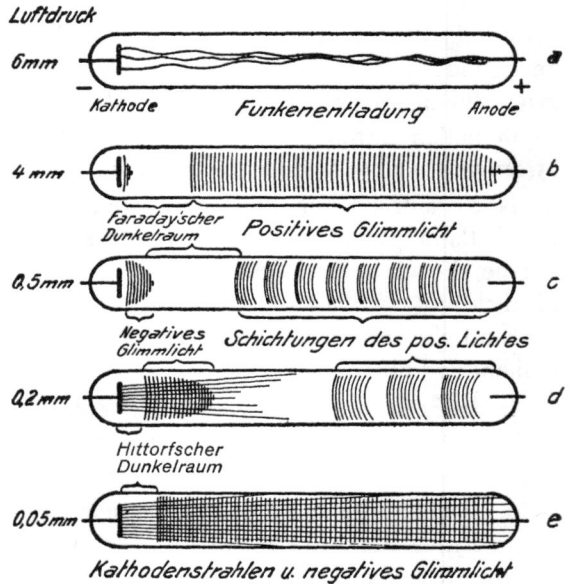

Bei weiterer Druckerniedrigung verschwindet
die Glasfluoreszenz, es geht auch beim Anlegen
höchster Spannungen kein Strom mehr durch die
Röhre. Die Elektrizität wird sich vielmehr trotz
des größeren Umweges durch die freie Luft entladen.

**68. Erklärung des
Entladungsvorganges**

Wie in Flüssigkeiten kommt auch in der Luft
die Leitfähigkeit durch die Bewegung der positiven und negativen Ionen zustande (S. 17). Da
aber die Luft in gewöhnlichem Zustande nur
wenig Ionen enthält, geht in einem schwachen

Felde — etwa zwischen den Polen eines Akkumulators — kein Strom durch die Luft.

Die Leitfähigkeit der Luft kann aber z. B. durch
hohe Spannungen erheblich gesteigert werden, so
daß unter plötzlichem Stromanstieg die unsichtbare Entladung in die leuchtende Funkenentladung
übergeht. Man erklärt diesen Vorgang damit, daß
jedes Ion, sobald es im elektrischen Felde eine
genügend große Geschwindigkeit erlangt hat, die
Fähigkeit erhält, neutrale Gasmoleküle beim Zu-
sammenstoß in Ionen zu zerspalten (Stoßionisation). Die neu erzeugten Ionen werden ihrerseits wieder durch Stoß ionisierend wirken, so
daß ein gewaltiger Anstieg der Ionenzahl eintritt.

Im luftverdünnten Raume werden die
Ionen viel seltener mit Luftmolekülen zusammenstoßen und daher auch schon in schwächeren Fel-
dern, d. h. bei geringerer Spannung, die zur Stoßionisation erforderliche Geschwindigkeit erlangen.

Wenn die positiven und negativen Ionen an
den Polen ankommen, geben sie ihre Ladungen
ab und regen im äußeren Schließungsdrahte einen
Strom an.

Der Entladungsvorgang in der Röhre läßt sich
nun wie folgt erklären: Die ursprünglich vorhandenen positiven Ionen fliegen auf die Kathode
zu und treiben aus ihr beim Auftreffen negative
Elektronen aus (Abb. a). Diese werden im
elektrischen Felde so beschleunigt, daß sie nach
dem im Faradayschen Dunkelraum gewonnenen
Anlauf imstande sind, durch Stoß die Luftmole-
küle zu ionisieren (Abb. b). Bei der Stoßionisation entsteht das Licht der positiven
Säule.

Da das Leuchten der Entladungsröhre durch
die Stoßionisation hervorgerufen wird, ist es verständlich, daß mit steigender Luftverdünnung und
Verringerung der Ionenzahl das positive Licht ver-
blaßt. Schließlich fliegen die von der Kathode austretenden Elektronen, ohne merkliche Ionisation

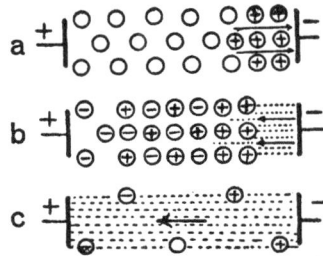

zu erregen, geradlinig und mit großer Geschwindigkeit durch die Röhre, bis sie auf die Glaswand treffen und diese zur Fluoreszenz anregen (Abb. c).

Zur Unterhaltung der Entladung müssen aber auch dann noch genügend + Ionen vorhanden sein, die bei ihrem Auftreffen auf die Kathode die Elektronen auslösen. Hieraus erklärt es sich, daß im hohen Vakuum zwischen kalten Polen wegen Ionenmangels kein Strom mehr übergehen kann.

Das höchste praktisch erreichbare Vakuum ist etwa 10^{-9} mm; es sind dann immer noch 28 Milliarden Moleküle in 1 cm³ des Raumes enthalten.

69. Die Entladung zwischen einem kalten und einem glühenden Pol

Die Elektronenauslösung aus der Kathode im hohen Vakuum kann dadurch angeregt werden, daß man die Kathode zum Glühen bringt; durch die Temperaturerhöhung wird die Geschwindigkeit der zwischen den Molekülen der Kathode in dauernder Bewegung befindlichen Elektronen so gesteigert, daß sie, an die Metalloberfläche gelangend, die molekulare Anziehungskraft überwinden und frei in den Raum austreten können.

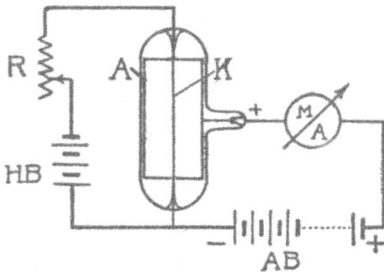

a) Nachweis des Anodenstromes. In der Achse einer zylindrischen hochevakuierten Röhre befindet sich ein dünner Wolframdraht K, der über einen Heizwiderstand R durch einen Akkumulator HB zum Glühen gebracht wird. Der Glühdraht ist umgeben von einem Metallzylinder A mit einer seitlichen Zuleitung. Schließt man an den Glühfaden den negativen, an den Metallzylinder den positiven Pol der Anodenbatterie AB von 50 V an, so zeigt das im Anodenstromkreis liegende Meßgerät MA einen Anodenstrom von einigen Milliampere an.

Die Stärke des Anodenstromes ist bestimmt durch die Zahl der in der Sekunde übergehenden Elektronen. (Bei 1 A sind dies rd. 6,3 Trillionen.) Sie hängt von der Elektronenergiebigkeit oder Emission der Kathode und von der zwischen Anode und Kathode liegenden Anodenspannung ab.

b) Die Emission der Kathode ist durch ihre Temperatur, den Werkstoff und ihre Oberfläche bestimmt. Bei einem Wolframdraht setzt die Emission bei einer Temperatur von rd. 2000° abs. [1]) ein und steigt mit zunehmender Temperatur steil an. Bei 1% Heizstromänderung ändert sich die Emission um etwa 12%. Die Heizstromstärke und damit die Fadentemperatur muß also zur Festhaltung der Emission sehr sorgfältig eingestellt werden.

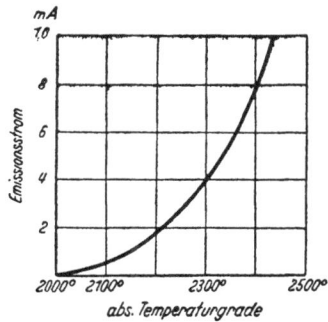

abs. Temperaturgrade

Als Vergleichszahl für die Emission dient der durch eine Heizleistung von 1 W hervorgerufene in mA gemessene Anoden-Sättigungsstrom. Dieses „Heizmaß" nimmt mit der Temperatur des Fadens zu; man kann jedoch in der Temperatursteigerung nicht bis an die Grenze gehen, da dies die Lebensdauer des Fadens zu sehr verkürzen würde.

Das Heizmaß der ursprünglich (bis 1920) verwendeten blanken Wolframfäden betrug 2 mA/W. Wolframdrähte bzw. -stäbe werden heute nur noch für Senderöhren, bei welchen Heizströme bis 2000 A erforderlich sind, verwendet.

Verwendet man als Kathode einen mit einem Oxyd der Erdmetalle (Kalzium, Barium, Strontium) überzogenen dünnen Wolframdraht, so setzt die Emission schon bei 820° (Rotglut) ein und liefert ein Heizmaß von 30...60 mA/W. Beim Betrieb der Röhre nutzt sich der bis zur leichten Rotglut erhitzte Oxydträger nicht ab, nur das Oxyd verdampft langsam.

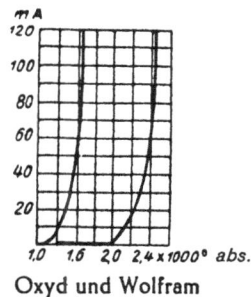

Oxyd und Wolfram

Die neueren Oxydfäden bestehen aus Bariumoxyd, welches während des Auspumpens der Röhre durch Verdampfung von Barium als hauchdünner Überzug auf die Metallseele aufgetragen wird. Eine derartige Metalldampfkathode liefert in Dunkelrotglut ein Heizmaß von 40...100 mA/W.

---

[1]) Die hier und im folgenden angegebenen Temperaturgrade sind absolute. Da der absolute Nullpunkt bei —273°C liegt, so sind 2300° abs. = 2027°C. Der Schmelzpunkt des Wolframs liegt bei 2800° abs.

Der dünne Metallfaden benötigt nur einen geringen Heizstrom und verträgt auch eine mäßige Überheizung.

Indessen sind die Oxyde gegenüber Gasresten sehr empfindlich. Man bringt daher in der Röhre zur Erhaltung des Vakuums auf der erhitzten Anode eine Spur Magnesium zum Verdampfen. Dieses schlägt sich unter Bindung der noch vorhandenen Gasreste als dünner Metallspiegel (Getter) auf der Röhrenwand nieder.

c) Die Kathodenheizung. Die unmittelbare Heizung der Kathode wird fast ausschließlich bei Verwendung von Batteriestrom angewendet. Bei den üblichen Heizspannungen von 1,2 und 4 V beträgt die Heizleistung je nach Konstruktion der Röhre 0,05...2,6 W.

Bei der unmittelbaren Heizung aus dem Netz würden sich die Schwankungen des Netzstromes auf die Temperatur und damit auf die Elektronenemission übertragen, was Anlaß zu einem Netzton geben würde.

Eine weitere Ursache für den Netzton ist das fortgesetzte Schwanken der negativen Gitterspannung beim Anschließen an das eine Ende des abwechselnd positiv und negativ aufgeladenen Heizfadens. Man kann dieses dadurch beheben, daß man das Gitter an die von den Wechselspannungen unbeeinflußte Mitte des Fadens anschließt, was praktisch mit Hilfe eines dem Heizfaden parallelen Spannungsteilers P ausgeführt wird, dessen Mittelkontakt man einerseits über die Gitterbatterie an das Gitter und andererseits an die Anoden-Minusleitung anschließt. Durch Verstellen des Kontaktes erhält man den Punkt, an dem der Netzton verschwindet (Entbrummer). Zur Überbrückung des Wechselstromwiderstandes des Spannungsteilers dienen die beiden Kondensatoren C und C_1.

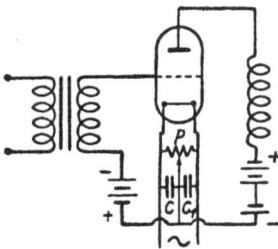

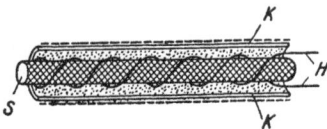

Das sicherste Mittel zur Unterdrückung des Netztones ist die mittelbare Heizung der Kathode. Der verdrillte Heizdraht H wird hiebei auf

einen Dorn S aus keramischer Isoliermasse unver-
rückbar aufgewickelt und mit Isoliermasse bedeckt,
die von einer das Oxyd tragenden Nickelhülse
(Kathode K) umschlossen ist. Der glühende Heizdraht bringt die Isoliermasse auf eine hohe und
gleichmäßige Temperatur, die sich durch Leitung
auf die Kathode überträgt.

Die Fäden für die mittelbare Heizung werden
für 4...110 V Spannung gewickelt, wobei die
längeren Drähte für die höheren Spannungen
durch Wendelung auf kleinem Raum untergebracht
werden können.

Infolge der höheren Wärmeträgheit erfordert
die mittelbar geheizte Kathode eine Anheizzeit
von 50...60 Sekunden, die bei den neueren
Schnellheizkathoden durch Verringerung der Isoliermasse auf die Hälfte herabgedrückt wird.
Gleichzeitig konnte die Heizleistung der 4 V-
Röhre von 4 W auf 2,6 W verringert werden.

d) Die Abhängigkeit des Anodenstromes von der Anodenspannung (Heizspannung fest). Der Anodenstrom nimmt mit zunehmender Anodenspannung erst langsam zu, wächst
dann in einer geraden Linie steil an, um schließlich
in die horizontale Sättigungslinie einzubiegen.

Der flache Verlauf am Anfang der Kennlinie
wird durch die Raumladung verursacht. Die
den Glühfaden dicht umgebenden Elektronen
wirken dem elektrischen Felde zwischen Anode
und Kathode entgegen und drosseln den Elektronenübergang zur Anode bei niederen Anodenspannungen ganz ab. Erst wenn bei zunehmender
Anodenspannung die Elektronen aus der Umgebung des Fadens abgesaugt sind, können auch
die neu austretenden Elektronen ungehindert zur
Anode fliegen.

Die Sättigungsstromstärke. Der Anodenstrom steigt indessen mit der Anodenspannung nicht beliebig an, sondern erreicht bei unveränderter Emission einen Sättigungswert I_s, bei
welchem alle von der Kathode ausgehenden Elek-

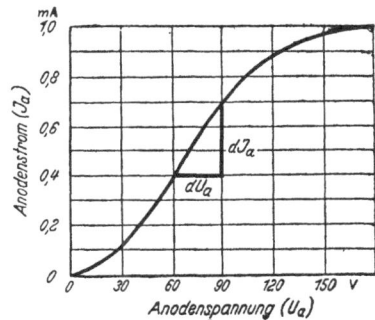

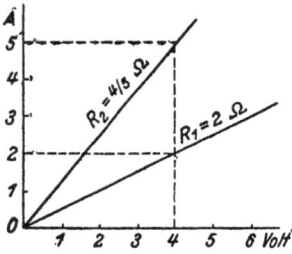

Geradlinige Kennlinien von Metallen
(Ohmsches Gesetz)

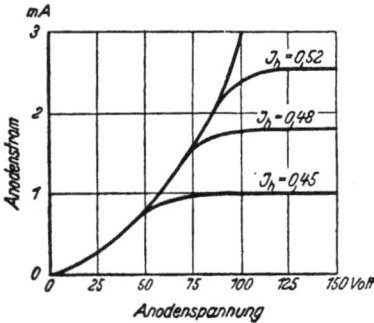

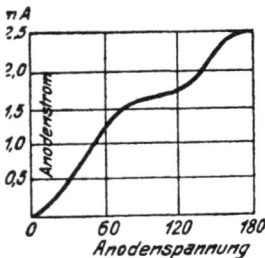

tronen übergeführt werden. Der Bestand an Elektrizitätsträgern ist damit erschöpft. Durch die Sättigung unterscheidet sich die Elektrizitätsleitung in freier oder verdünnter Luft grundsätzlich von der in Metallen und elektrolytischen Flüssigkeiten, in welchen ein unerschöpflicher Elektronenbestand zur Verfügung steht, weshalb die Strom-Spannungskennlinie gerade verläuft.

Steigert man bei fester Anodenspannung die Heizung, so kommt die erhöhte Emission wegen der gleichzeitig zunehmenden Raumladung im Anodenstrom zunächst nur in geringem Maße zum Ausdruck. Erst eine Steigerung der Anodenspannung gibt einen erhöhten Sättigungsstrom. Nebenstehend ist z. B. der Anodenstrom für drei verschiedene Heizstromstärken I_h in Abhängigkeit von der Anodenspannung dargestellt.

Bei der Festlegung der Spannung zwischen Heizdraht und Anode muß man beachten, daß im Heizdraht ein Spannungsabfall = der Heizspannung stattfindet, so daß jeder Punkt des Heizdrahtes gegen die Anode eine etwas andere Spannung hat. Die Emission ist am positiven Ende des Fadens etwas geringer als am negativen, wo der größte Spannungsunterschied herrscht. Für alle Rechnungen bezieht man die Spannungen auf das negative Ende des Heizdrahtes.

e) Emission bei schlechtem Vakuum. Ist das Vakuum der Entladungsröhre schlecht (über 0,001 mm), so zeigt die Emissionskennlinie einen unregelmäßigen Verlauf, indem z. B. nach Erreichung des Sättigungsstromes bei weiterer Spannungserhöhung von einem bestimmten Punkte an nochmals ein starker Stromanstieg eintritt. Dies beruht darauf, daß positive und negative Ionen gebildet werden, die gleichfalls auf die entgegengesetzten Pole zufliegen und dadurch den Emissionsstrom verstärken. Häufig treten auch an bestimmten Stellen der Kennlinie sprunghafte Änderungen auf, die durch das plötzliche Hervorbrechen von Ionen verursacht sind.

Durch die positiven Ionen kann ein Stromdurchgang auch beim Anlegen der positiven Anodenspannung an den Glühdraht bewirkt werden;
diese Ionen fliegen auf den nunmehr als Kathode
wirkenden Anodenzylinder zu. Die Stärke des
Ionenstromes kann als Maß für den Grad der
Luftverdünnung dienen. (Ionisationsmanometer.)

G. Drei- und Mehrpolröhren.

Die Elektronenröhre erlangte ihre Bedeutung für die Funktechnik durch Einführung einer dritten Elektrode, des Gitters, welches die Steuerung des Anodenstromes ermöglicht. Die von der Kathode ausgeschleuderten Elektronen fliegen zwischen den Windungen des Gitters hindurch und können, ehe sie die Anode erreichen, durch eine negative Ladung des Gitters abgebremst, durch eine positive beschleunigt werden.

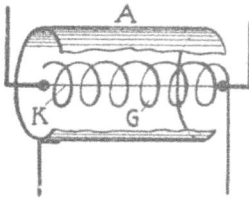

a) Aufbau der Dreipolröhre. Zwischen der zylindrischen Anode A und dem in der Achse liegenden Glühfaden, der Kathode K, sitzt sorgfältig isoliert das als Zylinderspirale ausgebildete Gitter G. Zur Unterbringung eines längeren Heizfadens auf kleinem Raum spannt man diesen V-förmig oder im Zickzack auf. Man gibt dann der Anode die Form eines flachgedrückten Zylinders oder eines Kastens.

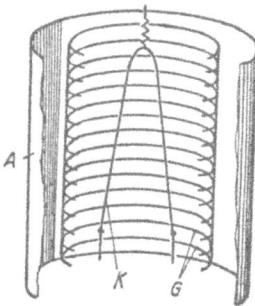

Die Zuleitungsdrähte zu Anode, Kathode und Gitter laufen durch einen Glasfuß zu den am Röhrensockel befestigten vier Steckstiften. Die Stifte sind unvertauschbar angeordnet. Der das Röhrensystem umschließende Glaskolben ist bis an die praktisch erreichbare Grenze ausgepumpt, so daß eine reine Elektronenentladung stattfindet. Um das hohe Vakuum zu erhalten, ist die Röhrenwand im Innern durch Verdampfen von Magnesium verspiegelt. Der Glaskolben ist außen zum Schutz vor elektrostatischer Beeinflussung meist metallisiert.

b) Die Stromkreise der Röhre sind:

1. Der Heizkreis, bestehend aus der Heizbatterie HB, dem früher regelbaren Heizwiderstand R und dem Glühfaden. In Schaltbildern wird von

diesem Kreis meist nur die Kathodenzuführung angegeben.

2. Der Anodenkreis, der durch Anschluß des negativen Poles der Anodenbatterie *AB* an den Glühfaden und des positiven Poles an die Anode gebildet wird. Zur Messung des Anodengleichstromes ist ein Milliamperemeter *MA* eingeschaltet.

3. Der Gitterkreis, der durch Verbindung der Gitterspannungsquelle *GB* mit dem negativen Ende des Glühfadens und dem Gitter entsteht. Zur Messung der Gitterspannung dient das Voltmeter *V*.

a) Aufnahme der Kennlinie für den Anodenstrom. Die Steuerung des Anodenstromes durch die Gitterspannung wird durch die Anodenstrom-Gitterspannungskennlinie anschaulich, deren Aufnahme an einem Beispiel erläutert werden soll. Bei einer festen Anodenspannung von 100 V gehöre zur Gitterspannung Null ein Anodenstrom von 5 mA. Legt man durch Verbindung mit den Polen der Gitterbatterie *GB* eine negative Spannung von 1,5 V zwischen Gitter und Glühfaden, so geht der Anodenstrom durch Abbremsung der Elektronen auf 4 mA zurück. Mit zunehmender negativer Gitterspannung nimmt der Anodenstrom weiter ab, bis er bei der Verschiebespannung $U_v = -9$ V ganz unterdrückt wird. Dies ist der Anfangspunkt der Kennlinie, die einen ähnlichen Verlauf nimmt wie die Anodenstrom-Anodenspannungskennlinie. Legt man an das Gitter positive Spannungen, z. B. 1,5; 3; 4,5 V, so steigt der Anodenstrom durch Elektronenbeschleunigung, bis die der Ergiebigkeit der Kathode entsprechende Sättigung erreicht ist und die Kennlinie waagrecht verläuft.

Bei Röhren mit Wolframkathoden, wie sie heute nur noch bei großen Senderöhren verwendet werden, arbeitet man bis an die Sättigung. Bei Oxyddampfkathoden kann hingegen die Sättigung nicht erreicht werden, da bei der großen

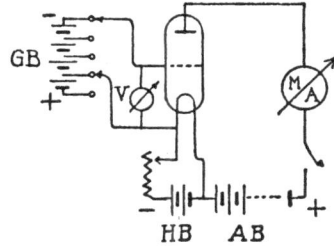

71. Röhrenkennlinien

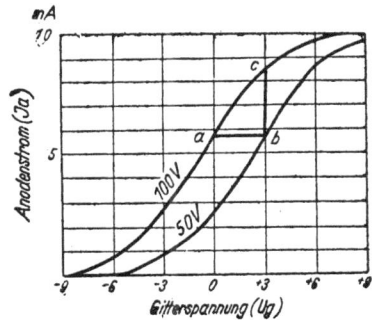

Ergiebigkeit der Kathode der Anodenstrom mit Erhöhung der Anoden- bzw. Gitterspannung so hohe Werte annehmen würde, daß die Kathode, welche den Anodenstrom zu tragen hat, durchbrennen müßte. Die Kennlinien endigen daher in dem für den Betrieb zulässigen Anoden- und Gitterspannungsbereich geradlinig.

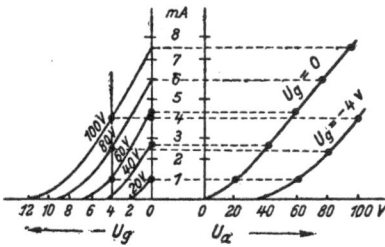

b) Zusammenhang der $J_a U_a$ und $J_a U_g$ Kennlinien. Um die $J_a U_a$ Kennlinie aus der $J_a U_g$ Kennlinie für eine bestimmte Gitterspannung (z. B. —4 V) zu konstruieren, zieht man durch den Punkt $U_g = -4$ V eine Senkrechte und durch die entstehenden Schnittpunkte mit den $J_a U_g$ Kennlinien je eine Waagrechte. Diese ergeben im Schnitt mit den durch die entsprechenden U_a Punkte gezogenen Senkrechten die gesuchten Kurvenpunkte.

Erniedrigt man stufenweise die Gitterspannung einer Röhre, so kann die dadurch hervorgerufene Abnahme des Anodenstromes durch eine Erhöhung der Anodenspannung ausgeglichen werden. Die Anodenstrom-Anodenspannungskennlinien rücken also mit abnehmender negativer Gitterspannung nach dem Gebiete höherer Anodenspannung, also nach rechts.

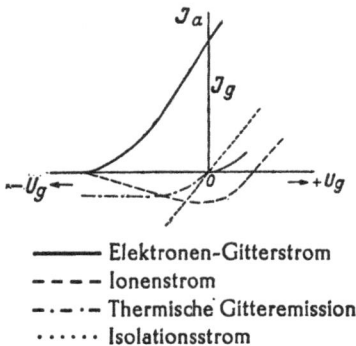

c) Kennlinie für den Gitterstrom. Die aus dem Glühfaden austretenden Elektronen werden bei positiver Aufladung des Gitters zum Teil abgefangen und geben Anlaß zu dem Gitterstrom, den ein in den Gitterkreis eingeschaltetes empfindliches Drehspuleninstrument anzeigt.

Bei fester Anodenspannung wird der Gitterstrom um so größer, je stärker positiv das Gitter gegen die Kathode gemacht wird. Die Gitterstromkennlinie nimmt dann einen ähnlichen Verlauf wie die Kennlinie für den Anodenstrom. Der Gitterstrom beträgt bei den in Frage kommenden Gitterspannungen etwa 1...10% des Anodenstromes. Da die Elektronen schon bei ihrem Austritt aus der Kathode eine gewisse Geschwindigkeit besitzen, so ist der Gitterstrom bei der Spannung Null gegen die Kathode nicht ganz Null. Erst wenn das Gitter etwa 1...2 V stärker negativ als der Glühfaden ist, nimmt es keine Elektronen mehr auf; der Gitterstrom wird Null.

Die Unterdrückung des Gitterstromes spielt bei der Anwendung der Röhre als Verstärker, wo es darauf ankommt, den Anodenstrom möglichst leistungslos zu steuern, eine große Rolle (s. S. 125).

d) Die S t e i l h e i t S der Kennlinie bestimmt die Steuerwirkung des Gitters. Sie wird gemessen durch die Änderung des Anodenstromes in mA, welche eine Änderung der Gitterspannung um 1 V im geradlinigen Teil der Kennlinie hervorruft. Es ist also:

Im Punkte a der Kennlinie auf S. 117 ruft z. B. eine Zunahme der Gitterspannung um 3 V eine Zunahme des Anodenstromes um 2,4 mA hervor; die Steilheit ist also:

Aus dem Verlauf der Kennlinie sieht man, daß die Steilheit in den unteren und oberen gekrümmten Teilen gering ist, während sie im mittleren geradlinigen Teil ihren größten Wert S_{max} annimmt. Dieser Wert wird in den Röhrenlisten angegeben.

Die Steilheit ist um so größer, je näher das Gitter dem Heizfaden liegt und je ergiebiger die Kathode ist. Die Zunahme der Steilheit durch die Erhöhung der Emission geht aus nebenstehenden Kennlinien hervor. Während die älteren Empfängerröhren mit Wolframdraht nur eine Steilheit von $\frac{0,5\ mA}{V}$ besaßen, beträgt die Steilheit neuer Oxydröhren ... $\frac{9\ mA}{V}$; bei Senderöhren werden durch hohe Emissionen Steilheiten bis $\frac{270\ mA}{V}$ erzielt.

e) D e r D u r c h g r i f f. Der Einfluß der Anodenspannung auf die Elektronenbewegung wird durch das Gitter geschwächt, da nur ein Teil der elektrischen Kraftlinien durch die Maschen des Gitters „hindurchgreifen" kann.

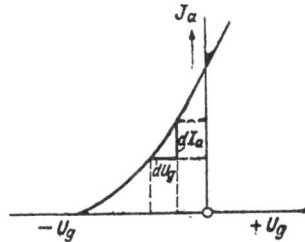

$$S = \frac{\text{Zunahme des Anodenstromes}}{\text{Zunahme der Gitterspannung}}$$
$$= \frac{d\,I_a}{d\,U_g} \text{ bei konstanter Anodenspannung}$$
$$S = \frac{2,4\ mA}{3\ V} = 0,8\ \frac{mA}{V}$$

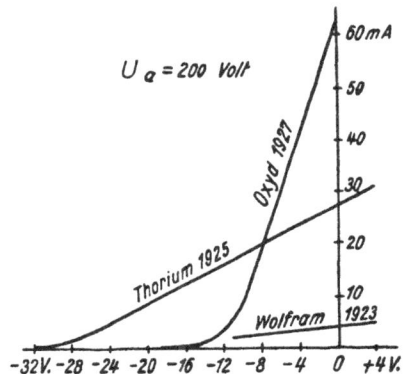

Man bezeichnet den Teil der Anodenspannung, der vom Gitter aus die gleiche Elektronenbeschleunigung hervorrufen würde wie die Spannung an der Anode, als den Durchgriff D der Röhre und drückt ihn in Prozenten aus.

Hat z. B. eine Röhre einen Durchgriff von $10^0/_0$, dann kann die gleiche Elektronenbeschleunigung, welche durch 100 V Anodenspannung hervorgerufen wird, auch durch $+10$ V Gitterspannung erzeugt werden. Sie kann daher auch durch -10 V Gitterspannung aufgehoben werden, der Anodenstrom wird Null. Die auf die Elektronen wirkende Steuerspannung setzt sich aus U_a und U_g nach der Formel zusammen:

$$U_{st} = D\,U_a + U_g$$

Bei unveränderter Elektronenergiebigkeit ist der Anodenstrom nur von der Steuerspannung abhängig, gleichgültig, wie sich diese im einzelnen aus der Gitter- und Anodenspannung zusammensetzt. Ist U_g negativ, so wird U_{st} gleich Null, wenn:

$$D\,U_a = -U_g$$

Wir nannten (S. 117) die negative Gitterspannung, welche den Anodenstrom zu Null macht, die Verschiebespannung U_v; sie läßt sich also mit Hilfe des Durchgriffs aus der Anodenspannung berechnen. Es ist:

$$U_v = -D\,U_a$$

Erhöht man stufenweise die Anodenspannung einer Röhre, so kann die dadurch hervorgerufene Zunahme des Anodenstromes durch eine entsprechende Erhöhung der negativen Gitterspannung aufgehoben werden. Dies drückt sich graphisch durch eine Verschiebung der Kennlinie nach links aus. Aus dieser Verschiebung kann man den Durchgriff ermitteln. Man nimmt die Kennlinien für zwei verschiedene Anodenspannungen (z. B. 70 und 100 V) auf und bestimmt im mittleren geradlinigen Teil ihren waagrechten Abstand. Den ermittelten Wert $a\,b$ überträgt man auf die Grundlinie und erhält damit sein Maß in Volt. Beträgt dieser nach nebenstehender Abbildung 3 V, so ist der Durchgriff:

$$D = \frac{3\ \mathrm{V}}{30\ \mathrm{V}} = \frac{1}{10} = 10^0/_0$$

Der Durchgriff ist durch die Bauart der Röhre bestimmt. Er ist um so größer, je näher das Gitter

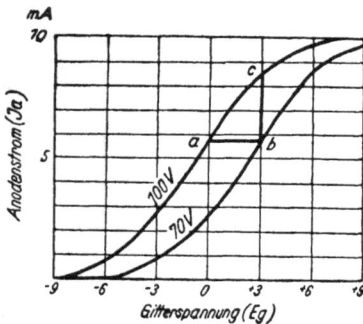

der Anode liegt und je weitmaschiger es ist. Die Durchgriffe von Dreipol-Verstärkerröhren liegen zwischen 1 und 30%, diejenigen von Senderöhren zwischen 0,1 und 10%.

f) Der Innenwiderstand. Liegt an einer Röhre eine Anodenspannung U_a und beträgt der Anodenstrom I_a, so ist der Gleichstromwiderstand der Röhre:

$$R = \frac{U_a}{I_a}$$

Dieser Wert hat aber keine praktische Bedeutung, da bei allen Anwendungen die Röhre von Wechselströmen durchflossen ist. Man setzt daher als „Innenwiderstand" der Röhre ihren „Wechselstromwiderstand" fest, der bestimmt ist durch die Gleichung:

$$R_i = \frac{\text{Änderung der Anodenspannung}}{\text{Änderung des Anodenstromes}}$$

bei konstanter Gitterspannung

Man kann den Innenwiderstand aus der Größe der Steigung der Anodenstrom-Anodenspannungskennlinie oder ebenso wie den Durchgriff aus zwei für verschiedene Anodenspannungen aufgenommene Anodenstrom-Gitterspannungskennlinien entnehmen. Aus vorstehendem Kennlinienpaar für die Spannungen 70 und 100 V liest man z. B. auf der zur Gitterspannung $+3$ V gehörigen Senkrechten eine Anodenstromänderung $bc = 3$ mA ab. Der Innenwiderstand ist dann:

$$R_i = \frac{30 \text{ V}}{0,003 \text{ A}} = 10\,000 \ \Omega$$

g) Beziehung zwischen S, D und R_i. Wenn man die aus vorstehendem Kennlinienpaar abgelesenen Werte für Steilheit, Durchgriff und Innenwiderstand, welche die inneren Vorgänge der Röhre kennzeichnen, miteinander multipliziert, ergibt sich die einfache Beziehung:

$$S = \frac{bc}{ab} \qquad D = \frac{ab}{30 \text{ V}}$$

$$R_i = \frac{30 \text{ V}}{bc}$$

$$S \cdot D \cdot R_i = 1$$

$$R_i = \frac{1}{S \cdot D}$$

Man kann daraus z. B. den Widerstand R_i durch $S \cdot D$ ausdrücken.

Hieraus folgt, daß für festes D der innere Widerstand dort am kleinsten ist, wo S den größten Wert annimmt, also im mittleren geradlinigen Teil der Kennlinie, während R im untern und oberen flachen Teil der Kennlinie besonders groß wird. Bei gleicher Steilheit der Kennlinien hat die Röhre mit dem kleineren Durchgriff den größern Innenwiderstand.

h. Die Arbeitskennlinie. Bei den bisherigen statischen Kennlinien blieb die Anodenspannung auch bei Änderung des Anodenstromes unverändert; dies setzt voraus, daß die Anodenbatterie unmittelbar an der Anode liegt (Kurzschlußschaltung). Liegt aber, wie dies in der Praxis stets der Fall ist, im Anodenkreis ein Widerstand R_a, so entsteht an diesem ein Spannungsabfall $I_a \cdot R_a$, um welchen die Anodenspannung gegenüber der Batteriespannung verringert wird. Beträgt z. B. der Anodenwiderstand $R_a = 25\,000\,\Omega$, dann verringert sich die Anodenspannung bei einem Anodenstrom von 1, 2, 3, 4 mA um 25, 50, 75, 100 V.

Durch diese Spannungsverminderung ändert sich die Steilheit der Kennlinie; man erhält eine neue Kurve, die man **Arbeitskennlinie** nennt. Sie läßt sich entweder direkt aufnehmen oder in ein Feld statischer Kennlinien einzeichnen. Der Anfangspunkt der Arbeitskennlinie fällt mit dem Anfangspunkt der statischen Kennlinie für die Batteriespannung (z. B. 200 V) zusammen, da beim Anodenstrom Null kein Spannungsabfall vorhanden ist.

Für 1 mA Anodenstrom beträgt die an der Röhre wirksame Anodenspannung 175 V; der Schnittpunkt, der bei 1 mA gezogenen Waagrechten mit der statischen Kennlinie für 175 V ergibt einen 2. Punkt der Arbeitskennlinie. In gleicher Weise schneiden die bei 2, 3 und 4 mA gezogenen Waagrechten auf den statischen Kennlinien für 150, 125 und 100 V Punkte der Arbeitskennlinie heraus.

Die Steilheit S_a der Arbeitskennlinie ist um so geringer, je höher der Anodenwiderstand ist.

Sie berechnet sich aus:

Für $R_a = 0$ geht sie in die Steilheit der statischen Kennlinie über.

Die Arbeitweise der Röhre läßt sich vielfach besser an der Arbeitskennlinie im **Anodenstrom-Anodenspannungs-Kennlinienfeld**

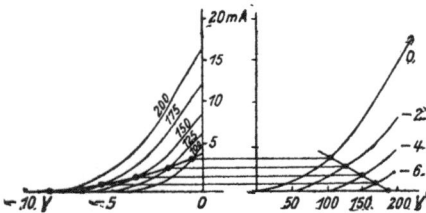

$$S_a = \frac{i_a}{u_g} = \frac{1}{D\,(R_i + R_a)}$$

übersehen, die man wie auf S. 118 aus der Anodenstrom-Gitterspannungskennlinie konstruieren kann.

Die Arbeitskennlinie wird in dieser Darstellung eine Gerade, die um so flacher verläuft, je höher der Anodenwiderstand R_a ist. Ihre Schnittpunkte mit den statischen Kennlinien bestimmen die Steuerspannungen des Gitters. Hat man daher den Arbeitspunkt gewählt, so kann man aus dem Kennlinienbild die Spannungs- und Stromverstärkung gleichzeitig übersehen.

In nebenstehender Abbildung ruft z. B. eine Gitterwechselspannung mit dem Scheitelwert $U_g = 5\,V$ einen Anodenwechselstrom i_a mit dem Scheitelwert $I_a = 5\,mA$ und eine Anodenwechselspannung u_a mit dem Scheitelwert $U_a = 50\,V$ hervor. Wir sehen ferner, daß die Anodenwechselspannung gegenüber der Gitterwechselspannung um 180⁰ in der Phase verschoben ist, also die Wirkung der Gitterwechselspannung schwächt. Diese Anodenrückwirkung ist um so größer, je größer der Durchgriff der Röhre ist.

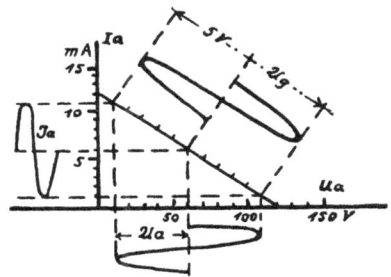

72. Die Röhre als Verstärker

Die Eigenschaften der Röhre wurden bisher durch Anlegen von Gleichspannungen an das Gitter und Messung des Gleichstromes im Anodenkreis festgestellt. Bei den Anwendungen der Röhre handelt es sich stets um Wechselspannungen und -ströme, die durch die Röhre verstärkt werden, oder um Leistungsverstärkung. Infolge der Trägheitslosigkeit der Elektronen gelten auch hier die mit Gleichspannungen gewonnenen Arbeitsgesetze der Röhre.

a) Die Stromverstärkung; R_a klein gegen R_i. Legt man zwischen Gitter und Kathode eine Wechselspannung u_g, so ruft diese einen Anodenwechselstrom i_a hervor, der sich dem der Gittervorspannung U_g entsprechenden Anodengleichstrom I_a überlagert. Die Scheitelwerte des Anodenwechselstromes sind um so höher, je größer die Steilheit der statischen Kennlinie ($R_a = 0$) in der Nähe des Arbeitspunktes ist. Die Stromverstärkung ist also:

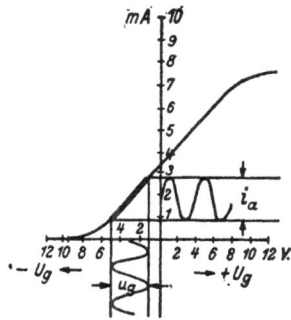

$$i_a = S \cdot u_g$$

$$V_{str} = \frac{i_a}{u_g} = S$$

Wir sehen, daß für die Verstärkung eine große Steilheit der Kennlinie vorteilhaft ist. Sie läßt sich aus der Gitterspannungs-Anodenstromkennlinie unmittelbar entnehmen. Dabei ist aber zu berücksichtigen, daß mit zunehmender Steilheit der Steuerbereich für die Gitterwechselspannung schmäler wird, was man bei Bemessung der Gitter-Wechselspannung berücksichtigen muß. Die Anodenwechselströme sind von gleicher Frequenz wie die angelegten Gitterspannungen, sie haben aber nur so lange die gleiche Kurvenform, als man im geraden Teil der Kennlinie arbeitet. Geht man aus dem geraden Teil heraus, so tritt eine Verzerrung ein.

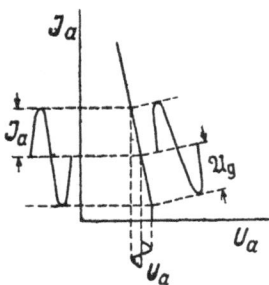

Im Anodenspannungs-Anodenstromkennlinienfeld ergibt sich eine hohe **S t r o m v e r s t ä r k u n g** aus der steilen Lage der Arbeitskennlinie (R_a klein).

b) **D i e S p a n n u n g s v e r s t ä r k u n g ;** R_a groß gegen R_i. Soll durch die Röhre die angelegte Gitterspannung u_g ohne Leistungsabgabe im Anodenkreis erhöht werden, so schaltet man in den Anodenkreis einen Widerstand ein, der 5...10 mal so hoch wie der Innenwiderstand der Röhre ist. Hierdurch wird der Anodenruhestrom sowie der Scheitelwert des Anodenwechselstromes erheblich herabgedrückt. (Flacher Verlauf der Arbeitskennlinie.)

Die an den Enden von R_a auftretenden Wechselspannungen sind dann:

Unter Berücksichtigung der Formel auf S. 122 wird das Verhältnis der am Anodenwiderstand abgegebenen Wechselspannung u_a zu der an das Gitter gelegten u_g, der sog. Verstärkungsfaktor:

Im Grenzfall R_a gegen R_i unendlich groß wird der Verstärkungsfaktor:

Zur Erzielung einer hohen Spannungsverstärkung, wie sie in den Anfangsstufen gebraucht wird, muß man daher Röhren mit kleinem Durchgriff (4...6 %) wählen. Aus $R_i = \dfrac{1}{S \cdot D}$ folgt,

$$u_a = i_a \cdot R_a$$

$$= \frac{u_g}{D} \frac{R_a}{R_i + R_a}$$

$$V = \frac{u_a}{u_g} = \frac{1}{D} \cdot \frac{R_a}{R_i + R_a}$$

$$V_{max} = \frac{1}{D}$$

daß zur Kleinhaltung von R_i, S möglichst groß sein soll.

Im Anodenspannungs-Anodenstromkennlinienfeld läßt sich die Spannungsverstärkung unmittelbar ablesen.

c) Die Leistungsverstärkung; $R_a = R_i$. Soll die an eine Röhre gelegte Wechselspannung im Anodenkreis ein Telephon oder einen Lautsprecher erregen, so muß an diese Verbraucherapparate eine möglichst große Wechselstromleistung abgegeben werden. Der Wirkungsgrad der Röhre ist dann um so höher, je kleiner die dem Gitter zugeführte Steuerleistung N_g und je größer die an den Verbraucher abgegebene Wechselstromleistung N_a ist.

Die dem Gitter zugeführte Leistung:

kann durch Unterdrückung des Gitterstromes I_g nahezu gleich Null gemacht werden. Es muß hierzu die Gittervorspannung so stark negativ sein, daß sie auch bei Überlagerung der positiven Scheitelwerte der Gitterspannung negativ bleibt. Es folgt daraus, daß man in der Endstufe die Verschiebespannung U_v und damit den gitterstromfreien Steuerbereich durch hohe Anodenspannung (200 V) bei großem Durchgriff 10... 30%) möglichst groß machen muß, um ein Übersteuern der Röhre zu verhindern. Die an den Verbraucher mit dem Ohmschen Widerstande R_a abgegebene unverzerrte Wechselstromleistung ist:

wobei i_{eff} der Effektivwert des Anodenwechselstromes ist. Durch Einführung der effektiven Gitterspannung $u_{g\,eff}$ erhält man:

Dieser Ausdruck erlangt einen Höchstwert, wenn:

Unter dieser Bedingung und unter Berücksichtigung der Gleichung:

läßt sich dieser Ausdruck umformen in:

Die Leistungsverstärkung oder Güte der Röhre ist dann:

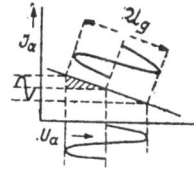

$$N_g = I_g \cdot U_g$$

$$N_a = i_{eff}^2 \cdot R_a$$

$$N_a = \left(\frac{u_{g\,eff}}{D}\right)^2 \cdot \frac{Ra}{(R_i + R_a)^2}$$

$$R_a = R_i$$

$$S \cdot D \cdot R_i = 1$$

$$N_a = \left(\frac{u_{g\,eff}}{D}\right)^2 \cdot \frac{1}{4\,R_i} = \frac{u_g^2{}_{eff}}{4} \cdot \frac{S}{D}$$

$$G_r = 4\,\frac{N_{a\,max}}{u_g^2{}_{eff}} = \frac{S}{D}$$

Leistungsverstärkung = Stromverstärkung × Spannungs-
verstärkung

Sie ist gleich der von der Röhre max. abgegebenen Wechselstromleistung, wenn dem Gitter
eine Effektivspannung von 1 V zugeführt wird.

Die Güte ist demnach um so größer, je steiler
die Kennlinie verläuft und je kleiner der Durchgriff der Röhre ist. Ein kleiner Durchgriff ist in
bezug auf den Wechselstrom günstig, weil die
Anodenrückwirkung, welche die Steuerwirkung
des Gitters schwächt, klein ist.

In bezug auf den Gleichstrom ist dagegen ein
großer Durchgriff erwünscht, damit man eine
große Verschiebespannung $D \cdot U_a$ erhält. Der
günstigste Durchgriff muß daher den jeweiligen
Betriebsverhältnissen angepaßt werden. Die Güte
von Verstärkerröhren liegt dann zwischen $5 \cdot 10^{-3}$
und $30 \cdot 10^{-3}$ W/V.

Aus dem Anodenspannungs-Anodenstromkennlinienfeld sieht man, daß das Leistungsdreieck
bei einer Neigung der Arbeitskennlinie unter 45°
($R_a = R_i$) den größten Inhalt besitzt.

Der Verstärkungsgrad einer Eingitterröhre ist
durch die Anodenrückwirkung begrenzt. Diese
kann durch Einbau eines zweiten Gitters beseitigt
werden.

a) Die Anodenrückwirkung. Die Anodenstromänderungen i_a, die durch die Gitterwechselspannung u_g erzeugt werden, rufen am Anodenwiderstand einen Spannungsabfall $i_a \cdot R_i$ hervor, um
welchen die Anodenbetriebsspannung schwankt.
Hat die Gitterspannung z. B. ihren positiven
Scheitelwert $+ \mathfrak{U}_g$ erreicht, so wird auch der Anodenstrom und damit der Spannungsabfall am
größten. Um diesen Spannungsabfall vermindert
sich die Anodengleichspannung U_a. Die Anodenbetriebsspannung erreicht also ihren kleinsten
Wert $U_a - \mathfrak{U}_a$, wenn die Gitterspannung ihren
größten Wert $\mathfrak{U}_g$ erlangt. Bei größter negativer
Gitterspannung $- \mathfrak{U}_g$ erreicht die Anodenspannung ihren Größtwert $U_a + \mathfrak{U}_a$. Es wirkt also die
Anodenwechselspannung der Gitterwechselspan-
nung gerade entgegen. Diese Anodenrückwirkung

73. Mehrpolröhren

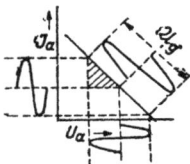

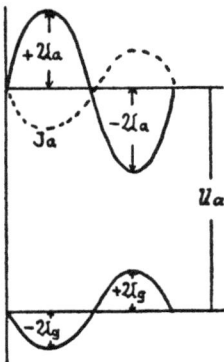

setzt die Wirksamkeit der Gitterspannung um so mehr herab, je größer der Durchgriff der Röhre ist.

b) Das Schirmgitter. Die Anodenrückwirkung kann durch ein die Anode gegen das Steuergitter elektrostatisch abschirmendes Gitter, das Schirmgitter, unterdrückt werden, wenn dieses eine positive Spannung von etwa $^2/_5$ der Anodengleichspannung erhält. Die Abschirmung muß auch noch außerhalb der Röhre fortgesetzt werden. Für die Elektronenbewegung wirkt das Schirmgitter als Anode, gegen welche die Elektronen mit großer Geschwindigkeit anfliegen. Einen Teil der Elektronen fängt das Schirmgitter ab, die meisten fliegen durch dessen Maschen hindurch auf die Arbeitsanode.

Der Durchgriff des Schirmgitters durch das Steuergitter beträgt etwa 20...30%, während der Durchgriff der Anode durch beide Gitter hindurch nur 0,002...1% beträgt. Änderungen der Anodenspannung U_a üben daher durch das Schirmgitter hindurch nur einen geringen Einfluß auf den Anodenstrom aus; die Anodenrückwirkung ist nahezu aufgehoben, die Kennlinienverschiebung ist gering.

Hingegen rufen Änderungen der Schirmgitterspannung U_{sg} große Verschiebungen der Kennlinien hervor. Durch passende Wahl der Schirmgitterspannung hat man daher die Möglichkeit, trotz des kleinen Gesamtdurchgriffs die Kennlinien aus dem Bereich der positiven Gitterspannung herauszulegen. Die Schirmgitterspannung muß wegen des hohen Schirmgitterdurchgriffs während des Betriebs sorgfältig auf gleicher Höhe gehalten werden. Der Einbau des Schirmgitters hat den weiteren Vorteil, daß er die Gitteranodenkapazität auf etwa 0,01 cm verringert.

c) Das Bremsgitter. Unter dem Einfluß der hohen Schirmgitterspannung treffen die Elektronen mit großer Geschwindigkeit auf Schirmgitter und Anode und lösen aus ihnen Sekundärelektronen aus. Ist das Schirmgitter gleich oder

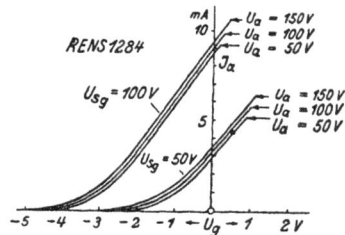

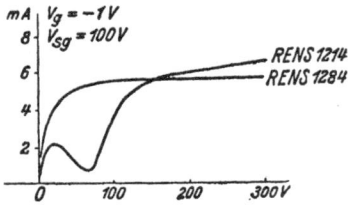

stärker positiv als die Anode, so fliegen die Sekundärelektronen auf das Schirmgitter und verringern dadurch den Anodenstrom. Die Kennlinie erfährt hiedurch eine Einsenkung und wird in diesem Anodenspannungsbereich unbrauchbar. Um diesen schädlichen Einfluß der Sekundärelektronen zu beseitigen, bringt man zwischen Anode und Schirmgitter ein drittes negatives Gitter an, welches die Sekundärelektronen nach ihrem Ausgangspunkt zurücktreibt. Gewöhnlich verbindet man dieses „Bremsgitter" innerhalb der Röhre mit der Kathode.

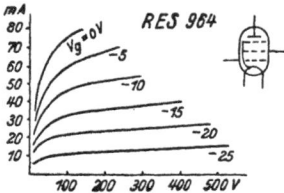

d) Die Fünfpolröhre. Die Kennlinien der Fünfpolröhre oder Pentode zeigen einen stetigen Verlauf und sind bis zu kleinen Anodenspannungen herab ausnützbar.

Die Fünfpolröhre eignet sich wegen ihrer geringen Eigenkapazität, ihres kleinen Durchgriffs und ihres hohen Innenwiderstandes ($R_i = 0{,}5 \ldots$ 2 MΩ) vorzüglich zur HF-Verstärkung. Ihr Verstärkungsgrad liegt zwischen 400- und 500fach.

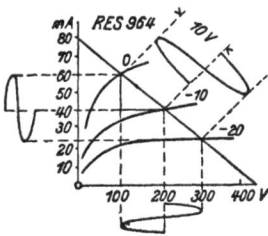

Zur NF-Verstärkung wird die Fünfpolröhre gleichfalls verwendet. Da hiebei die Kleinhaltung der Gitter-Anodenkapazität keine große Rolle spielt, kann statt des Schirmgitters ein gewöhnliches Schutzgitter eingebaut werden. Hiedurch vereinfacht sich der Aufbau; die Wärmeabstrahlung der Anode wird erleichtert. Aus der Kennlinienschar geht hervor, daß die Fünfpolendröhre mit hohem Anodenstrom belastet werden kann und daher entsprechend hohe Endleistungen abzugeben vermag.

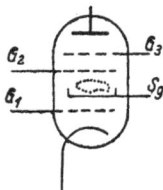

e) Die Sechspolröhre ermöglicht es, den Elektronenstrom zweimal unabhängig voneinander zu steuern. Die Röhre besitzt ein Steuergitter G_1 und ein Regelgitter G_2, die durch ein Schirmgitter Sg getrennt sind. Um Rückwirkungen der Anodenwechselspannung auf das Regelgitter zu verhindern, ist zwischen diesem und der Anode ein drittes Gitter G_3 angebracht.

An G_1 liegt die zu verstärkende HF, welche die erste Steuerung des Anodenstromes bewirkt. An G_2 kann je nach der Verwendung der Röhre eine Wechselspannung oder eine Gleichspannung gelegt werden. Die Wechselspannung (Hilfsfrequenz) mischt sich mit der HF zu einer Zwischenfrequenz (Mischröhre), während durch eine Gleichspannung die Steilheit der Röhrenkennlinie geregelt wird (Regelröhre). In letzterer Eigenschaft wird die Sechspolröhre meist verwendet, wobei das Gitter G_3 als Schirmgitter zur Verhinderung der Anodenrückwirkung ausgebildet wird.

Zur Erklärung ihrer Wirkungsweise kann man sich die Röhre in zwei Einzelröhren zerlegt denken: in eine Dreipolröhre, bestehend aus Kathode K, Steuergitter G_1 und Schirmgitter Sg_1 und in eine Schirmgitterröhre mit den Gittern G_2 und Sg_2 und einer „virtuellen Kathode", die durch eine vor dem negativen Gitter G_2 liegende Elektronenwolke gebildet wird; sie ist um so dichter, je weniger negativ das Gitter G_1 ist. Verringert man die negative Spannung des Regelgitters G_2 von —5 auf —4 auf —3 V, so läßt es mehr Strom hindurch, was gleichbedeutend mit einer Erhöhung der Steilheit der Kennlinie ist. Da sich die Steilheit durch die Regelspannung an G_2 in weiten Grenzen ändern läßt, kann man mit geringer Regelspannung (15 V) den Verstärkungsgrad im Verhältnis $1:1000$ ändern.

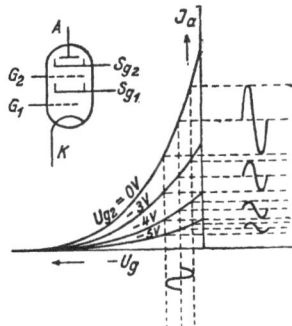

f) Die Achtpolröhre stellt eine Fortentwicklung der Sechspolröhre dar. Auf das Steuergitter G_1 folgt ein als Hilfsanode wirkendes positiv vorgespanntes Gitter G_2. Die beiden Gitter stellen in Verbindung mit der Kathode eine Dreipolröhre dar, welche als Schwingungserzeuger (Oszillator) geschaltet wird. Die übrigen Pole der Röhre bilden eine HF-Fünfpolröhre, wobei als virtuelle Kathode die dem negativen Steuergitter G_3 vorgelagerte Elektronenwolke wirkt. Beide Systeme sind durch das Schirmgitter Sg getrennt,

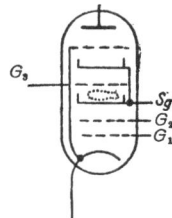

so daß eine Rückwirkung des Schwingungserzeugers auf den Antennenkreis ausgeschaltet ist. Man kann dem Steuergitter G_3 neben der Hochfrequenzspannung die Regelspannung zuführen, d. h. die Achtpolröhre kann gleichzeitig als Misch- und Regelröhre verwendet werden (Schaltung S. 196).

g) Sechspol-Dreipolröhre. Über Gitter (5) erfolgt die Mischung der Oszillatorschwingung mit der aufgenommenen Empfangsschwingung zur modulierten Zwischenfrequenz. Durch die Trennung von Mischröhre und Oszillator vermeidet man die bei den Sechspol- und Achtpolröhren mitunter auftretenden Frequenzverwerfungen. Das Schirmgitter (4) verhindert den Übergang der Oszillatorschwingung auf den Eingangskreis. Die Zwischenfrequenz wird an der Anode (7) abgenommen.

h) Stahlröhren. Das Elektrodensystem ist waagrecht zwischen zwei auf die Grundplatte aufgeschweißten U-Trägern, in die eine Glimmerhalterung eingesetzt ist, befestigt. Die Zuführungsdrähte werden mit Glastropfen in die mit einer Eisen-Nickel-Kobaltlegierung ausgekleideten Bohrungen der Grundplatte eingeschmolzen und auf dem kürzesten Wege angeschlossen.

Nach Montierung des Systems wird ein Stahlkolben auf die Grundplatte elektrisch ($\frac{1}{400}$ s, 100 000 A) aufgeschweißt. Die Evakuierung erfolgt durch einen im Mittelpunkt der Grundplatte eingesetzten Stutzen, der zugeschweißt wird. Der Stiftsockel ist achtpolig, wobei die Stifte in zwei Gruppen (3 und 5) im Kreise stehen.

Die Vorteile der Stahlröhre sind: Geringe Abmessungen, Verminderung der schädlichen Kapazitäten und Kopplungen zwischen den Zuführungsdrähten, hohe Unempfindlichkeit gegen Erschütterung und günstige Wärmeabstrahlung.

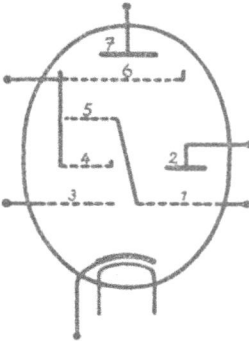

1. Oszillatorsteuergitter, verbunden mit dem 3. Gitter der Sechspolröhre
2. Oszillatoranode
3. Steuergitter der Sechspolröhre
4. erstes Schirmgitter
5. Regelgitter der Sechspolröhre
6. zweites Schirmgitter
7. Anode der Sechspolröhre

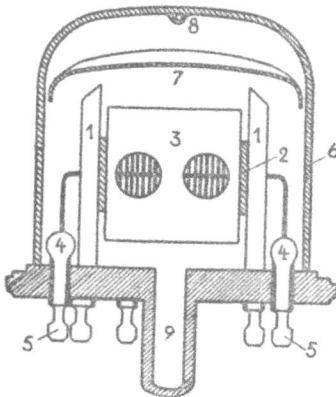

1. U-Träger   6. Stahlmantel
2. Glimmer   7. Schutzblech
3. Anode   8. Getter
4. Glasperle   9. Pumpstutzen
5. Metallstift

H. Der Netzanschluß.

Die zur Entnahme des Heizstromes und der Anoden- und Gitterspannung aus dem Netz dienenden Anschlußgeräte setzen sich zusammen aus dem Netztransformator, dem Gleichrichter, der Siebkette und dem Spannungsteiler. Beim Anschluß an das Gleichstromnetz kommt der Transformator und Gleichrichter in Fortfall, beim Allstrombetrieb wird ohne Transformator, jedoch mit Gleichrichter gearbeitet.

a) Der Röhrengleichrichter enthält eine Heizkathode und eine oder zwei Anoden. Die Gleichrichtung einer Wechselspannung erfolgt dadurch, daß die Röhre nur dann Strom durchläßt, wenn an ihrer Kathode eine negative Spannung liegt; bei positiver Kathode ist der Strom gesperrt. Wir unterscheiden den Hochvakuumgleichrichter, der heute ausschließlich in den Netzteilen von Empfängern verwendet wird, von den gasgefüllten Gleichrichterröhren, die zum Laden von Akkus, zur Herstellung des Erregerstromes für dynamische Lautsprecher und in Kraftverstärkern Verwendung finden.

I. Der Hochvakuumgleichrichter. Im Innern einer flachgedrückten Metallhülse, welche die Anode bildet, sind als Kathode je nach der erforderlichen Leistung 2, 4 oder 6 Oxydfäden ausgespannt. Die Kathode wird direkt oder indirekt geheizt. Bei der Einwegröhre ist ein, bei der Doppelwegröhre sind zwei Elektrodensysteme in einem hochevakuierten Glaskolben eingeschlossen.

Die von einer Gleichrichterröhre über einen Ausgleichkondensator abgegebene Gleichspannung nimmt mit der zugeführten Wechselspannung und mit der Kapazität des Ladekonden-

74. Gleichrichter

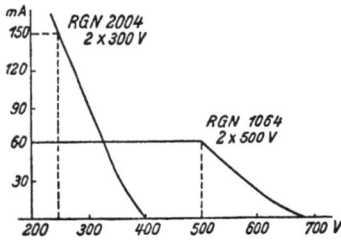

sators zu, dagegen mit steigender Stromentnahme ab. Für jede Röhre ist die Höchstwechselspannung sowie die höchste Stromentnahme vorgeschrieben. Man kann die Spannungsabnahme mit der Strombelastung für eine feste Ausgleichskapazität (z. B. 4 μF) und eine feste Wechselspannung durch Kennlinien darstellen. Aus diesen Kennlinien kann man, wenn der Höchstbedarf für Spannung und Strom eines Empfängers bekannt ist, die Type der Gleichrichterröhre ermitteln. Wird z. B. 60 mA Strom und eine Höchstspannung von 500 V benötigt, so entnimmt man aus nebenstehenden Kennlinien, daß für diese Leistung die Röhre *RGN 1064*, die bei 60 mA 500 V liefert, ausreicht; dagegen würde man bei 150 mA Strom und 250 V Spannung die Röhre *RGN 2004* wählen.

II. Der gasgefüllte Gleichrichter erhält den gleichen Systemaufbau, der Kolben ist jedoch zur Herabsetzung des Spannungsabfalles mit Spuren von Edelgasen (Argon, Neon, Helium) unter einem Druck von einigen Millimetern Quecksilber gefüllt. Die von der Kathode ausgehenden Elektronen ionisieren das Gas und erhöhen dadurch den Anodenstrom. Gleichzeitig wird der innere Spannungsabfall auf 7...15 V herabgesetzt, so daß man ohne großen Leistungsverlust mit kleinen Röhren starke Ströme gleichrichten kann.

Ein Nachteil der gasgefüllten Gleichrichterröhren, der ihre Verwendung in Empfangsgeräten ausschließt, liegt in ihrer Neigung zur Erregung von Schwingungen in der angeschlossenen Siebkette. Die Röhren zeigen nämlich in bestimmten Gebieten eine durch die positiven Raumladungen verursachte fallende Kennlinie, welche Anlaß zur Selbsterregung ist. Man kann durch Einsetzen von Drosseln zwischen die Röhre und die Siebkette die Schwingungserregung weitgehend unterdrücken.

b) Der Glimmlichtgleichrichter. In einem mit Edelgas, z. B. Neon, Helium, unter 6...10 mm Druck gefüllten Glaskolben befindet sich eine

zylinder- oder pilzförmige Elektrode K von großer
Oberfläche und zwei stiftförmige Elektroden A
kleiner Oberfläche.

Da die Stärke des Röhrenstromes der Ober-
fläche der Kathode proportional ist, so fließt beim
Anlegen einer gegebenen Spannung (200...300 V)
ein starker Strom durch die Röhre, wenn die große
Oberfläche Kathode ist, dagegen nur ein schwacher
Strom, wenn die kleine Elektrode Kathode ist. Die
Röhre wirkt also als Ventil (vgl. Kennlinie).

Durch Überziehen der Kathode mit Natrium-
oder Bariumoxyd kann der innere Spannungsabfall auf etwa 50 V verringert werden. Der
Glimmlichtgleichrichter wird mit hohen Spannungen (z. B. 2 × 250 V) betrieben und gestattet die
Entnahme von Strömen von 60 bis 100 mA bei
200 V Gleichspannung.

c) Der Kupferoxydgleichrichter baut
sich aus mehreren Plattenelementen auf, die zur
Aufreihung auf einen Preßbolzen in der Mitte
durchbohrt sind. Jedes Element setzt sich zusammen aus einer Kupferplatte, die mit einer dünnen
Schicht von Kupferoxyd überzogen ist, und einer
als Gegenelektrode dienenden Bleiplatte, die fest
gegen die Oxydschicht gepreßt wird. Zur besseren
Ableitung der Stromwärme ist jedes Element zwischen zwei kupferne Kühlplatten von größerem
Durchmesser gepreßt. Legt man an die beiden
Kühlplatten eine Spannung von 2 V, so geht in
der Richtung vom Oxyd zum Kupfer ein Strom
von z. B. 4 mA durch, während in der umgekehrten Richtung nur ein Strom vom Bruchteil eines
Milliamperes durchgeht (vgl. nebenstehende
Kennlinie).

Diese Ventilwirkung beruht darauf, daß die
Elektronen in der kristallinen Grenzschicht leichter vom Kupfer zum Oxyd übergehen, als in umgekehrter Richtung. Da die Bewegungsrichtung
der Elektronen der Stromrichtung gerade entgegengesetzt ist, erfolgt also der Stromdurchgang nur in der Richtung vom Oxyd zum Kupfer.

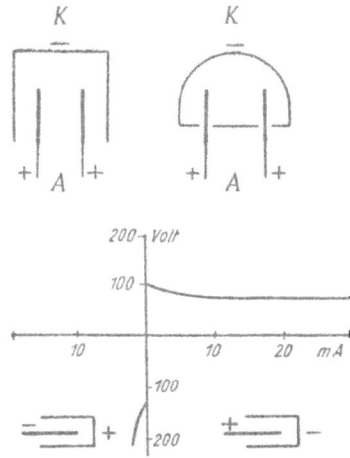

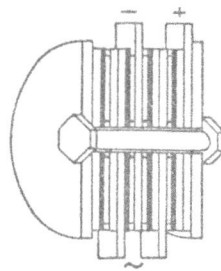

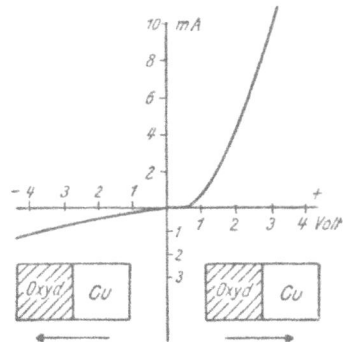

Eine elektrolytische Wirkung und eine Veränderung der Zwischenschicht tritt hierbei nicht auf, so daß die Lebensdauer dieses Gleichrichters eine sehr hohe ist.

Um höhere Wechselspannungen gleichzurichten, schaltet man mehrere Plattenelemente hintereinander. Zum Laden eines 2-, 4-, 6-V-Akkumulators benutzt man z. B. 2, 3, 4 Elemente. Für höhere Stromstärken müssen zur Vergrößerung der Oberfläche mehrere Elemente parallel geschaltet werden.

Zur Doppelweggleichrichtung wird die nebenstehende Graetzsche Brückenschaltung häufig verwendet. Der Wirkungsgrad des Kupferoxydgleichrichters ist bei günstiger Kühlung $50^0/_0$.

d) Der Selengleichrichter setzt sich gleichfalls aus einzelnen Elementen zusammen. Das Gleichrichterelement besteht aus einer vernickelten Eisenplatte, auf welche eine dünne Selenschicht aufgebracht ist, die zur Abnahme des Stromes mit einer aufgespritzten Metallschicht bedeckt ist. In der Richtung vom Eisen zum Selen ist das Element stromdurchlässig, während es in der entgegengesetzten Richtung den Strom sperrt.

a) Einwegschaltung. Die Heizung der Kathode erfolgt durch die Heizwicklung des Transformators, während die Anodenwicklung an die Gleichrichterröhre eine Wechselspannung legt, deren Höhe — innerhalb einer vorgeschriebenen Grenze — sich nach der Größe der gewünschten Gleichspannung richtet. Die Polwechsel, in welchen die Kathode negativ ist, gehen durch die Röhre, während die entgegengesetzten gesperrt werden. Man erhält eine in der Frequenz des ursprünglichen Wechselstromes (50 Hz) schwankende Gleichspannung, deren Pulsation durch einen Kondensator $C = 4\ \mu\mathrm{F}$ geglättet werden kann.

b) Doppelwegschaltung. Die Gleichrichterröhre besitzt zwei Anoden A_1 und A_2. Von den Mittelpunkten M und M_1 der Anoden- und Heiz-

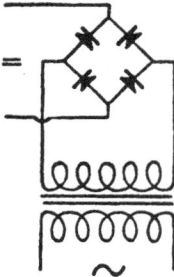

75. Schaltung der Netzgeräte

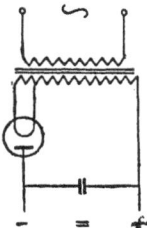

wicklung geht die Verbindung zum Glättungs-
kondensator C. Die Spannungen an den Enden
der Anodenwicklung sind — auf den Mittelpunkt
M bezogen — entgegengesetzt gerichtet. Es ist
daher stets eine Anode der Gleichrichterröhre
positiv, der Strom fließt während des einen Pol-
wechsels nach A_1, während des folgenden nach
A_2; nur in dem Augenblick, in welchem die Spannung durch Null geht, ist auch der Strom gleich
Null. Es entsteht ein pulsierender Gleichstrom,
dessen Frequenz 100 Hz beträgt.

c) Die Siebkette. Die gleichgerichteten
Halbwellen werden zunächst durch einen Kondensator $C_1 = 4$ μF geglättet; er gibt die stoßweise
aufgenommenen Ladungen in den Ladungspausen
in die Leitung und füllt dadurch die Lücken zwischen den Wellenscheiteln aus. Je größer der
Kondensator ist, um so mehr nähert sich die abgegebene Gleichspannung der Scheitelspannung
des Transformators. Eine weitere Glättung erfolgt
dann in der Drossel D (10...20 Hy), indem diese
die bei Stromanstieg aufgenommene Feldenergie
dem abnehmenden Strom als Induktionsstrom
wieder zuführt. Sie läßt den Gleichstrom fast ungeschwächt hindurch. Sollte der Strom nach Verlassen der Drossel noch wellenförmige Bestandteile enthalten, so werden diese über den Kondensator C_2 abgeleitet. Der Widerstand R verhindert
die Aufladung der Kondensatoren auf den Spitzenwert und entlädt sie nach Abschaltung des Transformators.

Falls der Gleichrichter eine genügend hohe
Spannung liefert, kann bei geringer Stromentnahme die Drossel durch einen der Belastung angepaßten Widerstand ersetzt werden.

d) Gleichspannungsversorgung von
Mehrröhrengeräten. Die Spannungsverteilung vom Netzgerät auf die einzelnen Röhren
findet meist im Empfänger selbst statt.

Die aus dem Netz gewonnene Gleichspannung
von 200 V wird an die positive und negative Sam-

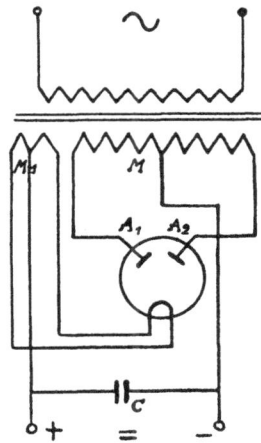

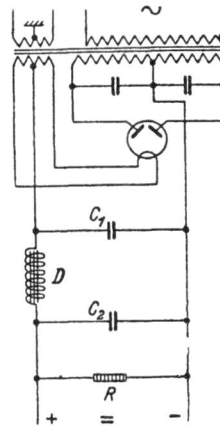

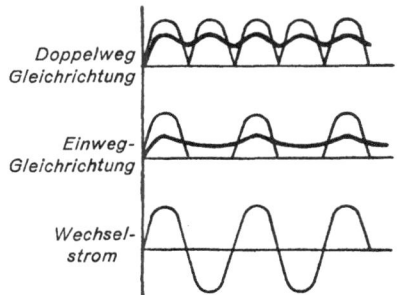

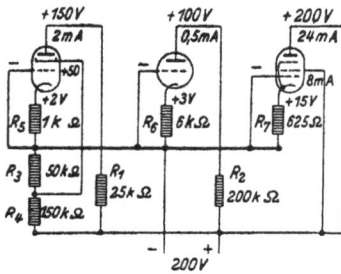

melleitung eines Dreiröhrenempfängers geführt. Die Anode sowie das Schutzgitter der Fünfpolendröhre erhalten die volle Spannung von 200 V, während die Anodenspannungen für die Schirmgitter- und Dreipolröhre durch Spannungsabfall an den Widerständen $R_1 = 25$ kΩ und $R_2 = 200$ kΩ auf 150 bzw. 100 V vermindert werden.

Die Schirmgitterspannung für die HF-Verstärkerröhre wird an einem Spannungsteiler, bestehend aus den Widerständen $R_3 = 50$ kΩ und $R_4 = 150$ kΩ, abgenommen. Da Änderungen des Schirmgitterstromes den konstanten Querstrom des Spannungsteilers nur wenig beeinflussen, bleibt die Schirmgitterspannung ziemlich konstant.

Die negativen Gittervorspannungen (1, 3, 6 und 15 V) können nicht in der Gitterzuleitung erzeugt werden, da ja kein Gitterstrom fließen darf. Sie müssen vielmehr durch Spannungsabfall an den Widerständen R_5, R_6, R_7 der Kathodenzuleitung gebildet werden, die vom Anodenstrom durchflossen sind.

Die erwähnten Spannungen beziehen sich auf die negative Sammelschiene. Die wirksamen Spannungen im Innern der Röhre beziehen sich auf die Kathode als Spannungsnullpunkt; so ist z. B. für die Endröhre die wirksame Anodenspannung und die Schirmgitterspannung 185 V, die Gittervorspannung —15 V.

Je nach der zur Heizung verwendeten Stromart ist die Röhre und Heizschaltung zu wählen. Wir unterscheiden:

a) Die Wechselstromheizung (mittelbar).

An die Heizwicklung des Netztransformators sind die Röhren parallel angeschlossen. Die Fadenspannung beträgt 4 V oder 6,3 V, der Heizstrom je Röhre 0,2...1,2 A. In der Endstufe kann auch eine unmittelbar geheizte Röhre verwendet werden; es ist dann zur Verminderung des Netzbrummens der Mittelpunkt der Heizspule zu erden (S. 112).

76. Heizschaltung der Röhren

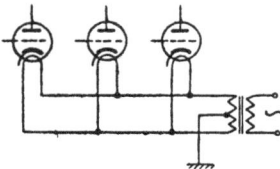

b) Die Gleichstromheizung. Dem Netz-
gleichstrom ist stets ein von der Maschinenerzeu-
gung oder von der Gleichrichtung herrührender
Wellenstrom überlagert. Dieser Wellenstrom
würde bei unmittelbarem Anschluß an eine Röhre
durch sog. Netzbrummen stören. Man muß daher
auch den Gleichstrom vor Anschluß an die Röhre
durch eine Siebkette, die aus zwei Drosseln und
einem Kondensator (4...6 μF) zusammengesetzt
wird, glätten. Die Drossel D_1 (1...2 Hy) wird vom
Heiz- und Anodenstrom, die Drossel D_2 dagegen
nur von dem Anodenstrom durchflossen. Die
Gleichstromröhren werden zwecks Stromersparnis
hintereinander geschaltet und daher auf Strom
geeicht. Für die Heizspannungen 13 bzw. 20 V
beträgt der Heizstrom 200 bzw. 180 mA. Der
Unterschied zwischen der Summe der Fadenspan-
nungen und der Netzspannung wird durch einen
Vorschaltwiderstand R ausgeglichen. Auch hier
können an Stelle der Drosseln entsprechende
Widerstände zur Siebung verwendet werden. Die
unmittelbare Verbindung mit dem Netz macht die
Einschaltung je eines Kondensators in die An-
tennen- und Erdleitung erforderlich.

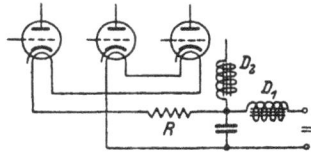

c) Die Allstromheizung. Die auf einen
Heizstrom von 200 mA geeichten Röhren können
wahlweise an das Gleich- oder Wechselstromnetz
angeschlossen werden. Ihre Heizspannungen betragen 6,3 bis 26 V. Sind die Röhren in einen
Allstromempfänger eingebaut, so schaltet man sie
mit der Gleichrichterröhre und einem der Netzspannung angepaßten Vorwiderstand R in Reihe.

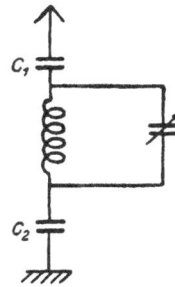

Die Gleichrichterröhre bleibt bei Gleichstrom-
speisung angeschlossen, wobei man beachten muß,
daß der Pluspol unmittelbar an die Anode des
Gleichrichters angeschlossen ist. An der Kathode
des Gleichrichters entsteht der äußere Pluspol,
von welchem die Spannung nach Glättung durch
eine Siebkette zur Anode geführt wird. Für den
Volksempfänger wurden mehrere Allstrom-
röhren mit 50 mA und für mittelgroße Empfänger
mit 100 mA Heizstrom gebaut.

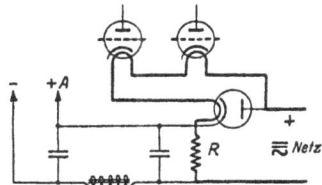

I. Röhrensender.

77. Röhre als Schwingungserzeuger

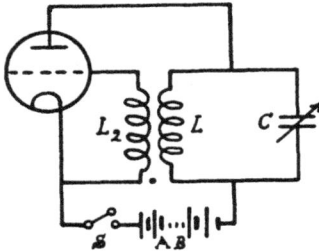

Die Selbsterregung von Schwingungen beruht auf der Rückkopplungsschaltung der Röhre.

a) Die Meißner Rückkopplung (1913). Der zu erregende Schwingungskreis C, L wird in den Anodenkreis der Röhre gelegt und durch die Gitterspule L_2 mit dem Gitterkreis induktiv gekoppelt. Anodenkreis und Gitterkreis wirken daher außerhalb der Röhre durch die Rückkopplung L, L_2 aufeinander ein.

Der Schwingungsvorgang. Wird im Schwingungskreise C L etwa beim Anlegen der Anodenspannung eine schwache Schwingung angestoßen, so überträgt sich diese durch die Rückkopplung auf den Gitterkreis. Die Spannungsschwankungen am Gitter rufen verstärkte Stromschwankungen im Anodenkreis hervor, welche die ursprünglichen Schwingungen in C L verstärken. Die so verstärkten Schwingungen werden durch die Rückkopplung auf den Gitterkreis abermals verstärkt und summieren sich wieder zu den Schwingungen in C L. Dieser Vorgang des Aufschaukelns wiederholt sich, bis die Schwingungen ungedämpft verlaufen.

Das gegenseitige Aufschaukeln der Schwingungen im Anodenkreis und Gitterkreis läßt sich vergleichen mit der Verstärkung von Ankerstrom und Feldmagnetismus in den selbsterregenden Dynamomaschinen (S. 36).

Die Frequenz der Schwingungen ist durch C und L bestimmt; da sich beim Durchdrehen des Kondensators C die Frequenz der Gitterschwingung in gleichem Maße ändert wie die des Anodenkreises, so bleiben die Schwingungen für alle Werte des Kondensators C erhalten.

Der Einschwingvorgang und die Erhaltung der Schwingungen ist durch den Kopplungsgrad der Spulen und die Eigenschaften der Röhre bestimmt. Wie die Schwingungen eines Uhrpendels durch die von der Hemmung übertragenen Impulse auf gleicher Stärke (Amplitude) erhalten werden, so muß auch dem Schwingungskreis durch den vom Gitter gesteuerten Anodenwechselstrom Energie in der geeigneten Phase und Stärke zugeführt werden, um die Schwingungen ungedämpft zu erhalten.

Die geeignete Phase ergibt sich aus folgender Überlegung:

1. Während der Entladungsstrom des Kondensators in der Spule zur Anode fließt, muß am Gitter eine positive Spannung induziert werden, damit sich die positive Halbwelle des Anodenwechselstromes durch Energiezufuhr erhöht.

2. Fließt der Entladungsstrom des Kondensators dem Anodenstrom entgegen, so muß am Gitter eine negative Spannung induziert werden.

Die negative Halbwelle wird durch Verminderung der Energiezufuhr vertieft.

Praktisch folgt hieraus, daß der Wicklungssinn der Spule L_1 demjenigen von L entgegengesetzt sein muß, so daß die induzierten Gitterspannungen um 180^0 in der Phase gegen die an den Enden der Spule L bzw. an der Anode herrschenden Spannungen verschoben sind (Phasenbedingung).

Das Einsetzen der Schwingungen zeigt ein auf der Kondensatorseite eingeschaltetes Hitzdrahtinstrument I_{hf} an.

Zur Aufrechterhaltung des Schwingungsvorganges im Anodenkreis muß ferner die Rückkopplung so fest gemacht werden, daß die Gitterwechselspannung u_g mindestens $D^0/_0$ von u_a wird (Amplitudenbedingung). Die Anodenwechselspannung u_a entsteht am Resonanzwiderstand $\Re_a$ des Schwingungskreises C, L:

Um ein möglichst großes $\Re_a$ zu erhalten, macht man L groß, C und R möglichst klein.

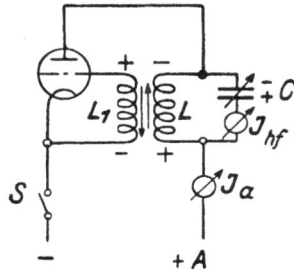

$$\Re_a = \frac{L}{C \cdot R}$$

b) **Weitere Rückkopplungsschaltungen.** Die Abzweigung der Erregerspannung vom Schwingungskreis kann statt durch eine Gitterspule (Transformatorkopplung) auch durch eine Spannungsteilung bewirkt werden.

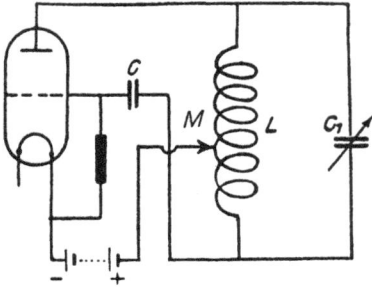

I. **Induktive Spannungsteilerschaltung (Dreipunktschaltung).** Hier ist die Spule des Schwingungskreises mit einem Ende an die Anode, mit dem andern über einen Sperrkondensator C (300 cm) an das Gitter angeschlossen. Der Gitterwiderstand dient zur Aufstauung der notwendigen negativen Gitterspannungen und soll je nach Leistung 1000...20 000 Ω betragen. Über- oder unterschreitet man diesen Wert, so geht die Schwingleistung zurück. Die an den Enden der Spule auftretenden Wechselspannungen haben entgegengesetzte Phase. Der Abgriff M führt zur Kathode, die geerdet ist. Zur Erfüllung der Amplitudenbedingung muß der Kopplungsgrad durch Verschiebung des Abgriffs so geregelt werden, daß das Teilungsverhältnis der Anoden- zur Gitterspule dem Durchgriff der Röhre entspricht. Bei hohem Durchgriff (über 30%) liegt der Teilpunkt in der Mitte; je kleiner D um so mehr rückt M nach unten. Die Abstimmung des Schwingungskreises erfolgt am Kondensator C_1.

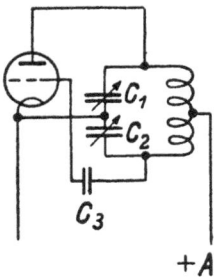

II. **Kapazitive Spannungsteilerschaltung.** Die Kapazität des Schwingungskreises besteht aus zwei hintereinander geschalteten Kondensatoren C_1 und C_2, zwischen denen der Mittelabgriff liegt. An den äußeren Enden der Kondensatoren liegen entgegengesetzte Spannungen. Das Amplitudenverhältnis der Anoden- und Gitterwechselspannungen ist durch das Verhältnis der Kapazitäten C_1 und C_2 bestimmt. Der Kondensator C_3 hält die Anodengleichspannung vom Gitter fern.

III. **In der Huth-Kühn-Schaltung** wirken die an Anode und Gitter angeschlossenen Kreise $L_2 C_2$ und $L C_1$ induktiv überhaupt nicht aufeinander. Die Rückkopplung wird lediglich durch die innere Kapazität zwischen Anode und Gitter C_{ag} bewirkt. Die Spannungsteilung erfolgt im Verhältnis des Scheinwiderstandes von C_{ag} zu dem des Gitterkreises. Da C_{ag} fest ist, kann man die Kopplungsspannung nur durch Vergrößerung des Gitterkreiswiderstandes erhöhen. Da ferner der Gitterkreis für seine Eigenfrequenz den größten Resonanzwiderstand besitzt, muß man zur Unterhaltung kräftiger Schwingungen den Anodenkreis auf den Gitterkreis abstimmen (Rückkopplung auf den Anodenkreis). Die Welle wird also hier durch den Gitterkreis mitbestimmt. Bei fester Betriebswelle kann statt des Schwingungskreises eine abgestimmte Drossel an das Gitter gelegt werden.

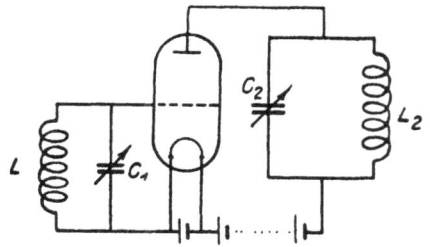

c) Die Dynatronschaltung. Zu ihrer Ausführung verwendet man eine HF-Schirmgitterröhre, deren Schirmgitter eine höhere positive Spannung (z. B. 80 V) erhält als die Anode (z. B. 25 V). Beim Betrieb der Röhre gehen die aus der Anode tretenden Sekundärelektronen auf das Schirmgitter über, und zwar um so schneller, je höher die Anodenspannung ist. Da dieser Strom dem Anodenstrom entgegenwirkt, so sinkt der Anodenstrom mit steigender Anodenspannung. Wir erhalten eine fallende Kennlinie, in deren Spannungsbereich ein in den Anodenkreis der Röhre geschalteter Schwingkreis C L schwingt. Die Bedingung für den Schwingungseinsatz ist, daß der innere (negative) Widerstand der Röhre kleiner als der Resonanzwiderstand des Schwingkreises ist. Die Dynatronschaltung wird wegen ihrer Einfachheit häufig bei Wellenmessern angewendet.

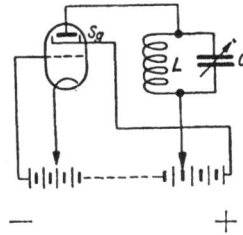

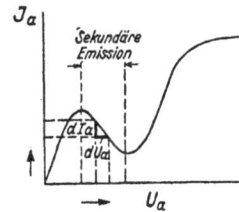

a) Schwingender Quarz. Der Quarz gehört dem hexagonalen Kristallsystem an und besitzt daher eine optische oder Hauptachse H und senkrecht dazu drei elektrische Nebenachsen, die um 120° gegeneinander versetzt sind. Eine Quarzplatte wird senkrecht zu einer der elektrischen Achsen N so herausgeschnitten, daß die Plattenränder senkrecht und parallel zur optischen Achse

78. Schwingungssteuerung durch Kristalle

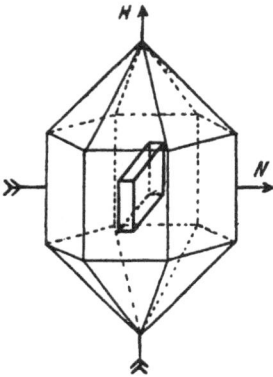

H verlaufen. Mit dieser Kristallplatte kann man folgende Versuche machen: Übt man auf die durch zwei Kondensatorplatten geschützten Flächen des Kristalls einen Druck — also in Richtung der elektrischen Achse — aus, so entstehen auf den gedrückten Oberflächen entgegengesetzte elektrische Ladungen (Piezoeffekt). Führt man den Kondensatorplatten, welche die Kristallflächen berühren, entgegengesetzte Ladungen zu, so dehnt sich der Kristall in der Richtung der elektrischen Achse aus oder er zieht sich zusammen, je nach der Lage der positiven Seite (indirekter Piezoeffekt).

Legt man an die Kondensatorplatten eine Wechselspannung, so regen diese den Kristall zu elastischen Schwingungen an, die sich durch Resonanz verstärken, wenn die aufgedrückte elektrische Frequenz gleich der Eigenfrequenz des Kristalls ist.

Die Eigenfrequenz der Kristallschwingungen hängt hauptsächlich von seiner Dicke ab, sie beträgt z. B. bei 1 mm Dicke etwa 3 000 000 in der Sekunde, dies entspricht einer elektrischen Welle von 100 m. Einer Dicke des Quarzes von 1 cm entsprechen elektrische Wellen von 1000 m.

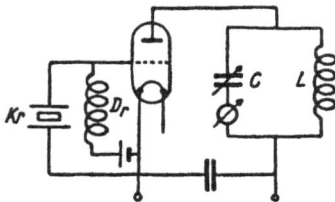

b) Kristallgesteuerte Röhrenschwingungen. Der Quarzkristall *Kr* liegt im Gitterkreis einer Huth-Kühn-Schaltung. Zum Abfluß des Gittergleichstromes dient ein Ohmscher Widerstand, dessen Größe je nach dem Durchgriff der Röhre zwischen 10 000 und 100 000 Ω liegen soll. Mit Erhöhung des Widerstandes nimmt die Stabilität der Schwingungen zu, die Leistung hingegen ab. Beim Durchdrehen des Kondensators *C* von höhern nach niedern Werten zeigt sich die Resonanz durch ein scharfes Absinken des Anodenstromes an, dem ein langsameres Ansteigen folgt. Dem Kleinstwert des Anodenstromes entspricht ein Größtwert des HF-Stromes im Schwingungskreis. Zur Ermöglichung eines sicheren Anschwingens des Senders rückt man vom Resonanzpunkt nach kleineren Kapazitätswerten etwas ab.

Die mechanische Beanspruchung des Quarzes hängt von der angelegten Spannung bzw. von der elektrischen Belastung ab. In Verbindung mit der Dreipolröhre liefert der Quarzsender 1...5 W Schwingleistung. Diese Leistung kann durch einen HF-Verstärker bei 80 m Welle auf das Zehnfache, bei 20 m Welle auf das Fünffache erhöht werden. Da die Frequenz des Quarzes von der Temperatur abhängt, baut man den Kristall z. B. bei Rundfunksendern in einen Thermostaten ein, der bis auf Hundertstel Grade die Temperatur konstant hält.

c) Frequenzkontrolle durch Kristalle (Quarz-Resonator). Bei der hohen Resonanzschärfe 0,05% der Quarzschwingungen eignet sich der Quarz vorzüglich zur Kontrolle eines auf eine feste Welle abgestimmten Sendekreises. Der auf die Sendewelle abgestimmte Quarz Kr wird mit einer Glimmlampe G und einer Kopplungsspule L_1 zusammengeschaltet. Wird der Kristall durch den angekoppelten Sendekreis erregt, so gibt er seine Energie an die Glimmlampe ab und bringt diese bei Resonanz zum Aufleuchten.

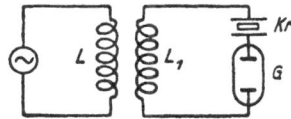

Zur Resonanzanzeige kann man auch den Quarz selbst verwenden, indem man dessen elastische Schwingungen sichtbar macht. Ein Quarzstab wird zwischen zwei Polplatten so eingebaut, daß er auf einer Polplatte aufliegt, während sich die zweite Polplatte in geringem Abstand befindet. Hierauf wird das System in eine mit verdünntem Helium oder Neon gefüllte Glasbirne gebracht und mit den Plattenzuführungsdrähten an eine Kopplungsspule angeschlossen. Bei Resonanz des so gebildeten Schwingungskreises bildet sich zwischen dem Quarz und der abgehobenen Polplatte durch die erzeugten Wechselspannungen ein Glimmlicht aus, das in der Mitte des Stabes seine größte Helligkeit hat (Leuchtquarz).

d) Frequenzverdopplung. Da die Quarze für Wellen unter 80 m bereits sehr dünn werden und dann nur sehr wenig belastbar sind, ist es zweckmäßig, mit einem Quarzsender ($\lambda = 80$ m) einen Verstärker von der doppelten Frequenz ($\lambda = 40$ m) zu steuern. Die Frequenzverdopplung mit einer Röhre beruht darauf, daß die von der Sinusform abweichenden Schwingungen neben der Grundschwingung eine Reihe von Oberschwingungen enthalten. So enthält z. B. die beim Arbeiten mit hoher negativer Vorspannung entstehende rechteckige Anodenstromkurve (S. 145) neben der Grundschwingung besonders stark die zweite Harmonische, also die doppelte Frequenz. Hievon kann man sich durch Zusammensetzen einer Grundwelle (1. Harmonische *a*) mit ihrer 1. Oberwelle (2. Harmonische *b*) überzeugen, wobei man eine der Rechteckform nahe kommende Kurve *c* erhält.

Man kann dann die 2. Harmonische durch Resonanz heraussieben, indem man den Anodenschwingkreis (Sperrkreis) auf diese abstimmt.

Die HF-Spannungen können unmittelbar auf die Antenne oder auf eine Verstärkerstufe übertragen werden. Nebenstehend ist die Schaltung eines Quarzsenders auf Welle 80 m mit Verdopplerstufe auf 40 m dargestellt.

Die Arbeitsweise der Röhre im Sender ist grundsätzlich von der im Empfänger verschieden. Während es sich bei der Empfangsverstärkung darum handelt, die dem Gitter zugeführten schwachen Wechselspannungen in formgetreue Anodenstromänderungen (Schwingungen 1. Art) umzusetzen, kommt es im Sender darauf an, den Schwingungskreis durch den Anodenstrom in seiner Eigenfrequenz anzuregen und eine möglichst große Leistungsverstärkung zu erzielen. Hiebei kann man zur Erzielung eines günstigen Wirkungsgrades auf die Unverzerrtheit des Anodenstromes verzichten, da es genügt, den Schwingungskreis durch einzelne Stromstöße (Schwingungen 2. Art) anzuregen.

Der Verlauf der Schwingungen 1. und 2. Art soll zunächst an den statischen Kennlinien veranschaulicht werden.

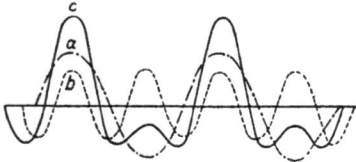

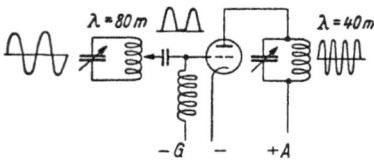

79. Schwingungen 1. und 2. Art

Schwingungen 1. Art ergeben sich, wenn der Arbeitspunkt in der Mitte des geradlinigen Stückes der Kennlinie liegt und die Gitterwechselspannung höchstens so groß wird, daß der Anodenstrom nur in den Wellenscheiteln den Wert Null bzw. die Sättigung I_s erreicht. Da die Amplituden des Anodenwechselstromes $\mathfrak{J}_a$ den Ruhestrom I_a nach oben und unten gleichmäßig überlagern, bleibt der Ausschlag eines im Anodenkreis liegenden Strommessers beim Einsetzen der Schwingungen unverändert.

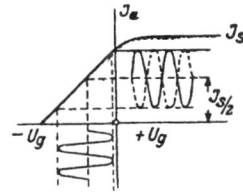

Schwingungen 2. Art. a) Arbeitspunkt in der Mitte der Kennlinie. Überschreitet man den vorerwähnten Grenzwert der Gitterwechselspannung, so wird der Anodenstrom längere Zeit auf Null bzw. auf dem Sättigungswert gehalten. Die Anodenstromkurve nimmt eine eckige Form an. Für die Ausbildung der Schwingung bedeutet dies, daß nunmehr der Grundschwingung eine Reihe Oberschwingungen überlagert sind, die man entweder durch Sperrkreise unterdrücken oder durch Siebkreise zur weiteren Verstärkung heraussieben kann.

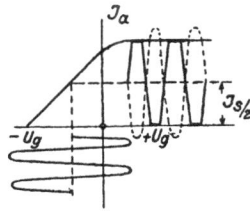

Auch diese symmetrischen Schwingungen 2. Art machen sich im Anodeninstrument nicht bemerkbar, d. h. sie tragen nicht zur Verbesserung des Wirkungsgrades des Senders bei. Dies wird vielmehr erst durch die Schwingungen 2. Art mit unsymmetrisch liegendem Arbeitspunkt erreicht.

b) Arbeitspunkt am untern Knick der Kennlinie $-U_g = DU_a$. Der Anodenruhestrom ist Null. Steuert man nun im positiven Gebiet bis zur Sättigung aus, so können sich nur die oberen Hälften des Anodenwechselstromes ausbilden. Wir erhalten einen pulsierenden Gleichstrom, dessen Mittelwert $\left(\dfrac{I_s}{3}\right)$ kleiner ist als derjenige bei symmetrisch liegendem Arbeitspunkt $\left(\dfrac{I_s}{2}\right)$.

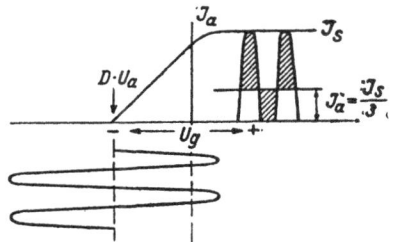

$$I_a = \frac{I_s}{2}$$

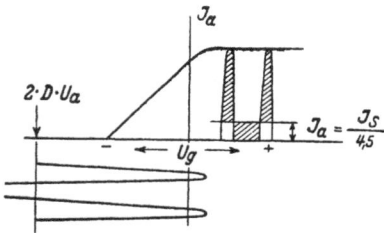

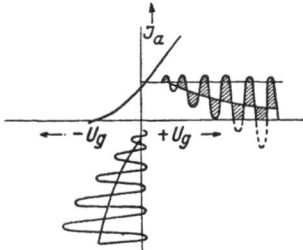

Unsymmetr. Schwingungen 2. Art durch das Absinken der neg. Gitterspannung bei der Dreipunktschaltung

80. Der Wirkungsgrad des Röhrensenders

$$\eta = \frac{\mathfrak{N}_a}{N_a} \cdot 100\%$$

$$Q_a = N_a - \mathfrak{N}_a$$

c) **Arbeitspunkt bei der doppelten Verschiebespannung** $- U_g = 2 D U_a$. Die Spitzen des Anodenstromes werden schmäler und liegen weiter auseinander, der mittlere Anodenstrom sinkt weiter bis auf den Wert $\frac{I_a}{4,5}$.

Für die Fremderregung eines Senders kommen nur die Schwingungen nach *b* und *c* in Betracht, da diese die geringste Gleichstromleistung erfordern. Bei Fremderregung kann man auf Grund der Kennlinie der Senderöhre durch die Wahl des Arbeitspunktes und der Gittersteuerspannung jeden gewünschten Schwingungszustand hervorrufen. Bei der Selbsterregung darf hingegen die Gittervorspannung nur so stark negativ werden, daß zum Einschwingen ein genügend starker Anodenstrom fließt. Sobald die Schwingungen eingeleitet sind, sinkt die Gittergleichspannung wie beim Audion S. 168 immer weiter ins Negative, die Anodenstromschwingungen werden unsymmetrisch, der Mittelwert des Anodenstromes sinkt.

a) **Energieumformung.** Der Röhrensender dient dazu, die der Röhre zugeführte Gleichstromleistung N_a in Hochfrequenzleistung $\mathfrak{N}_a$ umzuformen. Wie bei jeder Umformung wird auch hier nur ein Teil der zugeführten Energie in der gewünschten Weise umgewandelt, ein Teil geht als nutzlose Anodenwärme verloren.

Der Wirkungsgrad η der Umformung ist daher:

Die als Anodenwärme verlorene Energie, die Anodenverlustleistung Q_a ist:

Q_a hat für jede Röhre einen durch Größe und Bauart bestimmten Wert, der nicht überschritten werden darf, da sonst aus der überhitzten Anode Gase austreten, die das Vakuum verschlechtern. Um zu prüfen, wie die Anode einer Röhre bei der zulässigen Verlustleistung Q_a glüht, legt man an die nicht schwingende Röhre eine Anodenspannung U_a und regelt die Gitterspannung so ein, daß ein Anodenstrom $I_a = \dfrac{Q_a}{U_a}$ fließt. Die in diesem Zustande beobachtete Glut bzw. Temperatur der Anode darf dann beim Schwingen der Röhre nicht überschritten werden. Durch Anwendung durchbrochener und geschwärzter Anodenbleche von großer Oberfläche kann die Wärmeabstrahlung erhöht und die Röhre für ein bestimmtes Q_a klein gehalten werden.

Je größer der Wirkungsgrad, eine um so größere Nutzleistung kann man mit der gleichen Röhre erzeugen.

b) Berechnung des Wirkungsgrades. Um zu verstehen, wie die Röhre am günstigsten umformt, sei die Berechnung der einzelnen Energiebeträge kurz gekennzeichnet. Wir setzen dabei voraus, daß die Röhre einen im Betrieb erreichbaren Sättigungsstrom I_s besitze.

Die Gleichstromleistung N_a ist gleich dem aus der angelegten Anodenspannung U_a und der mittleren Anodenstromstärke I_a gebildeten Produkt:

$$N_a = U_a \cdot I_a$$

I_a liegt je nach der Arbeitsweise der Röhre zwischen $\frac{1}{2} \ldots \frac{1}{5} I_s$; die Betriebsspannung U_a soll 5…10 mal so groß sein wie die Sättigungsspannung U_s.

Die HF-Leistung $\mathfrak{N}_a$ berechnet sich aus den Scheitelwerten des im Anodenkreis fließenden sinusförmigen Wechselstromes $\mathfrak{J}_a$ und der an der Anode liegenden Wechselspannung $\mathfrak{U}_a$ nach der Formel:

$$\mathfrak{N}_a = \frac{\mathfrak{U}_a \cdot \mathfrak{J}_a}{2}$$

Verläuft der Strom z. B. bei Schwingungen 2. Art nicht sinusförmig, so muß man durch Konstruktion oder Rechnung nach dem Fourierschen Satz den Scheitelwert der Grundschwingung bestimmen. So enthält z. B. nebenstehende Rechteckkurve c die punktierte Grundschwingung a und die 3. Harmonische b als Oberschwingung.

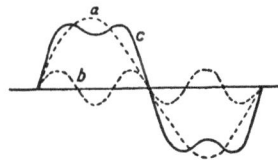

Der Scheitelwert des Anodenwechselstromes $\mathfrak{J}_a$ kann die halbe Sättigungsstromstärke nicht übersteigen.

$$\mathfrak{U}_a = \mathfrak{J}_a \cdot \mathfrak{R}_a$$

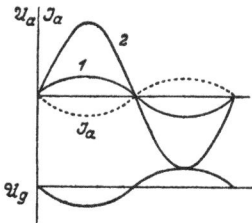

1. $\mathfrak{U}_a < U_a - U_s$
2. $\mathfrak{U}_a = U_a - U_s$

$$\mathfrak{R}_{gr} = \frac{U_a - U_s}{\dfrac{I_s}{2}}$$

$$\mathfrak{R}_a = \mathfrak{R}_{gr} \cdot \frac{I_s^2}{4}$$

$$= \frac{(U_a - U_s) \cdot I_s}{2}$$

Der Scheitelwert der Anodenwechselspannung $\mathfrak{U}_a$ wird durch den Spannungsabfall an dem Anodenwiderstand $\mathfrak{R}_a$ erzeugt. Es ist:

c) Über- und unterspannter Zustand.

Durch genügend großes $\mathfrak{R}_a$ könnte man beliebig hohe Wechselspannungen erzeugen. Die günstigste Ausnützung der Röhre erhält man jedoch, wenn man die Wechselspannung $\mathfrak{U}_a$ mit dem Werte: $\mathfrak{U}_a = U_a - U_s$

begrenzt, d. h. man nützt die Betriebsspannung U_a wechselstrommäßig nur bis auf die Sättigungsspannung U_s aus. Der zur Erzeugung dieser „Grenzspannung" erforderliche „Grenzwiderstand" ist:

er hängt also von der Betriebsart der Röhre ab.

Der Durchschnittswert der HF-Leistung beträgt:

Ist der wirksame Anodenwiderstand größer als $\mathfrak{R}_{gr}$, so sinkt die Anodenspannung zeitweise so tief, daß ein Elektronenübergang zur Anode nicht mehr stattfindet, man erhält ein starkes Ansteigen des Gitterstromes (Überspannter Zustand); ist hingegen $\mathfrak{R}_a < \mathfrak{R}_{gr}$, so ist die Betriebsspannung für die Erzeugung von HF-Energie nicht voll ausgenützt (Unterspannter Zustand). Während also beim Verstärker (S. 125) der Anodenwiderstand gleich dem vom Bau der Röhre abhängigen inneren Widerstand R_i ist, muß er beim Sender gleich dem von der Betriebsart abhängigen „Grenzwiderstand" gemacht werden.

d) Arbeitsweise der Röhre und ihr Wirkungsgrad.
In nachstehender Tabelle sind für drei verschiedene Kurvenformen des Anodenstromes die Energiewerte und der Wirkungsgrad berechnet. Es ist dabei angenommen, daß die Wechselspannung $4/5$ der Betriebsspannung beträgt und die Gittersteuerspannung gleich der halben, einfachen und doppelten Verschiebespannung ($U_v = DU_a$) ist.

Steuerspannung	Mittelwert von I_a	Scheitelwert von $\mathfrak{J}_a$	Gleichstromleistung N_a	Wechselstromleistung $\mathfrak{N}_a$	Wirkungsgrad η
a) $\dfrac{U_v}{2}$	$\dfrac{I_s}{2}$	$\dfrac{I_s}{2}$	$\dfrac{U_a \cdot I_s}{2}$	$\dfrac{U_a \cdot I_s}{5}$	40 %
b) U_v	$\dfrac{I_s}{\pi}$ $= 0,32\, I_s$	$\dfrac{I_s}{2}$	$\dfrac{U_a \cdot I_s}{\pi}$	$\dfrac{U_a \cdot I_s}{5}$	62 %
c) $2\, U_v$	$\dfrac{I_s}{4,5}$ $= 0,22\, I_s$	$0,4\, I_s$	$\dfrac{U_a \cdot I_s}{4,5}$	$\dfrac{0,8 \cdot}{5}\, U_a \cdot I_s$	72 %

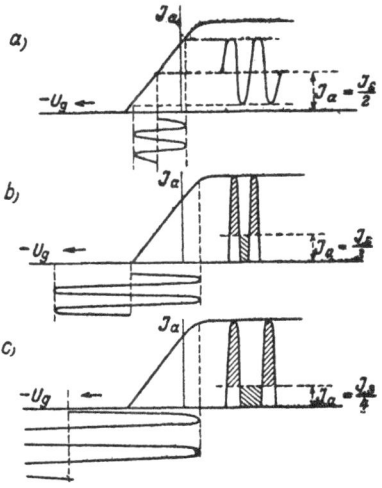

Aus der Tabelle sieht man, daß durch den Übergang von Schwingungen 1. Art a, zu Schwingungen 2. Art b, der mittlere Anodenstrom I_a und damit N_a auf $^2/_3$ erniedrigt werden kann, während $\mathfrak{N}_a$ gleich groß bleibt. Der Wirkungsgrad wird daher entsprechend erhöht.

Durch Verlegung des Arbeitspunktes vom untern Knick b, ins Negative c, wird N_a nochmals auf etwa $^2/_3$ verringert, während $\mathfrak{N}_a$ nur wenig (auf $^4/_5$) abnimmt; der Wirkungsgrad wird daher weiter verbessert.

Bei den bisherigen Überlegungen waren U_a und N_h als konstant angesehen. Durch Erhöhung von U_a im Fall b, auf das 1,5 fache, erhält N_a seinen Wert in a, $\mathfrak{N}_a$ nimmt dagegen stärker (um das 1,6 fache) zu. Der Wirkungsgrad wird also durch die Erhöhung der Betriebsspannung bei unveränderter Arbeitsweise der Röhre verbessert. Ihrer Steigerung ist durch die Spannungsfestigkeit der Röhre eine Grenze gesetzt.

Die Verbesserung des Wirkungsgrades bedeutet gleichzeitig ein Zurückgehen der Anodenverlustleistung; d. h. man kommt mit kleineren Röhren aus.

e) Graphische Veranschaulichung des Wirkungsgrades im Anodenstrom-Anodenspannungskennlinienfeld bei Verwendung der

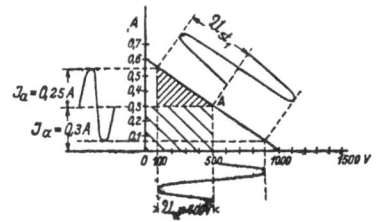

Röhre RS 279, deren Verlustleistung Q_a 50 W beträgt. Betreibt man die Röhre mit 500 V Anodenspannung und nützt davon 400 V als Wechselspannung aus, so ist bei Schwingungen 1. Art der Arbeitspunkt in der Mitte der Kennlinie:

$$I_a = \frac{I_s}{2} = 0{,}3 \text{ A}$$

Die zugeführte Gleichstromleistung N_{a1} stellt sich in der Zeichnung durch das von links nach rechts schraffierte Rechteck dar; es ist:

$$N_{a1} = 0{,}3 \cdot 500 = 150 \text{ W}$$

Die Wechselstromleistung $\mathfrak{N}_{a1}$ entspricht dem von rechts nach links schraffierten Dreieck, nämlich:

$$\mathfrak{N}_{a1} = \frac{0{,}25 \cdot 400}{2} = 50 \text{ W}$$

$$Q_{a1} = N_{a1} - \mathfrak{N}_{a1} = 100 \text{ W}$$

$$\eta_1 = \frac{\mathfrak{N}_{a1}}{N_{a1}} = 33\,\%$$

Eine Verlustleistung Q_{a1} von 100 W verträgt die Röhre nicht, man muß daher zu Schwingungen 2. Art übergehen, indem man die Anodenspannung auf 1000 V erhöht unter gleichzeitiger Verlegung der Gitterruhespannung auf $U_g = 2\,D U_a$.

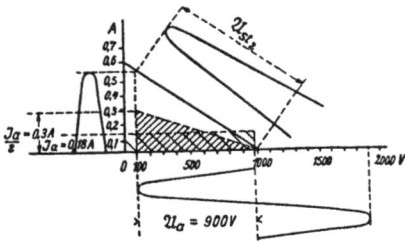

Der Anodengleichstrom geht auf 0,185 zurück, der Wechselstrom steigt infolge günstigerer Ausnützung der Röhre auf 0,3 A. Als Wechselspannung sollen 900 V ausgenützt werden. Aus der Abbildung entnimmt man die Gleichstromleistung N_{a2} gleich dem Inhalt des Rechteckes:

$$N_{a2} = 0{,}185 \cdot 1000 = 185 \text{ W}$$

und die Wechselstromleistung $\mathfrak{N}_{a2}$ gleich dem Dreiecksinhalt:

$$\mathfrak{N}_{a2} = \frac{0{,}3 \cdot 900}{2} = 135 \text{ W}$$

$$Q_{a2} = N_a - \mathfrak{N}_a = 50 \text{ W}$$

$$\eta_2 = \frac{135}{185} = 73\,\%$$

Die Verlustleistung Q_{a2} ist auf den zulässigen Wert heruntergegangen; der errechnete Wirkungsgrad ist von 33% auf 73% gestiegen.

81. Schwingungsarten des Senders

Die von einem Sender ausgestrahlten Wellen sind die Träger der Nachrichten. Bei der Telegraphie werden die Wellen im Rhythmus der getasteten Morsezeichen ausgestrahlt. Hiebei kann man die ungedämpfte Trägerwelle allein zur Ausstrahlung bringen (Klasse A 1) oder man überlagert der ungedämpften Welle beim Tasten eine Tonfrequenz (Klasse A 2).

Bei der Telephonie wird die Schwingungsweite der Trägerwelle im Rhythmus der Mikrophonströme moduliert, d. h. vergrößert oder verkleinert (Klasse A 3).

Den ungedämpften Wellen stehen die gedämpften Wellen gegenüber, wie sie von den alten Funkensendern erzeugt wurden (Klasse B). Die gedämpften Wellen werden wegen ihrer großen Störbreite im Funkverkehr nur als Notsender auf Schiffen verwendet.

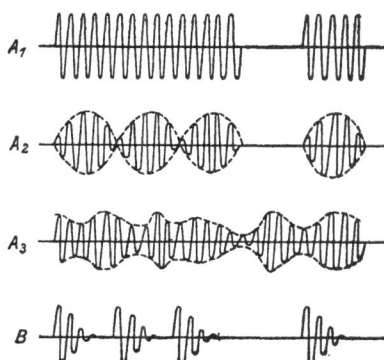

Das Telegraphieren mit ungedämpften Wellen ist wegen des schmalen Frequenzbereichs und der sich hieraus ergebenden hohen Abstimmschärfe und großen Reichweite am meisten verbreitet. Die mit ungedämpften Wellen gegebenen Zeichen können nur durch Überlagerung (S. 192) hörbar gemacht werden.

Hingegen können die durch eine Tonfrequenz modulierten Zeichen auch in einem Detektor- oder Audionempfänger also ohne Überlagerung einer Hilfsfrequenz als Ton gehört werden.

Die Modulation der Trägerwelle durch eine Tonfrequenz hat zur Folge, daß der Sender neben der Trägerwelle noch zwei Seitenwellen ausstrahlt. Wird z. B. eine Trägerfrequenz $f_0 = 10^6$ Hz ($\lambda = 300$ m) durch den Ton $f = 1000$ Hz moduliert, so entstehen die Seitenfrequenzen f_1 und f_2. Soll daher die gesamte Strahlung störungsfrei empfangen werden, so dürfen auch die beiden Seitenfrequenzen nicht überlagert werden, d. h. der Frequenzabstand benachbarter Sender muß in unserm Falle mindestens 2 kHz betragen.

$$f_0 = 10^6 \text{ Hz}$$
$$f = 1000 \text{ Hz}$$
$$f_1 = f_0 + f = 1\,001\,000 \text{ Hz}$$
$$f_2 = f_0 - f = 999\,000 \text{ Hz}$$

Praktisch wählt man den Abstand zweier benachbarter Telegraphiesender im Bereich der mittleren und langen Wellen zu 4...5 kHz, im Bereich der Kurzwellen etwa 10 kHz.

Durch die Tonmodulation sind die Zeichen einerseits leichter auffindbar, andererseits aber auch mehr der Störung durch Nachbarwellen ausgesetzt. Die Abstimmschärfe und Reichweite ist geringer wie bei den ungedämpften Sendern. Man wendet das tonmodulierte Senden daher vorzüglich an, wenn es wichtig ist, daß die Nachricht, z. B. ein Notruf, von möglichst vielen Stationen

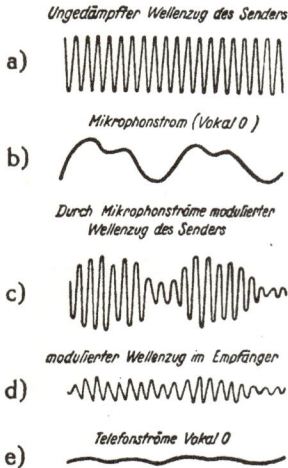

Ungedämpfter Wellenzug des Senders

a)

Mikrophonstrom (Vokal O)

b)

Durch Mikrophonströme modulierter
Wellenzug des Senders

c)

modulierter Wellenzug im Empfänger

d)

Telefonströme Vokal O

e)

gehört wird und eine Störung anderer Stationen hingenommen werden muß.

Bei der Telephonie wird die Trägerwelle nicht durch eine einzelne Tonfrequenz, sondern durch ein Gemisch von Frequenzen etwa von 50...4500 Hz — entsprechend den tiefsten und höchsten für die Wiedergabe in Betracht kommenden Tönen — überlagert. Die im Ruhezustande gleich hohen Amplituden a) werden bei Besprechung des Mikrophons im Takte der zu übertragenden Sprachfrequenz b) in ihrer Höhe beeinflußt oder moduliert c). Der von der Antenne ausgestrahlte modulierte Wellenzug c) wird von dem auf die Trägerfrequenz abgestimmten Empfänger aufgefangen d) und durch den Detektor gleichgerichtet. Im Telephon wird der mittlere Wert der gleichgerichteten Stromstöße, dessen Verlauf genau mit den ursprünglichen Sprechströmen übereinstimmt, wieder als Sprache gehört e).

Der Sender strahlt dann neben der Trägerfrequenz zwei Seitenbänder von 4500 Hz Breite aus. Für eine störungsfreie Telephonieübertragung dürfen sich die Seitenbänder benachbarter Stationen nicht überlagern. Man hat daher den Rundfunksendern einen Mindestfrequenzabstand von 9 kHz gegeben. Ebenso muß der Empfänger so konstruiert sein, daß er möglichst alle Frequenzen des Bandes aufnimmt und gleichmäßig verstärkt. Die Abstimmschärfe und Reichweite bei Telephonie ist bei gleicher Antennenleistung geringer als bei Telegraphiesendung.

82. Modulationsschaltungen

a) Direkte Beeinflussung der HF-Schwingungen durch ein in die Antenne geschaltetes Mikrophon. Bei Besprechung des Mikrophons M ändert sich dessen Widerstand im Takte der Sprachschwingungen und beeinflußt damit die Amplituden der HF-Schwingungen bzw. die Antennenstromstärke. Der mittlere Antennenstrom muß bei Besprechung und richtiger Aussteuerung unverändert bleiben, da dann die

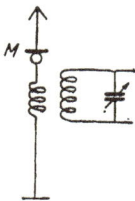

Schwingungsweiten nach beiden Seiten gleich sind. Da das Mikrophon durch den Antennenstrom belastet wird, läßt sich diese einfache Schaltung nur bei Sendern mit kleiner Energie (0,1 A Antennenstrom), z. B. bei Flugzeugsendern, anwenden.

b) **Die Gitterspannungsmodulation.** Man überlagert der Gittervorspannung beim Drücken der Taste über einen Transformator *Tr* die Modulationsspannung, z. B. einer 1500-Periodenmaschine. Der Kondensator *C* sperrt das Gitter gegen die Kathode; die Gittervorspannung wird über die Sekundärseite des Transformators zugeführt.

Über den günstigsten Arbeitspunkt und den zulässigen Modulationsbereich gibt die Modulationskennlinie, welche die Abhängigkeit der Hochfrequenzspannung bzw. des durch sie bestimmten Antennenstromes J_A von der Modulationsspannung U_m veranschaulicht, Aufschluß. Sie zeigt, daß für eine unverzerrte Modulation nur der geradlinige Teil ausgenützt werden darf. Danach ist die Modulationsspannung zu bemessen und der Arbeitspunkt zu wählen. Eine Übersteuerung zeigt sich durch Änderung des mittleren Schwingkreisstromes bzw. des Antennenstromes an.

c) **Die Gittergleichstrommodulation** erfolgt durch Beeinflussung der Vorspannung der Senderöhre mit Hilfe einer im Gitterkreis liegenden Modulationsröhre. Diese wird durch die Gittervorspannung der Senderöhre gespeist; da das Gitter gegen die Kathode negativ ist, muß die Kathode der Modulationsröhre an das Gitter, die Anode an die Kathode der Senderöhre angeschlossen werden.

Der durch die Modulationsröhre fließende Gitterstrom wird durch die an das Gitter gelegte Modulationsspannung gesteuert und ruft so die Änderung des Gitterstromes an der Senderöhre hervor. In Reihe mit der Modulationsspannung liegt die Gittergleichspannung U_g, die zur Ein-

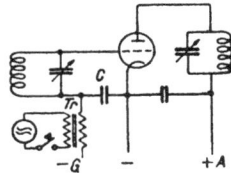

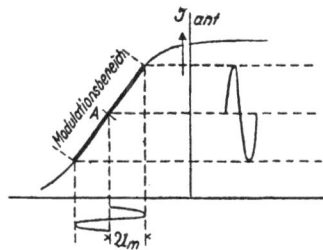

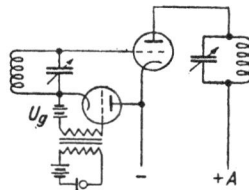

stellung des Arbeitspunktes dient. Arbeitspunkt und Modulationsbereich gehen wiederum aus der Modulationskennlinie hervor.

d) **Anodenspannungsmodulation.** Die Änderung der HF-Leistung der Senderöhre wird durch Beeinflussung der Anodengleichspannung bei unveränderten Gitterarbeitsbedingungen bewirkt. Diese Beeinflussung erfolgt durch eine Modulationsröhre, die der Senderöhre parallel liegt (sog. **Heising**-Modulation). Die Modulationsröhre ändert im Takte der auf das Gitter treffenden Sprechspannungen $\mathfrak{U}_m$ ihren inneren Widerstand und bietet daher dem über die NF-Drossel D_1 fließenden Anodenstrom einen Nebenschluß von wechselnder Durchlässigkeit. Durch den Spannungsabfall an D_1 entsteht eine Anodenwechselspannung, die über die HF-Drossel D_2 an die Senderöhre gelangt und damit die von ihr auf die Antenne übertragene Leistung moduliert.

83. Frequenzmessungen am Sender

Frequenzmessungen am Sender sind besonders bei Laboratoriums- und Amateursendern, die nicht durch Quarze gesteuert werden, erforderlich. Hiebei sind nachstehende Meßverfahren in Gebrauch:

a) **Durch Energieentzug.** Man koppelt mit dem selbst- oder fremderregten Schwingungskreis I einen nach Frequenzen geeichten Meßkreis II. Beim Durchdrehen des Meßkondensators C_2 zeigt sich die Resonanz durch ein kurzes Zucken des Anodenstrommessers A an. Dem Schwingungskreis wird durch den abgestimmten Meßkreis II Energie entzogen; dadurch nimmt dessen Dämpfung zu und der Resonanzwiderstand ab; der Anodenstrom steigt an. Durch lose Kopplung und verlustarmen Aufbau des Meßkreises kann man diese einfache und vielverbreitete Frequenzmessung durch Absorption auf $0,2...0,5^0/_0$ genau durchführen.

b) **Durch Überlagerung** mit Hilfe eines geeichten Röhrenmeßkreises. Zum Bau eines Röhrenmeßkreises kann grundsätzlich jede

Röhrenschaltung für Selbsterregung verwendet werden. Wegen ihrer großen Konstanz wird die Dynatronschaltung (S. 141) bei Wellenmessern bevorzugt.

Der zu messenden Sendefrequenz I wird die Frequenz des Meßkreises II überlagert. Sobald die entstehende Schwebungsfrequenz (S. 74) in den Hörbereich gelangt, hört man im Telephon des Meßkreises einen Ton, dessen Höhe beim Durchdrehen des Kondensators (II) rasch sinkt, kurze Zeit verschwindet und dann wieder vom tiefsten Ton beginnend über den höchsten Ton hinauspfeift. Die Übereinstimmung der beiden Frequenzen läßt sich durch Einstellen auf die Schwebungslücke sehr genau ermitteln. Die gesuchte Sendefrequenz entspricht dann der im Meßkreis II aus der Einstellung des Kondensators ermittelten Frequenz.

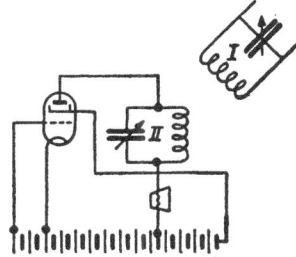

Bei der Messung in der Nähe des Senders kann es vorkommen, daß der Sender dem schwingenden Meßkreis seine eigene Welle aufzwingt. Ein Einstellen auf Schwebungsnull ist dann nicht möglich. Der Schwebungston hört vielmehr plötzlich auf und setzt erst nach Durchlaufen des Resonanzpunktes wieder ein. Zur Vermeidung dieser „Mitnahme" muß man die Kopplung durch Einbau des Meßkreises in ein Aluminiumgehäuse loser machen.

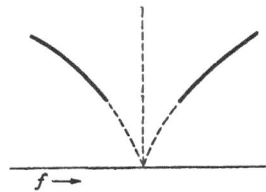

Ein Vorteil des Röhrenwellenmessers ist, daß man auch dessen Oberwellen zur Messung verwenden und so ohne Auswechseln von Spulen in verschiedenen Meßbereichen arbeiten kann. Liegt z. B. die Frequenz eines Kurzwellensenders I oberhalb derjenigen des Röhrenmeßkreises, so kann man Schwebungen durch Überlagerung mit den Oberwellen des Meßkreises erhalten. Die Ordnungszahl der Oberwelle kann man dann auf Grund einer vorherigen Berechnung oder Schätzung der Sendewelle ermitteln. Weiß man z. B., daß die Welle von I um 100 m beträgt, und erhält man bei Welle 204 m des Kreises II eine

Schwebungslücke, so kam die Überlagerung durch die erste Oberwelle von II zustande; d. h. die Welle von I ist 102 m. Um dieses Ergebnis nachzuprüfen, stellt man den Meßkreis II auf die Grundwelle 306 bzw. 408 m, deren zweite bzw. dritte Oberwelle durch Überlagerung mit der Welle des Senders I wiederum auf die Schwebungslücke fallen muß.

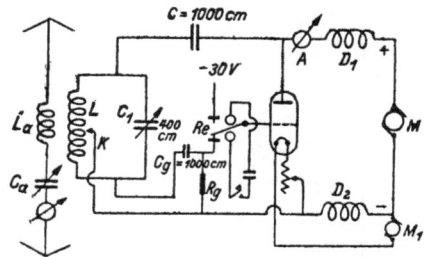

84. Selbsterregter Telegraphiesender in Dreipunktschaltung

Der Senderöhre (z. B. RS 242) wird durch eine Gleichstrommaschine M über die Drosseln D_1 und D_2 die Anodenspannung (z. B. 400 V) zugeführt. Die Maschine liefert gleichzeitig durch einen auf gleicher Achse sitzenden Anker M_1 den Heizstrom für die Röhre. Die Drosseln verhindern den Abfluß der HF nach der Maschine. Da die Anodenspannungsquelle hier dem auf der andern Seite der Röhre liegenden Schwingungskreis $C_1 L$ parallel liegt, nennt man diese Art der Stromversorgung „Parallelspeisung".

Der Schwingungskreis ist in Dreipunktschaltung an die Röhre angeschlossen, wobei die Anodengleichspannung durch einen Kondensator C vom Schwingungskreis ferngehalten wird.

Die negative Vorspannung wird beim Einsetzen der Schwingungen (S. 146) durch Spannungsabfall an dem Gitterwiderstand R_g (für RS 242 = 10 000 Ω) erzeugt. Der Gitterkondensator C_g sperrt die Anodengleichspannung gegen das Gitter ab. Die Tastung erfolgt im Gitterkreis mit Hilfe eines Relais' Re. Beim Drücken der Taste stellt die Zunge des Relais' die Verbindung des

Gitters mit dem Gitterwiderstand R_g her; die
Röhre schwingt; beim Loslassen der Taste schließt
die Relaiszunge das Gitter an den negativen Pol
einer 30-V-Batterie an, die Schwingungen werden unterbrochen.

Der Antennenkreis besteht aus einem Dipol,
der durch den Kondensator C_a auf die Sendewelle
abstimmbar ist; durch eine im Strombauch liegende, drehbar angeordnete Spule L_a wird die
regelbare Kopplung mit dem Schwingungskreis
hergestellt.

Die Abstimmung des Senders. Das Einsetzen der Schwingungen prüft man bei ab-
geschalteter Antenne mit Hilfe eines an den
Schwingungs- oder Anodenkreis angekoppelten
aperiodischen Lampenkreises. Befindet sich der
Abgriff K an der richtigen Stelle, so zeigt das
Aufleuchten des Lämpchens und der gleichzeitige
Rückgang des Anodenstromes das Einsetzen der
Schwingungen an. Beim Durchdrehen des Ab-
stimmkondensators sollen die Schwingungen in
einem größeren Bereich nicht aussetzen, andernfalls muß der Abgriff verschoben werden. Hierauf
stellt man im Anodenkreis mit Hilfe eines Ab-
sorptionswellenmessers (S. 154) die Sendewelle
scharf ein, koppelt die Antenne lose an und stimmt
sie durch Drehen des Antennenkondensators ab.
Während der Antennenstrom zunimmt, steigt
gleichzeitig der Anodenstrom an. Der Energieentzug durch die Antenne wirkt nämlich wie eine
Erhöhung des Dämpfungswiderstandes und damit
wie eine Verringerung des Resonanzwiderstandes
(S. 43) des Anodenkreises.

Nach Abstimmung der Antenne kann man
durch festere Kopplung den Antennenstrom weiter erhöhen. Dabei darf die Kopplung jedoch
nicht zu fest werden, da die Schwingungen sonst
beim Tasten wegen zu kleinem Anodenwiderstand
abreißen. Zum Betrieb stellt man daher die Antennenkopplung unter fortgesetztem Nachstimmen
der Antenne so ein, daß der Antennenstrom etwa

$^3/_4$ des erreichbaren Höchstwertes beträgt. Jetzt kann man die Konstanz der Frequenz mit Hilfe eines Tonprüfers, d. i. ein Überlagerer, untersuchen. Ändert sich die Tonhöhe beim Tasten, was sich im Überlagerer durch Zwitschern bemerkbar macht, so kann dies durch Änderung der Betriebsspannung oder des Heizstromes, infolge von Überlagerung des Anodenstromes über die Kathode oder schließlich durch mechanisch unsicheren Aufbau verursacht sein.

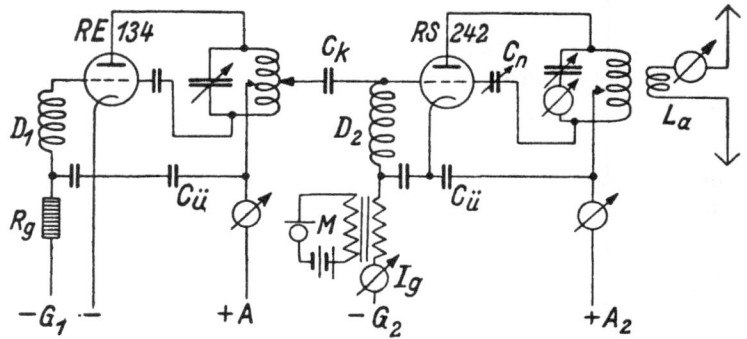

85. Fremderregter Telephoniesender

Schaltung. Der Sender[1]) besteht aus der Steuerstufe und dem Verstärker. Die Steuerstufe ist ein selbsterregter Sender in Dreipunktschaltung; er liefert die Wechselspannung zur Steuerung des Verstärkers. Die Anodenspannung wird der Steuerröhre (RE 134) über den Schwingungskreis zugeführt (Reihenspeisung). Die Spannungsquelle ist durch einen Kondensator $C_ü$ von 10000 cm für die Hochfrequenz überbrückt. Die Gittervorspannung —G_1 wird aus der Gitterbatterie U_g über einen Hochohmwiderstand R_g und eine Hochfrequenzdrossel D_1 zugeleitet. Die Drossel sperrt die am Gitter liegende HF; der Hochohmwiderstand (für RE 134 10000Ω) bewirkt, daß der Arbeitspunkt je nach der Belastung des Senders sich auf den günstigsten Wert einstellen kann, d. h. er rückt bei zunehmendem Gitterstrom selbsttätig ins Negative. Die von der

---

[1]) Betriebsdaten des Modellsenders im Deutschen Museum.

Schwingkreisspule abgezweigte Steuerwechsel-
spannung wird über einen Kondensator C_k
(2000 cm) dem Gitter der Verstärkerröhre (RS
242) zugeführt. Die Speisung der Verstärkerröhre
erfolgt in Reihenschaltung von einer 440-V-
Maschine aus. Die Gittervorspannung wird über
ein Milliamperemeter, den Sprechtransformator
und eine Drossel D_2 zugeführt. Eine abgestimmte
Dipolantenne mit Amperemeter ist über die Spule
L_a mit dem Schwingungskreis gekoppelt.

Abstimmung und Neutralisation des
Senders. Der Steuersender wird zunächst wie
in Nr. 84 in Schwingungen versetzt und auf die
Sendewelle abgestimmt. Schließt man dann über
den Kopplungskondensator C_k die Steuerstufe an
das Gitter der geheizten, jedoch noch nicht mit
Anodenspannung versehenen Verstärkerröhre, so
steigt infolge der Belastung der Anodenstrom des
Erregers an. Gleichzeitig tritt im Verstärker ein
Gitterstrom I_g auf, der um so stärker ist, je größer
die zugeleitete Steuerspannung ist. Zur Messung
der Steuerspannung erteilt man dem Gitter der
Verstärkerröhre eine negative Gleichspannung,
die man so lange erhöht, bis der Gitterstrom verschwindet. Tritt dies z. B. bei —30 V ein, so war
der Scheitelwert der Steuerspannung bei dem
eingestellten Abgriff 30 V.

Stimmt man nun den Verstärkerkreis auf die
Welle des Erregers ab, so zeigt ein scharfes Zurückgehen des Gitterstromes an, daß über die
Gitteranodenkapazität C_{ag} der Verstärkerröhre
eine störende Rückkopplung zwischen dem Er-
reger und dem Verstärker vorhanden ist; sie kann
unterdrückt werden, wenn man an das Gitter eine
Wechselspannung bringt, die gleich groß aber
von entgegengesetzter Phase wie die über C_{ag}
übertragene Spannung ist (Neutralisation).
Die Neutralisationsspannung kann z. B. von der
Anodenspule des Verstärkerkreises abgezweigt
und über einen Drehkondensator C_n dem Gitter
zugeführt werden. Die Neutralisation kann dann

so erfolgen, daß man C_n unter fortwährendem Nachstimmen des Schwingungskreises so lange ändert, bis der Gitterstrom bei Abstimmung des Verstärkerkreises auf den Erregerkreis nicht mehr zurückgeht.

Ist der Sender neutralisiert, so legt man die Anodenspannung an die Verstärkerröhre an. Es tritt ein Anodenstrom auf, der beim Abstimmen des Verstärkerkreises auf den Erregerkreis scharf (z. B. von 60 auf 10 mA) zurückgeht. Die Lampe eines lose angekoppelten Absorptionskreises leuchtet hell auf, ein im Schwingkreis liegendes Hitzdrahtinstrument zeigt im vorliegenden Fall einen Schwingkreisstrom von 2...3 A an.

Die Antenne wird wie in Nr. 84 angekoppelt und abgestimmt. Dabei darf die Kopplung nicht zu fest werden, da sonst Doppelwelligkeit und Zieherscheinungen auftreten. Der Antennenstrom steigt dann beim Abstimmen über die Resonanzlage hinaus, um danach sprunghaft auf einen kleineren Wert überzugehen. Auch eine Übersteuerung des Senders durch zu starke Modulation, die sich durch Änderung des mittleren Schwingkreisstromes anzeigt, muß vermieden werden. Man muß dann in geringerem Grade modulieren, d. h. die Sprechwechselspannungen verringern (z. B. leiser sprechen) oder den Arbeitspunkt der Verstärkerröhre günstiger legen.

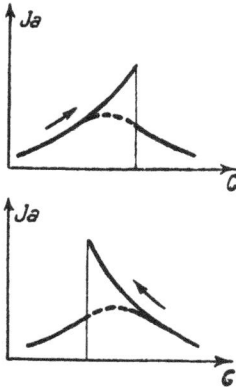

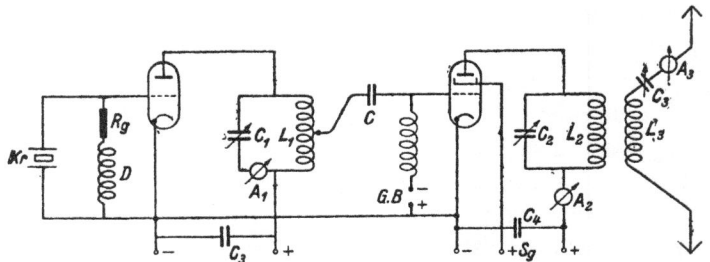

86. Quarzgesteuerter Kurzwellensender

Dieser enthält folgende Stufen:

1. Den Steuersender, der den die Welle (z. B. 80 m) bestimmenden Kristall K_r enthält. Als Röhre wird z. B. eine RE 134 mit 250 V An-

odenspannung betrieben. Die Gittervorspannung wird durch Spannungsabfall am Widerstand R_g (10 000 Ω) hervorgerufen. Die Drossel D sperrt die am Gitter liegende HF. Der Schwingkreisstrom kann bei Versuchen durch einen Hitzdrahtstrommesser A_1 gemessen werden; im Betrieb vermeidet man dessen starke Dämpfung und koppelt ein Galvanometer mit Detektor an.

2. Der Verstärker. Von der Anodenspule L_1 des Steuersenders wird durch kapazitive Kopplung eine geeignete Steuerspannung auf das Gitter einer Schirmgitterröhre (z. B. Valvo QC 05/15) übertragen. Eine Neutralisation des Verstärkers ist dann nicht erforderlich. Die Zuführung der Anodenspannung erfolgt wie beim Steuersender über die Anodenkreisspule (Reihenspeisung). Die Anodenspannungsquellen sind durch Kondensatoren C_3 und C_4 überbrückt.

3. Den Antennenkreis. Kopplunsspule L_3, Drehkondensator $C_3 = 500$ cm und Hitzdrahtamperemeter A_3 sind an einen geraden oder geknickten Dipol angeschlossen.

Abstimmung des quarzgesteuerten Kurzwellensenders. Man läßt zunächst den Steuersender auf der Grundwelle des Quarzes (80 m) einschwingen, was sich durch den größten Wert des Stromes A_1 im Schwingkreis $C_1 L_1$ anzeigt. Hierauf koppelt man den Steuersender mit dem Verstärker und stimmt den Verstärkerkreis $C_2 L_2$ auf die Welle des Steuerkreises ab; bei Resonanz erreicht der Anodenstrom A_2 einen Kleinstwert. Nun koppelt man die Antenne an und stimmt diese ab, bis ein Höchstwert des Antennenstromes unter gleichzeitigem Ansteigen des Anodenstromes erreicht ist. Die Steuerspannung wird dann auf günstigste Leistungsabgabe, also größten Antennenstrom, eingeregelt.

Die Tastung erfolgt in der Anodenzuleitung, so daß die Schwingungen beim Loslassen der Taste aussetzen.

Modulationskabel — Kabel-Endverstärker

Unmodulierte Hochfrequenz — Modulierte Hochfrequenz — Antenne

Modulations-Verstärker

Zwischen-kreis 6 — Zwischen-kreis 7

Stufe 1 — Stufe 2 — Stufe 3 — Stufe 4 — Stufe 5 — Umschalter — Umschalter — Siebkreise — Freileitung

Röhren für Betrieb — Röhren für Reserve — Röhren für Betrieb — Röhren für Reserve

Antennen-Häuschen

	Stufe 1	Stufe 2	Stufe 3	Stufe 4	Stufe 5			
Anoden-spannung	250 Volt	2000 Volt	2000 Volt	2000 Volt	2000 Volt	11000 Volt	11000 Volt	11000 Volt
Ausgangs-leistung	3 Watt	100 Watt	100 Watt	200 Watt	100 Watt	1 kW	8 kW	60 kW
Welle	1064 m	1064 m	532 m	532 m	532 m	532 m	532 m	532 m

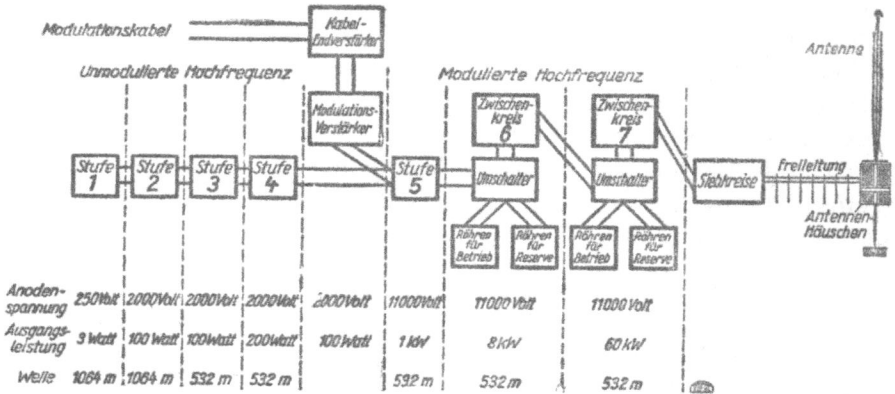

87. Rundfunksender

Das für den europäischen Rundfunk zur Verfügung stehende Wellenband (200...600 m) wird durch die ständig steigende Zahl der Rundfunksender immer dichter besetzt. Hieraus folgt, daß zur Vermeidung gegenseitiger Störungen die Welle des einzelnen Senders in höchstem Maße konstant gehalten werden muß. Eines der wirksamsten Mittel hiezu ist die Quarzsteuerung in der 1. Stufe des Senders.

Da die Eigenfrequenz des Quarzkristalls außer von seiner Dicke auch von der Temperatur abhängig ist, muß man dafür sorgen, daß diese möglichst sorgfältig gleich gehalten wird. Dies geschieht durch Einbau des Kristalls in einen Kupferthermostaten, dessen Innentemperatur durch eine selbstregelnde elektrische Heizung auf $1/_{100}$ ^{0} C konstant bleibt. Bei diesen kleinsten Temperaturschwankungen ändert sich die Frequenz des Quarzes höchstens um 1...2 Hz, d. i. bei einer Frequenz von 1000 kHz ($\lambda = 300$ m) um 1...2 Millionstel.

Da in der Quarzstufe nur eine geringe Leistung (3...5 W) erzeugt werden kann, muß diese in mehreren, z. B. sechs Hochfrequenz-Verstärkerstufen erhöht werden, bis die gewünschte Endleistung des Senders (z. B. 100 kW) erreicht ist. Obiges aus der Lorenz Druckschrift Nr. 559 stammende Schema zeigt bildlich sowie durch

Zahlen die Wirkung der einzelnen Verstärkerstufen.

Während in Stufe 2 lediglich eine Verstärkung
der im Quarz erzeugten Frequenz stattfindet,
bringt Stufe 3 eine Verdopplung der Frequenz
auf die eigentliche Trägerfrequenz, Stufe 4 eine
zweite Verstärkung. In Stufe 5 findet die Überlagerung oder Modulation des Senders durch die
vom Funkhaus über Kabel zugeführten Sprech-
und Klangströme statt.

Stufe 6 und 7 verstärken die modulierte Hochfrequenz, die dann schließlich über eine Energieleitung den Antennendipol erregt, der die Wellen
ausstrahlt.

In nachstehendem Schaltschema sind zur Vereinfachung nur die Stufen 1, 5, 7 berücksichtigt,
die sich in der Schaltung grundsätzlich unterscheiden.

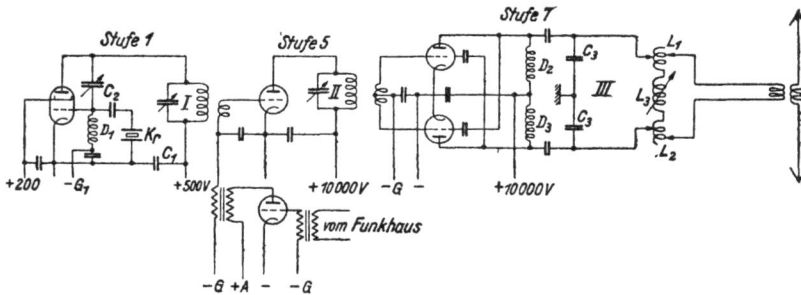

Stufe 1 (Quarzstufe). Der einpolig geerdete Quarz K_r ist über einen Kondensator an
das Steuergitter einer Schirmgitterröhre angeschlossen. Der Abfluß der Hochfrequenz ist durch
die HF-Drossel D_1, über welche gleichzeitig die
Gittervorspannung zugeführt wird, gesperrt. Der
auf die Quarzfrequenz abstimmbare Schwingungskreis I liegt in der Anodenzuleitung und ist über
den Kondensator C_1 einseitig an die Kathode
gelegt. Die Anodenspannung beträgt 500 V, die
Schirmgitterspannung 200 V. Durch den Drehkondensator C_2 kann die Kopplung zwischen dem
Schwingkreis und dem Quarzoszillator geregelt
werden.

11*

Stufe 5 (Modulationsstufe). Hier wird die ungedämpfte Trägerwelle durch die Sprechströme moduliert. Die vom Funkhaus kommenden Sprechströme werden verstärkt und dann über einen Transformator dem Gitter der Modulationsröhre zugeführt. Die modulierte HF schwingt in Kreis II. Die Anodenspannung ist auf 10 000 V gestiegen.

Stufe 7 (Endstufe) besteht aus zwei im Gegentakt geschalteten Röhren von je 75 kW Leistung, die über die beiden symmetrischen Drosseln D_2 und D_3 eine Anodenspannung von 10 000 V erhalten. Die Hochfrequenzenergie erregt den Kreis III, der durch die stetig veränderliche Induktivität L_3 abgestimmt wird. Die Energieleitung, deren Länge ein gerades Vielfaches der Viertelwelle betragen muß, wird durch Wechselspannungen, die an L_1 und L_2 abgegriffen werden, erregt (Spannungskopplung). Die Energieleitung erregt schließlich in Stromkopplung die Dipolantenne.

Beim Münchener Sender beträgt der HF-Strom in der Energiezuleitung 22,5 A, der Strom im Schwingungsbauch des Dipols 65 A. Bei einem Gesamtwiderstand des Dipols von 24 Ω ist die Antennenleistung 100 kW; hiervon werden bei einem Strahlungswiderstand des Dipols von 21,5 Ω 90 $^0/_0$ in den Raum gestrahlt.

K. Empfangsgleichrichter.

Die auf die Antenne treffenden Schwingungen können wegen ihrer hohen Frequenz im Telephon oder Lautsprecher nicht unmittelbar gehört werden, man muß erst die überlagerte Tonfrequenz von dem hochfrequenten Träger trennen. Dieser Vorgang (Demodulation) wird eingeleitet durch eine Gleichrichtung der Hochfrequenz, die durch einen Detektor oder die Röhre bewirkt wird.

Der Kristalldetektor besteht aus einer feinen Metallspitze s, die gegen eine Kristallfläche b durch eine Feder f leicht angedrückt wird.

88. Der Kristalldetektor

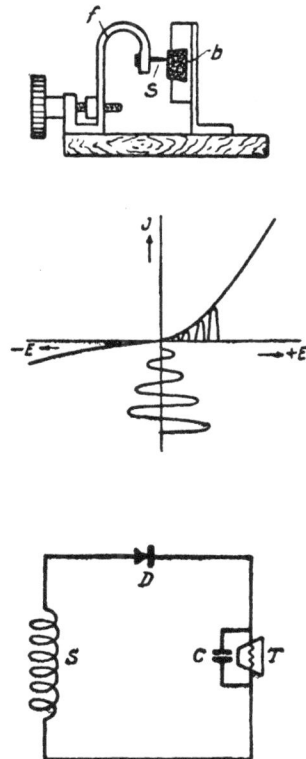

Als Kristalle für Detektoren sind gebräuchlich: Bleiglanz, Karborund, Eisenpyrit und Rotzinkerz.

Die Wirkung des Detektors beruht darauf, daß beim Anlegen einer stetig zunehmenden Spannung sich die durchgehende Stromstärke nicht nach einer Geraden, sondern nach einer gekrümmten Kennlinie ändert. Dabei zeigt die Kennlinie beim Übergang von negativer zu positiver Spannung einen scharfen Knick, der den Unterschied des Detektorwiderstandes in den beiden entgegengesetzten Stromrichtungen versinnbildlicht. Gelangen an den Detektor, den man mit einer Kopplungsspule S und einem Telephon T zu einem aperiodischen Kreis zusammenschaltet, moduliert hochfrequente Wechselströme, so findet eine Gleichrichtung derselben statt. Die gleichgerichteten Hochfrequenzströme eines Modulationszuges wirken mit ihrem Mittelwert auf das Telephon.

Treten in der Sekunde z. B. 500 hochfrequente Schwingungszüge in den Detektorkreis, so gelangen in das Telephon 500 Stromstöße. Diese rufen 500 Schwingungen der Mebrane hervor, welche

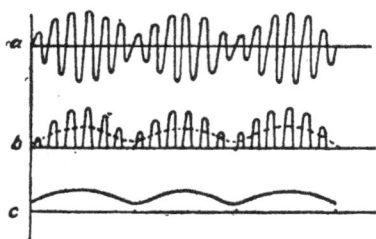

als Ton wahrnehmbar sind. Die gleichgerichteten HF-Schwingungen können sich über den Telephonkondensator C ausgleichen. Damit ist die Trennung der HF von der Tonfrequenz vollzogen. Die Schwingungszahl für die höchsten mit dem Ohre wahrnehmbaren Töne liegt bei 20 000 Hz, während das Telephon nur auf Frequenzen bis 5000 Hz anspricht. Der Detektorkreis spricht auf jede Welle an; er ist wegen des hohen Widerstandes des Detektors (500...1000 Ω) nicht abstimmbar oder aperiodisch. Der große Vorteil des Kristalldetektors liegt darin, daß er die Demodulation ohne Zuführung irgendwelcher Energien bewirkt, nachteilig ist seine Empfindlichkeit gegen mechanische Erschütterungen und elektrische Überlastung.

Neben dem in der Einstellung sehr empfindlichen Kristalldetektor wird heute auch der vollkommen konstante Kupferoxyddetektor (S. 133) in kleinster Ausführung (4...5 hintereinander geschaltete Kontaktflächen von 2 mm Durchmesser) verwendet. Die Reizschwelle des „Sirutor" von Siemens liegt erheblich höher wie die des Kristalldetektors, er kann daher nur zur Gleichrichtung eines bereits verstärkten Empfangsstromes verwendet werden.

89. Röhre als Gleichrichter

Neben dem Kristall- und Kupferoxyddetektor kommt die Elektronenröhre als Empfangsgleichrichter in drei verschiedenen Schaltungen zur Anwendung:

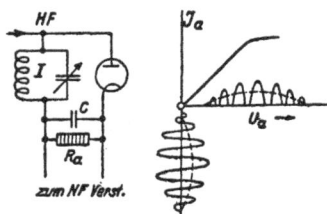

a) Die Zweipolröhre (Diode) stellt den ältesten Röhrendetektor (Fleming 1905) dar, der in neuzeitlichen Empfängern wieder Bedeutung erlangt hat. Die HF-Schwingungen des Kreises I gelangen über einen Kondensator C (100...300 cm) an die beiden Pole der Röhre. Da der Strom nur durch die Röhre geht, wenn eine negative Spannung an der Kathode liegt, findet Gleichrichtung statt. Der Mittelwert der mit Hilfe der Anodenspannungs-Anodenstromkennlinie U_a I_a darstellbaren Gleichstromstöße ruft an dem Hochohm-

widerstand R_a (0,5 MΩ) Spannungsschwankungen
von der Frequenz und Form der aufgeprägten
Modulation hervor, die zur weiteren Verstärkung
an das Gitter einer Verstärkerröhre geleitet werden können.

Die Zweipolröhre arbeitet ohne Anodenspannung und vermag hohe Wechselspannungen ohne
Übersteuerung zu verarbeiten. Sie eignet sich daher besonders zum Einbau hinter einen HF-Verstärker.

b) Die Dreipolröhre als Anodengleichrichter. Durch eine negative Vorspannung U_g wird der Arbeitspunkt der Röhre an den
untern Knick der Gitterspannungs-Anodenstromkennlinie U_g, I_a verschoben. Der Anodenruhestrom ist also Null. Von den auf das Gitter treffenden hochfrequenten Spannungswechseln rufen die
positiven gleichgerichtete und verstärkte Anoden-
stromstöße hervor, während die negativen
Wechsel unterdrückt werden. Die Mittelwerte der
gleichgerichteten Stromstöße, die im Takte der
Tonfrequenz erfolgen, rufen an den Enden des
Anodenwiderstandes R_a erhöhte Spannungsschwankungen hervor, die über einen Kondensator C_k zur weiteren Verstärkung an das Gitter
der nächsten Röhre gehen.

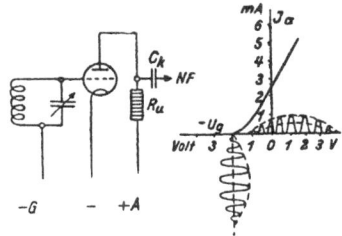

Erteilt man der Röhre eine hohe Anodenspannung, so daß sich der Anfangspunkt der
Kennlinie weit ins Negative schiebt, so erhält man
einen großen Steuerbereich, d. h. man kann hohe
Wechselspannungen gleichrichten. Der Anodengleichrichter eignet sich daher für Ortsempfang
und nach vorheriger HF-Verstärkung auch für
Fernempfang.

c) Die Dreipolröhre als Gittergleichrichter (Audion). Die Gleichrichtung der HF
erfolgt hier durch den Gitterstrom, wobei man im
Gebiet größter Krümmung der Gitterstromkennlinie arbeitet. Um ein scharfes Einsetzen des
Gitterstromes zu erzielen, legt man an die Röhre
nur eine geringe Anodenspannung (rd. 60 V) an.

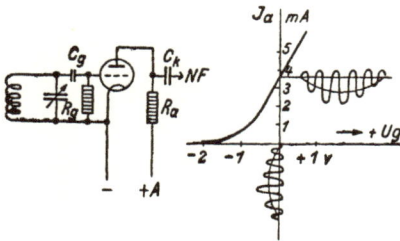

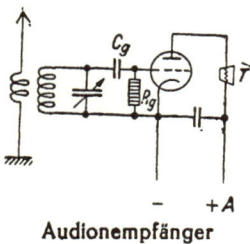

Audionempfänger

Bei der Audionschaltung der Dreipolröhre wird in der Gitterzuführung ein Kondensator C_g von rd. 200 cm geschaltet; er ist für HF durchlässig, während er die NF sperrt. Zwischen Gitter und Kathode liegt ein Hochohmwiderstand R_g von 0,5...2 MΩ. Die HF-Schwingungen werden vom Schwingungskreis unmittelbar an den Gitterkondensator und an die Kathode geführt. Im Anodenkreis liegt ein Kopplungswiderstand R_a. Die Hochfrequenzschwingungen erteilen über den Kondensator C_g dem Gitter abwechselnd positive und negative Spannungen. Ist das Gitter positiv, so fließt ein Gitterstrom; die auftreffenden Elektronen verringern die positive Ladung des Gitters. Im negativen Ladungszustande nimmt das Gitter keine Elektronen auf, es bleibt aber nach Ablauf der ersten Schwingung um die kleine während des positiven Wechsels aufgenommene Elektronenmenge mehr negativ als vor Einsatz der Schwingung.

Während der folgenden positiven Wechsel, die jedesmal in den positiven Gitterspannungsbereich hineinragen, sinkt die mittlere Spannung des Gitters weiter ins Negative, bis die durch den Gitterkondensator angestaute negative Ladung über den zwischen Gitter und Kathode liegenden Widerstand R_g abfließt. Wird dieser Widerstand richtig bemessen, so erfolgt das Abfließen nach Ablauf jedes Modulationszuges; das Gitter nimmt wieder die Ruhespannung (— 1 V) an und kann den nächsten Modulationszug gleichrichten. Dem Anodengleichstrom überlagern sich infolge der Audionwirkung gleichgerichtete modulierte Schwingungszüge, die mit ihren Mittelwerten am Anodenwiderstand R_a niederfrequente Wechselspannungen erzeugen, die in einem NF-Verstärker verstärkt und dann in einem Telephon hörbar werden. Der im Telephon hörbare Ton ist dann nur bestimmt durch die Modulationsfrequenz der aufgeprägten Schwingungen. Die im Anodenkreis etwa noch vorhandene Hochfrequenz gleicht sich über einen Kondensator aus.

Die Gittergleichrichtung ist empfindlicher als die Anodengleichrichtung und eignet sich daher besonders als Eingangsstufe für den Fernempfang. Eine erhebliche Steigerung der Empfindlichkeit des Audions wird durch die Rückkopplung erzielt.

Die in der Antenne oder in dem an das Audion angeschlossenen Gitterkreis erregten Schwingungen sind gedämpft. Die Dämpfung kann man bei verlustarmem Aufbau klein halten, jedoch nicht vollständig beseitigen. Eine weitere Entdämpfung des Gitterkreises läßt sich durch Zurückführung der hochfrequenten Schwingungen des Anodenkreises in der Rückkopplungsschaltung (S. 139) erzielen. Das rückgekoppelte Audion zeigt größere Empfangslautstärke und infolge der steileren Resonanzkurve größere Trennschärfe.

90. Audion mit Rückkopplung (Schwingaudion)

a) Wirkung der Rückkopplung. Durch die zugeführte HF-Energie kann der größte Teil der Verluste im Schwingungskreis gedeckt werden, so daß die Fernerregung zur Unterhaltung der Schwingungen nur noch einige Prozent zu leisten hat. Die Rückkopplung wirkt wie ein negativer Widerstand, der die dämpfende Wirkung des Verlustwiderstandes verringert. Dies sei noch durch nebenstehende Zeichnung veranschaulicht. In I sehen wir die einer Tonfrequenz entsprechenden gedämpften Wellenzüge, die im Telephon als leiser Ton von der Frequenz der Schwingungszüge gehört werden.

In II macht sich die Wirkung der Rückkopplung durch eine Verringerung der Dämpfung der Schwingungen und eine entsprechende Steigerung der Tonstärke bemerkbar.

In III halten die Schwingungen stetig an; ihre Stärke schwankt nach Maßgabe der überlagerten gedämpften Schwingungszüge. In diesem Zustande würden die Schwingungen gerade noch aussetzen, sobald die äußere Anregung durch die Welle des Senders aufhört. Man hört den Ton laut und deutlich.

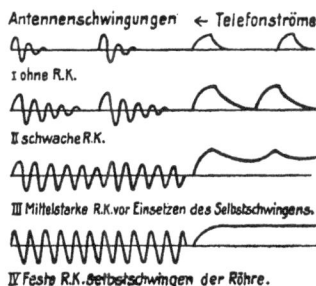

Antennenschwingungen   ← Telefonströme

I ohne R.K.

II schwache R.K.

III Mittelstarke R.K. vor Einsetzen des Selbstschwingens.

IV Feste R.K. Selbstschwingen der Röhre.

IV. Geht man über diesen Punkt hinaus zu festerer Rückkopplung, dann ist zur Unterhaltung der Schwingungen die Anregung von außen nicht mehr erforderlich; die Dämpfung wird negativ, es entsteht Selbsterregung. Der Ton wird zerstört und geht plötzlich in ein Rauschen über. Koppelt man direkt auf eine Antenne, so wird diese die Eigenschwingungen ausstrahlen und durch das Überlagerungspfeifen die Nachbarstationen stören. Ein Rückkoppeln auf die Antenne ist daher nicht statthaft. Wird eine nicht abgestimmte Antenne mit einigen Windungen L_1 lose angekoppelt, so ist auch bei selbsterregtem Gitterkreis die Ausstrahlung durch die Antenne gering. Da die Antenne unverändert bleibt, erfolgt die Abstimmung nur am Kondensator C_2 des Zwischenkreises. Da ferner die nicht abgestimmte Antenne dem Gitterkreis nur wenig Energie entzieht, ist dessen Dämpfung gering, also die Abstimmschärfe groß.

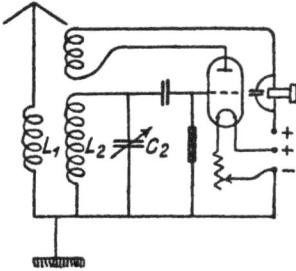

Im Telephon hört man bei hartem Einsetzen der Schwingungen ein Knacken, bei weichem Einsetzen ein leises Rauschen. Die Art des Einsatzes der Schwingungen hängt von der Gittervorspannung ab; letztere ist bei hartem Einsetzen zu stark negativ. Will man das Audion auf höchste Empfindlichkeit einstellen, so kann man bei unmittelbar geheizten Röhren die Gitterspannung durch einen Spannungsteiler S auf weichen Schwingungseinsatz einregeln. Bei mittelbar geheizten Röhren regelt man durch einen in der Kathodenleitung liegenden Widerstand von etwa 1000 Ω.

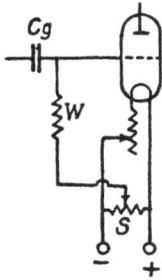

b) Regelung der Rückkopplung. Um das Audion bis nahe an die Grenze des Schwingungseinsatzes zu bringen, muß die Rückkopplung fein einstellbar sein. Man wendet durchweg die induktive Rückkopplung an, die man in nachstehenden Schaltungen beliebig regeln kann:

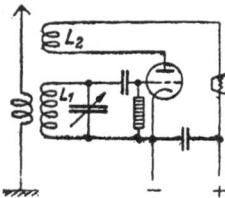

I. Regelung durch Nähern oder Ineinanderdrehen der Rückkopplungsspule L_1 und der Gitterkreisspule L_2. Diese Anordnung erfordert eine mechanische Vorrichtung, um die gegenseitigen Bewegungen der Spulen auszuführen. Sie hat den Nachteil, daß die Abstimmung des Gitterkreises sich durch die Regelung der Rückkopplung ändert, so daß ein jedesmaliges Nachstimmen erforderlich ist. Da umgekehrt bei Änderung der Abstimmung sich auch die Rückkopplung ändert — sie wird z. B. bei Verkürzung der Welle fester —, so wird in neueren Empfängern die Rückkopplung mit der Abstimmung durch selbsttätige Änderung des Spulenabstandes konstant gehalten.

II. Regelung durch einen Drehkondensator C_r, der in der Anodenzuleitung der Rückkopplungsspule L_2 liegt (Leithäuser-Schaltung). Die fest angeordnete Rückkopplungsspule ist mit der Gitterkreisspule L_1 in Dreipunktschaltung (S. 140) an die Röhre angeschlossen. Eine Hochfrequenzdrossel sperrt der HF den Zugang in den Anodenkreis. Je mehr man den Rückkopplungskondensator $C_r = 200...50$ cm hineindreht, um so mehr HF-Strom geht durch die Rückkopplungsspule L_2 und um so fester wird bei unverändertem Abstand der Spulen L_1 und L_2 die Rückkopplung. Der Kopplungsgrad läßt sich hiemit außerordentlich fein regeln. Die Abstimmung erfolgt durch den Kondensator C_1.

Bei Wellenwechsel schaltet man den Spulensatz, der neben der Schwingkreis- und Rückkopplungsspule die Antennenspule enthält, um.

III. Regelung durch einen zur Röhre parallel liegenden Drehkondensator C_r (Schnell-Schaltung). Je größer der Wert des Kondensators C_r ist, desto mehr HF-Strom fließt über die Rückkopplungsspule L_r und desto fester wird die Rückkopplung. Die Kapazität des Kondensators C_r liegt zwischen 200 und 300 cm, so daß er für die Niederfrequenz noch einen hohen Widerstand bietet und diese über die Drossel D und die Eingangsspule des Transformators Tr ihren Weg nehmen muß. Da der Rotor von C_r an Erde liegt, ist die Schaltung wenig

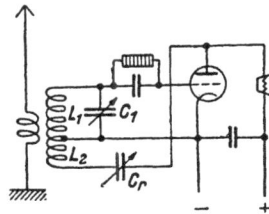

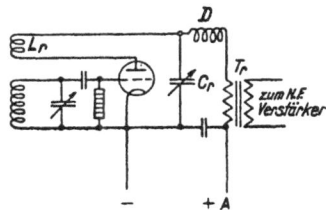

handempfindlich und wird deshalb bei Kurzwellen-
empfängern bevorzugt.

IV. Regelung durch einen veränderlichen, mit Kondensator überbrückten
Widerstand im Anodenkreis. Bei Verkleinerung des Widerstandes erhöht sich die Anodenspannung; man gelangt bei gleich bleibendem
Arbeitspunkt auf steilere Kennlinien, die Rückkopplung wird fester. Da diese Art der Regelung
die Abstimmung des Gitterkreises nur wenig beeinflußt, wird sie bei Kurzwellenschaltungen bevorzugt.

L. Verstärkerschaltungen.

Sind die vom Audion abgegebenen NF-Spannungen zu schwach, um das Telephon oder den Lautsprecher zu erregen, oder liegt die von der Antenne aufgefangene HF-Spannung unter der Reizschwelle des Audions (0,2...0,6 V), so muß man die Wechselspannungen durch die Elektronenröhre erhöhen. Je nachdem man die Verstärkung hinter oder vor dem Audion vornimmt, unterscheidet man die NF-Verstärkung von der HF-Verstärkung. Während man die NF-Verstärkung millionenfach steigern kann, geht man bei der HF über eine 50 000 fache Verstärkung nicht hinaus, da die überall vorhandenen Störungen mitverstärkt werden.

Man unterscheidet grundsätzlich zwei Stufen: die Spannungsverstärkung zur Aussteuerung der folgenden Röhre und die Leistungsverstärkung zum Betrieb des Lautsprechers oder Telephons.

91. NF-Verstärker

a) Der Spannungsverstärker. Zur Erzielung einer hohen Spannungsverstärkung soll nach S. 124 der Anodenwiderstand R_a groß gegen den Innenwiderstand der vorhergehenden Röhre (z. B. des Audions) sein. Zur Erfüllung dieser Bedingung muß man die Kopplung zwischen Audion und Verstärker entsprechend wählen. Man unterscheidet: die Transformatorenkopplung, die Widerstandskopplung und die Drosselkopplung.

I. Die Transformatorenkopplung. Die vom Audion gelieferte NF wird über eine Drossel, welche die HF sperrt, in die Primärspule eines NF-Transformators Tr geschickt. Von der Sekundärseite aus wird die 3...6 mal erhöhte NF-Spannung an das Gitter der Verstärkerröhre angeschlossen, wo sie je nach dem Durchgriff der

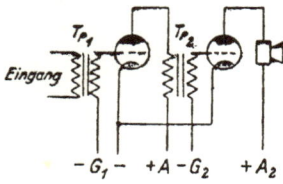

Röhre 10...100 fach verstärkt wird. Die einmal verstärkten Spannungen werden über einen zweiten Tranformator Tr_2 der Endröhre zugeführt, welche die Leistung an den Lautsprecher abgibt. Da der Scheinwiderstand des Transformators (S. 45) aus konstruktiven Gründen begrenzt ist (30...100 000 Ω), eignet sich die Transformatorkopplung hauptsächlich zum Anschluß an Röhren mit geringem Innenwiderstand (Audion oder Anodengleichrichter mit Dreipolröhre).

II. Die Widerstandskopplung kann hingegen auch für Röhren mit hohem Innenwiderstand, z. B. das Schirmgitteraudion, verwendet werden.

Im Anodenkreis des Audions liegt ein hoher Ohmscher Widerstand R_a, an dessen Enden infolge des Spannungsabfalles $(i_a \cdot R_a)$ hohe Wechselspannungen auftreten, die über einen Kondensator C_k (5000...10 000 cm) dem Gitter der Endröhre zugeführt werden. Der Kondensator C_k schützt das Gitter gegen die Anodengleichspannung, während er die NF durchläßt. Damit sich das Gitter durch die auftreffenden Elektronen nicht zu stark negativ auflädt und dadurch den Anodenstrom sperrt, wird ein Ableitwiderstand R_g eingeschaltet, über welchen gleichzeitig die negative Gittervorspannung zugeführt wird. Der Kopplungswiderstand R_a muß dem innern Widerstand R_i der vorhergehenden Röhre angepaßt werden. Verwendet man eine Dreipolröhre $R_i =$ 30 000, so genügt ein Kopplungswiderstand von 100 000 Ω; für eine Schirmgitterröhre $R_i = 0,3...$ 1 MΩ muß der Kopplungswiderstand 0,5...2 MΩ betragen. Der Gitterableitwiderstand R_g richtet sich nach dem Gitter-Kathodenwiderstand der folgenden Röhre. Sein vorgeschriebener Wert 0,5...2 MΩ darf nicht unterschritten werden, da sonst die Verstärkung zurückgeht, andererseits darf er auch nicht überschritten werden, da beim Auftreten eines von der Anode über R_g abfließenden Isolationsstromes (S. 118) die negative Git-

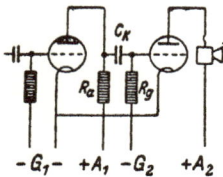

terruhespannung durch den Spannungsabfall an
R_g aufgehoben bzw. ins Positive rücken würde.
Dies würde eine gefährliche Erhöhung der An-
odenbelastung verursachen.

Der Anodenwiderstand R_a setzt die Anodenbetriebsspannung herab, so daß selbst bei hoher
Anodenspannung der Anodenstrom klein wird
(0,01...0,03 mA). Beim rückgekoppelten Audion
darf indessen der Anodenstrom nicht zu klein
werden, da er sonst zu einer wirksamen Rückkopplung nicht mehr ausreicht. Die Widerstandskopplung hat gegenüber der Transformatorkopplung den Vorzug, daß sie mit geringem Anodenstrom und infolgedessen geringer Leistung jede
Frequenz nahezu gleichmäßig verstärkt. Praktisch
liegt allerdings dem Kopplungswiderstand R_a die
Kapazität der Röhre und der Zuleitungen parallel,
deren Widerstand von der Frequenz abhängt.

III. Die Drosselkopplung stellt einen
Übergang von der Widerstandskopplung zur
Transformatorkopplung dar. Als Anodenwiderstand wird hier eine NF-Drossel D eingeschaltet.
Besitzt die Drossel z. B. eine Induktivität von
200 Henry, so beträgt für die mittlere Frequenz
$f = 800$ Hz ihr induktiver Widerstand etwa 1 MΩ;
an ihren Enden entstehen daher hohe Wechselspannungen. Hingegen beträgt der Gleichstromwiderstand der Drossel nur einige 1000 Ω, so daß
die zugeführte Anodengleichspannung nur einen
geringen Abfall erfährt. Man kommt daher mit
niedrigerer Anodenspannung aus als bei Verwendung von Ohmschen Widerständen.

Stimmt man die Drossel für den Bereich der
hohen Frequenzen ab, so kann man diese durch
die Wirkung des hohen Resonanzwiderstandes
anheben und daher die vorausgegangene Schwächung der hohen Frequenzen durch die schädlichen Kapazitäten wieder ausgleichen.

b) Der Endverstärker hat die Aufgabe,
eine unverzerrte Höchstleistung an den Lautsprecher abzugeben. Auch hiebei dürfen die posi-

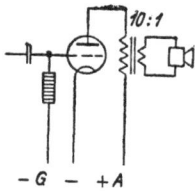

tiven Scheitelwerte der vom Vorverstärker ge-
lieferten Wechselspannungen nicht in das Gebiet
positiver Gitterspannung reichen. Die Endröhre
muß also einen großen Durchgriff haben, damit
ihre Kennlinie bei hoher Anodenspannung und
hohem Anodenstrom möglichst weit in das Gebiet
negativer Gitterspannung fällt. Die Gittervorspannung muß dann so eingestellt werden, daß
der Arbeitspunkt auf die Mitte des geradlinigen
Teiles der bei voller Belastung aufgenommenen
Arbeitskennlinie fällt. Bei der Wahl der Anoden-
und Gitterspannung ist noch zu beachten, daß
die vorgeschriebene Anodenverlustleistung der
Röhre nicht überschritten wird.

Die Anpassung des Lautsprechers an die Endröhre geschieht mittels eines Ausgangstransfor-
mators. Beträgt z. B. der Widerstand der Endröhre
2000 Ω, der des Lautsprechers 20 Ω, so muß der
Übertrager ein Übersetzungsverhältnis 10 : 1 besitzen (S. 46).

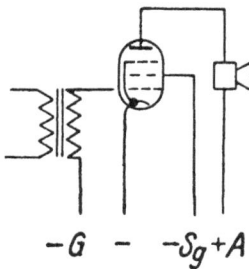

c) Die Fünfpol-Endröhre. Während man
die Spannungs- und Leistungsverstärkung für
große Leistungen (in der vorhergehenden Schaltung) in zwei Dreipolröhren verschiedener Konstruktion vornimmt, kann man diese beiden verschiedenen Wirkungen für kleinere Leistungen
(3...10 W) in der Fünfpolröhre vereinigen. Sie
vermag durch ihren kleinen Anodendurchgriff eine
hohe Spannungsverstärkung zu erzeugen, andererseits liefert sie infolge der hohen Steilheit
der Anodenspannungs-Anodenstromkennlinie eine
hohe Anodenleistung. Die Ankopplung einer Fünfpolröhre an das Audion erfolgt hier über einen
Transformator an das Steuergitter. Die negative
Gittervorspannung — U_g wird über die sekundäre
Transformatorwicklung zugeführt. Die nebenstehenden Kennlinienbilder zeigen z. B., daß die
Schutzgitterröhre RES 964 bei 10 facher Spannungsverstärkung eine Wechselstromendleistung
von 1 W liefert, während die Dreipolendröhre
RE 604 bei gleicher Aussteuerung und zweifacher

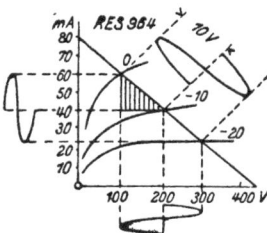

Spannungsverstärkung nur $1/_{20}$ W Wechselstromleistung — dargestellt durch das schraffierte Dreieck — abgibt.

Will man mit der RE 604 die gleiche Ausgangsleistung von 1 W erzeugen, so muß man die
Steuerspannung etwa viermal so groß machen,
was man nur durch eine entsprechende Vorver-
stärkung erreichen kann.

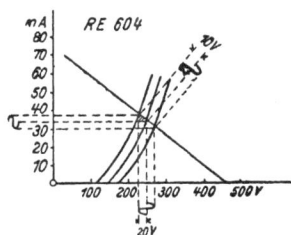

d) Gegentaktverstärker. In der Gegentaktschaltung sind zwei gleiche Endröhren so geschaltet, daß sie für den Gleichstrom parallel, für
den Wechselstrom in Reihe liegen.

Auf der genauen Einhaltung der Symmetrie
der Stromversorgung einschließlich der Transformatorwicklungen beruht die Wirkungsweise der
Gegentaktschaltung. Die von den Kathoden ausgehenden Anodengleichströme fließen über die
Röhre zu den beiden Enden der Primärspule von
Tr_2, vereinigen sich in deren Mittelpunkt und
laufen gemeinsam zur Anodenbatterie AB zurück.
Da die beiden Spulenhälften in entgegengesetztem Sinn von den Gleichströmen durchflossen
werden, hebt sich ihre Wirkung in bezug auf den
Eisenkern auf, d. h. es findet keine Vormagnetisierung statt. Man kann daher den Kernquer-
schnitt kleiner halten, ohne daß Verzerrung durch
Sättigung zu befürchten ist.

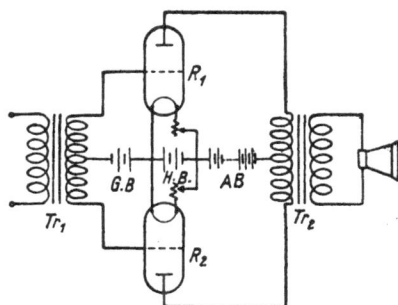

Werden nun der Primärspule von Tr_1 Nieder-
frequenzschwingungen zugeführt, so erhalten die
mit den Enden der Sekundärspule verbundenen
Gitter der gegengeschalteten Röhren R_1 und R_2
Wechselspannungen e_1 und e_2, die in der Phase
um 180° verschoben sind; wenn also das eine
Gitter positiv geladen ist, wird das andere negativ.
Die entgegengesetzten Spannungswechsel rufen
im Anodenkreis entsprechende verstärkte Stromwechsel i_1 und i_2 hervor, die der Primärspule von
Tr_2 zugeführt werden. Da sie von entgegengesetzten Enden kommen und entgegengesetzte Phasen
haben, addiert sich ihre induktive Wirkung auf
die Sekundärspule $(i_1 - i_2 = i)$. Dagegen findet

wegen der Verdopplung des Widerstandes der Schaltung und der Röhren keine Verdopplung des Wechselstromes in der Primärspule statt. Die Leistungsabgabe an den Lautsprecher ist daher ebenso wie bei Parallelschaltung die doppelte einer Röhre.

Die Gegentaktschaltung hat neben dem Wegfall der Vormagnetisierung des Transformatorkerns den weiteren Vorteil, daß sich Batterie- oder Netzstörungen, die nicht über den Eingangstransformator Tr_1 kommen, in ihrer Auswirkung auf die Sekundärwicklung von Tr_2 aufheben. Nehmen wir z. B. an, in der Gitterbatterie würde die gleichmäßige Stromzuführung gestört, so würde sich diese Störung auf zwei Wegen nach den Gittern der Röhre R_1 und R_2 fortpflanzen. Die auftretenden Schwankungen der Gitterladung e_{g1} und e_{g2} haben diesmal die gleiche Phase, ebenso die Störströme i_s' und i_s'' in den Anodenkreisen; ihre Differenz ist gleich Null. Im Transformator Tr_2 heben sich ihre Wirkungen auf. In gleicher Weise werden Störungen in der Stromversorgung des Heiz- und Anodenkreises insbesondere auch bei Netzanschlüssen durch die Gegenwirkung der beiden Röhren aufgehoben. Aus dem gleichen Grunde heben sich bei der Gegentaktverstärkung die zweiten Harmonischen heraus.

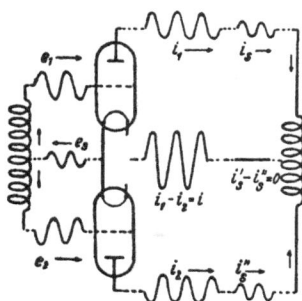

e) B.-Verstärker. Bei der Gegentaktverstärkung ist es nicht unbedingt erforderlich, die Gittervorspannung auf die Mitte des geradlinigen Teiles der Kennlinie einzustellen (A.-Verstärker), sondern man kann sie zur Senkung des Anodenruhestromes etwas stärker negativ wählen. Verzerrungen heben sich durch das Gegeneinanderarbeiten der beiden Röhren auf, wenn ihre Kennlinien genau übereinstimmen.

In der B.-Schaltung macht man die negative Vorspannung so hoch, daß der Arbeitspunkt in den untern Knick fällt (Schwingungen 2. Art). Es verstärkt dann die eine Röhre nur die positiven, die andere nur die negativen Schwingungshälften. Im Ausgangstransformator werden die beiden Wellenscheitel wieder zur vollständigen Wechselstromkurve zusammengesetzt. Zur Erzielung einer größeren Endleistung steuert man ferner in den positiven Gitterspannungsbereich hinein und deckt den durch den Gitterstrom auftretenden Leistungsverbrauch durch eine vorgeschaltete Leistungsröhre (Treibröhre). Neben der Erhöhung der Leistung hat die B.-Verstärkerschaltung den Vorteil, daß der Anodenruhestrom und damit die Eingangsleistung sich entsprechend der am Gitter liegenden Wechselspannung einstellt; wird der Verstärker nicht besprochen, so geht der Anodengleichstrom auf einen Kleinstwert zurück. Der B.-Verstärker hat daher einen sehr günstigen Wirkungsgrad.

a) Schädliche Kapazitäten und Kopplungen. Die HF-Verstärkung erfolgt grundsätzlich in der gleichen Weise wie die NF-Verstärkung; indessen muß beim Aufbau der Schaltung und bei der Wahl der Röhre auf die schädlichen Kapazitäten, die der Hochfrequenz einen bequemen Übergang gestatten und dadurch die Wirkung der Schaltung beeinträchtigen, besonders geachtet werden. Die Kapazität zwischen Heizfaden und Anode einer Röhre C_{Ak} liegt z. B. dem Anodenwiderstand parallel und verkleinert diesen. Beträgt C_{Ak} z. B. 18 cm = 20 $\mu\mu$F, so ist für eine Frequenz von 1500 kHz (λ = 200 m) ihr Blindwiderstand R_c = 5302 Ω.

Durch die Parallelschaltung dieses Widerstandes wird R_a unter den Wert des kleineren Widerstandes R_c herabgedrückt. Der Verstärkungsgrad nimmt mit der Erhöhung der Frequenz um so stärker ab, je größer C_{Ak} ist. Die Widerstands- oder Drosselkopplung ist aus diesem Grunde zur Hochfrequenzverstärkung unzweckmäßig.

Liegen an der Anode und am Gitter Schwingkreise, so addieren sich die Röhrenkapazitäten, Heizfaden-Anode und Heizfaden-Gitter, zu den Anfangskapazitäten der Kreise; sie erhöhen da-

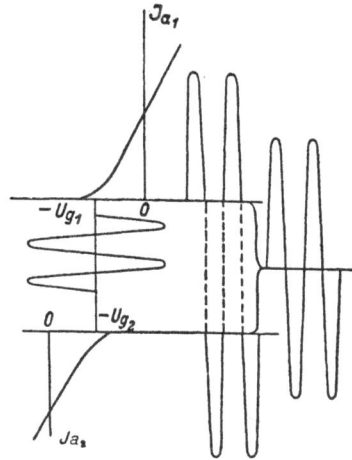

92. HF-Verstärker

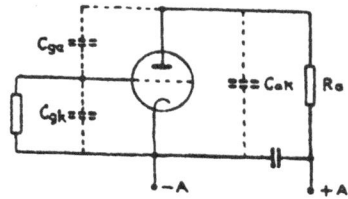

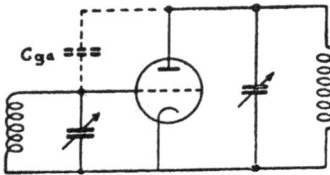

durch die Eigenwelle ohne die Schaltung zu beeinträchtigen. Als schädlich bleibt nur die zwischen Gitter und Anode liegende Kapazität C_{ga} übrig, indem sie zwischen Gitter- und Anodenkreis eine kapazitive Rückkopplung herstellt und die Schaltung zum Selbstschwingen (Huth-Kühn) erregen kann.

Zur Unterdrückung des besonders bei Dreipolröhren leicht auftretenden Selbstschwingens dient die Neutralisation, die heute allerdings nur noch in der Verstärkerstufe des Senders (S. 159) angewandt wird. Bei der Schirmgitterröhre, die jetzt allgemein für die HF-Verstärkung in Betracht kommt, ist die Gitteranodenkapazität so klein (0,003 cm), daß sie selbst bei kurzen Wellen zur Rückkopplung und damit zur Erregung der Schwingungen nicht mehr ausreicht. Eine Neutralisation ist dann überflüssig.

Auch durch die Streukopplungen elektrischer und magnetischer Felder — induktiv zwischen den Spulen oder kapazitiv zwischen den Leitungen zweier Kreise — kann bei hohen Frequenzen Selbstschwingen entstehen.

Zur Verminderung der induktiven Streukopplung stellt man die Spulenebenen benachbarter Kreise senkrecht zueinander oder man schließt sie in eine Kapsel aus Kupfer oder Aluminium ein. Die Abschirmung wirkt dadurch, daß in der Metallkapsel Wirbelströme entstehen, die die Wirkung des ursprünglichen Feldes schwächen. Allerdings wird durch die Abschirmung die Induktivität der Spule etwas verringert und durch den Energieverlust der Wirbelströme die Dämpfung des Kreises erhöht.

Zur Beseitigung der Streukapazitäten zwischen den HF führenden Metallteilen schirmt man sie durch geerdete Metallwände gegeneinander ab und baut den Empfänger auf ein geerdetes Metallchassis.

b) Nicht abgestimmte und abgestimmte HF-Verstärkung. Handelt es sich darum, die

Frequenzbänder verschiedener Rundfunkstationen
gleichzeitig zu verstärken (z. B. bei der Ver-
sorgung mehrerer Empfänger von einer Antenne
aus), so muß man auf den Vorteil der Abstimmung
des Eingangskreises verzichten. Man führt dann
die HF von einem in der Antenne liegenden
Widerstand R (10 000...20 000 Ω) dem Gitter der
Verstärkerröhre unmittelbar zu. Durch den Widerstand wird die Resonanz für die Eigenschwingung
der Antenne abgeflacht und dadurch das Hervorheben einzelner Frequenzen unterdrückt. Aus
dem Gemisch der empfangenen und verstärkten
Hochfrequenzen siebt dann der einzelne, an die gemeinsame Ausgangsleitung angeschlossene Empfänger, die gewünschte Frequenz zur Gleichrichtung und NF-Verstärkung aus.

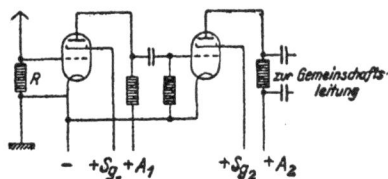

Einen höheren Verstärkungsgrad erzielt man
durch die abgestimmte HF-Verstärkung; hiebei wird durch einen an Gitter und Kathode der
ersten Röhre liegenden Schwingungskreis die zu
verstärkende Frequenz ausgesiebt und vor der
Verstärkung durch den Resonanzeffekt hoch ge-
schaukelt. Eine nochmalige Siebung kann dann
durch den in der Anodenleitung liegenden Sperrkreis erfolgen.

c) Die Sperrkreiskopplung. Zu den vom
NF-Verstärker her bekannten Kopplungen durch
Transformatoren, Widerstände und Drosseln
kommt beim HF-Verstärker noch die Sperrkreiskopplung hinzu, die wegen ihrer Einfachheit und ausgezeichneten Wirkung bevorzugt
wird.

Der im Anodenkreis der Schirmgitterröhre
liegende Widerstand ist hier durch einen Schwingkreis II ersetzt, der auf die Empfangswelle (Kreis I)
abgestimmt, dieser einen hohen Resonanzwiderstand R_{res} entgegensetzt und daher die Entstehung hoher Wechselspannungen an seinen
Enden ermöglicht. Da für Wellen, die länger oder
kürzer als die Empfangswelle sind, ein Resonanzwiderstand nicht vorhanden ist, findet die Span-

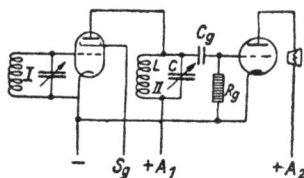

nungsverstärkung nur für die im Sperrkreis II eingestellte Welle statt. Der Anodengleichstrom kann über die Spule L fast ungeschwächt hindurchfließen.

Der Resonanzwiderstand hängt von der Induktivität L, der Kapazität C und dem Verlustwiderstand R des Kreises II nach der Formel ab:

$$R_{res} = \frac{L}{C \cdot R}$$

Man kann ihn daher groß machen, wenn man C und vor allem R klein hält. Für die Verkleinerung von C ist eine Grenze dadurch gegeben, daß mit der zur Festhaltung der Welle notwendigen Vergrößerung der Spule deren Kapazität zunimmt.

Von größter Wichtigkeit ist die Kleinhaltung des Verlustwiderstandes R durch Verwendung verlustarmer Schaltelemente (S. 67 u. 69) und Vermeidung offener Spulenteile, welche durch Strahlung dämpfen. Im Bereich der Rundfunkwellen kann man es erreichen, daß R_{res} bis auf 200 000 Ω steigt.

d) Trennschärfe und Verstärkungsgrad. Um Telephonie störungsfrei zu empfangen, darf nur der schmale Frequenzbereich des gesuchten Senders verstärkt werden, während alle übrigen Frequenzen unterdrückt werden müssen. Die Aussiebung des Frequenzbereichs erfolgt durch die Abstimm- und Sperrkreise, deren Trennschärfe um so größer ist, je geringer ihre Dämpfung ist.

In der Schaltung des HF-Verstärkers liegt dem Sperrkreis der Innenwiderstand R_i der Röhre parallel; er erhöht daher die Dämpfung des Sperrkreises. Die hiemit verbundene Verringerung der Resonanzschärfe ist um so geringer, je größer R_i gegen R_{res} ist. Diese Bedingung steht aber mit der für eine möglichst große Spannungsverstärkung im Gegensatz. Man muß daher einen Ausgleich schaffen, indem man die notwendige Trennschärfe mit einer möglichst hohen Verstärkung verbindet. Hiezu muß man mit Unteranpassung arbeiten, d. h. R_i muß größer als R_a sein. Damit man R_a

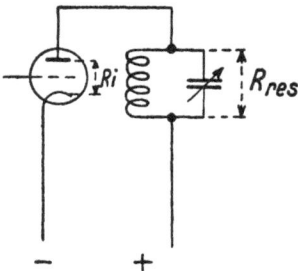

nicht zu verkleinern braucht, arbeitet man mit Röhren von hohem Innenwiderstand, also z. B. mit HF-Fünfpolröhren, für welche R_i etwa 2 MΩ beträgt.

e) Das Bandfilter. Beim Telegraphieempfang kann die Resonanzschärfe groß sein, da nur eine Frequenz herausgehoben werden soll. Beim Telephonieempfang dagegen sind neben der Grundfrequenz die durch die Modulation entstehenden Seitenfrequenzen (S. 152) zu berücksichtigen. Werden diese bei zu spitzer Resonanzkurve abgeschnitten, so fehlen in der Wiedergabe die hohen Töne; der Klang wird dumpf. Für einen einwandfreien Telephonieempfang sollte daher die Resonanzkurve die Form eines Rechtecks haben, das die Seitenbänder einschließt.

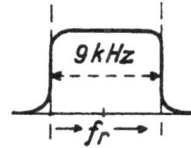

Solche Resonanzkurven kann man in großer Näherung erzielen, wenn man zwei auf die Grundfrequenz f_r abgestimmte Kreise fest miteinander koppelt. Diese Schaltung ergibt (S. 79) eine Resonanzkurve mit zwei Höckern, die um so weiter auseinanderliegen, je fester die Kopplung ist. Die Flanken der Resonanzkurven fallen um so steiler ab, je geringer die Dämpfung der Kreise ist. Für den Rundfunkempfang richtet man die Kopplung dieses „Bandfilters" so ein, daß die Bandbreite konstant 9 kHz bleibt.

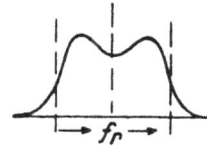

Da nun die induktive Kopplung mit der Frequenz zu-, die kapazitive dagegen abnimmt, so verbindet man beide Kopplungsarten (S. 75 u. 76) so, daß die Gesamtkopplung frequenzunabhängig wird. Die Abstimmung des Bandfilters auf die Sendewelle erfolgt durch die beiden mit einem Drehknopf gleichzeitig betätigten genau gleichen Kondensatoren C_1 und C_2.

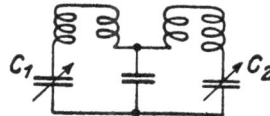

Neuerdings werden auch Bandfilter mit regelbarer Bandbreite gebaut. Um einem benachbarten Störsender auszuweichen, macht man das Band schmal, während man bei günstiger Empfangslage das Band breit macht und dadurch die Klangwiedergabe verbessert. Die Bandbreite kann auch selbsttätig durch die Stärke des einfallenden Senders geregelt werden.

93. Verzerrung und Entzerrung

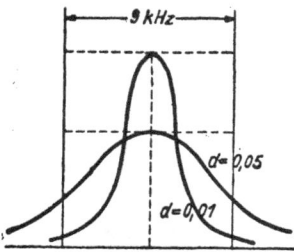

Die mannigfachen Umwandlungen der von der Antenne aufgefangenen Hochfrequenzenergie in Schallenergie des Lautsprechers sind von unvermeidlichen Verzerrungen der den Klang zusammensetzenden Schwingungen begleitet. Zur Erzielung einer getreuen Klangwiedergabe müssen diese Verzerrungen möglichst herabgedrückt oder durch besondere Entzerrungsschaltungen ausgeglichen werden. Man unterscheidet Frequenz- und Formverzerrungen:

a) **Die Frequenzverzerrungen** entstehen im **HF-Verstärker** dadurch, daß das durch die Modulation der Trägerwelle erzeugte Frequenzband durch die Resonanzkurve eines trennscharfen Abstimmkreises an beiden Seiten beschnitten wird und dadurch die hohen Frequenzen unterdrückt werden. Durch Verwendung eines Bandfilters kann die Beschneidung des Frequenzbandes ohne Beeinträchtigung der Trennschärfe erheblich verringert werden.

Im **NF-Verstärker** kommen noch weitere Verzerrungen dadurch hinzu, daß dessen Schaltelemente fast alle linear frequenzabhängig sind. So bietet z. B. die im Anodenkreis liegende Wicklung des Kopplungstransformators den tiefen Frequenzen einen geringeren induktiven Widerstand wie den hohen; es entstehen daher für jene niedrigere Eingangsspannungen wie für die mittleren und hohen Frequenzen. Andererseits besitzen die Transformatorwicklungen auch eine Eigenkapazität, welche den hohen Frequenzen einen kleineren Widerstand bietet und daher der Zunahme des induktiven Widerstandes mit der Frequenz entgegenwirkt und sie schließlich in eine Abnahme verwandelt. Der Transformator verhält sich also ähnlich wie ein Schwingungskreis, dessen Scheinwiderstand mit der Frequenz bis zum Resonanzwiderstand zunimmt und darüber hinaus wieder abnimmt.

Bei den älteren Transformatoren verlief diese Frequenzkurve ziemlich steil, was für den Empfang telegraphischer Zeichen, die mit der Resonanzfrequenz moduliert wurden, vorteilhaft, dagegen für den Telephonieempfang durch die Unterdrückung der tiefen und hohen Frequenzen sehr ungünstig war. In der Wiedergabe macht sich das Fehlen der hohen Frequenzen durch Undeutlichkeit der Zischlaute, das Fehlen der niederen Frequenzen durch Beeinträchtigung des Wohlklangs und der Fülle von Sprache und Musik geltend. Zur Behebung dieser Verzerrungen muß man die Frequenzkurve des Transformators nach Möglichkeit in die rechteckige Form bringen. Hiezu macht man zunächst die Induktivität des Transformators durch hohe Windungszahl, großen Querschnitt des Kerns und Verwendung von Kernmaterial hoher Anfangspermeabilität möglichst groß (40...100 Hy); sodann erhöht man den Ohmschen Widerstand der Ausgangsseite durch Verwendung von Eisendraht unter Kleinhaltung der Eigenkapazität der Wicklung, schließlich kann man noch besondere Resonanzwirkungen des Transformators und der angeschlossenen Schaltelemente ausnützen. Die Frequenzkurve der Verstärkung ist außer durch den Transformator durch die Anpassung an die vorhergehende Verstärkerröhre bestimmt, die einen kleinen Innenwiderstand und einen kleinen Durchgriff besitzen soll. Die Frequenzkurven der Transformatoren haben daher nur Bedeutung, wenn man die Röhre und ihre Betriebsbedingungen kennt. Nebenstehende Frequenzkurven, die mit Röhre RE 084 aufgenommen sind, zeigen, daß der gerade Teil der Kurve bei dem Übersetzungsverhältnis 1:3 entsprechend der geringeren Wicklungskapazität größer ist wie beim Übersetzungsverhältnis 1:5.

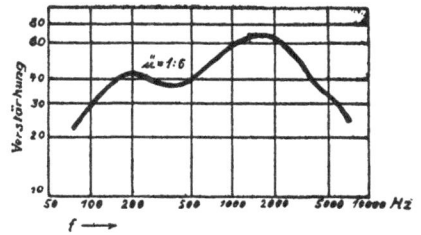

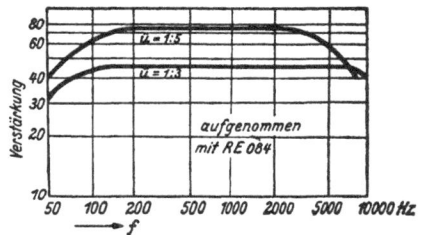

Ein weiteres Mittel zur Aufhebung von Frequenzverzerrungen ist die absichtliche Erzeugung der entgegengesetzten Verzerrung durch vorhandene oder zusätzliche Schaltmittel. Man nennt diese absichtliche Verzerrung Entzerrung. Als

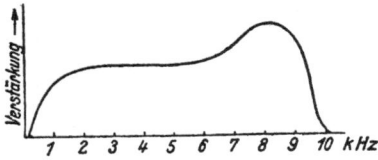

Hervorheben der hohen Frequenzen

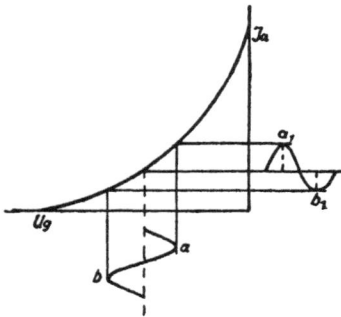

Beispiel einer Entzerrungsschaltung sei hier auf die Tonblende (S. 192) hingewiesen. Deren Wirkung beruht darauf, daß eine aus einem Ohmschen Widerstand und einer Kapazität zusammengesetzte, dem Kopplungs- oder Ausgangstransformator parallel liegende Querverbindung den höheren Frequenzen einen geringeren und den tieferen Frequenzen einen hohen Widerstand entgegensetzt und letztere daher hervorhebt. Die umgekehrte Wirkung, die Hervorhebung der hohen Frequenzen, ruft eine aus Widerstand und Induktivität zusammengesetzte Querverbindung hervor.

b) Die Formverzerrung tritt auf, wenn bei den Energieumwandlungen im Empfänger der Zusammenhang zwischen Erregung und Wirkung in der Röhre, im Transformator, im Lautsprecher durch eine gekrümmte, also nichtlineare Kennlinie dargestellt ist. Man nennt daher die Formverzerrungen auch nichtlineare Verzerrungen im Gegensatz zu den linearen oder Frequenzverzerrungen. Bei der Röhre entstehen z. B. Formverzerrungen, wenn die Arbeitskennlinie im Gitterspannungs-Anodenstromkennlinienfeld gekrümmt ist, oder wenn man über den geradlinigen Teil der Kennlinie hinaus arbeitet.

Im Transformator können Formverzerrungen entstehen, wenn dessen Aussteuerung über den geradlinigen Teil der Magnetisierungskurve (S. 21) hinaus stattfindet. Da man die nichtlinearen Verzerrungen schwer ausgleichen kann, müssen sie von vornherein vermieden bzw. auf ein kleinstes Maß zurückgeführt werden.

c) Der Klirrfaktor. Um ein Maß der Formverzerrung zu erhalten, geht man davon aus, daß man jede Verzerrung graphisch durch Überlagerung der zweiten oder dritten harmonischen Schwingung erzeugen kann. Die Formverzerrung ist danach gleichbedeutend mit dem Auftreten neuer im ursprünglichen Klang nicht vorhandener Obertöne.

Der Verzerrungsgrad oder Klirrfaktor, den man für eine gegebene Arbeitskennlinie konstruieren oder berechnen kann, gibt die Summe der Schwingungsweiten der beigemischten Oberschwingungen in Prozenten der Schwingungsweite der Grundschwingung an. In erster Näherung reicht es aus, nur die zweite oder dritte Oberschwingung zu berücksichtigen. Nebenstehende Kurve würde z. B. einem durch die zweite Harmonische erzeugten Klirrfaktor von 20% entsprechen.

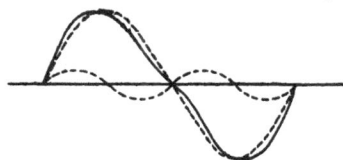

Durch Vermeidung jeder Übersteuerung der Röhre, des Transformators und Lautsprechers ist es gelungen, in hochwertigen Geräten den Klirrfaktor auf 1...2% herabzudrücken, indessen kann für gewöhnliche Sprach- und Musikwiedergabe ein Klirrfaktor von 5...8% hingenommen werden.

Klirrfaktor 20%

M. Empfänger.

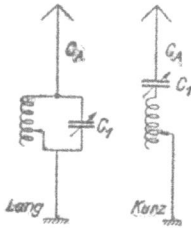

$$C' = C_A + C_1$$

$$C'' = \frac{C_A \cdot C_1}{C_A + C_1}$$

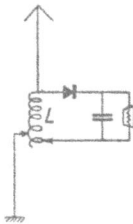

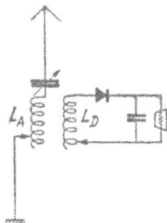

a) **Der Einkreis-Detektorempfänger** enthält nur einen auf die Welle des Senders abstimmbaren Schwingungskreis, der aus abstufbarer Spule und Drehkondensator besteht. Der Schwingungskreis kann unmittelbar an die geerdete Antenne gelegt werden, wobei zwei Schaltungen in Betracht kommen. „Schaltung lang": Spule und Kondensator liegen parallel und wirken beide verlängernd auf die Antenne. Die Kapazität des Kondensators C_1 addiert sich zur Antennenkapazität C_A. Die Gesamtkapazität C' ist:

Schaltung kurz: Spule und Kondensator liegen hintereinander. Die durch die Spule hervorgerufene Verlängerung wird durch den Kondensator aufgehoben; die Antenne wird verkürzt. In diesem Falle sind C und C_1 hintereinander geschaltet. Die Gesamtkapazität C' ist:

Zum Empfang eines großen Wellenbereichs baut man bei Telegraphieempfängern häufig einen Schalter zum Übergang von Schaltung „kurz" auf Schaltung „lang" ein.

Die Kopplung des Detektorkreises mit dem Schwingkreis kann galvanisch oder induktiv erfolgen. Bei der galvanischen Kopplung zweigt man von einem festen und einem verschiebbaren Kontakt der Spule L zum Detektor bzw. zum Telephon ab. Der Kopplungsgrad wird durch Verschieben des losen Kontaktes geändert.

Bei der induktiven Kopplung wird eine im Detektorkreis liegende Spule L_D der Antennenspule L_A genähert; durch ihren Abstand und ihre Windungszahlen ist der Kopplungsgrad bestimmt.

b) **Der Zweikreis-Detektorempfänger.** Die Schwingungen des Antennenkreises erregen in loser Kopplung zuerst den abstimmbaren, möglichst verlustfrei aufgebauten Zwischenkreis, von diesem aus wird erst der Detektor erregt. Der Zwischenkreis wirkt wie ein zweites wegen seiner geringeren Dämpfung feineres Sieb für die elektrische Welle.

Die Abstimmung des Detektorempfängers. Während man am Telephon horcht, dreht man bei fester Kopplung und bei verschiedenen Abstufungen der Antennenspule den Kondensator langsam durch, bis man den gesuchten Sender hört. Die Lautstärke wird von einer bestimmten Anfangsstellung des Kondensators an zunehmen, bis sie in der Resonanzstellung ihren Höchstwert erreicht, worauf sie beim Weiterdrehen des Kondensators wieder abfällt. Hierauf macht man die Kopplung loser, bis man die Morsezeichen oder Musik nur in einem schmalen Bereich des Kondensators hört. Je kleiner dieser Bereich ist, um so größer ist die Trennschärfe oder Selektivität des Empfängers und um so weniger leicht kann der Empfang durch Nachbarwellen gestört werden.

Durch verlustfreien Aufbau der Antenne und der Abstimmkreise erzielt man eine geringe Dämpfung und damit hohe Abstimmschärfe. Als Maß der Abstimmschärfe gibt man die zur Unterdrückung des Empfangs notwendige Verstimmung in Prozenten der Empfangswelle an. Ist der Empfänger z. B. auf Welle 500 m scharf eingestellt und verschwindet der Empfang bei Welle 495 bzw. 505 m, so beträgt die notwendige Verstimmung $1^0/_0$. Die Abstimmschärfe des Einkreisers ist wegen der Strahlungsdämpfung der Antenne nicht sehr groß. Eine höhere Abstimmschärfe bietet der Zweikreisempfänger. Die Abstimmung desselben erfolgt so, daß man zuerst unter Ausschaltung des Zwischenkreises (Schalter H auf P, sog. Suchschaltung) den Antennenkreis auf die ankommende Welle abstimmt. Hierauf wird der Zwischenkreis eingeschaltet (Schalter H auf S) und der Kondensator C so

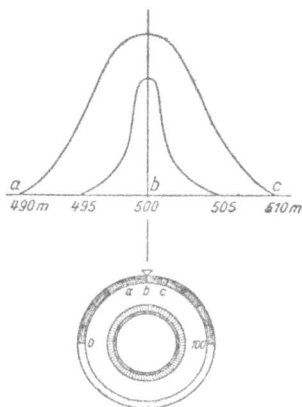

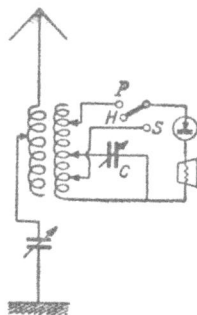

Störwelle
Empfangswelle

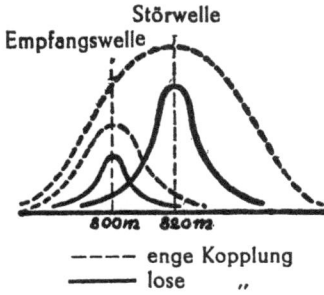

---- enge Kopplung
―――― lose   „

lange gestellt, bis im Telephon die Lautstärke am größten ist. Infolge der durch den Zwischenkreis verzehrten Energie wird der Empfang schwächer, jedoch ist die Abstimmschärfe und die Möglichkeit, einem Störer auszuweichen, wesentlich erhöht. Bei enger Kopplung überdeckt die Resonanzkurve der Störwelle diejenige der Empfangswelle; bei loser Kopplung sind die Kurvenscheitel getrennt.

Bei Telephonie liegen zu beiden Seiten der Trägerfrequenz zwei Seitenbänder von 4500 Hz Breite. Bei großer Abstimmschärfe also loser Kopplung werden die Seitenbänder stark beschnitten, die Wiedergabe klingt durch das Fehlen der hohen Frequenzen dumpf. Man muß daher beim Telephonieempfang durch Regelung der Kopplung den Mittelweg zwischen Trennschärfe und Klanggüte suchen.

Telegraphische Zeichen kann man im Detektorempfänger nur aufnehmen, wenn die Trägerwelle durch einen Ton moduliert ist. Man erhält dann ein schmales Frequenzband, das man trennschärfer aufnehmen kann wie Telephonie.

95. Der Einkreis-Zweiröhrenempfänger

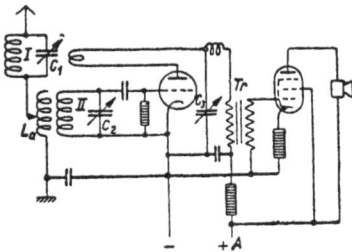

Der Einkreis-Zweiröhrenempfänger baut sich aus einem rückgekoppelten Audion und einer durch Transformator angekoppelten Fünfpol-Endstufe auf. Die Antenne ist über einen Sperrkreis I an die Kopplungsspule L_a angeschlossen. Durch Abstufung der Spule wird die Kopplung mit dem Schwingungskreis II geändert und damit die Lautstärke und Trennschärfe eingestellt. Der Sperrkreis dient zur Abhaltung eines Störers, z. B. des Ortssenders. Er wird auf die Störwelle eingestellt und setzt ihr dann einen hohen Resonanzwiderstand entgegen. Die benachbarten Wellen, insbesondere die gesuchte Sendewelle, gehen hingegen ungehindert durch. Die Abstimmung des Empfängers erfolgt am Kondensator C_2, die Regelung der Rückkopplung durch Verstellen des Kondensators C_3. Über den Kopplungstransformator Tr ($ü = 1:6$) gelangen die NF-Spannungen an das Steuergitter der Fünfpolendröhre, deren Schirmgitter die gleiche Spannung wie die Anode erhält. Der Lautsprecher liegt im Anodenkreis der Endröhre.

Die Empfindlichkeit des Einkreisempfängers, das ist die zur Erzielung einer Ausgangsleistung von 50 mW (leiser Lautsprecher) erforderliche Eingangsspannung, beträgt 50...100 μV. Der verbreitetste Einkreiser ist der im Jahre 1933 geschaffene Volksempfänger.

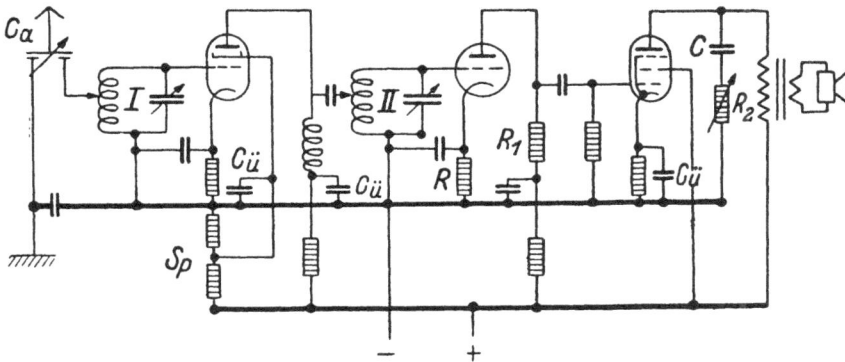

96. Der Zweikreis-Dreiröhrenempfänger

Der Zweikreis-Dreiröhrenempfänger setzt sich in unserm Beispiel aus einem abgestimmten HF-Verstärker, einem Anodengleichrichter und einem Endverstärker zusammen.

1. Der HF-Verstärker. Die Antenne ist über einen Differentialkondensator C_a, durch welchen die Lautstärke geregelt werden kann, mit der Spule des ersten Abstimmkreises I kapazitiv gekoppelt. Zur HF-Verstärkung dient eine Schirmgitterröhre, die über den Spannungsteiler Sp die Schirmgitterspannung erhält.

2. Der Anodengleichrichter. Die verstärkten HF-Schwingungen werden in Drosselkopplung auf den Abstimmkreis II des Anodengleichrichters übertragen. Die für die Anodengleichrichtung erforderliche negative Gittervorspannung wird durch den Spannungsabfall an dem in der Kathodenzuleitung liegenden Widerstand R erzeugt.

3. Der Endverstärker. Die an den Enden des Anodenwiderstandes R_1 entstehenden niederfrequenten Spannungsschwankungen gelangen in Widerstand-Kondensatorkopplung an das Steuergitter der Fünfpolendröhre. Der Lautsprecher ist an einen im Anodenkreis liegenden Ausgangsübertrager angeschlossen.

4. Die Tonblende besteht aus einem dem Lautsprecher parallel liegenden festen Kondensator C (20000 cm) mit vorgeschaltetem regelbaren Hochohmwiderstand R_2 (30000 Ω). Je kleiner der Widerstand, um so mehr fließen die hohen Frequenzen, welche bei Störungen überwiegen, ab.

5. Die Beruhigungskondensatoren. Infolge der Abzweigung der Gleichspannungen für die Anoden und Gitter der positiven bzw. negativen Sammelschiene können sich die an einer Stelle der Schaltung entstehenden Spannungsschwankungen auf alle Röhren übertragen. Um die hiedurch entstehenden unerwünschten Kopplungen zu unterdrücken, legt man die Endpunkte der Widerstände, an welchen Spannungsschwankungen auftreten, über Kondensatoren $C_ü = 0,1\ldots$ 20 μF an das geerdete Chassis. Die Empfindlichkeit des Gerätes beträgt 20...50 μV.

a) Telegraphieempfang. Der Überlagerungsempfang ungedämpfter und unmodulierter Wellen kommt dadurch zustande, daß der ankommenden Frequenz a eine im Empfänger erzeugte Hilfsfrequenz b überlagert wird. Beträgt z. B. die Empfangsfrequenz 600 kHz ($\lambda = 500$ m) und ist die Hilfsfrequenz um 1000 Schwingungen höher oder niedriger, also 601 oder 599 kHz, so entstehen 1000 Schwebungen je Sekunde c, die nach Gleichrichtung durch einen Detektor oder ein Audion im Telephon als Ton d gehört werden. Verändert man bei gleichbleibender Empfangsfrequenz die Hilfsfrequenz, so ändert sich die Schwebungszahl und damit der Ton. Man kann daher die Tonhöhe der Morsezeichen am

97. Überlagerungs-
empfänger
(Superheterodyn)

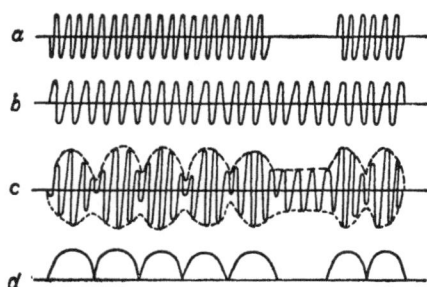

Empfänger beliebig einstellen und dadurch einem Störer ausweichen.

Gelangt man bei der Abstimmung mit der Hilfsfrequenz in die Nähe der Empfangsfrequenz, so hört man zuerst einen sehr hohen Ton, der bei weiterer Näherung der Frequenzen immer tiefer wird, bis er an der unteren Wiedergabegrenze des Telephons (50 Schwebungen je Sek.) verschwindet. Nach einer schmalen Schwebungslücke setzt er beim Weiterdrehen des Hilfskreiskondensators wieder tief ein und steigt bis zur oberen Wiedergabegrenze (8000 Schwebungen je Sek.) an, worauf die Schwebungen unhörbar werden.

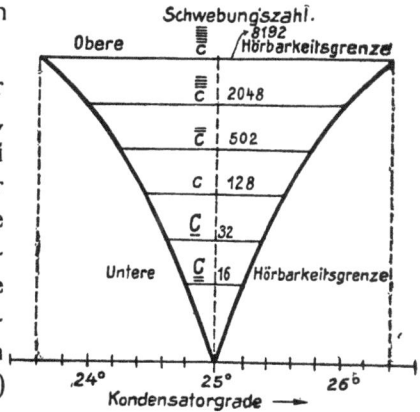

Zur Ergänzung der Hilfsschwingungen dient das rückgekoppelte Audion oder ein besonderer Röhren-Schwingungskreis (Überlagerer).

b) Telephonieempfang. Man überträgt die Modulation des hochfrequenten Trägers (z. B. $\lambda_e = 500$ m, $f_e = 600$ kHz) vor ihrem Eintritt in den Hochfrequenzverstärker auf eine längere, feste Zwischenfrequenz, z. B. $\lambda_z = 3000$ m, $f_z = 100$ kHz, die man durch einen auf die Zwischenfrequenz scharf abgestimmten Verstärker — den Zwischenfrequenzverstärker — einwandfrei verstärken kann.

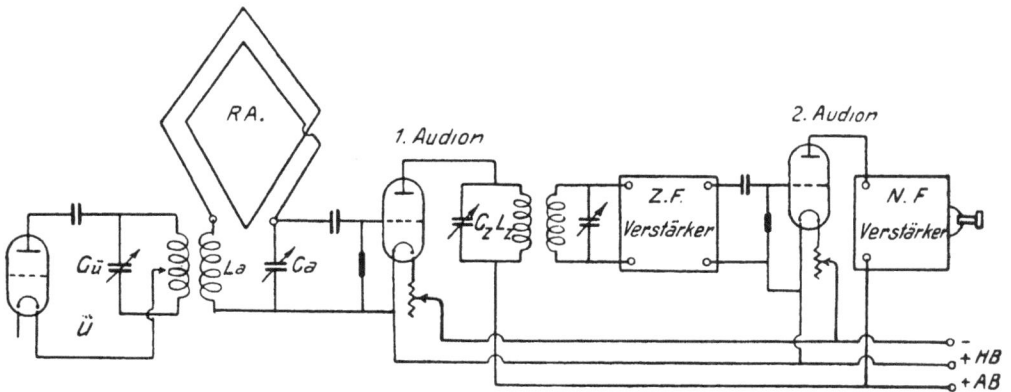

Schaltung und Wirkungsweise. Die Rahmenantenne RA mit Kopplungsspule L_a wird durch den Kondensator C_a auf die Empfangsfrequenz f_e abgestimmt. Auf den Antennenkreis wirkt gleichzeitig die Oszillatorfrequenz des Überlagerers $ü$, welche durch den mit C_a mechanisch gekoppelten Kondensator $C_ü$ so eingestellt wird, daß sie in unserm Beispiel stets um 100 kHz höher ist wie die Empfangsfrequenz.

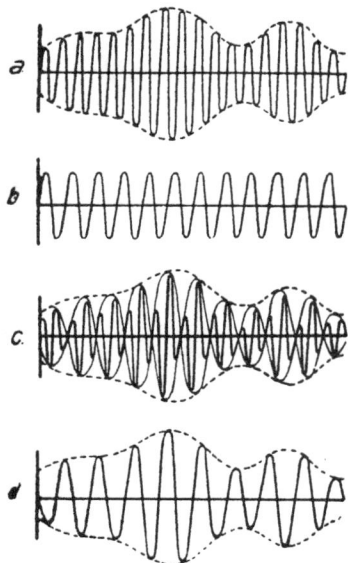

Im Antennenkreis setzt sich die modulierte hochfrequente Trägerfrequenz f_e und die Oszillatorfrequenz $f_ü$ zu Schwebungen von der Zwischenfrequenz f_z zusammen. Ihre Amplitude nimmt nach der Tonmodulation zu und ab (vgl. die Wellenkurven a...c). Die in den Schwebungen noch enthaltenen hochfrequenten Trägerschwingungen werden durch das erste Audion, dessen Anodenkreis L_z C_z auf die Zwischenfrequenz abgestimmt ist, herausgesiebt, so daß die Modulation nur noch von der Zwischenfrequenz getragen wird (Wellenkurve d).

Die modulierte Zwischenfrequenz wird über einen zweiten Kreis in dem Zwischenfrequenzverstärker ZF verstärkt und dann dem zweiten Audion zugeführt.

Dort findet die Gleichrichtung der Zwischenfrequenzschwingungen und die Herausschälung der Tonschwingungen statt, die entweder direkt oder über einen NF-Verstärker im Telephon oder Lautsprecher wahrnehmbar werden.

Die Erhöhung der Trennschärfe des Gerätes. Der Unterschied der Trägerfrequenzen zweier nebeneinander liegender Rundfunksender beträgt 9 kHz; für eine Trägerfrequenz von 600 kHz ist also der für die Trennschärfe maßgebende prozentuale Frequenzabstand $1^1/_2 \%$. Übersetzt man die Rundfunksendungen auf die Zwischenfrequenz, so bleibt zwar der Frequenzabstand benachbarter Sender erhalten, er wirkt sich aber in bezug auf die Zwischenfrequenz prozentual höher aus. Ist diese z. B. 100 kHz, so hat die Störfrequenz gegen die Empfangsfrequenz einen Unterschied von 9%, d. h. die Trennschärfe ist 6 mal höher wie beim Geradeausempfang.

Allgemein wird die Trennschärfe des Überlage-
rungsempfängers um so höher, je niedriger die
Zwischenfrequenz ist.

Andererseits darf die Zwischenfrequenz nicht
zu klein sein wegen der Abhaltung der S p i e g e l -
f r e q u e n z , die im Abstande der Zwischenfrequenz
auf der andern Seite der Oszillatorfrequenz ge-
legen ist. Empfängt man z. B. die Frequenz
750 kHz ($\lambda = 400$ m), so muß die Oszillatorfrequenz auf 850 kHz eingestellt werden, falls die
Zwischenfrequenz 100 kHz betragen soll. Die
gleiche Zwischenfrequenz würde aber auch durch
Überlagerung der Oszillatorfrequenz mit der um
100 kHz höheren Frequenz (950 kHz) entstehen.
Das Eindringen dieser „S p i e g e l f r e q u e n z"
würde den Empfang stören und dieses muß daher
durch sorgfältige Aussiebung vor der Überlagerung verhindert werden. Es gelingt um so leichter,
je größer der Abstand der Empfangsfrequenz von
der Spiegelfrequenz ist. Da dieser gleich ist der
doppelten Zwischenfrequenz (200 kHz), ist es
vorteilhaft, sie nicht zu niedrig zu nehmen. Für
Geräte mit mehrkreisiger Vorselektion kann man
mit der Zwischenfrequenz bis auf 140 kHz, für
Geräte mit weniger hoher Vorselektion auf
442 oder 468 kHz hinaufgehen.

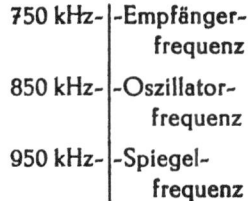

750 kHz-	-Empfänger- frequenz
850 kHz-	-Oszillator- frequenz
950 kHz-	-Spiegel- frequenz

Das Absinken oder Ansteigen der Lautstärke
durch die Schwundwirkung (S. 106) geht meist so
plötzlich vor sich, daß man mit einer Lautstärkeregelung von Hand nicht mitkommt. Die neuzeitlichen Mehrkreis- und Überlagerungsempfänger
sind daher mit einer s e l b s t t ä t i g wirkenden
Schwundregelung ausgestattet.

Diese beruht auf der Änderung der Gittervorspannung und damit des Verstärkungsgrades
einer Regelröhre.

a) D i e R e g e l r ö h r e ist eine Schirmgitterröhre, deren Steuergitter aus einer eng- und einer
weitgewickelten Hälfte besteht. Diese Anordnung
wirkt wie zwei parallel arbeitende Röhren, von
welchen die mit engem Gitter eine Kennlinie mit

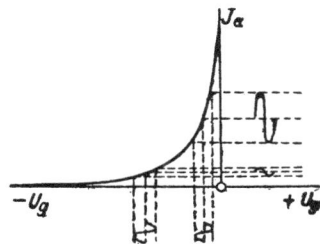

98. Die selbsttätige
Schwundregelung

großer, diejenige mit weitem Gitter eine solche mit geringer Steilheit hervorrufen würde. Durch das Zusammenwirken beider Röhren entsteht eine Kennlinie, deren Steilheit auf einer Exponentialkurve mit zunehmender negativer Gittervorspannung abnimmt. Man kann daher durch eine solche Röhre, je nach der angelegten Gittervorspannung, eine verschieden hohe Verstärkung erzielen. In ähnlicher Weise läßt sich zur Schwundregelung die Sechspolröhre verwenden.

b) Die Regelschaltung. Die auf den Gitterkreis II wirkende HF-Energie erzeugt nach Gleichrichtung an der Zweipolröhre am Widerstand R_3 eine mit der Stärke der einfallenden HF zu- und abnehmende negative Gleichspannung. Diese wird über die Widerstände $R_2 = 2$ MΩ und $R_1 = 0,5$ MΩ dem Gitter der Regelröhre zugeführt. Nimmt die HF-Energie zu, so wandert der Arbeitspunkt ins Negative und drosselt die HF-Verstärkung selbsttätig ab und umgekehrt. Die der Gleichspannung überlagerte, durch die Tonmodulation hervorgerufene NF-Spannung gelangt zum größten Teil über den Kondensator C_a an das Gitter der Verstärkerröhre. Der über R_2 tretende Rest der NF fließt über den Kondensator C (0,5 μF) zur Erde ab. Die selbsttätige Regelung setzt eine sehr große Verstärkung und einen ausreichenden Kraftvorrat des Gerätes voraus, damit auch schwache Sender schwundfrei zu empfangen sind. Es können dadurch z. B. Sender mit einer Antennenspannung von 100 μV bis 1 V gleich stark gehört werden, während erst bei schwächeren Eingangsspannungen die Lautstärke abfällt.

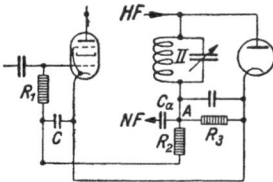

99. Vierröhren-Super

Die Schaltung enthält folgende vier Stufen:

1. Die Mischstufe. Die nicht abstimmbare Antenne ist mit einer Kopplungsspule mit dem abgestimmten Empfangskreis I induktiv gekoppelt. Der Empfangskreis ist an das Steuergitter 3 der Achtpolröhre (S. 129) angeschlossen. Am Steuergitter 1 liegt der Oszillatorkreis II, an dem

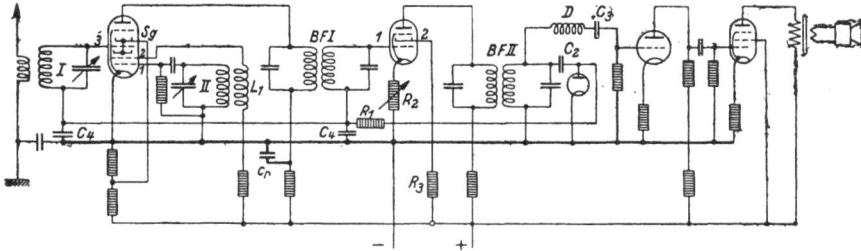

als Hilfsanode dienenden Gitter 2 die Rückkopplungsspule L_1. Durch das zwischen Steuergitter 2 und 3 liegende Schirmgitter wird der Übergang der Oszillatorschwingung auf den Empfangskreis I und auf die Antenne verhindert. An der Anode nimmt man die durch Überlagerung in der Röhre entstandene Zwischenfrequenz ZF ab.

2. Die Zwischenfrequenzstufe. Die ZF gelangt über das Bandfilter BF_1 an das Gitter 1 der Fünfpolröhre (Schwundregelröhre). Da das Bandfilter auf die ZF abgestimmt ist, überträgt es nur diese, während die ursprünglich beigemischte HF über C_r zur Erde abgeleitet wird. Dem Gitter 1 der Fünfpol-Regelröhre sowie dem Gitter 3 der Mischröhre wird die zum selbsttätigen Ausgleich des Schwundes dienende Regelspannung zugeführt. Das Schirmgitter 2 erhält über den Widerstand R_3 eine positive Vorspannung.

3. Die Gleichrichter- und Verstärkerstufe. Die verstärkte Zwischenfrequenz wird nach scharfer Siebung durch ein zweites Bandfilter BF 2 in der Zweipolröhre (Diode) gleichgerichtet. Die an der Anode erzeugten NF-Spannungen gehen über den Kondensator C_2, die HF-Drossel D und den Kondensator C_3 an das Gitter der Dreipolröhre, wo sie weiter verstärkt werden. Die mit der Zu- und Abnahme der einfallenden HF-Energie schwankende Anodengleichspannung muß da ihr der Weg über den Kondensator C_2 gesperrt ist, über den Widerstand R_1 (0,1 MΩ) als Regelspannung an das Gitter der Zwischenfrequenz-

stufe gehen (Schwundausgleich). In gleicher Weise wird die Verstärkung in der Mischstufe geregelt.

Die Lautstärkeregelung von Hand geschieht durch Veränderung der Ruhegitterspannung der Regelröhre durch den Widerstand R_2.

4. Die Endstufe. Die verstärkten NF-Spannungen gelangen schließlich über eine Widerstandskopplung an das Steuergitter der Fünfpolendröhre. Diese gibt ihre Endleistung durch einen Übertrager an den Lautsprecher ab.

100. Der Kurzwellenempfänger

Für den Empfang von Kurzwellen (10...100 m) können grundsätzlich die gleichen Schaltungen wie für den Empfang der Rundfunkwellen angewendet werden, wenn man beim Aufbau die bei hohen Frequenzen gebotenen Maßnahmen zur Kleinhaltung der Verluste und zur Vermeidung unerwünschter Kopplungen berücksichtigt.

a) Der Aufbau des Schwingungskreises muß mit verlustarmen, für die verschiedenen Wellenbereiche auswechselbaren Spulen und Kondensatoren, die möglichst mit keramischen Stoffen isoliert sind, erfolgen. Alle Streukopplungen müssen durch sorgfältige und kurze Leitungsverlegung, Abschirmung und Erdung vermieden werden. Selbst die Widerstände müssen zur Vermeidung von Kopplungen an kritischen Stellen induktionsfrei und kapazitätsarm ausgeführt sein. Bei Netzanschluß ist eine besonders sorgfältige Siebung der dem Audion zugeführten Anodenspannung erforderlich. Als Röhren verwendet man zweckmäßig solche großer Kennliniensteilheit und kleiner Innenkapazitäten; also Schirmgitterröhren für die HF-Verstärkung und das Audion, Fünfpolendröhren für die Endstufe.

b) Die Bandabstimmung. Zur Abstimmung eines Kurzwellenempfängers muß der Drehkondensator viel feiner einstellbar sein wie bei einem Rundfunkempfänger, da die Wellen der einzelnen KW-Sender viel dichter nebeneinander liegen. Dem Rundfunkwellenbereich von 200...600 m entspricht ein Frequenzbereich von

1500...500 kHz; in diesem Frequenzband von 1000 kHz haben bei einem Frequenzabstand von 9 kHz 110 Telephoniesender Platz; da Telegraphiesender nur den halben Frequenzabstand erfordern, kann auf dem gleichen Frequenzband die doppelte Zahl von Telegraphiesendern untergebracht werden. Hingegen entspricht dem Kurzwellenbereich von 20...60 m ein Frequenzbereich von 15000... 5000 kHz, also ein Band von 10000 kHz, auf welches man die zehnfache Zahl von Sendern verteilen kann.

Würde man nun den Kondensator (10...50 cm) eines für die Welle von 20 m berechneten Schwingungskreises durchdrehen, so würden auf den Teilstrich der Skala 5...10 Stationen kommen, die man selbst bei Feineinstellung des Antriebs nicht mehr einstellen kann. Um die Stationen weiter auseinander zu legen, wendet man die Bandabstimmung an, indem man zum Drehkondensator C_1 einen Festkondensator C_2 parallel schaltet. Bezeichnet man die Anfangs- und Endkapazität des Drehkondensators mit C_a und C_e, dann ist nach der Wellenformel (S. 63) das Verhältnis der mit einer festen Induktivität L erzeugten Anfangs- und Endwellen:

$$\frac{\lambda_a}{\lambda_e} = \sqrt{\frac{C_a}{C_e}}$$

für: $C_a = 10\,\text{cm}, C_e = 50\,\text{cm}$

Ist also die Anfangswelle 20 m, so entspricht in nebenstehendem Beispiel der Endstellung des Kondensators die Welle 44 m; eine Abstimmung der Welle auf Zentimetergenauigkeit ist nicht möglich.

ist $\frac{\lambda_a}{\lambda_e} = \sqrt{\frac{1}{5}} = \frac{1}{2.2}$

Legt man indessen dem Drehkondensator einen Festkondensator von 100 cm parallel, so ist das Verhältnis der Kapazitäten:

und das Verhältnis der Wellen:

$$\frac{C_a}{C_e} = \frac{110}{150} = \frac{1}{1.36}$$

$$\frac{\lambda_a}{\lambda_e} = \sqrt{\frac{1}{1.36}} = \frac{1}{1.153}$$

Hat man den Schwingungskreis durch entsprechende Verkleinerung von L auf die gleiche Anfangswelle von 20 m gebracht, so ist die Endwelle:

$$\lambda_e = 20 \cdot 1.153 = 23.1\,\text{m}$$

Der Wellenbereich von 3,1 m, dem ein Frequenzbereich von 1950 kHz entspricht und der bei gewöhnlicher Abstimmung auf 10 Teilstriche

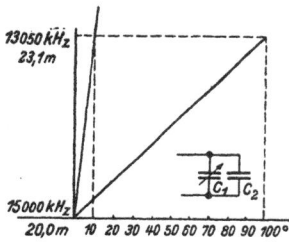

des Drehkondensators fällt, verteilt sich bei der Bandabstimmung über die ganze Skala, nämlich über 100 Teilstriche. Graphisch drückt sich die Verteilung eines schmalen Frequenzbandes über die ganze Kondensatorskala durch eine Verringerung der Neigung der Frequenzkurve aus.

Eine ähnliche Erhöhung der Abstimmschärfe erzielt man durch Reihenschaltung eines Fest- und Drehkondensators. Für den obigen Bereich müßte einem Drehkondensator von 50...500 cm ein Festkondensator von 20 cm vorgeschaltet werden. Häufig werden bei der Bandabstimmung beide Schaltungsarten vereinigt.

c) Schaltung eines Kurzwellenempfängers. Da die kurzen Wellen auch in großer Entfernung eine hohe Feldstärke erzeugen, ist eine HF-Verstärkung meist nicht erforderlich; deshalb sei hier ein Empfänger mit Schirmgitteraudion und Fünfpolendstufe aufgezeigt.

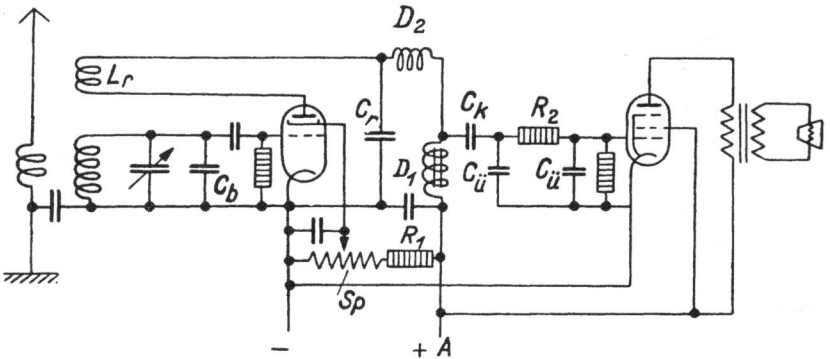

1. Das Schirmgitteraudion. Der mit Bandkondensator C_b versehene Schwingungskreis ist induktiv an die Antenne angekoppelt. Als Antenne verwendet man eine möglichst lange Außenantenne, die im allgemeinen nicht abgestimmt wird. Die Regelung der Rückkopplung erfolgt ohne Beeinflussung der Abstimmung durch Änderung der von einem Spannungsteiler Sp im Bereiche von 0...50 V abgegriffenen Schirmgitterspannung. Je höher diese wird, desto größer wird

bei gleichbleibendem Arbeitspunkt des Steuer-
gitters die Steilheit der Kennlinie und destb fester
die Rückkopplung. Die Rückkopplungsspule L_r
sowie der Rückkopplungskondensator C_r müssen
dabei so bemessen werden, daß man durch Regelung der Schirmgitterspannung aus dem nicht
schwingenden Zustand zum Schwingungseinsatz
gelangen kann. Um eine feine Regelung in dem
Bereiche von 0...60 V zu ermöglichen, wird ein
Teil R_1 des an der vollen Anodenspannung liegenden Spannungsteilers fest eingebaut.

2. Die Kopplung des Audions auf die Endstufe geschieht über die NF-Drossel D_1 und den
Kopplungskondensator C_k (10 000 cm). Zur Aussiebung der trotz der HF-Drossel D_2 noch über-
gegangenen Hochfrequenz dient die aus dem
Widerstand R_2 (0,1 MΩ) und den beiden Kondensatoren $C_{\ddot{u}}$ (je 100 cm) bestehende Siebkette.

3. Die Fünfpolendstufe entspricht den
Anordnungen beim Langwellenempfang (S. 191).
Die Schirmgitterspannung ist gleich der Anodenspannung. Das Telephon liegt, da Netzanschluß
angenommen ist, an einem Übertrager im Anodenkreis; dadurch wird das Ohr bei einem
etwaigen Übergehen der Netzspannung vor Schaden geschützt.

Die Messung des Frequenzbereiches eines
Empfängers ist besonders wichtig bei selbst-
gebauten Geräten, mit denen man in einem bestimmten Frequenzband hören will. Es kommen
hier hauptsächlich folgende Meßverfahren zur
Anwendung:

a) Mit Wellenmesser in Summerschaltung. Man stellt den an Antenne und Erde angeschlossenen Detektorempfänger zunächst auf
kleinste Welle, erregt die Antenne an einer
Meßschleife K durch den Wellenmesser W_m in
Summerschaltung und stellt diesen so ein, daß im
Empfangstelephon größte Lautstärke zu ver-
nehmen ist. Die am Wellenmesser abgelesene
Welle ist dann die kleinste mit dem Empfänger
aufzunehmende Welle. Hierauf dreht man den

101. Empfänger-Eichungen

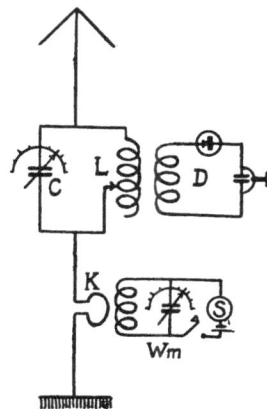

Empfangskondensator C von 5 zu 5 Grad weiter und stellt jedesmal den Wellenmesser auf Resonanz. Die zu den verschiedenen Kondensatorstellungen gehörigen Wellen trägt man in eine Tabelle ein oder stellt sie graphisch dar.

Zur schärferen Einstellung der Resonanzlagen schaltet man statt des Telephons ein empfindliches Galvanometer ein.

b) Durch den Absorptionskreis. Diese Messung entspricht grundsätzlich der am Sendekreis (S. 154), sie kann daher nur bei Empfängern mit Schwingaudion angewendet werden. Koppelt man den Absorptionskreis II an das Schwingaudion I an, so zeigt sich die Resonanz durch eine deutliche Änderung des die Schwingungen begleitenden Geräusches an, es entsteht ein leiser Knack im Telephon. Auch hiebei darf man nicht zu fest koppeln, da sonst die Schwingungen des Audions ganz aussetzen. Indem man so die Frequenzen für den kleinsten und größten Wert des Empfänger-Kondensators ermittelt, erhält man den zu Kreis I gehörigen Frequenzbereich.

Nach dem gleichen Verfahren kann man auch die Eigenwelle einer Antenne messen. Man koppelt ein Schwingaudion lose mit der Antenne und stellt dieses auf die Resonanz ein. Hierauf ersetzt man die Antenne durch einen geeichten Absorptionskreis II und stellt diesen so ein, daß die Schwingungen in dem fest eingestellten Schwingaudion gerade abreißen. Die am Absorptionskreis abgelesene Welle ist dann gleich der Eigenwelle der Antenne.

c) Durch Überlagerung mit Rundfunkwellen. Da die Rundfunksender ihre mittleren Wellen auf $0,003^0/_0$, die Kurzwellen auf $0,03^0/_0$ genau einhalten müssen, so kann man sie unmittelbar als Eichwellen benützen. Man stellt den Audionempfänger bei loser Kopplung der Antenne für die erreichbaren Rundfunksender scharf auf Schwebungsnull und erhält so die den verschiedenen Kondensatorstellungen entsprechenden Welleneichungen. Die Eichung des Kurz-

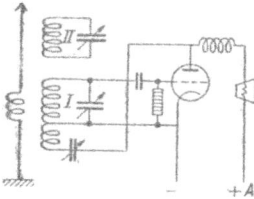

wellenempfängers kann man mit Hilfe der Oberwellen des Rundfunksenders in gleicher Weise wie
auf S. 155 durchführen.

d) Durch Überlagerung mit einem
Röhrenmeßkreis. Man überlagert dem auf
fester Welle schwingenden Audion I die Schwingungen des Meßsenders II, dreht den Meßkondensator C_2 durch, bis man im Empfangstelephon
einen Überlagerungston hört und stellt auf die
Schwebungslücke ein. Die Einstellung des Empfängers entspricht dann der Welle des Meßkreises.
Ist die Welle des Audions z. B. durch Einstellung
von C_1 auf Schwebungsnull mit einem Rundfunksender bekannt, so kann man nach dem gleichen
Verfahren einen Röhrenmeßkreis eichen. Zur
Eichung eines Empfängers oder Wellenmessers im
Kurzwellenbereich arbeitet man mit den Oberwellen von Rundfunksendern, wobei man die Abstimmung entweder durch Einstellung auf die
Schwebungslücke oder mit einem angeschalteten
Detektorkreis mit Galvanometer (größter Aus-
schlag) feststellen kann.

Die Funkpeilung hat die Aufgabe, die
Richtung, aus der eine elektrische Welle einfällt,
zum Zwecke der Ortsbestimmung zu ermitteln.
Ist dabei die Strahlung des Senders ungerichtet, so
braucht man zum Peilempfang einen Richtempfän-
ger (Drehrahmen oder Goniometerantenne). Gibt
der Sender selbst gerichtete Zeichen (Richtstrahler, Richtfunkbake), so können diese mit ungerichteten Empfängern aufgenommen werden.

Die Funkpeilung hat die größte Bedeutung
für die Ortsbestimmung von Schiffen und Flug-
zeugen bei unsichtigem Wetter. Man unterscheidet
grundsätzlich drei Peilverfahren:

a) Die Fremdpeilung. Der von einem
Schiff oder Flugzeug L gegebene Anruf wird von
zwei günstig gelegenen ortsfesten Richtempfän-
gern R_1 und R_2 aufgenommen und gleichzeitig
gepeilt. Die Peilergebnisse der beiden Stationen
werden telephonisch ausgetauscht, danach der
Standort des Senders ermittelt, der nach wenigen

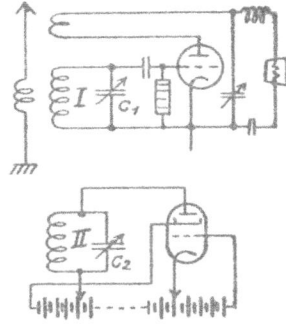

102. Funkpeilung

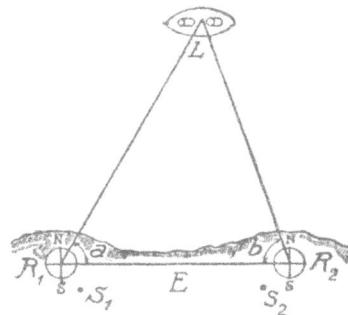

Minuten durch eine der beiden Bodenstationen S_1, S_2 an das auf Empfang stehende Fahrzeug gefunkt wird.

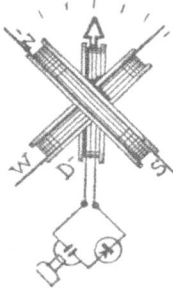

Statt der Rahmenantenne kann man zum ortsfesten Richtempfang auch das Radiogoniometer anwenden. Hiebei werden zwei sich rechtwinklig kreuzende Schleifenantennen, die z. B. von Nord nach Süd und von Ost nach West verlaufen, aufgebaut. Ihre Enden werden zu zwei gleichen sich senkrecht kreuzenden Feldspulen NS und OW geführt. Innerhalb der Feldspulen ist die Suchspule D drehbar angebracht, welche mit einem Drehkondensator den auf die Sendewelle abzustimmenden Eingangskreis des Empfängers bildet.

Das einfallende Strahlungsfeld induziert in den beiden Schleifenantennen zwei Teilspannungen, welche in den Feldspulen NS und OW entsprechende magnetische Teilfelder hervorrufen. Diese setzen sich in bezug auf die Suchspule wieder zum ursprünglichen Feld zusammen. Die Richtung des Feldes bzw. die Lage des angepeilten Senders kann daher durch die Suchspule in gleicher Weise wie mit einem Drehrahmen, z. B. durch Aufsuchen des Empfangsminimums, festgestellt werden.

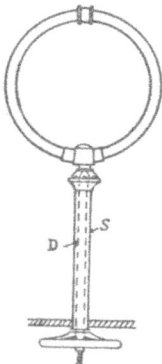

b) Die Eigenpeilung. Das Fahr- oder Flugzeug ist mit einem Peilrahmen ausgerüstet, der zur Seitenbestimmung (S. 94) mit einer ungerichteten Hilfsantenne gekoppelt werden kann. Zur Ermittlung seines Standortes peilt der Bordfunker mindestens zwei Bodenstationen an, deren Standort bekannt ist. Die ermittelten Richtstrahlen werden dann auf einer Karte eingetragen und geben durch ihren Schnitt den gesuchten Standort an.

Als Stationen kommen in erster Linie die besonders zu Peilzwecken errichteten, durch ihre Welle und Kennung bekannten „Kreisfunkbaken", ferner die Küstenstationen, Flughafenstationen und Rundfunksender in Betracht.

Die Eigenpeilung hat den Vorteil, daß sie ohne besonderen Anruf von Bodenstationen an Bord des Fahrzeugs vorgenommen werden kann.

D = Standrohr
S = Drehachse

c) **Die Mischpeilung** erfolgt durch Empfang gerichteter Sender; sie dient entweder der Bestimmung des Standorts (Kompaßverfahren) oder des Fahr- bzw. Flugweges (Leitstrahlverfahren).

Beim Kompaßverfahren wird durch eine in der Minute einmal umlaufende Rahmenantenne (Richtfunkbake) Dauerstrich gesendet. Mit dem Rahmen dreht sich das Feld größter bzw. kleinster Strahlung. Beim Durchlauf des Minimums durch Nord wird ein ungerichtetes Morsezeichen, die „Kennung" ausgestrahlt. Der auf Empfang stehende Bordfunker löst in diesem Augenblick seine Stoppuhr aus, deren Zeiger sich wie der Rahmen des Senders in einer Minute einmal herumdreht. Beim Durchgang des Empfangsminimums wird die Uhr abgestoppt und aus der Stellung des Zeigers die Richtung des Peilstrahles unmittelbar abgelesen. Durch Peilungen auf zwei verschiedene Richtbaken kann dann mit Hilfe der Karte der Standort des Flugzeuges ermittelt werden.

Beim **Leitstrahlverfahren** werden zwei Richtstrahler, deren Antennenschleifen I und II einen rechten Winkel bilden, abwechselnd so getastet, daß in die Sendepause der einen Antenne die Sendungen der andern passen; z. B. a und n, wobei die Striche beider Sendungen sich aneinander schließen. Ein auf einer der Hauptstrahlrichtungen auf den Sender zufliegendes Flugzeug hört nur die Sendung a oder n. Degegen verschmelzen für ein auf der Winkelhalbierenden III anfliegendes Flugzeug die beiden gleich starken Sendungen zu einem Dauerstrich; der Bordfunker hört einen anhaltenden Ton. Sobald das Flugzeug einer der beiden Hauptstrahlrichtungen näher kommt und sich damit von der andern entfernt, schlägt das Zeichen des näher liegenden Richtstrahles durch; das Flugzeug muß dann den Kurs ändern, bis wieder Dauerstrich gehört wird. Da das Unterscheidungsvermögen des Ohres für Schallstärke begrenzt ist, hat man den Leitstrahl-

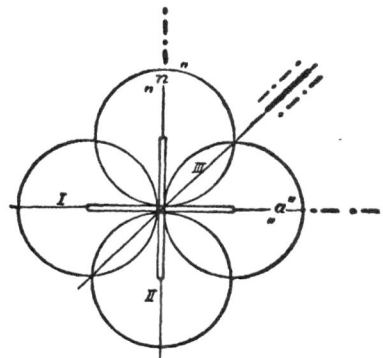

empfang auch für objektive Anzeige eingerichtet. Dies erfordert allerdings einen ziemlich verwickelten Aufbau des Empfangsapparates, während der Leitstrahlempfang nach Gehör mit jedem gewöhnlichen Empfänger vorgenommen werden kann.

d) Der Tastpeiler. Zur Erzeugung der Leitstrahlen auf kurzen Wellen (9 m) wird auf den deutschen Flugplätzen zur Schlechtwetterlandung der Tastpeiler verwendet.

Rechts und links von einem senkrechten Dipol (D), der ununterbrochen strahlt, sind im Abstande einer Viertelwelle (2,25 m) zwei abgestimmte Reflektorantennen (R_1 und R_2) aufgestellt. Durch Betätigung eines in ihrer Mitte angebrachten Relais werden die Reflektoren abwechselnd geschlossen und unterbrochen, z. B. R_1 kurz mit langer Pause, R_2 lang mit kurzer Pause, so daß die Tastungen aneinander schließen. Eine Reflektion findet nur durch den geschlossenen Reflektordraht statt. R_1 verformt also die stetige Rundstrahlung von D in eine aus Punkten bestehende, nach einer Herzkurve gerichtete Strahlung, während sie durch R_2 in eine aus Strichen bestehende, nach einer symmetrisch liegenden Herzkurve gerichtete Strahlung umgewandelt wird.

Man erhält so die Punkt- und Strichgebiete, die sich in der Symmetrielinie — dem Leitstrahl — zum Dauerstrich oder Dauerton vereinigen. Um einen gleichmäßigen, d. h. knackfreien Dauerton zu erhalten, ist es erforderlich, daß in der Übergangszeit von der einen zur anderen Richtkennlinie der vom Sender gespeiste Dipol die gleiche Feldstärke ausstrahlt wie die Reflektoren.

Die Annäherung an den Flugplatz wird dem im Leitstrahl befindlichen Flugzeug im Abstand von 3 km durch ein Vorsignal (tiefer Ton) und in 300 m Entfernung durch ein Hauptsignal (hoher Ton) angezeigt, die von je einem waagrechten Dipol auf Welle 7,9 m bis in eine Höhe von etwa 400 m gesendet werden.

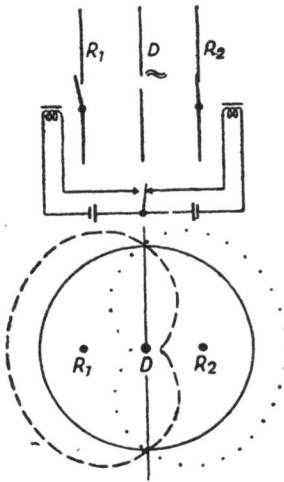

Morsezeichen.

· (Punkt) = 1 Maßeinheit, — (Strich) = 3 Maßeinheiten.

Zwischen den einzelnen Bestandteilen eines Morsezeichens: Pause von der Dauer eines Punktes.

Nach jedem Morsezeichen: Pause von der Dauer eines Striches.

Nach jedem Wort Pause von 5 Punkten.

1. Buchstaben.

a	· —	m	— —
ä	· — · —	n	— ·
à	· — · — ·	o	— — —
b	— · · ·	ö	— — — ·
c	— · — ·	p	· — — ·
ch	— — — —	q	— — · —
d	— · ·	r	· — ·
e	·	s	· · ·
é	· · — · ·	t	—
f	· · — ·	u	· · —
g	— — ·	ü	· · — —
h	· · · ·	v	· · · —
i	· ·	w	· — —
j	· — — —	x	— · · —
k	— · —	y	— · — —
l	· — · ·	z	— — · ·

2. Ziffern (abgekürzt).

1	· — — — —	(· —)	6	— · · · ·	
2	· · — — —	(· · —)	7	— — · · ·	(— · · ·)
3	· · · — —	(· · · —)	8	— — — · ·	(— · ·)
4	· · · · —		9	— — — — ·	(— ·)
5	· · · · ·		0	— — — — —	(—)

3. Satzzeichen.

Punkt	· — · — · —	Binde- oder Gedankenstrich	— · · · · —
Beistrich	— — · · — —	Klammer	— · — — · —
Fragezeichen	· · — — · ·	Bruchstrich	— · · — ·
Doppelpunkt	— — — · · ·	Trennung	· · · —
Auslaßzeichen	· — — — — ·	Strichpunkt	— · — · — ·
Anführungszeichen	· — · · — ·	Unterstreichungszeichen	· · — · — ·

4. Verkehrszeichen.

— · —	Aufforderung zum Senden	· · — · —	Ist dies richtig?
· · · — ·	Verstanden	— · — · —	Telegrammanfang
· · · · · · · ·	Irrung	· — · — ·	Telegrammende
· — · · ·	Warten	· · · — · —	Arbeitsende
· — ·	Empfangsbestätigung		

Alphabetisches Sachregister.

A.

Ablenkung der Magnet-
nadel 19
Abschirmung der Antennen-
zuleitung 88
— von Spulen 180
Absorption der Bodenwellen
103
Absorptionsfaktor 103
Absorptionskreis 202
Absorptionswellenmesser
157
Abstimmschärfe 190
Abstimmung der Antenne
157
— des Senders 157
— des Kurzwellensenders
161
Achterspule 68
Achtpolröhre 129
Akkumulator 17
Allstromheizung 137
Allstromröhre 137
Ampere 11
Amperesche Schwimmer-
regel 19
Amperestunden 18
Amperewindungszahl 20
Amplitudenbedingung 139
Amplitudenverhältnis 58
Anfangspermeabilität 185
Anheizzeit 113
Anker 34, 35
Anode 107
Anodenbatterie 11
Anodengleichrichtung 167,
191
Anodenkreis 117
Anodenrückwirkung 123,
126, 127
Anodenspannung 110
Anodenspannungsmodula-
tion 154
Anodenstrom 110
Anodenstrom-Gitterspan-
nungskennlinie 117

Anpassung 176, 185
Antenne 85...102
—, Behelfs 86
—, Dämpfung der 99
—, Effektivhöhe der 97
—, geerdete 85
—, Isolationsprüfung der
102
—, Kapazität der 95
—, künstliche 100
—, nicht abgestimmte 170
—, Strahlwirkung der 98
—, Widerstand der 99, 100
Antennenkreis 157, 161
Aperiodische Entladung 59
Aperiodischer Kreis 165
Arbeitskennlinie 122
Arbeitspunkt 145, 146
Arbeitsweise der Röhre 148
Audion 167
Audionempfänger 168
Audion mit Rückkopplung
169
—, Prüfung des Schwin-
gens 170
Ausbreitung der Raum-
wellen 104
Aussetzen der Schwingungen
160
Ausstrahlung der Sende-
antenne 97
Ausstrahlwinkel kurzer
Wellen 105
Auswandern der Stationen
106
A.-Verstärker 178

B.

Bändchenmikrophon 50
Bandabstimmung 198, 199,
200
Bandfilter 183
Beruhigungskondensatoren
192
Besprechung des Röhren-
senders 152, 153, 154

Bleiakkumulator 17
Blitzschutzsicherung der
Antenne 88
Bodenstrahlung 103
Braun, Ferd. 93
Bremsgitter 127
Brückenschaltung 14, 31
B.-Verstärker 178

C.

Calan 60
Calit 60
Chemische Wirkung des
elektr. Stromes 16
cm-Kapazität 38
cm-Selbstinduktion 30
Codensa 60
Coulomb 38

D.

Dämpfung der Antenne 99
— der Schwingungen 58
—, negative 170
Dämpfungsdekrement 58
Dämpfungsmessung 78
Dämpfungsursachen 59
Detektor 165
Detektorempfänger 101, 188,
189
Detektorkristalle 165
Dielektrische Verluste 60
Dielektrizitätskonstante 38
Differentialkondensator 71,
191
Diode 166, 197
Dipol 62, 88
Dipolantenne 88, 89
Dipol mit verminderter
Steilstrahlung 90
Doppelspule 68
Doppelwegschaltung 134
Dreheiseninstrument 27
Drehkondensator 70
—, Eichung des 82, 83
Drehrahmen 203

Drehspulinstrument 27
Dreipolendröhre 176, 177
Dreipolröhre 116
Dreipunktschaltung 140
Drosselkette 43, 44
Drosselkopplung 175
Drosselspule 36, 37
Dunkelraum der Kathode 108
Durchgriff 119, 120
Dynamoelektrisches Prinzip 36
Dynatronschaltung 141

E.

Edelstahl 23
Effektivhöhe der Antenne 97, 98
Eichung des Wellenmessers 80
— einer Spule 83
— eines Empfängers 201
Eigenfrequenz des Quarzes 142
Eigenkapazität von Spulen 83
— von Transformatorwicklungen 184
Eigenwelle einer Antenne 97, 202
Eigenpeilung 204
Eindrahtantenne 85
Eingangsspannung versch. Empfänger 101
Einkreis-Detektorempfänger 188
Einkreisempfänger, Empfindlichkeit 191
Einkreis-Zweiröhren-empfänger 190
Einsatz der Schwingungen 170
Einschwingvorgang 139
Einwandern der Stationen 105
Einwegschaltung 134
Eisenverluste 47
Elektrische Kraftlinien 40
— Resonanz 74, 79
— Schwingung 56
Elektrisches Feld 39
Elektrische Wellen 62
Elektrizitätsmenge 11, 38
Elektrizitätszähler 16

Elektrodynamisches Antriebsystem 52
Elektrolyse 16
Elektrolytkondensator 71
Elektromagnet 20
Elektromagnetisches Antriebsystem 51
Elektromagnetismus 19
Elektromotorische Kraft 11
Elektronen 17, 109
Elektrostatischer Lautsprecher 53
Emission der Kathode 110, 111
Emission bei schlechtem Vakuum 114
E.M.K. der Induktion 25
— der Selbstinduktion 29
Empfänger-Eichungen 201
Empfangsgleichrichter 165
Empfindlichkeit des Einkreisempfängers 191
Endstufe 164
Endverstärkung 175, 192
Energieaufnahme der Empfangsantenne 101
Energieverluste im Zwischengelände 102 ff.
Entbrummer 112
Entladung in Luft 107
— zwischen kalten Polen 107, 108, 109
— zwischen einem kalten und einem glühenden Pol 110
Entzerrung 184, 185
Erdantenne 91
Erdung 86, 87
—, behelfsmäßige 88
Erdungsschalter 87
Exponentialkurve 196

F.

Fading 106
Farad 38
Faradayscher Dunkelraum 108, 109
Feddersen B. W. 57
Feld, elektrisches 39, 40
— magnetisches 19
Feldlinien 20
Feldpole 35
Feldstärke, elektrische 98
—, magnetische 20
Fernwirkungskennlinie 85
Ferrocart 47

Fleming 166
Fluchtentafel 81
Flugzeugantenne 90
Formfaktor einer Spule 30
Formverzerrung 186
Freischwinger 52
Fremdpeilung 203
Frequenta 60
Frequenz 32, 58, 62
Frequenzabstand 152
Frequenzgleicher Kondensator 70
Frequenzkontrolle durch Kristalle 143
Frequenzkurve des Transformators 185
Frequenzmesser 76
Frequenzmessung durch Energieentzug 154
— am Sender 154
Frequenzverdopplung 143, 144
Frequenzverzerrung 184
Fünfpolendröhre 176, 191, 201
Fünfpolröhre 128
Funkentladung 108
Funkeninduktor 26
Funkpeilung 203

G.

Galvanische Kopplung 75
Gasgefüllter Gleichrichter 132
Gauß 21
Gedämpfte Wellen 151
Geerdete Antenne 85
Gegengewicht 87, 91
Gegentaktschaltung 164, 177
Gekoppelter Kondensator 71
Geschlossener Schwingungskreis 56
Geschwindigkeit der elektr. Wellen 62, 63
Getter 112
Gitteranodenkapazität 128, 159
Gittergleichrichtung 167
Gittergleichstrommodulation 153
Gitterkreis 117
Gitterspannungsmodulation 153
Gitterstrom 118

— 210 —

Gleichpoldynamo 34
Gleichrichter 131
—, gasgefüllt 132
Gleichrichterkennlinien 132
Gleichstromheizung 137
Gleichstromleistung 146, 147, 150
Gleichpoltype 34
Gleichstrommaschine 35
Glimmerkondensatoren 69, 70
Glimmlicht 108
Glimmlichtgleichrichter 132
Goniometerantenne 203
Graetzsche Brückenschaltung 134
Grenzspannung 148
Grenzwiderstand 148
Grenzwinkel 105
Großflächenmembran 54
Grundschwingungen 65

H.

Halbwertsbreite 79
Handregel, linke 24
—, rechte 24
Hautwirkung 37
HF-Leistung 146, 147
HF-Litze 60
HF-Verstärkung 179, 180, 191
Heizkreis 116
Heizmaß 111
Heizschaltung der Röhren 136
Henry 29
Hertz Heinrich 62
Hertz (Hz) 32, 88
Herzkurve 95
Hilfsfrequenz 192
Hintereinanderschaltung 13, 39
Hittorfscher Dunkelraum 108
Hitzdrahtinstrument 28
Hochfrequenz 33
Hochvakuumgleichrichter 131
Hörbarkeitsgrenze 193
Huth-Kühn-Schaltung 140, 180
Hysteresis 22, 47

I.

Induktion, elektrische 24, 25
—, magnetische 20
Induktionsfreie Wicklung 30

Induktionslinien 20
Induktive Kopplung 75
Induktiver Widerstand 36
Induktivität 29
— im Wechselstromkreis 42, 43
Induktormaschine 34
Innenwiderstand 121
Ionen, Theorie der 16
Ionosphäre 105
Isolationsprüfung einer Antenne 102

K.

Kabel, verlitzte 60
Kapazität 38
— der Antenne 95
—, schädliche 179
— im Wechselstromkreis 42, 43
Kapazitätsarme Spulen 67
Kapazitätsmeßbrücke 42
Kapazitätsmessung 40, 82
Kapazitive Kopplung 76
Kapazitiver Widerstand 41
Kapselung von Spulen 180
Kardioide 92
Kathode 107
Kathodenheizung unmittelbare und mittelbare 112, 113
Kathodenstrahlen 108, 109
Kenelly-Heaviside-Schicht 105
Kennung 205
Keramische Isolierstoffe 60
Kerndrossel 37
Kernspulen 61
Kerntransformator 44, 45
Kerafar 60
Kilowatt 15
Kilowattstunde 16
Kirchhoff 14
Klirrfaktor 186
Knotenpunkte 62, 65
Kobaltstahl 22
Koerzitivkraft 21
Kohlekörnermikrophon 48
Kompaßverfahren 205
Kondensatoren 38, 69
Kondensatorkette 43, 44
Kondensatormikrophon 50
Konstantan 12
Kopplung des Detektorkreises 188
—, galvanische 75, 76

Kopplung, induktive 75
—, kapazitive 76
—, lose 73
—, schädliche 179
Kopplungsgrad 75, 80
Kopplungswellen 79
Korkzieherregel 19
Kraftfluß 20
Kraftlinien, elektrische 40
—, magnetische 18
Kreisfrequenz 33
Kreisfunkbaken 204
Kreisplatten-Kondensatoren 70
Kristalldetektor 165
Künstliche Antenne 100
Kugelvariometer 68
Kupferoxydgleichrichter 133, 166
Kupferthermostat 162
Kupferverluste 47
Kurzschluß 13
Kurzwellenempfänger 198, 200
Kurzwellensender, quarzgesteuerter 160

L.

Ladestromstärke 18
Ladung des Akkumulators 17
Längsdipol 91
L-Antenne 85
Langwellenverkehr 104
Lautsprecher-Anpassung 176
Lautsprecher 51
—, elektrodynamischer 52
—, elektromagnetischer 51
—, elektrostatischer 53
Lautsprechermembran 54
Lecher-Leitung 89
Leistung des Stromes 15
Leistungsfaktor 34
Leistungsverstärkung 125
Leithäuser-Schaltung 171
Leitstrahlverfahren 205
Leitungswiderstand 12
— des Empfängers 101
Lenzsches Gesetz 25
Leuchtquarz 143
Lichtantenne 86
Lichtbogen 107
Lichtgeschwindigkeit 63
Lichtsäule, positive 108
Lichtwellen 63

Linke Handregel 24
Logarithmisches Dämp-
    fungsdekrement 58
Luftkondensatoren 69
Luftschiffantennen 90

M.

Magnetfeld des Stromes 19
Magnet, geschlossener 19,
    20
Magnetische Induktion 20
Magnetische Leitfähigkeit
    21
Magnetisches Feld 19
Magnetisierungskurve 21
Manteldrossel 37
Mantelspule 48
Manteltransformator 45
Mechanische Resonanz 73
Mehrpolröhre 116, 126
Messung der Antennen-
    kapazität 96
— der Dämpfung 79
— der Eigenkapazität 83
— der Eigenwelle 97
— von Kapazität und In-
    duktivität 82, 83, 85
Metalldampfkathode 111
Meteramperezahl 98
Mikrofarad 38
Mikrohenry 29
Mikromikrofarad 38
Mikrophon 48...51
— in der Antenne 152
Millihenry 29
Mischpeilung 205
Mischröhre 129
Mischstufe 196
Mitnahme 155
Mittelbare Heizung 112,
    113
Mittelfrequenz 33
Modulation 151
Modulationsschaltungen
    152
Modulationsstufe 163, 164
Moleküle, Zahl der 110
Münchener Sender 90, 101

N.

Nahzone eines K.W.-
    Senders 104
Nauen, Betriebsdaten 104
Nebenschluß 14, 16, 28
Negative Dämpfung 170

Negatives Glimmlicht 108
Netzanschluß 131
Netzton 112
Neutralisation 159, 180
NF-Verstärker 173
Nickel-Eisenakkumulator 18
Nickelin 12
Niederfrequenz 33
Nierenplatten-Kondensator
    70
Nullpunkt, absoluter 111
Nutzdämpfung 99

O.

Oberschwingungen 65
Oberwellen 65, 144, 147,
    155
Örsted 20
Oerstit 23
Offener Schwingungskreis
    61
Ohm 12
Ohmsches Gesetz 12, 36, 41
Ortsbestimmung, drahtlose
    203
Oszillatorfrequenz 195
Oxyddampfkathoden 117
Oxydkathode 111

P.

Papierkondensatoren 69
Parallelschaltung 14, 39
Parallelspeisung 156
Peilrahmen 204
Periode des Wechsel-
    stromes 32
Permeabilität 21
Pertinax 60
Pferdestärke 16
Phasenbedingung 139
Phasenunterschied 33
Phasenverschiebung 37, 41
Picofarad 38
Piezo-Effekt 142
Pilzlautsprecher 55
Plattenkondensator 38
Polrad 34
Positives Glimmlicht 108

Q.

Quarzgesteuerter Kurz-
    wellensender 160, 161
Quarz-Resonator 143
Quarz, schwingender 141
Quarzsteuerung 162
Quarzstufe 163

Querdipol 91
Quetschkondensator 71

R.

Radiogoniometer 204
Rahmenantenne 93
Raumladung 113
Raumstrahlung 102, 103
Raumwellen 103 ff.
Rechte Handregel 24
Reflektorantenne 92
Regelröhre 129, 195
Regelschaltung 196
Reichweite eines Senders
    102 ff.
Reihenspeisung 159
Reiszmikrophon 49
Reizschwelle des Audions
    173
Remanenz 21
Resonanz, mechan. 73
—, elektr. 74
Resonanzkurve 78
Resonanzwiderstand 43,
    157, 182
Reusenantenne 86
Richtempfang 93, 94
Richtfunkbake 205
Richtkennlinie von Antennen
    92, 94, 95
Richtsendeanlage in Nauen
    92
Richtstrahlantenne 91
Richtwirkung 93
Ring-Elektromagnet 20
Ringspule 48, 61, 68
Röhre als Schwingungs-
    erzeuger 138 ff.
Röhre, Güte der 125
Röhrengleichrichter 131
Röhrenkapazität 179
Röhrenkennlinie 117, 118
Röhrenmeßkreis 203
Röhrenschwingungen
    138 ff.
— kristallgesteuerte 142
Röhrensender, Wirkungs-
    grad 146
Röhrenwellenmesser 155
Rollglimmer-Kondensatoren
    69
Rückkopplung 169
—, Regelung der 170
Rückkopplungsschaltung
    138, 139 ff.
— von A. Meißner 138

Rundfunksender 162
Rundstrahl-Lautsprecher 55

S.

Sättigung, magnetische 21, 36
Sättigungsstrom 113
Sauerstoffatom 17
Schalltrichter 55
Schallwand 54
Schaltung, kurz 188
—, lang 188
— von Elementen 13, 14
— von Kondensatoren 39
— von Widerständen 15
Scheinwiderstand 36, 41
Schirmantenne 86
—, Effektivhöhe 97
Schirmgitter 127
Schirmgitteraudion 200
Schirmgitterröhre 127, 161, 180
Schirmgitterdurchgriff 127
Schlechtwetterlandung 206
Schleppantennen 90
Schnellheizkathoden 113
Schnellschaltung 171
Schutzgitterröhre 176
Schwebungen 74, 192
Schwebung, Zerlegung der 74
Schwingaudion 69, 170
Schwingender Quarz 141, 143
Schwingungen 1. u. 2. Art 144, 145
Schwingungsarten des Senders 150
Schwingungsbäuche 62
Schwingungsdauer 58
Schwingungseinsatz 201
Schwingungskreis, geschlossener 56, 57
—, offener 61
Schwingungssteuerung durch Kristalle 141
Schwundausgleich 198
Schwund, Entstehung des 106
Schwundregelung 195, 196
Sechspolröhre 128
Sechspol-Dreipolröhre 130
Seitenbänder 152, 190
Seitenbestimmung des Rahmenempfangs 94
Seitenfrequenzen 151

Selbsterregter Telegraphiesender 156
Selbstinduktion 29
Selbstinduktionen, Berechnung von 30
—, Messung von 31
—, Schaltung von 30
Selbstinduktion, stetig veränderbare 68
Selbstinduktionskoeffizient 29
Selengleichrichter 134
Sendeantenne, Ausstrahlung der 97
—, Dämpfung der 99
—, Strahlungswirkungsgrad 100
—, Widerstand der 99
Sender, fremderregter 146, 158
Siebkreis 42
Siebkette in Gleichrichtern 135
Siemens W. 36
Sirufer 47
Sirutor 166
Suchschaltung 189
Summererregung des Wellenmessers 77
Spannung 11
Spannungsbäuche 65
Spannungsfestigkeit 39
Spannungsknoten 65
Spannungs-Kopplung 90
Spannungsmesser 28, 29
Spannungsteiler 14
Spannungsteilerschaltung, induktive 140
—, kapazitive 140
Spannungsverstärkung 124, 173
Spannungsverteilung vom Netzgerät 135
Speiseleitung 89
Sperrkreis 43, 181, 190
Sperrkreiskopplung 181
Spezifischer Widerstand 12
Spiegelfrequenz 195
Spiegelgalvanometer 28
Spulen, Abschirmung von 180
—, Eichung von 83
—, Eigenkapazität 83
—, kapazitätsarme 67
— mit schwachem Außenfeld 68

Stahlröhren 130
Steilheit der Arbeitskennlinie 122
— der Kennlinie 119
Stetig veränderbare Spule 68
Steuersender 159
Steuerstufe 158
Störnebel 88
Stoßerregung 74, 80
Stoßionisation 109
Strahlengang in der ionisierten Schicht 105
Strahlungsdämpfung 61, 99
Strahlungskennlinie 88/89
Strahlungsverluste 61
Strahlungswiderstand der Antenne 99, 101
Strahlungswirkungsgrad 100
Streukapazitäten 180
Streukopplung 180, 198
Streuung, magnetische 23
Strombauch 65
— im Dipol 65
Stromknoten im Dipol 65
Stromkopplung 89, 90
Stromleiter, beweglicher im Magnetfeld 24
Stromrichtung, technische 11, 17
Stromspule 19
Stromstärke 11
—, Effektivwert der 33
Stromverdrängung 37
Stromverstärkung 123, 124
Stromverzweigung 14
Stromwärme 60
Superheterodyn (Zwischenfrequenzempfänger) 192

T

T-Antenne 85
Tastung 161
Tastpeiler 206
Tauchspulenlautsprecher 53
Telefunken 55, 92
Telegraphieempfang 192
Telegraphiesender 156
Telephon 48
Telephoniesender 158, 162
Temperatur, absolute 111
Theorie der Ionen 17, 108, 109
Thompsonsche Schwingungsformel 58
Tonblende 186, 192

Tonmodulation 151
Tonprüfer 158
Topfelektromagnet 53
Topfspule 48
Toroid 20
Tote Zone 104, 105
Trägerwelle 152
—, Modulation der 152 ff.
Transformator, unbelastet
  und belastet 45, 46
Transformatoren 44 ff.
Transformatorenblech 22
Transformatorkopplung 173
Treibröhre 179
Trennschärfe 79, 182, 190,
  194
Trimmerkondensator 71
Trockenelement 11
Trolitul 60
Trommelwicklung 35, 36

U.

Überlagerer 192
Überlagerung 151, 154,
  192, 202
Überlagerungsempfang 192
Überspannter Zustand 148
Umkreisung der Erde mit
  Kurzwellen 105
Unmittelbare Heizung 112
Unteranpassung 183
Unterspannter Zustand 148
Unterteilung der Eisen-
  kerne 26

V.

Vakuum 110
Variometer 68
Ventilwirkung der Röhre
  131
Verkürzungskondensator 66
Verkürzungsfaktor 89
Verlängerung durch End-
  kapazitäten 65
— durch Spule 66

Verlustdämpfung einer An-
  tenne 99 ff.
Verluste durch Wirbel-
  ströme 61
Verluste im Zwischen-
  gelände 102
— in Transformatoren 47
Verlustfaktor 60
Verlustleistung der Röhre
  146, 150
Verlustwinkel 60
Verschiebespannung 117
  120
Verspiegelung der Röhre
  112
Verstärker 158, 161
Verstärkerstufen eines
  Rundfunksenders 162
Verstärkungsgrad 182
Verzerrung 184, 186
Verzerrungsgrad 187
Vielfach-Antenne 91
Vierröhren-Super 196
Virtuelle Kathode 129
Volksempfänger 137, 191
Volt 11
Vorspannungsfreies An-
  triebsystem 52
Vorwiderstand 13

W.

Wärmewirkung 15
Wasserzersetzung 16
Watt 15
Wattmeter 16
Wattverbrauch 15
Wechselpoldynamo 34
Wechselstrom 32
Wechselstromheizung 136
Wechselstromleistung 150
Wechselstrommaschinen 34
Wellen, Mechanismus der
  Ausbreitung 63, 64
—, Geschwindigkeit der 62,
  63
Wellenlänge 63, 65, 103

Wellenlänge des Lichtes 63
Wellengleicher Kondensator
  70
Wellenmesser 76
— in Summerschaltung 201
Wheatstonesche Brücke 14
Wicklungen, kapazitätsarme
  67
Widerstand der Antenne
  100
—, induktiver 36
—, innerer 13
—, kapazitiver 41
—, negativer 141, 170
—, scheinbarer 36
—, spezifischer 12
Widerstandskopplung 174,
  182
Widerstand von Metall-
  fadenlampen 18
— der Röhre 121
Wirbelströme 26, 61
Wirkungsgrad des Röhren-
  senders 146, 148, 149,
  150

Z.

Zeppelinluftschiff 91
Zerlegung der Schwebung
  74
Zieherscheinungen 160
Zweipolröhre 107
Zweikreis-Detektorempfän-
  ger 188
Zweikreis-Dreiröhren-
  empfänger 191
Zweikreis-Empfänger 189
—, Empfindlichkeit 192
Zweipolröhre 107, 166, 197
Zwischenfrequenz 194
Zwischenfrequenzstufe 197
Zwischenfrequenzverstärker
  193
Zwischenschichtkonstante
  38
Zylinderspule 67

Grundriß der Fernsehtechnik

Von Dr. Franz Fuchs

108 Seiten, 129 Abb., 2 Tafeln. Gr.-8⁰. 1939. Brosch. RM. 2.80

Die deutsche Fernsehtechnik ist zur Freigabe des Fernsehempfanges gereift. Dr. Franz Fuchs hat daher rechtzeitig nach den in 21 Auflagen bewährten Grundsätzen seiner „Funktechnik" auch einen Grundriß der Fernsehtechnik geschaffen.

Inhalt: Lichtelektrische Zellen. Vielzellenfernseher. Einzellenfernseher. Lichtsteuerung. Gleichlaufregelung. Übertragung der Bildströme auf Wellen und Kabeln. Braunsche Röhre. Bildempfang mit Braunscher Röhre. Fernsehgeber mit mechanisch-optischer Abtastung. Fernsehgeber mit elektr. Abtastung.

*

„Der Deutschen Reichspost, die schon soviel Verdienstliches in ihrer Chronik vermerken kann, ist es zu danken, wenn sie die Arbeiten von Wissenschaft und Industrie förderte und durch Freigabe des Fernsehempfangs krönen konnte. Um einen neuen Fernsehempfänger mit Verständnis bedienen und Störungen beheben zu können, sind gewisse Vorkenntnisse unerläßlich. Das gleiche gilt für Fachleute, die sich einfache Versuchsanordnungen selbst bauen wollen. Hier will nun der Verfasser mit seiner Schrift helfen, indem er uns die physikalischen Grundlagen der Fernsehtechnik und den Aufbau und die Wirkungsweise der Fernsehgeräte auseinandersetzt. Das geschieht alles in einer didaktisch ganz ausgezeichneten Form, so daß man das Studium des vorliegenden Buches fast als einen netten Zeitvertreib bezeichnen möchte. In der Sicherheit und Klarheit der Ausführungen ahnt man das Maß der praktischen Erfahrungen, über die der auf dem Gebiete der Hochfrequenztechnik bekannte Verfasser verfügt. Das Buch ist ganz ausgezeichnet und verdient weitestgehende Beachtung."   *Meßtechnik*

„Das Buch ist geeignet, große Kreise, die Verständnis für physikalische Fragen haben, gründlich in die Fernsehtechnik einzuführen und ihnen die Möglichkeit zu geben, auch umfangreichere und schwierigere Abhandlungen aus diesem Fachgebiet mit Nutzen zu studieren. So elementar das Buch in einer Hinsicht ist, so sehr macht es sich andererseits doch die neuesten Ergebnisse der Forschung und der Technik zunutze; es ist eine der erfreulichsten Neuerscheinungen der Fernsehliteratur, und es wird in einigen Jahren sicher zu den erfolgreichsten zählen."   *Helios*

„Ich bin überzeugt, daß das Buch bei allen denen, die sich für Fernsehen interessieren — und das sind heute außerordentlich viele — großen Anklang finden wird, um so mehr, als der Preis im Verhältnis zu dem, was das Buch bringt, sehr bescheiden ist."   *J. Zenneck in „Hochfrequenz und Elektroakustik"*

Schall und Klang. Ein Leitfaden für Elektroakustik. Von Dr.-Ing. C. Bergtold. 172 Seiten, 214 Abbildungen, 27 Tafeln. Gr.-8⁰. 1939. In Leinen RM. 9.60.

Fernsprechtechnik. Eine Reihe herausgegeben von Dr.-Ing. Fritz Lubberger.

> **Die Stromversorgung von Fernsprech-Wählanlagen.** Von Dipl.-Ing. Helmut Grau. 2. Auflage, 130 Seiten, 95 Abbildungen. Gr.-8⁰. 1943. Halbleinen RM. 7.60.

> **Fernsprech-Wählanlagen.** Von Dr.-Ing. Emanuel Hettwig. 2. Auflage. 373 Seiten, 204 Abbildungen. Gr.-8⁰. 1942. Halbleinen RM. 12.80.

> **Überblick über alle Fernsprech-Ortsanlagen mit Wählbetrieb.** Von Dr.-Ing. Fritz Lubberger. 7. Auflage, 319 Seiten, 251 Abbildungen. Gr.-8⁰. 1941. In Leinen RM. 16.—.

> **Fernämter.** Von Dipl.-Ing. Hans Rjosk. Befindet sich in Vorbereitung.

Fernschreib-Wählanlagen. Telegrafenanlagen mit Wählbetrieb. Von Dipl.-Ing. Helmut Korta und Dr.-Ing. habil. Emanuel Hettwig. 307 Seiten, 170 Abbildungen. Gr.-8⁰. 1943. Halbleinen RM. 16.—.

Meßverfahren der Funkmutung. Von Dipl.-Ing. Dr. Walter Fritsch. 220 Seiten, 174 Abbildungen. Gr.-8⁰. 1943. Halbleinen RM. 14.–.

Taschenbuch für Fernmeldetechniker. Von Obering. H. Goetsch. 10. Auflage, 787 Seiten, 1222 Abbildungen. 8⁰. 1943. Halbleinen RM. 16.—.

Grundzüge der Fernmeldetechnik. Von Immo Kleemann, Dipl.-Ing., Baurat und Abteilungsleiter an der Ingenieurschule Gauß, Berlin. 2. Auflage. 351 Seiten, 166 Abbildungen. 8⁰. 1943. Halbleinen RM. 7.—.

Das Buch wendet sich an den mit der Mathematik und den elektrotechnischen Grundlagen vertrauten Leser und führt ihn systematisch, frei von einseitiger Spezialisierung in die Hauptarbeitsgebiete der Fernmeldetechnik ein.

Bau von Fernmeldeanlagen. Von Ernst Plaß.

Teil I: **Leitungen in Gebäuden.** 166 Seiten, 221 Abbildungen, Taschenformat. 1940. Kart. RM. 4.—.

Teil II: **Außenleitungen.** 165 Seiten, 178 Abbildungen, Taschenformat. 1941. Kart. RM. 4.—.

„Der Inhalt dieser handlichen und preiswerten Ausgabe füllt insofern eine Lücke, als bisher eine Anleitung für den Werkstattgebrauch fehlte, die gestützt auf die VDE-Normen praktische Erfahrungen und Erläuterungen für Stark- u. Schwachstrom-Installationen vermittelte. Als ständiger Berater in Installationsfragen sollte dieses Taschenbuch bei der Planung von Anlagen, im Gebrauch für die Vor- und Nachkalkulation und auf der Montage von Fernmeldeanlagen stets zur Hand sein."

Zeitschrift für Fernmeldetechnik

Planung von Fernmeldeanlagen. Von Ernst Plaß. 368 Seiten, 46 Abbildungen, Taschenformat. 1941. Halbleinen RM. 10.—.

Inhalt: Das Fernmelderecht — Verordnungen für die Benutzung der Verkehrseinrichtungen der DRP. — Vorschriften und Regeln für die Errichtung elektrischer Fernmeldeanlagen —Planung—Bauanweisung— Baubeginn — Überwachung — Einschaltung — Anleitung — Bezeichnungen — Übergabe — Unfallverhütungsvorschriften für Montage und Installationen.

Instandhaltung von Fernmeldeanlagen. Von Ernst Plaß.

168 Seiten, 96 Abbildungen. 8⁰. 1942. Halbleinen RM. 3.50.

Einführung in die Wähltechnik. Von Dipl.-Ing. E. Winkel, VDE.

139 Seiten. 20 Bilder im Text, 75 Bilder, Verkettungs- und Schaltzeitplänen in zwei Beiheften. Gr.-8⁰. 1942. Halbleinen RM. 8.50.

Die vorliegende Einführung verschafft die wichtigsten Grundlagen der Schaltungstechnik und gibt auch ebenso gründlich und anschaulich Einblick in das Schaltgeschehen selbst; sie behandelt vom Wählsystem deutscher Prägung stufenweise die Entwicklung von Schaltungen . . . Das Buch erwuchs aus Sonderkursen. Die mannigfachen Anerkennungen und Anregungen aus den Kreisen des Unterrichts und der Fachwelt bauten es in vorliegender Form zu einem namentlich den Bedürfnissen des Anfängers entsprechenden Unterrichtsmittel aus.

Zu beziehen durch die Buchhandlungen.

R. OLDENBOURG · MÜNCHEN 1 UND BERLIN

www.ingramcontent.com/pod-product-compliance
Lightning Source LLC
Chambersburg PA
CBHW031440180326
41458CB00002B/600